南京博物院学人丛书

奚三彩文集

科技保护卷

南京博物院 编

文物出版社

图书在版编目（CIP）数据

奚三彩文集·科技保护卷／南京博物院编．—北京：文物出版社，2017.11

（南京博物院学人丛书）

ISBN 978 – 7 – 5010 – 5494 – 7

Ⅰ．①奚…　Ⅱ．①南…　Ⅲ．①文物保护—文集　Ⅳ．①G264 – 53

中国版本图书馆 CIP 数据核字（2017）第 290720 号

奚三彩文集·科技保护卷

编　　者：南京博物院

责任编辑：戴　茜
封面设计：刘　远
责任印制：梁秋卉

出版发行：文物出版社
社　　址：北京市东直门内北小街 2 号楼
邮　　编：100007
网　　址：http://www.wenwu.com
邮　　箱：web@wenwu.com
经　　销：新华书店
印　　刷：北京京都六环印刷厂
开　　本：889mm×1194mm　1/16
印　　张：31.5
版　　次：2017 年 11 月第 1 版
印　　次：2017 年 11 月第 1 次印刷
书　　号：ISBN 978 – 7 – 5010 – 5494 – 7
定　　价：280.00 元

学丛 人书 南京博物院

奚三彩近照

1983年，"旧纸张保护技术"荣获文化部科技成果一等奖

1991年，荣获全国文化系统先进工作者称号

1993年，荣获国务院政府特殊津贴

2005年，被选为国家科学技术奖评审专家

1982年，在"南京博物院丝网加固脆弱纸张技术鉴定会"上调试丝网机

1974年，参与南京甘家巷南朝石刻维修

1980年，参加中国文物保护技术协会第一次代表大会

1990年，与德国驻华一等
参赞施塔克斯先生交流

1991年，受文化部委派与
耿宝昌先生赴阿曼进行文化
交流（图为参观皇宫）

1993年，国家文物局第一届
文物科技专家组成员合影

1995年，赴台湾参加"文物保存维护研讨会"并做主题演讲

1996年，与复旦大学首批文物保护专业研究生合影

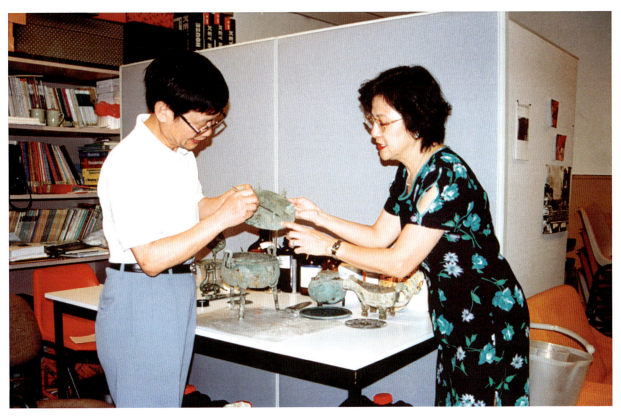

1998年，赴新加坡国立大学李光前文物馆交流

2000年，赴台湾云林科技大学
文化资产维护研究所授课

2001年，赴澳门举办"梨园寻踪——手捏戏文精品展"

2015年，在国家文物局纸质文物修复培训班授课

凡　例

（一）为了传承先辈学者的治学精神，介绍当代学者的研究成果和治学方法，也为了激励青年学人的学术热情，探索一条新时期可持续的学术途径，南京博物院决定编辑《南京博物院学人丛书》，陆续出版我院学人的学术论著，以集中展示我院的整体学术面貌和科研水准。

（二）学人丛书以个人文集的形式推出，定名"XX 文集"，每集 40 万字左右。对于著述量较多的文集，则又根据内容分成若干专辑，冠以"XX 卷"，如"考古卷"、"博物馆卷"、"文物科技卷"等。

（三）学人丛书以严谨审慎的态度认真遴选，尤其注重著述的学科意义和学术史价值，原则上只收录已公开发表的学术论文，不能体现作者学术水平的杂谈、小品、通讯等一般不予收录。

（四）学人丛书各卷编排一般以内容题材和发表时间并行的原则编定次序，以见专题性和时代性。

（五）大凡学术著述多受作者所处时代环境之制约，征引、论断未必尽善。诸如此类，学人丛书一般未予匡正，以存历史原貌，使之真实地再现每位作者撰述时的时代气氛和思想脉络。对于入选论文，在文末以按语的方式附简单说明，主要介绍写作背景、发表或出版等情况，基本不做主观评价。

（六）学人丛书一般改正原稿中的个别错别字，删除衍文，包括古今字、异体字、纪年、数字、标点等，一律按国家语言文字工作委员会颁布之标准体处理，而少量的未刊稿则酌情进行细微的文字处理。

（七）各卷前刊主编撰写的总序一篇，阐明学人丛书编撰缘起和意义等，以便读者对该丛书获致一轮廓性的了解。同时，设有前言或序（作者自序或由直系亲属决定的他序）。在体例上，每卷卷首配有若干照片、手迹等，卷末附有编后记，而论文所附插图、照片、线图等基本采用原有样式以保持论文原貌。

（八）学人丛书编辑委员会本着务实、有效的原则，分别由专人担任每卷的责任整理者，在主编主持下分工合作，共襄其役。丛书的整体设计和最后定稿均由主编全权负责。

《南京博物院学人丛书》编辑委员会

2009 年 8 月

总　序

　　南京博物院坐落于六朝古都的江南胜地，其前身是国立中央博物院筹备处，1933年由时任国立中央研究院院长的蔡元培先生倡议成立，是当时全国唯一仿照欧美现代博物馆建设的综合性博物馆。原拟建"人文"、"工艺"、"自然"三馆，后因时局关系，仅建"人文馆"，即现在的南京博物院主体建筑仿辽式大殿。建院之初，就明确提出"提倡科学研究，辅助公众教育，以适当之陈列展览，图智识之增进"的宗旨，为博物院的筹建和发展奠定了理论基础。故院长曾昭燏先生在《博物馆》中明确提出，"研究为博物馆主要功能之一"，这一观念至今对南京博物院的业务工作产生着积极而持久的影响。

　　建院 70 余年来，尊重科学研究的优良传统在南京博物院一直传承着，并不断发扬光大。建院之初，这里汇聚了一大批享誉海内外的著名学者，如叶恭绰、傅斯年、胡适、李济、吴金鼎、马长寿、王介忱、李霖灿、曾昭燏、王振铎、赵青芳等，即便在烽火弥漫的抗日战争期间，在十分艰苦的生活工作条件下，他们也不忘自己的职责，进行卓有成效的科研工作，为民族文化的传承保存了可贵的薪火，也为南京博物院后来的科研人员树立了榜样。

　　1937 年 8 月，中央博物院奉命带院藏文物向西南迁移，研究人员则在艰辛条件下开展田野考古和民族民俗调查工作。20 世纪三四十年代，吴金鼎、曾昭燏、王介忱在云南苍洱地区进行考古调查和发掘；李济、吴金鼎、王介忱、冯汉骥、曾昭燏、夏鼐、陈明达、赵青芳等发掘四川彭山汉代崖墓，收集了大批汉代文物资料；以马长寿、凌纯声为团长的川康民族调查团在西南地区进行了历史遗迹、民族服饰、手工业、语言和象形文字、动植物的调查，采集了大量的少数民族文物；中央博物院于中央研究院史语所等联合组建了西北科学考察团，在敦煌、玉门关等地进行科学考察，并发掘了甘肃宁定阳洼湾齐家文化墓地等。在此期间，中央博物院在研究的基础上整理编写了《博物馆》、《远东石器浅说》、《云南苍洱境考古报告》、《麼些标音文字字典》、《麼些象形文字字典》等一系列学术著作。这些代表性论著，知识建构博大精深，社会学方法论应用得当，新学科新知识光芒闪烁，其学术开创意义和精神价值，足可视为经典。

　　1949 年 10 月，随着新中国的成立，我院进入新的发展阶段。1950 年 3 月，前中央博物院正式更名为南京博物院。南京博物院继承了前中央博物院前辈学人的治学精神和学术理念，坚持循序渐进地开展学术研究工作。随后开展了江苏南京南唐二陵发掘、六朝陵墓调查，以及山东沂南汉画像墓、安徽寿县春秋时代蔡侯墓等考古发掘工作，还奉命派人到郑州协助发掘商代城址，都取得了良好科研成果。同时，先后在江苏境内发掘了淮安青莲岗、无锡仙蠡墩、南京北阴阳营、邳县刘林和大墩子等重要遗址，发掘了丹徒烟墩山"宜侯矢簋"墓、南京东晋砖印壁画"竹林七贤及荣启期"墓、东晋王氏家族墓地王兴之与王闽之墓等重要墓葬，并对江苏境内的淮河、太湖、洪泽湖、射阳湖流域和宁镇山脉进行了大规模的考古调查。随之提出的"青莲岗文化"和"湖熟文化"的命名，将江苏考古纳入系统研究范畴，为后来的江苏考古学文化区系类型研究开启先河。

自1978年中国实行改革开放政策的30余年来，南京博物院在积极倡导创新精神的同时，秉承前中央博物院学人"博大深约"之精神理念，注重将社会教育与学术研究交融贯通，形成了"兼容创新"和"与时俱进"的学术风气，迎来了学术研究的美好春天，在博物馆学、考古学、历史学、民族民俗学，以及古代建筑、艺术文物、文保科技、陈列展览等相关领域均取得了不菲成绩，并呈现了以老专家引领、中青年骨干为中坚力量的梯队式研究群体，其治学之道、研究之法亦与前中央博物院前辈学人的传统息息相通。

现今南京博物院是一所拥有42万余件各类藏品、20万余册中外专业图书的大型综合性博物馆，集探索、发现、典藏、保护、研究、教育、服务于一体，具有举办各种展览、开展科学研究的深厚基础，在学术方面已经拥有比较深厚的历史积淀和鲜明的综合性特色。近年来，南京博物院将科学研究与服务公众作为工作的两极。立足科研，努力提升学术水平，逐步提高工作能力，最大限度地扩大学术声誉和影响力，为公益性博物馆的发展提供基础和动力；努力将博物馆的科研成果转化为现实生产力，服务于文物遗产的保护与利用，服务于社会公众教育，成为南京博物院长远发展的基本方针和工作目标。

今天，随着博物馆事业的快速发展，我们清晰地认识到，开展科研工作是公益性博物馆发展的基础和动力，要提高对科研工作重要性的认识，有的放矢、循序渐进地开展工作。首先，要认识到科学研究是生产力，是博物馆实现社会价值的重要手段。要从发展生产力的高度认识博物馆科研工作的重要性，认识到我们的职责是利用古代文化及其研究成果来推动和促进当地经济社会的和谐发展。通过博物馆的研究成果，使社会认识到，古代文化遗产是一个地区、一个民族、一个国家的象征，具有精神上的巨大作用，发展博物馆事业，也直接或间接地发展了社会生产力；通过博物馆的科研发明和技术创造，让社会认可文物保护技术的重大作用，它不仅可以使文物坚固、延年，并保持美感，更让公众在欣赏文物的过程中认识、理解并尊重了其中"过去的辉煌"和"今天的创造"。其次，要促进科研成果的转化和推广。科研成果只有进行有效转化，才能真正成为现实生产力，更好地发挥科研成果服务社会的功能；积极促进科研成果的推广，可以为文物保护力量比较薄弱的地区提供技术支撑；科研成果的研究和推广，可以培养、锻炼一批既具有理论研究水平，又有实践能力的队伍。第三，要明确科研的内容和重点。南京博物院作为大型综合性博物馆，能够在国际国内博物馆界有一定的地位和影响，积极的科学研究无疑是重要条件。全院有一支专业素质好、知识水平高的业务队伍，他们探索古远历史，研究地域文化，保护物质遗产，服务社会公众。科研的内容和重点主要围绕服务社会发展、服务江苏文博事业、服务公众文化享受的目标来进行。具体而言，主要围绕研究江苏文明史发展的考古发掘研究、文物保管及科学保护、文物展示及公众服务、文物利用及社会作用的发挥等内容来进行。其中在考古发掘研究方面，70 余年的考古收获成果，基本可以勾划出江苏历史发展的轮廓概貌，弥补了文献记载之不足。在文物科学保护方面，共有获奖科技成果 20 多项，在文物保护实践中都得到了广泛的应用。在文物展示及服务公众方面，完成了南京博物院艺术馆陈列，还开展了文博系统人文社会科学重点课题研究，并帮助多家博物馆进行展览设计与布展。在利用文物发挥社会作用方面，多方组织精品展览服务各地公众。同时积极利用科研技术，保护地面文物建筑，启动"身边的博物馆"走进农村基层的数字化博物馆项目，致力于将博物馆与公众的距离拉得更近。

回首往昔，我们欣喜地看到，南京博物院 70 余年的科研成就硕果累累；筹划今朝，深感我们仍需砥砺精神，不断求索，以更好的业绩促更大的发展。为了集中展示并检阅南京博物院在学术研究方面的综合性成果，并藉此体现服务与研究相结合的学术导向和科研特色，我院组织编辑出版《南京博物院学人丛书》，通过整理与学习前辈学人的学术成就与传承脉络，介绍当代学者的研究成果和治学方法，使之作为系统的历史文献资料保存下来，并成为后人获得知识、方法与灵感的重要源泉。同时，真诚希望我院青年学人能得以站在前人肩膀上，坚持良好的学术风气，促进科研工作的不断开展，探索一条新时期可持续发展的学术途径。在我看来，《南京博物院学人丛书》是一种精神资源，在叙述和阐述的过程中，不仅仅是对历史文化积淀的整理，也是对南京博物院学术精神的弘扬。我们有理由相信，无论从文献价值还是从学术传承着眼，作为一项系统的文化工程，《南京博物院学人丛书》随着时间的推移必将会显示出嘉惠后人的永恒价值，成为激励后来者不断前进的动力。

南京博物院院长　龚　良

2009 年 9 月 1 日

自　序

　　我出生在浙江天台笔架山下的一户农民家庭，父亲曾念过几年私塾。虽然当时家里十分贫穷，但父亲仍然竭尽全力供我们兄弟在天台县城上完高小、初中、高中，在这期间我们自己做饭、洗衣，照料自己的生活，每周步行近百里回家补充大米、咸菜、木炭等生活用品，艰辛的生活培养了我的意志，让我在日后的学习、生活、科研工作中养成了不怕吃苦的精神，领悟到苦能励志、勤能补拙的道理，对自己的人生观、价值观产生了极大影响。1960 年考入浙江大学化工系高分子专业，当时我唯一的想法就是要刻苦学习，将来报效祖国。通过五年大学系统基础理论和专业知识的学习，开阔了眼界，为今后的科研工作，奠定了扎实的理论基础。

　　1965 年大学毕业，服从国家统一分配，从美丽的西子湖畔来到了国家政治经济文化中心的北京。中央文化部文物博物馆研究所坐落在北京五四大街红楼内，原是北大图书馆，是李大钊、鲁迅、毛泽东工作过的地方，是革命圣地。到研究所方知这个单位是以研究博物馆学与文化遗产保护为方向的科研机构，当时我就呆了，我学的是理工科高分子专业，对博物馆学、文化遗产可以说一无所知，完全和自己所学专业不对口，心里无比沮丧和失望。就在迷惑中，国家文物局陈滋德处长与我进行了长谈，他说文物保护是一门新兴边缘学科，与自然科学、物理、化学、地质、微生物等密不可分，你们所学的专业大有用武之地。他还介绍了文物科技保护的意义、目的、研究方向以及前辈取得的成绩，强调众多珍贵文化遗产急需抢救保护、维修，而现在我国急需专业人才，寄予你们很大的期望等等。陈处的一番话让我认识到工作的职责和担当，并在前辈的指导下，走上了文物保护科研的征途。然而在 20 世纪 60 年代，各项政治运动扑面而来。直至 1971 年随着文物外交的开展，我才奉命从湖北咸宁五七干校调回北京，赴山西侯马参加奴隶殉葬墓出土遗骸及相关文物的保护，从而迈开了文物保护工作的第一步。我曾先后参加过唐章怀懿德太子墓壁画的保护、西周车马坑土遗址的保护、司马金龙墓出土木板漆画的保护、通辽辽墓壁画的揭取、临沂出土孙子兵法竹简的保护等，并参与过木漆器脱水、纺织品和纸质文物的研究，通过这些工作对文物保护逐步产生兴趣，也积累了一些经验。

　　1973 年从北京文物保护研究所调入南京博物院，一直工作到 2010 年。这近四十年对我来说是出成果的黄金时代。南京博物院前身是中央博物院，这里不仅收藏有 40 多万件文物，还汇集了一批享誉海内外的著名学者，肩负着江苏乃至华东地区考古、博物馆的各项业务工作，但文保科技工作在南京博物院尚未起步，这也给我提供了用武之地。我刚来时，先在保管部工作，当时既没有保护仪器、设备、资料，也没有科技专业人员，凭着对文博事业的热爱，怀着满腔热情、脚踏实地从零开始。没有专业资料，就到高校科研单位去收集；没有文物保护专业设备，就自行研制制作；没有专业人才，就着手培养新人。在十分简陋、困难的情况下，逐步开展文物保护科技工作。这段时期对我业务和身心的磨炼至今仍记忆犹新。1973 年底，我参加连云港出土文物现场保护，对出土文物进行脱水保护研究，为江苏省竹木漆器文物脱水保护工作拉开了序幕，并于 1979 年获得全国科学大会奖。1975 年采用高分子化学材料灌浆技术，应用于南京甘家巷肖秀墓神道石柱维修保护，此科技应用在江苏省石质文物保护尚属首次。随着科技工作的展开和文物保护的需要，院领导十分重视文保科技工作，将文保科技和文物修复专业从保管部剥离出来，于 1978 年成立了科学技术部，开始对纸质文物的脱酸、加固、防霉、防虫领域进行系统全面的研究，并于 1983 年获得"旧纸张保护技术"文化部科技成果一等奖。1988 年，南京博物院文物保护科学技术研究所正式成立，这在文博系统内尚属先例，它不仅要对馆藏文物进行保护和研究，还承担省内外馆藏文物及地面文物的科技保护工作。在我担任所长期间，承担了多项文保科研项目，"纸张脱酸"获 1985 年文化部科技成果三等奖，"复方中草药杀虫剂"获 1989 年文化部文化科技进步四等奖，"纸张气相脱酸研究"获 1991 年国家科学技术进步三等奖。"旧纸张加固技术"和"纸张脱酸技术"以及相关保护技术为南京博物院文物保护科学技术研究所成为国家文物局纸质文物保护基地奠定了基础。1993 年我担任南京博物院副院长，利用自己的专业所长，加强与海内外研究机构的学术合作，增进国际交流，培养文保科技专业人才。1994 年聘任复旦大学客座教授，为国家文物局培养国内首批文物保护研究生。1997 年受聘于台湾台南艺术学院古物维护研究所，并出版《文物保护技术与材料》一书，促进海峡两岸文物保护研究和交流。

回顾 50 年来，在我的生活和工作中，遇到了许多值得我尊敬的前辈、同仁以及积极向上的年轻学者，在他们的帮助下，我在竹木漆器文物的脱水、脆弱纸质文物的脱酸、加固、防霉、防虫以及壁画、大遗址保护等领域，取得了近 30 项科研成果。我自认为在文物保护科技工作上比较勤奋，积累了一些实践经验，但各级政府和领导给予我极大的鼓励和荣誉，如江苏省人大代表、省政协委员、省中青年优秀专家、全国文化系统先进工作者、国务院政府特殊津贴专家等称号。所有这些成绩和荣誉离不开南京博物院这块丰沃的土壤，没有领导、同仁和朋友的支持与帮助，就一定不会有我的今天。

2010 年我正式退休了，在龚良院长的策划下，《南京博物院学人丛书》编辑部邀请我出个文集，我欣然接受，这是我在南京博物院工作 37 年以来的学术成果的总结，如果能对同行有所帮助或参考，我也会感到非常欣慰。

目　录

壹　纸质文物保护

苏州出土抄本《开元寺志》的保护与修复

一九七九年三月十四日上午，吴县镇湖建筑工程队工人，在苏州原开元寺无梁殿（现为吴县革委会）附近，于建房驳砌石脚时发现一石函，石函用金山石凿成，表面较为粗糙，函体与函盖之间的启口用明矾和石灰浆封固，浑然一体，为一整块的花岗石。由于施工中碰撞使它开裂，才得知原是一石函。据吴县革委会的同志回忆，石函是几年前在建档案馆拆除旧平房时发现的，一直弃置在县委办公室旁的乱石堆上[①]。

石函内藏手抄本《开元寺志》（元、亨、利、贞）一部四册（以下简称抄本），这部抄本墨迹清晰，字体匀健，详细地记载了开元寺的史实，从抄写内容可以判断，为清道光以后的抄本，是一部比较重要的史料。但由于长期埋在地下，受到各种有害因素的影响，致使纸张破碎、霉烂、粉化，彼此黏合在一起，已遭严重损坏。为使这件文物得到妥善保护，南京博物院受吴县文管会的委托，将抄本进行了修复与保护。虽然版本时间不长，但对纸类文物修复和保护工作来说，却是提供了很好的资料。

现将修复与保护过程分以下几个部分叙述：

（1）出土的现状及纸张纤维成分分析；

（2）纸张损坏的原因；

（3）修复与保护处理的过程；

（4）霉菌的培养及甲醛蒸气熏蒸消毒；

（5）结束语。

一　出土的现状及纸张纤维成分分析

抄本从石函中取出时，是用报纸、麻线包扎，纸张已霉烂、粉化，色暗黄而脆，彼此黏合在一起。

为了检验纸张的纤维成分以及毁坏的程度，以便确定修复的方法和保管措施，我们对纸样进行了纤维成分分析和显微镜观察，其方法是将纸样以蒸馏水润湿，撕成单个纤维，放在载玻片上，用氯化锌碘溶液染色显黄色，表明木素含量高[②③]。然后在载玻片及纸样上再附上盖玻片，用过滤纸吸掉多余水分，放在显微镜下观察纸样的纤维形态，发现纸的纤维短而有毛茸。

将纸样的显微结构和特性与中国造纸原料纤维图谱进行比较，发现其和稻草纤维图谱相似[④]。

二　纸张损坏的原因

出土的抄本，由于长期埋在地下，处在高湿的环境中，已发生了一系列的破坏纸张的物理化学及结构上的变化，引起这些变化的原因是极复杂的。众所周知，纸是以植物纤维为原料制造而成的，纸的质地和耐久性，首先决定于所取的原料。最结实最耐久的纸张是以手工用拧麻和破棉布的混合物制造的，这种原料含有大量纯纤维素的长纤维，具有高度的机械强度，因而增加纸的耐久性，如棉纸。而出土的抄本所用纸的原料与稻草纤维相似，含有大量非纤维素物质如木质素、半纤维素以及其他物质。纤维素和这些物质都属于杂链高分子化合物，在纤维素大分子中有两类键：即 C－C 键和葡萄糖甙键，在化学试剂作用下基环间的葡萄糖甙键较 C－C 键的稳定性为小。由于纤维素，特别是木质素、半纤维素在氧化时会使纤维素的分子结构破坏，形成新的有机产物，即氧化纤维素，氧化反应是通过生成游离基阶段的连锁反应[⑤]，氧化纤维素具有强烈的还原能力，易于研成粉末，所以纸张呈现粉化、发脆、机械强度降低的现象。

纤维素在酸性介质中，长时间的作用下会发生水解，纤维素水解按下式进行：

$$\text{（化学反应式）} \quad + H_2O \xrightarrow{[H^+]} \quad \text{（化学反应式）}$$

纤维素水解过程中 1－4 葡萄糖甙键断裂，并在断裂处与水分子结合，由于纤维素陆续地分解为许多化合物如水解纤维素、糊精纤维素，当纤维素大分子内所有葡萄糖甙键都断裂（即完全水解时）便生成葡萄糖。随着纤维素水解程度的增加和分子量降低，纸的机械强度，尤其是耐折度显著地减小。

由于抄本长期埋在地下，处在高湿环境中，这不仅加速了纤维素的氧化和水解过程，而促进了微生物的生长，以致纸张霉烂，出现一块块的霉斑。

另外抄本在保存过程中，经常会遇到光、空气中有害气体（SO_2、O_2）的作用，这些因素都不同程度地危害着纸张，使纸变质、老化。

三　修复与保护处理的过程

1. 黏合的揭开

抄本从石函中取出时，彼此黏合在一起，为了将它揭成单页纸，根据各册黏合程度，分别采用干法和湿法⑥，干法：是把竹启子插入未黏结的地方，小心地将竹启子向前移动，慢慢进行揭取，若发现纸张在干燥时发脆，而一碰即碎的情况，应先把纸张湿润回软，一般用湿毛巾覆盖其上或用水蒸气蒸湿，当纸变为柔软后，再用启子慢慢地剔开，操作时须十分小心，切不可操之过急，需要边揭边研究，并根据具体情况随时采取相应措施。书页揭开后，须将其夹放在两张毛边纸中间，用玻璃板镇压，使之平展，以便进一步加工处理。

2. 纸的加固

由于纸张年久老化，以致机械强度十分脆弱，为了恢复纸的强度，防止墨迹脱落，曾采用胶矾水和3%聚乙烯醇缩丁醛的乙醇溶液对纸样进行加固试验，两者的效果有明显的差别。

表 1

	3% 聚乙烯醇缩丁醛溶液	胶矾水
色感	略有光泽	变深
酸碱度	中性	酸性
手感	柔软	发硬
强度	增加	发脆
操作	容易、渗透性好	不易渗透呈水珠
可逆	易可逆	不易可逆

根据上表的比较，我们选择了聚乙烯醇缩丁醛的乙醇溶液用作加固。

加固的方法，先将聚乙烯醇缩丁醛树脂按配比放入乙醇溶液中，待完全溶解后，用毛笔蘸取溶液，涂刷在干燥的书页上，最好用喷涂力求均匀，然后提起吹干。

3. 书页的裱托

裱托是我国保护书画文件的一种有效的传统方法，出土的抄本第一、二两册，因朽坏严重，为了增加纸的强度，便于使用，最后再采用传统工艺进行裱托，其工艺如下。

（1）染纸

染纸是为了使托纸与原纸颜色一致，一般将颜料藤黄、赭石、墨调配成颜色水，加进适量的明胶溶液，颜色水配制好后，先在台面上，按纸的大小均匀地涂刷一遍颜色水，然后把宣纸刷在上面（正面向下），接着把纸轻轻地掀起，用排笔蘸上颜色水刷在纸上，第一张染好后再在第二张染色，依此类推。染好五六张以后轻轻地把它们一张一张地揭起晾干。

（2）裱托

裱托的目的是增加书页的强度。其方法是用湿毛巾覆盖在书页上面，使之润湿，再将托纸均匀地涂刷浆水，托纸上浆后用吸水纸或毛巾吸水，托纸吸过水后掀起来放在一旁。用一张干燥的纸铺在揩干净的台面上，然后把书页（有文字一面向下）铺平在这张纸上，再把托纸（有糨糊的一面向下）盖在书页上，用糊帚把它刷上，在上刷托纸时，左手拿着书页另一头，时时将托纸和书页轻轻地掀松，并要与右手动作配合，以不刷出夹皱为度，全部刷好以后，再翻过来，放在原处或在下面衬上一张干纸，再用糊帚排刷结实，用玻璃压平晾干。

（3）修补、装订

书页全部裱托好后，把零碎纸页拼合对正，并根据字迹和纸的纹理及颜色的特点进行适当的修补，然后按原本样顺序装订成册。

四　霉菌的培养和甲醛蒸气熏蒸消毒

霉菌是毁坏纸张的生物因素，为了检验消毒的效果，从出土的抄本上取小块纸样，放在预先已制备好的土豆琼脂培养基的培养皿中⑤，然后放在培养箱中控制温度25℃，经过四天就发现白、黑、青、黄的霉斑，这些霉菌在适宜的温湿度下，往往以纸的纤维和填料作为养料而大量繁殖，使纸上生成各种颜色的斑点和厚度不同的污痕，并形成蚀烂部位的高度吸湿性，从而使纸变黄发脆，以致严重毁坏。为了杀死霉菌，我们采用甲醛蒸气对抄本进行熏蒸消毒。甲醛（HCHO）又称福尔马林（36%～38%甲醛），是一种防腐剂和杀菌剂，具有剧烈刺激气味的无色液体，高于80℃时是气体，一般温度下变为浑浊并析出白色沉淀，甲醛对细菌、病毒都有杀菌作用，而对纸的副作用较少。所以目前在图书馆、档案馆仍被广泛采用⑥⑦。

消毒的装置及操作工艺：

消毒装置：（略）

操作工艺：

（1）把配好的氯化钾饱和水溶液倒入消毒箱中，使容器中的相对湿度为85%。

（2）把抄本搁放在隔板上。

（3）抽真空（真空度达到410mmHg）待恒定后，关闭真空泵。

（4）把高锰酸钾放入气体发生器中，然后滴加甲醛溶液，即发生放热反应，产生甲醛气体，打开活塞通入消毒箱中。

（5）抄本经过8个小时消毒后，取纸样一小块放在土豆琼脂培养皿中，经数天培养未见霉菌生长证明消毒有效。

五　结　语

抄本的修复、保护工作，对我们来说还是初次尝试。通过几个月的摸索，现已将黏合书页全部揭开，并经修复、装订成册，取得了预期的效果。通过这项工作使我们积累了一些纸类文物的保护经验，但也存在不足，如纸样的物化性能的分析，加固材料，以及消毒材料的选择，最适宜消毒时间、剂量、温湿度的确定等等，都有待进一步的研究和完善。

注释：

① 吴县革委会内发现《开元寺志》简报，吴县文管会，1979 年 3 月 14 日。

②《造纸工业的化学分析》，北京造纸研究所。

③《文件材料保管技术学》，中国人民大学出版社。

④《中国造纸原料纤维图谱》，北京造纸研究所。

⑤《纤维素及其伴生物化学》，科学出版社。

⑥《古物及艺术品的保养（处理、整修与复原)》，国家文物局文博组翻印。

⑦《微生物》，上海水产学院。

（原载《文博通讯》1979 年第 26 期）

单丝树脂网的制作工艺及其应用[*]

　　长期以来，从事文物保护的科技人员，对于两面书写的纸类文物的加固，都感到非常棘手，不能很好地解决这个问题。本文就采用单丝树脂网对这类文物进行加固所取得的经验，作一个介绍，希望引起讨论研究，以丰富文物保护的手段，达到更好地保护文物的目的。

　　对脆弱、破碎的纸张文物（书画、档案、珍贵的革命文物）进行加固，一般都采用传统的裱托法，这种方法目前仍在广泛地应用，但它只适用于单面书写文字的纸张的加固。为了寻求两面书写文字的纸张的加固方法，中外学者进行了大量的研究和探索。英国学者巴罗 W. G. Barrow 曾用一种克丽白林（细绉纱 Crepeline）在纸的正反面，用淀粉糨糊黏合加固；斯克来伯纳（B. W. Scribner）把纸张夹在两层醋酸纤维素（Cei-iuioseagetate）的薄页中，以热压法加固；苏联科学院图书馆恩普吉洪诺夫，用天然树脂和合成树脂溶液加固；日本等国，用精薄纸（一种绸纸）以糨糊为黏合剂加固；国内文博所王丹华等研究破碎纸张的二醋酸纤维素对口粘接，还有一些博物馆采用玻璃或有机玻璃将纸张夹在中间予以保护。凡此种种不一一赘述。总之，这些专家、学者付出了辛勤的劳动，无疑对加固纸类文物取得了一定的进展。

　　综上所述，目前采用的各种保护措施，归纳起来大致可分为三类：（一）裱托法，以某种材料将纸张裱糊起来；（二）夹衬法，以两层材料将纸张夹在中间；（三）涂布法，以某种加固剂喷涂、浸渍纸上以起到保护作用。这三类方法各有千秋，都有利弊。那么，如何判断一种方法的好坏呢？我们考虑到由于加固两面书写的脆弱纸类文物，要求较高，难度很大，任何一种方法必须使加固对象不失原貌，又增加强度，不碍视线，又不过厚过重，并具有抗霉防老，以及良好的手感，还有可逆性等等特点，才是可靠的方法；另一方面，纸类文物也是多种多样的，有厚有薄……因此还要有广泛的适应性，才算是好的方法。显然，要满足这些要求是很不容易的。所以多年来这种保护技术进展缓慢，突破一点也都是非常困难的。

　　中国科学院考古研究所王𫐉等曾经在发掘马王堆汉墓时，采用过一种蚕丝树脂膜对纺织品进行加固，取得了可喜的成果。我们对这种加固纺织品的方法，进行了学习和研究，感到是一种有前途的方法。这种方法，用丝网为夹衬，是很好的，它比较轻

＊　本文由晏三彩、张永庆合作撰写。

薄、透明。用树脂作黏结剂也很好，但是加上一层树脂薄膜后，容易产生光泽，就不理想了，再则用溶剂使树脂溶化黏合的方式，操作时泛白，影响透明度，也存在问题。针对这样的情况，我们吸取了丝网为夹衬，去掉树脂膜，采用热压法，对织机进行改进，扩大织作规格由 17×17cm 变为 40×40cm，改手摇为电动，研制新的送丝头以及工艺流程。制成"第二代"单丝树脂网（制作工艺、使用方法附后），并用来加固纸类文物，通过两年来的实践，表明单丝树脂网作为脆弱、破碎纸张的加固是适宜的，尤其适用于两面书写的纸类文物，其理由如下。

第一，单丝树脂网具有足够的加固强度。单丝树脂网是由蚕丝绕织成网，喷涂树脂而成，看上去它没有施以重胶，却能牢固地黏合，这是由于丝网上所喷树脂的作用，当树脂受热在纸和丝之间产生黏结力，这种黏结力，从黏合机理分析，蚕丝、纸张以微观来看：它们的表面粗糙不平，富于多孔性，树脂浸入这样的表面，引起固定作用，这只是机械黏结力；物质结构理论认为：在物质的聚集状态中，分子间存在着一种较弱的吸引力。这是范德华力，树脂分子对固体表面有很大的范德华力时，黏结力就大；再从物质分子运动理论看，高分子树脂的链本身、与链段和丝网、纸张表面分子彼此都处在不停地热运动中，互相产生扩散作用，彼此跑到对方的分子中去，由于这种扩散，增加了树脂分子与蚕丝纸张分子的相互接触，因而使它们牢固地黏合在一起。单丝树脂网与纸之间之所以黏合是由于机械粘接、物理吸附、分子间的扩散以及产生化学链等因素所综合形成的，有了这样牢固的粘接，再加上丝的网状构造所起的结构作用，使脆弱的纸张增加了强度。换言之，使脆弱的纸张得到单丝树脂网的衬托而增加了强度。这样的强度实际上已足够应用了。如果强度过大，脆弱的纸张也经受不了，反而使可逆性变坏。相反过小也不起加固作用，因此这样的加固强度是适宜的。

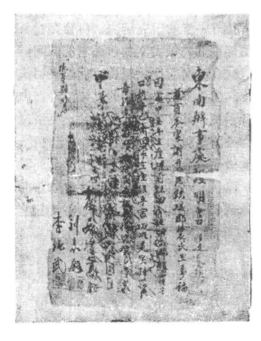
未经加固的革命文物

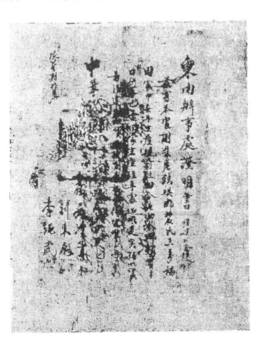
用丝网加固后的同一文物

当然，我们也注意到由于丝网是由极细的（仅 10～20 微米）单根蚕丝，构成经纬网上，经喷涂的树脂含量是极少的，如果喷涂不匀，有多有少，少的部分会发生脱胶的现象，这点只要把住丝网质量，是可以克服的。何况丝网粘上后还可以揭取，必要时更换好的丝网予以加固，所以在实际应用时是不难解决的问题。

第二，单丝树脂网具有较好的透明度和不影响文物的原貌的特性。这是一个优点。往往采用一种方法加固后，强度虽得到了增加，但透明度降低了，如裱托法就会产生这样的后果。单丝树脂网膜，也具有较好的透明度，不过加固后在纸上会明显的产生一种亮光，影响质感。而单丝树脂网对脆弱纸张加固后，没有上面的弱点，它不影响书画的阅读，也不妨碍照相、缩微，基本上保持了原貌，因此适宜两面书写的纸类文物的加固。

第三，单丝树脂网具有一定的防霉性能。这主要是它采用树脂为黏结剂，摒弃了一般淀粉糨糊，减少了霉菌滋生的因素。单丝树脂网所采用的树脂，是聚乙烯醇缩丁醛，这种树脂经天津合成材料工业研究所试验证明，在一般情况下是不易被霉菌感染的，只有在树脂中添加增塑剂才会被感染。尽管如此，它的抗霉能力远远超过淀粉糨糊，而单丝树脂网所用聚乙烯醇缩丁醛并未添加增塑剂，所以它具有良好的防霉性能。

第四，单丝树脂网有重量轻、厚度薄、手感好的特点。用裱托法加固的纸类文物，往往其厚度、重量都相应增加，如一宗案卷加固后变成三卷之多，给庋藏、使用带来了很大不便，这种单丝树脂网是由比重 $1.3～1.4\,g/cm^3$ 的单根蚕丝绕制的，重量极轻，厚度也仅一到二丝。此外，由于蚕丝具有纤维长、韧性大、弹性好，加上树脂的分子含有支链长所形成的柔软性、挠屈性优的特点，使得单丝树脂网也具备上述优良性能。

第五，单丝树脂网具有良好的可逆性。其粘接树脂是选用聚乙烯醇缩丁醛，它属于可塑性线型高聚物，在醇中具有良好的溶解性。当要揭取时，只需用溶剂润湿一下即可。

从以上几点看，单丝树脂网所具有的特点是比较理想的，因此说它是一种有前途的、适宜加固两面书写的纸类文物的一种方法。但是这种方法，也还处在试验阶段，特别是工艺上还存在着一些问题。比如热压法的温度是不是对纸张有所损害，大规模的使用，丝网制作能否适应，以及喷涂树脂的方式所造成的浪费等等，都有待进一步的研究解决。尽管存在着这样那样的问题，它还是优于裱托法，裱托法不能处理两面书写的纸类文物，而它能做到；裱托法易于生霉虫蛀，而它感染性很小；裱托法厚、重增加很大，而它比较轻薄。比起夹衬法，单丝树脂网也是优越的，夹衬法一般只适宜单页文物，而且不能长时间的夹放，否则产生粘连的弊病，这是单丝树脂网所没有的。如果比起喷涂法更是好了，一般喷涂法极易引起文物发亮变色，增塑剂挥发后产生硬化等致命弱点，这都是单丝树脂网所没有的。单丝树脂网，只要在设备工艺方面做进一步的提高，确实是一种有效而有希望的方法。

　　这里我们是把单丝树脂网的试验进行了小结，但目前对其研究和使用还是初步的。我们想有些问题，需要实践和时间来证实，有些问题有待于认识的深化才能解决。希望各地文物保护工作者共同研究改进，使其更臻完善。

《附件一》

单丝树脂网的制作工艺及其应用的试验报告

（一）原料

a 天然纤维（蚕丝）一般选用市售新茧

b 聚乙烯醇缩丁醛（PVB 树脂）

　　一种白色粉末，比重 1.107，吸湿率不大于 4%，软化温度 60~65℃，溶于乙醇。

c 乙醇

　　亦称酒精，无色、易挥发和易燃的液体，具有独特酒味，能与水混溶。一般以 95% 浓度工业乙醇。

d UV-531（紫外线吸收剂）

　　学名 2-羟基-4-正辛氧基二苯甲酮

（二）喷涂液配方

PVB 树脂	7.5g
乙醇	100g
UV-531	0.4g

（三）树脂网的制作工艺

1. 煮茧：将茧放在水中浸湿加热煮沸。

2. 抽丝：缫丝，理出正头待用。

3. 制网：将单丝放在专用织机上绕成 40×40cm、64 目经纬的丝网。

4. 喷涂：将所配树脂液均匀的喷涂在丝网上。

5. 裁剪：喷涂后晾干，剪下备用。

（四）技术指标及性能测定

规格	40×40cm
密度	64 目/cm^2
重量	10.1mg/cm^2

单丝抗拉强度	3.3~3.9g/旦尼尔	
单丝伸张度	13%~18%	
丝网加固后纸张耐折强度	未加 0.7 次	加固 2 次
丝网加固前前后纸张抗拉强度	未加 $687g/cm^2$	加固 $1024g/cm^2$

（五）应用方法

先将待加固的纸张，理平皱褶，对好破口，放在垫纸上，然后在其上铺放略大于纸的单丝树脂网，再在丝网上平放一张隔离纸（如图示），用电熨斗加热压合即可。背面只按同样方法操作，操作过程中应注意以下问题。

1. 丝网必须平整，网目最好与文字行路垂直。

2. 隔离纸是选用稍硬、厚、伸缩率小的纸张表面涂抹滑石粉而成。以防热压时丝网粘连其上。

3. 熨斗必须按顺序熨合，不要跳花，以免丝网起皱，用力要匀，一熨而过。

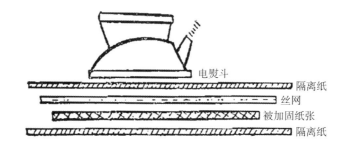

电熨斗
隔离纸
丝网
被加固纸张
隔离纸

《附件二》

纸张拉力试验记录

目的：比较有光纸加单丝树脂网后的抗拉强度

时间：1980 年 10 月

测试地点温度：23℃　湿度：67%

试样规格：18cm×1.5cm

试样编号：1~5 有光纸

　　　　　　6~10 有光纸加单丝树脂网（单面）

测试数值：编号		
	1	$725g/cm^2$
	2	$660g/cm^2$
	3	$550g/cm^2$
	4	$790g/cm^2$
	5	$710g/cm^2$
	6	$1040g/cm^2$
	7	$1060g/cm^2$

8	$950\mathrm{g/cm^2}$
9	$1135\mathrm{g/cm^2}$
10	$935\mathrm{g/cm^2}$

平均值：　　1～5　$687\mathrm{g/cm^2}$　　6～10　$1024\mathrm{g/cm^2}$

增加抗拉强度：33 %

拉力机型号：ZL－10 型

加荷速度：275 分/毫米

《附件三》

江苏省造纸测试站试验报告

送验者：　　　南京博物院

送验品：　　　宣纸与单面加丝网宣纸

送验目的：　　耐折度

报告编号：　　68～69

报告日期：　　1980 年 11 月 28 日

结　　果：

宣　　纸：　　耐折度次 0.7 次

单面加丝网宣纸：　耐折度 2 次

造纸测试江苏省站

参考文献：

1. ［苏联］Л·Я 米津 Н·А 采列维吉诺夫著，孙敏译：《文件材料保管技术学》，中国人民大学出版社，1957 年。

2. ［英］H. J. 卜伦德莱斯著，绍熙译：《古物及艺术品的保养（处理、整修与复原)》，文化部图博口文博组翻印，1973 年。

3. 潘祖仁：《高分子化学》，化学工业出版社，1980 年。

4. ［日］厚木胜基著，马味仲译：《天然纤维及人造纤维工业》，商务印书馆，1952 年。

5. 天津市合成材料工业研究所：《高分子材料的霉菌老化和防霉》，《老化通讯》1973 年第 3 期。

6. 傅志宗、马伯龙：《纸张的涂布设备及其使用》，轻工业出版社，1965 年。

7. 《产品介绍（紫外线吸收剂 UV－531)》，南京长征化工厂，1980 年。

8. 上海化工学院玻璃钢教研室：《合成树脂》，中国建筑工业出版社，1979 年。

（原载《文博通讯》1980 年第 34 期）

两面文字脆弱纸质文物保护的丝网热压加固法[*]

一 引 言

纸是我国古代四大发明之一。自从纸张问世以来，就以强大的生命力显示出在人类社会活动中不可缺少的作用。由于纸张所具有的信息载体功能，几千年来给我们留下了浩如烟海的珍贵史料，为文化的传播和知识的积累做出了巨大的贡献。因此，古代的片纸只字都受到人们的重视而加以保护。然而，这些珍贵的史料，随着时间的流逝，自然条件的变化，人为因素（例如：磨损、折叠、撕破）的侵袭，虫害，微生物滋生，光的照射，湿度和温度的巨变，大气中 SO_2、H_2S、CO_2 等有害气体的侵蚀，以及造纸时所添加的有害化合物等等，都会造成纸张的损坏和变质。为了保护这些文化遗产，科学工作者们不断地研究保护对策，采取必要的措施，力图挽救、延长其寿命。追溯过去，早在 1500 年前我国晋代就采用裱托的方法对纸张进行加固[①]，这种方法一直沿袭至今，现在的书画、档案、图书中还在使用。不过这种托裱的方式只适用于单面书写、印刷的文件，而两面书写、印刷的就不好用了。对此，国外 20 世纪 30 年代起就有两面书写、印刷纸件加固的研究，如：美国学者 W. G. Barrow[②] 曾用一种细绡纱 crepeline 在纸的两面用淀粉糨糊黏合加固。B. W. Scribner[③] 将纸质文物夹在两张醋酸纤维（cenalosacetato）薄膜中间以热压法加固。50 年代苏联科学院图书馆恩普吉洪诺夫[④]用天然树脂或合成树脂进行加固。随着高分子化学的发展，有些新型材料已广泛应用于纸质文物的保护。如美国国会图书馆将文件夹在两张被称为"迈拉尔"的聚酯薄膜中间进行热加固，法国卢旺省档案馆先用棉纸补缺，然后两面加透明赛璐珞纸、粘接纸，尼龙薄膜热压加固，英国丘园档案馆对破碎文件先用日本绵纸再加绢，粘接纸进行热压加固，各国学者的研究，对纸质文物的保护无疑有着重要的作用[⑤]。纵观诸多保护方法，多以裱托、浸渍、夹衬、加膜、热压的技术手段进行，这些保护措施适用于不同的对象，各有千秋。本文所述丝网热压加固法，就是在这些研究基础上推出的。这种加固方法，运用了单丝树脂网及热压加固技术，对脆弱的单面、双面图书、档案、

* 本文由奚三彩、张永庆合作撰写。

文献的加固有着良好的效果。它的出现，丰富了纸质文物保护的手段，可达到更好的保护纸质文物的目的。

二　蚕丝树脂网的制备

1. 制网原料

（1）蚕茧　系动物纤维，是由丝质和丝胶组成，其化学成分为蛋白质，属高分子化合物，丝质为组成茧丝纤维的主要部分，而丝胶包在其周围起加固丝质的作用，它是制作丝网的主要原料，一般选用洁白、饱满的新蚕茧。

（2）聚乙烯醇缩丁醛（PVB）　它是一种白色或浅黄色粉末，比重1.107，吸湿率不大于4%，软化温度60~65℃，溶于乙醇，耐候性强。一般选用低黏度树脂作黏合剂用。

（3）乙醇　亦称酒精，是无色、易挥发和易燃的液体。它具有独特的酒味，能与水混溶。一般以浓度为95%左右为宜。

（4）防霉剂（DP）　为白色或浅灰色粉末，具有酚类的气味，溶于乙醇、丙酮等有机溶剂，不溶于水，溶点为71~72℃，对多种微生物有杀死或抑制作用。

（5）紫外线吸收剂（UV-531）　UV-531学名2-羟基-4-正辛氧基二苯甲酮。

2. 制网设备

主要有HC-1型织网机（系非标设备，结构见图1）、空压机、喷枪、烘箱等。

（1）喷涂液配方　树脂（PVB）5%~7.5%；紫外线吸收剂（UV-531）0.4%；防霉剂（DP）0.2%~0.5%；溶剂92%~95%。

（2）制网工艺过程　煮茧—抽丝—织网—烘干—喷涂—干燥—裁剪。

煮茧抽丝：将蚕茧放入水中煮沸，控制适宜的温度和时间，将煮好的蚕茧抽丝，理出正头待用。

织网烘干：先将蚕丝通过送丝口，固定在网架上，启动电机，绕织成40×40cm或60×60cm 25目或不同规格的经纬交叠的丝网。然后连同网架送入恒温干燥箱中干燥，或用红外灯烘干亦可，但切忌温度过高。

上胶剪裁：将配制的喷涂液，静置一段时间，用气压喷枪向已干燥的丝网上喷涂，使其经纬粘接；喷涂务必均匀，环境要求干燥，完成后随即烘干，再以锋利的刀刃在网架的四周将丝网割下备用。

3. 丝网的技术要求

规格：40×40cm，60×60cm

手感：柔软

外观：无色微透明，经纬交叠整齐

图1　绕织丝网机

密度：25目～64目/cm²

重量：10.1mg/cm²

单丝抗拉强度：3.3～3.98g/旦尼尔

单丝伸张度：13%～18%

三　树脂网在纸质文物中的使用

先将被加固的纸质文物理平皱褶，仔细对好破口，以免错位，然后按照毛毡—垫层—文件—丝网—垫层的顺序叠放在热压机中，待热压机恒温控制到80℃时合上热压机15～20秒即可完成。操作时要注意：丝网必须放平整，网格最好与文字垂直，垫层选用聚四氟乙烯材料，它易剥离。检查质量时要看丝网与文件是否结合牢固，必要时可第二次热压。整个热压过程中，掌握好温度至关重要。

四　树脂网在纸质文物中使用的效果

自1979年起，我们就用丝网热压加固技术进行模拟试粘，收到了可靠的效果，随后逐步应用于革命文物、报纸、图书、经卷等的修复加固。十年来的应用证明，单丝树脂网适用于脆弱薄型纸张，如棉纸、毛边纸、连史纸等手工纸的加固，也适用于光纸、新闻纸等机制纸的加固。更富有特点的是对两面文字和遇水渗透字迹的文件、档案、图书资料的加固具有独到的效果。举一例说明，如一件解放战争时期的战士入党志愿书，纸质很差，破成几片，因为两面都有文字无法托裱（图2左），保管和使用极不方便，经用丝网加固后，恢复了完整，可以整张拿起，可以辨读，一改旧观（图2右）。经十几年的库房收藏，效果很好。

图2　加固前（左）、后（右）对照

为了说明丝网热压加固的可靠性，曾经对纸样进行了性能测试，其结果显示出以下特点。

（1）丝网对脆弱纸张加固具有适宜的强度，从测试数据可以看出，对比试验的同一种有光纸，加丝网的抗张力（kg/m²）纵横平均值由 1.369 增至 1.473；耐折度（次）纵横平均值由 5.49 增至 7.379。试样强度的增加，主要是树脂的黏结和丝网结构的作用，有了强度的增加，无疑就会得到必要的保护。

（2）用丝网热压加固的文件具有良好的透明度，又不影响文件原貌。一般采用其他方法加固，往往强度得到增加，可是透明度降低了，有的甚至模糊不清，原貌也改变了。例如传统的裱托就会有这种现象产生，用塑料薄膜热压或高分子材料喷涂加固，虽有透明度，但会出现明显的亮光，以至影响质感和原貌，丝网热压加固既不影响文件的阅读，又不妨碍照相以及复印。

（3）丝网热压加固与传统裱托相比，更具有防霉能力，将一张报纸裁成两份，分别用丝网热压和传统裱托进行加固，然后同时放在恒温25℃和80%相对湿度的恒温恒湿箱中进行对比试验，发现传统裱托的试样经四天就已长霉，而丝网热压加固的试样经过十几天的观察未见霉菌生长。分析表明，丝网热压加固，摒弃了淀粉糨糊，又在树脂液中添加了防霉剂，减少了霉菌滋生的条件，抑制了霉菌的生长，所以取得良好的防霉能力。

（4）单丝树脂网具有重量轻、厚度薄、手感好的特点。用纸张裱托和塑料薄膜复合热压加固文件，其厚度、重量都相应增加，把2.6g重的试样用丝网热压加固，称重为2.8g，增加了0.2g，如果宣纸裱托，称重为4.2g，增加1.4g。一两张纸的加固显不出多大问题，如果是一宗案卷或一本书，用裱托法加固以后可能变成三卷或三本之多，这就给使用和库藏带来不便。丝网是由单根蚕丝制成的，其重量测定为10.1mg/cm²，厚度也仅 1～2 丝。由于蚕丝的纤维长、韧性大、弹性好，加上树脂的分子含有支链长所形成的柔软性、挠曲性的特点，使得丝网具备了优异于其他方法的特种性能。

（5）单丝树脂网具有较好的耐老化性能。大家知道，蚕丝经历千年而不腐，已被长沙马王堆汉墓出土的丝织品所证实。乙烯类树脂又具有耐大气、耐日光暴晒、耐臭氧和氧、抗磨性强的特点，由这两种材料制成的丝网用于纸张加固，只要保管条件适宜，势必能得到长期的保存。试验表明：把丝网热压加固的纸样，放在低温箱中零下20℃进行冷冻32小时以及放在太阳下经150小时暴晒，都未发现脱网等现象，甚至把试样放在温度100℃烤箱中烘烤72小时（相当于在正常库房条件下存放25年的加速老化）也未发现脱网现象。

五　结　语

众所周知，文物的修复是比较困难的。一般来说要求经任何一种方法修复、加固的对象不能失去原貌，不碍视线，能增加强度，防霉抗老化等。上述这些苛刻条件都是客观上的需要，但无疑会给保护方法增加难度。往往满足一两项上述要求是能够办到的，而要满足上述全部要求就不容易了，所以保护两面文字的纸质文物的好方法寥寥无几。然而丝网热压加固的方法，基本上能够满足文物修复的要求，所以是比较好的方法之一，但它有一定的局限性，如较厚的纸张，加固的强度就不够理想，铜版纸、描图纸就不宜使用。尽管如此，这种方法在近两年来得到上百个单位的使用，抢救了一批重要的文物、图书、档案、资料。实践证明：丝网热压加固方法，是一种简便、经济、可靠的脆弱的纸质文物的保护方法。

随着科学技术的日益发展，在文物保护领域里，高层次的新技术一定会出现，长期以来文物保护中的难题会迎刃而解，祖国宝贵的文化遗产将会源远流长。

注释：

① 郑求真：《博物馆藏品保管》，紫禁城出版社，1985 年。

② ［英］H.J.卜伦德莱斯著，邵熙译：《古物及艺术品的保养（处理、整修与复原)》，文化部图博口文博组翻印，1973 年。

③ ［苏联］Л·Я 米津 Н·A 采列维吉诺夫著，孙敏译：《文件材料保管技术学》，中国人民大学出版社，1957 年。

④ 《图书馆学员通讯》1984 年第 4 期。

⑤ 《中国档案代表团考察报告》，中国第二历史档案馆资料，1981 年。

（原载《文物保护与考古科学》1989 年第 1 卷第 1 期）

纸张 DEZ 气相脱酸应用研究[*]

　　十九世纪中期，工业革命给造纸技术带来了突破性的发展，纸张由原来手工制造逐步被现代化学、机械技术所替代，这不仅适应了社会发展的需要，而且满足了文化事业发展的需求，是对人类文明的一大贡献。但是由于机制纸的造纸工艺以及造纸原料中含有酸性物质，给纸张的耐久性带来了潜在的危害。目前，由于纸张酸化而引起的"自毁"现象已成为当今世界面临的共同问题。面对这种现实，世界各国图书馆、档案馆、博物馆正在组织力量，投入巨款，抢救濒于毁灭的人类珍贵文化遗产——书籍、手稿、报纸、文献等。一方面人们采取缩微、复制、重新印刷等再生性的保护措施，另一方面利用现代科学技术，诸如改善保管条件、充氮除氧、脱酸等技术加以预防，以延长纸张寿命。尤其研究纸张脱酸技术，消除纸张"自毁"的根源，已成为纸质文物、书籍、文献保护的中心课题。

　　早在1936年希尔霍茨等[②]首先研究成功用钙、锶、钡等金属酸式碳酸盐的水溶液脱酸以来，新的纸张脱酸方法不断涌现，并得到迅速发展。归纳起来，脱酸方法可分为溶液法（水、非水溶液）和气相法两大类[③]。这些方法对纸张脱酸都有一定效果，由于溶液法会引起纸张皱缩、变色以及不宜大批量脱酸等问题而逐步被气相法所代替。以往化学工作者先后研究成功用氨、环己胺、六甲撑四胺、1，4－氧氮杂环己烷、吗啉等[④]碱性气体进行脱酸，都取得了一定成果，但尚未出现令人满意的综合效果。直到1976年，化学家威廉斯等[⑤]在美国国会图书馆利用宇航设备研究成功 DEZ 真空脱酸技术以后，克服了上述几种方法的不足，为实际应用提供了一种行之有效的方法。

　　我国于1983年，在江苏省科委、文化部支持下由南京博物院等单位承担 DEZ 气相脱酸研究，从设备的设计、制造，DEZ 药剂的合成以及应用工艺条件的选择，进行了全面的研究，先后经历八年。本文仅将应用研究情况综述于后。

一　试验部分

1. 供试材料

①选用1930年以来的出版物：图书、报纸、杂志，其中有新闻纸、道林纸、有光

＊　本文由王勉、奚三彩、张永庆合作撰写。

纸、牛皮纸、铜版纸等。

②书写材料：墨汁、各种蓝黑墨水、油墨、印泥、圆珠笔油等。

2. 试验药剂

①DEZ 是由课题组成员单位合成，纯度 99.5%，Cu、Fe 含量 <50ppm。

②甲醇。市售，化学纯。

③氯酚红指示剂。将 0.1g 氯酚红溶于 20ml 乙醇后，加蒸馏水配成 100ml 溶液，作为定性检测脱酸效果的指示剂。

④120 号溶剂汽油或正辛烷（化学纯）。作为 DEZ 溶剂可配所需浓度，以利使用安全。

3. 试验设备

①真空处理器 2m³，为自行设计、制造的非标准设备，工作压力范围 0.66~6.66Pa。

②真空机组由 2X-70 旋片式真空泵、ZJ-150 机械增压泵和气、水分离器组成。

③加热系统：为使箱体加热温度均匀和使用安全，本设备采用间接加热，在箱体夹层中注入导热油，用六根电热棒加热导热油，使热量均匀地传递到箱体中间。

④后处理系统：该系统是由煤油贮罐、活性炭贮罐和真空泵组成。

⑤加料系统：该装置是由 DEZ 贮罐、氮气缓冲罐、氮气钢瓶和计量器组成。

4. 扩试工艺及步骤

装置示意图见图 1，工艺流程图见图 2。

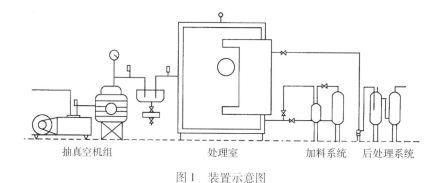

抽真空机组　　　　　　处理室　　　　加料系统　后处理系统

图 1　装置示意图

| 文档图书除尘预干燥 | → | 真空脱水处理 | → | DEZ处理 | → | 残液回收后处理 | → | 惰性气体保护 | → | 分析检测 | → | 复原入库 |

图 2　工艺流程图

（1）工艺条件

①温度。温度的高低不仅影响纸张本身的耐久性，而且还影响着纸张中水分的挥发，温度高可以缩短脱水处理时间，以利于达到处理所需真空度；温度过高则由于热老化会降低纸张强度，所以控制适宜的温度是十分必要的。经多次试验，我们认为，在真空脱水处理时的温度控制在 60℃ 左右为宜。当投入 DEZ 时，由于 DEZ 在箱内汽化

吸热，降低了箱内温度，为使 DEZ 在箱内充分汽化，温度适当提高，一般控制在 62℃，最高不超过 65℃。

②真空度。真空度是纸张脱酸技术的关键因素，它关系到纸张脱水的速度及其 DEZ 对纸张的渗透程度，因此直接影响脱酸效果，真空度越高，效果越好，但真空度的高低与真空机械设备的性能密切相关，如要求较高的真空度，则相应对真空设备要求也越高，因此给真空处理器的设计、制造带来了一定难度，还要增加费用。根据本试验需要与可能，真空度在静置状态下能维持20min，不低于13.33Pa即可。

③处理时间。处理时间是指需处理的纸质文物、图书放入箱内脱水、中和、后处理三个阶段时间的总和。处理时间与所需的数量及其含水量和在箱内堆放形式都有关联。在一定的温度下处理物多，含水量大，真空度上升速度缓慢，脱水处理时间随之延长，具体所需时间是随着以上条件各种因素的变化有所不同，在实际应用时，根据被处理物的具体情况而定。

（2）操作步骤

①将需处理的纸质文物、图书，先进行除尘、称重，预干燥后分别装入容器中，再放在不锈钢车架上，推入真空处理箱内，关闭箱门。

②开始加热，温度一般控制在60℃左右，同时开启 ZX－70A 机械泵，再开启 ZJ－150 机械增压泵进行真空干燥，抽至真空度达到 1.33～2.66Pa 时关机静置20min。

③静置20min后，真空度仍保持在13.33Pa以上，即可加入DEZ进行中和处理。

④加料系统需有氮气保护。投入DEZ时压力逐步回升，可回升12kPa左右，通过观察窗可观察到 DEZ 汽化翻腾的现象，这时箱内温度保持在60℃，最高不得超过65℃。

⑤待中和处理一段时间后（一般与真空脱水时间相同），停止加热，输入一定量的甲醇以分解未反应的DEZ。

⑥用真空泵把甲醇与DEZ反应生成的乙烷气抽入煤油贮罐，煤油吸收后再经活性炭排放。

⑦经以上处理，即可通入氮气或二氧化碳，此时箱内压力回到常压，开箱取样。

⑧检测、复原、整理入库。

二 应用实例

1. 第五号例

我们选取了一批酸性的书、报、杂志作为脱酸处理对象，称之为130kg，先进行除尘，并按照一定的堆放形式放在2m³真空处理箱中，然后进行加温（60～65℃）减压干燥约160h，共脱水12kg，当压力达到2.66Pa时关机静置20min，随即投入 DEZ 2.2kg，压力回升12kPa左右，从观察窗可看到DEZ汽化的情景，此时箱内发生复杂的化学反应，其中DEZ与纸张中的残留水分反应。

$$(C_2H_5)_2Zn + H_2O \longrightarrow (C_2H_5)ZnOH + C_2H_6 \uparrow$$

$$(C_2H_5)ZnOH + H_2O \longrightarrow C_2H_6 \uparrow + Zn(OH)_2$$

同时 DEZ 和纸张中纤维素羟基发生反应：

$$CellOH + (C_2H_5)_2Zn \longrightarrow CellOZn(C_2H_5) + C_2H_6 \uparrow$$

当水分子遇到纤维素二次反应时：

$$CellOZn(C_2H_5) + 2H_2O \longrightarrow CellOH + Zn(OH)_2 + C_2H_6 \uparrow$$

DEZ 不仅能有效地中和游离酸，而且与纤维素反应，从而抑制了纤维素致命的水解作用，并在纸面上沉积一定量的 ZnO，整个反应过程进行了 137h，然后输入甲醇 400ml 与箱内未反应的 DEZ 发出水解作用：

$$(C_2H_5)_2Zn + CH_3OH \longrightarrow C_2H_5ZnOCH_3 + C_2H_6 \uparrow$$

$$C_2H_5ZnOCH_3 + CH_3OH \longrightarrow Zn(OCH_3)_2 + C_2H_6 \uparrow$$

并通过煤油贮罐及活性炭吸收排放乙烷，再通入氮气或二氧化碳使真空处理箱恢复常压后开启箱门取样检测，整理入库。

2. 脱酸效果

（1）pH 值的测定。为了快速测定纸张经 DEZ 处理后的脱酸效果，我们配制了氯酚红指示剂溶液直接涂刷在纸上，根据颜色来判定 pH 值范围。

颜色	黄	橙	赤紫
pH	3.8 ~	4.4 ~	6.4 ~ 7.5

通过对 50 本书抽样检测，凡未经处理的一般都呈黄、橙色，属酸性纸；经脱酸处理的均呈赤紫色，属中性偏碱。这种检测方法，只能是定性的。为了定量检测，根据 GB1546 – 79 测试方法，用 PHS – 3 型酸度计进行测定，结果见表 1。

表 1　用 PHS – 3 型酸度计测定纸张 pH 结果

测试样	处理前 pH	处理后 pH
48 年新闻纸	4.5	7.2
48 年新闻纸	5.0	7.4
47 年新闻纸	3.9	7.1
35 年新闻纸	4.0	7.1
47 年新闻纸	4.9	7.4
48 年新闻纸	4.2	7.0

（2）ZnO 测定。ZnO 沉积量的测定采用原子光谱吸收法，结果见表 2。

表 2　ZnO 沉积量测定结果

序　号	页　数	纸张名称	ZnO 含量（mg/m²）
2	32	一号有光纸（新沂）　40g/m²	100.168
4	64	特号书写纸（新沂）　80g/m²	126.130

（续表）

序　号	页　数	纸张名称	ZnO 含量（mg/m²）
6	82	二号书写纸（新沂）　70g/m²	133.547
9	105	账册纸（华圣）　80g/m²	85.333
10	109	一号单机半板纸（庆丰）　100g/m²	118.712
12	168	牛皮纸（部队）　70g/m²	103.877

（3）纸张抗拉、耐折强度测定。纸张抗拉强度根据 GB453、耐折强度根据 GB457 - 70 标准，对处理样及对照样经 12 天老化后进行测定，结果见表3。

表3　纸张抗拉、耐折强度测定结果

试　样		抗拉强度（N）		耐折强度（次）	
		对照样	处理样	对照样	处理样
A3 大复印纸 70g/m²	纵向	33.5	35.68	17	18
	横向	19.1	21.9	10	11
新闻纸	纵向	17.5	19.2	2	3
	横向	13.0	14.0	2	2
A4 小复印纸 80g/m²	纵向	45.9	53.1	17	17
	横向	20.9	21.3	11	13
凸版纸	纵向	17.8	23.4	2	5
	横向	8.0	8.1	1	1

（4）字迹、颜色的测定。脱酸处理前后的试样是选取 14 种常用的书写、印章颜料制成，采用颜料密度仪进行测定，结果见表4。

表4　纸张字迹、色泽测定结果

试样名称	处理前数据			处理后数据		
	Y	M	C	Y	M	C
A3 复印纸	0.90	0.20	1.01	0.94	0.21	1.02
蓝黑墨水	2.23	1.53	2.55	2.24	1.56	2.58
红圆珠笔	2.42	1.38	1.83	2.35	1.45	2.11
HB 铅笔	1.43	0.66	1.53	1.41	0.63	1.50
三星牌蓝铅笔	1.09	0.60	1.66	1.29	0.56	1.57
三星牌红铅笔	1.64	0.78	1.05	1.55	0.73	1.01
誊印油墨	2.51	1.61	2.62	2.43	1.66	2.65
红春牌红印泥	1.11	1.12	0.55	1.96	1.04	1.10
蓝圆珠笔	1.81	1.46	2.24	1.92	1.50	2.35
蓝色印合油	1.68	1.65	2.55	1.50	1.50	2.42
蓝色复写纸	1.34	1.01	1.96	1.30	0.84	1.82
雨花牌红墨水	1.92	1.22	1.08	1.93	1.23	1.09

（续表）

试样名称	处理前数据			处理后数据		
	Y	M	C	Y	M	C
墨汁	2.36	1.52	2.49	2.32	1.55	2.54
英雄203纯蓝墨水	1.25	1.16	2.33	1.24	1.04	2.23
上海牌碳素墨水	2.37	1.57	2.57	2.29	1.56	2.56

（5）电子显微观察。图3显示出DEZ处理前后的酸性新闻纸的电子扫描显微镜照片。从图中可以看出，经处理的纸张试样中含有一定量的氧化锌，而且分布相当均匀，没有大粒子附着在纤维表面，都以微细粒子存在。

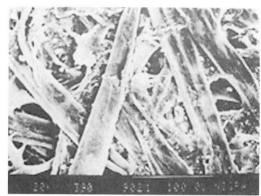

图3　DEZ处理前后酸性新闻纸的电子扫描显微镜照片

三　结　论

通过应用研究，得出如下认识。

（1）DEZ对酸性纸脱酸有较宽的适应性，能对各种质地、成册的图书进行脱酸中和，pH值均在中性偏碱范围。

（2）试样经老化试验机械强度有所改善，对各种颜色书写材料，字迹基本无影响，个别颜色略有变化，ZnO沉积适量，收到预期效果及又继续抑制酸化作用。

（3）DEZ的投入量为脱酸纸张量的2%即可得到脱酸效果。

（4）DEZ在扩试中的用量比小试大大增加，虽然其性质非常活泼，只要注意操作规范，使用浓度无论是14%或50%，将是安全的。

（5）2m³真空处理器及配套装置，经扩试证明设计合理，性能良好，一次能处理5000册杂志，在国内第一次证明DEZ气相脱酸的优越性。

（6）DEZ气相脱酸过程，除了能完成脱酸外还能取得消毒、杀虫的综合效果，因此该装置具有多功能性。

纸张气相脱酸扩试是在文化部、国家文物局、国家档案局以及江苏省科委的关怀与支持下进行的，并得到常州曙光机械厂、南京大学化学系、江苏造纸测试中心等单位的协助和支持，在此表示感谢。

注释：

①《中国文物保护技术情报信息》1985 年第 3 卷第 2 期。

②［印］雅·帕·凯思帕利亚著，黄坤坊译：《档案材料的保护和修复》，《档案学通讯》1981 年增刊。

③ Jounl C·Wouians, Preservation of Paper and Tex – tile of Historic Artistic，Value Ⅱ，1979：63.

④ Intermuseunl Conservation Association Curatorial Care of Works of Art on Paper，1978：17.

⑤ Patent U. S. 3969549，1976：4.

⑥ 新井英夫：《关于酸性纸的中つ文化财虫菌害》，1986，11：3.

⑦ 大江礼三郎、大盛启一：《中和剂による劣化抑制处理》，《保存图书の酸性化对策に关する研究综合研究（A）报告书》，第 123 页。

（原载《文物保护与考古科学》1993 年第 5 卷第 2 期）

DEZ 脱酸及蚕丝树脂网、Parylene – N 在纸张保护中的应用研究

摘　要

博物馆、图书馆、档案馆中收藏着浩如烟海的以纸为载体的文物、图书以及相关文献，这些珍贵文化遗产，记录着古今中外社会发展、人类文化、科学技术诸方面的精华，是人类知识的宝库，也是研究政治、历史、文化、艺术、科学技术不可少的资料。然而，在使用和保存过程中，由于人为和自然因素的影响，如机械的磨损、折叠、撕破、虫蛀、霉烂、光的照射、温度和湿度的剧变、酸性气体以及造纸时所添加的有害化学物质的侵蚀，正面临着"自毁"现象。为抢救保护濒临毁灭的人类珍贵文化遗产，科学工作者已付出了艰辛的劳动，取得了可喜的成果。人们一方面采取缩微、光盘、复制、重新印刷等再生性保护措施，另一方面，利用现代科学技术，改善保存条件，采取控制温度、湿度、充氮、除氧、脱核技术加以预防；而对于脆化的纸张，则努力探求新材料、新工艺进行加固。

十几年来，南京博物院应用 DEZ（$(C_2H_5)_2Zn$）对纸张脱酸以及蚕丝树脂网—热压技术和聚对二甲苯（Parylene – N）气相沉积成膜技术加固脆化纸张进行了初步研究，本文就研究成果加以总结。全文分为两大部分。

第一部分：论述 DEZ 对纸张脱酸的应用研究。本文介绍了自行设计、制造的 $2m^3$ 真空脱酸处理系统，讨论并刷选了处理的工艺条件（真空度、温度、处理时间、用量及其关系），并以应用实例证明：$2m^3$ 真空脱酸系统的设计是合理的，脱酸效果是明显的，脱酸后的纸张经 pH 值测定一般均在中性偏碱范围，氧化锌（ZnO）沉积适量能继续抑制酸化，有利于长期保存。为我国纸质文物保护，提供了一种新的装置和较为理想的脱酸方法。

第二部分：论述"蚕丝树脂网热压技术"和聚对二甲苯沉积技术加固脆化纸张的应用研究。蚕丝树脂网—热压技术，是传统工艺与现代科技相结合的一项实用技术，文中系统地介绍了蚕丝树脂网的制作工艺：

成品（蚕丝树脂网）及应用方法（见图示）。

实践证明，该项技术具有较好的透明度、可逆性，不影响阅视，手感好，适用于脆化、破碎纸张的加固，尤其是适用于两面都有文字和遇水或溶剂容易引起字迹渗化的纸质文物的加固。

关于聚对二甲苯（Parylene）沉积成膜技术在整本图书保护上的应用研究，文中介绍了新型材料聚对二甲苯的特性、试验设备、工艺条件、操作步骤及处理效果，同时对试验中出现的彩虹、沉积浓度、影响涂覆质量的各种因素进行了讨论，探求其加固最佳效果所需原料的用量，涂覆厚度以及相应参数，为整本图书加固积累了实践经验。

一　DEZ 气相脱酸的应用研究

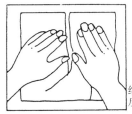
纸件如有破口，需仔细对好，尽量使其完整

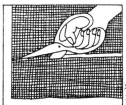
将本加固材料，裁好大小，放平放好

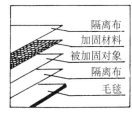
隔离布／加固材料／被加固对象／隔离布／毛毯　按图示顺序将材料叠好，置于热压机中

用热压机或调温熨斗热压，掌握好温度和时间

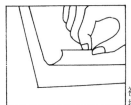
被热压加固的纸件，稍待片刻揭去隔离层后检视即告完成

1936 年，奥尔希尔霍茨（Ojscmerhoiz）等人[1]首先发明了用碳酸钡（$BaCO_3$）、碳酸钙（$CaCO_3$）、碳酸锶（$SrCO_3$）水溶液作为脱酸剂，自从那个年代以来，新的脱酸剂和新的脱酸方法相继研究成功；1940 年，美国巴罗（Barrow）[2]发明用氢氧化钙和重碳酸钙的水溶液进行脱酸（两步法），此法在四十年代和五十年代得到了应用；到 1957 年杰尔（Gear）[3]在美国首先试用碳酸镁（$MgCO_3$）进行脱酸；与此同时，巴罗在改进杰尔方法基础上又提出重碳酸镁（$Mg(HCO_3)_2$）方法；为克服水溶液引起纸张收缩变形、变色的缺点，威尔逊和福尔希[4]于 1959 年建议用醋酸镁作为纤维素加膜的抑制剂，随后巴罗[5]用"双二醇胺"作为脱酸剂进行了研究。而最有实用价值的是"韦托（Weito）"法[6]，此法是"韦托"联合公司总经理查德·史密斯发明的，他是利用甲醇镁—甲醇、氟利昂混合溶液作为脱酸剂。由于无水脱酸法所用的有机溶液易燃、有毒，对字迹、颜色也有影响。而逐步被气相法所替代。几十年来，用氨、环己胺、六甲撑四胺、1，4－氧氮杂环己烷（吗啉）等碱性气体[7]，对纸张进行脱酸，都取得了一

定的效果，但尚未出现令人满意的综合效果。直到 1976 年，美国国会图书馆化学家乔治、凯利、威廉斯等[8]利用宇航设备研究成功 DEZ 气相脱酸技术，从而为实际应用提供了可能。为探求 DEZ 气相脱酸在我国应用的可能性，南京博物院等单位于 1983 年开始对该法进行了应用研究。

（一）试验的材料和药剂

1. 供选材料

（1）选用 1930 年以来的出版物（如图书、报纸、杂志），其中有新闻纸、道林纸、有光纸、牛皮纸、铜版纸等。

（2）书写材料：有墨汁、蓝黑墨水、油墨、印泥、圆珠笔油等。

2. 试验药剂

（1）DEZ：由南京市化工研究所合成，纯度为 99.5%，Cu、Fe 含量 <50ppm。

（2）甲醇：市售、化学醇。

（3）氮、氧或二氧化碳。

（4）120# 汽油或正辛烷（化学纯）。

（5）氯酚红指示剂（自配）。

（二）试验设备及装置示意图

装置示意图见图 1。

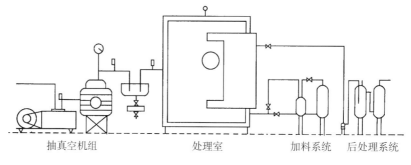

抽真空机组　　　　　处理室　　　加料系统　后处理系统

图 1　装置示意图

（1）真空处理系统，为自行设计、制造非标准设备，处理室为 2m³，工作压力为 0.66 ~ 6.66Pa。

（2）真空机组由 2X - 70 旋片真空泵、ZJ - 150 机械增压泵和气、水分离器组成。

（3）加热系统：在处理室箱体夹层中注入导热油，用电热棒加热导热油，使热量均匀传递到箱体的中间。

（4）加料系统：由 DEZ 贮罐、氮氧钢瓶、缓冲罐和计量器组成。

（5）真空检测系统：由真空表、热偶真空计组成。

（6）后处理系统：由活性炭贮罐、煤油贮罐和真空泵组成。

（三）操作步骤及工艺条件

工艺流程图见图 2。

图 2　工艺流程图

DEZ 脱酸处理包括四个步骤：

第一步：对处理的书籍先要除尘预干燥，然后装箱放在不锈钢货架车上，推入处理器中。

第二步：真空脱水。脱水过程中，温度一般控制在 60℃ 左右，使书籍纸张含水量降到 2% 以下。

第三步：DEZ 脱酸处理。当处理箱静置 20 分钟后，真空度仍保持在 10^{-1} Torr（$1.33 \sim 2.66$Pa）以上，即可在氮氧或二氧化碳保护下输入 DEZ 溶液让其气化，使药品完全渗入纸张中，与游离基、水分、纤维素羟基发生化学反应：

$$(C_2H_5)_2Zn + H_2O \longrightarrow (C_2H_5)ZnOH + C_2H_6 \uparrow$$

$$(C_2H_5)_2ZnOH + H_2O \longrightarrow C_2H_6 \uparrow + Zn(OH)_2$$

$$CellOH + (C_2H_5)_2Zn \longrightarrow CellOZn(C_2H_5) + C_2H_6 \uparrow$$

$$CellOZn(C_2H_5) + 2H_2O \longrightarrow CellOH + Zn(OH)_2 + C_2H_6 \uparrow$$

从上述反应可以看出，DEZ 不仅能有效地中和游离基，而且抑制了维生素的水解，并在水面上沉积了一定量 ZnO，阻止酸性的侵蚀。

第四步：后处理，将甲醇（CH_3OH）溶液输入处理箱中，是箱内残留的 DEZ 与之反应，发生分解，反应式：

$$(C_2H_5)_2Zn + CH_3OH \longrightarrow C_2H_5ZnOCH_3 + C_2H_6 \uparrow$$

$$C_2H_5ZnOCH_3 + CH_3OH \longrightarrow Zn(OCH_3)_2 + C_2H_6 \uparrow$$

然后通过处理系统排放乙烷，再输入新鲜氮气使处理箱恢复常压，即可取样、检测、整理入库。

（四）试验结果的测定

1. pH 值测定

按 GB1545－79 标准，用 PHS－3 型酸度计测定，其结果见表 1。

表1　pH值测定结果

编号	样品名称	纸张脱酸前pH	纸张脱酸后pH
1	1935年新闻纸	4.0	7.1
2	1946年道林纸	5.0	7.4
3	1947年新闻纸	3.9	7.1
4	1948年新闻纸	4.9	7.4
5	1948年新闻纸	4.5	7.2
6	1948年新闻纸	4.2	7.0

2. ZnO沉积量测定

经原子吸收光谱仪测定，结果见表2。

表2　ZnO沉积量测定结果

编号	页数	试样品名称	规格	产地	ZnO沉积量 mg/m^2
1	32	一号有光纸	40g/m^2	新沂	100.17
2	64	特号书写纸	80g/m^2	新沂	126.13
3	82	二号书写纸	70g/m^2	新沂	133.55
4	105	账册纸	80g/m^2	华圣	85.33
5	109	一号单面铜版纸	100g/m^2	庆丰	118.71
6	168	牛皮纸	70g/m^2	部队	103.87

3. 抗拉、耐折强度测定

先将纸张的处理样与对照样经12天加速老化，然后按GB457-70标准测定，其结果见表3。

表3　抗拉、耐折强度测定结果

编号	试样名称	抗拉强度（N）				耐折强度（次）			
		对照样		处理样		对照样		处理样	
		纵向	横向	纵向	横向	纵向	横向	纵向	横向
1	A3大复印纸	33.5	19.1	35.78	21.9	17	10	18	11
2	新闻纸	17.5	13.0	19.2	14	2	2	3	2
3	A4小复印纸	45.9	20.9	53.1	21.3	17	11	17	13
4	凸版纸	17.8	8.0	23.4	8.1	2	1	5	1

4. 颜色测定

对颜色测定一般用色差仪，本试验室用颜色密度仪测定的，其结果见表4。

表4　颜色测定结果

编号	试样名称	处理前			处理后		
		Y	M	C	Y	M	C
1	蓝黑墨水	2.23	1.53	2.55	2.24	1.56	2.58
2	红圆珠笔	2.42	1.38	1.83	2.35	1.45	2.11

（续表）

编号	试样名称	处理前			处理后		
		Y	M	C	Y	M	C
3	HB 铅笔	1.43	0.66	1.54	1.41	0.63	1.50
4	三星牌蓝铅笔	1.09	0.60	1.66	1.09	0.56	1.57
5	三星牌红铅笔	1.64	0.78	1.05	1.55	0.73	1.01
6	誉印油墨	2.51	1.61	2.62	2.43	1.66	2.65
7	蓝圆珠笔	1.81	1.46	2.24	1.92	1.50	2.35
8	雨花红墨水	1.92	1.22	1.08	1.93	1.23	1.09
9	墨汁	2.36	1.52	2.49	2.32	1.55	2.54
10	英雄 203 纯蓝墨水	1.25	1.16	2.33	1.24	1.04	2.23
11	上海碳素墨水	2.27	1.57	2.57	2.29	1.56	2.56

5. 电子显微镜观察（图 3）

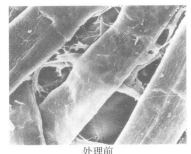

处理前   处理后

图 3　DEZ 处理前后酸性新闻纸的电子扫描显微镜照片

（五）结论

（1）从表 1 的数据可以得出，DEZ 对纸张脱酸有较宽的适应性，酸性纸经脱酸后，pH 值均在中性偏碱范围。

（2）从表 2 的数据以及显微照片证明，ZnO 在纸上沉积适量，能阻止酸的侵蚀。

（3）脱酸试样，经加速老化试验，纸张机械强度有所提高。

（4）对书写印刷的字迹基本上无影响，个别颜色略有变化。

（5）2m³ 真空处理箱及配套系统，经实践证明，设计合理、性能良好。

可以说，DEZ 脱酸是目前处理量大，脱酸效果好，适应范围广，具有杀虫消毒综合效果，是值得深入研究、推广的一种方法。

二　蚕丝树脂网—热压加固技术

纸质文物、图书、文献在使用、收藏过程中，由于自然条件以及人为因素，会遭受机械的磨损、折叠、撕破、虫蛀、霉烂、紫外光的照射，温度、湿度剧变，酸性气体以及造纸添加的有害化学物质的侵蚀，致使一些珍贵的文物、图书、文献破碎、脆弱、粉化，为了抢救脆弱、破碎纸质文物，目前科学界已采用以下方法。

（1）裱托法[9]：这是一项用棉纸和糨糊维修、加固书画、文献的传统技术，是长期以来行之有效、广泛应用的方法之一，但此法只适用于单面书写或印刷纸张的加固。

（2）喷涂法[10]：对于两面书写、印刷的纸张，则采用喷涂法，即选用高分子树脂，如醋酸纤维素、丙烯酸树脂、WBJZ 等配成一定浓度，对脆弱纸张喷涂加固。

（3）夹衬法[11]：此法在脆弱的纸张两面加上一层透明纸或透明胶片，有机玻璃板等进行加固。

（4）加膜法[12]：是目前较为常用的一种加固方法，此法由斯克莱伯纳首先研究成功，他把纸张夹在两张醋酸纤维薄膜中间以热压加固。近年来，欧美各国研究成功多种新型加膜机和新的塑料薄膜，其中值得指出的是：莫兰加膜法、亨尼克加膜法、迪斯普罗加膜法等[13]，已在图书馆、博物馆、档案馆中得到了应用，随着高分子化学的发展，新的合成材料会逐步应用于脆弱纸张的加固之中。

上面介绍的这些方法对脆弱、破碎纸张加固无疑是有效的，但各有千秋，都有利弊。在总结、分析各种加工方法基础上，结合我国具体情况，我们研究成功了蚕丝树脂网热压技术，现介绍如下。

（一）蚕丝树脂网的制作

蚕丝树脂网是我院研制生产的，它是利用天然纤维（蚕茧）放在沸水中煮烫，抽引丝头，固定在织网机的网架上，然后绕织成 40×40cm、25 目或不同规格的经纬交错的丝网，然后将绕织的丝网，放入恒温干燥箱中干燥，温度一般控制在 65℃以下，待丝网干燥后，挂在通风柜中，将配制的 PVB 复配液倒入喷枪，开动空压机，使树脂液均匀地喷洒在丝网两面，待溶液挥发、丝网干燥即可裁剪，取下备用。在制网过程中，蚕丝的温度必须适宜，如果温度低、时间短，也会带来抽丝困难。另外，丝网绕织时，环境湿度不得超过75%，否则会引起丝网的泛白。当然，树脂液喷涂过量丝网则发硬，不足则黏附不牢、影响强度，这些问题在实际制作中都要引起重视和注意。

（二）蚕丝树脂网的应用

蚕丝树脂网应用于脆弱纸张加固的方法，与欧美各国介绍的加膜法有所不同，所用的加固材料、设备也不一样。其工作原理是需要加固的纸张两面粘贴一张蚕丝树脂网，以起到加固作用。蚕丝树脂网是以蚕丝为骨架，树脂为黏合剂的一种新型加固材料，适用于脆弱纸张的加固，尤其适用于两面文字书写或印刷纸张的加固，也适用于字迹、颜色遇水容易渗化的纸张文献的加固。

其方法（见摘要图示）为：先将加固对象理平皱褶，对准破口，先在破口处加一小条丝网，以便连成整体，然后在热压机底板上铺放羊毛毡，并在加固对象上面加上蚕丝树脂网，再放上聚四氟乙烯玻纤维，接通电源，待热压机自控温度指示到 80℃ 施加轻微压力即可。热压时间一般在 30 秒钟左右，反面按同样方法操作，取出加固件稍等片刻，揭去聚四氟乙烯玻璃薄膜，检查丝网是否与加固件粘贴，如已粘贴即告完成；若粘贴不牢，可能热压温度欠高或喷涂树脂不足，待查明原因后，更换丝网重新热压即可。

操作时应注意：丝网必须平整，网目最好与文字行路垂直。如用电熨斗代替热压机，应按顺序熨压，不要跳花，以免丝网起皱，用力要匀，一熨而过。热压温度一般控制在 80℃ 左右，温度太高对纸有影响，太低则不易黏合，在操作中应当灵活掌握。

（三）蚕丝树脂网应用的效果与讨论

蚕丝树脂网从八十年代初研制成功，并应用于脆弱纸张的加固，至今已达十五年了，为博物馆、图书馆、档案馆抢救保护了一大批珍贵的文物、史料，其中有敦煌的古代文书、经卷、大理三塔出土的宋代经卷、元代纸币、天津学生联合报等。实践证明，这种材料适用于薄型纸张的加固，如棉纸、毛边纸、连史纸、有光纸、新闻纸，对于厚型纸，如铜版纸、绘图纸加固则强度有所不足，更富有特点的是，对双面文字的纸张加固具有独特的功能。

蚕丝树脂网对脆弱纸张加固具有适宜的强度，纸张脆弱程度越严重，加固效果越佳，是修复易碎、易坏纸张所用的一种简单、廉价而有效的方法。试验证明，同一次有光纸未加丝网与加丝网的抗拉强度（kg）纵横平均值从 1.37 上升到 1.47，耐折度从 5.49 上升到 7.40。从测试数据可以看出，加丝网的有光纸机械性能明显超过未加丝网的有光纸，丝网看上去没有施以重胶，却能与之黏合起来，这主要是树脂的黏合作用，当树脂受热熔融，便渗入到纸张表面，再加上丝网状结构所起的骨架作用，好像钢筋混凝土的结合，使脆弱纸张的强度得到加强。

蚕丝树脂网比传统的裱托法具有更好的防霉能力，因为蚕丝树脂网选用 PVB 树脂为黏合剂，摒弃了淀粉糨糊，减少了霉菌滋生的条件，同时在加固液中添加了防霉剂，从而抑制了霉菌的生长，因此具有良好的防霉性能。

蚕丝树脂网具有重量轻、厚度薄、手感好的特点，以往所采用的纸张裱托或用树脂膜等材料，复合热压加固纸张，其厚度、重量都相应增加，如果把同样纸张裁为二等分，称其重量为 2.6 克，用蚕丝树脂网两面加固过后的重量为 2.8 克，增加 3.8% 左右。在宣纸单面裱托后，重量为 4.2 克，增加 60% 左右，几张纸加固显不出多大问题，如果是一宗案卷或一本书用裱托法加固则变成三卷或三本之多，这就给使用和库房保存带来不便，而丝网的比重为 $1.3 \sim 1.4 g/cm^3$（当然它的重量与蚕丝的质量、喷涂树脂的多少有关，但影响不会太大），其厚度也仅有 $1 \sim 2$ 丝。此外，由于蚕丝纤维长、韧性大、弹性好，再加上 PVB 树脂含有支链长所形成的柔软性、挠曲性的特点，使得蚕丝树脂网具有优于其他材料的特种性能。

蚕丝树脂网具有较好的耐老化性能，文中已经谈到。蚕丝树脂网是由蚕丝和 PVB 树脂制成，蚕丝历经千年而不腐，这已由长沙马王堆汉墓出土的丝织品所证实，而 PVB 树脂具有耐大气、耐日光暴晒及抗磨性强的特点，树脂液中又添加了紫外线吸收剂。由这几种材料构成的蚕丝树脂网应用于纸张加固，只要保管条件适宜，是能得到较长时间保存的。

蚕丝树脂网加固纸张具有良好的透明度和不影响加固件原貌的特点。如采用传统裱托法，虽然强度得到增强，但透明度降低了，用树脂液喷涂或加膜法进行加固，虽有较好的透明度，然而加膜后会产生相当明显的亮光，以致影响质感和原貌，而蚕丝树脂网既不影响固件的阅视也不妨碍复印，能基本保持加固件的原貌。

蚕丝树脂具有可逆性，由于 PVB 树脂能在乙醇中溶解，根据需要随时可用棉花蘸取乙醇使之溶解，揭取更换。

（四）结语

蚕丝树脂网，经物性测试和应用表明其透明性、耐摺、抗拉、防霉的主要技术性能符合使用要求，是两面书写、遇水易渗化的脆弱文献加固的一种新材料，自制的织机和热压机在使用中能解决一般的修复与加工任务。该项技术在八十年代研制成功，已在全国推广应用，得到大家的肯定，但有些问题，如喷涂的方式、热压的温度都有待改正，希望文物保护科技工作者共同深入研究，使之日趋完善。

三　Parylene – N 沉积技术

对脆化纸张的加固，一般只采用传统的手工操作方法，它仅适用于单页纸张的加固，远不能适应抢救、保护濒临"自毁"图书、文献的保护。近年来，国外学者研究成功在无须拆散状态下，能大批量处理加固纸张。其方法有：韦托公司（Weito）法、美国 FMC 公司大型纸张保护系统[14]以及 BNUCE Hamphrey 提出用 Parylene – N 气相沉积加固纸张技术[15]。然而这些方法仅在少数国家应用，有的也仅仅是停留在实验室的研究阶段。为探求 Parylene – N 气相沉积技术在我国纸张保护中的应用可行性，对其方法，我们进行了应用研究。

Parylene 系列产品于一九四七年开始研制，一九五三年由美国碳化公司（Union Corbide）首先推出 Garham 法，付诸实际应用，直到一九六五年才开始投入工业化生产。到八十年代初，该聚合物（商品名为 Parylene）被应用于电子工业领域，在保护微电子线路免遭不良环境的影响方面成为一种重要的手段。由于 Parylene 具有独特的聚合工艺和优良的理化特性，一九八三年 Bnuce J Hamphey 首先，将这种材料应用于纸张的加固，继而对整本图书进行加固，取得了可喜的成果。随后，该项技术受到文物保护科技工作者的重视。目前，除美国外，加拿大、意大利、俄罗斯等十多个国家科研机构在进行该项研究。使用对象已涉及图书、档案、文物（木头、陶片、古人类化石、工艺织物……）等各个方面，被称为文物保护领域中产生彻底变革的一种先进技术和一种聚合物新材料。

（一）聚对二甲苯的特性

聚对二甲苯是由对二甲苯环二聚体（简称环二体）裂解后气相沉积聚合制备，由于该聚合物几乎不吸收可见光，因而呈现无色透明状，具有如下几种特性。

（1）耐酸耐碱，一般不溶于常用的化学试剂。

（2）呈示多晶结构，因而在任何状态下对湿气和水分具有阻挡作用。

（3）能在空气中持续高达 130℃ 或在缺氧环境中持续高达 220℃ 的温度中保持稳定，在 25℃ 黑暗环境中，聚对二甲苯强度下降一半要一万年到十万年。

（4）具有优异的机械强度和韧性。

抗张强度 $= 6.9 \times 10^7 n/m^2$

屈服强度 $= 5.52 \times 10^7 n/m^2$

断裂伸长% $= 200$

屈服伸长% $= 2.9$

该聚合物在常温、常压或真空情况下，都不会对地质产生热应力、机械应力和化学应力的影响。

（二）试验材料

（1）新闻纸、宣纸、打字纸、凸版纸

（2）不同年代出版的图书

（3）严重粉化的报纸

（4）照片

（5）宋代丝织品、明代棉织品

（三）试验设备

本试验设备在参照国外资料基础上，自行设计、制造，属非标准设备。它由四大部分组成。

（1）升华器

升华器是由料罐与恒温油浴组成。

（2）裂解装置

是由不锈钢管制成裂解管，管状电炉，热电偶真空计。

（3）真空沉积室

是由不锈钢制成圆柱状箱体，箱内安装能转动的托书架、观察窗、真空计。

（4）捕集器（冷阱）

（5）真空系统

是由旋片式真空泵、电磁阀、真空计组成（图4）。

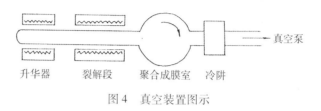

图4　真空装置图示

（四）聚对二甲苯沉积过程

沉积过程包括三个步骤：

第一步：由固体对二甲苯环二聚体（diPara－xylylene）在110～160℃时气化，形成环二聚体气体。

第二步：环二聚体气体分子在650～700℃时裂解成游离基单体。

第三步：单体进入室温沉积室开始扩散，并在室内冲撞多次，失去足够能量后，才被涂覆物的内外表面吸附、沉积、聚合成一层形状完全一致的聚合物保护层。其反应式如下：

对二甲苯二聚体（环二体）　　　　游离基单体　　　　聚对二甲苯

（五）应用操作实例

（1）我们选用一本图书，先进行除尘，称重为204.4克，然后置于沉积室内专用固定架上，保持书本处于垂直状态，使书页能自由翻动。

（2）根据书本的大小、页数多少以及涂覆的厚度，计算投料量为33克，将原料装入升华器罐内，并将料罐装到系统上旋紧。

（3）在整套系统密闭下抽真空，然后将裂解炉和升华器先后加热，达到所要求的温度，不断调整温度，控制升华速度，确保对苯二甲基单体的流量，直到真空度下降并开始回升，并最后达到或接近于原系统的起始真空度，表示升华完毕，沉积聚合完成。

（4）停止加热，关闭真空泵。待沉积室恢复常压后，打开取出书本，检测、复原。

（六）对处理过纸张的性能试验

1. 强度试验

（1）我们将各种纸要装订成册，进行整本加固，然后进行老化处理，对其机械强度进行了测试，结果见表 5、6。

表 5　老化前数据

试验品种		抗张强度（N）按（GB – 453）检测		耐折度（次）GB – 457	撕裂度（N）GB – 45
纸张种类	涂覆厚度 Nm	纵向	横向		
新闻报纸	未涂	20.14	10.58	3	261
	0.35	52.44	13.6	16	289
新闻纸	未涂	20.28	12.06	4	223
	0.45	32.32	21.2	13	230
宣纸	未涂	16.3	16.62	7	177
	0.43	22.64	9.64	40	155
打字纸	未涂	28.36	15.10	23	130
	0.25	33.84	15.56	79	144
凸版纸	未涂	28.68	20.48	7	137
	0.52	35.32	24.56	10	112

表 6　经 105℃、72 小时老化后数据

试验品种		抗张强度（N）按（GB – 453）检测		耐折度（次）GB – 457	撕裂度（N）GB – 45
纸张种类	涂覆厚度 Nm	纵向	横向		
新闻报纸	未涂	24.16	11.04	1	165
	0.35	28.44	13.92	8	221
新闻纸	未涂	22.36	14.60	3	182
	0.45	23.80	24.84	7	221
宣纸	未涂	19.44	7.44	6	157
	0.43	32.04	13.52	34	168
打字纸	未涂	29.44	15.60	17	120
	0.25	38.84	15.96	44	147
凸版纸	未涂	30.64	18.28	5	98
	0.52	40.16	24.28	71	124

从上表可以看出，经聚对二甲苯处理的纸张，其机械性能明显提高。

2. 浸水试验

取两本同质地、同年代的出版书，一本处理、一本留作对照，然后将两本书同时放入水中。未经处理的对照样书，经两星期浸泡封面就已经毁坏，书页分离困难，呈现棕黑色，而且湿强度很差，已不成型。而处理过的书本，经一年多浸泡，颜色自然、书页容易分开，吸收水分微乎其微，仍完好无损继续使用。

3. 浸酸试验

为检测处理过纸张对化学物品的抵抗力，我们将纸样和对比样裁剪成 2cm 宽纸条浸入 70% 硫酸溶液中 24 小时，其结果见表 7。

表7　浸酸试验结果

试　样	未涂覆	涂覆 Parylene – N 新闻纸		
		0.45μm	1.2μm	5.3μm
现　象	迅速皱缩炭化	24 小时后纸条基本形状未变，颜色呈淡褐色	24 小时后纸条基本形状未变，颜色变为深褐色	24 小时后纸条基本形状未变，颜色略呈淡褐色

表中看出，经聚对二甲苯涂覆的纸张，能阻止酸的侵蚀，其强度和柔韧性仍然很好。

4. 耐老化试验

对处理过和未处理的纸样，我们分别进行了热加速老化试验和室外暴晒试验，其结果如下。

（1）处理过的纸样在 105℃，经 72 小时热老化后仍比未处理的纸张强度高出 30% ~60%。

（2）处理过纸样经六个月室外暴晒，尚无发现变质和开裂，仅有一些收缩，而未处理纸样已发现变质严重，有的已开裂、发脆、损蚀（纸从 8.95u 降至 6.25u）。

（七）问题与讨论

（1）影响图书质量与单体流量、裂解是否充分、沉积室的温度、系统中真空度、纸张的质地和结构等因素有关。单体流量过大会导致图书内温度上升，因聚合作用放出热量，抑制气体渗透，影响书中活性气体的分布，致使大多数单体沉积聚合在书的边缘，造成明显的楔形分布，出现不透明的聚对二甲苯沉积层。单体流量与加热温度和真空度有关，一般来说真空度高些，升华温度升得慢些，周期长，质量就好。如升华太快，会造成裂解不充分，书本上就会出现白色粉末，影响涂层的质量，裂解温度过高，会发生焦化现象。真空度是影响涂覆质量的关键因素，真空度高，效率高，质量好，但处理周期长，设备要求也高。

（2）彩虹：在使用过程中，有时发现某些区域会出现轻微的彩虹，这是由于复杂的气体渗透引起的，在膜层较薄与较厚之间交界区域由于光学原理出现彩虹。不同种类、结构的纸张，出现彩虹的程度也不一样，有时在继续进行涂覆过程中会消除此现象。

（3）涂层的厚度：聚对二甲苯在涂覆时，将会渗入纸张，包住各单个纸纤维并生成均等的厚度，使纸张强度增加，强度增加程度随聚合物厚度增大而增大。但也有例外，某些纸张会由于太厚的涂层而变脆。研究表明：涂覆厚度一般控制在 2.5 ~7.5μm 范围内比较合适，在实际操作时，应根据不同种类、不同结构的纸，以及外观、手感和机械强度综合考虑各方面因素来确定涂层的厚度。

（八）结论

从国外有关资料的报道和我们的初步应用研究表明：

（1）聚对二甲苯作为整本图书保护材料是可行的，并具有独特优点，特别是对脆化濒临破碎的图书进行整本加固，效果更为显著，省工省时省料，保持原貌，延长使用寿命。被誉为图书档案、文物保护领域里一项具有彻底变革性的、有生命力的先进技术。我们的工作仅仅是开始，大量的保护工作有待深入去研究、开发。

（2）该项技术与 DEZ 脱酸技术相结合，不仅能消除纸张"自毁"的根源，延长保存寿命，而且能增强受损纸张的强度，为抢救、保护大量纸质文献资料提供了有效手段。

本文虽重点介绍的是在图书保护方面的应用，由于此法具有独特的优点，在文物保护及其他领域同样有着广泛的应用前景。

注释：

① ［印］雅·帕·凯思帕利亚著，黄坤坊译：《档案材料的保护和修复》，《档案学通讯》1981 年增刊。

② 同①。

③ 同①。

④ 同①。

⑤ 同①。

⑥ Jounl Wouians, Preservation of Paper and Tax – tile of Historic and Artistic, Value Ⅱ, 1979.

⑦ Intermuseunl Conservation Association Curatorial Care of Works of Art on Paper, 1978.

⑧ Patent U. S. 3969549, 1976：4；新进英夫：《关于酸性纸的中つ文化财虫菌害》，1986，11：3；大江礼三郎、大盛启一：《中和剂による为劣化抑制处理》，《保存图书の酸性化对策に关する研究综合研究（A）报告书》，第 123 页。

⑨ 中国文物保护技术协会编：《文物保护技术第二辑》，1982 年。

⑩ H. J. 卜伦德莱斯著，绍熙译。

⑪ 同⑩。

⑫ 同①。

⑬ 同①。

⑭ 邢庆华：《保护我们的文字遗产——FMC 大型纸张保护系统》，《档案与建设》1994 年第 7 期。

⑮ Patent U. S. 3429739.

（原载《文物保存维护研讨会专辑》，台北，1995 年）

派拉纶成膜技术在文物及图书
保护中的应用研究[*]

现代科学技术为文物的保护提供了许多新材料和新方法，解决了某些文物保护中的难题，使大量濒临毁坏的文物得以保存下来，延长了文物的使用寿命。

近年来开发的派拉纶成膜技术保护法，是一种新颖的文物保护技术，派拉纶英文商品名称为 Parylene，中文译名派拉纶，它是一系列对苯二甲基聚合物的总称，结构通式为 $-[CH_2-\bigcirc_X-CH_2]_n-$，取代基 X 可以是 Cl、F、H、CN、COCH₃ 等原子或原子团，该类化合物中最简单、最常用的两种一是聚对苯二甲基 N（X 为 H 原子）即派拉纶 N，分子结构式为 $-[CH_2-\bigcirc-CH_2]_n-$，另一种是派拉纶 C（X 为 Cl 原子），分子结构式为 $-[CH_2-\bigcirc^{Cl}-CH_2]_n-$，二者的区别仅在于后者苯环上比前者多了一个氯原子。由于引进了氯原子，派拉纶 N 和派拉纶 C 在渗透性、膜的韧性、耐老化性等方面出现了较大差异[①]。除上述两种材料外，国外常用的还有如下两种：

$$-[CH_2-\bigcirc^{COCH_3}-CH_2]_n-$$ 和 $$-[CH_2-\bigcirc^{Br}-CH_2]_n-$$

派拉纶原料的生产和应用，最早是由美国联合碳化物公司研究开发的，起初是用在宇航电子仪器的保护方面，例如，60～70 年代申报的派拉纶应用专利技术，绝大部分是关于电子线路板涂覆保护的。经派拉纶涂覆保护的电子线路板，耐酸碱、不潮湿，不易造成故障。

80 年代初，Humphrey[②] 和 Grattan[③] 开始将派拉纶成膜技术分别用于图书和其他质地的文物保护。

一　派拉纶的成膜原理

Thiele[④] 于 90 年前合成出派拉纶的成膜原料——对苯二甲基环二聚体，但 Thiele 法还不能在实际中应用。1947 年，M. Szwarc[⑤] 首次报道了派拉纶低压成膜法，同时，还提

＊　本文由龚德才、奚三彩、王勉合作撰写。

出了较为实用的二聚体合成方法——对二甲基苯加热裂解法，直至 60 年代，Gorham[6] 提出了真空沉积成膜技术——Gorham 法，才使派拉纶的实际应用成为可能。

制备派拉纶膜的原料为环二聚体（），它可视为由两个对二甲基苯

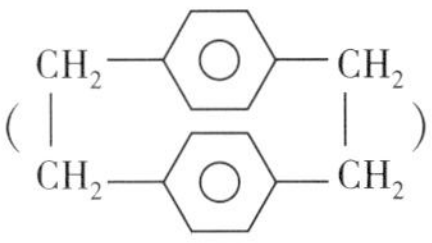

自由基（）环聚而成，当环二聚体被加热到 200℃ 左右时，汽化成为蒸气，蒸气分子在低压、450～600℃ 时裂解成气态的两个对二甲苯自由基，气态的自由基被导入真空沉积箱，遇冷沉积在需涂覆保护的物体表面和裂隙内，自发聚合成派拉纶膜。其化学反应过程如下：

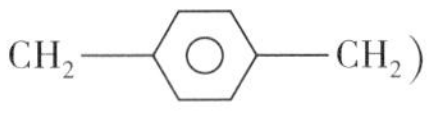

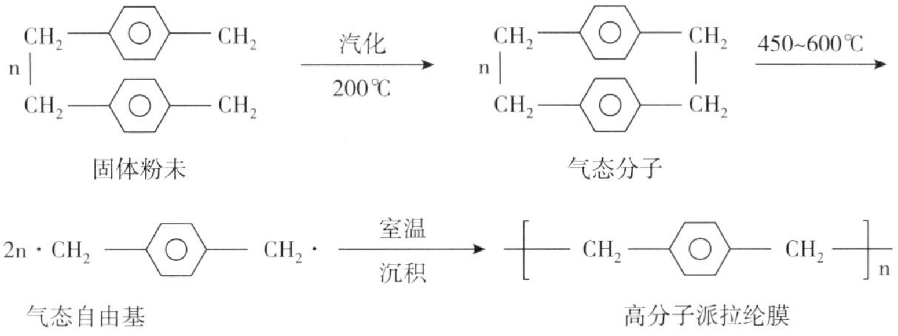

对二甲基苯自由基的渗透能力极强，它具有渗入孔状结构、穿透裂隙并在里面聚合成高分子的能力。有人做过一个十分有趣的实验，将一块方糖置于一个真空沉积箱中，涂覆派拉纶，然后将糖分子用加热方法使糖分挥发掉，结果留下的是一个和方糖体形完全相同的派拉纶立体网络。从这个实验可以看出，派拉纶用于内部碎裂物体的加固，靠其形成的立体网络结构，可发挥很好的加固作用。

二　派位纶成膜技术在文物保护中的应用

1. 纸质文物保护

纸质文物极易受虫蛀霉烂、自然老化等因素影响而发脆、粉化，使纸质文物损坏。为了使纸质文物能得以长期保存，曾先后采用传统托裱加固法、高分子材料（溶液）加固法、聚醋酸乙烯薄膜加固法、丝网加固技术等，这些方法解决了一些问题，但仍存在着耐老化性差、费工费时等缺点，派拉纶成膜技术用于纸质文物的保护，较上述方法有了新的进步。

南京博物院和南京图书馆通过两年多的合作研究，不仅解决了派拉纶用于单页纸张的保护问题，而且将派拉纶的成膜技术成功地应用于单页纸张和整本书的加固。

加固后检测如下项目。

（1）纸张的抗张强度和耐折度的测试。加固后的纸张与未加固纸张相比，强度和耐折度均增加数倍（见表1），显示出良好的加固效果。数据对比表明，经加固后的纸

张，耐老化性优于一般纸张。

表1　纸张强度检测结果

代　号	涂覆厚度/μm	抗张指数/（Nm·g^{-1}）（检测方法：按GB453-89）		耐折度（双折次）（检测方法：按GB457-89）
		纵向	横向	
A	未涂覆	19.146	10.323	0.43
	0.45	18.044	11.084	1.17
B	未涂覆	18.044	9.315	0.11
	1.2	27.899	16.685	1.33
C	未涂覆	15.889	10.487	0.50
	3.4	42.686	24.712	1.67
D	未涂覆	20.400	10.674	0.50
	5.3	53.617	40.811	1.33

（2）70%硫酸溶液的酸浸试验。本试验的目的是检测派拉纶膜的耐酸腐蚀性能。将加固过的纸张与未加固过的纸张同时浸入70%硫酸溶液中，24h后观察结果（见表2，表中样品规格为0.5×3.5cm），加固后的纸张，70%硫酸浸24h后未炭化发黑，空白样已完全炭化发黑，前者取出后仍有一定强度，而后者强度全无。这个试验结果表明，派拉纶膜对酸有很强的耐腐蚀能力，且能阻止酸与纸张接触，因而保护了纸张。

表2　70%硫酸酸浸试验

样　品	酸浸时间	现　象
空白样	24h	基本无变化
涂覆过的纸张	24h	半小时后发黑，24h完全炭化

（3）整本书的水浸试验。本试验的目的是观察派拉纶膜的阻水效果。整本书经派拉纶加固后，每一页纸张上均应涂覆了派拉纶膜，通过水浸试验可以检查成膜情况，分布是否均匀、是否完全等。将加固后的书和未加固过的书分别置于清水浸泡，不断记录出现的现象（结果见表3）。水浸试验结果表明，经派拉纶加固后的书，水浸近两年仍未出现湿润、腐烂、纸浆化等现象。空白对比样，水浸一星期后，即出现腐烂，一月后开始纸浆化。加固后的书，颜色、手感基本无变化，字迹未受到任何影响，丝毫不影响视读性。这说明派拉纶膜能有效阻止水对纸张的渗透，使水分不能与纸接触，从而起到了保护作用。

表3　整本书的水浸试验

水浸时间 样品	1个星期	1个月	6个月	12个月	24个月
空白样	不湿润	不湿润	不湿润	不湿润	不湿润
涂覆过的书	完全湿润	轻度纸浆化	中度纸浆化	重度纸浆化	腐烂

注：不湿润即无变化

2. 纺织品保护应用研究

将西汉出土白棉纺织品两条（新疆出土，约 0.5 × 2.5cm），用派拉纶保护，涂覆膜厚 1.2μm，然后进行酸浸试验，结果发现经派拉纶涂覆过的棉织品不炭化、不发黑，而空白样迅速炭化（见表 4）。这说明派拉纶膜可以保护纺织品免受酸的腐蚀。

表4　70％硫酸酸浸实验

样　品	酸浸时间	现　象
空白样	24h	无变化
涂覆过的纺织品	24h	1h 后炭化

通过对派拉纶加固后纸张、纺织品性能测试、酸浸试验和水浸试验，证明派拉纶用于单页纸张、整本书和棉织品的加固，有着强度大、耐水、耐酸蚀和耐老化性[⑦]等优点，较传统的图书修裱加固法省时、省工，为纸张、图书和纺织品保护探索出一条新路子。

3. 设备和工艺条件

根据文物的特点，我们设计出一套适合文物保护的涂覆装置（见图 1）。

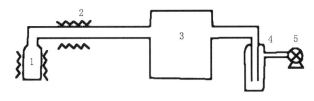

图 1　派拉纶成膜装置

1. 原料罐和气化炉　2. 裂解管道和裂解炉　3. 真空沉积箱　4. 冷阱　5. 真空泵

另外，还有温控和真空控制仪器（图中未标出）。

工艺条件：

气化炉温度在 180 ~ 220℃ 间，升温速度 < 1℃/5min，裂解炉需稳定在 650℃，真空沉积箱温度须 < 30℃；气化罐真空度 < 133Pa，裂解管真空度 < 67Pa，真空沉积箱真空度 < 13Pa。

本研究中，派拉纶膜厚的掌握，可采用简单计算的方法，按需涂覆物的面积，投放相应量的环二聚体，可使膜厚基本达到要求的厚度，根据需要，一般可获得 0.1 ~ 25μm 厚度。

三　派拉纶原料——环二聚体的合成

环二聚体是一种较难合成的化合物，1947 年 M. szwarc[⑤] 提出的合成方法，存在副产物多等缺点，后经 Gorham[⑥] 改进，克服了副产物多、合成难度大的不足之处，具备了实际生产的价值。Gorham 合成法是以对二甲苯为原料，经高温裂解后，环聚成为二聚体。Gorham 法包括下面两个步骤：

第一步：

$$CH_3 - \bigcirc - CH_3 \xrightarrow[850℃]{1\ Torr} \dot{C}H_2 - \bigcirc - \dot{C}H_2 + 2\dot{H}$$

$$2\dot{H} \longrightarrow H_2 \uparrow$$

第二步：

$$2\dot{C}H_2 - \bigcirc - \dot{C}H_2 \xrightarrow{溶剂稀释} \begin{array}{c} CH_2 - \bigcirc - CH_2 \\ | \quad\quad\quad | \\ CH_2 - \bigcirc - CH_2 \end{array}$$

此法的关键是控制好对二甲苯蒸气通过裂解管的蒸气量，过大则产生浓度过高，生成的三聚体等副产物量大，过低则反应效率及产率偏低，无实用性。

该法虽经改进，但仍存在得率低、易焦化及危险性大等缺点。近来有人提出下面的合成路线[⑧]：

$$Br-CH_2 - \bigcirc - CH_2-Br + HS-CH_2 - \bigcirc - CH_2-SH \longrightarrow$$

$$\begin{array}{c} CH_2 - \bigcirc - CH_2 \\ S \quad\quad\quad\quad\quad\quad S \\ CH_2 - \bigcirc - CH_2 \end{array} \xrightarrow{h\gamma} \begin{array}{c} CH_2 - \bigcirc - CH_2 \\ | \quad\quad\quad\quad | \\ CH_2 - \bigcirc - CH_2 \end{array}$$

此法的控制步骤是 $\begin{array}{c} CH_2 - \bigcirc - CH_2 \\ S \quad\quad\quad\quad\quad S \\ CH_2 - \bigcirc - CH_2 \end{array}$ 的合成。

四　讨　论

派拉纶在纸张、整本书及纺织品加固方面的应用研究为文物保护提供了一种新的方法和手段，但这方面还有许多专题工作可做，为使本课题更加完善，我们认为应从下面几方面考虑。

1. 扩大应用范围

派拉纶膜隔水、隔气体效果很好，涂覆在文物上可以防止水分、有害气体对文物的侵蚀。因此，派拉纶应该能够应用于金属防护、古墨及其他质地类文物保护，但不同质地文物涂覆时的工艺条件需摸索，以确保文物的安全。

2. 设备标准化

目前，国内尚无为文物保护专门设计的派拉纶成膜设备，我们研制的设备是实验性设备，配套设备不完善，设备的利用率和原料的利用率均未达到最佳状态。因此，十分有必要根据文物的特点，按文物保护的要求，设计一些配套设备，定型定标，使其完善，以便推广。另外，若能使设备电脑化，将工艺条件用电脑控制，对处理过程的质量控制十分有益，国外最新型号的设备，已安装了电脑装置。

3. 降低原料成本

目前，派拉纶保护法由于成本高还难于大范围使用，经测算，一本 200 页厚的古籍书，用派拉纶保护，材料费约需 10 美元，因此，降低费用成为推广应用派拉纶保护法的关键。目前，我们正拟采用新的合成方法，降低合成环二聚体的费用，使其能大面积推广。

4. 发展展望

自 80 年代后期，国外开始将派拉纶用于古代纺织品、动植物标本、古化石等的保护，派拉纶能渗透到裂隙深处，因此，特别适合于已开始粉化、脆化的物体的加固，由派拉纶形成的立体网络，可将粉化部分黏附在一起。经派拉纶涂覆过的物体，表面能形成派拉纶薄膜，可以隔绝水分、空气，对保护有利。

文献[3]报道，国外有人将 4 千万年前植物化石、植物标本、动物骨骼等用派拉纶进行加固，取得了比较满意的效果。处理过程为，先用分子量 200 的 PEG 浸泡，然后冷冻脱水，待脱水后用派拉纶加固。

美国联碳公司用派拉纶对蝴蝶标本涂覆，可使色彩长久不变，不掉粉，形象栩栩如生，十分诱人。

从资料及试验分析，看出派拉纶用于纸质文献、干燥的粉状颜料、毛皮、植物标本保护也是可能的。预计不久的将来，派拉纶成膜技术在文物保护中，将发挥更大的作用。

注释：

① LEE. S. M. , Xylylene Polymers in Kirk, Other Encyclopedia Technology, John Wiley, New york, 3rd edition. Volume 24, 744 – 771.

② Humphrey B. J. , Studies in Conservation 1984 （29）：117.

③ Grattan D. W. , Parylene at the Canadian Conservation Institute an Iinitial Survey of Some Applications in ICOM Committee for Conservation 9th Triennial Meeting, Dresden 1990 （2）：551.

④ J. Thiele and H. Balhorn. Chem. Ber. 37 1463 （1904）.

⑤ M. Szwarc. Disc Faraday Soc. 2, 48 （1947）.

⑥ W. F. Gorham. J. Polym. Sci. Part A – 1.4, 3027 （1966）.

⑦ W. F. Gorham. Adv. in Chem Series, 91；641 （1969）.

⑧ Brink M. Synthesis, 1975；807.

（原载《文物保护与考古科学》1996 年第 8 卷第 1 期）

纸质文物保护研究[*]

纸质文物种类很多，主要有书籍、字画、契约等。新中国成立以后，经过考古和文物保护工作者的共同努力，先后发掘并保护了一批重要的纸质文物。其中有敦煌写经卷、苏州瑞光塔描金"妙法莲华经"、江苏宜兴北宋经卷册等，但也有部分纸质文物由于损坏严重而没能保住。一般来说，纸质文物的保护难度很大，除易因虫蛀霉烂而损坏之外，纸中纤维还会受光、热、有害气体的作用造成降解，使纸张发黄变脆、强度下降，最终导致粉化。所以，许多珍贵的古籍、古字画、古文献因无法保护而佚失。

纸中有害物从何而来？为什么会对纸张造成损坏？纸类文物如何保护？本文就上述问题做些研究分析。

一　纸张中有害物的来源分析

1. 造纸纤维原料中的有害成分

用于造纸的植物纤维，是植物体内的一种厚壁细胞，形状细而长，两端呈纺锤形，胞壁是空的。这种厚壁细胞主要含纤维素、木质素和半纤维素，其次还含有少量的果胶、有机酸、酯和微量无机盐等。其中纤维素占三分之二以上，造纸需要纤维素和半纤维素，而木质素、果胶、有机酸、酯和微量无机盐则是造纸不需要的成分，因为它们会对纸造成危害，影响纸张品质。所以，造纸过程中需尽可能将这些有害物去除，但无论采取什么工艺，纸张中还是会存在少量的木质素、果胶、有机酸、酯和无机盐等有害成分。

不同植物的纤维所含木质素的分子，结构不同。例如针叶树纤维中所含的木质素，由"愈创木基"单体聚合而成，而阔叶树木质素分子则是由"紫丁香基"单体聚合而成的高分子化合物。木质素的化学结构非常复杂，详细的化学结构至今尚未搞清楚。木质素分子中含有酚羟基，具有微酸性，易受氧化而发黄，它的酸性也能使纸张发黄变脆，因而木质素对纸张有着较强的破坏作用，造纸原料中残留此种物质越多，纸张

愈创木基
单体结构

＊　本文由龚德才、奚三彩、唐静娟合作撰写。

的品质越差。

果胶、有机酸和酯在纸张保存过程中，受外界条件的影响产生酸化物，使纤维降解，也是造成纸张变质的因素之一。

2. 造纸过程中有害物的带入

中国传统的造纸方法，是一种手工技术，主要工艺过程为：植物原料粉碎—沤制—蒸煮—制浆—抄纸—干燥[①]。传统造纸法不须用现代化学助剂，因此，手工纸由造纸过程中带入的有害物很少。但传统造纸生产工序多、周期长，整个过程约需三百天左右，产量远不能满足社会需求。

现代造纸是大规模的机器生产，生产周期短、产量高。现代造纸技术，生产出的纸张却都经过了数种乃至数十种造纸助剂的化学处理。这些造纸助剂品种繁多，有蒸煮助剂、增白剂、防腐剂、防水剂、表面活性剂、表面施胶剂和树脂整理剂等近百种。由于造纸助剂的残留，亦带来许多不利影响。例如，碱法纸浆中的残碱，酸性纸浆中的残酸，漂白后的残氯等，都给成品纸张带来了许多副作用。

采用造纸助剂，扩大了造纸原料的来源。如使用蒸煮剂可以将某些阔叶树、蔗楂、麦草等纤维中的木质素除去，使原本不宜用于造纸的劣质原料，亦可用来造纸。但这类纸张先天不足，耐老化性很差，较难长久保存。

古代名纸由于选料考究，制作精细，基本未添加化学助剂，因此上述两种危害较小。而近现代的纸质文物，上述两种危害较为突出。

3. 纸质文物保存中污染物的进入

空气中含有大量污染物，包括酸性气体（常见的有 SO_2、NO_x、O_3 等），生物孢子和微尘，这些污染物会通过纸张的吸附作用进入纸张，使纸张呈酸性，造成纤维素降解。生物霉菌的孢子在纸张上发育生长，发展成霉斑，导致霉烂。

博物馆、陈列馆、档案馆和图书馆等，是收藏纸质文物最多的地方，其空气污染主要来源于周围的工业、民用炊具和交通工具废气的排放，观众的呼吸作用，建筑物中建筑材料有害气体的释放，即使保管条件较好的馆，采取的空气净化措施也较少，根本无法将污染物完全消除。

二 纸张纤维的降解过程

1. 纸张纤维的分子结构

纤维素分子是生物高分子化合物，它是由若干个 D - 葡萄糖基单体，经植物体内生物酶作用，相互间通过 β - 1，4 - 糖苷键聚合而成，聚合度 500 ~ 10000[②③]。

从分子式可以看出，纤维素分子结构中主要含有四种化学键，C - H、C - O、O - H、C - C，这四种化学键的键能见表 1[④]。

表 1　化学键键能数据

键的类型	C – C	C – O	C – H	O – H
键能 Kcal/mol 25℃	82.6	85.5	98.7	110.6

纤维素分子结构如下所示：

这四种化学键的键能，在可见光的范围内都能产生一定的能量吸收，一旦纤维素分子受光照射后，便产生断裂。

2. 纤维素分子的降解过程

纤维素分子除易受光解外，还会受空气中氧和酸性气体作用降解。上述降解过程，可能是按下列方式进行的。

（1）纤维素光解

当紫外光照射在纸上时，纤维素分子活化，发生氧化反应。福兰克（Franck）和康登（Condon）发现，受光作用之后，分子结构中的化学键就好像一个压紧的弹簧一样，要向外伸张，这种向外伸张的力量较强时，就能将化学键破坏，产生化学键断裂。用化学式表示为[5]：

$$RH \xrightarrow{hv} R\cdot + \cdot H \qquad \text{……………………………………（1）}$$

$$R\cdot + O_2 \rightarrow RO_2\cdot \qquad \text{………………………………………（2）}$$

$$RO_2\cdot + RH \rightarrow RO_2H + R\cdot \qquad \text{…………………………（3）}$$

RH——代表纤维素分子

R·——纤维素形成的自由基

hv——光子

纤维素分子形成的自由基可以和空气中的氧分子作用，形成氧化性强的自由基，将纤维素完全氧化分解掉，最终产生羧酸、低碳糖、低聚物甚至二氧化碳。

在金属离子 Fe^{2+}、Cu^{2+} 的存在下，纤维素光氧化降解的反应速度大大加快[6]。这是因为反应中，金属离子起了敏化剂的作用，扩大了纤维素分子的吸收光谱，同时快速将光子的能量传递给了纤维素分子，使其迅速发生降解反应。

（2）纤维素的酶降解

当纸张处于高温、潮湿环境下时，发生霉变现象，霉菌分泌出的色素，使纸张产生各种难以去除的色斑，污染了书籍、字画。到目前为止，还没有安全可靠的去霉方法将纸质文物的霉斑完全除去，彻底清洗掉。

污染纸张的霉菌属真菌类微生物。常见的有：黑曲霉、黄曲霉、杂色曲霉、木霉、桔青霉、球毛壳霉、芽枝霉等二十几种[7]。霉菌在生长发育过程中，产生各种具有生物活性的酶，这些生物酶以纤维素为底物，将纤维素分子分解为小分子，然后将其消化掉，消化代谢后的产物是有机酸等，有机酸与酶的协同作用加快了纤维素分子的降解，直至纤维素分子完全被分解为止。

（3）纤维素的酸性降解

纤维素分子极易在 H^+ 的催化作用下发生酸性降解反应。前已述及，造纸原料、造纸生产和纸张保管过程中，都不可避免地会带入酸性物质，因此可以说，纸张中纤维素酸性降解反应从未停止过。纤维素的酸性降解反应式如下：

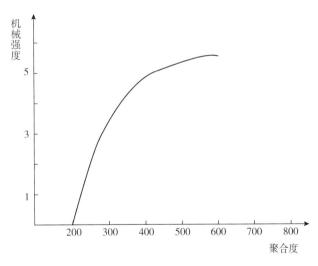

纤维素酸性降解的结果是，长链、大分子聚合物被降解成较短链的小分子，导致了纸张物理性能的大幅度下降，图 1 是纸张机械性能与纤维素分子聚合度的关系曲线[8]。从图 1 中不难发现，随着纤维素分子聚合度的下降，纸张的机械性能迅速降低。因此，酸性大的纸张，它的保存寿命很短。Hanson[9]专门研究过保存在图书馆中的 1576 年出版的书籍，这些书的纸张，有的保存现状很好，有的已近脆化。研究结果发现，强度较好颜色较白的纸张，含有 2.5% $CaCO_3$，pH7.5 左右，呈微碱性。而强度较差，色彩发暗的纸张几乎不含 $CaCO_3$，pH4.9，偏酸性，这说明了含酸的纸张是较难保存的。

图 1 纸张机械强度性能与纤维素分子聚合度关系曲线

就造纸原料而言，各种植物的纤维尽管它们的分子组成相同，都含碳、氢、氧三种元素，但它们的微观形态、空间的三维构象是有差异的。这些差异导致了它们性质上的区别，有的植物纤维特别容易发生酸性水解，有的则较难，降解的难易程度可大致用 δ 值表示，δ 值小，不易发生酸性降解，反之则易。δ 值与纤维的结晶度有关。几种纤维的 δ 值见表 2[10]。

表2　几种植物纤维的δ值数据表

植物种类	棉花纤维	木材、禾草纤维	半纤维素
δ值	1	2.0~2.5	10~400

（4）纤维素的碱性降解

在较强的碱性条件下（pH>9），纤维素发生碱催化作用下的碱性降解反应，其反应过程与酸性降解反应相类似。

三　纸张老化研究

纤维素分子易受到光、氧、水、霉、金属离子、酸和碱等多种因素作用，发生降解反应。当上述因素同时存在时，危害程度绝不是简单的加和关系，而是具有一种协同作用。各种因素的作用可以相互促进，使危害程度成倍增加。例如，酸的存在可以使霉变速度加快，金属离子Fe^{2+}、Cu^{2+}的存在，使光氧化降解和酸性降解反应更容易发生。

为了做好纸质文物保护研究工作，一方面要了解纤维素的降解过程，另一方面还要完善纸张降解程度的测定及评估方法。常用的方法有以下几种。

1. 纸张机械程度的测定法

纸张的降解程度与纸张的机械强度有着密不可分的联系，降解程度小，机械强度就高。这也可通过图1来认识。纸张机械强度最常测定的项目是抗张强度和耐折度。此测定法所需试样的尺寸较大，为了消除纸张不均匀性的影响，获得满意的精确度，还应进行多次测定，然后计算平均值。总之，测量一种纸张所需要的试样量至少为：抗张强度试样，横向2cm×15cm×3张，纵向2cm×15cm×3张，耐折度测定也需相同数量试样。由此可以看出，此法破坏性较大，很难在文物上应用。

2. 纸张酸度测定法

纸张酸碱度的大小可以用pH值来表示，pH值<7时表示酸性，pH值越小酸度越高，当纸张酸度大时，说明纸张中纤维降解的趋势强烈，对纸张不利。同样，碱性强对纸张亦不利，正常情况pH值应在7左右。

若能测出纸张的pH值，即可以判断出纸张的老化情况。测定纸张的pH值最好采用无损检测法，这样既能测出纸张的酸度又不会对文物造成损坏。日本学者宫地宏幸等人采用氯酚红法进行测定。用氯酚红作指示剂来满足这一要求，具体操作过程是，将0.1g氯酚红指示剂（AR）溶于20ml乙醇后，加蒸馏水配成100ml溶液，用毛笔蘸少许溶液涂于待检纸上，根据显示颜色对照表3，即可知纸张的大致pH值[①]。

氯酚红法简便实用，十分适合纸张酸度测定。其他测定方法不如此法安全适用。

表3 氯酚红的变色范围

颜色	黄	橙	赤紫
pH	3.8 ~	4.4 ~	6.4 ~ 7.5

3. 聚合度测定法

通过测定纸张纤维素分子平均聚合度就能掌握纸张纤维的降解程度，从而对纸张的老化情况做出正确判断。纤维素是高分子化合物，它是通过若干个单体聚合而成的，分子式可以简单表示为：$(C_6H_{10}O_5)_n$。当纤维素分子发生降解时，纸张老化，n 值必定变小，各项性能指标下降。

纤维素分子聚合度测定可以采用较为简便的黏度测定法。具体操作方法是：将纸样溶于标定好的铜乙二胺溶液中，配成一系列浓度的纤维素铜乙二胺溶液，测出各浓度的乌氏黏度，做出黏度—浓度曲线。通过曲线图计算出特性黏度 $[\eta]$，由公式马丁方程 $[\eta] = KP^{\alpha}$ 可计算出聚合度 P（K·α 为常数）[12]。

该法属化学分析法，操作较为复杂。它的优点是，实验所需纸样小（几百毫克）。马丁方程测出的聚合度是与粘均分子量有关的聚合度。

4. 仪器分析测定法

现代分析仪器种类很多，精确程度也越来越高。电子显微镜、红外光谱、电子自旋共振谱仪等都可用来对纸张的老化进行研究。

电子显微镜可用于观察纤维形状，对纤维的外观数据（如长度、宽度等）进行直接测量，也能用于纤维的种属判断分析。图2、图3为宋代写经纸的电子显微照片。图2代表的1#纸样纤维韧性比2#好，填料少。因此可以预料1#纸样比2#薄，柔韧、耐折性较好，事实亦如此。

红外光谱可用于测定纤维素分子基因的变化，当纤维素降解时会产生一些原先没有的基团，例如羧基 –COOH 等。这一变化可以在红外光谱图中反映出来，当用漂白剂清洗纸张时均会发现，纸张的红外光谱在 $1530cm^{-1}$，形成了 –COOH 的伸缩振动吸

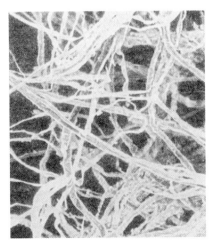 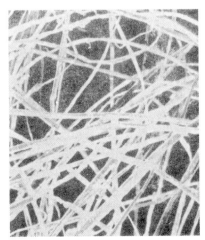

图2 1#纸样电子显微照片　　图3 2#纸样电子显微照片

收峰，表明纤维素分子发生了降解产生 – COOH[13]。

电子自旋共振能谱（ESR）也可用于纸张老化研究。当纤维素降解纸张老化时，会产生破坏力很大的自由基，ESR 仪可以捕捉到纸张中的自由基，由谱图中信号的位置和强度可以推断出自由基种类及大致含量，由此来判断纸张的老化情况。目前，这方面的工作还处于探索阶段。

四　纸张保护研究

纸张保护研究始于 20 世纪 30 年代。早期的工作主要着重于损坏原因分析，经多年研究发现，纸张的老化与诸多因素有关。化学因素有酸、碱、金属离子、氧化剂等，生物因素有虫、霉，物理因素有光、热等。当然还有人为造成的损坏。采用的保护方式有两种，其一是采用高分子膜网、黏结剂等对十分脆弱的纸张进行加固保护，另一种方法则是采用某种特定的化学试剂处理，设法除去纸张中有害的酸、金属离子、自由基和霉菌等。如采用去酸剂、络合剂、杀菌剂清洗及在纸上加入紫外线吸收剂等方法。现代纸张保护研究的方法如下。

1. 蚕丝丝网加固法

蚕茧经抽丝、纺织织成一定规格的单丝丝网，然后在网上喷上热熔胶，用热压（80℃）的方法将丝网与纸张黏合在一起，加固脆弱纸张。此法简单实用、省工省钱，特别适用于两面有文字的脆弱纸张的保护加固，既可加固又不影响文字的识读、拍照，需要时又可用溶剂将丝网从纸张上剥离下来。

2. 传统托裱法

中国传统托裱技术已有一千多年历史。字画经托裱后既美观又便于观赏和保存。对于古旧字画因其年代久远纸质变脆，色泽变深，污迹较多，经托裱处理可将污迹洗去，破损处修补完整，画心经上浆处理增强了强度，起到了很好的保护作用。但托裱法不适用于两面有文字的纸质文物保护。

3. 纸浆修补法

对已残破脆弱的纸张，除用传统的托裱技术保护外，还可采用新型的纸浆修补法。纸浆修补技术是利用古代手工造纸的原理，在纸张破损部位直接加入纸浆，让其成纸，成纸的大小与破损面积相等，厚薄基本一致，且破损处周围无加厚的感觉，手感、外观均较传统托裱法好，纸浆修补的同时，还起到加固保护的作用[14]。

4. 派拉纶真空涂膜法

对二甲基苯二聚体经加热气化、裂解后转变为对二甲基苯自由基单体，在真空室温条件下，该自由基单体能自发地聚合成派拉纶膜。具体变化过程用化学式表示为：

$$200℃ \longrightarrow \qquad \sim 600℃ \longrightarrow$$

固态二聚体　　　　　　　　　气态二聚体

$$2\dot{C}H_2 \cdots \dot{C}H_2 \xrightarrow[\text{室温}]{\text{真空}} H[CH_2 \cdots CH_2]_n H$$

气态自由基　　　　　　　　　　派拉纶

采用真空涂覆技术可以在纸张表面涂上 0.25～20μm 任意厚度的派拉纶膜，使纸张的强度大大增加，提高了纸张耐酸、耐碱、耐水浸能力，抗老化寿命提高至数万年以上[15]。用派拉纶涂膜保护纸张，文字不受任何影响，手感略有变化。该法优点是保护效果好，可以对整本书加固而无须折页。但此法技术工艺复杂，材料成本高，大规模推广受制于经济条件[16]。

5. 纸张脱酸

纸中含酸影响纸张寿命。早期使用硫酸钙、钡、锶等碳酸盐水溶液浸渍脱酸，后来采用有机胺和氨脱酸。使用过的脱酸剂有：氨、环己胺、六甲撑四胺、1，4 - 氧氮杂环、吗啉等化学脱酸剂进行气相熏蒸脱酸。70 年代发明了二乙基锌（DEZ）气相脱酸法，酸性纸张经二乙基锌处理后 pH 值提高到 7.5 左右，使纸张保持在最佳条件，提高了纸张耐老化的能力[17]。

6. 纸张防虫防霉

纸张的虫蛀霉烂，是一个十分严重的问题。我国古代就十分重视书籍、字画等纸质文物的防霉防虫蛀，采用的方法有生石灰吸潮防霉、纸张染檗汁、雄黄、花椒汁等防虫。

近年来开发研制了多种防霉防虫药品，NMF - 1 防虫防霉剂就是其中一种，它已在华东及南方数省市博物馆、图书馆和档案馆等单位应用，获得了满意效果。该药物挥发性强，气相杀虫防霉，可不与文物直接接触，使用安全，效果优于樟脑精（块）[18]。

此外，纸张保护方法还有多种，如充氮、充惰性气体保护法及微波杀虫法、干燥法、冷冻杀虫法等。

五　结　论

纸张中含有酸、金属离子、自由基等各种有害物，它们主要来自于造纸原料、造纸工艺和纸张保存过程。可以采用各种有效的方法去除或抑制这些有害影响，保护纸张。纸张老化程度的分析判断，保护技术的完善还有许多研究工作要做，相信随着现代科学技术的发展，纸张的保护研究将会获得更大的进步。

注释：

① 潘吉星著：《中国造纸技术史稿》，文物出版社，1979 年。

② 同①。

③ 南京大学化学系有机教研室编：《有机化学》高等学校试用教材，人民教育出版社，1978 年。

④ 同③。

⑤ R. L. Feeller Willians，"Stages in the Deterioration of Organic Materials"，Preservation of Paper and Tex – tile of Historic and Artistic Value Ⅱ，American Chemical Society，Washington DC，1977.

⑥ J·C·Williams，C. S. Fowler，"Metallic Catalysts in the Oxidative Degradation of Paper"，Preservation of Paper and Tex – tile of Historic and Artistic Value Ⅱ，American Chemical Society，Washington DC，1977.

⑦ ［日］井上真由美著，彭武厚译：《微生物灾害及其防止技术》，上海科学技术出版社，1983 年。

⑧ 冯乐耘、李鸿健主编：《档案保护技术学》高等学校文科教材，中国人民大学出版社，1991 年。

⑨ 同⑥。

⑩ 同⑧。

⑪ ［日］宫地宏幸：《关于酸性纸的中和》，《文化财虫菌害》1986 年第 11 卷第 3 期。

⑫ 《高分子物理》高等学校教材，复旦大学材料系，1992 年。

⑬ 陈刚：《纸质文物的漂白及理化性能测试》，复旦大学学位论文。

⑭ 邱小刚等：《纸浆修补古籍技术研究》，《大学图书馆学报》1994 年第 1 期。

⑮ D·W·Gratan：《派拉纶热老化实验研究》，《文物保护与考古科学》1993 年第 6 卷第 2 期。

⑯ 龚德才等：《派拉纶成膜技术在文物及图书保护中的应用研究》，《文物保护与考古科学》1996 年第 8 卷第 1 期。

⑰ 王勉等：《纸张 DEZ 气相脱酸应用研究》，《文物保护与考古科学》1993 年第 5 卷第 2 期。

⑱ 奚三彩等：《NMF－1 防霉剂的应用研究》，《文物保护与考古科学》1990 年第 2 卷第 2 期。

（原载《东南文化》1997 年第 4 期）

现代科技在纸质文物保护中的应用

纸质文物属于有机类材料，随着岁月的流逝，由于内在因素（酸的作用和材质的变化）和外在因素（温度、湿度的剧变，光的照射，SO_2、N_xO_y、CO_2、C_{12}的侵蚀，虫蛀、霉变，机械的磨损）而呈现劣变现象，致使纸张变色、发脆，甚至一触即破而无法阅读。

纸质文物保护，一方面要利用先民长期积累的有效经验；另一方面要充分利用现有科技成果、手段，采用新的方法。

随着科学技术的发展，为了确保珍贵的图书、文献、书画、档案资料能长期流传，并为大众提供服务，一方面，人们采用再生性保护措施，从原始的手工复制、翻刻、重新印刷、影像拷贝发展到微缩、资料的数字化技术、光碟存储技术；另一方面，利用现代科学技术，改善保存的环境。随着我国综合实力增强，近几年来图书馆、博物馆、档案馆在设计和建造时，都要求达到防潮、防虫、防霉、防尘、防震、防水、防火、防盗、防有害光线、防空气污染等功能与标准，并安装了现代化的温湿度调控、除尘与空气净化、防火、防盗、防震等设施。由于硬件的配制与安装，大大改善了库房的保管条件，为防止文物材质的劣化、质变、虫蛀、霉烂、水火灾害及大气污染等危害的发生，发挥了抑制和延缓的作用。

对一些特别珍贵的纸质文物，已采用密封充氮、除氧、调湿、控制小环境等方法加以预防，如"联合国宪章"就保存在密封充氮的有机玻璃盒中。随着科技的发展，我国8511研究所研制的除氧剂，以及日本三菱公司生产的RP保护系统，已在纸质文物保护中得到应用。

对纸质文物的酸化、虫蛀、脆化、褪色等病害的防治，文物保护工作者进行了不懈的努力。众所周知，近代出版的图书、报纸、文献变质损坏的主要原因，是由于纸张中含有酸，脱酸是延缓纸张寿命的唯一途径。脱酸方法很多，有水溶液法、溶剂法、气相法等，这些方法我国文保工作者都在研究应用，如国家博物馆曾研究水溶液碳酸氢镁、人民大学档案学院研究的吗琳法、南京博物院研究的二乙基锌法。而目前最有价值的是"韦托"（Weito）法，它是利用甲醇镁—甲醇氟利昂混合溶液作为脱酸剂，并在脱酸过程中对纸张进行加固，将脱酸与加固相结合。

纸是昆虫的食料，也是霉菌滋生的载体，在文物保存中经常发现昆虫、霉菌对纸质文物造成危害。历代有识之士在与纸质文物虫蛀霉变等斗争中积累了有效经验。随着科技发展，化学技术日新月异，虽然化学杀虫剂高效、快速，但其毒性对人类环境造成的危害已引起普遍注意，原来使用的含氯、含磷的杀虫剂已被禁用，而常用的环氧乙烷、溴甲烷、硫酰氟也逐步淘汰，一些高效低毒环保型的杀虫剂，如上海图书馆研制的除虫菊酯类杀虫防霉剂、上海博物馆利用现代科技对黄柏进行提取而研发出的天然防霉剂、国家第一历史档案馆研制的以香叶醇为主的防霉剂、南京博物院研制的中草药杀虫剂等均得到积极肯定和应用。

化学杀虫剂由于毒性对文物和人员造成危害，其使用受到限制，从而物理防虫方法逐步代替了化学方法。物理防治是利用高温、冷冻、辐射、充氮除氧等技法，使害虫致死或抑制其繁殖。我国北京图书馆、南京博物院曾采用冷冻杀虫技术进行试验，试验表明，冷冻杀虫对有机质纤维强度、字迹、色彩均无影响，是值得推广的一种杀虫方法。而采用微波、钴 -60 辐照杀虫也在研制推广之中。由上海档案馆、上海博物馆研究开发的真空充氮是一种新型的杀虫方法，此法不仅能杀死成虫与虫蛹，而且对纸张质地、色彩、字迹无不良影响，对环境无污染，对人无害，已在档案、文物、图书部门应用，其前景十分广阔。

纸质文物脆化、残破、蛀洞是图书馆、档案馆中最为常见的病害，对脆弱纸质文物，一般采用托裱法，此法从唐宋以来一直沿用至今。但这种方法对两面有文字或图案的纸质文物就不适用。针对两面书写或印刷的脆化纸质文物，文保工作者曾选用高分子材料进行加固，由于对这些树脂老化程度及对纸张的影响尚未深入研究，目前仍未广泛应用。

另外，我国科技工作者研制成功纸浆修补机，替代传统手工修补方法，修补残破纸质文物；利用红外、紫外、数字图像处理技术和化学方法，重新显示恢复已褪色的字迹，以及最新研究的生物技术加固纸张等成果。

（原载《中国文化遗产》2004 年第 3 期）

纸质文物脱酸与加固方法的综述

引　言

自从 2000 多年前造纸术发明后，人类文明产生了重大变革，纸张作为书写、印刷的载体一直扮演着记录历史、传递讯息、延续文化精华的重要角色。而历代遗存之书籍、绘画、经卷、文献、珍贵艺术品等记载着中华民族几千年文明史的内涵与精华，为研究时代的变迁、历史的演绎、民风、民俗、人类文明的传播、社会的进步和科学技术的发展提供了丰富的原始资料[1][2]。直到今天，纸张在人们生活中依然有着十分重要而广泛的应用。

然而，历代传世或出土的各类纸质文物随着岁月的流逝，由于内在因素（酸的作用和材质的劣化）和外在因素（战争、火灾、水灾、温度和湿度的剧变、光的照射、有害气体的侵蚀、昆虫的蛀蚀、微生物的滋生、机械的磨损和撕裂）都会造成纸质文物的变质和损坏[3][4]。19 世纪中期西方的工业革命，给社会的发展和科学技术的进步带来了巨大影响，也为造纸技术带来了突破性的发展，传统的手工造纸逐步被现代化机械造纸所替代，这不仅适应了社会发展的需要，而且满足了文化事业的需求，对人类文明是一大贡献，但是，由于造纸工艺和造纸原料中含有酸性物质，以及经济发展造成大气污染日益严重，从而加速了纸张的酸化，面对纸张酸化而引起自毁现象，只凭传统手工工艺和经验的保护方法，已难以解决。只有应用现代科技手段和方法，对纸张病害产生的原因及劣化降解的机理进行深入研究，才能找到有效的保护方法。经过多年的努力，一方面，人们采取缩微、复制、重新印刷、数字化技术、光碟存储技术等再生性的保护措施，另一方面，利用现代科学技术，诸如改善保存环境条件（恒温、恒湿、充氮、除氧、防霉、灭虫、脱酸、加固等）技术加以预防，使千年以前的东晋、隋、唐的绘画、经卷、古籍得以保存[5][6]。当我们今天研究纸质文物损坏原因和防护方法时，如何将传统保护技术与现代科技有机结合，便成为一项艰巨而迫切的任务。本文仅就纸张脱酸与加固方法进行简述，以便总结经验，吸取教训，展望未来。

一　纸张脱酸技术的进展

自从 19 世纪以来，人们普遍发现纸张自毁现象。为解决纸张酸化问题，国内外科技工作者一直在研究纸张脱酸技术[7]-[10]。早在 19 世纪 30 年代，美国 Barrow 公司、纸张化学研究所、the Ontario 研究基金会、国家档案馆、国家标准局等就已开始研究脱酸剂和脱酸方法。经过多年努力，终于在 1936 年 the Ontario 研究基金会的 Ohosehisr. Heitz（奥托·希尔霍尔茨）首先获得了美国专利，并发表了一篇题为"纸张及纸张制品的化学稳定过程"的论文。随后美国纸张保护专家巴洛（Barrow）使用 $Ca(HCO_3)_2$ 液处理方法，并于 1940 年发明了纸张脱酸的两步法（即氢氧化钙和重碳酸钙法），此法在 20 世纪 40 年代和 50 年代得到较广的应用。到了 1957 年 Gear 在美国使用了 $Mg(HCO_3)_2$ 单液改正法，首次使用了镁化合物作为脱酸剂。1965 年，Roter 报道了以镁化物为氧化木浆的稳定剂。1973 年 Giiber 对其稳定作用做了更深入研究，指出镁试剂对于像铁这样的金属氧化催化剂起钝化作用。1959 年威尔逊和福尔希建议把醋酸镁用作纤维素加膜的抑制剂，并选用饱和钙镁碳酸氢盐作为喷涂脱酸剂。与此同时，为克服以水为溶剂脱酸液的缺点，从 20 世纪 70 年代开始研究无水脱酸剂和气态脱酸剂，1976 年美国国会图书馆凯利发明了二乙基锌法以及 Biehmond Virgrined 图书馆发明了吗啉法并获得了专利，由于成功的应用而为世人所瞩目。但是，这两种方法都需要大型的真空脱酸设备，由于设备费用高以及所用试剂易燃、易爆的安全隐患还存在问题，推广应用受到一定限制。直到 20 世纪 80 年代，经过反复探索研究，芝加哥史密斯以甲醇镁加入甲醇，并以二氯乙烯与二氧化碳气体混合而成除酸剂，于 1982 年获得专利，称为韦托法[11]，在加拿大公共档案馆得到推广应用，被认为是有价值的一种脱酸方法。在脱酸基础上将丙烯酸树脂溶解在氟利昂溶液中，使脆弱纸张得以加固，是一种既脱酸又加固的综合方法。它深受人们的关注，为纸张规模化脱酸与加固研究开创了新的途径。最近 20 年来，对规模化脱酸技术的研究已成为脱酸的热点，如普林斯顿大学开展非水溶液喷雾脱酸技术的研究。维也纳国家图书馆奥拓·沃特及其同事，为防止水溶液脱酸引起纸张变形，研究低温干燥技术。美国麻省亚瑟公司研究"使用醇镁临界流体溶剂进行大规模脱酸处理"的技术。美国 FMC 公司研究出了一种新型的纸张保护技术，这种技术的最大特点就是把纸张的脱酸和加固二者有机地结合在一起，并且德国、意大利、法国、日本等国家在规模化脱酸与加固技术都取得了明显的进展。下面分别就脱酸方法作简要介绍。

（一）水溶液法[7]

水作为一种溶剂不仅可以稀释纸中的酸，而且还能清洗掉有害杂质，如铜、铁离子等。这对于纸张的保护无疑是一种有效的方法。但在实践中人们发现，用去离子水洗涤纸张，不仅能脱除酸，也冲洗了纸张中的纤维素和钙、镁离子。虽然酸度降低了，但纸张寿命反而缩短。由于自来水中含有微量铁和铜的化合物，这些化合物将对纸张纤维素的氧化起催化作用，所以不能用自来水洗涤纸张。因为硬水中含有少量的钙、镁离子，能纯化纸张中的铜、铁离子对纸张的氧化作用，所以在用硬水作为纸张脱酸液的基础上，各种碱水溶液脱酸方法也相继产生。

1. 石灰水脱酸法

将纸张平放在塑料丝网或铜丝网中，在石灰水饱和溶液里浸泡约 20 分钟，脱除纸张中的酸。然后再把它移至重碳酸钙溶液中浸洗 20 分钟，使纸张上沉积碳酸钙，经过这样处理，既能脱酸又能在纸上残留碳酸钙，达到抗酸缓冲剂的作用。

该法简便易行，是一种传统方法。经老化实验证实无副作用，但有人认为会减弱纸张的耐折强度。

2. 氢氧化钙和重碳酸钙法（即双液两步法）

这一方法是把纸张浸入 0.15% 氢氧化钙液经 20 分钟浸泡，使纸内游离酸中和。然后取出再浸泡在 0.15% 重碳酸钙溶液中，约 20 分钟，使过量的氢氧化钙转变为碳酸钙。碳酸钙沉积在被处理的纸上，能起抗酸、缓冲作用。抑制纸张进一步酸化。

该法发明于 1940 年，至今仍在使用，脱酸后 pH 值可能超过 8，经过长期实践证明是碱水溶液脱酸方法中最安全可靠的方法之一。

3. 碳酸氢镁法

此法先将 6.72g $MgCO_3$ 放入 3000ml 容器中，注满蒸馏水，通入 CO_2，使其变为 $Mg(HCO_3)_2$，其水溶液 pH 值为 8.5~9 即可用来脱酸。

将配制好 $Mg(HCO_3)_2$ 溶液倒入搪瓷盘内，把纸张夹放在塑料网上，在溶液中浸泡 25 分钟，取出晾干即成。在操作过程中，碳酸氢镁溶液由于对酸的中和反应逐渐由纯白色变成微黄色最后呈琥珀色。一旦溶液呈琥珀色就应更换新的溶液。

经脱酸的试样，进行加速老化试验，测其耐折、抗拉强度。结果表明，用 $Mg(HCO_3)_2$ 溶液处理的酸化纸，其耐折强度比未处理的酸化纸将成倍地提高。

4. 水溶液脱酸法

该法具有既脱酸又去污的作用，亦能使纸张强度有一定程度的恢复和稳定性能好的特点。但是，该法又具有以下缺点，即不适宜大批量脱酸，在脱酸过程中，将书拆开进行单页操作，然后将处理好的单页，重新装订成册。这样既费时费力，而且所需成本高，处理周期长。由于水溶液对某些字迹、染料、颜料会引起烘染或褪色以及出现折皱、变形等现象，所以水溶液脱酸方法，在实际应用中受到限制。

（二）有机溶液脱酸法[7]

水溶液脱酸法有着明显的缺点，为了改进这些缺点，避免因水溶液而引起的各种问题，因此，用有机溶液替代水溶液的脱酸方法应运而生。美国巴洛（Barrow）首先选用双二醇胺（cliglycolamine）进行脱酸试验，由于双二醇胺易挥发，以及在纸上难以残留碱，因处理效果不好而放弃。后使用醋酸镁作为脱酸剂，用水和三氯乙烯混合液作为溶剂，因醋酸镁在溶剂中溶解性不好使处理效果不理想而告终。随后，英国博物馆实验室贝思斯、科普，曾建议用 $Ba(OH)_2$ 溶解在甲醇溶剂中作为脱酸剂，采用喷洒和涂刷的方式，可达到脱酸效果。由于 Ba(OH)$_2$有毒性，甲醇是易燃有毒溶剂，脱酸后具有太强的碱性，以及钡离子残留在纸上不稳定而被淘汰。

经过反复探索，人们发现碱性试剂——醇镁，即甲醇镁作为脱酸缓冲剂。因为甲醇镁可溶于有机溶剂，本身又具有足够的碱性，在纸上能保留较长时间和特有的稳定作用。甲醇镁—甲醇是有机溶剂脱酸方法中最初较为满意的一种方法。甲醇镁的碱性不仅能使纸张中的酸中和，而且残留在纸上的甲醇镁在水汽的作用下水解成氢氧化镁。氢氧化镁与空气中的 CO$_2$作用形成碳酸镁，使纸具有抗酸缓冲的作用。但在实践过程中发现，甲醇有使某些字迹（彩色字迹、圆珠笔字迹）溶化及碱性过大等缺点。为了提高溶剂对甲醇镁的溶解性而又不影响字迹，经过多次试验，选用溶解力低的惰性溶剂与甲醇混合可达到其目的。常用的惰性溶剂有：氟利昂、甲苯、丙酮、氯化烃等，随着使用溶剂不同，有机溶剂的脱酸方法也不同，其中最有实用价值的是"韦托"（Weito）法⑪。

"韦托"法是伊利诺斯州麦迪逊的韦托联合公司总经理查德德·史密斯发明的。它是利用甲醇镁—甲醇、氟利昂混合溶液作为脱酸剂。处理工艺是：先将书放入高压箱内，关闭密封箱门，通过干燥或制冷将书中水分排出，然后引入脱酸溶液，并加热使压力增高到每平方米 6.89kPa 进行脱酸处理后，排干书籍中的脱酸液，使书干燥，打开箱门将书取出放在恒温恒湿环境中，使它"恢复"到原来的保存状态，方可入库。对一些脆弱纸张，脱酸后进行加固，只要把丙烯酸树脂溶解在氟利昂溶液中，采用相同工艺处理即可。此法从 1981 年以来，在加拿大公共档案馆进行了应用，是目前被公认的可规模化处理的方法之一。

近年来对有机溶液脱酸剂的研究，除了上面所介绍的，目前对镁钛双金属醇盐、甲氧基甲基碳酸镁、乙氧基乙基碳酸镁、甲基碳酸镁、甲氧基镁碳酸二甲酯、乙基碳酸镁、丙酸钙等脱酸剂的研究取得了一定成果和进展。

（三）气相脱酸法

此法是应用能气化或挥发的碱性气体，在真空条件下，充分渗入到书本、文献中使纸张脱除酸性，是较为有效的脱酸方法之一。目前常用的方法有以下几种。

1. 氨法

早在 20 世纪 30 年代，美国巴洛（Barrow）就曾经试用氨气来脱酸。其后苏联、印度一些博物馆也采用过氨作为脱酸剂。该法是将酸化了的纸张，放在密封容器中（最好在真空箱中），然后通入（1∶10）氨，经 24 ~ 36 小时处理即可中和酸，使纸张 pH 值达到 6.3 ~ 7.2 之间。但由于其脱酸效果不理想，没有碱残留，耐久性差，再加上氨气为窒息性气体，对人眼、肺均有强烈刺激而被放弃。

2. 碳酸环己胺⑫

碳酸环己胺作为气相脱酸剂是由 Langweel 首先提出。碳酸环己胺呈酸而不呈碱性，在气化过程中能分解成碱性环己胺，才具有脱酸的作用。其方法是将滤纸浸泡在碳酸环己胺的饱和溶液中，然后将它夹在书籍中，一般每25页夹一张。如果多孔薄纸印刷的书籍每隔50页夹一张。利用环己胺的渗透性来达到脱酸目的。由于环己胺的毒性，能致癌和使人生理活性组织诱变以及降低纸张光泽等原因而没有得到广泛应用。

3. 吗啉

学名1，4-氧氮杂环己烷[13]，无色，具有吸湿性的液体，有氨的气味，比重为0.9894（20/4℃），熔点-4.9℃，沸点128℃。与水混溶，溶于乙醇、乙醚。呈中等碱性。

此法从1970年开始研究，经6年的努力，于1976年获得专利，并在Biehmond Virgrinea图书馆做了实验并得到应用。中国人民大学档案系曾进行过应用研究。脱酸方法如下：先把需脱酸的书籍放进真空处理箱，然后用真空泵抽至真空度为66.661～133.322Pa，再把吗啉和水汽按（4∶6）混合气体通入处理箱内约10分钟。在这期间，使吗啉气体充分渗透到每本书中，中和纸内的游离酸。再经10分钟后将空气注入处理箱，使箱内压力保持93.32kPa，让空气冲洗剩余的吗啉气体，5分钟后再抽至2.66kPa。最后两步可重复几次，尽量把吗啉气体散发掉，开箱取出，整理入库。

吗啉脱酸法具有以下优缺点：能规模化、批量处理（38.55kg/h），速度快，费用低（0.7美元/kg）；处理有效率达99%以上，明显降低纸张老化速度，效果稳定并具有多功能之作用。但这种方法对火棉胶封面、皮封面颜色有影响，使新闻纸发黄，处理过程不能加固，加上仪器、设备投资较大，很难广泛推广应用。

4. 二乙基锌法[14][15]

上面介绍的几种气相脱酸法，都是基于利用胺作为碱性试剂，但有一个共同缺点就是碱残留量小。科学工作者在探索、改进胺类脱酸剂同时，对非胺类脱酸剂也进行了研究。1976年由美国国会图书馆化学家凯利（George. B. Kelly）和威廉斯（John Williams）对非胺类脱酸剂进行研究，发明了二乙基锌脱酸技术并获得专利，从而使脱酸方法有了突破性的进展，即利用金属有机化合物的活泼性达到脱酸的目的。二乙基锌是金属有机化合物，其分子式为（C_2H_5）$_2$Zn，无色，沸点118℃，有水果味，具有吸湿性，化学活性极高，对空气极为敏感，遇水和氧会发生猛烈爆炸。由于二乙基锌能同多种无机物和有机物发生反应，既能同酸反应生成相应的盐和烃，又能同水反应生成碱性氧化物。对植物纤维又不会有破坏作用，因此，选用二乙基锌作为纸张脱酸剂是十分有利的。

（1）二乙基锌脱酸机理

简单讲还是利用酸碱中和之原理。二乙基锌分子粒径极小（长度1nm），200万个二乙基锌分子停留在一个大头针的表面上，这就使二乙基锌具有极好的渗透性，它不仅能渗透进闭合的纸质文献中，而且能渗进纸张的纤维内与纤维结合在一起。当它遇到纸内的酸即发生下列反应，起到脱酸的作用。

$$(C_2H_5)_2Zn \; + \; 2H^+ \longrightarrow 2C_2H_6 \; + \; Zn^{2+}$$

当二乙基锌渗入纸张纤维内部同酸发生反应，同时与纸中微量水发生反应：

$$(C_2H_5)_2Zn \; + \; H_2O \longrightarrow (C_2H_5)ZnOH \; + \; C_2H_6 \uparrow$$

$$(C_2H_5)ZnOH \; + \; H_2O \longrightarrow C_2H_6 \uparrow \; + \; Zn(OH)_2$$

同时二乙基锌与纤维素羟基反应：

$$Cell-OH \; + \; (C_2H_5)_2Zn \longrightarrow Cell-OZn(C_2H_5) \; + \; C_2H_6 \uparrow$$

$$Cell-OZn(C_2H_5) \; + \; 2H_2O \longrightarrow Cell-OH \; + \; Zn(OH)_2 + C_2H_6 \uparrow$$

从上述反应可以看出，二乙基锌不仅能有效地中和纸张内的酸而且与纸张纤维素反应，抑制了纤维素水解作用，并在纸面上沉积一定量的氧化锌（ZnO），对环境中酸的侵蚀有一定阻蚀作用。随着研究的深入，G. B. Kelly. Jr 和 Williams J C 发现氧化锌在光照和潮湿条件下，对纸张中纤维素的光氧化有催化作用。因此，在二乙基锌脱酸过程中加入二氧化碳，将沉积于纸张内的氧化锌转变成碳酸锌，使脱酸效果更理想。

（2）脱酸的主要设备。有 5 种。

a. 真空处理箱：为自行设计，非标设备，有效容积为 2m³，工作压力范围 0.666~66.661Pa。

b. 真空机组：由 2X-70A 旋片式真空泵、2J-150 机械增压泵组成。

c. 加热系统：为使箱体温度均匀和使用安全，本设备采用间接加热。在箱体夹层中注入导热油，用电热棒加热导热油再将热量传递给箱体。

d. 加料系统：该装置是由二乙基锌贮罐、氮气缓冲罐、氮气钢瓶和计量器组成。

e. 后处理系统：该系统是由煤油吸收塔、活性炭吸收罐和真空泵组成。

（3）脱酸的工艺。脱酸工艺流程如下：

二乙基锌脱酸过程中工艺的好坏直接关系到处理的效果，书籍在未放进真空处理箱前，先要除尘、进行预干燥处理，其目的是为了降低水分，减轻真空脱水的负担。真空干燥必须严格控制温度，我们知道温度的高低与纸张的耐久性有着密切的关系，温度高有利于纸张中水分的挥发使真空度易达到，但温度过高就会降低纸张的强度，因此低温处理是可取的，但温度过低又会延长脱水时间，所以控制适宜的温度、湿度是十分必要的。经多次实验证明，真空脱水时温度以 60℃ 为好。为使二乙基锌在箱内充分气化，温度应适当提高，可控制在 62℃（最高不能超过 65℃）。另外真空度也是重要因素，它不仅关系到纸张的脱水而且也关系到二乙基锌的活性，以及二乙基锌蒸汽对纸张的渗透性。当然真空度越高越好。但是，高真空设备要求苛刻，加工制造也十分困难，费用又高，应根据实际需要来选定，一般当真空度在静置状态下能维持 20

分钟，不低于 133.322～1333.22Pa 即可操作。处理时间的长短与处理的数量、含水量和堆放形式有关。在一定温度下，若处理数量多，含水量高，真空度就不易达到，则脱水时间就会延长，具体处理所需的时间是随着各种因素的变化而有所变化。另外二乙基锌投入量应考虑到处理箱内是否有足够的二乙基锌蒸汽压，以便向纸内渗透和确保纸中沉积 2% 左右的氧化锌含量。只要严格控制工艺条件，脱酸效果会很好。

实践证明经二乙基锌处理过的纸张 pH 值在 7～8 之间，对纸上书写或印刷的字迹、颜料基本无影响，也无形变发生，且氧化锌沉积量适中。因此，从目前情况看，二乙基锌在几种气相脱酸方法中是最优的。另外，和水溶液脱酸和无水溶液脱酸方法比较，它处理量大，脱酸快，适应范围广，具有杀虫、消毒综合效果。但此法也具有气态法的共同缺点，即难以引入加固剂，仪器设备要求与投资费用太高以及易燃、易爆的安全问题等，未能广泛推广应用。

二　修补与加固

修补与加固是修复工作中的重要环节，也是保护脆弱纸张、延缓其寿命所采取的有效措施之一。修复技工在长期从事古籍、档案、书画修复中，不仅积累了丰富的经验，而且为保护古代文化遗产做出了显著的贡献。

最近几年陆续出版了《中国古籍装订修补技术》[16][17]等专著，对我国这门古老的传统技术作了系统的总结，许多经验是值得推广的，对纸质文物修复技艺的发展，将起到有益的推动作用。

（一）修补

纸张传统的修补方法上述书中都已详述，我们在实际工作中可以灵活应用。一般来说，有了这些方法，平常遇到的一些问题都可以得到解决，但研究人员仍在研究新的方法进行修补，如采用纤维素溶液修补法、纸浆修补法，这些方法是将需要修补的纸张平放在搁板上，然后在残缺、蛀洞的地方，通过手工或机械手段进行修补，取得不少进展。南大图书馆邱少刚研究的纸浆手工修补法、北京图书馆研究的纸浆机械修补法，都通过手工或机械注入预先配制好的呈悬浮状的纤维素（纸浆、棉纤维、树脂）溶液。当溶液往下渗透时，溶液中的纤维素便堵住蛀孔，布满残缺将纸修复。这些方法需取得了一定成果，但尚未普遍应用。而在美国、日本、德国、比利时、意大利等国都已广泛采用纸浆渗透修补技术，为纸质文物修复与保护，发挥了重要作用，推进传统手工艺向现代机械方法迈开新的一步，给传统修补方法开辟了新途径。

（二）加固

加固的方法，就是用某种树脂溶液涂刷、浸渍纸张，或者用纸、树脂膜、丝网进行裱托、热压的方法，使纸张增加强度。兹将各种方法分述如下。

1. 托裱法[18-20]

托裱是我国独特的传统技艺，与国画艺术的产生、发展和盛行息息相关，根据有关资料和遗存实物，可以推断千年前我国已开始采用托裱方法对字画、文献进行装裱，使一大批历代绘画、文献、古籍得以保存、流传于世。新中国成立以来，随着考古工作的开展，出土了许多珍贵的帛画、经卷和古籍，如湖南马王堆汉墓出土的帛画、道德经、战国策，山西应县木塔出土的辽代经卷，浙江东阳南寺塔出土的妙法莲花经，以及江苏吴县出土的古籍等等。由于这些文物长期埋在地下，糟朽十分严重，有的与泥土粘连在一起结成硬块、形成纸砖，针对这些特殊状况，按传统托裱方法难以解决。而故宫博物院、上海博物馆、南京博物院、西泠印社等单位科技人员，在吸取传统托裱工艺基础上，采用蒸气蒸、分离剂浸泡，以及采取夹揭法和补托法等创新工艺，不仅使这批珍贵文物得到有效保护且促进了传统工艺更新和提高。

托裱是纸质文物保护应用较为广泛的一项技术，其操作方法是：把需托裱的纸张用湿毛巾覆盖在上，或以清水喷湿，使之润湿，舒展平整，施以浆水，再将托纸盖在上面，用糊帚把它刷平，在上刷托纸时，左手拿着纸张另一头，时时将托纸和纸张书页轻轻掀松，并要与右手动作配合，既不能刷得太紧，也不能刷得太松，以不刷出夹皱为度，待全部刷好后，再翻转放到一张干纸上，用糊帚排刷，使之黏结牢固。托裱所用传统糨糊易遭虫蛀、滋生霉菌，近年来，浙江博物馆卢衡研究的淀粉改性糨糊、南京博物院李晓华研究的纳米糨糊，都会促进传统工艺与现代科技更好的结合。

2. 树脂溶液法

古籍、书画采用托裱技术，从唐宋以来一直沿用至今。这种传统技术只适用于单面书写、印刷的古籍、书画。而对两面有文字或有图案的纸质文物就不适用。针对这种情况，人们曾采用以下几种加固方法。

（1）胶矾溶液加固。胶矾溶液是书画装裱所用的传统加固剂，不仅能加固脆弱纸张，而且能防止墨水、染料渗化，是书画装裱常用的加固材料。由于明矾在潮湿环境中吸收水分会产生硫酸，促使酸化导致纸张脆化现象，已引起了大家的关注。

（2）树脂溶液加固。为防止纸张的酸化，既能加固又能防止渗化的加固材料随着化学工业的发展而不断问世。早在20世纪40年代美国巴罗教授用醋酸纤维素树脂溶液加固纸张，使纸张强度明显增加，随后欧美各国选用纤维素类、聚乙烯类、丙烯酸类、硅氟类树脂，按不同比例配成胶液，对纸张进行浸泡、涂刷，与纸张形成两相复合材料体系，作为连续相树脂不但能提高纸张的强度，亦能起防水、防酸的作用，但是所用的树脂都存在一些问题。由于树脂分子量大，以致渗透性、浸润性差，树脂液不易渗入纸纤维内，容易在纸张表、里造成浓度梯度，会加速纸张老化，而且在纸张表面成膜，使其质感、光泽发生变化，手感发硬、增厚，对字迹、色彩亦有影响，不符合文物保护"修旧如旧"、保持原貌的要求。这种方法虽在欧美各国应用较多，但在我国只应用于临时抢救性的保护。虽然树脂液对纸张能起加固作用，但总体评估仍不能令人满意。

3. 加膜法[⑦]

加膜法是在脆弱纸张的两面各加一层树脂薄膜（如醋酸纤维素、聚酯、聚乙烯、尼龙等）或透明网，使纸张增加强度的一种方法。加膜的方法很多，有热压加膜法、溶剂加膜法、真空镀膜法以及丝网加固法等。现将各种方法分别介绍如下。

（1）热压加膜法。热压加膜法在 20 世纪 30 年代就由美国巴洛和斯克莱伯纳研究成功。此法选用透明树脂薄膜（醋酸纤维素、聚乙烯、聚酯、聚碳酸酯、尼龙等）将纸质活页夹在中间。通过热压使之得到加固。这种方法在国外档案馆、图书馆、博物馆中已得到普遍的应用，现举例如下。

美国国会图书馆采用平板水压加膜法，把活页夹在两张醋酸纤维素薄膜中间，放入加膜机中，加热至 140～150℃，在 2. 15～3. 52MPa 压力下进行加固。

罗马尼亚档案馆选用聚乙烯薄膜、日本棉纸和醋酸纤维素作为加固材料。加固方法有两种。其一为热压法，先将文件清洗干净。中覆聚乙烯薄膜，上覆日本棉纸，然后将它放入平板水压加膜机中，控温 130℃，压力 1. 37MPa，经 1 分钟即可。但要注意，当加固件送入加膜机前，其两边还要垫一层绘图纸。第二种是冷压法，是用 5% 醋酸纤维素丙酮溶液，喷涂在文件上，加覆日本棉纸，然后用压机加压粘固。

英国丘圆档案馆根据破损文件的不同情况，采取不同的加固方法，如加固对象是厚纸，则用日本纸加固，是羊皮纸用牛皮纸粘补，是破碎文件先用日本纸补缺后，再加丝绢、黏结纸、薄绵纸，然后放入加膜机中热压加固。文件两面黏结层数可根据破损情况而定。

法国卢旺省档案馆对破损文件先用棉纸补缺，再在文件两面加透明赛璐纸、黏结纸、尼龙薄膜，然后放入加膜机中，控温 180℃，进行热压即可。

（2）莫兰加膜法。由英国莫兰塑料公司提出，其方法是将文件放在二醋酸纤维或三醋酸纤维素薄膜中间，用可控电熨斗，控温 80℃，施加轻微压力即可。此法优点，不需要昂贵加膜机，加热温度又低，使用方便。

（3）迪斯普罗加膜法。这是英国伦敦博物馆研究成功的方法。他们选用一种在迪斯普罗纱纸背面涂有丙烯酸树脂，作为书籍加膜材料，这是一种冷加膜法，设计的加膜机可处理 0. 508m 以下的文件。据介绍，加膜效果是令人满意的。

（4）有机溶剂溶化薄膜法。上面所介绍的加膜方法，都是通过热压方式，由于设备费用昂贵以及高温对文件的损害，为弥补这些不足，印度国家档案馆提出有机溶剂溶化薄膜，其方法先把加固材料裁成所需尺寸，按下列顺序放好。然后用适量的丙酮刷在夹层表面，使丙酮溶液从中心向边缘扩散，再用普遍压书机压膜，待干燥后即可。这是一种应用较广的加固方法。

（5）真空加膜法[㉑-㉓]。真空加膜法是将纸张放在不锈钢真空容器中，在真空条件下通入单体，渗透到纸张纤维中，在纸上形成保护层（聚合物—纸—聚合物）增强纸张强度，起到加固纸张的作用。

常用的单体有丙烯酸乙酯、甲基丙烯酸甲酯、丙烯醋、二甲二氯硅烷、对二甲苯等。由南京博物院与南京图书馆共同研究，选用聚对二甲苯（派拉纶 N）共形盖覆技术在纸张上的应用，是一种较为先进的纸张加固技术。现将此法介绍如下。

聚对二甲苯又称派拉纶 N（PPX - N），由美国碳化公司首先开发出来，早在 1951 年以二甲苯为原料，用真空裂解法制得聚对二甲苯薄膜。1965 年开始工业化生产。1982 年应用于图书、档案、文物的保护。

聚对二甲苯为热塑性塑料，既具有芳香基之稳定性，又具有脂族链的柔韧性，故能薄至 0.25μm 而不破裂。该聚合物几乎不吸收可见光，因而呈无色而透明。该聚合物对化学侵蚀有极大的抵抗力，又不溶于大多数常用的化学试剂。在高温条件下能保持稳定。由于具备这些优异的性能，因而该技术越来越受到人们的重视。

聚对二甲苯的气相沉积过程，在某些方面与真空涂敷金属相似。不同的只不过所需的真空度要求不同。沉积过程包括以下三个步骤。第一步是固体二聚物在 160℃ 左右气化。第二步是二聚物在 680℃ 左右，两对亚甲基—亚甲基的大量热解，产生单体二自由基，最后单体进入室温真空沉淀反应室，单体被纸张吸收。将在纸张纤维与纤维接触点处产生聚合物桥，使整张纸强度全面增加。其强度增加的程度，随聚合物厚度增大而增大。但厚度太厚反而变脆，一般认为盖覆厚度在 2.5 ~ 7.5μm 范围内会保持甚至增加柔韧性的同时而获得可喜的强度。

加固的效果：

a. 经过处理的纸张与未处理的纸张进行耐折强度测试，结果显示，未处理的纸张只经 85 次折叠就已损坏，而经派拉纶 N 处理过的纸张经 1000 次折叠，纸角也丝毫没有折下的迹象。对折痕处的微观观察显示，纸张大多数的单个纤维业已损坏，而纸角靠对二甲苯桥键联结在一起。

b. 为检验处理过纸张阻挡层性质，将处理过和未处理的纸条放在水中浸泡 6 个月，结果未处理的纸条变得半透明，呈现棕黑色，并且软而易碎。而经过处理的纸条没有任何腐坏的迹象。

c. 经 6 个月的老化试验，未处理的纸张变白、易碎。而处理过的纸张丝毫没有变白、破碎现象，仅出现一些皱折，纸张强度仍然较大，柔韧性好。

d. 为测定处理过纸张对化学试剂的抵制力，把纸张样品放入 70% 硫酸溶液中浸 24 小时，纸样变黄，但盖覆阻止了纸张的损坏，而其强度和柔韧性仍然很好。

该法已在美国国会图书馆对书本加固进行应用研究，并取得了令人欣喜的成果。目前已成功地应用于木质工艺品、昆虫标本、羽毛制品、贝壳、矿物以及植物标本等镀膜。随着研究工作的深入，该项技术在图书、档案、文物保护领域中将会发挥更大作用，为规模化整本图书加固奠定了基础。

4. 丝网加固法[24]

蚕丝树脂网是由天然蚕丝纤维经煮茧→抽单丝→织网→烘干→喷胶（PVB）→烘干→裁剪等工序制成。

蚕丝树脂网是一种新型、具有可逆性的加固材料，适用于脆弱薄型纸张和纺织文物的加固，如棉纸、毛边纸、连史纸、有光纸、新闻纸。尤其适用于两面文字书写或印刷纸的加固，也适用于字迹或色彩遇水渗化的纸质文物加固。

使用时先将加固对象理平皱折，对好破口，在破口处加一小条丝网，以便连成整体。然后根据残损状况剪取所需大小的丝网，并平铺在需加固的破损处，垫上一层隔离膜（聚四氟乙烯薄膜），用熨斗热压即可。

此法操作简便、安全可逆、不影响文字的识读、易于推广，一直深受文博、图书、档案等领域的保护工作者喜爱，并在这些部门得到广泛应用，抢救保护了如敦煌、大理等地出土的经卷及一大批档案、图书等史料。加固前后对比见图 1、2 所示。

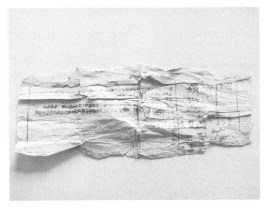
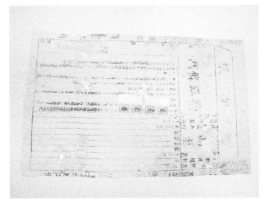

图 1　纸质文物丝网加固前　　　　　　　　图 2　纸质文物丝网加固后

5. 多功能保护液法（FC - 100 型纸质文物保护液）[25][26]

近年来，南京航空航天大学、南京博物院、宁波天一阁博物馆，针对南宋经折酥粉、虫蛀、霉变、老化的严重状况，对其保护进行了较系统研究，研制的保护液是集天然羟丙基壳聚糖、合成高分子材料改性氟树脂、低分子材料三聚体、纳米氧化锌，按一定比例改性、复配而成。其保护加固方法试验如下。

（1）低分子材料试验。根据纸张纤维的显微结构和化学组成，选用活性低分子预聚物 HDI 三聚体/KH - 550 与纸纤维中的官能团相结合，使低聚物与纸纤维形成适度的交联体系，有效地提高了纸纤维之间的作用力，从而提高纸张的物理、化学性能。

（2）合成高分子材料试验。经过试验筛选，得到了一种改性氟树脂，即 FEVE 树脂。它是氟烯烃和烷基乙烯基醚交替排列的嵌段共聚物，共聚单体为环己基乙烯基醚、羟丁基乙烯基醚和烷基乙烯基醚，其分子结构中含有氟烯烃、乙烯基醚链节和羟基、羧基侧基等，具有多种优良功能。

（3）天然高分子材料试验。天然的甲壳素是白色片状、半透明固体，壳聚糖是甲壳素脱去 N－乙酰基55%以上的产物。由于古代的纸张均由天然原料制成，而壳聚糖也属于天然材料，具有类似（纸张）纤维素的结构、性能，与纸纤维有良好的生物兼容性、亲和力，壳聚糖中的氨基能与纸纤维中羟基反应连成一体，使纸纤维具有一定的强度，因此，壳聚糖比较适宜作为纸质文物的保护材料。

（4）功能纳米材料。在研究的加固胶液中，加入适量透光性好的功能纳米材料，使之兼有屏蔽紫外线、防霉抗菌等特殊功能，使保护后的纸质文物能免受霉变、虫蛀、紫外线等伤害。

（5）综合试验。通过上面几种材料研究、筛选，将不同材料进行适当的交联、复配，有机地结合，相互取长补短，充分发挥各自特点，既克服以往所用加固树脂液的单一性、只能覆盖纸张表面、效果差的问题，又提高了纸质文物综合保护效果，对纸张既有化学加固又有物理加固，是目前值得深化的一种新材料，它为脆化纸张加固材料研究，提出了新思路、新理念、新途径。保护处理前后对比结果如图3～6所示。

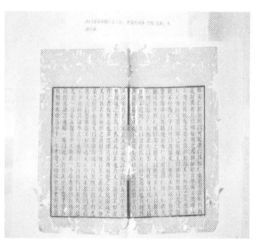
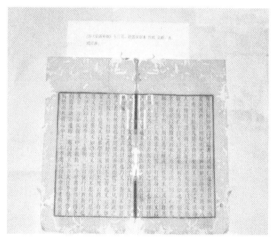

图3　《论语补叙》处理前　　　　　图4　《论语补叙》处理后

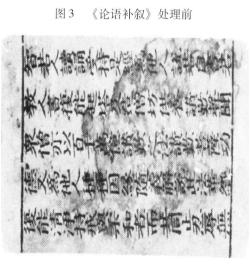

图5　宁波天一阁脆弱经折加固处理前　　　图6　宁波天一阁脆弱经折加固处理后

三 纸质文物修复与保护技术研究的发展趋势

纸质文物修复与保护技术的发展经历了上千年的历史，积累了许多行之有效的经验，直至今天仍然值得借鉴，已成为一种成熟的技术，这是前人留给我们的宝贵文化遗产，我们要非常珍惜、全面地继承和发展。但是，随着科学技术的发展，随着人们保护意识的不断增强，保护与修复技术也在不断进步。随着对外文化交流日益增加，建立具有中国特色的保护理念，修复理论和制定纸质文物保护与修复的标准、规范，在现代修复理论指导下，按标准和规范开展纸质文物保护与修复，是当前一项值得重视的工作。

应用现代科学技术挖掘、研究、总结、发展传统的修复与保护技术，是纸质文物保护的一项长期工作。对传统工艺要应用现代科学技术进行深入研究，使传统技术的优点得到发展、提高，而对其缺点加以改进，对传统修复与保护材料和设备进行改进和创新，促进纸质文物保护与修复技术的发展。

纸质文物保护与修复是一项系统工程，涉及自然科学、社会科学各个学科，现代科技发展日新月异，高科技以及交叉学科的研究成果有真空涂膜加固技术、微环境保存技术、真空冷冻技术、充氮除氧技术、规模化脱酸加固技术、多功能脱酸剂技术、大型脱酸加固系统技术、生物技术、纳米技术已逐步应用于纸质文物的保护与修复，但这些技术有待深入研究和创新。随着现代文明社会的发展和科学技术的进步，将传统保护与修复技术与现代科学保护技术有机结合，加强高新技术在纸质文物保护中的应用与研究，让我们不断探索、努力实践，相互学习，彼此交流，为纸质文物保护做出更大的贡献。

注释：

① 潘吉星：《中国造纸技术史稿》，文物出版社，1978 年。

② 徐毓明：《艺术品和图书、档案保养法》，科学普及出版社，1985 年。

③ 冯乐耘：《档案保护技术学》，中国人民大学出版社，1991 年。

④ 奚三彩：《文物保护技术与材料》，（台南）艺术学院出版社，1998 年。

⑤ 郑求真：《博物馆藏品保管》，紫禁城出版社，1985 年。

⑥ 邱俊雄：《制浆木片户外储存生物性劣化之研究——木材实质之失重》，《浆与纸月刊》1985 年第 55 期。

⑦ ［印］雅·帕·凯思伯利亚著，黄坤坊译：《档案材料保护与修复》，《档案学通讯》1981 年增刊。

⑧ John. C. Williams, Preservation of Paper and Tex – tiles of Historic and Artistic Value II, 1981.

⑨ ［日］大江礼三朗：《中和剂劣化抑制处理综合研究》，东京农工大学农学部，1987 年。

⑩ 奚三彩：《纸张脱酸方法综述》，《南京博物院建院 60 周年纪念文集》，1992 年。

⑪ Canadian Patent 911110.

⑫ U. S. Patent 3472611.

⑬ 李景仁：《图书档案保护技术手册》，档案出版社，1992 年。

⑭ U. S. Patent 3969549.

⑮ 奚三彩：《纸张 DEZ 气相脱酸应用研究》，《全国第二届考古及文物保护化学学术交流会论文集》，1992 年。

⑯ 肖振堂：《中国古籍装订修补技术》，书目文献出版社，1980 年。

⑰ 杨时荣：《图书维护学》，（台北）南天书局，1990 年。

⑱ 李振东：《修复山西应县木塔辽代残经画幅的体会》，《文物保护技术》（第 2 辑），1982 年。

⑲ 窦治荣：《马王堆汉墓出土帛画装裱记略》，《文物保护技术》（第 2 辑），1982 年。

⑳ 汪自强：《古代书画装裱工序——贴折条》，《中国文物保护技术协会第三次学术年会论文集》，紫禁城出版社，2005 年。

㉑ 陈曦：《聚对二甲苯及其在考古和文物保护中的应用》，《全国第二届考古及文物保护化学学术交流会论文集》，1992 年。

㉒ 罗覃：《Parylene – N 在纸质文物保护中的应用》，《全球化学考古的新前沿：明确中国的古代传统国际学术研讨会论文集》，2006 年。

㉓ Grattan D W，Parylene at the Canadian Conservation Institute – an Initial Survey of Some Applications，ICOM Committee for Conservation 9th Triennial Meeting，Dresden，1990，pp. 437 – 440.

㉔ 奚三彩、张永庆：《两面脆弱纸质文物的丝网热压加固法保护》，《文物保护与考古科学》1989 年第 1 卷第 1 期。

㉕ 卢珊等：《氰乙基壳聚糖对纸质文物加固保护的应用研究》，《文物保护与考古科学》2006 年第 18 卷第 3 期。

㉖ 毛科人：《双面印刷纸质文物加固保护研究》，南京航空航天大学硕士学位论文，2004 年。

（原载《文物保护与考古科学》2008 年第 20 卷增刊）

南京博物院纸质文物保护的
发展历程和展望[*]

一 前 言

自从 2000 多年前造纸术发明后，人类文明产生了重大变革，纸张作为书写、印刷的载体一直扮演着记录历史、传递讯息、延续文化精华的重要角色。而历代遗存之书籍、绘画、文献、珍贵艺术品等记载着中华民族几千年文明史的内涵与精华，为我们研究时代的变迁、历史的演绎、民风、民俗提供了丰富的原始资料。直到今天，纸张在人们生活中依然有着十分重要而广泛的应用。

然而，纸质文物随着岁月的流逝，内在因素（酸的作用和材质的劣化）和外在因素（战争、火灾、水灾、温湿度的剧变、光的照射、有害气体的侵蚀、昆虫的蛀蚀、微生物的滋生、机械的磨损和撕裂）都会造成纸质文物的变质和损坏。为了保护这份珍贵的文化遗产，历代劳动人民付出了艰辛劳动，取得了许多行之有效的保护方法，使千年以前的东晋、隋、唐绘画经卷、古籍得以保存。所以当我们今天研究纸质文物损坏原因和防护方法时，如何将传统保护技术与现代科技有机结合，便成为一项艰巨而迫切的任务。

二 南京博物院纸质文物保护技术发展概况

南京博物院对纸质文物的保护工作经过几代文保工作者的不懈努力，在继承传统装裱技术基础上，利用现代科学技术研发了一批新的保护技术，从清洗、脱酸、揭取、托裱、加固到保存已初步形成了完整的保护体系。现将主要几项研究成果简介如下。

（一）旧纸张保护技术

在博物馆、图书馆、档案馆中收藏着一大批脆弱、残破的纸质文物，这些文物有

---

* 本文由奚三彩、万俐、郑冬青、蒋风瑞、杨毅合作撰写。

的是单面书写或印刷，有的是双面书写或印刷。对于单面书写或印刷的纸质文物加固，一般可采用传统的托裱技术解决，而对于两面有文字的脆弱纸质文物如采用传统托裱技术加固会影响文字阅读，显然是不可行的。面对这一难题，南京博物院文保工作者在查阅、参考了国内外各种方法，如：美国 W. G. Barrow 曾用 Crepoline 在纸的双面用淀粉糨糊黏合、B. W. Scribner 将纸质文物夹在两张醋酸纤维素薄膜中以热压加固、各种天然树脂或合成的高分子材料应用于纸质文物加固以及中国社会科学院考古研究所羊皮书加固方法等。纵观诸多的保护方法，多以托裱、浸渍、夹衬、加膜、喷涂的技术手段进行，这些保护措施适用于不同对象、各有千秋。本文所述旧纸张加固技术（蚕丝树脂网热压技术）就是在这些研究基础上研发而成的。丝网机的制作见图 1。

蚕丝树脂网由天然蚕丝纤维经煮茧→抽单丝→织网→烘干→喷胶（PVB）→烘干→裁剪→成品。

蚕丝树脂网是一种新型、具有可逆性的加固材料，适用于脆弱薄型纸张和纺织文物的加固，如棉纸、毛边纸、连史纸、有光纸、新闻纸。尤其适用于两面文字书写或印刷纸的加固，也适用于字迹或色彩遇水渗化的纸质文物加固。

使用时先将加固对象理平皱折，对好破口，在破口处加一小条丝网，以便连成整体。然后根据残损状况剪取所需大小的丝网，并平铺在需加固的破损处，垫上一层隔离膜（聚四氟乙烯薄膜），用熨斗热压即可（图 2）。

此法操作简便，安全可逆，不影响文字的识读，易于推广。该成果自 1983 年获文化部科技进步一等奖以来，一直深受文博、图书、档案等领域的保护工作者喜爱，并在这些部门得到广泛应用，抢救保护了如敦煌、大理等地出土的经卷及一大批档案、图书等史料。纸质文物丝网加固前后如图 3 和图 4。

（二）纸张气相脱酸

当我们在图书馆、档案馆、博物馆查阅或浏览图书、报纸、文献时，往往发现用手工纸书写、印刷的图书、档案经历几百年甚至上千年仍能流传于世；而用现代机制纸

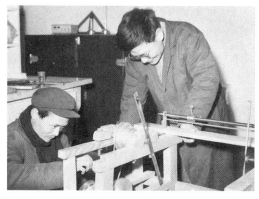
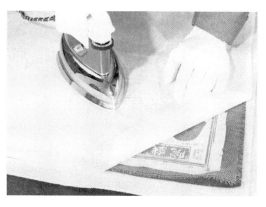

图 1　丝网机的制作　　　　　　　　图 2　丝网加固过程

图 3　纸质文物丝网加固前　　　　　　　　　图 4　纸质文物丝网加固后

书写、印刷的图书、报纸却发生了严重的"自毁"现象，有的发黄，有的像酥糖一样一触即碎。对于这种现象人们一直迷惑不解，直到 1912 年，Hielmsater 把纸浸泡在硫酸铝、硫酸钾、醋酸铝溶液中，然后取出进行加速老化试验，分析测试数据后发现：纸张"自毁"是由硫酸铝存在引起的。1925 年 Konler 和 Han 研究也得出同样的结论。由于机械纸中含有硫酸铝，水解后呈酸性，这就是纸张"自毁"的根本原因。

纸张的酸化毁坏是目前纸质文物保护领域面临的最大危机。为此，世界各国文保工作者正在努力地研究各种脱酸方法，脱酸已成为纸质文物保护的中心议题。自 20 世纪 60 年代以来，各种脱酸方法不断涌现，比较常用的是水溶液法或有机溶剂法，但这些方法只适用于处理单页纸张，不仅费用高而且对有色彩或用油墨书写、印刷的纸质文物有影响。为克服这些缺点，南京博物院与南京化工设计研究院等单位的科研人员自 1983 年开始查阅国内外有关纸张脱酸的文献，并在文化部支持下承担了纸张气相脱酸项目。在吸取美国国会图书馆成功经验的基础上，经过十年的试验，研究成功了二乙基锌气相脱酸技术，并自行设计了一台 $2m^3$ 真空大型脱酸装置（图 5），这在我国属首次采用。研制的气相脱酸装置可批量、安全、快速进行规模化处理，该项成果获 1989 年度国家文物局科技进步二等奖和 1991 年度国家科技进步三等奖。

（三）图书整本加固技术（Parylene 真空涂覆技术）

Parylene（派拉纶）又称聚对二甲苯，是由美国联合碳化公司首先开发出来的。早在 1951 年以二甲苯为原料，用真空裂解法制得聚对二甲苯薄膜，1965 年开始工业化生产，广泛应用于军工、电子产品的涂覆、保护，并于 20 世纪 80 年代初应用于档案、文献、图书及其他质地文物的保护。南京博物院敏锐地察觉到这种高新技术在文物、图书、档案系统的应用前景，于 1986 年承担了文化部下达的研究任务，通过几年不懈努力、攻关，在缺乏资金、无现成设备条件下自行设计成功了一套 Parylene 真空涂覆设备。该项目为整本图书加固技术的系统研究奠定了基础，并于 1993 年获文化部科技进步三等奖。2003 年南京博物院与新加坡百腾公司合作组建了"南博（中国）—百腾（新加坡）派拉纶文物保护试验室"，成功地应用于纸张、木质工艺品、昆虫标本、羽

 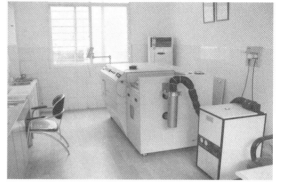

图 5　大型气相脱酸设备　　　　　图 6　Parylene 文物保护试验室

毛制品、金属、植物标本等的保护。随着研究工作的深入，该项技术在图书、档案、文物保护领域中将会发挥更大作用。Parylene 文物保护试验室见图 6。

（四）南宋经折保护材料及工艺研究

1982 年出土于宁波天封塔地宫内的经折距今已 1000 多年，是迄今为止我国发现最早的双面印刷纸质文物，在对我国古代印刷术的研究上有着特殊的地位。由于经折长期埋藏在地下，受潮湿环境的影响，不同程度地发生了水解、粉化、脆裂、霉变、粘连，其机械强度几乎消失，有的触手成灰，如何保护一直成为众所关心的难题。

2001 年，南京博物院、宁波天一阁博物馆和南京航空航天大学共同承担了国家文物局立项的课题"南宋经折保护材料及工艺研究"。在对经折损害机理以及保护方法、保护工艺作深入分析后，提出了研究路线（图 7）。

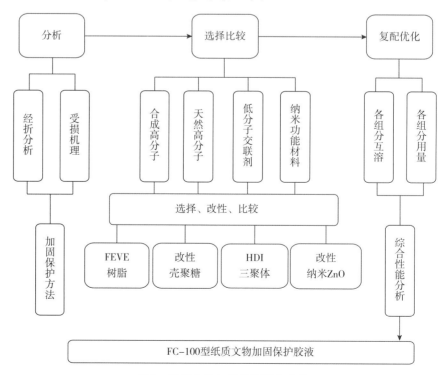

图 7　纸质文物加固保护研究路线

1. 低分子材料试验

根据纸张纤维的显微结构和化学组成，选用活性低分子预聚物 HDI 三聚体/KH - 550 与纸纤维中的官能团相结合，使低聚物与纸纤维形成适度的交联体系，有效地提高了纸纤维之间的作用力，从而提高纸张的物理、化学性能。

2. 合成高分子材料试验

经过试验筛选，得到了一种改性氟树脂，即 FEVE 树脂。它是氟烯烃和烷基乙烯基醚交替排列的嵌段共聚物，共聚单体为环己基乙烯基醚、羟丁基乙烯基醚和烷基乙烯基醚，其分子结构中含有氟烯烃、乙烯基醚链节和羟基、羧基侧基等，具有多种优良功能。

3. 天然高分子材料试验

天然的甲壳素是白色片状、半透明固体，壳聚糖是甲壳素脱去 N - 乙酰基 55% 以上的产物。由于古代的纸张均由天然原料制成，而壳聚糖也属于天然材料，具有类似（纸张）纤维素的结构、性能，与纸纤维有良好的生物相容性、亲和力，壳聚糖中的氨基能与纸纤维中羟基反应连成一体，使纸纤维有一定的强度，因此壳聚糖较适于作为纸质文物的保护材料。

此外，壳聚糖还具有一定的防霉抗菌作用，这对于保护后的纸质文物很有益。但由于壳聚糖分子中强烈的氢键作用，分子间的有序结构使结晶致密稳定，因而不溶于溶剂和水，只能溶于一些稀酸溶液。纸张中酸的存在是纸张"自毁"的根源，因此需对壳聚糖进行改性。壳聚糖分子结构中有羟基和氨基反应活性较大，可以进行乙基化、乙酰化、羟乙基化、氰乙基化、羧甲基化、硫酸化及磷酸化等多种化学反应，获得不同性能，制备出不同的壳聚糖的衍生物。

采用非均相聚合方法，利用环氧化物等对壳聚糖进行接枝改性，能得到溶水、溶溶剂的羟丙基壳聚糖（简称 HPCS），可作为纸质文物的加固材料。

羟丙基壳聚糖合成机制

4. 功能纳米材料

在研究的加固胶液中加入适量透光性好的功能纳米材料，使之兼有屏蔽紫外线、防霉抗菌等特殊功能，增加了保护胶液的新功能，使保护后的纸质文物能免受霉变、虫蛀、紫外线等伤害。

5. 综合试验

（1）FC－100型纸质文物加固保护胶液

对FEVE树脂、HDI低分子交联剂等材料进行配比优化试验，并进行综合性能测试分析、共溶试验、树脂浓度试验、交联试验、字迹油墨泛色、脱色试验、防霉抗菌试验、胶液稳定性试验等，得到了的纸质文物加固保护胶液透明无色胶液（FC－100型纸质文物加固保护胶液）。

（2）实际应用

FC－100型纸质文物加固保护胶液的应用实例见图8～11。

6. 加固胶液的特点

（1）透明、无色、无光泽，浸润性好，渗透性、黏合力强。

（2）在基本保持纸质文物原有质感、厚度、柔韧性、弯曲性、光泽的前提下，有效地提高纸质文物的抗张、耐折等性能。

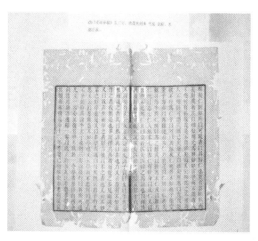 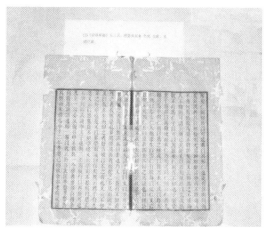

图8　《论语补叙》处理前　　　　　　　图9　《论语补叙》处理后

图10　宁波天一阁脆弱经折加固处理前　　图11　宁波天一阁脆弱经折加固处理后

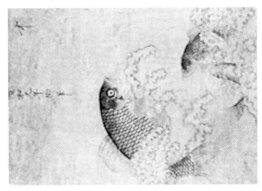

图 12　宣和年间鲤鱼图装裱修复前　　　　图 13　宣和年间鲤鱼图装裱修复后

（3）具有固色性，不溶解油墨，不泛色、不脱色。

（4）能长期耐老化，能阻止或延缓纸质文物的老化降解。

（5）具有防霉抗菌作用，能防止虫蛀、微生物侵蚀。

（6）胶液配制简单、操作方便、周期短、毒性低。

（7）已通过国家文物局的验收、鉴定。

（五）其他研究项目

此外，南京博物院还进行了多项有关纸质文物保护方面的研究。如为了解决"档案砖"现象研制的"TJ－1 脱胶剂"、为解决纸质文物易遭虫霉蛀蚀研制的"NMF－1 型中草药防虫防霉剂"等项目也获得了文化部、国家文物局和省文化厅的科技进步奖。

除了科技研究创新外，南京博物院对于纸质文物的传统装裱修复也非常重视，先后抢救了宣和年间鲤鱼图（图 12、13）和 20 多米书画长卷等一大批文物。

三　今后研究工作展望

南京博物院在纸质文物保护领域虽取得了一些成果，多项成果已推广应用，但还有许多方面需要完善，如对色彩、油墨及纸张本体是否带来影响还有待时间的验证。

纸质文物的老化是不可避免的，如何预防老化、延缓寿命仍是大家所关心的问题，目前对老化性能评估的模型尚未建立，我们将与有关单位合作开展研究。

宁波天封塔出土经折不但脆弱、粉化而且粘连一体，针对这一难题南京博物院将开展系统研究，并列入近几年的主要工作目标。

（原载苏荣誉、詹长法、［日］冈岩太郎编：《东亚纸质文物保护：第一届东亚纸张保护学术研讨会论文集》，科学出版社，2008 年）

中国文物保护与修复技术

第十一章 纸质文物保护

第一节 纸质文物演变过程

我国是世界上最早发明造纸的国家，为人类社会的文明和发展做出了显著贡献，在世界文化史上占有极其光辉的一页。

纸发明于何时？由谁发明？是长期以来在学术界争论不休的问题。现普遍认为，纸是东汉时的宦官蔡伦发明的。随着考古工作的深入发展，出土的纸质文物为我们回答纸的起源问题，提供了有价值的实物标本。迄今发现的纸文物，有汉代的古纸、魏晋年间的纸质文书、敦煌手卷等。其中，《战国策》残片（265～270 年）为存世最早的古书抄本；《太上玄元道德经》为存世最早的经纸。1933 年，考古学家黄文弼先生在新疆罗布淖尔汉代烽燧亭遗址中发现麻制纸张；1957 年，在西安灞桥又出土了西汉时期的麻纸；1978 年在陕西扶风又发现汉宣帝时麻纸，以及在甘肃武威、内蒙古等[1][2]地出土了古纸残片。这些实物的发现，证明早在蔡伦以前，我国劳动人民已发明用植物纤维造纸了。到了东汉，蔡伦在前人实践基础上总结了民间的造纸经验，采用官府提供的设备加以改造、提高和推广，使造纸术有了前所未有的突破。从此，我国造纸技术得到进一步的发展。

如果说，西汉是中国造纸术的开创阶段，那么魏晋南北朝则进入了发展阶段。这时期的造纸术与汉代相比，不仅在产量、质量等方面有所提高，而且造纸原料扩大，设备更新，出现了新的工艺技术，采用竹帘捞纸，并且用黄汁浸染纸张，以防虫蛀等措施，是我国劳动人民染潢技术的首创。

隋唐五代是中国造纸术的兴盛时期，其造纸原料比魏晋南北朝又进一步扩大，成本降低，纸制品已在日常生活中广泛应用。同时，在改善纸浆性能，改革造纸设备等方面也取得了一些进步和提高。随着对外文化交流，造纸术从东、西、南三个方向传播到日本、阿拉伯、印度、尼泊尔等国。

宋元时期，由于造纸原料扩大，造纸技术革新，造纸设备改进，已生产出竹纸和麦、稻秆纸，这一时期的纸质品不仅数量多，而且质量高。纸在绘画、印刷、货币等方面广为使用，同时纸还用于制作衣服、帐、被和枕头等，成为缣帛、纺织品的部分代替品。这一时期称之为中国古代造纸术的成熟阶段。

明清时期，由于社会生产力的发展，该时期的造纸术可以说是集大成阶段。造纸的原料、技术、设备和加工方面以及纸的产量、质量、用途、产地也比前代有增长。此外，还出现了专门记载造纸和加工纸技术的著作，为前代所少见。

随着纸的需求量日益增加，原来传统、手工造纸已满足不了社会发展和日常生活的要求。在工业革命浪潮影响下，李鸿章于1891年首先引进西欧机器造纸技术，在上海创办了伦章造纸厂。从此，我国造纸业开始步入机器造纸。

历代遗存的手稿、图书、绘画、经卷、报纸、文献、碑帖、拓片、印谱、信札、契约、地图、烟标等纸质文物都是历史真实的记录，是研究历史、政治、科技、文化、艺术的原始资料，不仅数量多，而且内容相当丰富，是中华民族宝贵的文化遗产，对研究人类社会的进步和科学技术的发展有着十分重要的价值。

随着岁月的流逝，由于内在因素（酸化和材质的变化）和外在因素（温、湿度的剧变，光的照射，有害气体的侵蚀，昆虫的蛀蚀，微生物的滋生，机械的磨损、撕破，鼠咬，火灾，水灾等）都会造成纸张的变质和损坏，甚至造成无可挽回的损失。因此，研究纸张损坏的原因及其维护方法，已成为纸质文物保护的一项迫切任务。

第二节　纸质文物的构成材料

纸质文物是由纸、书写的墨水、印刷的油墨、绘画的颜料以及黏合剂等材料构成。这些材料质量的好坏，是直接关系着纸质文物能否长期保存的内在因素。

一　纸

纸是纸质文物主要构成材料，纸的种类主要可分为手工纸和机械纸。手工纸有麻纸、皮纸、藤纸、竹纸、棉纸，还有宣纸、毛边纸、连史纸等。19 世纪末，机械纸逐渐替代了手工纸，常用的有新闻纸、印刷纸、打字纸、有光纸、图画纸、牛皮纸等[③]。

造纸的主要原料是植物纤维，而植物纤维可分为韧皮纤维、茎纤维和种子纤维。

$$
植物纤维\begin{cases}
韧皮纤维\begin{cases}草本：大麻、苎麻\\木本：桑、楮、藤\end{cases}\\
茎纤维\begin{cases}一年生：稻草、麦秆、芦苇\\多年生：竹类\end{cases}\\
种子纤维（棉花）
\end{cases}
$$

韧皮纤维是古代造纸主要原料。由于含纤维素多，一般都在 60% ~83% 之间，加上纤维长（120～180mm），纤维长度比宽度约大于950至1230倍，所以它造的纸具有很好的坚韧性。

茎纤维，其纤维素含量一般在24%。纸张在不同时期，选用什么材料和工艺制作，其纸张的成分、性能是不同的。

修补或装裱破损纸质文物（书籍、绘画）时，选配相当的颜色、质料、性能、厚薄的纸张，关系着纸质文物维修质量的好坏。现就书籍、绘画维护中经常遇到的各种纸质，依其时代、质地、性质和特点，作简单介绍。

（一）麻纸

麻纸就是以麻类纤维（麻和大麻）生产的纸张。常见的有黄麻纸、麻砂纸、旱滩坡纸。

（二）藤纸

藤纸早在晋代已有制作，到了唐代已在浙江、江西两省大量生产，其纸是用藤树皮的纤维所造。当时有白藤纸、青藤纸、黄藤纸之分。

（三）宣纸

宣纸是用檀树皮、稻草为原料制成的手工纸。因出产于安徽宣州而得名，此纸质地柔韧、洁白平滑、细腻匀整、色泽经久不变，有"滑为春冰密如茧"的美称。

宣纸属皮棉纸类，因品种规格繁多，不一一介绍，常见的有罗纹纸、棉连纸、玉版宣、单宣、十刀头、夹连纸等，是我国唐宋以来古代书画所选用的纸。

（四）棉纸

棉纸又称为皮纸，是以楮树皮为原料制作而成，质地细柔、富有韧性，从纸的纵面撕去，其断裂处呈现丝棉状，因而得名。

棉纸的品种因地而异，常见的有河南棉纸、贵州棉纸、上海棉纸、迁安棉纸、蚕茧纸、藏经纸、高丽纸、册子纸、美浓纸、开化纸、太史连纸等20余种。

（五）竹纸

竹纸是以嫩竹为原料经石灰处理制作而成，因颜色略呈黄色，又称"黄纸"，主要有毛边纸、毛太纸、川连纸、元书纸、梗棒纸、连史纸等10余种。

（六）其他纸

除了上面介绍的几种纸以外，常见的还有牛皮纸、磁青纸、虎皮宣、蜡笺纸、发笺纸、金纸等。

二 书写材料

在纸张上书写、印刷、绘画所用的材料是墨、染料、墨水、圆珠笔油、铅笔及胶料等[④]。

（一）墨和墨汁

墨在我国已有 4700 年的历史。相传西周邢夷始制墨，秦以前用天然石墨，秦以后出现人工造墨。汉墨重点产地在陕西汉阳（古称"麇"）。到了唐代，块墨不仅闻名于中国，而且当时的徽墨已经闻名于世界。唐代制墨，名工辈出，精益求精，尤其制墨技师李进硅的墨，颇为人们喜用，从此有"黄金易得，李墨难求"的美名。

制墨的主要原料是炭黑、动物胶和防腐剂，中国墨的主要原料为碳质与天然胶加工而成。碳质古有松烟、油烟，今用炭黑，墨的品种可分为松烟墨、油烟墨、炭黑墨三大类。

1）炭黑是有机物在不完全燃烧下生成的，由于燃烧的原料不同，可分为桐油烟、松烟、漆烟和墨灰等四种。松烟墨是用松木烧烟，虽墨色深重，但缺乏光泽，写成的字遇水易于扩散。明朝开始用桐油烟、猪油烟造墨，写成的字迹光色黑润，不易脱落。漆烟是燃烧桐油和一定数量的漆而成的，其字迹特别有光泽，颇得人们喜欢。墨灰是矿物油烧成，虽不如桐油，但比松烟好些。

2）动物胶的作用是使炭黑的微粒黏固在一起，便于制成块状，使书写的字迹牢固。常用的有牛皮胶、骨胶、鹿角胶等。

3）防腐剂的作用是防止动物胶生霉，亦可除去胶的臭味，起一定的香料作用。常用的有麝香、冰片、樟脑等。

制墨的工艺大致分为和料→制墨→晾干→修墨→描字等五个工序。墨的质量主要决定于炭黑的质量、胶的多少和制作过程。

墨汁是在块墨使用不便的基础上配制而成的，一般是由炭黑、虫胶、硼砂和水混合而成。

墨和墨汁的主要成分是碳素，碳的化学性质在常温下很稳定，所以书写而成的字迹耐热、耐水、耐光、不易褪色，适于长期保存。

（二）墨水

墨水是随着书写工具的改进、钢笔的使用而出现，从其原料的化学性能，可分为蓝黑墨水和颜色墨水。

1）蓝黑墨水又称鞣酸铁墨水，是由变黑持久不褪成分、色素、稳定剂、抗蚀剂和防腐剂等组成。

a. 变黑持久不褪成分：主要是鞣酸（$C_4H_{10}O_9$）、没食子酸（$C_7H_6O_5·H_2O$）和硫酸亚铁（$FeSO_4$）等成分彼此化合，生成鞣酸亚铁和没食子酸亚铁，氧化后变成不溶性的高价铁，即鞣酸铁和没食子酸铁。前者增强耐水性，后者增强变黑性，这样使墨水耐水、变黑、颜色持久不褪。

b. 色素成分：目前常用的是酸性墨水蓝和直接湖蓝染料，墨水蓝是墨水的主色，水溶液遇酸不变质，但遇碱则变成棕色。直接湖蓝在墨水中起助色作用，由于其中含杂质较多，不宜多用，在潮湿环境易长霉。

c. 稳定剂：在墨水中加稳定剂的目的，主要是消除墨水的沉淀，以免书写时发生断水现象。常用的稳定剂有硫酸（H_2SO_4）、草酸（$H_2C_2O_4$）、甲醛（HCHO）溶液。这些稳定剂都具有一定酸性，给纸张酸化埋下了潜在的危害，不宜多用。

d. 抗蚀剂：因墨水中加入的稳定剂具有较强酸性，为防止腐蚀，常加抗蚀剂，使它和铁质结成薄膜，降低硫酸腐蚀作用的90%，使墨水中含铁量不会因腐蚀笔尖而增加，从而增加了墨水的稳定性。

e. 润湿剂：为防止墨水中水分蒸发造成书写不便，在墨水中加入不易挥发且有吸水性的丙三醇[$C_3H_5(OH)_3$]，使笔尖保持湿润，以利书写。

f. 防腐剂：墨水原料中含有有机物等物质，在潮湿环境容易腐烂、长霉，为防止腐烂常加入苯酚或五氯酚钠等药剂。

2）纯蓝墨水和红墨水属于有机染料墨水，虽色泽鲜艳，但字迹的坚牢性不如蓝黑墨水，其字迹容易褪色。而红色墨水遇水渗化，应引起特别注意。

（三）颜料染料

中国绘画常用的国画颜料，可分为四类：天然的有石青、石绿、褚石、朱砂、明矾，植物的有花青、藤黄，动物的有胭脂、洋红、唇粉，金属的有泥金、泥银、铅粉、锌白等多种。一般认为矿物颜料不易变色，植物染料易褪色。

（四）胶矾

国画颜料的调制、矾绢、矾纸作画、全色都需要用矾、胶。胶分动物胶与植物胶，动物胶有牛皮胶、鹿胶、驴皮胶、骨胶、黄鱼胶等，植物胶有树胶、白芨胶、石花菜胶等，其中以牛皮胶、骨胶为常用。

矾，又称"明矾"或"白矾"，用矾矿石烧成。绘画装裱是为了保护纸绢、增强抗水力、减少伸缩性，传统方法用胶矾水涂刷纸绢或镶料，染色水中加适量胶矾水，促使色度均匀。胶矾水的调制通常是1g胶加60ml 30℃热水，把胶浸泡一天，如未化，用文火隔水炖，溶化成胶水，每1g矾冬季加10℃温水浸化成矾水，用2g胶和1g矾的2:1（质量比）比例，待胶水、矾水冷却后，将两者掺和，用木棒不断调匀，即成为比例适当的胶矾水。

　　胶矾水虽能增强纸绢的抗水力，但明矾在潮湿环境中吸收水分促使明矾分解产生硫酸，会加速纸张的酸化，是值得注意的。

第三节　纸质文物损坏原因与机制

一　内在原因

（一）造纸原料

　　造纸的主要原料是植物纤维，植物纤维的主要化学成分是纤维素、半纤维素和木质素三大成分。另外还含有少量单宁、果胶、树脂、脂肪、蜡、色素及灰分等次要成分。

　　纤维素是 α–纤维素的简称，是碳（C）、氢（H）、氧（O）的化合物，它是由许多个 D–葡萄糖基联结而成。葡萄糖基之间，相互以 β–葡萄糖键连接而成长链状的纤维素大分子。

　　半纤维素也是一类性质和结构相似的碳、氢、氧的化合物。半纤维素不是一个具体物质的名称，它主要包括多聚戊糖〔如多聚木糖（$C_6H_8O_4$）$_n$〕、多聚己糖，另外还包括 β 和 γ 纤维素。所以半纤维素可以列为复杂的多聚糖分子的混合物，在酸、碱的作用下易被水解。

　　木质素也是碳、氢、氧的化合物。它具有芳香族的特征，它的结构单体是苯基丙烷，主环是苯基，侧链是丙烷的衍生物。苯基上可以连一个或两个甲氧基，还可以连有羟基或酚链键。木质素大分子单元是由上述这些结构单体，彼此以各种类型的醚键，C–C 键联结，组成一个复杂的立体结构。

　　由于木质素中含有各种官能团，其化学性质比较活泼，如发生磺化反应，使木质素变成可溶性木质素磺酸盐，氧化作用变成可溶性氯化木质素，易氧化变黄发脆。

　　由此可见，由于造纸原料中含有植物纤维，尤其含有木质素和果胶、脂肪、色素等成分，给纸张的危害埋下了潜在的危险。

（二）造纸工艺

　　纸张的耐久性，不仅与造纸的原料有关，而且与生产工艺也有很大关系。纸的生产方法有手工造纸法和机器造纸法两种[⑤]。

　　1. 手工造纸法

　　纸张自西汉发明以来，造纸术随着时代的发展、社会的进步，不断得以发展、改进、提高。

潘吉星先生经过实地调查研究、分析，在纸坊工人师傅的大力支持下，采取模拟实验，从汉纸制造最原始的八步流程：

浸湿→切碎→洗涤→舂捣→打槽→抄纸→晒纸→揭纸。

过渡到现今陕西凤翔造纸的十六步复杂过程：

浸湿麻料→切碎→碾料→洗涤→化灰水→灰碾→灰沃→蒸煮→洗涤→细碾→洗涤→打槽→剪纸→压榨→晒纸→揭纸。

但归纳起来，手工纸生产大致可分为四个阶段进行讨论。

（1）蒸煮

造纸原料经机械预处理（浸湿、切碎、洗涤），在制浆中，用石灰乳 $[Ca(OH)_2]$、草木灰和水作为蒸煮剂，目的在于脱去原料中的色素，除去污质、蜡质、松解原料中残留的胶质及其他填充物，使纸张不残留有害的化学物质，而含有钙（Ca^{2+}）、镁（Mg^{2+}）等物质，阻止游离酸的形成，延长纸质寿命。

（2）漂白

古代造纸的漂白工艺采用"日光漂白"，其方法据清人莫兴三《造纸说》记载"曝已复渍，渍已重曝，如是者三，则黄者转为白矣。其渍也必须以桐子灰、黄荆木灰，非是则不白"。纸浆先经阳光照射，利用空气中的臭氧产生氧化作用，使植物纤维中所含的天然色素或着色物质变成其他基因，然后利用桐子灰、黄荆木灰和草木灰的水溶液，溶出被氧化的物质，起到漂白作用。经过这种漂白处理的纸浆的纸，久不变色，不易老化变脆。

（3）打浆

胡韫玉在《纸说》中写道："铸之于臼，千锤万杵铸愈多，而质愈融，楮骨竹筋尽为液流。"由此可见，植物纤维舂捣得越充分，越均匀，才能抄造出纤维交织均匀的纸张。

（4）抄纸

植物纤维经上述处理制成纸浆，为使纤维分散并在水中离散浮游，除了充分搅拌，通常加一些黄蜀葵、杨桃藤、野葡萄、梧桐等悬浮剂以便使纸膜纤维分布均匀，增加强度。

从上述简单过程可以看出，手工法造纸加工缓慢，生产过程细致，残留在纸中的有害化学杂质很少，纤维不易受到损坏，因此纸张坚固、耐磨。目前我们见到的晋代、宋代的书画和古籍，已有1000多年的历史了，有的纸张仍然是洁白如玉、完整无恙。这些纸都是用手工方法生产出来的。

2. 机器造纸

机器造纸大致经以下几个过程，首先准备原料，然后再制成纸浆。由于制造纸浆时所用的方法不同，又有机械法与化学法之分。

机械法：就是用机械的方法来离解纤维，制成机械木浆，这种木浆，因为木质素无法除去，其纤维短而粗，又含有较多非纤维素，所制的纸张疏松易脆，易氧化变黄。

化学法：是用适量的化学药剂，在蒸煮原料过程中，除去木质素及其他非纤维素，使纤维离解而成的一种纸浆。根据不同的化学药品，分为亚硫酸盐法、碱法和氯化法。

1）亚硫酸盐法：是用亚硫酸氢钙 $[Ca(HSO_3)_2]$ 和亚硫酸（H_2SO_3）的混合液，蒸煮纤维，制成亚硫酸盐化学纸浆，此种纸浆含有一定量的半纤维素和木质素磺酸的酸性。

2）碱法：是用氢氧化钠（NaOH）作为蒸煮液，由于碱性太大，对纤维损害较大，加上成本高，目前已很少应用。

3）氯化法：是将原料同氢氧化钠一起蒸煮。经氯化、碱液后处理除去木质素，再漂白，即成为氯化法纸浆。在制浆中有时用漂粉，有时用氯处理，会使纤维素遭到不同程度的损坏。

从造纸工艺来看，纸张耐久性与打浆、上胶、填料有关。

打浆的目的是使纤维横向切断变短，纵向分裂变细，同时使纤维"水化"膨胀呈胶性以及纤维两端帚化发毛，增加纤维交结力，提高纸张的坚牢度。

纸张上胶的目的，是为了降低它的吸湿性。目前都用松香作为胶料，明矾作为沉淀剂，这对于提高纸张的耐水性起了一定的作用。但施胶过程中加入大量明矾，又给纸张增加酸性，带来危害。

明矾 $K_2SO_4 \cdot Al_2(SO_4)_3 \cdot 12H_2O$ 在水中水解为：

$$Al_2(SO_4)_3 + 6H_2O \longrightarrow 2Al(OH)_3 + 3H_2SO_4$$

$$\text{硫酸铝} \qquad\qquad \text{氢氧化铝} \quad \text{硫酸}$$

纸张中添加填料的目的，是为了填满纸张的孔隙，使纸面均匀、光滑、平整，使纸张增加弹性和柔软。但因填料（石膏、滑石粉、高岭土等）都是亲水性的物质，容易降低施胶度，导致灰分增高，而使纸张强度降低。

由此可见，在机器造纸过程中，纸张中含有容易氧化的木质素、酸、氯、漂白粉等有害的化学物质，使纸的耐久性受到影响，这是纸张不能长期保存的原因之一。

二 外在原因

（一）温度

温度是表示空气中冷热程度的指针，是物体热能的量度。热能是促进有机质文物变质的一种能量形式，当温度越高，原子、分子相撞的机会就越多，化学反应就加快，科学实验证明：在化学反应中，温度升高 10℃，其反应速率将增加两倍，而对纸质文物，温度升高 5℃，变质速率就会增加两倍，即使在高温下放置短时间，也会使纸变黄、发脆。从下表可以看出，温度越高，纸张半衰期越短，反之，温度越低，半衰期越长（表1）[6]。

表1　温度对纸张耐久性的影响

温度/℃	纸张半衰期/a
50	4
40	18
35	40
30	88
20	40
15	1200
10	3100
5	7900
0	21000

美国巴罗（Barrow）教授，曾对温度与耐折强度之间关系做过专题研究，将同一种纸分别放在60℃、80℃、100℃的温度下，进行加速老化试验，测定其老化后的耐折强度，其结果如下（表2）。

表2　温度与耐折强度关系

老化天数	T/℃	耐折强度
25	60	200
25	80	50
3	100	50

从表2可以看出，高温将加速纸张变质，低温可延缓纸张的寿命。

温度忽高忽低，对纸质文物的保护极为不利，温度升高，蒸发到空气中的水汽量就增加，空气就过于潮湿；相反，温度降低，蒸发到空气中的水汽也就减少，空气就过于干燥。由于温度忽高忽低，则会造成纸张中的纤维忽胀忽缩，而影响纸张纤维的抗张强度。

（二）湿度

湿度是表示空气中水汽含量或干湿的程度。潮湿的环境不仅会使纸张变潮而发生水解，而且会使耐水性差的字迹渗化褪色，模糊不清。还有利于微生物的生长繁殖，促使纸张霉烂、虫蛀、变质。另外，会加速其他有害物质，如大气中酸性气体 CO_2、NO_2、SO_2 等极易被潮湿纸张中的水分所吸收，形成腐蚀性更强的无机酸，以及明矾更易水解生成硫酸，而加速纸张的损坏。

（三）光照

光是一种能引起视觉感应的电磁波，根据光源不同，可分为自然光和人工光。自然光即天然光（阳光），是人类正常生活中所必需的，它是随着大气环境随时在变化而不稳定的照明光源。据资料介绍，自然光的能量分布：紫外线（290～400nm）约5%，可见光（400～780nm）约45％，红外线（780～3200nm）约50％。

　　光具有二象性、波动性和微粒性，即具有电磁波的性质，同时它具有能量微粒或量子组成。

　　光对纸质文物是有损害的。假如把纸质文物（报纸或书）放在阳光或紫外灯下直接照射，就会发现纸张变黄、发脆，甚至粉碎。相反把纸质文物放在柜子或箱子里情况就不一样，仍保持原貌，纸色洁白如玉，完好无恙。从苏州瑞光塔出土的妙法莲华经，已近千年仍完好如初，有力地证明光是造成纸张损坏的主要原因之一。

　　光对纸质文物的危害，一般认为是光的热作用与光的化学作用共同造成的[⑦⑧]。

　　1. 光的热作用

　　光的微粒称为光子，每一个光子都有一定的能量，其公式为：

$$\varepsilon = h\upsilon$$

　　式中，h 是一个常数，为普朗克常数（6.624×10^{-27} 尔格·秒）。υ 表示光的频率（$\upsilon = C/\lambda$）。

　　则公式 $\varepsilon = hC/\lambda$ 称普朗克光量子能量公式，C 表示光速，为 $3 \times 10^8 m/s$，λ 表示波长。

　　根据 J. Ladewijks 介绍，纤维素断裂的 ε 值位于 $58.6 \times 10^3 cal/mol$（断裂 $C-C$ 键的能量）与 $80 \times 10^3 cal/mol$（断裂线性饱和键的能量）之间。

　　从公式中可以算出，波长短于486nm的光线即可断裂 $C-C$ 键，短于85nm的紫外线即可断裂线性饱和键。

　　由此可知波长越短、频率越高，能量越大，辐射热就越强，因此，紫外线短波对纸质文物的危害最为严重。

　　据资料介绍：纸张在太阳高度角为40°时，照射50h，就变黄、发脆。

　　在没有遮挡的空间，太阳高度角为73.2°，温度40℃时，每平方米物体每小时受到阳光辐射所产生的热能值就达756kcal。这种光辐射热作用于纸张时，就会引起纸张的理化反应，当温度高于30℃时，就会加速纸张变黄、发脆。

　　2. 光的化学作用

　　纸张在光的照射下所进行的化学反应称为光化学反应[⑨]。

　　众所周知，纸张的主要原料是植物纤维，植物纤维的主要成分是纤维素、半纤维素和木质素。

　　纤维素（$C_6H_{10}O_5$）$_n$，是由300～3000个葡萄糖分子脱水聚合而成的长键状大分子化合物。在光照下，会加速纤维素水解为葡萄糖分子（$C_6H_{12}O_6$）。在有氧存在时，会发生光氧化反应，加速其氧化作用，生成容易粉碎的氧化纤维素，降低纸张的抗张强度。

　　半纤维素是多聚糖分子的混合物，在光的照射下，加速水解，容易生成溶于水的木糖、甘露糖等。其反应式如下：

$$(C_5H_8O_4)_n + nH_2O \longrightarrow nC_5H_{10}O_5$$

多聚木糖　　　　水　　　　　　木糖

$$(C_6H_{10}O_5)_n + nH_2O \longrightarrow nC_6H_{12}O_6$$

多聚甘露糖　　　水　　　　　　甘露糖

而木糖、甘露糖在光照和氧的作用下，很容易被氧化生成羰基发色基团和羧基助色基团，半纤维素的返黄就是受这些取代基团的影响而产生的。

木质素，是碳氢化合物。其分子具有芳香族的特性，它的结构单体是苯基丙烷。主环是苯基，侧键是丙烷衍生物。苯基上可连一个，也可以连有两个甲氧基（$-OCH_3$），还可以连羟基（$-OH$）或酚醚键。在光照下将会加速其氧化过程，温度越高，氧化越快，氧化后，变为褐色的氧化纤维素，促使纸张强度降低，变黄、发脆。

G. J. Leary 发现，光氧化作用是纸张返黄的基本反应。中野准三等认为：木质素吸收一定波长的光辐照后，形成激发态分子，继游离基生成之后，产生过氧游离基。其反应如下：

$$L \xrightarrow{\text{hv}} L^\circ \longrightarrow L^*$$

$$L^\circ + O_2 \longrightarrow LOO^*$$

过氧游离基从木质素中夺取氢原子，生成氢化氧化物及木质素游离基：

$$LOO^* + L-H \longrightarrow LOOH + L^*$$

式中 L 及 L-H 均为木质素分子。

木质素游离基又参与 $L^* + O_2 \longrightarrow LOO^*$ 的氧化反应。

G. Gellerstedt 等研究了紫外线对模拟木质素的影响，发现主要的化学反应是氧化消除木素模型物的侧键，同时生成与颜色有关的化合物。

木质素在光氧化过程中生成的发色团和助色团以及木质素中存在的线型结构的低分子碎解物，这些将对纸张的返黄产生重要影响。

（四）有害气体（空气污染）

空气污染问题随着工农业生产、交通运输业的发展，以及城市扩大、人口的增加而日趋严重。它不仅危害人身健康，同时也影响着珍贵文化遗产的长期保存。空气污染是指空气中出现了通常不存在的物质，会使空气的自然组成发生改变的固体、液体或气体物质。

空气污染物的来源可分为：工业企业排放、汽车的排放、家庭炉灶排放（表3）。

表3　空气污染物

发生源	污染因子
燃料的燃烧	二氧化氮、二氧化硫、有机酸类
汽车的废气	二氧化氮、一氧化碳、二氧化碳、碳氢类

（续表）

发生源	污染因子
石油精制	二氧化硫、硫化氢、氨、一氧化碳、碳氢类
化学操作工程	二氧化硫、氟化物、粉尘
食品饲料加工	硫醇类、氨、有机酸
二次污染物	臭氧、醛的氧化物类

除了上述这些污染物，还有粉尘的微粒状物质（表4）。

表4　粉尘种类表

粉尘物质	大小/μm
一般粉尘	0.004 ~ 200
沙尘	20 ~ 200
煤粉	1 ~ 200
香烟的烟	0.1 ~ 0.2
油烟	0.3 ~ 1
花粉	20 ~ 60
水泥粉尘	10 ~ 150

空气污染对纸质文物有危害的污染物：主要有酸性气体（SO_2、CO_2、H_2S 等）、氧化性气体（NO_2、Cl_2、O_3 等）和粉尘[10]。

1. 酸性气体

二氧化硫（SO_2），是一种无色有恶臭、刺激性且活跃的有毒气体。易溶于水，在常温、常压下，1 体积水能溶解 4 体积二氧化硫。当空气中的二氧化硫达到 $0.5 ~ 1 \times 10^{-6}$ g/ml 浓度时，就可与纸张中的水分作用，生成亚硫酸：

$$SO_2 \quad + \quad H_2O \longrightarrow H_2SO_3$$
$$二氧化硫 \qquad 水 \qquad 亚硫酸$$

亚硫酸与二氧化硫一样，既有氧化性又有还原性，能与一些有机色素结合生成无色的化合物，对纸质文物的字迹、颜色有影响。亚硫酸很不稳定，与空气产生氧化作用，就会生成硫酸：

$$2H_2SO_3 + O_2 \longrightarrow 2H_2SO_4$$

硫酸是一种强酸，当纸质文物中含有硫酸时，将加速纸张纤维素水解速度，降低纤维素大分子键的活化能（配糖键），由于纤维素水解，配糖键破裂，聚合度降低，成为水解纤维素。如继续水解，当纤维素的聚合度降低到 700 以下时，纸张的机械性能（耐折、抗拉、耐破、撕度）也随着下降，致使纸张变脆。若纤维素的聚合度降低到 200 以下时，纸张就会酥化成粉末。

硫化氢（H_2S）是一种无色、有臭鸡蛋气味的有害气体。它的密度比空气略大，能溶于水，在常温、常压下，1 体积的水能溶解 2.6 体积的硫化氢，它溶于水后便成为氢硫酸。氢硫酸是一种弱酸，容易氧化，在光照下被氧化成单质硫。氢硫酸不仅有漂白作用，使文字、绘画材料褪色，而且促使纤维素催化水解、降解，使纸张遭到破坏。

2. 氧化性气体

氮氧化物是（NO、NO_2、NO_3）的总称。其中二氧化氮（NO_2）能溶于水，是一种红棕色恶臭有毒的气体，与水反应生成硝酸。

$$3NO_2 + H_2O \longrightarrow 2HNO_3 + NO$$

二氧化氮　水　　硝酸　一氧化氮

硝酸是一种强酸又是一种很强的氧化剂，不仅使纸张纤维素起酸化降解作用，而且促使纸张纤维素的氧化作用，使纸张变成脆弱而成粉状，降低其牢固程度。

氯气（Cl_2）为黄绿色有刺激性气体，易溶于水，在常温、常压下，1 体积的水能溶解 3 体积的氯气，氯溶解水中生成盐酸和次氯酸。

$$Cl_2 + H_2O \longrightarrow HCl + HClO$$

氯　　水　　　盐酸　次氯酸

次氯酸不稳定，在光照下容易分解放出初生态氧：

$$2HClO \xrightarrow{光照} HCl + O_2 \uparrow$$

所以氯气是两性气体，既有酸性，又有氧化性。因此，氯气能使纸张纤维素起氧化作用，又会使纸质文物的文字、绘画颜料受到影响。

臭氧（O_3）是一种氧化性气体，它的漂白作用可通过羟基游离基型反应实现。R. G. Rice 等认为，在水解中，1mol 臭氧分解可生成大约 0.5mol 的羟基游离基。反应的第一步是 O_3 光解生成激发态原子氧 O（1^D），原子氧与水分子反应生成羟基游离基：

$$O_3 \xrightarrow{hv} O_2 + O （1^D）$$

$$O （1^D） + H_2O \longrightarrow 2 \cdot OH$$

生成的（·OH）是气相中最强的氧化剂，它可能会直接氧化发色团而引起褪色：

$$C = C + \cdot OH \longrightarrow C - C$$

臭氧对纸张纤维素具有十分强烈的作用，它能切断碳键上的双键，使纸张文物发黄、变脆、颜料褪色。

3. 粉尘

粉尘是悬浮在空气中的矿物和有机物质的微粒。它来源于自然界以及人类的生产和生活的活动中。其组成十分复杂，有各种烟雾、矿石粉以及孢子等。

粉尘的形状多种多样，颗粒亦有大有小，广布在空气中，但在不同的环境中其含量不一，分布不匀。一般城市大于农村，工业区大于生活区。据资料介绍：城市 $1cm^3$ 空气中约有 10 万以上的微粒；大西洋 $1cm^3$ 的空气中，约有 1 千多微粒；远离居民和工业区的深山，$10cm^3$ 的空气只有几十微粒。

当粉尘落到纸质文物上（如绘画、书籍），随着文物的整理、使用、翻阅，会引起粉尘颗粒对纸张摩擦，使之起毛直至穿洞，影响字迹的清晰度。

当纸质文物受潮时，粉尘中的黏土（$Al_2O_3 \cdot 3SiO_2 \cdot 2H_2O$）就会水解，分解出胶状的氢氧化铝 $Al(OH)_3$ 使纸张粘连在一起，形成纸砖而难以揭开。

当粉尘落到纸质文物表面时，由于粉尘易吸收空气中水分，在纸张表面形成一层相对湿度较空气高的灰层，不仅为有害气体的渗入提供了条件，而且增强了带有酸性的粉尘微粒的酸化程度，破坏纸张的纤维素，对纸质文物有腐蚀、酸化作用。

粉尘中既含有霉菌孢子，又是霉菌孢子的传播和繁殖的场所，易使纸张霉烂，而遭受损坏。

（五）昆虫

危害纸质文物的昆虫，据资料介绍有 70 多种[11][12]，最常见、危害最大、数量最多的是蠹鱼、烟草甲、皮蠹和白蚁等。蠹鱼又称衣鱼、书鱼和银鱼，因为它的身体扁而长，尾分歧，形状似鱼而得名（图1）。

蠹鱼属昆虫纲，缨尾目，衣鱼科。以纸张和淀粉等为食物。喜欢栖于阴暗、潮湿或密闭处，畏光，遇光则惊逸，一般夜间出来活动，是书库、办公室中常见的一种书籍害虫。

烟草甲又称苦丁茶蛀虫或烟草标本虫，属鞘翅目，窃蠹科。以纸张纤维素和淀粉为食料。成虫有假死性，善飞，喜黑暗。白天多静不动，黄昏或阴天到处飞翔。

白蚁是属于世界性害虫之一，在热带、亚热带都有分布，据报道世界上有白蚁2600 种。我国白蚁主要分布于长江以南。白蚁喜温湿、阴暗、宁静，怕光、怕震动，在通风不良的地方生长繁殖。白蚁危害的特点：一是隐蔽性，二是广泛性和严重性。它会使房屋倒塌，江堤穿洞漏水，书柜、纸质文物遭蛀虫毁坏。

由此可见，昆虫对纸质文物的危害是十分严重的，有的将书籍蛀蚀成洞，由里向外形成不规则蛀孔，有的将绘画、书籍蛀成碎片，使整幅画、整本书遭到破坏。

（六）霉菌

霉菌是丝状真菌、多细胞的低等植物，凡生长在营养基质上形成绒毛状、蜘蛛网状或絮状菌的真菌称为霉菌。它分布极广，种类很多，约有 4 万种左右。常见危害纸质文物的霉菌有曲霉属、短梗孢属、枝孢霉属、青霉等的霉菌[13]（图2、3）。

图1　衣鱼腹部照片

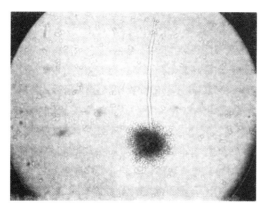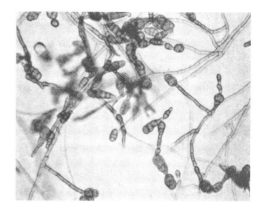

图 2　白曲霉　　　　　　　　　　　　图 3　新月弯孢菌

霉菌是由细长的菌丝与孢子所组成。菌丝的主要作用是吸取养料，孢子的作用是繁殖后代。纸质文物中存在着大量的霉菌孢子，能否对纸质文物造成危害，取决于环境条件，即温度、湿度、光线、pH，当然养料和氧是不可缺少的因素。

当纸质文物感染霉菌时，霉菌就会以纸、淀粉糨糊、胶料以及油墨等作为养料，毁掉纸质文物的制成材料。据试验，霉菌在 3 个月内能毁纤维的 10%～60%，由于纸的纤维素被破坏，而引起纸的机械强度降低。据资料介绍，长了霉的书在 5 天内纸的坚牢性降低了 50%。

霉菌在吸取营养过程中，会分解出有机酸，使纸张的酸性剧烈增加。试验证明长了霉的书籍纸张在几个月内酸性增加了两倍。

霉菌孢子在生长、繁殖过程中会分泌出各种色素，以致在绘画、书籍上出现各种颜色的斑点（红、黄、灰、紫、棕、黑、褐等）。这些斑点不仅污染绘画、书籍，掩盖图案、字迹，而且使纸张变脆，腐烂。

霉菌在纸上繁殖时，使纸纤维素变得湿润和胶黏，以致造成书页黏结。尤其在高湿、堆压的情况下，黏结成纸砖，难以揭开。

（七）人为损坏

纸质文物（古书、绘画），由于长期观赏、翻阅次数过多，往往造成书籍断线、中缝开裂、书口破损等现象。还有人读书、看画时漫不经心，有的指甲抓破书页、画面，有的拿画不戴手套致使汗渍、油腻污染绘画。有的人甚至为收集对自己有用的资料，截取书页中的篇页和插图，造成古书残缺。有的古书和绘画由于在修复、装裱时使用了不合适材料或手工技术不精而造成损坏。另外还有人为的战争、偷盗给文物均造成无可挽回的损失。

当然各种灾害（如火灾、水灾、地震等）造成的损失更为严重，在此就不一一叙述了。

（八）酸化

在博物馆、图书馆、档案馆中，收藏着历史遗留下来的浩如烟海的纸质文物、图书、档案。这些珍贵文化遗产大都是用手工纸或机械纸书写、印刷而成。然而，随着时间的消逝，人们发现用手工纸书写、印刷的图书、档案历经几百年、甚至上千年仍能留传于世。而用机械纸书写、印刷的图书、报纸却遭到了严重的"自毁"，有的像酥糖一样，一触即成粉屑。1824 年英国专家 Murray 在一本书中写到"我有一本 1816 年牛津出版的《圣经》，从未使用过，但已成为粉末"。1825 年另一位英国人 Thomas Hansard写到"整整一批已装订的库存本，在仓库的书架上成了碎片"。1957 年，巴罗（Barrow）实验室对 1900 ~ 1949 年出版的 500 本书进行了纸张寿命研究，其如果如下。

脆弱：39%，只能有效使用，阅读时容易造成撕破，在书架上最多能持续 25 年。

低强度：49%，估计有 25 ~ 50 年寿命，其中 2% 使用寿命可能会超过 50 年。

高强度：1%。

从研究报告可以看出，20 世纪中期以前出版的书几乎 97% ~ 99% 使用不到 20 世纪末。法国国立图书馆，检查藏书 10000 万册，其中一触即碎的就有 9 万多册，即将粉化的有 67 万册，处于危险状态的有 66 万册。世界各地图书馆都有类似情况。对于这种现象，人们曾迷惑不解，直到 1912 年，Hielmsater 把纸张浸泡于硫酸铝、硫酸钾、醋酸铝溶液中，然后，取出进行加速老化试验，测试数据说明：纸张"自毁"是由硫酸铝存在引起的。1925 年 Konler 和 Han 研究也得出同样结论。由于机械纸中含有硫酸铝，水解后呈酸性，这就是纸张"自毁"的根本原因。

1. 纸张酸化的原因

纸张在缓慢的陈化过程中，其酸化程度是与变质速度有着直接关系，引起纸张酸化有内在因素，也有外在环境因素。现从以下几方面进行分析。

1）机械纸都以木材、稻草为原料制作而成，这些原料中都含有木质素—非纤维材料类，原料本身就呈酸性或者在氧化、水解时产生酸性衍生物。

2）造纸原料中含有许多杂质，如脂肪、蜡、胶等。为了提纯，常用氯气、氢氧化钠、硫酸钠、硫酸氢钙等药物进行处理，必然会有残留药剂沉积在纸张中。硫酸铝与微量的氯化物能加速明矾对纸的变质作用。硫酸铝与氯发生反应生成氯化铝，微量的氯化铝在炎热、潮湿条件下生成盐酸，使纸张酸化。

3）造纸过程中，用明矾、动物胶、淀粉作为填料，由于水解中间产生硫酸。这是纸张酸化主要原因之一。

4）纸张在储存过程中，由于空气中有害气体如二氧化硫、硫化氢、二氧化碳、二氧化氮等侵蚀，并在微量金属离子的催化下，与水反应生成硫酸、亚硫酸、碳酸。这一切又促使纸张酸化。

5）用酸性的或含氧化物的油墨、墨水颜料印刷和书写，也是纸张酸化增加原因之一。

6）微生物的生长，霉菌分泌色素而形成酸。

总之，造成纸张酸化的原因还有很多，就不一一赘述了。必须指出诸种因素皆不是独立进行的，而是相互作用、相互促进的。

2. 纸张酸化造成的危害

众所周知，纸的主要化学成分是纤维素的组合。纤维素大分子中基环间形成的是葡萄糖键。当酸的水溶液作用于纤维素时，使葡萄糖键发生断裂，并造成聚合度降低，其结果使纸变质、发脆。在水解过程中，酸是催化剂，它能降低葡萄键断裂的活化能，而提高水解速度。水解速度随着氢离子浓度成一定比例的增加，也就是 pH 越低，酸性越强，水解速度越快。纸的变质表现在宏观上是变色，在微观上是对结构的破坏，即机械强度的下降。

美国专家 Kohler 和 Hall 所做实验也证实了这一点，他们把纸样分别浸在 $Al_2(SO_4)_3$、HCl、H_2SO_4 的不同浓度梯级中，然后取出试样，在干燥环境中加热到 100℃，经 72h 加速老化，测其耐折强度，结果见图 4。

我们也进行过纸张抗拉强度与 pH 的关系试验：把道林纸分别浸入不同 pH 溶液中，然后取出，在相同条件下干燥，进行数据测定，其结果也得到证实。纸抗拉强度随 pH 值的变化而变化，见图 5。

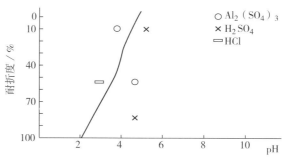

图 4　酸对耐折度的影响

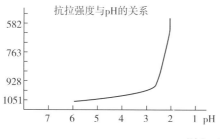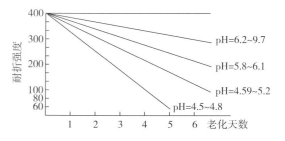

图 5　酸对抗拉强度的影响

从图 4 可看出，无论是明矾、$Al_2(SO_4)_3$、盐酸（HCl）、硫酸（H_2SO_4），都会引起纸张的降解，使纸耐折强度下降。另外从图 5 所示的规律就更清楚地说明纸张所含酸的浓度与耐折强度之间的关系。

从图中看出：原耐折度均为 400 次的纸，用不同浓度的酸处理后再进行老化，在相同时间和温度（100℃）条件下，纸张耐折强度的损失随酸的浓度不同而表现不同，pH 为 6.2～9.7，经过两天的老化后，其耐折强度只发生微弱的变化，仍保持 400 次左右，耐折度保留了 95%。而 pH 为 4.5～4.8 的纸，经过两天老化后，耐折度迅速降到

200 次以下，耐折度仅保留 15% ~ 35%。无论是理论还是实践，都证明纸张中酸的存在，是纸张"自毁"的根源。

第四节　纸张的保护技术

保护纸质文物，一方面要利用先民长期积累的宝贵经验，另一方面要充分利用现有的科学成果、手段，采用新的方法。

一　传统的保护技术

（一）书画的装裱

中国的书法和绘画，是东方艺术之瑰宝，伴随着书画传统艺术而发展的书画装裱工艺，也是中华民族独有的工艺。正是由于有了装裱工艺，后代绘画珍品才得以保藏久远。

书画装裱技艺，从晋代开始已有一千四五百年的历史，具有独特的民族艺术传统的特色。书画做成，折皱不平，未经纸裱，不能坚挺。现代画家钱松岩《砚边点滴》提及：国画也须经过装裱，才能成为完整的作品，如放置不裱，日久以致发生黄色斑点，以虫蚀霉污，潮湿成"饼"，无法挽救。故书画之欲保持永久，必须实时付裱，至少是背面托纸，然后收藏。由此可见，书画装裱之重要。最近几年出版了《书画装潢学》《书画的装裱与修复》等多部专著，较系统地介绍了行之有效的经验，值得借鉴和学习。本文不再叙述。

（二）用护封、护套保护古籍和绘画

书卷、绘画经托裱后，在其外用布、帛做成套子，进行包裹。

隋唐时期对卷子本书折成纸叠，在叠前面和后面裱上较厚的纸作为书衣，以及再用一张比折子宽一倍的厚纸，从中间对折，一头粘于卷首，另一头粘于卷尾。这种做法既保护里面的书页不受污损，亦不至于因翻书而使里面的书页散开扯断。

书籍的"蝴蝶装""包装背"，装帧方式是用较厚的纸作为书皮，不但能保护里面的书页，而且便于翻阅。

将一部书集成一函或数函。"函"就是套在书外的壳子或匣子。古代书画有两种：一种用硬纸板做里，刷上糨糊，外裹一层布，又叫书套，有四合、月牙、云头和六合书套。另一种是木夹板和木盒子（木书匣）。夹板以梓木、楠木为贵，不生虫、不走形，其质而轻。花梨枣木次之。用书籍、书柜收藏书籍也是我国传统方法之一。

（三）古书画、古籍收藏的防潮措施

书画装裱不仅增加美观、牢固，亦能起防潮的作用。书画经过装裱，画幅前、后的"天头""引首"和"尾纸"将画幅紧紧地夹在整个手卷中间，外界的潮气、热度、尘埃、阳光和有害的物质不易侵及画幅。此种方法一直沿用至今。

书画收藏的传统做法，是值得注意的，在《蕉窗九录》记载："遇四、五、六月之先，将画幅赏玩，微见风日，收起入匣，用纸封口，勿令通气。其意就是，书画在梅雨季节之前，将画吹风晒凉，然后入匣，密封收藏。防止受潮。平时张挂名画，须三五月一易，则不厌观，不久惹尘湿。收起，先拂去两面尘垢，略见风日，即珍藏之。久则恐风湿，损其质地。"

《新增格古要论》收画论："收画，亦于未来梅雨之前，晒晾令燥，紧卷入匣中，厚以纸糊匣缝、务令周密。过梅月方开，则无蒸湿之气，盖蒸湿自外而入故也。"

清宫中有一种收藏书画的特制大木箱，外涂血料，披麻、上大漆，潮气进不去。为了更好防止潮气侵入，在大木箱里再加一层锡皮作里子，更能防止潮气的侵入。

古代藏书的库房建筑及环境采取防潮措施，在《骨董琐记》中有关于宁波天一阁藏书楼的记载：东偏一间，以近墙壁，恐受湿气，并不储书。唯居中三间，排列大橱十口，内六橱前后有门，后面储书，取其透风。这种建筑设计和藏书橱的布置，有利于湿度的控制。

当书画库的湿度过高或者在梅雨季节，常用石灰或木炭作为干燥剂吸潮。

（四）古书画、古籍的防虫措施

古人在长期收藏和保存古籍、书画中，一直在探索防虫蛀蚀的方法，积累了丰富的经验。后文中将详细介绍。

（五）库房的通风

流水不腐，户枢不蠹。书库及时开关窗户通空气是使书籍、绘画不生虫的好办法。叶德辉《藏书十约》中谈到："书库，宜四方开窗通风，兼引朝阳入室。"窗橱俱宜常开，楼居尤贵高敞，宁波天一阁图书馆的经验认为：书库空间要大，面积要宽敞，书库内的书架、书柜不能摆放太密，宜行疏以通空气。每一垛书之间要相隔3cm左右，就是一垛也不能放得太满太紧，要留有空隙以利空气的流通。

（六）防煤烟

《藏书纪要》指出："接连内室厨灶署之地，则不可藏书。"厨灶有煤烟，书籍遭受煤烟损害时，纸色红脆，手触即碎。《聊斋志异外集》有一段记载："阳城煤炭贱而且美，故有香煤细米之谣，然亦害。证余初至阳城，所收旧家书，多触而碎。然余家

所藏宋版书不如是。即亲师所购宋、元、明版书，亦不是。后在阳城二十年前刻版书，其中纸虽无恙，皮面一搓即碎矣，乃居煤烟所致。偶记于此，凡阳城藏书画、古籍，冬日宜置无火之室方妙也。"这段记载说明古代收藏家已认识到煤烟对书籍、绘画的危害。

对古籍、绘画的收藏和保养，我国劳动人民有不少宝贵的传统经验和高超技术，我们应该继承传统行之有效的方法，发扬光大。

二　现代科技保护技术

（一）环境保护

纸质文物保护的质量，既取决于其材料质地，更取决于它所经历的环境[14,15]。创造良好的保存环境，使文物处于适宜的环境中，是阻止或延缓其自然损坏的重要措施。

1. 温、湿度的控制

博物馆室内的温、湿度随着室外温、湿度的波动而相应变化。季风、日照、降雨、观众的流量等因素都直接关系着室内温、湿度的升降。控制室内适宜的温、湿度，必须从以下几个方面入手。

1）需要良好的库房建筑质量，即有完善、良好的隔热、防潮、通风设施。这是稳定库内温、湿度的基本保证。

2）安装空调系统，使书库的温、湿度控制在标准范围之内，是创造博物馆适宜环境的有效手段。

3）要有严格的科学管理。目前，博物馆普遍安装空调系统尚难实现，但单独使用调温调湿设备，如使用柜式恒温恒湿机、空调器、机械去湿机、冷热风机等，是一种应急措施，也可以采取以下措施进行控制和调节。

（1）自然通风

自然通风不仅能降低温度，亦能降低相对湿度，是博物馆最常用的一种调温、控湿的方法。由于库内外温、湿度变化比较复杂，是否可以通风，应根据以下四条原则。

当库外空气的相对湿度和绝对温度低于库内时打开门窗，使库内外的空气进行自然交换。

当库外温度和绝对湿度低于库内时，而相对湿度稍高时，可以通风。

当库内外温度接近，库外相对湿度比库内低，或库内外的相对湿度接近，而库外温度较库内低时，可进行通风。

当库内外绝对温度接近，而库外温度稍高，相对湿度低，如库内相对湿度很高，急需降低时，可以通风。

以上这些措施仅仅是权宜之计，虽有一定效果，但并不是令人满意。

（2）使用吸湿剂降低湿度

吸湿剂按使用方式区分为固体和液体吸湿剂。固体吸湿剂常用的有硅胶、分子筛、活性炭、生石灰、BMC 等。以变色硅胶和 BMC 调湿剂为佳，一般在文物框、陈列柜内放置吸湿剂，调节柜内湿度，因变色硅胶价格较贵，吸水饱和很快，烘干后可反复使用，目前已逐步被 BMC 湿度调节剂代替。BMC 具有较优异的调湿性能，能保持密闭小环境中相对湿度的稳定，为密闭小环境中的文物湿度调节和控制提供了一种新材料。

2. 紫外线的防护

光对纸质文物的危害是客观存在的，而采光照明是观赏、研究藏品所必需的，如何既有利于陈列、研究，又有利于文物的保护，目前可采取以下措施。

（1）库房、陈列室的建筑应避光

对自然光的限制主要应从建筑角度着手，如建密闭式陈列馆或库房，就从根本上解决防日光辐照问题。对有窗的陈列室或库房，则采用百叶窗、遮阳板、挂厚窗帘、选用毛玻璃、吸热玻璃、夹层玻璃等措施，减少太阳的辐射热，不要让光线直接照射到文物上。

（2）紫外线的过滤

紫外线是危害纸质文物主要因素。阻止或消除紫外线的作用，目前可采用两种措施：一，选用一种含氧化铈和氧化钴的玻璃作为窗玻璃阻止紫外线的辐射，但成本较高；二，紫外线吸收剂的应用。紫外线吸收剂是一种能吸收紫外线，并能将紫外线光能转变成无害热能的物质。其使用方法：有的在窗玻璃或荧光灯管壁上涂布紫外线吸收剂；有的将紫外线吸收剂加入聚甲基丙烯酸甲酯树脂中，制成 UV 有机玻璃板；有的将紫外线吸收剂加入醋酸纤维素中，制成薄膜，一般浓度为 $5g/m^2$。采取这些措施，能将紫外线滤掉。

（3）人工光源的选择

无紫外荧光灯是一种能将由水银辐射出的 400nm 以下的紫外线完全遮断而仅辐射出可见光的一种灯具。它是在荧光灯管内涂布氧化钛或氧化锑烧锆而成，或在荧光灯管外壁涂布防紫外涂料制成。

目前，无紫外荧光灯以菲利浦公司生产的质量最佳。我国广州灯泡厂、中国建筑科学院建筑物理研究所与中国美术馆共同研制的产品，能消除 300~400nm 范围的紫外线，经 760 型克劳福特紫外监测仪测量，紫外线含量低于 $75\mu W/lm$，因此适合于美术馆、博物馆、图书馆的应用。

（4）合理确定储藏、陈列的照度标准

纸质文物在收藏、陈列时的照度标准确定，应从观众欣赏文物和是否有利于文物保护的角度考虑，既要满足欣赏、研究工作的需要，又要能最大限度地减少光对其危害。常采用以下几种措施。

1）选用感应电源：人来灯亮，人走灯灭。

2）降低整个陈列室的总照度，即空间暗、展品亮。

3）将文物贮存在匣、箱、柜中，避免曝光。

3. 防空气的污染

大气污染对文物的危害日趋严重，治理环境、保护文物是人类社会的共同任务。防止空气污染，降低大气污染对文物的危害程度，可采取以下措施。

（1）排除污染源

新建博物馆、美术馆、图书馆馆址的选择应在环境优美、空气新鲜、四周有园林绿地的地方。在博物馆附近，不得有工矿企业、饭店，不得有污水坑，不得燃烧矿物燃料，不得设立停车场，尽量清除排入空气污染的祸根。

（2）绿化环境

在博物馆周围种花、植树，不仅可以美化环境，而且能吸收空气中有害气体和灰尘。空气中的 SO_2 被植物叶片吸收后，有92.5%的 SO_2 转化成硫酸盐积存在叶片内，剩余的7.5%被利用形成氨基酸和蛋白质。经检测，受 SO_2 污染的影响，植物叶内含硫量比对照区高出一倍甚至三倍之多。在植物能忍受的浓度范围内，植物含硫量与空气中 SO_2 的浓度成正比。同样植物还能从空气中吸收 Cl_2。由此说明，植物叶片具有吸收有害气体的能力。

植物花草不仅能吸收有害气体，而且对空气中的尘污有明显的滞尘、过滤、吸附作用，乔木林带的作用更为显著。经检测表明，绿化区的尘污浓度一般比非绿化区要减少10%～15%，另外还具有杀虫、灭菌、消除噪音、遮阴降温、降低风速、固定流沙的功能。在博物馆四周广植树木、花卉是改善博物馆环境污染状况的积极措施。

（3）空气的净化与过滤

排除污染源和绿化环境是预防空气污染的一种措施。理想的办法是提高库房、陈列室门窗的密闭程度，对进入库房、陈列室的空气采取以下措施进行净化和过滤。

对空气的净化主要是除去空气中的有害气体。如果要除去酸性气体，可将空气通入碱性溶液中，使其成为可溶性盐类而分离；或者与空气过滤器结合，在滤层中放入碱性物质，不仅能消除空气中的有害气体，而且又能阻止大气粉尘通过。

空气污染物中含有金属粉尘、植物纤维、霉菌孢子等微粒，由于微粒的粒径很小，为确保过滤的效果，应采取带有阻隔性质的过滤分离的办法清除空气中的微粒。

空气净化系统中一般采用粗效过滤器、中效过滤器和高效过滤器组成的三级过滤方式，各级过滤器的作用是不同的。

粗效过滤器主要用以阻挡空气所携带的 $10\mu m$ 以上的沉降微粒和各种异物进入过滤系统；中效过滤器用以阻挡 $1\sim10\mu m$ 的悬浮微粒；高效过滤器主要用以过滤 $1\mu m$ 以下的微粒。在实际应用中，一般将中效过滤器和高效过滤器进行串联使用。

目前，我国有以下几种过滤器：滤纸过滤器、纤维层过滤器、发泡材料过滤器、静电自净器等。各种过滤器具有不同性能和特点，应根据实际需要选用。

（二）微生物霉菌的防治

霉菌的生长与环境因素有密切关系，通过环境因素的调节和控制，以及有效地使用防霉剂防止和抑制霉菌的生长和繁殖，这是贯彻"以防为主，防治结合"方针的有力措施。

1. 物理方法防治

1）保持书库、纸质文物的清洁卫生，人员进入书库必须更换衣服，库内使用空气净化过滤装置，以减少、阻止灰尘颗粒、霉菌孢子进入库内。

2）控制书画库房适宜的温度、湿度，保持库内干燥、通风是防止霉菌生长、发育的前提。一般认为温度控制在18℃，相对湿度控制在55%～60%，可抑制霉菌的生长和繁殖。

3）除氧密封贮藏。众所周知，氧气是霉菌生长、发育的必要条件之一，如将纸质文物收藏在无氧密封系统中，从而抑制霉菌的正常呼吸作用，阻碍霉菌的生长发育，目前我国采取充氮或除氧剂等方法。

2. 利用防霉药物进行防治

防霉药物对霉菌的生命活动有一定的影响，对霉菌的代谢活动起抑制作用，从而控制霉菌大量繁殖。防霉药物对霉菌的作用与浓度有关，高浓度有杀菌作用，低浓度只能抑制霉菌的生长。

对防霉剂的要求是：抗霉效力高，即低浓度就有抑菌和杀菌作用，毒性要小，稳定性好，无副作用，对人无害，对纸质文物的强度、色泽和耐久性无影响。

目前用于纸质文物防治霉菌的药物主要包括如下几种。

（1）五氯苯酚及其钠盐

五氯苯酚及其钠盐是由五氯苯酚和氢氧化钠化合而成的白色粉末，能溶于水，有挥发性，对眼、皮肤有一定刺激性。一般使用浓度0.25%～1%。

（2）邻位苯基苯酚钠

邻位苯基苯酚钠是一种能控制毛霉、青霉生长发育的最常用杀菌剂，毒性小、稳定性好，几乎不分解，也不与其他物质起化学变化，溶于水，呈碱性，在10%水溶液中pH为11，抑菌效果很好。

邻苯基苯酚钠对黄曲霉、桔青霉、黑根霉的MIC（抑制微生物生长的最低浓度）分别为 10×10^{-6} ppm、20×10^{-6} ppm、30×10^{-6} ppm。值得注意的是，在使用时应注意安全。

（3）DP

DP系含氯与含溴的酚类化合物，化学式为 $C_6H_3OCl_2$，相对分子质量为242，本品为白色或浅灰色粉末，具酚类气味，溶于乙醇、丙酮、苯、甲苯、四氯化碳等有机溶剂，溶于水，熔点为71～72℃。

防霉剂 DP 对多种微生物有杀死或抑制作用，据文献报道，使用本品 $10 \sim 100 \times 10^{-6}$ ppm 浓度时，就能抑制黑曲霉、桔青霉、黄曲霉的生长。

（4）PC

防霉剂 PC，化学名为对氯间二甲酚或 4 - 氯 - 3，5 - 二甲酚，（p - chloro - m - xylemo），分子式为 $C_8H_9C_{10}$，相对分子质量为 156.6。本品为黄或白色结晶，稍有苯酚气味，熔点为 $111 \sim 115℃$。能溶于乙醇，难溶于水，为便于使用，配制成乳剂。

防霉剂 PC 能有效地抑制霉菌、细菌和酵母菌等各种生物的生长，对黑曲霉、黄曲霉等最低抑制浓度（MIC）50×10^{-6} ppm，由于毒性低、对皮肤无刺激、安全稳定、效果好，已得到广泛的应用。

（5）NMF - 1 防霉剂

NMF - 1 防霉剂是南京博物院研制的产品，化学名为 α - 溴内桂醛（C_8H_7BrO）。本品为淡黄色的晶体，有较强的挥发性，无臭味，能溶于醇、乙醚、四氯化碳、丙酮、甲苯、二甲亚砜等有机溶剂中，难溶于水。

它是一种气相防霉剂，抗菌谱广、抗霉效果显著，有效期长、毒性低、无副作用，对常见的霉菌及细菌有很好的抑制作用和杀灭作用。对木霉、牙枝霉毛壳霉等最低抑制浓度（MIC）在几个至几十个 ppm 之间，一般使用量为 $0.03\% \sim 0.05\%$。

（6）香叶醇长效抗霉灵

香叶醇的学名为 3，7 - 二甲基辛二烯 - ［2，6］ - 醇，具有较强的广谱杀菌作用，对人体无害，无副作用。

香叶醇抗霉灵对杂色霉素、黑曲霉、高大毛霉等常见霉菌有效剂量 60×10^{-6} ppm、直接杀灭霉菌有效剂量为（$78 \sim 312$）$\times 10^{-6}$ ppm。

香叶醇长效抗霉灵，是从植物香茅草提取香叶醇挥发油，经化学处理，纯度为 90%，再用一种无机徐放载体吸收香叶醇油，控制挥发速度，在相对密闭的环境中达到一年的防霉效果。

（7）霉敌

霉敌是西北大学文博学院研制的产品，为肉色针状结晶，溶于乙醚、丙酮等有机溶剂，在水中溶解度为 0.02g，溶于热水，可与碱生成盐，其铵盐和钠盐有较好的水溶性。

霉敌是一种高效、低毒、广谱的优良防霉剂，对桔青霉、米曲霉等霉菌最低抑制浓度（MIC）为（$150 \sim 400$）$\times 10^{-6}$ ppm。常用浓度为 0.02% 丙酮溶液。

（8）2 - （4 - 噻唑基）苯并咪唑（噻苯咪唑，即 TBZ）。

TBZ 是一种低毒高效防霉剂，呈结晶状，化学性质稳定，很难与其他物质反应，在水中只能溶解 30×10^{-6}，在酸碱作用下不分解，能长期保存。据资料报道，把 $0.2\% \sim 0.5\%$ 的 TBZ 加到乳液涂料中，涂刷在墙、框架上历经三年未见霉菌生长，对淡黄青霉、产黄青霉、黄曲霉和杂色曲霉的抑制生长最低浓度分别为 1×10^{-6} ppm、25×10^{-6} ppm、4×10^{-6} ppm 和 10×10^{-6} ppm。

（9）生物抑制剂 60

生物抑制剂 60 是一种低毒、高效的淡黄色液体，溶于水，略带酒精气味，含有 24.7% 十二烷基盐酸胍的水溶性防霉剂。使用浓度为 0.1% ~ 0.2% 就可阻止霉菌的生长。对腊叶芽枝霉、球毛壳霉、桔青霉和黄曲霉的抑制生长，最低浓度分别为 30×10^{-6} ppm、40×10^{-6} ppm、50×10^{-6} ppm 和 110×10^{-6} ppm。

（10）灭霉净

灭霉净从特有植物中直接提取原料，经先进工艺细加工而成的不含任何化学药物，对多种霉菌均有极强的杀灭作用的纯天然制品，其灭菌的效力为化学防霉剂苯甲酸钠的 20 ~ 100 倍，具有高效、长效、广谱抗菌和驱虫防蛀等优点，各种技术指标明显优于化学防霉剂。

防霉剂种类很多，然而，能较广泛应用的却不多，由于霉菌种类和处理对象不同，其应用方式也不同，常用的有以下几种。

1）添加法：将防霉剂 PC、TBZ、NMF－1 等以一定的配比添加到糨糊或乳液涂料中，制成防霉糨糊或防霉涂料。近年，也有将防霉剂加在树脂中制成塑料薄膜。

2）喷涂法：将防霉剂邻苯基苯酚钠、霉敌等配制成溶液（有机溶剂或水溶液）进行喷洒。

3）吸附法：将防霉剂香叶醇等先配制溶液，然后选用无机徐放载体如蛭石、硅胶粉、吸收香叶醇溶液制成片剂或粉剂，放在文物储藏柜中，使其徐放挥发。

4）涂布法：将防霉剂配成涂料，涂刷在文物柜架上。

5）浸渍法：将一定规格的牛皮纸、白纸浸泡在防霉剂溶液中，经干燥制成防霉纸，可用于纸质文物、图书、档案的包装或夹在其中。

上面介绍的有关霉菌的预防措施，对于已经生长霉菌的文物，应立即隔离，采取灭菌措施。目前常用的药物有甲醛（HCHO）。甲醛是一种无色液体，有刺激性臭味，能溶于水，易挥发，具有还原作用。它与蛋白质的氨基结合使蛋白质变性，从而破坏菌体细胞的膜和壁，同时破坏某些霉系，引起菌体内蛋白质的凝固致死。据资料介绍，0.1% ~ 0.2% 的甲醛溶液能杀死细菌和芽孢，其效率随温度升高而提高。

利用甲醛消毒灭菌，一般都在消毒箱中进行，如有条件在真空消毒箱中进行灭菌效果为最好。一般来说每一立方米消毒箱的用药量为 20% 的甲醛溶液 240 ~ 300ml。据资料介绍：在 450 ~ 680mmHg 的真空度和温度控制在 60℃、相对湿度控制在 60% ~ 80%，在此条件下经 24h 处理，能将细菌和霉菌 100% 的杀灭。由于甲醛会破坏蛋白质，因此对皮革有破坏作用，所以有皮革封面的书籍不宜用甲醛消毒灭菌。

目前，应用环氧乙烷熏蒸消毒较多。环氧乙烷又名氧化乙烯，其结构 $\underset{H_2C \longrightarrow CH_2}{\overset{O}{\triangle}}$，在低温下为无色透明液体，有乙醚气味沸点 70.8℃，室温下为无色气体，能溶于有机溶剂，与水能混溶，化学性能极其活泼，极易气化，易燃易爆。在空气中爆炸范围为

3%～80%。

　　环氧乙烷由于其分子结构的烷基能与菌体蛋白质的氨基、羟基、酚基、巯基（-SH）相结合，会对菌体细胞代谢产生不可逆的破坏作用，从而抑制氧化霉和脱氢霉的作用，使微生物的新陈代谢发生障碍而致死。

　　环氧乙烷是一种非常活泼的烷基化合物，能和氨基酸、蛋白质、核蛋白质等起化学反应，如蛋白质与环氧乙烷反应如下：

$$\triangledown\!\!\!_O + 蛋白质 — R \longrightarrow 蛋白质 — R' — CH_2CH_2OH$$
$$R=SH，NH_2，OH，COOH \qquad R'=S，NH，O，COO$$

　　从上述反应可以看出，环氧乙烷不仅与菌体细胞不易触及的巯基作用，也与易触及的羧基、氨基、羟基作用，因此，环氧乙烷能容易杀灭细菌芽孢。

　　由于环氧乙烷有毒、易燃、易爆，使用时特别要注意安全。通常使用环氧乙烷与二氧化碳（1∶9）或环氧乙烷与氟利昂（2∶8）的安全气体作消毒剂。由于二氧化碳、氟利昂等惰性气体的混入，大大降低以至根本杜绝了环氧乙烷的易燃、易爆性。同时增强了环氧乙烷的穿透能力，提高灭菌的效果并降低了毒性，其毒性分别只是纯环氧乙烷毒性的 1/10 或 1/4。

　　具体方法是，先将已经生长霉菌的纸质文物，放入真空熏蒸箱内，数量不要超过其体积的 2/3，然后关闭熏蒸箱的门和所有阀门，再激活真空泵，当真空达到 0.05～0.07MPa 时即可停泵，将环氧乙烷与二氧化碳混合气体注入熏蒸箱中，用药量一般为 20～40g/m³，控制温度为 38～50℃，相对湿度为 30%～50%。经 12～24h 密闭处理，再激活真空泵抽出残气通入水中，或用活性炭、硅胶将其吸附，并注入清洁的空气，再抽出，再注入，如此反复数次，最后取出被处理文物即可。

　　熏杀效果与环氧乙烷的浓度有关，当浓度为 40 g/m³ 时，能达到 99% 灭菌效果，而对纸质文物的强度、颜色基本上无不良影响。其他如用溴甲烷、麝香草酚、二硫化碳、二氯乙烷均能用于熏蒸消毒。

　　由于环氧乙烷易燃、易爆、有毒，是一种致癌物，目前美国已禁止使用。

（三）昆虫的防治

　　对虫害的防治，首先要着眼于预防，在"防"的方面下功夫。一旦发现虫害，就应积极采取措施进行治理，防止蔓延，二者不可偏废。虫害防治一般可分为清洁卫生防治、中药杀虫剂防治、化学杀虫剂防治和物理防治。

　　1. 清洁卫生防治

　　清洁卫生是一切防治的根本，是贯彻"以防为主，防治结合"的重要措施，也是配合其他防治方法的一个重要方面。害虫进入博物馆的渠道有两条：一是害虫直接爬行、飞行入内，二是害虫潜伏在各类物质中夹带进来。一般来说，能杜绝这两条渠道，虫害就可防止。

（1）周围环境的清洁

在博物馆周围的杂物、垃圾、污水、草木等既是害虫滋生、繁殖的场地，又是传播害虫的虫源，为了觅食或越冬寻求合适的生存条件，害虫常会潜入室内，所以应保持博物馆周围环境的清洁。

（2）存放文物柜、架的清洁

存放文物的橱柜、木架、囊盒等用材必须严格挑选，预先应进行高温处理，杀灭潜伏的虫害及虫卵。

（3）文物的清洁

不管文物来自地下出土，还是民间流传，由于上面蒙有各种污垢和寄生着虫卵，文物进入博物馆，都须进行消毒、清洁处理，以防止害虫带进库房。

（4）控制适宜的温、湿度

控制适宜的温、湿度，是造成不利于害虫生长繁殖的重要条件。一般温度保持在 $14 \sim 18℃$ ，相对湿度保持在 $50\% \sim 65\%$ ，用这样的环境来抑制害虫在博物馆生长繁殖。

2. 中药杀虫防治

我国传统的中药杀虫防虫的方法，在长期实践中积累了行之有效的经验，归纳起来大致有以下几种。

（1）杀青避蠹

早在汉代，以竹木简作为书写载体，古人曾采用杀青避蠹的方法防治害虫。汉刘向在《别录》中写道："新竹有汁，善朽蠹。凡作简者皆于火上炙于之。以火炙简，令汗去其青。易书，复不蠹，谓之杀青。"竹木简经过杀青处理，一方面使竹木简质地干燥，另一方面杀灭竹木简中的虫卵。

（2）浸渍法

将书写、印刷的书卷纸浸渍在含有植物杀虫的溶液中，使药物均匀地侵入纸基，然后取出晾干便成防蛀纸。常用的药物，见诸著录的有黄柏、花椒、芸草、莽草、百部、苦练、烟草、狼毒等。所制成的黄纸和椒纸，经上千年而不蛀，就是这方法的最好例证。

黄柏：又名黄檗，早在东汉末期，古人用黄柏汁浸渍纸张，呈黄色，称黄纸，具有防蠹性能。宋赵希鹄在《洞天清录集》中说："硬黄纸，唐人用以书经，染以黄柏，取其避蠹。"到了魏晋南北朝隋唐时期，已普遍采用黄柏纸制作书籍，在敦煌石室的经卷大多采用黄纸书写，至今纸质完好，无虫蛀。

近几十年来，美国、日本对黄柏的杀虫作用进行分析，推测其杀虫成分是黄柏内酯（$C_{15}H_{16}O_6$），黄柏酮（$C_{27}H_{33}O_7$），棕榈碱（$C_{20}H_{23}O_5N$），主要是小柏碱（$C_{20}H_{19}O_5N$）。我国上海博物馆对黄柏有效杀虫成分进行了提取分离，并用衣鱼作为杀虫试验对象，证实确有成效，已应用于古籍书画的保护。

椒属芸香科双子叶植物，有秦椒、蜀椒、胡椒、花椒。花椒中含有柠檬烯、枯醇和香叶醇等挥发油，花椒果实中还含有香茅醛、水芹苦，椒根中含有白鲜碱、菌芋碱和小檗碱等生物碱，具有驱虫、杀虫作用。

早在宋代我国劳动人民就采用花椒水浸渍纸张，制成的椒纸，具有避蠹作用。清叶德辉在《书林清话》中说：椒纸"取其可以杀虫、永无蠹蚀之患。"用椒印制古籍"色有黄斑无一蠹伤虫蛀之处"。

苦楝子：对苦楝子杀虫的机制已有多篇论文报道。从苦楝子内已分离出异川楝素、川楝素等四种化合物。这些化合物有的使昆虫拒食，有的使昆虫产生病变，有的起到影响干扰昆虫激素的作用，已应用于农业上虫害的防治。

（3）气味驱赶法

利用具有一定毒性和刺激的药物，放入书籍内或放在文物箱、橱柜中，使药物挥发出来的气味起到驱赶害虫或毒杀害虫的作用。常用的药物有麝香、木瓜、芸香、樟脑等。下面分别作简要介绍。

芸香，又名香草、七里香，系芸香科芸香属植物，有强烈的刺激气味，花叶香气皆烈，具有清热解毒、散瘀止痛之功效。同时，具有驱避书虫作用。

我国很早就应用芸香避蠹，洪刍在《香谱》中写道："芸香避纸鱼蠹，故藏书合称为芸台。"北宋沈括在《梦溪笔谈》中也写道："古人藏书避蠹用芸，芸，香草也，今人谓之七里香是也。"古时用芸香避蠹主要采用两种方法：一是用烟草驱虫避蠹，二是将芸香叶夹于书页内避蠹。宁波天一阁藏书楼，藏有芸香一本，色淡绿而不枯，三百年来不生蠹。目前我国有些图书馆、档案馆仍在应用。我们也进行过试验，效果不是十分理想。

樟脑，又称朝脑或韶脑，是由樟树干馏制得。经化验，樟脑是一种双环单帖酮类物质，化学式为 $C_{10}H_{16}O$，为无色结晶体，有特殊香气，密度为 0.985，熔点为 175℃，沸点 204℃。在常温下易挥发，难溶于水，易溶于酒精、二硫化碳等。利用樟脑防虫在我国已有悠久的历史，明代曹昭的《格古论要》中就有书籍防虫用樟脑亦佳的记载。采用樟脑防虫，从古代一直沿用至今。将图书、绘画收藏在樟木箱、樟木橱柜内防虫，同样具有较好的防虫效果。

（4）涂抹法

四氧化三铅，俗名铅丹或红丹，鲜红色粉末，有毒。将其于瓷罐中研细，加入少量的添加剂和适量的桃胶溶液，用水调匀，配成橘红色涂料，用排笔将涂料在毛边纸上均匀涂刷几遍，使之阴干，即制成防蠹红，又称红纸，把它装订在书的扉页、封底或者夹在书页中，能起防蠹避虫作用。此法在明清时期广东佛山地区就已使用。中国历史博物馆宋曼等对这种红纸，利用光谱和 X 射线衍射结构分析结果，是含有四氧化三铅有毒物质。从而揭开了红纸防蠹的奥秘。

3. 化学药剂防治

化学防治就是利用有毒的化学物质直接或间接地杀灭害虫的方法。这种方法是利用化学物质来破坏害虫的生理机能，致使害虫中毒死亡。按其侵入虫体的途径又分为胃毒灭虫、接触灭虫和熏蒸灭虫三种，其中以熏蒸杀虫效果最佳，应用最广。

（1）胃毒灭虫

这是药剂通过害虫的胃肠壁吸收入体内而引起中毒死亡的一种方法。杀灭白蚁就是采取胃毒灭虫的办法。过去使用的三氧化二砷、滴滴涕、六六六，由于残留毒性造成公害已不再使用，而开始采用有机磷之类的杀虫剂。DDVP 对昆虫有胃毒及熏蒸作用，一般在门窗紧闭的库房内将 DDVP 分装在小碟中分散放置，两三天后绝大多数昆虫均可杀死。也可以用多孔性树脂浸渍 DDVP 控制其挥性，延长药效 2～3 个月，使用时必须注意，该药对纤维、铁器有腐蚀作用，不能靠近文物，对人身健康亦有一定危害，使用后应开窗排风、散毒。

（2）接触灭虫

由药剂直接接触害虫，透过虫体进入体内使害虫中毒死亡。常用的有以下几种。

除虫菊为多年生草本植物，作为杀虫剂应用主要有两种，白花除虫菊和红花除虫菊。除虫菊的有效成分为除虫菊酯，而具有杀虫成分为除虫菊和瓜叶除菊素。它们能溶于石油醚、苯、丙酮、乙醇、二硫化碳等有机溶剂，不溶于水，但在水中易分解。由于除虫菊的有效成分是酯类，所以极易碱皂化或被酸水解而失效。

除虫菊素是一种对昆虫有综合作用的毒剂，主要是触杀作用。当除虫菊酯接触虫体时，就被昆虫外表层的脂肪和蛋白质所吸附，使虫体的氧化霉作用发生阻碍，产生击例现象。另外，除虫菊酯通过昆虫体壁或气管侵入血液，破坏神经组织，引起呕吐，使虫体的末端向前，神经节麻痹而中毒，最后死亡。市售除虫菊成品有粉剂（含除虫菊素 0.7%～1%）和乳剂（含除虫菊素 3%）两种。用药量通常为 5～10g/m²，处理时间为 12～24h。由于这种药剂性质不稳定，又不能杀死虫卵，所以未能大量使用。

目前，已由人工合成与天然除虫菊类似的化合物，称为"似除虫素"。如卞氧菊酯、炔戊菊酯、氯氰菊酯、二氯苯醚菊酯、溴氰区菊酯等，这些杀虫剂高效、低毒，作为家庭卫生杀虫剂已被广泛使用。

近年来，南京博物院、上海图书馆等单位，以合成似除虫菊脂为主要原料（氯菊酯与炔戊菊酯复配），加少量增效剂，乙醇挥发后即成防蠹纸。这种防蛀纸可作为书画、古籍的包装纸。也可以在每本书的扉页和封底各放一张，或夹在书页内，或悬挂在文物橱、柜、箱中，均可达到防蛀目的。这种防蠹纸经有关部门检测和多年试用表明，杀虫防蛀效果显著，低毒、长效，对人身安全，对有机质的纤维或字迹无不良影响，是一种新型防蛀剂。

（3）熏蒸灭虫

在密闭容器中，控制一定的温度和压力，利用有害气体、液体或固体挥发所产生的有毒气体分子毒杀害虫和细菌的方法，称为熏蒸。其作用原理是利用有毒气体分子容易渗透到被处理的物质中去的性质，通过昆虫表皮或气门而渗透到血液中去，对菌体细胞代谢产生不可逆的破坏作用，使害虫的新陈代谢发生障碍而致死。

熏蒸剂大多都具有毒性，易燃易爆，使用时应注意安全。首先，要确定使用的容器和场所，充分做好密闭工作，勿使漏气；其二，要根据熏蒸对象，选择高效、低毒、对文物无害的熏蒸剂；其三，熏蒸过程中，应严格遵守操作规程，熏蒸结束应吸收残毒，充分散气。

熏蒸的效果与熏蒸剂的物理性质、工艺条件有着密切的关系。首先，药剂的挥发性直接影响熏蒸效果，而挥发性往往与药剂蒸汽压、真空度、温度等因素有关。在一定温度下，如果蒸气压越高，则挥发性也越强，渗透性也越强；其次，熏蒸剂本身的分子质量的大小与气体的扩散及渗透到熏蒸对象内部的速度也有密切的关系，相对分子质量小有较高的渗透能力，如环氧乙烷，而四氯化碳则扩散速度较差，易于聚集在地面，渗透速度也慢。

在实际应用中，选择熏蒸剂应遵循以下原则。

1）对文物无副作用，不会与文物本身产生有害的化学反应（如颜料褪色、丝织品、纸质变脆，金属失去光泽）。

2）高效低毒，杀虫灭菌效果好，对人身安全。

3）不燃烧，不爆炸，不凝结。

4）易挥发，渗透性强，沸点低。

5）价格低，运输、使用简单方便。

目前，在文物、图书保护中常用的熏蒸剂有：环氧乙烷［（CH$_2$）$_2$O］、溴甲烷（CH$_3$Br）、硫酰氟（SO$_2$F$_2$）、磷化氢（PH$_3$）、防虫磷（C$_{10}$H$_{19}$O$_6$PS$_2$）等[16][17]，现作简要介绍。

（1）防虫磷

防虫磷化学名 O，O - 二甲苯 - S - （1，2 - 双乙氧羟基乙基二硫代磷酸酯），化学式 C$_{10}$H$_{19}$O$_6$PS$_2$，纯品为浅黄色，略带酯类气味的油状液体，微溶于水，能溶于乙酸乙酯、乙醇、丙酮、苯等有机溶剂中。

该药剂在 pH > 7 或 pH < 5 时会迅速分解，当 pH = 7.5 时，20h 会水解 50%。与活性炭、金属等物质接触会加速分解，在潮湿环境中会缓慢水解。

防虫磷是一种较好的防虫杀虫剂，对人的毒性比较低，对昆虫具有触杀和胃毒的作用，一般以喷洒方法使用。

（2）对位二氯苯

对位二氯苯，又名 PDCB，是白色结晶体，熔点为 53℃，不溶于水，易溶于汽油、煤油、乙醇、乙醚、苯、氯仿等有机溶剂。其毒性比樟脑低 40 倍，比萘低 10 倍，空气允许浓度为 450mg/m³。该药是一种神经性毒剂，对昆虫主要起麻醉作用，使昆虫增加二氧化碳发生量，直至死亡为止。其药效比萘高 45 倍。一般使用剂量 1～10g/m³，经 7～30 天可以 100% 杀死黑皮蠹、花斑皮蠹、烟草甲的幼虫和成虫以及蟑成虫。

（3）磷化铝（AlP）

磷化铝为灰色或深黄色粉末，无臭，遇潮会水解，放出磷化氢。磷化氢是无色，略有葱蒜气味的剧毒气体，熔点 132.5℃，沸点为 87.5℃，微溶于冷水，不溶于热水，易溶于乙醇、乙醚等有机溶剂。当气体浓度达到 26g/m³ 时，遇火星就会燃烧，甚至爆炸。因此，在熏蒸时一定要严格做好熏蒸场所的密封和人身的防毒工作。磷化铝杀虫主要依靠潮解出来的磷化氢，对虫体起麻醉和抑制呼吸作用，使之瘫痪，以至死亡。

为防止磷化氢自燃，使用时一般制成片剂，用磷化铝原粉与氨基甲酸铵以 1 : 2 的比例，加上适量硬脂酸镁和石蜡混合后，在高压下压制而成。其中磷化铝含量为 58%，水解后放出磷化氢气体。氨基甲酸铵有极强的吸湿能力，同时放出二氧化碳。二氧化碳能防止磷化氢燃烧，并能刺激害虫的呼吸，提高杀虫效果。

磷化铝杀虫使用剂量一般为 3～5g/m³，湿度 20% 以上，熏蒸 3 天，即能对成虫、幼虫达到 100% 的杀虫效果。若温度降低，则熏蒸时时间要延长。一般采用低浓度长时间密闭熏蒸，由于磷化铝至少三天才能分解完毕，所以熏蒸时间不应小于三天。

（4）溴甲烷

溴甲烷又名甲基溴、溴代甲烷、溴化甲烷。在常温下无色无味，属于封锁警戒性气体，其相对分子质量为 94.95，密度为 1.732mg/cm³，沸点为 3.5℃，难溶于水，易溶于乙醇、乙醚、苯、二硫化碳等有机溶剂。能溶解脂肪、树脂、橡胶、颜料等。对金属、丝、麻、棉、毛织品、木材等都没有影响，试验证明，对各种书写的字迹亦无明显影响。

溴甲烷侵入虫体后，因水解而产生麻醉性毒物甲醇、氢溴酸、甲醛等。甲醇具有脱水作用，是神经性毒剂，害虫受它刺激后，呈兴奋状态，又是伤害细胞原生质的毒剂。甲醛能与原生质的氨结合，抑制过氧化氢酶及脱氢酶的作用。由于这些物质作用，使害虫致死。

溴甲烷熏蒸杀虫一般要求在专门的熏蒸室或专用复合塑料袋内进行，使用浓度为 20～60g/m³，温度 10～35℃，熏蒸时间 2～4 天。杀虫效果与使用浓度、熏蒸时间、温度都有着密切关系。用药量视温度高低而定。

当空气中含溴甲烷体积达到 13.5%～14.5% 时，遇火会燃烧，对人具有较强的毒性，会损伤神经系统、肾脏等。因此，应用溴甲烷杀虫，必须高度注意安全，做好防护工作。

（5）硫酰氟

硫酰氟是一种无色、无臭、不燃、不爆的气体。相对分子质量为 102.06，沸点为 55.2℃，熔点 120℃，气体密度 2.88mg/cm³，不溶于水，在碱性溶液中水解较快。

该药具有渗透性好、广谱、低毒、高效等优点，对金属、纸张、皮革、丝、棉织品均无明显的影响，其毒性仅为溴甲烷的 1/3。经熏蒸的纸张，在纸张内残留的药量为 0.4ppm，仅为溴甲烷的 5%。近年来，应用硫酰氟熏杀害虫进行了大量试验，取得了显著的效果。在常温下，一般使用 10 ~ 40 g/m³ 的剂量，熏蒸 24 ~ 48h，能杀死百怪皮蠹、黑皮蠹、烟草虫、天牛幼虫、毛衣鱼等害虫，可达到 100% 的效果。但硫酰氟在生产中会残留一定量的二氧化硫，二氧化硫吸收水分形成亚硫酸，会对纸张的纤维和字迹造成一定的影响。所以，在使用时必须采用高纯度的硫酰氟（99% 以上）。

4. 物理防治法

物理防治就是利用高温、低温、辐射等物理作用，使害虫致死或抑制其繁殖，从而达到防治害虫的目的。

（1）高温与低温杀虫

前面说过，当温度高于或低于昆虫最适宜的温度时，对昆虫生长、繁殖都是不利的，甚至使昆虫死亡。

当温度超过 50℃，由于高温的作用，酶的活性消失，昆虫体的护蜡层、蜡层被熔化，破坏了昆虫的表皮结构，从而引起原生质中的蛋白质凝固，损害昆虫的神经系统，致使其死亡。但高温对有机质文物会有一定的影响，一般不宜采用。

当温度低于 -10℃，由于低温，昆虫会发生一系列生理变化，如：新陈代谢停止；细胞膜破裂；细胞内的游离水外滤到细胞间隙结冰；原生质内的蛋白质也向细胞间隙结冰；随着冰晶的扩大，致使细胞膜发生机械性破裂；细胞原生质脱水；代谢产物不能正常排泄，引起酸类的积累。由于电解质的作用，促使原生质凝固、酶的活性受到抑制、尿酸盐类排泄不掉等原因而引起中毒或死亡。

根据昆虫生物特性，我们于 20 世纪 80 年代，利用工业低温冰箱进行低温冷冻杀虫，先后处理过安徽马鞍山太白纪念馆善本书、南京博物院藏拓片、木刻雕板等，都取得了显著效果。其方法是：将善本书或拓片装入塑料袋中，放入低温箱内进行冷冻，冷冻温度控制 -25℃，经 48h 冷冻。冷冻结束后取出拓片善本书在室温下放置 20 ~ 24h。让凝结水蒸发、干燥即可放回库里。经检查，善本书、拓片、雕板中的昆虫全部死亡。

低温冷冻可以全部杀灭各种害虫：温度越低，致死时间越短，不同虫种对低温的耐受力不同，花斑皮蠹、黑皮蠹等对低温耐力最强，其次是书虱、药材甲、档案窃蠹，最不耐低温的昆虫有毛衣鱼、米象等。同一虫种不同虫态，对低温的耐力也有一定差异，但差异不大。

试验表明，冷冻杀虫对有机纤维强度、字迹、色彩均没有明显的影响，是目前最好、最易推广的一项杀虫方法。

（2）微波辐射杀虫

微波加热是一种电磁场加热，加热对象是电介质。昆虫属电介质，在电场中被迅速加热，虫体内的细胞结构、神经系统的胆固醇因迅速加热剧烈振荡而受破坏，从而达到杀虫的目的。

通过实验和应用表明，白蚁、烟草甲、衣鱼、小蠹虫、书虱等昆虫，用 120W

微波功率照射，经 2～5min 即可杀灭。微波杀虫不仅效益高，适用范围广，使用方便，成本低，无残存污染和对文物材质无明显影响，已成为一项有实用价值的新技术。

（3）^{60}Co 辐照杀虫

我国早在 1958 年就进行了该项研究，经 γ 射线辐照处理，能使昆虫死亡或后代不育，但应用于文物昆虫的杀灭，因考虑到文物的珍贵以及文物种类繁多，材质不同的特点应进一步研究，目前不宜推广和应用，以免对文物造成无法挽回的损坏。

（4）充氮、除氧灭虫

氧气是昆虫生命活动不可缺少的条件，当氧气含量低至 2% 以下，昆虫体内的物质分解，新陈代谢活动及酶的活性都会受到破坏，从而使昆虫因缺氧窒息而死。我们根据这一原理，先后采用充氮和除氧剂除氧方法，对文物昆虫进行了杀虫处理。

真空充氮是一种新型杀虫方法。上海档案馆采用程序自动控制对 1.25m³ 真空容器抽真空，真空度达 666.7Pa，充氮保压 60h，对档案窃蠹、毛衣鱼、蕈蠓、花斑皮蠹、黑皮蠹、赤拟谷盗、米象等七种害虫进行试验。试验表明，不仅能杀死各种害虫的虫种与虫蛹，而且对有机质文物的质地、颜色字迹无不良影响，对环境无污染，对人体无害，已在文物、档案、图书部门得到应用。效果如表 5 所示。

表5　文物、档案、图书害虫不同密闭时间下的致死效果

虫种	虫态	密闭时间							
		虫数	活虫数	死虫数	死亡率（%）	虫数	活虫数	死虫数	死亡率（%）
档案窃蠹	幼虫	30~50		30	100	20		20	100
	（蛹）成虫			50	100				
黑皮蠹	卵	188		188	100	30		30	100
	幼虫	33		30	100	90		90	100
	成虫	20		20	100				
花斑皮蠹	幼虫	30		30	100	90	86	4	4.4
	（蛹）成虫	50		50	100				
		40		40	100				
毛衣鱼	成虫	7		7	100	20		20	100
赤拟谷盗	幼虫					50		50	100
	成虫	100		100	100	90		90	100
米象	成虫	50		50	100	90		90	100
蕈蠓	成虫	15		15	100	10		10	100

除氧剂灭虫，其原理与充氮灭虫是一致的，除氧剂用含铁物质与氧作用生成氧化铁除去氧气，导致害虫呼吸窒息而死亡。目前博物馆采用 801 除氧剂或日本三菱公司生产的 RP 文物保护系统，主要用于文物的长期保存。这是除氧防治技术新的途径，是一种有发展前途的方法。

第五节　纸张的脱酸方法

前面已经提到，由于纸张中含有酸，使得近代出版的书报变质、损坏。大量的实验和事实表明，机制纸一般只有 50~60 年的寿命。经脱酸后其寿命可以达 500 年左右。因此，脱除纸张中的所含的酸，是延缓纸张寿命的重要途径和方法。

自从 19 世纪以来，人们普遍发现图书自毁现象。为解决纸张老化问题，许多国家从 1930 年开始研究脱酸剂和脱酸方法（如美国 Barrow 公司、纸张化学研究所、Ontario 研究基金会国家档案馆、国家标准局等）。经过多年努力，终于在 1936 年由 Ontario 研究基金会的 Ohosehisr·Heitz 首先获得了美国专利，并发表了一篇题为《纸张及纸张制品的化学稳定过程》的论文；1940 年美国纸张保护专家巴罗（Barrow）使用 $Ca(HCO_3)_2$ 液处理方法，发明了纸脱酸的两步法，即氢氧化钙和重碳酸钙法，此法在 20 世纪 40 年代和 50 年代得到广泛的应用；到了 1957 年，Gear 在美国使用了 $Mg(HCO_3)_2$ 单液改正法，首次使用了镁化合物作为脱酸剂；1965 年，Roter 报道了以镁化合物作为氧化木浆的稳定剂；1973 年 Giiber 对其稳定作用做了更深入研究并指出：镁试剂对于铁等金属氧化催化剂起钝化作用；1959 年威尔逊和福尔希建议把乙酸镁用作纤维素加膜的抑制剂，并选用饱和钙镁碳酸氢盐作为喷涂脱酸剂。与此同时，为了克服以水为溶剂脱酸液的缺点，无水脱酸剂和气态脱酸剂的研究都有了进展，并逐步成为脱酸剂发展的主流。

脱酸方法很多，归纳起来可以分三类[13]。

1）水溶液法（湿法）：水、石灰水（氢氧化钙和重碳酸钙）、碳酸氢镁。

2）有机溶液法（干法）：乙酸镁、氢氧化钡、甲醇镁、甲基碳酸镁。

3）气相法：氨、碳酸环己胺、吗啉、二乙基锌。

下边就分别简要介绍一下这几种方法。

一　水溶液法

水作为一种溶剂不仅可以稀释纸中的酸，而且还能清洗掉有害杂质，如铜离子、铁离子等。这对于纸张的保护无疑是一种有效的方法。但在实践中人们发现，用去离子水洗涤纸张，不仅能脱除酸，也冲洗了纸张中的纤维素和钙离子、镁离子。虽然酸度降低了，但纸张寿命反而缩短。由于自来水中含有微量铁和铜的化合物，这些化合物将对纸张纤维素的氧化起催化作用，所以不能用自来水洗涤纸张。因为硬水中含有少量的钙离子、镁离子，能钝化纸张中的铜离子、铁离子对纸张的氧化催化作用。所以用硬水作为纸张脱酸的基础上，各种碱水溶液脱酸方法也相继产生。

（一）氢氧化钙和重碳酸钙法（即双液两步法）

这一方法是把纸张浸入 0.15% 氢氧化钙液浸泡 20min，使纸内游离酸中和。然后取出再浸泡在0.15%碳酸钙溶液中，约20min，使过量的氢氧化钙转变为碳酸钙。碳酸钙沉积在被处理的纸上，能起抗酸、缓冲作用，防止纸张进一步变质。

该方法发明于1940年，至今仍在使用，脱酸后pH可能超过8，经过长期实践证实是碱水溶液脱酸方法中最安全可靠的方法之一。

（二）碳酸氢镁法

配制$Mg(HCO_3)_2$溶液，先将6.72g $MgCO_3$放入3000ml容器中，注满蒸馏水，通入CO_2，使其变为$Mg(HCO_3)_2$。$Mg(HCO_3)_2$溶于水，其水溶液pH为8.5~9即可用来脱酸。

将配制好的$Mg(HCO_3)_2$溶液倒入搪瓷盘内，把纸张夹放在塑料网上，在溶液中浸泡25min，取出晾干即成。在操作过程中，碳酸氢镁溶液由于对酸的中和反应逐渐由纯白色变成微黄色，最后呈琥珀色。一旦溶液呈琥珀色就应更换新的溶液。

经此法脱酸的试样，进行加速老化试验，测其耐折强度，如图6。

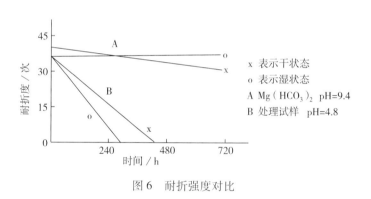

图6　耐折强度对比

从图6可以看出，用$Mg(HCO_3)_2$溶液处理的酸化纸，其耐折强度比未处理的酸化纸成倍提高。

水溶液脱酸法具有既脱酸又去污的作用，又能使纸张强度有一定程度的恢复和稳定性能好的特点。但是，该法又具有以下缺点：即不适宜大批量脱酸，只能单页操作。这样既费时费力，又要拆页、重装，所需成本高，处理周期长。由于水溶液对某些字迹、染料、颜料会引起烘染或褪色以及出现折皱等现象，所以使水溶液脱酸方法在实际应用中受到限制。

二　有机溶液脱酸法

水溶液脱酸法有着明显的缺点，为了改进这些不足，避免因水溶液而引起的各种问题，因此，用有机溶液替代水溶液的脱酸方法出现了。巴罗（Barrow）曾选用双二醇胺（cliglycolamine）做脱酸试验，由于双二醇胺的易挥发性，在纸上难以残留碱，因处理效果不好而放弃。后又有乙酸镁作为脱酸剂，用水和三氯乙烯混合液作为溶剂，因乙酸镁在此溶剂中溶解不高而导致结果不理想而告终。随后英国博物馆实验室贝思斯、科普曾建议用 Ba(OH)$_2$ 溶解在甲醇溶剂中作为脱酸剂，采用喷洒和涂刷的方式，可达到脱酸效果。由于 Ba(OH)$_2$ 有毒性，甲醇是易燃有毒溶剂，脱酸后具有太强的碱性，以及钡离子残留在纸上不稳定而被淘汰。

经过反复探索，人们发现碱性试剂——醇镁，即甲醇镁作为脱酸缓冲剂。因为甲醇镁可溶于有机溶剂。本身又具有足够的碱性，在纸上能保留较长时间和特有的稳定作用。甲醇镁—甲醇是有机溶剂脱酸方法中最初较为满意的一种方法。甲醇镁的碱性不仅能使纸张中的酸中和，而且残留在纸上的甲醇镁在水汽的作用下水解成氢氧化镁。氢氧化镁与空气中 CO$_2$ 的作用下变成碳酸镁，使纸具有抗酸缓冲的作用。但在实践过程中发现，该法具有以下缺点：甲醇可使某些字迹（彩色字迹、圆珠笔字迹）溶解，碱性过大等。为了解决好溶剂对甲醇镁的溶解能力而不影响字迹，经过实验，选用溶解力低的惰性溶剂和甲醇混合可达到其目的。常用的惰性溶剂有氟利昂、甲苯、丙酮、氯化烃等。随着使用溶剂不同，有机溶剂的脱酸方法也不同，其中最有实用价值的是韦托（Weito）法。

韦托法是美国韦托联合公司总经理查德·史密斯发明的。它是利用甲醇镁—甲醇、氟利昂混合溶液作为脱酸剂。处理工艺是：先将书放入高压箱内关闭密封箱门，通过干燥或制冷将书中水分排出，引入脱酸溶液，加热使压力增高到每平方英寸 200 磅。排干书籍周围的脱酸液，使书干燥，打开箱门将书取出让它进行"恢复"，即重新获得室内的温度和湿度，方可入库。对一些脆弱纸张，脱酸后必须进行加固，只要把丙烯酸树脂溶解在氟利昂溶液中，并用脱酸剂的相同方法施行浸渍即可，此法从 1981 年以来，在加拿大公共档案馆实施应用。

有机溶液法操作简便，能直接用来处理装订成册的图书、文献，降低了脱酸费用。由于合理地配制了混合的有机溶剂，在一定程度上控制字迹的烘染。但此法所用有机溶剂大都易燃、有毒，对人体有害，有的有机溶剂对字迹有褪色或变色的危害。

三　气相脱酸法

气相脱酸法是利用能气化或挥发碱性气体用以脱酸的方法。此法在真空配合下，使气体充分渗入到书本和文献中，能进行大批量的群体脱酸，是目前最有效的脱酸方法。气相脱酸有以下几种。

（一）氨法

早在 20 世纪 30 年代，美国巴罗（Barrow）就曾经试用氨气来脱酸。以后苏联、印度一些博物馆也曾用过氨作脱酸剂。该法是将酸化了的纸张，放在密封容器中（最好在真空箱中），然后通入 1：10 的氨，经 24～36h 处理即可中和酸，并能使纸张 pH 达到 6.3～7.2 之间。但由于其脱酸效果不理想，没有碱残留，耐久性差，再加上氨气为窒息气体，对人眼、肺均有强烈刺激而被放弃。

（二）碳酸环己胺

碳酸环己胺作为气相脱酸剂是由 Langweel 首先提出。碳酸环己胺呈酸而不呈碱性，在气化过程中能分解成碱性环己胺，才具有脱酸的作用。其方法是将滤纸浸泡在碳酸环己胺的饱和溶液中，然后将它夹在书籍中，一般每 25 页夹一张。如果多孔薄纸印刷的书籍每隔 50 页夹一张。利用环己胺的渗透性来达到脱酸目的。由于环己胺的毒性能致癌和使人生理活性组织诱变以及能降低纸张光泽等原因而没有得到广泛应用。

（三）吗啉

吗啉，学名 1，4 - 氧氮杂环己烷，无色，具有吸湿性的液体，有氨的气味，密度为 0.9894（g/cm^3），熔点为 -4.9℃，沸点为 128℃。与水混溶，溶于乙醇、乙醚，呈中等碱性。

此法从 1970 年开始研究，经 6 年的努力，于 1976 年获得专利，并在 Biehmond Virgrinea 图书馆做了实验并得到应用。脱酸方法如下：先把需脱酸的书籍放进真空处理箱，然后用真空泵抽至真空度为 0.5～1.0Torr[19]，再把吗啉和水汽（4：6）的混合气体通入处理箱内约 10min。在这期间，使吗啉气体充分渗透到每本书中，中和纸内的游离酸。经 10min 后将空气注入处理箱，使箱内压力保持 700mmHg，让空气冲洗剩余的吗啉气体，5min 后再抽至 20mmHg。最后两步可重复几次。尽量把吗啉气体散发掉，再开箱取出，整理入库。

吗啉脱酸法具有以下优缺点：可批量处理（85lb/h），费用低（0.32 美元/lb），所处理好的书籍有效率达 99% 以上，没有损坏现象，并明显降低纸张加速老化速度。可使用自动化仪器，速度快、效果稳定并具有多功能之作用。但这种方法对火棉胶封面、皮封面颜色有影响，对新闻纸有发黄现象，处理过程没有加固作用，加上仪器、设备投资较大。

（四）二乙基锌法[20]

上面介绍的几种气相脱酸法，都是基于利用胺作为碱性试剂。但有一个共同缺点就是碱残留量小。科学工作者在探索改进胺类脱酸剂的同时，对非胺类脱酸剂也进行了研究。

1976 年由美国国会图书馆化学家凯利（George. B. Kelly）和威廉斯（John Williams）发明二乙基锌脱酸技术并获得专利。从而使脱酸方法有了突破性的进展。该方法撇去了传统的酸碱中和脱酸的思想，利用金属有机化合物的活泼性达到脱酸的目的。二乙基锌是金属有机化合物，其分子式为（C_2H_5）$_2Zn$，无色，沸点118℃，有水果味，具有吸湿性，化学活性极高，对空气极为敏感，遇水和氧会发生猛烈爆炸。由于二乙基锌能同多种无机物和有机物发生反应，既能同酸反应生成相应的盐和烃，又能同水反应生成碱性氧化物。对植物纤维又不会有破坏作用。因此，选用二乙基锌作为纸张脱酸剂是十分有利的。

南京博物院等单位从1983年开始二乙基锌气相脱酸研究，经过八年努力已获得成功。现将脱酸机理、工艺及效果介绍如下。

1. 二乙基锌脱酸机理

简单讲还是利用酸碱中和之原理。二乙基锌分子粒径极小（长度10A，200万个二乙基锌分子相当于一个大头针的顶部大小），这就使二乙基锌具有极好的渗透性，它不仅能渗透进闭合的纸质文献中，而且能钻进纸张的纤维内与纤维结合在一起。当它遇到纸内的酸即发生下列反应，起到脱酸的作用。

$$（C_2H_5）_2Zn + 2H^+ \longrightarrow 2C_2H_6 + Zn^{2+}$$

当二乙基锌钻入纸张纤维内部同酸发生反应同时与纸中微量水以及和纸张中纤维素羟基反应：

$$（C_2H_5）_2Zn + H_2O \longrightarrow （C_2H_5）ZnOH + C_2H_6\uparrow$$

$$（C_2H_5）ZnOH + H_2O \longrightarrow C_2H_6\uparrow + Zn（OH）_2$$

同时二乙基锌与纤维素羟基反应：

$$Cell - OH + （C_2H_5）_2Zn \longrightarrow Cell - OZn（C_2H_5） + C_2H_6\uparrow$$

$$Cell - OZn（C_2H_5） + 2H_2O \longrightarrow Cell - OH + Zn（OH）_2 + C_2H_6\uparrow$$

从上述反应可以看出，二乙基锌不仅能有效地中和纸张内的酸而且与纸张纤维素反应，抑制了纤维素水解作用，并在纸面上沉积一定量的氧化锌（ZnO），对环境中酸的侵蚀有一定阻蚀作用。随着研究的深入，G. B. Kelly. Jr 和 J. Williams 发现氧化锌在光照和潮湿条件下，对纸张中纤维素的光氧化有催化作用。对此，在二乙基锌脱酸过程中加入二氧化碳，使沉积于纸张内的氧化锌转变成碳酸锌，使脱酸效果更理想。

2. 脱酸的主要设备（图7）

1）真空处理箱：为自行设计，非标设备，有效容积为2m^3，工作压力范围$5 \times 10^{-3} \sim 10^{-1}$Torr。

2）真空机组：由2X－70A旋片式真空泵，2J－150机械增压泵组成。

3）加热系统：为使箱体温度均匀和使用安全，本设备采用间接加热。在箱体夹层中注入导热油，用电热棒加热导热油再将热量传递给箱体。

4）加料系统：该装置是由二乙基锌储罐、氮气缓冲罐、氮气钢瓶和计量器组成。

5）后处理系统：该系统是由煤油吸收塔、活性炭吸收罐和真空泵组成。

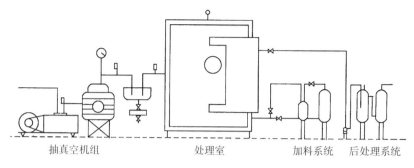

抽真空机组　　　　　　　处理室　　　　加料系统　后处理系统

图7　装置示意图

3. 脱酸的工艺

文档图书除尘预干燥 → 真空脱水处理 → DEZ处理 → 残液回收后处理 → 惰性气体保护 → 分析检测 → 复原入库

　　二乙基锌脱酸过程中工艺的好坏直接关系到处理的效果。书籍在未放进真空处理箱前，先要除尘以达到清洁的要求，预处理的目的是为了降低书籍温度，以免增加真空脱水的负担。真空干燥必须严格控制温度，我们知道温度的高低与纸张的耐久性有着密切的关系，温度高有利于纸张中水分的挥发使真空度易达到，但温度过高就会使纸张强度下降，温度过低会延长纸张脱水时间，所以控制适宜的温度是十分必要的。经多次试验，我们认为真空脱水时，加温应以60℃为好。如二乙基锌投料时为使其在箱内充分气化，温度应适当提高，可控制在62℃（最高不能超过65℃）。另外真空度也是重要因素，它不仅关系到纸张的脱水而且也关系到二乙基锌的活性，关系到二乙基锌蒸汽对纸张的渗透性，真空度越高越好。但是高真空的设备要求十分苛刻，加工制造也十分困难，根据实际需要只要真空度在静置状态下能维持20min，不低于0.1Torr即可。处理时间的长短与处理的数量、本身含水量和堆放形式都有关联。在一定温度下，若处理物多，含水量高，真空度不易达到，则脱水时间就会延长，具体所需时间是随着各种因素的变化而有所不同的。另外二乙基锌投入量应考虑到处理箱内是否有足够的二乙基锌蒸气压，以便向纸内渗透和确保纸中沉积2%左右的氧化锌含量。只要严格控制工艺条件，脱酸效果会很好的。

四　脱酸处理的应用实例

　　1）将需处理的书籍、报纸（计130kg）进行除尘预干燥后，装箱再放在不锈钢车架上，推入真空处理箱，关闭箱门。然后开始加热，温度宜控制在60℃左右，先开ZX-70A机械泵，抽出纸张中水分，使其充分干燥，再用IJ-150机械增压泵续抽，直抽至真空度达（1～2）×10^{-2}Torr共脱水12公斤，前后共花费160h，关机静置20min，如果真空度仍保持在10^{-1}Torr以上即可，在氮气的保护下按书籍重量2%（总计2.2kg）加入二乙基锌溶液（14%或20%浓度均可）。这时箱内压力逐步回升90Torr，从观察窗上看到汽化翻腾现象。为保证二乙基锌在箱内充分汽化，箱内温度需保持在62℃，最高不得超过65℃，使其在书中扩散。待中和处理后，停止加热。通入一定量甲醇来破坏过量的二乙基锌。其间产生的乙烷用泵从箱内抽出，经后处理系统排空。然后通入氮气或潮湿 CO_2 气体，使箱内压力回升到常压。开箱把书取出，整理入库。

实践证明经二乙基锌处理过的纸张 pH 在 7~8 之间，对纸上书写或印刷的字迹、颜料基本无影响，也无形变发生。氧化锌沉积量适中。因此，从目前情况看，二乙基锌在几种气相脱酸法中是最优的。另外和水溶液脱酸和无水溶液脱酸方法比较，它处理量大、脱酸快、适应范围广，具有杀虫、消毒综合效果。但此法也具有气态法的共同缺点，即难以引入加固剂、仪器设备要求较高、投资费用高等。

2）在总结脱酸方法基础上，Smith 等人设想即能发挥气、液两种方法的优点，而又避免两者缺点的脱酸方法。这个设想前后经过七年的深入研究，终于在 1977 年对研究成果做了总结性的报告。这就是目前在加拿大公共档案馆所使用的液化气系统群体脱酸方法。其方法如下。

先将甲醇镁溶在甲醇溶液中形成浓度为 8%~10% 的溶液，然后再用二氯二氟甲烷稀释至浓度为 0.5%~1.0%，通入 CO_2 饱和三小时左右。这个浓度引入的脱酸剂可以中和相当于纸张重量比 0.1% 的硫酸 4~10 倍。在加入脱酸溶液之前，首先要把书籍真空干燥处理，其含水量低于重量的 1.5%，箱内压力范围为 $70~200lb/in^2$ 时将溶液浸入，只要溶液和处理书籍完全接触即可，然后通过减压将溶液抽干，使脱酸剂在纸张上均匀沉淀，待处理室恢复自然条件后即可把书搬出进行复原（即恢复常温和湿度）。

该法是吸收了传统的液态和气态脱酸方法的精华，即可以带入大量的脱酸剂和某些加固剂（如聚丙烯酸酯），使纸张耐久性有较大的改善，又以气态方式除去酸，使脱酸剂在纸上沉淀均匀，对纸张损害小、干燥迅速、处理量大、周期短、费用低，是一种值得推广的方法。

第六节　纸张文物的修复

纸张既已损坏，就必须进行修复，尽量使其恢复本来的面貌和得到一定强度的加固，以便于保存。由于纸张文物种类很多，损坏情况不同，有成册的图书，也有单页的文件，亦有大幅的书画、地图。有的蛀食成洞，有的粘连一起，有的触手成粉。因此，纸张文物的修复工作，是一门专业性、技术性很高而且十分细致的工作。本章就修复原则、清洗、漂白、修补、加固等基本技术，分述如下。

一　修复的原则

1）力求保持原状，对残缺部分的处理，必须有充分的科学依据，不能凭主观想象行事。修复前应做好文字、照相记录。

2）文物修复前要制订周密的计划、方案，必要时请有关专家予以认可，不能草率从事。

3）修复时所使用的各种材料，尽可能与原物一致，不能产生副作用。

4）所使用的各种修复方法和材料，必须经过试验证明确实有效，并有十分把握的，方可采用。

二　清洗和漂白

纸质文物在展览、阅读、保管过程中，有的表面会被灰尘、泥土掩盖，有的会沾染茶、墨、油迹，有的因年久受烟熏，使纸变黄。为了去掉污迹，恢复洁净，这就需要清洗和漂白。

1）除尘：是清除纸张上灰尘最基本的方法。一般用软毛刷轻轻刷掉灰尘，由于效率不高，且污染空气，目前已采用吸尘器处理，可有效地清除纸上的灰尘。

2）水洗：通常用蒸馏水清洗除去纸上的水斑和泥斑是最经济、最常用的方法。清洗之前先检验一下水对字迹、色彩的影响，如果出现褪色，就应当用聚甲基丙烯酸甲酯树脂溶液或胶矾水对字迹色彩加固，然后再行处理。水洗时还要注意水温，一般用室温水，必要时也可选用沸水。操作时，先准备一个搪瓷盆或塑料盆，注入蒸馏水，将纸张文件平展在塑料托板上，或支撑在塑料网上，然后放入盆中，直到全部浸湿，用毛笔刷洗污迹，经过一定时间的浸泡，把文件由盆中取出，继续用蒸馏水冲洗干净，最好再检测一下 pH，然后用吸水纸吸掉水分，放在两张吸水纸中间压平、干燥。

3）有机溶液清洗：当有些污迹用水难以清除时，选择合适的去污溶剂，是至关重要的。清除这些污迹所适用的溶剂见表6。

表 6　清洗剂一览表

编　号	污迹名称	适用的溶剂
1	颜料	A 和 B 的混合溶液。C、D
2	漆	E、F、C、P
3	油	G、H、I、B
4	脂肪	A、J 或 C
5	蜡	K、G 或 H
6	油膏	G、H、K
7	树脂	A 或 C
8	橡皮膏	I 或 B
9	橡胶胶水	B 和 H 的混合物
10	胶	L
11	糨糊	M

（续表）

编　号	污迹名称	适用的溶剂
12	霉斑	A 或 B
13	茶或咖啡	N
14	铁锈	O

各种代号的说明（表7）：

表7　代号的说明

代号	名称	代号	名称	代号	名称	代号	名称
A	乙醇	E	丙酮	I	四氯化碳	M	水
B	苯	F	甲基化酒精	J	石油醚	N	过硼酸钙
C	啶	G	正乙烷	K	汽油	O	5% 草酸
D	松节油	H	甲苯	L	温水	P	稀氨水

应用方法：把带有污迹一面的文件放在吸墨纸上，用棉花醮着所选溶剂，在污迹部分进行拭擦，并从背面用海绵吸收溶剂，污迹由于溶剂的作用再转移到吸墨纸上。随后，把文件放到新的吸墨纸上，再次用海绵吸附。如此反复多次，直到污迹去尽为止。

有机溶剂去污效果好，速度快，不会使纸引起明显的膨胀。但所用的各种有机溶剂易燃，有的还有毒性，因此使用时注意安全。

4）漂白：用溶剂法清洗不掉的污迹，可以用漂白消除。漂白是比较剧烈的氧化还原过程，它会使纸张的组织受到侵蚀而削弱，使墨水或色彩褪色而失去光泽。因此，漂白之前必须进行局部试验，在取得经验并证明行之有效的基础上，方可使用。现将常用的几种漂白剂简述如下。

a. 过氧化氢，分子式是 H_2O_2，俗称双氧水。无色液体，密度 $1.438g/cm^3$，沸点 $151.4℃$，能与水、乙醇或乙醚以任何比例混合，在不同情况下有氧化或还原作用。

用作漂白的过氧化氢溶液，是用过氧化氢和乙醚以等体积比混合，过氧化氢要在振荡时用乙醚掺混，这种乳浊液放置后分成两层，乙醚在上，过氧化氢在下。而乙醚溶液中含有漂白所需足够的过氧化氢。可用棉花醮取去污。这是一种温和的漂白剂，一般都先用它做去污试验。对于发了黑的铅白和红丹，可以用过氧化氢使它变为白色的硫酸铅，恢复原来面貌。

b. 次氯酸盐，是一种传统的纸张漂白剂。常用的为次氯酸钙，化学式为 $Ca(ClO)_2 \cdot 4H_2O$，白色晶体，不吸湿，含有效氯 70%。还有次氯酸钠，化学式为 $NaClO$，苍黄色，极不稳定，溶于水，水溶液呈碱性，是强氧化剂，用次氯酸钠漂白可分三步，第一步先配制 5% 次氯酸钠溶液，用来浸泡文件，由于碱性作用使纸张变软。然后把文件移入盛有浓盐酸的水溶液中（5/1150ml）。最后把处理过的文件放在盛有 2% 硫代硫酸钠溶液内，用以清除残存的氯，然后再用水冲洗干净即可。使用的浓度和时间应根据污迹的程度而定。

c. 氯胺－T，化学式为 $CH_3C_6H_4SO_2N \cdot NaCl \cdot 3H_2O$，即对甲苯磺氯胺钠，白色微黄晶粉，稍带氯臭。在空气中易分解，微溶于水，不溶于苯、醚、氯仿，遇醇分解。此法是由普伦德莱思博士首先建议使用的。通常使用的浓度是 2% 水溶液。随后印度学者改用醇溶液，其方法是：首先将 10g 氯胺－T 溶于 25ml 的无水乙醇，与无水乙醇充分地混合，然后将处理的书画或文件放在合适的照相用的搪瓷或塑料盆里，再将配好的氯胺－T 醇溶液慢慢地倒在书画或文件上，使它完全浸入溶液中，以玻璃覆盖容器，经 5h 的浸泡，当无色的醇溶液变成黄色时，便可移去醇溶液，让画或文件在室温下干燥即可。对于脆弱的书画或文件，在浸入醇溶液前，应采取保护措施，先用胶矾水或 1% 丙烯酸树脂溶液加固，待干后再行处理。

氯胺－T 漂白作用是温和的，其漂白性能慢慢失去，在纸上不残留腐蚀性的物质，因此不需要用水冲洗。另外，所用的醇溶剂可以蒸馏回收，也是比较经济的方法。

d. 高锰酸钾，化学式 $KMnO_4$，俗称灰锰养，深紫色晶体，有金属光泽，味甜而涩。比重 2.703（g/cm^3），溶于水，遇乙醇即分解，是目前较为常用的漂白剂。其配方及操作过程如下：

先把需漂白的文件放在 0.5% 高锰酸钾溶液浸泡约 5min，然后取出，移放在 2% 的草酸溶液中，最后用蒸馏水清洗至清洗液呈中性为止。

目前也有人采用以下配方：

1）先用 0.26% 高锰酸钾溶液冲洗 5min，然后用等量的 1% 硫酸钠和 1% 草酸混合溶液冲洗 2min，最后用蒸馏水洗至中性。

2）先用 1% 高锰酸钾溶液冲洗 5min，然后用 1% 柠檬酸冲洗 5～10min，最后用蒸馏水洗至中性。

漂白法只能应用于纸张状况良好，而污迹又难以用溶剂去除的对象。对于脆弱、易碎的纸张，一般不宜采用。使用时必须控制浓度、时间，随时观察各种现象，以便及时处理。

三　修补与加固

修补与加固是修复工作中的重要环节，也是保护脆弱纸张、延缓其寿命所采取的有效措施的组成部分。修复技工在长期从事古籍、档案、书画修复中，不仅积累了丰富的经验，而且为保护古代文化遗产做出了显著的成绩。

最近几年出版的《中国古籍装订修补技术》等专著，对我国这门古老的传统技术作了系统的总结，对纸质文物的修复技艺的发展，将会起到推动作用。

（一）修补

纸张修补方法，上述书中都已详述，我们在实际工作中可以灵活运用。一般来说，有了这些方法，平常遇到的一些问题都可以得到解决，但研究人员并不满足现状，继续研究新的方法，如有人采用纤维素溶液修补法。此法是将需要修补的纸张平放在葛板上，然后在残缺、蛀洞的地方，注入预先配制好的呈悬浮状的纤维素（纸浆、棉纤维、树脂）溶液。当溶液往下渗透时，溶液中的纤维素便堵住蛀孔，布满残缺。这种方法尚未普遍使用，但值得进一步研究。

（二）加固

加固的方法，就是用某种树脂溶液涂刷、浸渍纸张，或者用纸、树脂膜、丝网进行裱托或热压的方法，使纸张增加强度。兹将各种方法分述如下。

1. 托裱法[21]

托裱是我国传统的技艺，是行之有效的加固方法。一般可分单面托裱和双面托裱。单面托裱，就是在有文字的背面进行裱托；双面托裱，则适用于两面有文字的纸张。两者的托裱工艺基本相同，所不同的是使用的材料不同。双面托裱所用的纸，要求透明度大，加固后不会影响文字的阅读，而单面托裱只要纸张质量上乘即可。不过，常用的托纸都是专门生产的，如料半、连史、川连等。

托裱是目前应用较为广泛的一种加固技术，操作方法是：把需托裱的纸张用湿毛巾覆盖在上，或以清水喷湿，使之润湿，舒展平整。施以浆水，再把托纸盖在上面，用糊帚把它刷平。在上刷托纸时，左手拿着纸张另一头，时时将托纸和纸张书页轻轻掀松，并要与右手动作配合，既不能刷得太紧，也不能刷得太松，以不刷出夹皱为度，待全部刷好后，再翻转放到一张干纸上，用糊帚排刷，使之黏结牢固。

托裱又分湿托和干托，其操作方法基本上相同，主要区别在于干托是把糨糊刷在托纸上，而湿托却是把糨糊刷在文件上。使用时应根据字迹的耐水程度来决定。

2. 树脂溶液法

就是用天然或合成树脂溶液喷涂在文件上使之加固的方法。选用的树脂溶液，应具备以下性能。

1）无色、透明、本身不变色。

2）对字迹、色彩、纤维无副作用。

3）具有一定的黏结力，耐老化。

4）易可逆，处理后不发硬，手感好。

具备以上条件而在应用的有以下几种。

1）胶矾溶液：是书画装裱所用的传统加固剂，一般配方为：胶3、矾1、水70～80g。在配制过程中，应控制适当温度（40～50℃），使用时用排笔将溶液涂在加固纸上，先涂一面，次涂另一面，涂刷要均匀。也可用浸涂法：把需加固的纸张浸涂在胶矾水溶液中。使用时应根据具体情况而定。

2）合成树脂溶液：早在20世纪40年代，就开始用乙酸纤维素来加固纸张。随着高分子化学的发展，各种新型的合成树脂不断问世，如聚乙烯醇缩丁醛、丙烯酸树脂、有机硅等。但是，由于对这些树脂的老化程度及其对字迹和纸张的影响尚未深入研究，所以，目前仍未广泛应用。

近年来，由宁波天一阁博物馆、南京航空航天大学、南京博物院联合承担的"南宋经折加固材料研究"项目，经国家文物局组织专家评审，给予高度评价。

课题组在总结前人经验的基础上，针对南宋经折两面有文字而脆弱、粉化的特点，研制成功 FC-100 型加固保护材料。该材料由于将合成高分子材料改性氟树脂，天然高分子材料与纸纤维结构相似的、相容性好、亲和力强、兼有防霉杀菌的壳聚糖，以及有屏蔽紫外线、防霉杀菌功能的纳米材料，有机地结合起来，与纸纤维进行适度交联，不仅使 FC-100 型胶液与纸纤维之间既有化学加固，又有物理结合，而且使保护液既能渗到纸纤维内部，又能覆盖纸纤维表面。经实际应用，效果明显，是目前值得推广的纸质文物加固材料。

3. 加膜法

加膜法是在脆弱纸张的两面各加一层树脂薄膜（如乙酸纤维素、聚酯、聚乙烯、尼龙等）或透明网，使纸张加固。加膜的方法很多，有热压加膜法、溶剂加膜法、真空镀膜法以及丝网加固法等[22][23]。现将各种方法分别介绍如下。

（1）热压加膜法

热压加膜法在 20 世纪 30 年代就由美国巴罗和斯克莱伯纳研究成功。此法选用透明树脂薄膜（乙酸纤维素、聚乙烯、聚酯、聚碳酸酯、尼龙等）将纸张夹在中间。通过热压使之得到加固。

（2）有机溶剂溶化薄膜法

由于热压设备费用昂贵且高温对文件的损害，为了弥补这些不足，印度国家档案馆提出有机溶剂溶化薄膜。其方法先把加固材料裁成所需尺寸，按顺序放好，然后用适量的丙酮刷在夹层表面，使丙酮溶液从中心向边缘扩散，再用普遍压书机压膜，待干燥后即可。这是一种应用较广的加固方法。

（3）真空加膜法

真空加膜法是将纸张放在不锈钢真空容器中，在真空条件下通入单体，渗透到纸张纤维中，在纸上形成保护层（聚合物—纸—聚合物）增强纸张强度，起到加固纸张的作用。

常用的单体有丙烯酸乙酯、甲基丙烯酸甲酯、丙烯酯、二甲二氯硅烷、对二甲苯等。目前由南京博物院与南京图书馆共同研究的聚对二甲苯（派拉纶 N）共形盖覆技术在纸张上的应用，是一种较为先进的纸张加固技术。现将此法介绍如下。

聚对二甲苯又称派拉纶 N（PPX-N），由美国碳化公司首先开发出来，早在 1951 年以二甲苯为原料，用真空裂解法制得聚对二甲苯薄膜。1965 年开始工业化生产。为改进其理化性能，还有一氯与二氯化之对二甲苯。

聚对二甲苯为热塑性塑料，既具有芳香基之稳定性，又具有脂族链的柔韧性，故能薄至 $0.25\mu m$ 而不破裂。该聚合物几乎不吸收可见光，因而呈无色而透明。该聚合物对化学侵蚀有极大的抵抗力，又不溶于大多数常用的化学试剂。在高温条件下能保持稳定。由于具备这些优异的性能，因而该技术越来越受到人们的重视。

1）聚对二甲苯的聚合方法

以对二甲苯为原料，在水蒸气烯释下，减压通过 $900\sim950℃$ 反应管进行热解，经过热裂解的蒸汽（ $\cdot H_2C-\langle\bigcirc\rangle-CH_2\cdot$ ），还有未起裂解的 P–X，通过由空气冷却的冷凝管，使蒸汽从 $900℃$ 降至 $145\sim150℃$ ，再进入一支装有冷凝回流管且下接有水分离器的共沸蒸馏液浴中，然后经过滤、减压蒸馏、激冷、再过滤、烘干（真空干燥），得高纯度结晶聚对二甲苯（PPX–N）。

2）聚对二甲苯的真空沉积（应用）

聚对二甲苯的气相沉积过程，在某些方面与真空涂敷金属相似。不同的是所需的真空度要求不同。沉积过程包括以下三个步骤：第一步是固体二聚物在 $160℃$ 左右时气化；第二步是二聚物在 $680℃$ 左右时，两对亚甲基—亚甲基的大量热解，产生单体二自由基；最后单体进入室温真空沉淀反应室，单体被纸张吸收，在纸张纤维与纤维接触点处产生聚合物桥，使整张纸强度全面增加。其强度增加的程度，随聚合物厚度增大而增大。但厚度太厚反而变脆，一般认为盖覆厚度在 $2.5\sim7.5\mu m$ 范围内会保持甚至增加柔韧性并获得令人满意的强度。

3）加固的效果

a. 经过处理的纸张与未处理的纸张进行耐折强度测试，其结果：未处理的纸张只经 85 次折叠就已损坏，而经派拉纶 N 处理过的纸张经 1000 次折叠，纸角也丝毫没有折下的迹象。对折痕处的微观观察显示，纸张大多数的单个纤维也已损坏，而纸角靠对二甲苯桥键联结在一起。

b. 为检验处理过纸张阻挡层性质，将处理过和未处理的纸条放在水中浸泡 6 个月，结果未处理的纸条变得半透明，呈现棕黑色，并且软而易碎。而经处理的纸条没有任何腐坏的迹象。

c. 经 6 个月的老化试验，未处理的纸张变白，易碎。而处理过的纸张，丝毫没有变白和破碎现象，仅出现一些皱折，纸张强度仍然较大，柔韧性好。

d. 为测定处理过纸张对化学试剂的抵制力，把纸张样品放入 70% 硫酸溶液中浸 24h，纸样变黄，但盖覆阻止了纸张的损坏，而其强度和柔韧性仍然很好。

该法已在美国国家图书馆对书籍加固进行应用研究，并取得了令人欣喜的成果。目前已成功地应用于木质工艺品、昆虫标本、羽毛制品、贝壳、矿物以及植物标本等。随着研究工作的深入，该项技术在图书、档案、文物保护领域里将会发挥更大作用。

（4）丝网加固法

蚕丝树脂网是一种新型加固材料，适用于脆弱薄型纸张及纺织文物的加固，如棉纸、毛边纸、连史纸、有光纸、新闻纸。尤其适用于两面文字书写或印刷纸的加固，也适用于字迹遇水渗化的文件加固。

其方法是：先将加固对象理平皱折，对好破口，在破口处加一小条丝网，以便连成整体。在层压机底平衬上羊毛毡，然后在加固件的上面复层。待层压机自控温度指示到80℃，施加轻微压力即可。反面按同样方法操作。

第七节　纸浆修补法

用纸浆作为纸张破损部位的修补材料，目前已得到广泛的应用，其应用方法：分手工修补和机械修补两种，以机械修补为主。机械修补是通过纸浆修复机完成的。现介绍一下纸浆修复机的结构和工作原理。纸浆修复机由上半部、下半部和控制系统三部分组成。

上半部分的门可以打开，是修复文件的主要部位，下半部分有水箱、抽水机和几个药物罐。药物罐在辅助车子的协助下，可对修复原件进行熏蒸、杀菌。但这种处理只能是少量的。水箱是在抽水机的帮助下供应必要的修复用水，并在修复结束时把水抽还箱内。

纸张的修复原理，首先，测出修复件（纸张）的厚度，算出需要的纸浆量，并把浆料投进搅拌机并加水进行搅拌。其二，把纸文件放入水中清洗，同时把文件平铺在保护纸上，在整个修复过程中，要有一层保护纸托住破损文件。保护纸不仅对原件有保护，而且在下一步工作中，有过滤的作用（保护纸是一种透气性极好的合成聚酯纤维）。文件准备好后，在小车的帮助下平放在纸浆修复机的金属网上，然后在文件上再压一层较厚的金属网，以起到压住文件的作用。其三，按动电钮向修复机中灌水，并把搅拌好的纸浆倒入机中与水搅匀（放纸浆有两种方法：一是先灌水后放纸浆，也可把水和纸浆同时放入），然后移动一下上面的金属网，使金属网和文件有一定的空隙。其四，开动抽水机，在一定的真空压力下，使水流向破损处，在保护纸的过滤作用下，纸张纤维被保护纸挡住沉积在文件破损处和文件黏结。其五，水抽干后，连同保护纸一起取出，上下各夹几层吸附纸上压机压平成型。待干燥即可。

修补的纸浆，常用的有亚麻、棉花及碱性木浆等。亚麻纤维含量85%，牢度非常好；棉纤维含量90%，强度虽不如亚麻，但绒度好。亚麻和棉花相配，纸的质量最高，再加上碱性木浆，有了这三种原料，就可以配成各种浆料，也可根据实际情况调配成各种颜色的浆料。

纸张修复的纤维长度应保持在300～350mm左右。纤维太长搅拌时容易起团，但纤维太短又不易和文件黏结。因此，掌握好纤维的长度是很重要的。

在机械修复中，原件破损越严重，修复速度越快，修复层的纸浆面积要比原件大5～10mm，以达到保护原件的目的。

修复机的修复原理和手工造纸是基本一样的，手工造纸是从水中把纤维捞出来，修复机是把纤维留下来。因此，修复机不但可以修复破损文件，而且可以根据需要造成各种类型、纤维的纸，满足手工修复的特殊需要。

纸张修复也不是完美无缺的，它只是帮助手工修复的一种方法，在一般情况下效果尚好，有些情况下就不行。当文件的破损类似手撕的状况，破损处有一定的纤维外露，修复层粘接较好，不易脱开。而当文件的破损处是刀伤形成的，破损也很整齐，没有纤维外露，修复后的粘接就很差，容易脱开。要解决粘接不好的问题，第一是采取人工的办法，把破损处的纤维挑出来；第二是在破损处涂上黏合剂，但涂黏合剂会使纸张发硬变形。所以采取第一种方法比第二种更好。

纸浆手工修补法与纸浆机械修补法的原理基本相同，而机械修复的方法仅是对于手工修复的一种帮助，但主要靠手，没有手，机械用样工作不起来。但手工修复，价格非常贵，而且速度很慢。为提高速度，必须用机械修复的方法来帮助修复。

第八节　纸质文物字迹的显示与保护

纸质文献、书报在保管和利用过程中，往往发现有些字迹扩散，有些褪色，有些被污斑遮盖，致使书写的文字无法辨认，失去文物的价值。如何使无法辨认的字迹显示和保护便成为大家关心的问题。由于字迹种类繁多，性质各异，损坏原因及程度不同，因此显示和保护的方法也是不同的。目前主要有物理法和化学法[24]。

一　物理法显示字迹

（一）摄影法

摄影法是较常用的一种方法，它利用字迹、纸张及污斑对不同波长的光产生不同的吸收、反射，从而在胶片上因感光不同而加大反差，使字迹显示。目前有以下三种方法。

1. 可见光摄影法

可见光摄影法是利用可见光光源、相机、普通胶片及滤色镜显示字迹的一种方法。

如显示污斑掩盖字迹，一般在相机的镜头上加滤色镜。这种滤色镜对色光有吸收、限制和通过的选择作用，它能大量通过可见光与其前颜色相同的光，而对邻近色光起限制作用，其他色光则被其吸收而无法通过。

如要显示褪色字迹，用可见光摄影法显示褪色字迹时，应选择褪色字迹颜色的补色滤色镜。它能使褪色字迹在胶片上不感光，从而使照片上相应部分的色调变深，于是字迹就能显示出来。如：褪色的蓝色字迹，可使用黄色滤色镜。

2. 紫外光摄影法

紫外光具有波长短、能量高的特点。许多物质对于紫外光的吸收、反射与可见光有明显差异。利用物质的这种特性，可以获得在可见光下难以显示的字迹。

紫外光摄影可分为直接紫外摄影和紫外荧光摄影。直接紫外摄影显示字迹是利用纸张、字迹材料对紫外光吸收、反射的差异，从而使胶片上有不同的感光程度，形成反差，使字迹显示。紫外荧光摄影，有些字迹材料（蓝黑墨水）在紫外光激发下能产生荧光，利用这种特性，可获得可见光摄影难以显示的字迹。

3. 红外光摄影法

红外光具有波长长、折射率小、透过率高等特点。很多物质对红外光的吸收、反射与可见光完全不同。利用这种特性进行红外摄影，可以得到利用可见光摄影难以获得的影像。

（二）数字图像处理技术

数字图像处理技术是利用电脑显示褪色字迹或图像的一种现代化修复技术，主要有三个步骤：数字化、计算器处理、显示。据资料介绍，美国加州理学院的科技人员采用了数字图像处理技术，修复了四份字迹褪色的历史文件，取得了较好效果。我国在这方面的工作也获得了一定成果。

二　化学法恢复字迹

化学法恢复字迹是利用化学物质与褪色字迹、污斑等物质发生反应，在原件上恢复字迹。由于此法是化学物质直接与微量字迹材料起反应，因此，使用时千万要慎重。

（一）恢复蓝黑墨水褪色字迹的方法

1. 硫化铵、硫代乙胺恢复字迹

硫化铵 $[(NH_4)_2S]$ 不稳定，容易分解生成氨气（NH_3）和硫化氢（H_2S）。硫化氢与字迹材料中残留的铁作用，生成不溶于水的黑色硫化亚铁（FeS）：

$$(NH_4)_2S \longrightarrow 2NH_3 \uparrow + H_2S \uparrow$$

$$H_2S + Fe \longrightarrow FeS \downarrow + H_2 \uparrow$$

硫化乙胺（CH_3CSNH_2）在碱性溶液中水解生成硫氢离子（HS^-），硫氢离子电离出硫离子（S^{2-}），与铁离子反应生成黑色颗粒硫化亚铁（FeS）或三硫化二铁（Fe_2S_3）。

$$CH_3CSNH_2 + 2OH^- \longrightarrow NH_3 + CH_3COO^- + HS^-$$

$$HS^- \longrightarrow H^+ + S^{2-}$$

$$Fe^{2+} + S^{2-} \longrightarrow FeS \downarrow \ （黑）$$

$$Fe^{2+} + S^{2-} \longrightarrow Fe_2S_3 \downarrow \ （黑）$$

操作方法：将盛有5%硫代乙胺溶液的容器放入水浴锅内加热，促进硫代乙胺水解，把褪色的文献资料放入溶液内，字迹慢慢恢复。字迹恢复后即进行摄影，拍成照片保存。

2. 黄血盐恢复字迹

黄血盐 $K_4Fe(CN)_6$ 能与褪色字迹材料中残留的铁发生作用，生成蓝色的普鲁士蓝 $Fe_4[Fe(CN)_6]_3$。

$$4Fe^{3+} + 3Fe(CN)_6^{4-} \longrightarrow Fe_4[Fe(CN)_6]_3\downarrow$$

操作方法：将文献资料夹在用黄血盐溶液润湿的滤纸中，然后在滤纸上用重物加压。经过一段时间，字迹即可恢复出来。但恢复后的字迹呈蓝色。

3. 单宁恢复字迹

单宁（即鞣酸）与铁作用能生成黑色的单宁酸铁。

操作方法：先将单宁溶于酒精中，配成5%的单宁酒精溶液。将文献资料夹在用单宁酒精溶液润湿的滤纸中，然后在滤纸上压一重物。经过一段时间，字迹即可恢复出来。

（二）恢复蓝色墨水褪色字迹的方法

蓝色墨水包括蓝黑墨水和纯蓝墨水字迹。这两种字迹中都含有酸性墨水蓝色素成分。它属于三芳基甲烷类染料，在光、氧、水等因素作用下容易褪色。陕西省档案馆李玉虎对文献资料褪变、扩散的蓝墨水、圆珠笔迹、复写纸字迹的恢复、保护研究方面，取得了突破性的进展。他发现蓝墨水褪色后以残存物为磺化 Michler 酮和二苯胺－4－羟基－4－磺酸钠。用他研制的 LC 蓝墨水字迹显色固色剂促使其反应，生成并保持墨水蓝染料的发色基因，使文字变为耐光、不溶于水的固体，并且还可以脱去无机酸，即恢复和加固了褪变蓝墨水字迹，又可使已严重褪色、甚至完全看不见的字迹显示到接近当初书写出的字迹。另外，他还研制出 BS73、JH22 恢复体，能使已扩散的圆珠笔迹、复写纸中油类与色料在各个接口有序地分配和富集，使染料收缩在字迹原形上，导致扩散的油类被除去，从而恢复和加固了圆珠笔在复写纸上的字迹。使严重扩散、甚至几乎不能辨认的模糊字迹清晰可见。

第九节　纸张理化性能的测试方法

纸张理化性能的检测是了解各种纸质文物的成分与特性，以及损坏的程度，以便采取保护和特殊处理的方法。

一　物理性能测试

1）纸质厚度的测定。纸张的厚度指在一定面积上，施加一定的压力后所测定的厚度。通常可用 ZIID - 4 型纸张厚度计测定。精确度达到 0.001mm。

2）纸张耐折度的测定。纸张耐折度测定，是研究纸张机械强度的一种重要试验，通常在电动耐折度测定仪（ZZD - 025 型）上进行。耐折强度是由纸条在 1kg 重物的张力下的往复折叠数来测定的。测试环境的相对湿度为 63% ~ 67%，温度为 20 ± 2℃。

3）纸张抗张强度的测定。为了测定纸张抗张强度，一般用 ZL - 10 型（摆锤式拉力试验机）。试样长度：10mm、50mm、100mm、180mm、200mm；宽度：15mm，在一定压力下进行拉张。当纸条断开时，仪器以千克来表示必需的张力。

4）纸张白度的测定。为了解纸颜色的变化，一般用 IBD 型白度测定仪测定。

5）纸张重量的测定。纸张重量测定时，将面积为 10cm × 10cm 的纸张放在天平上称量。然后用称得的数目去乘 100，就得到 1m^2 的重量。

二　纸张化学性能测试

（一）纸张 pH 值的测定

目前国内外检测纸张 pH 值的方法有以下几种。

1）水抽提法：一般分为热抽提和冷抽提。

热抽提法：称取 1g 剪碎纸样，置于 125ml 三角瓶中，先加 20ml 二次蒸馏水，使纸均匀浸湿，再补加 50ml 蒸馏水，把空气冷凝器（750mm × 9mm）装在三角瓶上，把三角瓶放入 100℃ 蒸汽浴中，使瓶内溶液保持在 95 ~ 100℃。经常摇动，1h 后拿出，冷至 20 ~ 30℃，然后用酸度计检测酸度。

冷抽提法：称取 1g 剪碎纸张样品置于 100ml 烧杯中，加入 20ml 蒸馏水，使之均匀浸湿，再补加 50ml 蒸馏水，摇动，用表面皿盖烧杯，1h 后搅拌溶液，用酸度计检测。一般认为，热抽提法更能反映纸张中含有的潜在酸性物质。

2）平头电极法：这种方法是酸度计接平头电极测纸张平面酸度的方法。

其方法是把纸张铺在一块塑料布上，塑料布下垫一块海绵，或者把纸张铺于橡胶面上，滴一滴蒸馏水于纸上，把电极测量表面浸入水中，约 10min 后，读 pH 数据，测完后，用吸墨纸将水从纸张表面吸净。这种方法和热抽提法的 pH 数据近似，所以是一种简便、可靠的方法。

3）试纸条测试方法：其方法如下。

先将纸张铺于塑料薄膜上，用滴管滴一至二滴蒸馏水，然后把 pH 试条铺于水滴处，前面铺一层塑料薄膜，轻压试纸和纸直接接触，经 2 ~ 5min 后拿出试纸条，再用比色样对比，即可知纸张的酸度。这是一种快速简便的方法，缺点是精确度较差。

（二）ɑ - 纤维素含量的测定

实验步骤及计算方法是如下。

精确称量 2g 试样（称准至 0.0001g）于 100ml 烧杯中（同时另称取试样测定水分），加入 30ml 17.5% 氢氧化钠溶液浸渍试样。碱液按下列程序加入：先加入约 15ml，用一端压扁为直径 1.5cm 的玻璃棒小心搅拌 2～3min，使成为均匀的糊状物，再将剩下的一部分碱液加入，均匀而仔细的搅拌。然后盖上表面皿，放在 20±0.5℃ 的恒温水浴锅中进行丝光老化作用，45min 后（包括碱液浸渍的时间），立即加入 30ml 20±0.5℃ 的蒸馏水，小心搅拌 1～2min。然后将烧杯的浆料移入已恒重的玻璃滤器中，使其均匀铺于滤器中，再用真空泵缓缓吸滤。

为了避免浆料损失，应重复过滤 2～3 次，直至纤维完全被捕集为止。然后在微弱的真空吸滤下，用 20±0.5℃ 的 pH=9.5 的氢氧化钠溶液洗涤 3 次（每次 25ml）。每次洗涤，在前一次洗涤液将滤尽时，即加入新的洗液，不要使空气通过。洗涤时间应为 2～3min，当全部洗液滤尽后，再用 400ml 18～20℃ 的蒸馏水分次洗涤，在不使用真空吸滤的情况下，加入 18～20℃ 的 2mol/L 乙酸溶液于滤器中，至 α-纤维素全被浸没，浸泡 5min，再用吸滤法滤去乙酸溶液，继续用水洗涤至洗液不呈酸性反应为止。洗涤完毕，继续吸干水分，直至虽用玻璃棒紧压，而滤器下端仍无水滴为止。

取出滤器，用蒸馏水洗涤滤器外部，移入烘箱，于 105±3℃ 烘干至恒重。

计算

$$\alpha-纤维素\% = \frac{G_1 - G}{m} \times 100\%$$

式中：G 为玻璃滤器重（g）；G_1 为盛有已烘干的 α-纤维素玻璃滤器重（g）；m 为绝干试样重（g）。

同时进行两份测定，取其算数平均值作为测定结果，两份测定计算值间误差不得超过 0.4%。

（三）纸张铜值的测定

就是每 100g 粉碎的纸在用硫酸铜碱溶液处理时所产生氧化亚铜中的金属铜克数。铜值的高低是纤维素稳定程度的标志。

（四）纸张纤维的测定

为了测定纤维的特性，一般利用显微镜检查，即可确定纤维的类型。如果应用碘同氯化锌的水溶液为纤维着色，再进行显微镜检查则更有利于测定。

其方法：将事先撕成单个纤维之纸片放在载片上，然后用碘同氯化锌溶液将纤维着色。在显微镜下观察染色的纸标本。就可以根据纤维来测定纸的成分。碘同氯化锌溶液能将破布纸浆纤维染成红色，化学纸浆纤维染成青紫罗兰色，木浆纤维染成黄色。

（五）纸张中松香的测定

测定方法：在纸张的同一部位滴上 5～6 滴乙醚，然后观察蒸发后是否留下光圈，如有光圈就表明纸曾用松香上过胶。也可用醋酸测定纸中的松香，其方法，将纸的标本放在盛有少量冰醋中沸腾，冷却后，在提出物中加上一滴浓硫酸，如呈红紫罗兰色，并立即变成暗红色，这就表示含有松香。

注释：

① 潘吉星：《中国造纸史稿》，文物出版社，1979 年。

② 许鸣岐：《中国古代造纸术起源史研究》，上海交大出版社，1991 年。

③ 李龙如：《书籍档案科学保护常识》，湖南大学出版社，1989 年。

④ 冯乐耘：《档案保护技术学》，中国人民大学出版社，1991 年。

⑤ 天津轻工业学院等：《制浆造纸工艺学》，轻工业出版社，1982 年。

⑥ 杨时荣：《图书维护作业研究》，（台北）南天书局，1993 年。

⑦ 徐毓明：《艺术品和图书、档案保养法》，科普出版社，1985 年。

⑧ 邱俊雄：《纸张之劣化与防治》，《浆与纸月刊》，1988 年。

⑨ 张丰吉：《纸质文物的劣化》，（台北）《故宫学术季刊》1996 年第 4 卷第 1 期。

⑩ 中国环境科学学会：《首届学术研讨会论文集》，中国环境科学出版社，1987 年。

⑪ 李景仁、冯惠芬：《图书、档案保护技术资料汇编》，中国文献出版社，1987 年。

⑫ 陈元生、解玉林：《博物馆的虫害及其防治》，《文物保护技术》，1996 年。

⑬ 马淑琴：《文物霉害的防治》，科学出版社，1986 年。

⑭ 黄树升译：《图书馆藏书的卫生与修复》，书目文献出版社，1985 年。

⑮ 刘家真：《文献保护学》，武汉大学出版社，1990 年。

⑯ 东京文化财虫害研究所编印：《文化财虫菌害防除ダェスト》，昭和 55 年（1980 年）。

⑰ H. A. 门罗：《防治害虫的熏蒸法》，中国对外翻译出版公司，1986 年。

⑱ 夏沧琪译：《纸张之保存法——脱酸处理》，《浆与纸月刊》1992 年第 61 卷。

⑲ Torr 为非法定单位，1 Torr = 1.33322×10^2 Pa，下同。

⑳ 大江礼三郎：《保存图书の酸性化对策に关する研究》，昭和 62 年（1987 年）。

㉑ 潘美娣：《古籍修复与装帧》，上海人民出版社，1995 年。

㉒ ［印］雅·帕凯思伯利亚：《档案材料的保护与修复》，档案出版社，1981 年。

㉓ 奚三彩：《文物保护技术与材料》，（台南）台南艺术学院，1999 年。

㉔ 北京造纸研究所编：《造纸工业化学分析》，轻工业出版社，1981 年。

（原载中国文化遗产研究院编：《中国文物保护与修复技术》，科学出版社，2009 年）

等离子脱酸技术在纸质文物
保护中的应用研究[*]

我国众多博物馆、图书馆和档案馆中，收藏着历代遗存的浩如烟海的书籍、书画、报纸、文献等纸质文物，它们是记录历史、传递延续文化精粹的重要载体，具有不可复制的重要历史文化价值。

纸质文物从质地上大致可分为传统手工纸张和近现代机制纸张。通常认为，纸的主要化学成分是纤维素，由纤维素大分子中基环间的葡萄糖键组合而成。机制纸在制造工艺中留存的硫酸铝遇水解后呈酸性，当其作用于纸张纤维素时，使纤维素大分子中基环间的葡萄糖键发生断裂，造成聚合度降低，因而导致纸张酸化、发脆而变质，表现为宏观上的变色以及微观上的结构破坏（即机械强度的下降）而"自毁"。

深入研究表明，纸张酸化可能同时存在着以下多种诱发因素：1）造纸所用的木材、稻草原料含有木质素—非纤维材料类，其本身呈酸性或者在氧化、水解时产生酸性衍生物；2）造纸原料的提纯过程中，常用氯气、氢氧化钠、硫酸钠、硫酸氢钙等药物进行处理，纸张中残留的微量硫酸铝与氯发生反应生成氯化铝，微量的氯化铝在炎热、潮湿条件下生成盐酸，使纸张酸化造成变质作用；3）造纸过程中使用明矾、动物胶、淀粉作为填料，其水解过程中产生硫酸，造成纸张酸化；4）纸张在贮存过程中，由于现代经济发展造成大气污染日益严重，空气中有害气体如二氧化硫、硫化氢、二氧化碳、二氧化氮等侵蚀严重，它们在微量金属离子的催化下，与水反应生成硫酸、亚硫酸、碳酸，促使纸张酸化；5）用酸性的或含氧化物的油墨、墨水颜料印刷和书写，将导致纸张酸化增加；6）微生物的生长、霉菌分泌色素等因素也会形成酸。

目前，相当比例的近现代机制纸质文物正面临着日益严重的酸化局面，而在通常认为不易酸化的传统手工纸质文物中同样也发现了不同程度的明显酸化现象。究其主要原因，其一，传统手工纸以纤维素为主但仍含有部分木质素成分，虽然在制造时使用的石灰等碱性物质抑制了酸化，但在岁月的积淀下，纸张本身含有的木质素成分在氧化、水解时形成的酸性衍生物仍会造成酸化的积累；其二，传统手工纸张在使用前

---

* 本文由张溪文、奚三彩合作撰写。

（尤其是用于工笔画等），为防止墨迹、颜料扩散，往往使用胶矾处理（即所谓的"生宣变熟宣"），而胶矾在潮湿环境下游离出的酸性物质（如硫酸）会对传统手工纸张造成酸化影响。

大量实验表明，近现代机制纸一般只有50～60年的寿命，经脱酸后其理论"寿命"可以达500年左右。但在纸张自身木质素氧化、水解以及大气等外界酸化因素等的持续影响下，已经脱酸的纸张在长期放置后仍有可能出现"返酸"现象。这说明造成纸张酸化的原因复杂，其诸种因素皆不是独立进行，而是相互作用、相互促进的。我们认为，传统手工纸和近现代机制纸文物同样面临着酸化变质的威胁；脱酸是延缓纸张变质的必要手段，而消除或抑制纸张本体酸化因素并能持续抵御后续酸化影响，才能真正延长纸质文物的寿命。

长期以来，人们在纸张脱酸方面开展了大量工作，然而纸张酸化问题仍未获得彻底解决。传统的溶液脱酸法有其自身难以克服的缺陷（如：溶液浸泡法导致纸张变形、褪色，化学试剂的毒性，效率低等），难以获得新技术突破；传统的纸张气相脱酸，是在真空配合下，将能气化或挥发的碱性气体充分渗入到书本、纸张中进行大批量的群体脱酸。虽然脱酸快、适应范围广，具有杀虫、消毒的综合效果，但高真空环境的获取对设备要求十分苛刻，加工制造困难且设备投资较大，而通过气相技术难以在纸张中引入加固剂。因此，研究新型、高效、实用的纸张脱酸理论和技术是当务之急。

为此，我们提出全新的理论和技术思路，即：从低温等离子体原理出发，研究设计适用于酸化纸质文物的等离子脱酸机制以及相应的反应先驱体离子源试剂，以期在常温常压状态下获得具有较高能量水平的活性改氢氧根离子（OH^-），将其以等离子体射流形式喷射到纸张表面，并促其深入渗透到纸张纤维内部，与残存酸性物质的氢离子（H^+）发生中和反应实现脱酸。

我们期望，该问题的解决，可以避免复杂、昂贵真空设备的使用，也避免因化学试剂直接引入接触纸张而造成的化学损伤，从而实现对酸化纸质文物的非接触式、无化学残留的等离子脱酸。

我们正着手从以下几方面开展研究工作。1）近现代机制纸及传统手工纸质文物的酸化现状调查，及其酸化机理研究。2）等离子脱酸理论与技术研究，包括：研究基于低温等离子体理论、工艺设计和设备构建的方案；研制适用于我国纸质文物的常温常压等离子脱酸处理装置；研究将高能活化的OH^-离子大面积高效喷射到纸张表面并渗透引入纸质纤维内部实现脱酸的工艺；研究对低温等离子体的调控，使其在有效脱酸的同时又不对纸张物性造成损害。3）研制适用于等离子脱酸方法的OH^-离子源试剂（反应先驱体气相或挥发性液相源试剂等），为等离子脱酸技术提供配套反应原料和材料。4）研发纸质文物等离子脱酸高效处理技术和装置（便携式及规模化设备）。

　　初步研究表明，取样于 20 世纪 20 ~ 80 年代的酸化机制纸经过等离子脱酸技术处理后，可在数秒内迅速由酸性转为碱性（pH 值可控），其色泽无明显变化，经老化试验后纸张机械性能（耐折度、抗张强度等）无明显变化。在此基础上，我们将进一步深入研究等离子脱酸机理、细化技术工艺、优化设备装置。另外，还将系统研究、设计适合我国各类纸质文物类型的非接触式等离子脱酸和加固一体化关键技术及其成套装置系统，为规模化实际应用奠定基础。

（原载《中国文物报》2011 年 10 月 28 日）

纤维组分对古籍纸质文献老化的影响[*]

在图书馆、档案馆中，流传下来的古籍纸质文献浩如烟海，纸张作为这些历史文化遗产的载体，需要长期保存并具有一定的机械强度，因此古籍纸质文献的耐老化性能是纸质文物保护工作者们关注的重要问题。要想更好地保存纸质文献，必须了解纸张的老化因素，以采取相应的防范、保护措施。大量研究表明，纸张老化的主要原因是纤维素的酸水解。本文将从古籍文献保存过程中纤维素、半纤维素、木质素等纤维组分发生的化学反应来探讨古籍纸质文献老化机理，为古籍纸质文献保存及保护提供一定的理论依据。

一 纤维素的降解反应

纤维素的分子式为（$C_6H_{10}O_5$）$_n$，由脱水 D - 吡喃式葡萄糖单元通过 1，4 - β - 苷键连接而成的一种线性高分子聚合物，每个葡萄糖单元上有 3 个 - OH，这些羟基直接影响到纤维素的物化性质，如润胀、溶解性能、酸化、水解、氧化等反应，从而影响到纸张的耐久性。纤维素降解会改变纤维的微晶结构，造成分子链断裂，聚合度降低，导致纤维承受能力变差，但分子量减小，又有利于短分子链之间氢键重组，纤维与纤维之间结合更紧密，曾有研究表明，纸张老化的早期，强度提高，缘于纤维间氢键的重组[①]，扫描电子显微镜也不能清楚解释氢键重组现象，只能观察到纤维断裂[②]。因此纸张机械强度降低是纤维聚合度下降、纤维之间结合力增加和纤维自身结合力减弱共同作用的结果。

1. 纤维素的酸降解

空气中的 CO_2、SO_2、Cl_2、H_2S 等，在微量重金属离子的催化下，它们与纸张中的水分反应生成硫酸、亚硫酸、碳酸、盐酸等，这些酸能使纤维素发生水解反应，造成苷键断裂，生成一系列短分子链的化合物，导致纤维素聚合度下降，还原性末端基增加，还原能力增加，机械强度下降，耐老化性能受损。酸在纤维素降解过程中只扮演催化剂的角色，不会消耗，所以纸张中的酸越积越多，pH 值会越来越低，纸张酸化会越来越严重[③]。

纤维素酸水解开始阶段，纤维素的吸湿能力显著降低，到了一定值后，微晶体纵

* 本文由李贤慧、贺宇红、王金玉、奚三彩、张溪文合作撰写。

向分裂为两个或两个以上的较小微晶体时，因聚合度不变而表面积增加，导致吸湿能力逐渐增加，纤维素吸湿润胀之后促进纤维素的水解反应[④]。

2. 纤维素的氧化降解

纤维素在发生水解的过程中还发生氧化反应。铁和镁等过渡金属元素是纤维素氧化反应的催化剂。同时，醛基和羧基能加速纤维素酸水解速度。

纤维素的氧化降解，主要发生在 C_2、C_3、C_6 位的游离羟基上，同时也发生在 C_1 位还原性末端基上，苷键断裂消除 β - 烷氧基从而形成羰基，纤维素氧化降解可能产生各种结构的羰基和羧基，甚至是生成不同结构的非末端羧酸或末端羧酸[⑤]。羰基、羧基和酮基都是引起纸张返黄的基本基团。

3. 纤维素的微生物降解

微生物里的纤维素酶也能使纤维素苷键断裂，聚合度降低。纤维素酶（cellulase）广泛存在于自然界的生物体中，细菌、真菌、动物体内等都能产生纤维素酶[⑥]。

4. 纤维素的光降解

在光照和氧存在的条件下，纤维素可降解产生各种游离基，加速纤维长链降解。如图 1 所示，其中，hv 为光照射放出的能量，M 表示过渡金属。

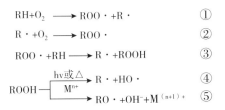

图 1　纤维素光氧化产生各种游离基的反应

空气中的某些成分在紫外线照射下，能生成强氧化剂，从而对纸张造成危害，如紫外线下 NO_2 反应生成 O_3，SO_2 生成 SO_3，SO_3 与水结合形成 H_2SO_4，O_3 和 H_2SO_4 均能引起纤维素发生降解反应；另外，纸张经红外线照射后，产生热效应，纸张温度升高，也会加快纸张降解反应速度，从而加速纸张老化[⑦]。

二　半纤维素的降解反应

半纤维素是纸张的另一主要组分，是由阿拉伯糖、木糖、葡萄糖、甘露糖等多种单糖脱水聚合形成的高分子化合物，有支链，聚合度一般在 150～200。半纤维素化学性质比纤维素活泼，易发生水解、氧化和光解反应，更易产生羰基和羧基，半纤维素的酸降解和氧化降解反应与纤维素的降解反应原理差不多，但是更复杂[⑧]。

半纤维素的存在，利于纸张吸收水分，影响纤维间的氢键结合力，半纤维素基团的容易接近和酸降解产物会加重纤维素和半纤维素的水解降解，分子链断裂，影响老化纤维的机械强度[⑨]。

三 木质素的降解反应

木质素是由苯基丙烷单元构成的芳香族高分子聚合物，分子的结构复杂，原料不同，木质素的结构也有较大差异。木质素单元的侧链上带有多种功能基和化学键，有甲氧基（$-OCH_3$）、羟基（$-OH$）、羰基（$O=C$）、醛基（$-CHO$）、醚键（$-O-$）等，具有相当强的化学反应能力，能够与 $OH-$、SO_3H-、SO_2-、$SH-$、S_2-、H_2SO_3 及氯水、ClO^-、ClO_2、过氧化物等发生化学反应。木质素容易氧化，尤其在光照下氧化迅速，形成更多的发色基团，所以木质素是纸张返黄的主要原因[10]。

1. 木质素的光氧化降解

木质素中的酚羟基通过吸收紫外光或游离基作用，或者说通过直接或间接的光诱导均裂产生酚氧游离基（PhO·）。木质素产生的酚类聚合物，对暴露在游离基自氧化条件的纸张可能有有利影响，有研究表明，木质素可以捕捉纤维素产生的各种游离基。紫外线照射含木质素的纸张，导致酚氧游离基的形成，这些酚氧游离基进一步被烷或过氧游离基氧化生成邻苯醌和其他发色基团。这是酚类抗氧化剂抑制自氧化反应的机制[11]。木质素产生的酚氧游离基（PhO·）被过氧游离基（ROO·）氧化成为有色的邻醌结构。

一个酚羟基可以捕捉到两个游离基 ROO· 和 RO·，最终生成发色但无自由基的醌类化合物和羧酸；再结合图1中的5个反应式可知，假如木质素产生的 PhO· 与纤维素产生的 ROO· 发生终止反应，则图1中的反应③就会终止或减少，该反应带来两方面影响，一是生成的 ROOH 继续发生反应④和⑤，但反应量减少，另一方面是 R· 减少，则反应②就会减少，从而导致反应③④⑤都会减少，综合两方面影响，木质素捕捉游离基的反应在一定程度上抑制了纤维素自氧化降解反应。

木质素分子上至少有两个基团能与过氧游离基发生反应，最明显的是酚醛基团，占木质素基团的 10%~15%，占木质素基团 48%~60% 的愈疮木基甘油 β-芳基醚也可以形成酚氧游离基[12]，因此，木质素对纤维素游离基氧化反应有明显的抑制作用，木质素的抑制作用已经得到国外学者的实验数据支持，Forsberg 和 Lepoutre[13]利用环境扫描电子显微镜（ESEM）观察，结果明显证明了木质素的保护作用。John A. 和 Carl S. 测定了化学浆与机械浆的聚合度和零距抗张强度，结果表明木质素返黄其实具有抗氧化功能，能防止纸张机械性能下降[14]。

综上所述，酚类化合物捕捉游离基产生醌类化合物的反应对于纤维素光降解自由基链反应终止至关重要，纸张在周围环境下自由基反应的数量决定了纸张强度的下降程度，而纸张返黄是木质素抗氧化性能带来的必然后果。因此在手工纸制作过程中，保留一定比例的木质素成分，对于成纸的耐老化性能有一定的帮助。

2. 木质素的微生物降解

白腐菌是自然界中最主要的木质素降解菌，通过分泌胞外氧化酶降解木质素，木质素的微生物降解反应是以自由基为基础，木质素降解聚生成许多活性高的自由基中间体，然后断链产生不同的自由基，降解生成的小分子再经过进一步氧化直至降解为 CO_2[15]。

古籍纸质文献资料的耐久性和完整性是关系到国家政治、经济、文化发展的大事，我们要在全面了解纤维组分对古籍纸质文献老化影响的基础上，在合理选择纸张原材料、有针对性地优化造纸工艺条件以保留适当比例的木质素、优化储存环境如温湿度、各种有害气体、光照紫外强度等以及古籍纸质文献脱酸处理采用的化学药品选择等多方面综合考虑，以提高纸张的耐久性，从根本上延长古籍文献的储藏和使用寿命。

注释：

① Emsley A. M., Heywood, R. J., Ali, M. and Xiao, X., IEE Proceedings Science Measurement and Technology, 2000.

② Zou X., Gurnagul N., Uesaka T., Bouchard, J. Accelerated Aging of Papers of Pure cellulose: Mechanism of Cellulose Degradation and Paper Embitterment, Polymer Degradation and Stability, 1994.

③ 周崇润、李景仁：《谈谈图书馆纸质文献的酸化与脱酸》，《图书馆界》2004 年第 4 期。

④ 王彦娟：《超临界二氧化碳在古籍纸张脱酸和强化中的行为研究》，广东工业大学硕士学位论文，2012 年。

⑤ 韩玲玲：《天然脱酸剂对纸质文献脱酸的研究》，广东工业大学硕士学位论文，2011 年。

⑥ 张延光：《稻草汽爆浆用于植物生长基质的性能研究》，南京林业大学硕士学位论文，2009 年。

⑦ 邢惠萍：《纸张保护的研究进展》，《陕西师范大学学报（自然科学版）》2004 年第 S1 期。

⑧ 张雪松：《生物质秸秆利用化学——活性污泥法制取氢气的初步研究》，南京工业大学硕士学位论文，2005 年。

⑨ Laivins G. V., Scallan A. M., Transcript of Products of Paper Making, Tenth Fundamental Research Symposium, 1993.

⑩ 孟朝阳：《纸张制浆方式对纸张老化的影响分析》，《档案与建设》2010 年第 6 期。

⑪ Schmidt J. A., Heitner C., Light – induced Yellowing of Mechanical and Ultra – high Yield Pulps. Part3, Comparison of Softwood TMP, Softwood CTMP and Aspen CTMP, Journal of Wood Chemistry and Technology, 1995（15）.

⑫ Schmidt J. A., Kimura F., Gray D. G., Ir and uv Spectroscopic Study of Borohydride Reduced Mechanical Pulp during Monochromatic and Wide Band Irradiation, Research on Chemical, Intermediates, 1995（21）.

⑬ Forsberg P., Lepoutre P., A New Insight into the Fiber – rising Phenomenon, Nordic Pulp and Paper Research Journal, 1994（9）.

⑭ John A. Schmidt, Carl S. Rye, Norayr Gurnagul, Lignin Inhibits Autoxidative Degradation of Cellulose, Polymer Degradation and Stability, 1995（48）.

⑮ 刘向华、邹冬生：《微生物制浆漂白研究进展》，《中国生态农业学报》2002 年第 2 期。

（原载《兰台世界》2013 年第 26 期）

等离子技术在近现代纸质文物
脱酸保护中的应用研究*

引　言

目前，在我国各种图书馆、博物馆、档案机构中保存着数以万计的珍贵的近现代书籍、字画、报纸、档案等纸质文物。然而随着岁月的流逝，纸质文献逐渐出现了发黄霉变、粉化碎裂等现象，这主要是由纸张的酸化所引起。纸张中本身含有的木质素，造纸过程中添加的亚硫酸盐、明矾等物质以及由于工业发展导致的逐渐增多的酸性气体，都是纸质文献酸化的原因[1]。而在众多纸质文物中，从清末到"文革"时期的纸质文物酸化程度异常严重，急需脱酸保护。

目前广泛应用的脱酸技术主要有溶液法和气相法，但是两者都存在难以克服的缺陷。溶液法需要将纸张浸泡在脱酸溶液中，会导致纸张变形、褪色、纸张上的字迹晕染，且只能单页操作，效率较低。气相法虽然脱酸快、使用范围广，但是使用到了易燃易爆的二乙基锌，而且需要在高真空条件下进行，对仪器设备的要求十分苛刻[2-4]。因此，研究简单高效且无损于纸张的新型脱酸技术是当务之急。

等离子体是由大量的自由电子和离子组成的，且在宏观上呈现为近似电中性的电离气体，在一定放电条件下，体系中的带电粒子具有高达 $1 \sim 10 eV$ 的能量水平，具有极强的活性和穿透能力[5]。若选择碱性等离子体源，在常温常压下激发获取具有较高能量水平的活性氢氧根离子（OH^-），将其以等离子体射流形式喷射到纸张表面，并促使其深入渗透到纸张纤维内部，与残存酸性物质的氢离子（H^+）发生中和反应，即可实现纸张脱酸。同时，由于等离子体能量低于高能反射性射线，只涉及材料表面而不会影响基体的性能[6]。因此研究设计了一种利用等离子体对近现代纸质文献进行脱酸的技术，并考察其对近现代纸质文献脱酸的效果。

一　实验材料与方法

1. 实验样品与试剂

由于机制纸在加工过程中添加的填料较多，酸化现象也较手工纸严重，因此实验

＊　本文由李青莲、贺宇红、李贤慧、马灯翠、王金玉、奚三彩、张溪文合作撰写。

中选取不同年代的报纸作为脱酸样品。在天一阁博物馆提供的 20 世纪 20 年代至 90 年代的报纸中，每组实验选择相同批次的纸样以增强对比结果的准确度。选择较为常用的饱和 $Ca(OH)_2$ 溶液作为本次试验的脱酸剂。

2. 实验设备与工艺

实验中使用了实验室自制的等离子脱酸设备，如图 1 所示。将待处理纸样放在等离子喷枪下端 1~2 cm，利用载气将含有 OH^- 离子的脱酸剂带出，通入到等离子喷枪内部。调节各参数激发等离子体从喷枪口喷出。根据纸张大小与形状调节喷枪的运动路线及速度，使 OH^- 离子射流均匀覆盖整张待处理纸样表面。激发电压与等离子体能量密度有关，可以通过对电压的调节来控制等离子体的能量密度在适当的范围内对纸张进行脱酸处理。通常一张 A4 纸大小纸样的使用等离子体脱酸一次的过程约需 5 分钟。

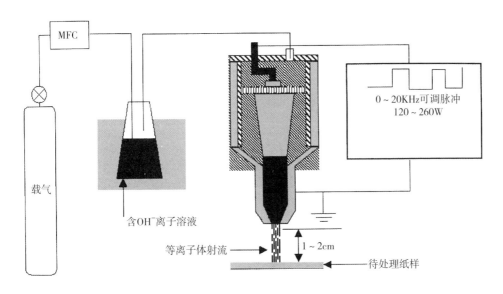

图 1　等离子体脱酸设备示意图

3. 检测方法

通过测量处理前后纸样的 pH 值检测脱酸的效果。测量纸张处理及老化前后的抗张强度验证该方法是否对纸张有损。

根据国家标准 GB/T1545－2008 中所述 pH 计测量方法中的冷抽提法测量纸张的 pH。称取 2.0g 待测样品，加入 100ml 蒸馏水放置 1h 后，使用 pH 计测量抽提液的 pH 作为纸张的 pH。

根据国家标准 GB/T453－2002 对纸张的抗张强度进行测量。将纸样裁成 15mm × 150 mm 长条，每种纸样不少于 10 条，在温度 23 ±1°C、湿度 50% ±2% 的环境下平衡一天后，使用电脑抗张试验机测定纸样的纵向抗张拉力。每组样品平行测定 10 次以上，取平均值作为该样品的抗张拉力值。

二　结果与讨论

1. 对不同年代及不同保存条件下机制纸的处理

为了验证等离子在纸张脱酸中的广泛应用，选取了不同年代且在不同条件下保存的机制纸样，分别测定其初始 pH 值与抗张强度，再使用等离子体进行脱酸，对其脱酸处理后的 pH 值和纵向抗张强度再次进行测量并比较，结果如表 1 所示。

表 1　不同纸样处理前后的 pH 值和纵向抗张强度

纸样年代	pH 值		抗张强度（kN/m^{-1}）	
	处理前	处理后	处理前	处理后
1990	6.32	7.61	1.941	1.907
1980	6.53	7.94	1.720	1.703
1970	6.19	7.47	1.613	1.908
1960	6.39	8.06	1.801	1.838
1950	5.67	7.58	0.942	0.983
1940	6.02	8.10	1.039	1.014
1930	5.54	7.75	1.374	1.364
1920	6.44	7.91	1.352	1.467

通过表 1 可以看出，虽然初始的 pH 因为保存条件不同而各不相同，纸张的质地和制造方式也有所差别，但是在经过等离子体脱酸处理后，pH 值都有较大幅度的提高，基本达到 7.5~8.0，可以满足脱酸要求。通过处理前后的抗张强度对比可以看出，等离子体处理对机制纸的抗张强度基本不会造成影响。

图 2 为处理前后机制纸样在显微镜下放大 300 倍的图片，可以看出处理后纤维的整体形貌没有发生变化，也没有大面积的断裂、破损等现象，说明等离子体并不会对纤维的基体结构造成影响。

2. 老化前后纸张强度变化

纸张的老化会加剧纸张的酸化，随着老化时间的增加，纸张的物理性能也会逐渐降低。实验中对纸样进行人工老化，模拟 25 年后纸张的状态，对其抗张强度进行测量。

取相同批次的机制纸样，部分在相同条件下不开启等离子体激发电源，只是将饱和 $Ca(OH)_2$ 水汽利用鼓泡法均匀喷涂在纸样上，部分使用不同能量密度的等离子体脱酸，并将其均匀分为两组，一组不做老化，另取一组在标准湿热条件下（温度 80°C，湿度 65%）老化 72 小时（相当于自然条件下老化 25 年[⑦]）作为对照组。两组样品在标准测量条件下平衡一天以后，对其纵向抗张强度进行测量，结果见图 3。

通过图 3 可以看出，处理后的纸张和空白样相比，抗张强度有明显的提高。对同

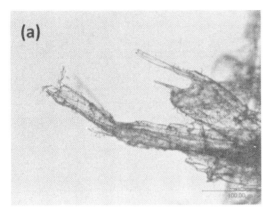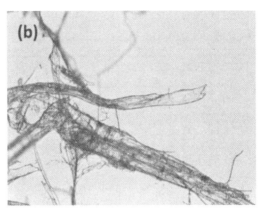

图 2　等离子体处理前后显微镜下纤维结构图
（a）空白样　　（b）处理后

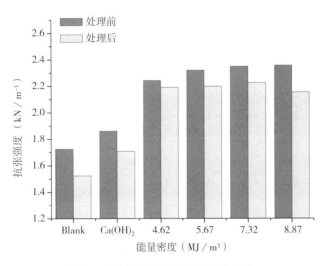

图 3　老化前后纸样抗张强度的变化

样条件下处理的样品模拟 25 年老化后再进行抗张强度测试，与老化前样品进行对比可以看出，处理过的纸样老化后抗张强度的保留率远高于未处理和只使用 Ca（OH）₂ 脱酸过的纸样。虽然随着等离子体能量密度的提高，老化后纸样抗张强度的保留率会略有下降，但是在 4.5～5.5 MJ/m³ 能量密度下处理后纸样的抗张强度几乎与老化前没有变化，保留率在 95% 左右。

3. 处理次数对 pH 的影响

图 4 为同一时期同一材质的机制纸在使用等离子体脱酸不同次数后 pH 值的变化曲线。

通过图 4 可以看出，随着处理次数的增加，机制纸处理后的 pH 基本呈线性上升，甚至可以达到 9.0 左右。同时，在合适的条件下处理多次后纸样与空白样的色差并不明显，如图 5 所示，机制纸在处理 4 次后颜色与空白纸样基本相同。利用色度仪对处理前后纸样的 L* a* b* 色度进行测量并计算色差，色差值 ΔE 越小即表示与处理前的色度差越小，一般 ΔE 在 1.5 以下为微变[8]，通过表 2 的测量结果可以看出，处理后的

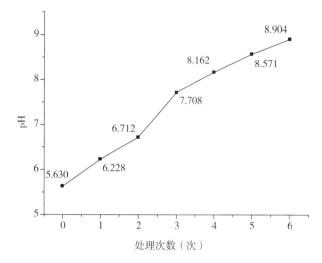

图 4　纸张处理不同次数后 pH 的变化

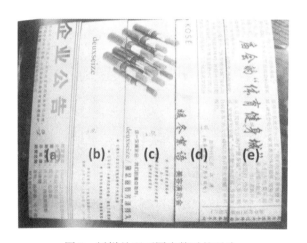

图 5　纸样处理不同次数后的照片
（a）空白样　　（b）处理 1 次　　（c）处理 2 次　　（d）处理 3 次　　（e）处理 4 次

表 2　处理次数对纸样色度的影响

处理次数	1 次	2 次	3 次	4 次
色差 ΔE	0.30	0.48	0.69	1.07

纸样与空白样基本无色差。因此可以根据纸张初始的 pH 值来确定使用等离子体进行脱酸的次数，以得到期望的脱酸效果。一般来说，处理 2~3 次后纸样基本呈弱碱性，可满足纸张脱酸的要求。

　　4. 同时处理多层纸样对性能的影响

　　如何批量对酸化纸张进行脱酸从而大幅度提高纸张的脱酸效率也是目前研究的重点之一。这里在等离子体放电空间内放入多层纸样，同时对其进行脱酸处理，探究其对多层纸样同时进行脱酸的效果，结果见图 6。

　　从图 6 可以看出，同时处理 13 层机制纸，处理后各层的纸样 pH 值和抗张强度基本相同，并没有出现在下层的纸张脱酸效果变弱的现象。这说明只要处于有效放电空间内部的纸样可以同时进行脱酸处理，脱酸效果不会受到影响。

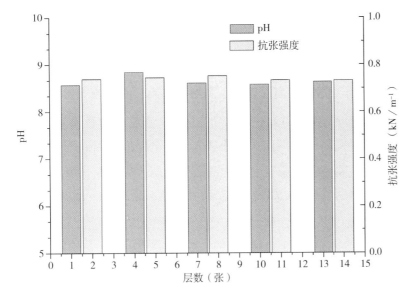

图 6　多层纸样同时处理后的 pH 和抗张强度

5. 脱酸的持久性

为了探究等离子体对纸张脱酸的持久性，取同一份纸样，分成两组进行平行实验。其中一组只使用饱和 Ca(OH)$_2$ 水汽脱酸，另一组激发等离子体进行脱酸。将脱酸后的两组纸样在密封袋中保存好，每隔一段时间分别取出一部分纸样用溶液法测定其 pH，试验持续了三个月。测定结果如图 7 所示。

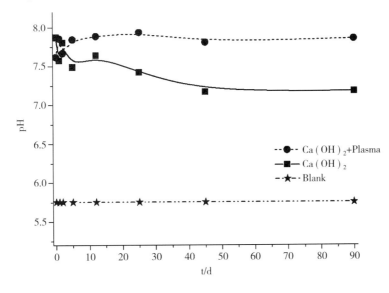

图 7　不同状态下纸张 pH 值随时间变化

通过图 7 可以看出，在同样条件下保存 3 个月后，只使用 Ca(OH)$_2$ 进行脱酸的纸样，pH 值随着时间的延长逐渐降低，而使用等离子体处理过的纸样 pH 基本保持稳定，没有明显的下降趋势。这说明，相对单纯使用脱酸剂而言，使用等离子脱酸具有更好的持久性，在保存较长的时间后仍能保持较好的脱酸效果。

三　结　论

使用 Ca(OH)$_2$ 作为脱酸等离子体源，利用一定能量密度的等离子体对纸质文献进行脱酸，可以将纸张的 pH 值由酸性转化到中性或弱碱性，具有较为理想的脱酸效果。此脱酸技术避免了传统溶液脱酸法中纸张在溶液中的浸泡，因此不会引起纸张发皱变形，处理后无色差，对纸张的强度有一定的增强作用且脱酸效果可以保持较长时间不发生变化。可以认为，等离子脱酸技术应用于各种年代及不同保存条件下的机制纸，均能达到较好的脱酸效果，是一种可以广泛应用的脱酸方法。

注释：

① Baty J W, Deacidification for the Conservation and Preservation of Paper – based Works：A Review, Bioresources, 2010, 5（3）：1955 – 2023.

② Area M C, Paper Aging and Degradation：Recent Findings and Research Methods, Bioresources, 2011, 6（4）：5307 – 5337.

③ Carter H A, The Chemistry of Paper Preservation：Part 1, The Aging of Paper and Conservation Techniques, Journal of Chemical Education, 1996, 73（5）：417 – 420.

④ Cheradame H, Mass Deacidification of Paper and Books. I：Study of the Limitations of the Gas Phase Processes, Restaurator, 2003, 24（4）：227 – 239.

⑤ Yuan X, Jayaraman K, Bhattacharyya D, Effects of Plasma Treatment in Enhancing the Performance of Woodfibre – polypropylene Composites, Composites Part A：Applied Science and Manufacturing, 2004, 35（12）：1363 – 1374.

⑥ 孟月东、钟少锋、熊新阳：《低温等离子体技术应用研究进展》，《物理》2006 年第 35 卷第 2 期。

⑦ ISO 5630 – 3 – 1996 Paper and Board – Accelerated Ageing – Part 3：Moist Heat Treatment at 80℃ and 65% relative humidity.

⑧ Ioanid E G, Rusu D, Dunca S, High – frequency Plasma in Heritage Photo Decontamination, Ann Microbiol, 2010, 60：355 – 361.

（原载《文物保护与考古科学》2014 年第 26 卷第 1 期）

Parylene – N 在纸质文物保护中的应用[*]

一　前　言

Parylene 系列产品早在 1947 年开始研制，1951 年以二甲苯为原料，用真空裂解法制得 Parylene 薄膜；1953 年由美国碳化公司（Union Corbide）首先推出 Gorham[①]法，并付诸实际应用；直到 1965 年开始投入工业化生产，被应用于电子工业领域，在保护微电子线路免遭不良环境的影响方面成为一种重要的保护手段。由于 Parylene 具有独特的聚合工艺和优良的理化性能，已广泛应用于许多领域。1983 年 Bnuce J. Humphey[②]首先将这种材料应用于纸张加固。随后该项技术受到文物保护科技工作者重视，先后在美国、加拿大、意大利、俄罗斯、中国等十多个国家推广应用。中国在 20 世纪 90 年代初，已由江苏省化工研究所、南京博物院等单位对该项技术应用于文物保护进行研究，并取得了可喜的成果[③]。目前，南京博物院与新加坡百腾技术公司联合组建了 Parylene 应用研究实验室。应用对象已涉及纸、丝、棉、麻、毛、陶、木、金属、化石、工艺品、照片等各个方面，可以预见它的应用前景会越来越广。

二　试验材料与工艺

（一）材料

1. 对二甲苯环二聚合物（di – para – xylylene）

呈白色粉状，为热塑性塑料，既具有芳香基之稳定性，又具有脂肪族键的柔韧性，在 110 ~ 160℃时气化，形成环二聚体气体（图 1）。

2. 加固对象

图书、纸张

3. 试验设备

20 世纪 90 年代初，南京博物院与南京图书馆共同承担"整本图书加固技术"科研项

＊ 本文由奚三彩、龚德才、何伟俊、郑冬青合作撰写。

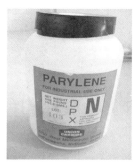

图 1 试验材料

目。在参照国外资料基础上，自行设计、研制真空沉积设备。本设备主要由五大部分组成（图 2）。

a. 升华器：由加料罐与恒温油浴组成。

b. 裂解装置：由不锈钢管、管状电炉、热电偶真空计组成。

c. 沉积室：由不锈钢制成圆柱状箱体，箱内安装转动的支架、观察窗、真空计。

d. 冷阱（捕集器）：制冷系统（用于冰制冷式制冷系统）。

e. 真空系统：由真空泵、电磁阀、真空计组成。

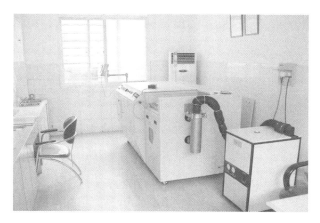

图 2 试验设备

工艺流程如下（图 3）

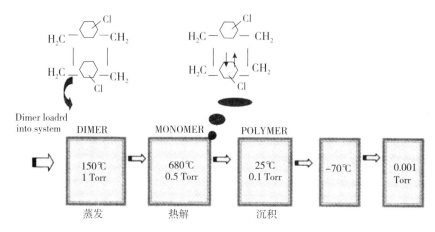

图 3 工艺流程图

（二）聚对二甲苯聚合的流程

1. 升华

对苯（撑）二甲苯的环二聚体，在真空系统中加热到 110～160℃时开始升华，形成环二聚体气体：

$$n-\left[\begin{array}{c} CH_2-\bigcirc-CH_2 \\ CH_2-\bigcirc-CH_2 \end{array}\right]$$

2. 裂解

当环二聚体气体在升华区逐渐形成，气压升高，推动气体进入裂解区，（环二聚体分子）在高温 650～700℃作用下，裂解成两个活性单体分子。对苯（撑）二甲基单体：

$$2n \cdot CH_2-\bigcirc-CH_2 \cdot$$

$$\updownarrow$$

$$CH_2-\bigcirc-CH_2$$

3. 沉积聚合

裂解成两个活性单体的分子，进入真空沉积室，单体分子（双游离塞）开始扩散，在真空沉积室内经成百上千次的冲撞，失去足够能量后在涂覆层（纸质文物）的内、外表面吸附、沉积、聚合成直链聚合物（聚对二甲苯）：

$$-\left[CH_2-\bigcirc-CH_2\right]_{2n}$$

（三）聚对二甲苯聚合的工艺条件

1. 投料量

涂覆的厚度与投料量有着直接关系，一般来说，投料量越大则厚度越厚，而厚度越厚，则手感越不好，所以控制适宜的厚度是关系着保护效果的重要指标。处理时应根据被加固对象的大小、页数以及要求涂覆的厚度定投料量。派拉纶用量的公式是根据在金属、玻璃表面的试验获得的，纸张的表面是粗糙、多孔，因此用量公式需要进行一定的修正。一般认为，其投料量为 0.05～0.06×纸张的表面积的量比较合适[①]。

2. 升华温度

当温度加热到 110～160℃时，对苯（撑）二甲基的环二聚体逐步升华变成气体，升华速度与温度有着直接关系，温度高升华速度快、气体流量大，如温度低于 100℃很难升华，超过 160℃升华太快、气体流量大，致使气化不完全，所以控制适宜温度是十分必要的。

3. 裂解温度

裂解温度直接影响聚合物的质量，温度过高会产生焦化现象；温度过低，裂解不完全，出现白色粉状现象。裂解温度一般控制在 $650\sim690℃$ 之间。

4. 真空度

真空度是加固技术的关键因素，它关系着纸质文物加固的速度、效率。真空度高，效率高、气体流速快，但处理周期长，而且对真空系统设备要求也高，通过我们试验，真空度为 10^{-1} 托即可达到要求。

5. 冷阱的温度

冷阱的温度越低越好，一般控制在零下 120℃。

6. 处理时间

处理时间与所处理的对象的大小、厚薄、数量、涂覆的厚度、处理对象含水量、真空度诸因素有关，具体所需处理时间与以上各种因素的变化而有所不同。

三　结果与讨论

南京博物院于 20 世纪 90 年代初开始研究 Parylene – N 对脆弱纸质文物的加固，经强度试验、浸水试验、浸酸试验等，以及经十几年长期观察，证明脆弱纸张经 Parylene 加固后，各项性能明显提高，外观无明显变化，延长了文物的寿命。

（一）机械强度

为了测定纸张经 Parylene – N 加固后对纸张的保护作用，我们曾选用新闻纸、宣纸、打字纸、凸版纸进行加固试验、比较，纸张经加固后抗拉强度、耐折强度明显提高（表 1、2，图 4~7）。

表 1　老化前数据

试验品种		抗拉强度（N）按（GB – 453）检测		耐折度（次）GB – 457	撕裂度（N）GB – 45
纸张种类	涂覆厚度（nm）	纵向	横向		
新闻报纸（A）	未涂	20.14	10.58	3	261
	0.35	52.44	13.60	16	289
新闻纸（B）	未涂	20.18	12.06	4	223
	0.45	32.32	21.20	13	230
宣纸（C）	未涂	16.30	16.62	7	177
	0.43	22.64	9.64	40	155
打字纸（D）	未涂	28.36	15.10	23	130
	0.25	33.84	15.56	79	140
凸版纸（E）	未涂	28.68	20.48	7	137
	0.52	35.32	24.56	10	112

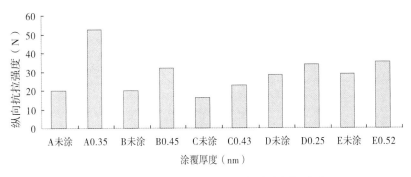

图 4　老化前纵向抗拉强度—涂覆厚度柱形图

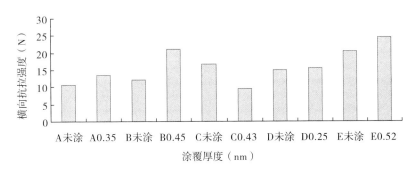

图 5　老化前横向抗拉强度—涂覆厚度柱形图

表 2　老化后数据（105℃、72 小时）

试验纸种		抗拉强度（N）按（GB - 453）检测		耐折度（次）GB - 457	撕裂度（N）GB - 45
纸张种类	涂覆厚度（nm）	纵向	横向		
新闻报纸（A）	未涂	24. 16	11. 04	1	165
	0. 35	28. 44	13. 92	8	221
新闻纸（B）	未涂	22. 36	14. 60	7	182
	0. 45	23. 80	24. 84	6	221
宣纸（C）	未涂	19. 44	7. 44	6	157
	0. 43	32. 04	13. 52	34	168
打字纸（D）	未涂	29. 44	15. 60	17	120
	0. 25	38. 84	15. 96	44	147
凸版纸（E）	未涂	30. 64	18. 28	5	98
	0. 52	40. 16	24. 28	71	124

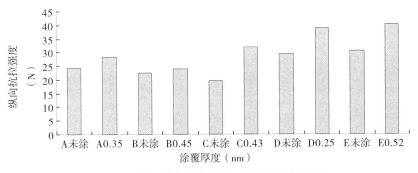

图 6　老化后纵向抗拉强度—涂覆厚度柱形图

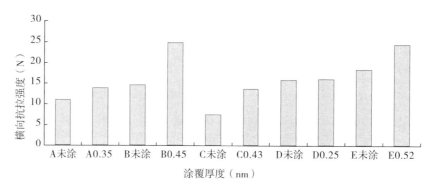

图7　老化后横向抗拉强度—涂覆厚度柱形图

（二）浸水试验

为测定 Parylene - N 对纸张处理后的纸张抗水性能，我们将涂覆和未涂覆的试验纸样浸泡在水中，经两年的观察，未涂覆的纸样经过一个多月就发现变色（略带褐色）并且松软至撕裂，半年后已糊化成纸浆状，而经涂覆的纸样无此不良现象，两年后仍保持原状，并未看到有损坏的迹象。

（三）浸酸试验

Parylene - N 薄膜具有良好的耐酸性，为检验经处理纸张的耐酸性，我们将 Parylene - N 涂覆和未涂覆过的纸样放在 60% 硫酸溶液中 24 小时，发现未涂覆的纸样逐渐变色，最后变为棕黑色（已炭化），而经涂覆的纸样基本保持原状，仍具有一定强度和柔韧性（图8）。

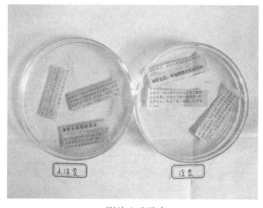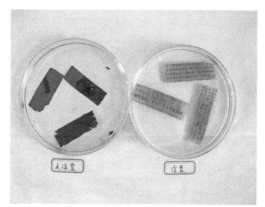

刚放入硫酸中　　　　　　　　　　　　24小时后

图8　浸酸试验

（四）渗透性试验

为测定经 Parylene - N 处理过纸张的渗透性能，我们曾用水、丙酮、三氯乙烷等溶液，分别在涂覆和未涂覆的纸样上滴 2~3 滴溶液，发现未涂覆的纸张，滴上以上溶液即扩散、渗透，而经涂覆的纸样，水滴上后未见扩散，呈珠状停留在纸样上，其他几种有机溶剂滴在纸样上即透过（图9）。该试验说明，虽然每个纤维均被涂覆，但很薄的涂层会让纤维间的空间与外相通，而不是将空间充满。

派拉纶处理样水不渗入　　　　　　　　丙酮等有机溶剂能够透过

图9　渗透性试验

（五）整本图书的试验

在单页试样的试验基础上，我们对整本书进行加固处理。试验结果表明，本技术能将脆弱的图书各页比较均匀地加固，提高了书页的抗张强度、耐折强度，其加固效果与单页纸加固效果是相似的。我们受国家第二历史档案馆委托，曾对一本档案砖采用本项技术处理，不仅使档案砖揭开，而且得到了加固（图10）。

揭开前　　　　　　　　　　　　　　揭开后

图10　整本图书试验

（六）沉积梯度

在试验与应用中，我们发现经涂覆的整本图书会出现沉积梯度，在书的边缘区沉积的比在书中间部分沉积的多。造成上述沉积梯度的原因之一是书页间空隙从书页边缘到里侧递减。其二，由于环二聚对苯二甲基，经裂解形成的单体（游离子）分子，非常活跃，它在图书上来回冲撞，当达到合适的动能和碰撞角，便开始吸附、聚合。书页之间非常小的间隔，大大地增加了分子的碰撞次数，从而增加了分子在到达书本内部之前吸附和聚合的机会，其结果是书页边缘涂层最厚，朝着每页中心装订处逐渐变薄。另外，已经在边缘聚合的聚对苯二甲基对于仍然处于气相的单体分子起到了一个吸附剂的作用。纸张上这种涂覆厚度有所差异并不影响使用，因为书的边缘部分容易损坏，沉积略微厚一点更有利于保护。

（七）彩虹

用涂覆处理图书和纸样时，有时会发现轻微的彩虹现象。这是由于非常复杂的气体渗透引起的，在膜层较薄与较厚之间的交界区，由于光学原理出现了彩虹。在试验中发现不同质地、结构的纸张出现的彩虹的程度也不一样。在继续进行涂覆处理过程中，即可消除彩虹现象。

（八）涂层厚度

纸张是一种包含成千上万个纤维分子的海绵状纤维，一张 25 cm × 25cm 的文件有着 625cm² 的宏观表面积，而"微观的"表面积则相当大，它是成千上万个纤维的表面积的总和，其量随着纸张质地不同而不同。Parylene－N 在纸张表面涂覆时，将会渗入纸张并且能封住各单个纤维素纤维，形成均匀的厚度。其厚度取决于初始加入沉积室的气化部分二聚体的数量。在沉积过程中聚对二甲苯将在数量众多的纤维素纤维的接触点处形成高聚物桥梁，使纸张强度全面增强。一般认为纸张强度随着涂覆厚度的增加而增大，但值得注意的是，当纸张涂覆的厚度超过 7.5μm 时反而变脆。

（九）扫描电子显微镜

通过 SEM 形貌观察可知，未加固的纸样与加固后的差别（图11）。

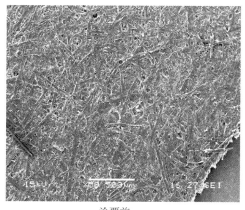 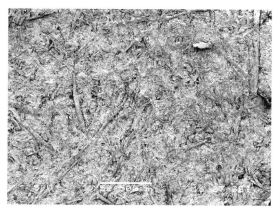

涂覆前　　　　　　　　　　　　　　　　涂覆后

图11　扫描电子显微镜下观察纸样形貌

四　结　语

1. 用 Parylene – N 对纸张和整本图书进行真空涂覆加固试验及性能测定表明，纸张的强度增强、耐酸性能提高及耐水、抗水性能改善，是保护纸质文物的一种新型材料和工艺，并具有独特的优点，对脆化、破碎的图书进行整本加固效果更为显著，省工、省时、省料，解决了其他方法难以解决的问题。

2. 涂覆厚度不同则纸张的加固强度也不同。一般而言，纸张加固强度随着涂覆厚度的增加而增加，当涂覆厚度超过 7.5μm 时纸张强度反而降低。

3. Parylene – N 对纸张涂覆质量与处理纸样的质地，用量，涂覆厚度以及升华、热解、冷阱的温度，系统的真空度，单体的流量等因素有关。试验表明，升华温度为110 ~ 160℃、热解温度为 650 ~ 690℃、真空度为 10^{-1} 托、冷阱温度为 – 120℃较为适宜。

注释：

① W. F. Gorham. J. Polym, Sci. Part A – 1.4, 3027（1966）.

② Humphrey B J, Studies in Conservation, 1984（29），117.

③ 龚德才、奚三彩等：《派拉纶成膜技术在文物及图书保护中的应用研究》，《文物保护与考古科学》1996 年第 8 卷第 1 期。

④ Vapor Phase Consolidation of Books with the Parylene Polymers，Bruce J. Humphrey.

Conservation of Paper Relics by Electrospun PVDF Fiber Membranes[*]

1. Introduction

Paper relics are an important part of cultural heritage, containing considerable precious cultural historical materials and records. Deterioration and changes to the chemical, physico-mechanical, and optical properties of historic paper documents, paintings and calligraphy are responsible for an enormous loss of cultural heritage. Deterioration of paper relics is attributed to several causes. The main reason is cellulose degradation caused by acidification and oxidation, which has been solved by enormous of deacidification and restoration methods. However, the restored paper objects could still be subject to damage by external factors such as dust, microbial contamination, oxidation, water immersion, visible and UV radiations if they are insufficiently conserved[1][2]. UV – visible light exposure can induce significant changes in paper since the carbohydrates and lignin are demonstrated by the high energy[3][4]. Water on the surface and inside paper could increase the rate of cellulose hydrolysis by providing H^+ as the catalysis, and blurs the pigments on the paper as well[3]. Furthermore, considerable research has shown that dust, insects and mould can damage the mechanical behavior and influence the appearance of paper[5]. The friction between dust and paper could roughen the paper surface and damage the writing on the paper. Furthermore, acid radicals and metal ions in the dust could hydrolyze the fibers of the paper, and mould and spores may also be spread by dust. Insects and moulds that feed on paper fiber, starch paste, glue stock and printing ink are easily attached to the paper and may destroy them[6][7]. Additionally, organic acids and pigment produced during this period could increase the acidity of paper and cause color changes or spots on the pages of books and the surface of paintings.

The ideal properties of the materials used to conserve paper objects should include flexibility, transparency, cohesion, long-term durability, and reversibility, while the protection method should be fast, capable of widespread use and harmless to paper relics. Some of the scien-

* 本文由李青莲、奚三彩、张溪文合作撰写。

tific studies on improving paper strength include silk net lamination, polyester film encapsulation, γ radiation polymerization, the parylene process, and the graft copolymerization coating method[2][8]-[12]. However, all these methods have several unavoidable drawbacks. Silk nets are themselves easily aged, leading to the aging of the protected paper object, while polyester films change the appearance, optical properties, texture and thickness of paper and harden after the aging process. It has not yet been determined whether the γ radiation method leads to positive or negative effects on paper relics. Parylene protection needs to be processed in vacuum, involving a complicated procedure and rigorous conditions[13]. Direct resin coating leads to the quick aging of paper as well, due to the concentration difference between paper surface and interior, which is caused by poor wetting between the resin and paper fibers. Grafting polymerization could well protect cellulose – based substrate and introduce the superiority of the grafting polymers such as resistant to biological attack. The consolidating action is achieved by the grafting process, which is hard to separate. However, the difficulty in reversibility seems to be the biggest obstacles in application. Thus, an efficient, convenient, harmless and long – term stable method for paper conservation is in urgent need.

Electrospinning has been widely used as a simple yet powerful technique for producing sub – micron to nano – scale fibers and their corresponding membranes at normal pressure and temperature through an electrically charged jet of polymer solution[14]. Electrospun fiber membranes have many unique properties, such as average fiber diameters in the submicrometer range, high porosities, large surface areas, fully interconnected pore structures and sufficient mechanical strength[15]. These outstanding properties make electrospun fibers attractive for a wide range of applications.

Polyvinylidene fluoride (PVDF) is widely used for its excellent chemical resistance, good thermal stability, aging resistance and UV radiation resistance. Little chemical change was found for PVDF after UV exposure for 7 months, according to previous research[16], and its mechanical properties remained stable as well[17]. Moreover, PVDF is well known for its hydrophobicity since it consists mainly of C – C and C – F bonds without hydrophilic groups and has a very low surface energy. PVDF fibrous membranes prepared using electrospinning have been used in various applications, such as biomedical materials, polymer electrolytes or separators, and filtration membranes, and show excellent performance in these different areas[18]-[22]. It is sure that the excellent properties of PVDF have significant meanings in paper conversation.

In this paper, electrospinning has been used for paper conservation with PVDF solution as the spinning feedstock for the membranes. Ultrathin PVDF membranes tightly covering the surface of paper could prevent the paper from damage by water, dust, insects and mould from the surrounding environment, and the excellent flexibility of PVDF membranes could reduce the applied stress on the paper and thus improve the paper strength. Parallel investigations were also carried out on paper without the PVDF fiber membrane coating, and tensile strength, elongation and water contact angle were measured in each case. Scanning electron microscopy was used to observe the morphology of the PVDF fibers and the effect of dust proofing was measured by air permeability testing.

2. Experimental

2.1. *Materials*

Polyvinylidene fluoride (PVDF, molecular weight: 700k) was supplied by DGSIHUI Co., China, Ltd. N, N - dimethylformamide (DMF, AR), and acetone (AR) were purchased from China Experiment Reagent Co., Ltd. and used without further purification.

Newspaper, pelure paper from Wenzhou, China, straw paper, Chinese art paper from Jiajiang, China, moso bamboo paper and bitter bamboo paper were chosen as test samples. Each sample was cut into pieces of dimensions 130 mm × 150 mm, and maintained under room conditions of $23 \pm 1°C$, $50\% \pm 2\%$ humidity for at least one day prior to testing.

2.2. *Electrospinning*

PVDF solutions were prepared by dissolving measured amounts of PVDF in different ratios of DMF and acetone and stirring gently for 24 h to form uniform, transparent solutions.

Electrospinning was carried out using a 20 ml syringe containing the PVDF solution with a gauge needle. The distance between the gauge needle and ground plate where the paper sample was placed was fixed at 15 cm, the feeding rate of solution was set at 1.0 ml. h^{-1}, and a DC voltage (between 15 kV ~ 20 kV according to the concentration of PVDF solution) was supplied to the prepared solution. After spinning, the paper samples were air - dried in a fume hood.

2.3. *Characterization*

A scanning electron microscope (SEM, Hitachi S4800) was used to observe the microstructures of the PVDF fibers. The diameters of PVDF fibers and thickness of PVDF membranes were measured by Imagine - pro Software. The water contact angles were measured using an OCA 20 Contact Angle System from Data physics Instruments GmbH (Germany) with fixed water volume of 3 μl.

Tensile strength and elongation tests on paper sheets were performed on a computer controlled tensile testing machine (Pnshar, PN - TT300) with an extensometer gauge of 25 mm and a test speed of 5 mm/min. At least ten specimens, with 100 mm long and 15 mm wide, were tested for each kind of paper sheet in order to check for repeatability.

Accelerated aging procedures included hydrothermal aging and ultraviolet aging. Hydro-thermal aging was performed in an aging oven at temperature of 80 ℃ and humidity of 65% for 72 hours. Ultraviolet aging was performed with a UV illumination system with a 30 W, wave-length of 365 nm UV lamp for 72 h, and the vertical irradiation distance was 20 cm.

The membrane permeability was determined by measuring the concentration changes of fine particulate matter (PM) using a specially made equipment. Two glass boxes were connect-ed face – to – face and the PVDF fiber membrane was fixed at their joint, so that only a layer of PVDF membrane separated the space between the two boxes. The system was sealed from the atmosphere after one of the boxes was filled with artificial smoke. The PM of each box was measured by a handheld Air Tester CW – HAT200 from Chinaway Environmental Technology Co. , Ltd. after 20 min.

Color changes was measured by colorimeter (Pnshar, PN –48A) using the CIE $L^*a^*b^*$ system. The three parameters (L^*, a^*, b^*) in the model represent the lightness (L^*) of the color (the smallest value indicating black), a^* its position between red and green (the smallest value indicating green) and b^* its position between yellow and blue (the smallest val-ue indicating blue)[23]. The total color change $\triangle E$ was determined in Eq. (1) and the smaller the value of $\triangle E_{ab}^*$, the less difference there is between paper samples.

$$\triangle E = [(\triangle L^*)^2 + (\triangle a^*)^2 + (\triangle b^*)^2]^{1/2} \qquad (1)$$

3. Results and discussion

3. 1. *Morphologies of electrospun PVDF fiber membranes*

By adjusting the polymer concentration and the ratio of the solvent used, we can obtain electrospun PVDF fibers of different morphologies. Fig. 1 shows the SEM images of electrospun PVDF membranes and the diameters of fibers with different preparation conditions are listed in Table 1.

Table 1   Preparation conditions and averaged fiber diameters of electrospinning PVDF membranes.

	PVDF Concentration (%)	Ratio of DMF/acetone	Average fiber diameters (nm)
(a)	8	8 : 2	154 ± 53
(b)	10	8 : 2	249 ± 73
(c)	12	7 : 3	296 ± 36
(d)	12	8 : 2	283 ± 30
(e)	12	9 : 1	276 ± 41
(f)	12	10 : 0	289 ± 45

With increasing PVDF concentration, the fibers were turned more uniformly and with a lower breakpoint, and their diameters increased gradually. At the concentration of 12%, net structured fiber membranes were obtained with every fiber straight and closely packed. The volume ratio of DMF and acetone has negligible influence on the morphology of PVDF fibers[24]. The PVDF solution with the concentration of 12% with DMF/acetone ratio of 8 : 2 was accordingly chosen for convenience of comparison in further experiments.

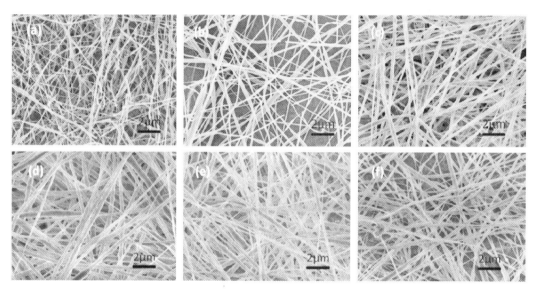

Fig. 1.　SEM images of electrospun PVDF fibrous membranes with different PVDF concentrations and solvent ratios: (a, b) with DMF/acetone (volume ratio) = 8 : 2 and the PVDF concentration of (a) 8%, (b) 10% w/v; (c, d, e, f) with the PVDF concentration of 12% and DMF/acetone ratio of (c) 7 : 3; (d) 8 : 2; (e) 9 : 1; (f) pure DMF.

Table 2　Thickness of PVDF membranes and color changes after PVDF protection by different spinning times.

Spinning time (min)	1	2	3	4	5
Thickness (nm)	980 ± 72	1647 ± 294	3528 ± 583	4734 ± 654	5832 ± 838
$\triangle E$	2.44	4.38	6.58	9.29	11.83

The thickness of PVDF is mainly determined by electrospinning time, which is another important factor in conservation process. Fibers did not form a stable film to protect paper at shorter times, and the appearance of the paper would be influenced by thicker membranes produced after a longer spinning time since PVDF is white itself. We spun for 1 ~ 5 min to form PVDF membranes of different thickness directly on paper samples as the protection process and measured the thickness and color changes ($\triangle E$) as Table 2 showed.

It is clearly that both the thickness of membrane and color changes increased with spinning time increase. Though the thicker membranes would enhance the strength of paper, the color changes is too large for 11.83 if we keep spinning for 5 min, which forebodes an even larger color change if using in paper relics whose color are usually yellow or brown. In order to make a balance, we fixed the spinning time to 3 min in later experiments. Fig. 2 shows the SEM cross – section photograph of paper sample protected by PVDF fiber membranes spinning for 3 min. We can see that PVDF fibers are evenly overspread paper surface to form an ultrathin protective layer.

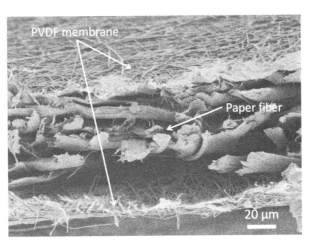

Fig. 2.　Cross – section morphology of PVDF membranes spinning on the surface of paper samples for 3 min.

3. 2. *Tensile strength and elongation after coating and artificial aging*

The chosen PVDF solution was used to fabricate fiber membranes directly on the paper surface by electrospinning and spinning time was fixed at 3 min. The tensile strength and elongation of different kinds of paper (newspaper, straw paper and pelure paper) before and after PVDF protection are shown in Fig. 3. The results show that the tensile strength did not increase to a great extent, but the elongation of each paper sample was greatly improved, by more than 50%, which means that the toughness of the paper was enhanced. Elongation is an important paper property, which reflects the relationship between stress and strain[25]. Under an externally applied force, paper samples with larger elongation after PVDF protection were deformed rather than broken, an observation, which is mainly attributed to the presence of the PVDF membrane. Compared with other hydrocarbon analogues, PVDF has unique elastic properties resulting from the inner packing structure of its PVDF chains[26]. Therefore, PVDF membranes would share part of the external energy from a force applied for its elastic deformation, which would accordingly reduce the force applied on the paper itself.

It is known that during the paper aging process, cellulose depolymerizes due to the hydrolysis of cellulose and other external factors. High temperature and excessive humidity exacerbate the hydrolysis process, damage fibers and change the color of paper[27]. Ultraviolet radiation with shorter wavelength and higher energy leads to the photolysis of cellulose and the breakage of C – C and C – O bonds after long irradiation times. Moreover, impurities could be transformed into oxidants or secondary pollutants by ultraviolet irradiation, causing paper to be oxidized and degenerate[28]. In this research, artificial hydrothermal aging and ultraviolet aging were used to simulate the natural aging process of both protected and unprotected paper, and their tensile strength and elongation were then measured after the artificial aging.

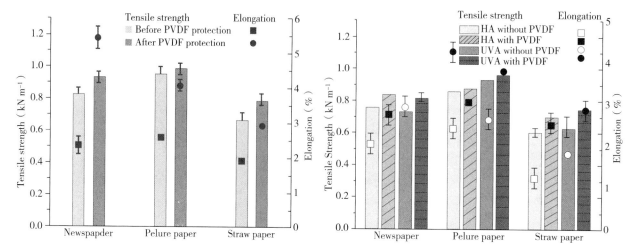

Fig. 3. Tensile strength and elongation of newspaper, pelure paper and straw paper before and after PVDF protection.

Fig. 4. Results of tensile strength and elongation measurements before and after artificial aging for different paper samples protected by PVDF fiber membranes and for unprotected samples. (HA: hydrothermal aging; UVA: ultraviolet aging).

The results of the aging study, presented in Fig. 4, show that after artificial aging, the mechanical properties, especially elongation, of paper samples with applied PVDF membranes were still much higher than those of the unprotected samples, similar to the findings mentioned above, particularly after ultraviolet aging. Due to its unique chemical structure, PVDF exhibits excellent chemical resistance, UV resistance and good ability to resist chalking and cracking during aging or exposure. As a result, PVDF fiber membranes show excellent stability during the UV radiation, while maintaining the mechanical properties of paper, even over long periods of time.

3.3. *Dustproof and waterproof tests of paper after PFDV fiber membrane coating*

3.3.1. *Water contact angle test*

The contact angle is a qualitative measure of the wetting of a solid by a liquid. It is defined as the angle formed by a liquid at the three – phase boundary where a liquid, gas and solid intersect. Usually we definite the material to be hydrophilic if the contact angle < 90°, or hydrophobic if the contact angle > 90°[14]. The hydrophilicity of different paper samples before and after coating protection was accordingly studied through contact angle measurements.

Six different types of paper (moso bamboo paper, pelure paper, Chinese art paper, straw paper, bitter bamboo paper and newspaper) were used in the water contact angle tests and the results are shown in Figs. 5 and 6.

Most of the paper samples were extremely hydrophilic, such that the initial contact angle was under 80° (Fig. 5) and after a few seconds, the test water would totally permeate the paper. Moreover, pelure paper and art paper were so hydrophilic that the water was absorbed instantly, so that the contact angle could not be measured. After coating, the contact angles of all the different types of paper increased to around 130°. The results measured after 60 days demonstrate that the contact angle of paper protected by PVDF membrane and kept in a natural environment remained stable. The contact angle of the newspaper sample, which had an initial value of 118°, decreased to 0° in 25 s, but rose to 148° and remained stable after coating protection (Fig. 6). Thus, the application of PVDF membranes increases the hydrophobicity and waterproofing of the various paper samples, which mainly owe to the hydrophobic chemical composition of C – C and C – F bonds in PVDF.

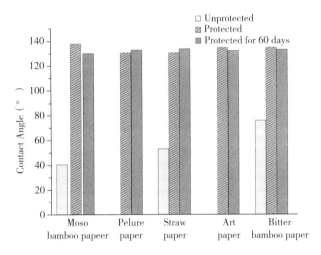

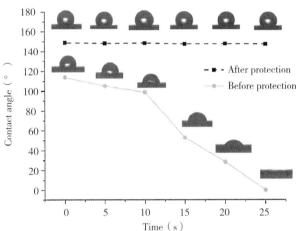

Fig. 5. Water contact angles of various types of paper in different condition (unprotected, protected and protected for 60 days).

Fig. 6. Water contact angles of newspaper samples measured after 30 s before and after PVDF protection.

3.3.2. Pollutant segregation test

It is necessary for coating materials to prevent dust, insects and mould from contacting directly with paper surfaces, so the barrier property of PVDF fiber membranes was tested by measuring the concentration changes of dust. In this experiment, fine particulate matter (PM) was used to measure the concentration of dust in the given circumstances. PM 2.5 refers to the content (μg) of particles whose diameter are less or equal to 2.5 μm per cubic meter of air, while PM 10 refers to 10 μm correspondingly. Polluted gas was put into the box and free diffused into another box with a layer of PVDF membrane in the middle. The PM of each box was measured after 20 min and the results are shown in Table 3.

Table 3   Fine particulate matter under different conditions.

	PM 2.5 ($\mu g/m^3$)	PM 10 ($\mu g/m^3$)
Natural environment	70 ± 7	126 ± 9
Artificially polluted environment	667 ± 29	1200 ± 35
Filtered environment	73 ± 12	124 ± 17

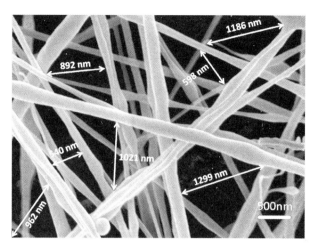

Fig. 7.　SEM images of electrospun PVDF fibrous membranes.

It is clear that the PVDF fiber membranes can effectively segregate the dust, since the fiber membranes possess a dense net structure, as shown in Fig. 7. The size of the mesh in the membranes, which were randomly dispersed and interlaced, was about 1000 nm, which was sufficient to keep out the large particles like dust, common insects and harmful moulds. Moreover, proper air permeability, which can provide a safe and stable environment and protection against degradation, is an important factor in paper conservation. The diameter of gas molecules is far less than the diameter of the pores in the mesh (Table 4), which means that the paper could still "breath" unobstructed after coating by the PVDF membranes.

Table 4　Size of common pollutants or contaminants and aerodynamic diameter of common gases.

Pollutant/Contaminant	Diameter	Common gas	Aerodynamic diameter
Dust	$1 \sim 10 \mu m$	He	0.260
Mould	$2.5 \sim 7.0 \mu m$	H_2	0.289
Silverfish	10mm	N_2	0.364
Lasioderma serricorne	3mm	O_2	0.346
Dermestidae	$2.8 \sim 5.0mm$	CH_4	0.380
Termite	$4 \sim 6mm$	CO_2	0.330

3.4. Electrospun preservation applied to paper relics

One page of fragile paper from an authentic book from the Qing dynasty (about 1850 A.D.) was chosen as the test subject for this procedure. The concentration of PVDF solution was 12% with the ratio of DMF/acetone 8:2 and spinning time of 3 min as it mentioned above. Since tensile strength tests would irreversibly damage this relic, the results were only determined from studies applied to the surface of this sample.

The area of the paper inside the red box of Fig. 8 has been preserved by electrospun PVDF membranes. The color changes before and after protection are shown in Table 5, and the 5 sites measured on the surface were chosen randomly on the paper relic. The color of paper changed after protection, since the PVDF membrane was itself white; however, the printing on the paper was still clear to read. A drop of water was deposited on the preserved area as shown in Fig. 9. It is apparent that the drop of water exhibits a spherical shape on the paper rather than permeating into the paper, confirming that the PVDF membrane can effectively protect the paper from harm by the external environment.

In fact, all the influencing factors, including membrane thickness, color change, elongation, hydrophobicity, aging resistance are interrelated, and could be controlled by adjusting experimental parameters. For example, both the color change and tensile strength of protected paper were mainly determined by the thickness of the PVDF membrane, which could be effectively controlled by the electrospinning time, but would result in opposite effects on those two factors. Therefore, each factor can and should be tailored and regulated according to the actual requirements of the paper relic to be conserved. In addition, there is sufficient potential for improvement and optimization in each individual case, such as adjusting the color of solution to adapt to the colors of different kinds of paper. This paper has focused specifically on the primary research and general aspects of the method, and both specific and extended studies of the method are in progress.

Fig. 8.　Photograph of paper relic partly protected by PVDF fiber membrane (area inside the white box).

Table 5　Color changes of unprotected and protected paper relics.

	Unprotected			Protected			△E
	L*	a*	b*	L*	a*	b*	
a	59.62	6.88	17.62	68.42	5.25	13.65	9.79
b	57.58	5.89	16.02	65.09	4.39	12.27	8.53
c	56.89	6.91	16.73	64.22	5.54	13.05	8.31
d	57.78	6.04	16.71	66.23	5.48	13.48	9.06
e	57.48	5.55	16.88	65.01	4.27	13.29	8.43

Fig. 9.   Water drop on surface of protected paper relic.

4. Conclusions

This paper presents a method for the conservation of paper relics using electrospinning technology, which is faster and more convenient than other methods, and without rigid operating conditions. PVDF fiber membranes were prepared directly onto paper surfaces using electrospinning for just 3 min. The ultrathin, hydrophobic membranes can effectively protect paper from damage by external water, dust, insects and mould, while allowing necessary gas molecules to pass through nano – pores in PVDF fibers to maintain the initial conservation condition of the paper. In addition, the fiber membrane covering can lead to a 10% increase in tensile strength and over 50% increase in elongation of the underlying paper, while maintaining stability after artificial hydrothermal and ultraviolet aging, meaning that it shares part of the strain resulting from an external stress, thereby reducing damage to the paper. Moreover, the ultrathin and soft fiber membranes is beneficial for museums and archives bureau with lots of books and documents, since the book thickness would not increase a lot even if fiber membranes are covered on every page of the book, which could save a lot of space and cost for conserving. In present the PVDF membrane could be carefully uncovered from a piece of paper since the interaction between polymer and paper fibers is not so large, but for paper with fragments it is a challenge in reversibility. And the color limitation of PVDF is another problem, which needs more research. Further studies are in progress to extend the capabilities of this method so that it may find more widespread use in paper relic conservation in the future.

Acknowledgement

This work was supported by grants from the Foundation of State Administration of Cultural Heritage of China（No. 20110105）.

References

① M. C. Area, Paper aging and degradation: recent findings and research methods, Bioresources 6（2011）5307 – 5337.

② L. D' Orazio, G. Gentile, C. Mancarella, E. Martuscelli, V. Massa, Water – dispersed polymers for the conservation and restoration of Cultural Heritage: a molecular, thermal, structural and mechanical characterisation, Polym Test 20（2001）227 – 240.

③ J. W. Baty, C. L. Maitland, W. Minter, et al. , Deacidification for the conservation and preservation of paper – based works: a review, Bioresources 5（3）（2010）1955 – 2023.

④ E. Robotti, M. Bobba, A. Panepinto, et al. , Monitoring of the surface of paper samples exposed to UV light by ATR – FT – IR spectroscopy and use of multivariate control charts, Anal Bioanal Chem 388（5 – 6）（2007）1249 – 1263.

⑤ V. D. Daniels, The chemistry of paper conservation, Chem Soc Rev 25（1996）179 – 186.

⑥ W. Feng, Discussion on reason of ancient books' moth – eaten and control measures, J Libr Inf Sci Agric 5（2011）37.

⑦ L. Jiazhen, W. Jingxuan, Main factors affecting the preservation of Chinese paper documents: a review and recommendations, IFLA J 36（2010）227 – 234.

⑧ M. Cocca, L. D' Arienzo, L. D' Orazio, G. Gentile, C. Mancarella, E. Martuscelli, C. Polcaro, Water dispersed polymers for textile conservation: a molecular, thermal, structural, mechanical and optical characterisation, J Cult Herit 7（2006）236 – 243.

⑨ E. Princi, S. Vicini, E. Pedemonte, V. Arrighi, I. McEwen, New polymeric materials for paper and textile conservation. I. Synthesis and characterization of acrylic copolymers, J Appl Polym Sci 98（2005）1157 – 1164.

⑩ E. Princi, S. Vicini, E. Pedemonte, V. Arrighi, I. J. McEwen, New polymeric materials for paper and textiles conservation. II. Grafting polymerization of ethyl acrylate/methyl methacrylate copolymers onto linen and cotton, J Appl Polym Sci 103（2007）90 – 99.

⑪ M. Cocca, L. D. Arienzo, L. D. Orazio, G. Gentile, E. Martuscelli, Polyacrylates for conservation: chemico – physical properties and durability of different commercial products, Polym Test 23（2004）333 – 342.

⑫ H. A. Carter, The chemistry of paper preservation part 3. The strengthening of paper, J Chem Educ 73（1996）1160.

⑬ J. Qiu, S. Lu, C. Peng, Q. Zhao, Glue for reinforcing and protecting paper historic relics, J Nanjing Univ Aeronaut Astronaut 38（2006）126 – 130.

⑭ J. Tan, Z. Yie, X. W. Zhang, Influence of chitosan on electrospun PVA nanofibermat, Adv Mater Res 311 (2011) 1763 – 1768.

⑮ S. W. Choi, J. R. Kim, Y. R. Ahn, S. M. Jo, E. J. Cairns, Characterization of electrospun PVDF fiber – based polymer electrolytes, Chem Mater 19 (2007) 104 – 115.

⑯ X. Gu, C. A. Michaels, D. Nguyen, Y. C. Jean, J. W. Martin, T. Nguyen, Surface and interfacial properties of PVDF/acrylic copolymer blends before and after UV exposure, Appl Surf Sci 252 (2006) 5168 – 5181.

⑰ E. Katan, M. Narkis, A. Siegmann, The effect of some fluoropolymers' structures on their response to UV irradiation, J Appl Polym Sci 70 (8) (1998) 1471 – 1481.

⑱ J. Z. Y. Tan, J. Zeng, D. Kong, J. Bian, X. Zhang, Growth of crystallized titania from the cores of amorphous tetrabutyl titanate@ PVDF nanowires, J Mater Chem 22 (2012) 18603 – 18608.

⑲ S. Choi, Y. S. Lee, C. W. Joo, S. G. Lee, J. K. Park, K. Han, Electrospun PVDF nanofiber web as polymer electrolyte or separator, Electrochim Acta 50 (2004) 339 – 343.

⑳ Y. T. Kim, C. K. Baek, Electrospinning of poly (vinylidene fluoride) / dimethylformamide solutions with carbon nanotubes, J Polym Sci B 41 (2003) 1572 – 1577.

㉑ K. Gao, X. Hu, C. Dai, T. Yi, Crystal structures of electrospun PVDF membranes and its separator application for rechargeable lithium metal cells, Mater Sci Eng B 131 (2006) 100 – 105.

㉒ S. W. Choi, S. M. Jo, W. S. Lee, Y. R. Kim, An electrospun poly (vinylidene fluoride) nanofibrous membrane and its battery applications, Adv Mater 15 (2003) 2027 – 2032.

㉓ D. B. Judd, G. Wyszecki, Color in business, science, and industry, 3rd ed. , John Wiley and Sons, New York, 1975.

㉔ J. Zheng, A. He, J. Li, C. C. Han, Polymorphism control of poly (vinylidene fluoride) through electrospinning, Macromol Rapid Comm 28 (2007) 2159 – 2162.

㉕ S. Zervos, A. Moropoulou, Methodology and criteria for the evaluation of paper conservation interventions: a literature review, Restaurator 27 (2006) 219 – 274.

㉖ Y. Pei, X. C. Zeng, Elastic properties of poly (vinyldene fluoride) (PVDF) crystals: a density functional theory study, J Appl Phys 109 (2011) 93514.

㉗ Q. Li, S. Xi, X. Zhang, Deacidification of paper relics by plasma technology, J Cult Herit, http: // dx. doi. org/10. 1016/j. culher. 2013. 03. 004

㉘ C. Ren, X. Dang, R. Guo, Y. Liao, Protection of historical paper relics and documents in museums, in: Proceedings of the EEC China workshop on preservation of cultural heritages, Xian, Shaanxi, PR Of China, September 25 – 30, 1991, Teti, 1992, pp. 298 – 301.

(原载 Journal of Cultural Heritage, 15 (2014) 359 – 364)

Deacidification of Paper Relics by Plasma Technology[*]

1. Introduction

Paper as a medium for written information is extremely important for transmitting and preserving knowledge and cultural history. However, with aging, more and more precious paper relicshave become yellowed and brittle because of the acidification of paper. The main structure of paper consists of cellulose fibers. Cellulose is a polymer consisting of linear β ($1-4$) D – glucopyranosyl units which will hydrolyze in acidic conditions. Acidity from the absorption of atmospheric pollutants, oxidation of lignin and additives from the papermaking process can all act as catalysts in the process of acid hydrolysis of paper[①]. These hydrolysis catalysts penetrate the paper fiber and cause glucosidic bond scission, which results in the degradation of cellulose. Furthermore, the hydrolysate contains additional acidic substances, which make this process a vicious cycle which ultimately results in a significant decrease in the mechanical strength of paper. Therefore, the removal or prevention of acidity is one of the most significant problems to be addressed in paper reinforcement and conservation.

There are currently several methods for paper deacidification being applied in conservation and restoration[②], but they have several unavoidable drawbacks[①③]. For example, direct contact with chemical deacidification reagents which are mostly based on non – environmentally friendly solvents[④⑤], will lead to paper crinkle, and visual appearance altering. Some other methods have very rigid deacidification conditions[⑥]. Thus, an efficient, convenient and environmentally friendly method for deacidification of paper is urgently needed.

Non – equilibrium plasma chemistry (often known as cold plasma chemistry) which has been used to modify macromolecular surfaces via various high – energy ions, electrons, free radicals and photons, is a dry and clean process without environmental concerns, such as use of hazardous reagents and solvents. It has been successfully applied in a number of processes, such as plasma cleaning, etching and coating. One of the main advantages of the plasma approach is that any resulting modifications are limited only to the material surface, leaving unaf-

---

* 本文由李青莲、奚三彩、张溪文合作撰写。

fected the bulk properties[7]. Thus, for the specific case of paper relics, treatment by the plasma method should guarantee the paper protection against surface damage.

When considering alkaline reagents for deacidification, the water – soluble inorganic compounds are much better than complex metallo – organic compounds, due to their lower toxicity and polluting effects[3], as well as cost. When comparing some alkaline inorganic salts, calcium compounds, in general, show better performance than the other commonly used reagents like sodium and magnesium compounds which are considered to be significant in the yellowing of the treated paper[8-10]. The neutralization reaction between an acid substance and OH^- from the $Ca(OH)_2$ canoccur directly in the environmental humidity. As a result, some of the free calcium ions deep in the fiber can bond to the carboxyl anions in the oxidized cellulose and decelerate the degeneration rate of the cellulose, while other calcium ions on the surface could transform into $CaCO_3$ for further protection[11,12]. Since many ancient papers with higher calcium carbonate content exhibit a longer – term stability, the use of $Ca(OH)_2$ would be a better choice of alkaline reagent for their conservation.

In this paper, a cold plasma system has been used with a deacidification reagent consisting of saturated $Ca(OH)_2$ solution to impregnate alkaline groups into the paper fibers and to modify the fiber surfaces. Parallel investigations using traditional chemical deacidification treatments were carried out, using the same apparatus but without activating the plasma system, so that paper was only treated by $Ca(OH)_2$, similar to the traditional aqueous deacidification method. Measurements of pH and tensile strength of the paper samples were also made in each case. Moreover, different kinds of colored paper were treated to measure the corresponding color change after plasma treatment. In addition, scanning electron microscopy was used to analyze the fiber surfaces of both treated and untreated samples, and the elemental content of the samples was measured by energy – dispersive X – ray spectroscopy[1].

2. Experimental

2. 1. *Preparation of paper samples*

Machine – made paper manufactured in different years, from the 1920's to 1990's, eight kinds of hand – made paper which are Chinese art paper from Jiajiang, bamboo paper from Liangping, raw, mixed moso bamboo paper (#15), raw, mixed bitter bamboo paper (#30), clinker, mixed bitter bamboo paper (#42), clinker, pure bitter bamboo paper (#48), pelure paper from Wenzhou, straw paper were chosen, six kinds of colored machine – made paper (blue, red, yellow, pink, light green, green) and A4 paper samples covered with different pigments (vermilion, Chinese ink, printing ink, malachite, eosin, phthalocyanine blue) were chosen as deacidification test samples. Each sample was cut into pieces of dimensions 130 mm × 150 mm, and maintained under room conditions of 23 ± 1℃, 50% ± 2% humidity for at least one day prior to testing.

2. 2. *Plasma processing*

The experimental apparatus for plasma processing consists of an arc plasma gun, RF power supply (120 ~ 260 W, 0 ~ 20 kHz), a conical flask to provide alkaline reagent, gas with valve and a flow meter, which is depicted in schematic form in Fig. 1. The saturated $Ca(OH)_2$ solution firstly fills the plasma gun in vapor form, together with argon. The intensity of the plasma can be controlled by adjusting the flow rate of gas and the power of the generator. The arc plasma gun is connected to a computer numerical control electromotor in order to allow it to move on a designated route at a certain speed, so that every part of the paper placed in the attainable region of the plasma gun can be treated directly in the plasma zone for a certain period of time.

The experiments were carried out under the following working conditions: temperature 20 ~ 25℃, atmospheric pressure, output voltage 75 V, arc power 100 W. The gas used was argon with the rate of 4 L/min, pH of alkaline agent was 12. 48, the longitudinal speed of the plasma gun was 35 mm/s and the transverse distance was 2 mm each time.

2. 3. *Traditional parallel test method*

A parallel test simulating a traditional aqueous deacidification method was made using the same experimental apparatus without activating the plasma system, so that the alkaline agent saturated $Ca(OH)_2$ solution sprayed directly onto the paper samples from the inactive arc plasma gun. In this case, the samples were treated only by alkaline agent with all the other factors the same as for the plasma treatment process.

2. 4. *Accelerated aging procedure*

The stability of the deacidification samples was investigated by moisture – heat – accelerated aging using an aging oven. Artificial aging was performed in the aging oven at a temperature of 80 ℃ and humidity of 65% for 72 hours, which corresponds to 25 years of natural aging[①].

2. 5. *Tensile tests*

Tensile strength tests on paper sheets were performed on a computer controlled tensile testing machine with an extensometer gauge of 25 mm and a test speed of 5 mm/min. At least ten specimens, which were 100 mm long and 15 mm wide, were tested for each type of paper sheet in order to check for repeatability.

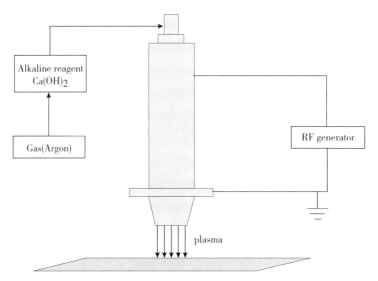

Fig. 1.　Schematic of the specially designed plasma treatment apparatus.

2. 6. *pH tests*

The current surface method of evaluating the pH of paper using a flat electrode is known to be flawed, as it is really the pH of the solution that moistens the paper surface[13]. A more accurate but destructive method is cold extraction measurement[14]. For this method, paper samples are cut into pieces and dispersed in cold deionized water. Accordingly, 1 g of the paper samples was added to 40 ml of cold, deionized water for 1 hour and the pH of the water after the extraction time was deemed to be the pH of paper. For the present study, we used the non – destructive surface pH measurement technique to measure the pH of the paper relics, and the cold extraction method for ordinary samples.

2. 7. *Scanning electron microscope (SEM) and energy – dispersive X – ray spectroscopy (EDS) analysis*

The surfaces of both untreated and plasma – treated samples were coated by evaporation with gold for 80 seconds before examination. A scanning electron microscope (Hitachi – TM3000) was used to investigate the surface morphologies and determine the content of the specified elements at the same time.

3. Results and discussion

3. 1. *Measurement of properties before and after plasma deacidification*

3. 1. 1. *pH and tensile strength variation*

After the deacidification treatment by plasma, both machinemade (Table 1) and hand – made (Table 2) paper samples experienced an increase in pH. Since there will be a long –

term consumption of the alkaline compound, the pH achieved after treatment should be above neutral but not high enough to cause alkaline depolymerization. The optimal value was in the 8.0 range, as the experimental results showed. Furthermore, we can see that the tensile strength increased, especially for the hand-made paper, which was raised nearly 20%. This phenomenon is likely due to the effect of the plasma, since the high energy could change the structures of the fibers and accordingly improve the mechanical properties. Compared with the hand-made paper samples, machine-made paper contains large amounts of additives from the pulping process[15], which may influence the modification effects on the fiber surface.

Table 1   pH and tensile strength of machine-made paper before and after plasma treatment.

Sample date	pH		Tensile strength (kN/m)	
	Untreated	Treated	Untreated	Treated
1990s	6.324	7.619	1.941 ± 0.078	1.907 ± 0.044
1980s	6.537	7.945	1.720 ± 0.064	1.703 ± 0.139
1970s	6.192	7.471	1.613 ± 0.062	1.908 ± 0.083
1960s	6.395	8.063	1.801 ± 0.068	1.838 ± 0.107
1950s	5.672	7.589	0.942 ± 0.051	0.983 ± 0.059
1940s	6.022	8.105	1.039 ± 0.051	1.014 ± 0.035
1930s	5.545	7.752	1.374 ± 0.118	1.364 ± 0.109
1920s	6.446	7.914	1.352 ± 0.087	1.467 ± 0.082

Table 2   pH and tensile strength of hand-made paper before and after plasma treatment.

Type of hand-made paper	pH		Tensile strength (kN/m)	
	Untreated	Treated	Untreated	Treated
Chinese art paper from Jiajiang	6.324	7.514	0.968 ± 0.056	1.167 ± 0.049
Bamboo paper from Liangping	6.518	8.032	0.493 ± 0.070	0.536 ± 0.028
#15 moso bamboo paper	6.473	7.723	0.838 ± 0.054	0.949 ± 0.039
#30 bitter bamboo paper	6.966	8.287	0.833 ± 0.040	1.333 ± 0.082
#42 bitter bamboo paper	7.049	8.615	1.001 ± 0.029	1.195 ± 0.033
#48 bitter bamboo paper	6.755	8.125	1.306 ± 0.058	1.448 ± 0.032
Pelure paper from Wenzhou	6.983	8.860	1.118 ± 0.046	1.161 ± 0.057
Straw paper	6.126	7.906	0.845 ± 0.025	0.898 ± 0.029

3.1.2. *Tensile strength before and after aging*

It is known that during the paper aging process, cellulose can depolymerize in the presence of acid, leading to acidification and fragility. The longer paper is kept over time, the more potential there is for it to be seriously affected by acidic substances. In this research, four typical kinds of Chinese paper samples were subjected to deacidification by plasma, and then aged artificially in the aging oven, imitating 25 years of aging under natural conditions, and then their tensile strength was measured.

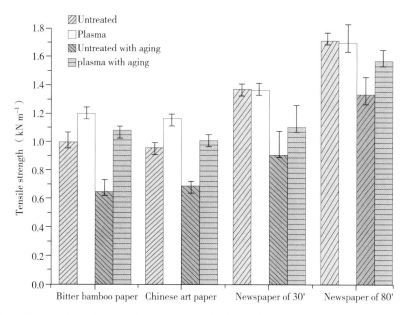

Fig. 2. Results of tensile strength measurements before and after aging for the equivalent of 50 years for different plasma – treated and untreated samples.

The results of the aging study, presented in Fig. 2, show that after aging, the tensile strength of the blank samples was reduced sharply to nearly 70%, while the plasma – treated samples still maintained more than 85% of their tensile strength. If we compare the aging measurements, the treated samples still have much better tensile strength, which means that the plasma treatment improves the mechanical properties, together with deacidification.

3.1.3. Color changes

Molecular modifications in the cellulose polymers in paper caused by degradation reactions can be manifest in color changes. The evaluation of the color changes was measured by the CIE $L^*a^*b^*$ system[①]. The three parameters (L^*, a^*, b^*) in the model represent the lightness (L^*) of the color (the smallest value indicating black), a^* its position between red and green (the smallest value indicating green) and b^* its position between yellow and blue (the smallest value indicating blue) respectively. After the evaluation of parameters L^*, a^*, b^*, the total color change $\triangle E_{ab}^*$, before and after the plasma deacidification treatment, was determined, with the following equation:

$$\triangle E_{ab}^* = [\ (\triangle L^*)^2 + (\triangle a^*)^2 + (\triangle b^*)^2\ ]^{1/2} \qquad (1)$$

In Eq. (1), the smaller the value of $\triangle E_{ab}^*$, the less difference there is between paper samples. In general, a $\triangle E_{ab}^*$ value of less than 1.5 is deemed to be undetectable by the human eye.

In the present study, three kinds of color changes were measured for every sample. The color change of the same treated sample before and after deacidification by plasma is given by

$\triangle$ E 1. $\triangle$ E 2 represents the color change between treated and untreated samples before aging, while $\triangle$ E 3 is for samples after aging.

The color changes for five different types of hand – made paper samples are presented in Table 3. These results indicate that all the samples show little color change between treated and untreated samples, proving that plasma treatment does not change the color of the paper[16]. The artificial aging revealed a relatively large difference between treated and untreated samples according to $\triangle$ E 3 compared with the variation between aged and un – aged samples after plasma treated in $\triangle$ E 2. Since the yellowing and darkening of cellulose is related to the acid hydrolysis and oxidation of the polymer chains, and after aging the treated samples showed a similar color, it is evident that the plasma treatment can decrease the speed of cellulose degradation to some extent.

Different kinds of pigments and colored papers were treated and the corresponding $\triangle E_{ab}^{*}$ values before and after deacidification were measured (Table 4).

For most of the pigments and colored papers, the color changes were small and random, so that we can consider that no real color change takes place after deacidification treatment, with the exception of red pigment. Since the carbonyl groups in the cellulose and pigment are chromophores[17], the observation of little color change means that plasma treatment does not change the structure of the polymer chains or accelerate the hydrolysis reaction. For the eosin, whose main component is tetrabromofluorescein, the phenolic groups would easily be oxidized during the aging process, which leads to the large observed changes of color.

Table 3   Color change of various hand – made paper samples.

Type of paper	$\triangle$ E1	$\triangle$ E2	$\triangle$ E3
Chinese art paper from Jiajiang	0. 63	0. 17	1. 44
#30 bitter bamboo paper	1. 66	0. 73	2. 12
Bamboo paper from Liangping	2. 52	0. 74	3. 17
Pelure paper from Wenzhou	0. 92	0. 50	1. 03
Straw paper	0. 27	0. 78	1. 34

$\triangle$ E 1: color change between aged and un – aged states of the same treated sample; $\triangle$ E 2: color change between treated and untreated sample before aging; $\triangle$ E 3: color change between treated and untreated sample after aging.

Table 4   Color change of different colored papers and pigments.

Type of pigment	$\triangle$ E1	$\triangle$ E2	$\triangle$ E3
A4 paper with vermilion	0. 33	1. 62	1. 05
Chinese art paper with Chinese ink	0. 43	1. 09	1. 79
A4 paper with Chinese ink	0. 11	0. 66	1. 52
A4 paper with printing ink	0. 21	0. 51	1. 07

(continued)

Type of pigment	△E1	△E2	△E3
A4 paper with malachite	0. 13	0. 53	0. 59
Chinese art paper with malachite	0. 03	0. 87	0. 89
A4 paper with eosin	4. 43	3. 87	3. 66
A4 paper with phthalocyanine blue	1. 00	0. 77	2. 71
Blue machine – made paper	0. 84	0. 86	0. 42
Red machine – made paper	1. 84	1. 07	1. 94
Yellow machine – made paper	0. 03	0. 54	2. 96
Pink machine – made paper	0. 69	0. 77	0. 15
Light green machine – made paper	0. 58	0. 40	1. 12
Green machine – made paper	0. 38	0. 63	0. 69

3. 2. *Plasma vs. chemical treatment*

Most tradition deacidification methods using chemical reagents such as $Ca(OH)_2$ directly show a significant effect immediately upon application. In the present study, we use both chemical and plasma treatments for deacidification in order to compare the methods and observe any differences between them (Table 5).

Table 5　pH comparison between chemical and plasma treatments of paper samples.

	Measured immediately after treatment			Measured 45 days later		
	Untreated	Chemical	Plasma	Untreated	Chemical	Plasma
30′ newspaper	5. 369	7. 336	7. 164	5. 437	6. 753	7. 009
80′ newspaper	5. 995	7. 824	7. 871	6. 142	7. 437	7. 752
Magazine paper	6. 603	8. 734	8. 867	6. 568	8. 247	8. 785
Chinese art paper	6. 324	7. 515	7. 541	6. 414	7. 033	7. 515
Bamboo paper	5. 668	8. 576	8. 841	5. 337	8. 109	8. 816
Pelure paper	6. 828	8. 911	8. 937	6. 589	8. 879	8. 971
Straw paper	5. 804	8. 316	8. 210	5. 773	8. 156	8. 274

The pH of all types of samples increased substantially if measured immediately after deacidification with both chemical and plasma treatments. However, we kept the treated samples in a closed environment for one and half a months and measured the pH again. After 45 days, we obtained an interesting result, whereby the pH of the sample, which was treated by the chemical method, showed an obvious decrease, while those treated by the plasma method maintained a pH similar to that of the previous 45 days. This result illustrates that the effect of deacidification lasts longer when using the plasma method compared to the traditional chemical deacidification treatment.

In order to study the process of pH change, a large piece of 1940's newspaper was cut into equal halves, with one half treated by the chemical method and the other treated by plasma.

Both of the paper samples were kept in a closed environment and the pH was measured every few days by the cold extraction method to obtain the accurate pH. From the results shown in Fig. 3, the pH of the chemically treated sample dropped gradually, while that of the sample treated by plasma remained unchanged. After 45 days, the pH trend of both samples remained stable, with the alkalinity of the plasma – treated sample being much stronger, while the pH of the other sample was nearly the same as that at the beginning of the study.

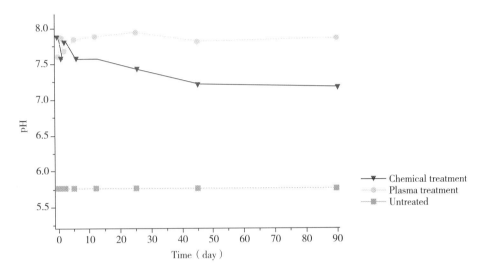

Fig. 3.   pH variation of paper treated by different deacidification methods over
90 days' post – treatment time.

3. 3. *Elemental analysis and surface morphology*

Energy – dispersive X – ray spectroscopy (EDS) was used to analyze the elemental composition of the fibers of the paper surfaces, with the results given in Table 6. We found that the content of both C and O changed with increasing the content of Ca^{2+} after deacidification by both methods. However, for the composition ratio of O/C, the plasma – treated sample showed a notable difference. While both the untreated and chemically treated samples had the same ratio of 1. 17, the ratio of O/C rose to 1. 23 for the plasma – treated sample, which means that the chemical structure of the fiber surface was influenced by the plasma treatment, with some new oxygen groups created[7].

Table 6   Elemental composition of fibers obtained from energy – dispersive X – ray spectroscopy (EDS).

Treatment condition	Composition ratio O/C	Elemental composition (%)		
		C	O	Ca
Untreated	1. 17	46. 1	53. 8	0. 1
Chemical	1. 17	45. 6	53. 4	1. 0
Plasma	1. 23	44. 6	54. 8	0. 7

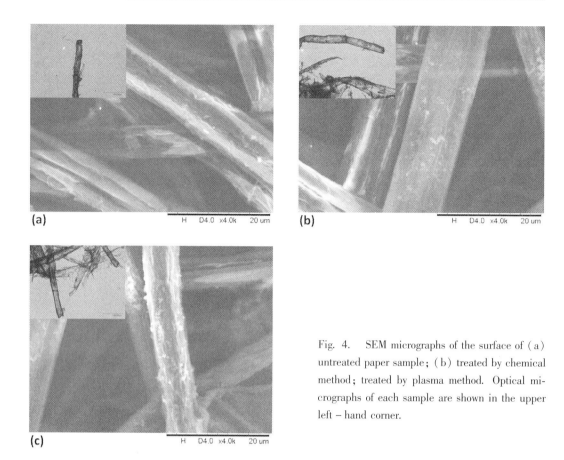

Fig. 4. SEM micrographs of the surface of (a) untreated paper sample; (b) treated by chemical method; treated by plasma method. Optical micrographs of each sample are shown in the upper left-hand corner.

Fig. 4 shows the optical microscopy results and scanning electron micrographs of the fiber surfaces of untreated, chemically treated and plasma treated paper samples. The main structure of the fibers treated by plasma has changed very little compared with the untreated sample under the optical microscope. However, it is clearly seen that the surface of the fibers became rough after treatment by plasma while the surface of the other two samples remained smooth. There were many fiber branches, similar to the devillicate formed during the paper pulping process, which means that the high-energy plasma does not damage the polymer chains; instead, it modifies the surface. The surface of the fibers was activated and split into many tiny fibers, which increases the specific surface area and exposes more hydroxyl groups, allowing them to form more hydrogen bonds with neighboring fibers. Meanwhile, the plasma process may also produce new oxygenated species as indicated by the EDS result, which can also form more hydrogen bonds. Thus, the number of connection points between fibers would increase, thereby enhancing the bonding forces between fibers in the paper, ultimately resulting in improved mechanical behavior in the paper in macroscopic terms.

3. 4. *Plasma technology applied to paper relics*

An acidified page of an authentic book from the Ming dynasty (about 1600 A. D.) was chosen as the test subject for this procedure, and pH measurements the CIE L*a*b* system were used to determine the efficiency of plasma deacidification on this example of a paper relic.

After application of the plasma deacidification technique, the pH of the page rose from 4.478 to 7.737 (Fig. 5), demonstrating that the paper changed to alkalescency after treatment, without any other apparent changes to the paper (Fig. 6). The $L^* a^* b^*$ chromatic aberration analysis for the same point before and after treatment presented in Table 7, shows that the color change for the ancient page was around 1.0, which confirms that the plasma deacidification method applied to paper relics only lowers the degree of acidification, and does not influence the appearance of the paper or the pigment and writing on it.

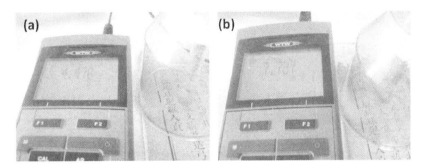

Fig. 5.   pH of paper relics (a) before and (b) after plasma deacidification treatment.

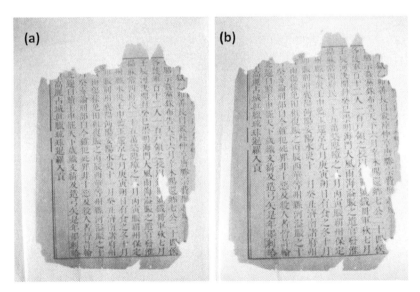

Fig. 6.   Photograph of paper relics (a) before and (b) after plasma deacidification treatment.

Table 7   Color change for untreated and treated paper relics.

	Untreated			Treated			$\triangle E$
	L *	a *	b *	L *	a *	b *	
1	57.35	10.39	28.65	58.86	10.27	28.27	0.69
2	66.86	7.54	28.22	66.97	7.66	28.47	0.30
3	67.09	9.13	30.05	66.22	8.48	30.00	1.09
4	65.23	8.27	28.87	65.01	8.45	28.48	0.48
5	66.75	7.70	28.29	66.98	7.85	28.84	0.61

4. Conclusions

This report presents a novel deacidification method for paper relics using atmospheric plasma technology with advantages over the present wet – chemical – based deacidification methods, including shortening the deacidification duration from several hours to just a few minutes, avoiding paper crinkle, color change and visual appearance altering caused by direct contact of paper with solution – stated deacidification reagents, and prolonging the maintaining effect for paper deacidification. The proposed plasma technology could strengthen the paper since part of shallow surface fibers might be activated and split into tiny fibers to form more hydrogen bonds with neighboring fibers, while the original appearance of paper could be preserved due to the short plasma processing period that avoids the degradation of cellulose.

Acknowledgements

This work was supported by grants from the Foundation of State Administration of Cultural Heritage of China (No. 20110105), and from the Foundation of Cultural Heritage Conservation Science and Technology Project of Zhejiang in 2012 (Application of plasma deacidification key technology in deacidification of neoteric and modern paper relics) .

References

① M. C. Area, Paper aging and degradation: recent findings and research methods, Bioresources 6 (2011) 5307 – 5337.

② H. A. Carter, The chemistry of paper preservation: part 1. The aging of paper and conservation techniques, J. Chem. Educ. 73 (1996) 417 – 420.

③ J. W. Baty, Deacidification for the conservation and preservation of paper – based works: a review, Bioresources 5 (2010) 1955 – 2023.

④ M. S. Rakotonirainy, A. Dupont, B. Lavédrine, S. Ipert, H. Cheradame, Mass deacidification of papers and books: V. Fungistatic properties of papers treated with aminoalkylalkoxysilanes, J. Cult. Herit. 9 (2008) 54 – 59.

⑤ H. Cheradame, Mass deacidification of paper and books. I: study of the limitations of the gas phase processes, Restaurator 24 (2003) 227 – 239.

⑥ Y. Wang, Y. Fang, W. Tan, C. Liu, Preservation of aged paper using borax in alcohols and the supercritical carbon dioxide system, J. Cult. Herit. 14 (2013) 16 – 22.

⑦ X. Yuan, K. Jayaraman, D. Bhattacharyya, Effects of plasma treatment in enhancing the performance of woodfibre – polypropylene composites, Compos. Part A Appl. Sci. Manuf. 35 (2004) 1363 – 1374.

⑧ H. Bansa, Aqueous deacidification – with calcium or with magnesium? Restaurator 19 (1998) 1 – 40.

⑨ E. Stefanis, Deacidification of documents containing iron gall ink with dispersions of Ca(OH)$_2$ and

Mg(OH)$_2$ nanoparticles, Restaurator 31 (2010) 19.

⑩ L. Botti, The effect of sodium and calcium ions in the deacidification of paper: a chemo – physical study u- sing thermal analysis, Restaurator 27 (2006) 9 – 23.

⑪ S. Sequeira, C. Casanova, E. J. Cabrita, Deacidification of paper using dispersions of Ca(OH)$_2$ nanoparti- cles in isopropanol. Study of efficiency, J. Cult. Herit. 7 (2006) 264 – 272.

⑫ J. Bogaard, P. M. Whitmore, Effects of dilute calcium washing treatments on paper, J. Am. Inst. Con- serv. 40 (2001) 105 – 123.

⑬ H. Clark, J. Gibbs, A. Jarjis, An investigation into the deacidification of paper by ethoxymagnesium ethyl- carbonate, J. Mater Chem. 8 (1998) 2685 – 2690.

⑭ TAPPI T 509 om – 02 – Hydrogen ion concentration (pH) of paper extracts (cold extraction method).

⑮ M. A. Hubbe, Handmade paper: a review of its history, craft, and science, Bioresources 4 (2009) 1736 – 1792.

⑯ E. G. Ioanid, A. Ioanid, D. E. Rusu, C. Popescu, I. Stoica, Surface changes upon highfrequency plasma treatment of heritage photographs, J. Cult. Herit. 12 (2011) 399 – 407.

⑰ V. Bukovsky, Yellowing of newspaper after deacidification with methyl magnesium carbonate, Restaurator 18 (1997) 25 – 38.

(原载 Journal of Cultural Heritage 15 (2014) 159 – 164)

贰　丝织品文物保护

古代丝织品的劣化机理研究方法综述[*]

一 古代丝织品出土概况

丝绸文化是华夏文明的重要特征之一，据考证 China 一词，与丝绸有关[①]。古代丝织品（historic silks）是丝绸文化绚丽多彩艺术内涵的集中展示。考古发现的一件件古代丝织品文物，都是中华民族文明和智慧的结晶，同时也是研究我国纺织技术发展史乃至中华民族悠久历史的宝贵史料。

我国出土的纺织品无论数量或品种，都可堪称世界第一。主要出土情况请见表1。

表1 纺织品出土情况调查表

出土地点	年代	品种及概况
江苏苏州吴县草鞋山	新石器	纺织品葛布
浙江吴兴钱山漾	新石器	丝帛（经纬密度各为48根/厘米；丝带宽5毫米用16根粗细线交编）
青海都兰诺木洪	新石器	毛织品经线约14根/厘米，纬线约6~7根/厘米，经线粗约0.8毫米，纬线粗约1.2毫米
河南安阳武官村殷墟	商代	铜钺的表面带有菱纹、回纹丝织物残痕
大司空村	商代	绢纹残迹
洛阳东郊下瑶村	商代	随葬丝织帐幔，在织出的红条纹上，画有黑色、白色的线条
陕西长安	西周	涂有黑漆的织物残片
（故宫博物院藏）	周	玉刀上面残留有回纹图案的织花痕迹
广州南越王墓	春秋战国	丝织品
陕西秦公一号墓	春秋战国	丝织品
长沙广济桥战国墓	战国	圆形丝袋、丝带及织棉
长沙左家塘楚墓	战国中期	丝织品，深棕地红黄色菱纹锦、褐地红黄矩纹锦、褐地双色方格纹锦、朱地暗花对龙对凤纹锦、棕色绢、黄色绢、褐色绢等
长沙战国墓	战国	褐紫色菱纹绸片，以及紫褐色犬齿迎光变色的丝带
俄罗斯阿尔泰地区巴泽雷克古墓	战国	菱纹绢、刺绣
湖北江陵马山砖场一号墓	春秋战国	丝织品，刺绣、锦、罗、纱、绢等几乎包括了战国时期的所有丝织品品种

---

* 本文由龚德才、奚三彩、孙淑云合作撰写。

（续表）

出土地点	年代	品种及概况
蒙古的诺颜乌兰的匈奴古墓	秦汉	绢、刺绣和毛织物等
蒙古的通瓦拉古墓	汉代	丝织品
湖南长沙东郊马王堆一号汉墓	汉代	棉、丝织品等，绒线棉、凸纹棉、印花覆彩织物等，绢、纱、罗、绮、刺绣、棉等
敦煌莫高窟 125～126 窟	北魏	黄褐色刺绣
新疆的于田和阿斯塔那	六朝	印染品
楼兰和山普拉		毛毯、垫毯和缂毛织物，具有希腊、罗马文化风格，代表着新疆毛织物中外来纹样的艺术色彩
楼兰、尼雅、托库孜萨来、阿斯塔那、喀拉和卓等遗址和墓地	汉魏	丝绸
青海都兰热水吐蕃墓	唐	丝织品
陕西法门寺塔唐地宫	唐	丝织品
福州黄升墓	宋	丝织品
江苏金坛周瑀墓	宋	丝织品
浙江溪宋墓	宋	丝织品
苏州瑞光塔	宋	丝织品
江西德安宋墓	宋	丝织品、服装
新疆阿拉尔	宋	锦和刺绣
北京庆寿寺	元	纳石失
新疆乌鲁木齐	元	金锦、毛织和棉织
辽宁大城子	元	金锦
内蒙古集宁市集宁路古城遗址	元	丝织品、刺绣、苏绣
北京十三陵的定陵	明	衣物和丝织品
江苏武金横山桥明墓	明	40 多件服装
江苏泰州明墓	明	丝织品、百余件服装

由此可见，中国考古发现的纺织品数量、品种十分丰富，堪称世界之最。

二　蚕丝纤维的结构

一般理论认为，蚕丝是由丝素和丝胶组成的，其中丝素占 70%，丝胶占 30% 左右[②]。

丝素和丝胶都是蛋白质，它们具有氨基酸组成的多肽链结构。丝素中含有两种多肽链，一种是分子量为 35 万左右的 H 链，另一种是分子量为 2 万左右的 L 链。丝素有分子链排列紧密的结晶区和分子链排列较为松散的非结晶区及过渡区。肽链之间一般通过副价键（氢键）和二硫键连接。丝素的二级结构符合 Pauling 提出的 β 折叠模型（β－sheet），小松计一和清水正德认为，丝胶可分为四部分，分别称丝胶Ⅰ、丝胶Ⅱ、丝胶Ⅲ和丝胶Ⅳ③，丝胶含大分子量的氨基酸比例较高，结晶度远小于丝素，大部分为较为松散的无规线团结构。丝素包埋在丝胶中，因此丝素比丝胶易受外界因素的侵蚀而老化剥落。在缫丝的过程中，丝胶Ⅰ、丝胶Ⅱ、丝胶Ⅲ发生溶解，丝胶Ⅳ及部分的丝胶Ⅱ、丝胶Ⅲ仍然留在蚕丝上。由结构特点可以发现，丝胶是蚕丝中性质不稳定的部分，也是受外界因素侵蚀最易发生变化的部分，因此，丝胶蛋白质的变性与否、程度的大小，对蚕丝性质有很大影响。MARY A. BECKER 等研究发现④，丝织品的清洗须注意蛋白质的损失，富含丝胶的丝织品，任何湿法清洗都会导致丝胶部分溶解，损坏丝织品。湿法清洗时，不但溶解丝胶，而且丝织品的骨架部分——丝素也有可能部分溶失。丝胶缺失型的丝织品，更容易受光的损害。因为没有作为保护膜的丝胶包裹，丝素已完全裸露。

三　古代丝织品系统分析技术

在已发表的古代丝织品劣化研究文献中，大部分都是人工模拟劣化的研究，没有建立系统研究的概念。古代丝织品包含了大量古代信息，不能够进行系统、全面的分析，必然导致信息材料的损失。因此，古代丝织品系统分析研究应该成为研究的方向和趋势。

古代丝织品系统分析示意图如下。

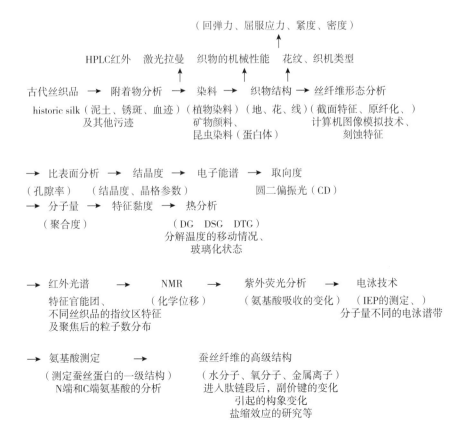

古代丝织品的研究、分析和保护工作，是一项庞大的系统工程。它可能涉及的领域有：纺织技术史、化学史、古代历史、古代地理、民俗学、考古学、植物学、艺术学、化学、生物、物理、现代分析、计算机技术应用等。

首先，出土的丝织品附着物的分析，如泥土、血迹、矿物质积淀、金属锈斑、微生物和其他污迹。可获取的信息有：埋葬的地理环境、人体的 DNA、陪葬品种类及墓葬中微生物种属和古代微生物发生情况等。第二步，丝织品的染色分析，分析丝织品的染料成分、媒染剂、胶粘剂使用情况。通过分析，研究古代丝织品的染色技术，科学地制定丝织品色彩保护方案。染料分析使用的技术手段有红外光谱、激光拉曼光谱、荧光分析法等。张雪莲等人，采用薄层色谱和高效液相色谱，曾经对 3000 年前的古代丝织品的染料进行分析，揭示了古代植物染料的成分[5]。Ann Cordy，Kwannan Ye[6] 利用紫外——可见光谱（UV－VIS）、红外光谱（IR）及化学分析法，对淀蓝、苏木、普鲁士蓝三种蓝色染料进行了分析，淀蓝的最大吸收峰在 $602 \sim 605nm$，苏木的最大吸收峰在 $518nm$，苏木和淀蓝通过萃取，在有机相获得，而普鲁士蓝则在无机相获得。苏木在酸性溶液中略呈紫色，普鲁士蓝在酸性溶液中呈淡蓝色。化学分析表明，三种染料中都含有二价铁离子，但所有的样品中都有二价铁离子，二价铁离子不能够用于蓝色染料的判断。在光照的情况下，普鲁士蓝和淀蓝仍为蓝色，而苏木 10 小时后变为褐色。第三步，织物结构分析，线的捻向、地和花的编织结构、织机类型、花纹等。除此之外，还应进行织物的机械性能分析，如抗张强度、揉顺度、纤维的屈服应力和织物的密度等。有关这方面的内容，可以参阅参考文献[7]。柳悦州、胡卫军、平林洁[8] 曾经对日本江户时代绢织物进行了机械性能的分析，并得出保存公式 $y = K°a^x$。

y：保存天数　　　　　　a：$5.5 \times 10^{-2} \times 1.07^W$

K：$1.5 \times 10^8 \times 0.77^W$　　X：强度

W：含水率

RH66% 时 W = 9.5%，RH98% 时 W = 22%，RH0% 时 W = 2.5%。

第四步，纤维的形态分析，利用光学显微镜或电子显微镜，对纤维的截面特征、原纤化程度、表面刻蚀情况进行分析判断[9]，分析劣化机理。此分析过程还可以采用计算机图像模拟技术。第五步，纤维的比表面分析，采用压汞法、气体吸附法等手段，分析纤维的空隙分布及空隙率[10]。第六步，利用 X 衍射测定纤维的结晶度。结晶度的计算方法有多种，其中 Hermans 法是比较好的一种方法[11]。第七步，电子能谱分析技术，测定蚕丝纤维中的元素种类、含量等，有助于丝织品增重剂和媒染剂的研究。R. J. Koestler，N. Indictor，R. Sheryll[12] 对 13 个古代丝织品样品进行了 X 能谱分析，发现有 Al、Fe、Ca、Si 和 K 金属元素存在，而 Cu、Cr、Sn、Zn 却没有发现。未染色的样品不含铁和铝，研究发现，媒染剂会造成硫的损失，蛋白质含硫量降低经常与蛋白质的老化有关，硫的损失意味着二键被破坏，将对蚕丝纤维的性能产生很大影响。蛋白质纤维中铁和铝与硫的比率可以用来判断是否使用了媒染剂。规则如下：铝与硫比为 2：1 时，使用了媒染剂，铝与硫比为1:1时，可能使用了媒染剂，铝与硫比小于1:1时，不能肯定使用了媒染剂，铁与硫比大于2:1时，使用了媒染剂，铁与硫比为2:1时，可能用了媒染剂，铁与硫比等于1:1时，不能肯定使用了媒染剂，铁与硫比小于1:1时，没有使用媒染剂。现代羊毛染色也有类似标准。但有些因素要考虑，如，铁、铝与硅形成硅酸盐的情况不能排除，痕量的铁、铝有可能是其他添加剂带入的，硫的来源可能是媒染剂、盐和土壤等。另外，样品用媒染剂处理但不染色，其钙含量比样品低一半。第八步采用圆二偏振光技术（CD），分析纤维的取向度。蚕丝纤维是各向异性的，随着时间的变化和劣化的不断发生，取向度也会有所改变，因此，取向度的测定也能够为丝织品的劣化提供分析依据。第九步，分子量测定，可以将蚕丝蛋白进行分离，然后采用高速离心法等方法，测定分子量。第十步，特征黏度测度。平林洁[13]用 Ostwald 黏度计测定特征黏度。Janet E. Miller，Barbara M. Reagan 测定未增重的古代丝织品样品的稀溶液的黏度，结果发现，测定的样品中，只有一个样品的黏度大于2，其他都小于1，数值在 0.7~1.4 之间，远远小于现代丝绸的3.1。特征黏度的改变，有可能表明丝素肽链发生变化[14]。第十一步，热分析，其中包括 TG、DSC、DTG 等，分别测定蚕丝纤维的聚集状态、热失重、失水温度、热分解温度[15]。DSC 中的吸收峰与丝织品的结晶度和老化时间有一定的关系。第十二步，蚕丝纤维的红外光谱分析，研究氨基酸的变化，及酰胺Ⅰ、酰胺Ⅱ、酰胺Ⅲ和酰胺Ⅴ吸收峰情况[16][17]。红外光谱指纹区的变化对于研究蚕丝纤维的劣化有着重要意义。第十三步，NMR 分析，通过测定丝织品的化学位移，对劣化程度进行评判。Wataru Kawanobe 指出[18]，NMR 测出的化学位移可以用来判断蚕丝中 α 螺旋和 β 折叠的比例，以此评判丝织品老化的程度。测试的样品为 12 世纪的同一家族的两个墓葬，间隔 30 年，另一样品为泰国的丝绸。第十四步，紫外荧光分析技术，部分氨基酸的吸收峰的变化或移动，可以作为蚕丝肽链中氨基酸发生劣化反应的依据。第十五步，电泳技术，将蚕丝用硫氰酸盐溶解，制成蛋白质水溶液，因为蛋白质是两性分子，因此，在电场的作用下，蛋白质分子做定向移动，根据等电点 IEP 差异、不同分子量的电泳谱带及聚焦后的粒子数分布等情况，进行古代丝织品劣化的比较研究。第十六步，氨基酸测定，采用现代氨基酸检测分析技术，可以弄清楚蚕丝蛋白质肽链的氨基酸排列顺序，此外，对 N 端和 C 端氨基酸的分析，将帮助我们了解各种劣化因素对肽链的破坏结果，以及找出肽链中的薄弱部位[19]。氨基酸排列顺序分析，也是对蚕丝纤维进行模拟合成的基础[20]。第十七步，蚕丝纤维的高级结构研究，这是一个崭新的领域，蚕丝纤维的三级和四级结构，是非常复杂的，目前在研究的技术手段上，能做的十分有限。

四　古代丝织品劣化类型

众多研究发现，丝织品的劣化有如下几种类型。

1. 物理老化

Randall R. Bresee[21]认为丝织品纤维是一种棒形的材料，它拥有巨大的比表面积。由于大多数高分子纤维的玻璃化温度在室温之上，以及都含有非结晶区域，因此，在室温储存过程中会发生物理老化。其现象为发硬、密度增大。一个有趣的现象是物理老化可以通过加热（超过它的玻璃化温度）或加增塑剂消除，类似于退火。玻璃化温度也可以通过添加增塑剂降低，水也是常用的增塑剂之一。天然纤维吸水后，玻璃化温度降低，有时可降到室温附近，使得材料更容易发生室温下的老化。一般而言，物理老化规律性强，可以通过计算预测老化的时间，短的几分钟长的数百年都可以预测。

2. 化学劣化

一般情况下，纤维化学活性较差，不易发生化学侵蚀，因此，有的丝织品能保存数千年。蚕丝纤维的水解、氧化、光解、生物降解，都与化学劣化有关。从氨基酸的分子结构可以看出，丝氨酸、酪氨酸因含有羟基和酚羟基活性基团，易发生氧化反应。因此，有人提出，用丝氨酸、酪氨酸的变化，判断丝织品的劣化程度。金属离子对丝织品劣化的影响，也属于化学劣化的范畴。Jante E. Miller 和 Barbara M. Reagan[22]通过对54 个未染色丝织品样品（400 至 30 年前，1600 ~ 1975 年）与 habutai（空白样）的比较研究发现，使用增重剂的丝绸，常含有锡（占丝绸重量的 3%，13 个样品含锡）、锰56，铁的同位素（占丝绸重量的 0.01% ~ 0.63%，所有样品都含）、铝（占丝绸重量的 0.01% ~ 0.15%，44 个样品含铝）、钡（作为消光剂和增重剂，占丝绸重量的 0.01% ~ 1.68%，23 个样品含钡）、在第 4 和 5 组中含铬（1890 ~ 1939 年的丝绸样品）、砷（痕量，占丝绸绸重量的 0.05% ~ 2.45%）、铜（占丝绸重量小于 0.01%，6 个样品含铜）、铟（占丝绸重量小于 0.01%，6 个样品含铟，可能是由锡 125 转化为铟 116）、所有的样品中都有铁和铝，这可能是水带入的。报道过的增重剂除氯化亚锡、氯化铟、硫酸铜、硫酸铝、硫酸亚铁、硫酸锌、氯化砷、重铬酸钾和硝酸钡外，还有醋酸铅、锑和锌等。R. J. Koestler，N. Indictor，R. Sheryll[23]对 13 个古代丝织品样品进行了 X 能谱分析，发现有 Al、Fe、Ca、S、K，而 Cu、Cr、Sn、Zn 没有发现。

3. 光解反应

Nasuhiro Tsukada[24]文中提出紫外线照射对蚕丝纤维肽链的影响有两种类型，一是桥接（邻近肽链上基团上的原子形成新的化学键），二是肽链的断裂，在富氧条件下，桥接多数发生在结晶区的肽链之间，而肽链的断裂主要发生在非结晶区。Nasuhiro Tsukada 的实验样品经过脱胶和脱蜡处理，黏度测定用 Ostwald 黏度计。紫外线照射过的丝织品，在照射 10 小时内，强度迅速下降，20 小时后强度下降缓慢。双折射实验测定表明丝素的结构基本未变。通过 Hermans 法测结晶度，变化在误差范围内，说明紫外线照射过的样品，结晶度没有出现明显改变。但相对黏度却有所下降，这一变化暗示了丝素分解的可能性。热分解温度向低温方向有轻微偏移。有序 β 折叠向无序 β 折叠转化明显，这可能与分子的集聚态变化有关。Kenji Okuyama 和 Weijun hu.[25]通过实验证明，丝织品的黄化与酪氨酸、丝氨酸、苯丙氨酸有关。但机理并不清楚，研究发现氨基酸的降解后的产物有氨气生成。在此值得一提的是，实验的空白样，用 Hiraod 的蚕丝样品制备方法制得——HABUTAE，HABUTAE 是一种用硫氰化钾脱胶的样品。实验表明紫外线照射的时间与丝素的降解温度无关，与丝素的结晶度也无关。光解反应先破坏非晶区，然后是结晶区。紫外线照射、加热都可能有氨气产生，从而导致氨基酸失重。254 纳米的紫外经线使丝织品的失重比 365 纳米大得多。光老化和性质的变化会引起高聚物分子量的变化。其中强度和弹性的变化最为明显。光降解还可能增加丝织品的溶解度、化学反应的敏感度。使其易发生新的化学反应，从而丝织品的耐化学腐蚀性能下降。通过纤维形态观察，光老化往往使高分子发生交链，在富氧条件下，发生在结晶区的交链比非结晶区多，这可能是由于结晶区排列紧密、肽链靠得很近的原因。光化学研究表明，在紫外线照射下，共轭双键和一般双键有强烈吸收，在可见光下，只有共轭双键和有强烈吸收。这是有机高分子发生光解反应的原因。但在贫氧环境下，光老化很难发生，光和氧对丝织品的破坏作用具有协同效应。

4. 热老化

热老化涉及两类老化，一是物理性质的改变，二是化学反应。高分子材料在受热状态下，其聚集态的变化，对性能的影响十分明显。一般情况下 $T_g = 2/3T_m$（T_g：玻璃化温度，T_m：熔点）。当高分子材料加热达到玻璃化状态后，增加了分子之间的移动，使其他分子（如染料、漂泊剂、油、降解剂和土壤）更容易深入纤维内部，发生化学反应，产生腐蚀。另外，在玻璃化状态下，分子的取向度也会发生变化。

5. 机械老化

机械应力会增加材料的黏弹性响应时间（响应慢），应力难以释放，因而分子链易发生断裂，使材料的尺寸、形态发生改变。此外，古代丝织品纤维上附着土壤后，使分子的移动性降低，因此，耐拆度、抗拉强度等机械性能下降。机械老化的真正原因，应该是蚕丝纤维在外力的长期作用下，链的扭曲和形变造成的，这一点不难从高分子的聚集态理论得以解释。

6. 生物劣化

Yoshio Ishiguro，Yaping Zhou Fumiaki Tajima[20]把新的丝线埋入土壤中，每隔 1 个月取出一部分，然后利用计算机图像模拟技术，计算截面积，进行对比，以此判断生物腐蚀的程度。墓葬是贫氧、无光环境，因此，埋葬环境中丝织品，受化学和微生物腐蚀的可能性极大。生物腐蚀中的循环代谢作用与一般的化学腐蚀有着明显区别。前者有很强的选择性，而后者则无。

古代丝织品老化机理极有可能因为古代纺织技术不同、时间因素的作用、埋藏环境与保存环境的巨大差异而更为复杂，现在文物保护研究人员越来越认识到了古代丝织物老化机理及现状分析与科学评估研究的重要性，因此，对古代丝织品的研究日益成为必要，特别是古代丝织品系统分析，可以全面获得古代丝织品的信息，同时也有利于为珍贵的丝织品文物制定科学的保护方案。古代丝织品劣化机理的研究，对现代蚕丝纤维的改性，也具有一定的指导意义。

注释：

① 周启澄：《Some Comments on the History of Silk》，中国古代纺织研究国际学术报告会，2002 年。

② 苏州大学、中国丝绸工学院编：《制丝化学（第二版）》，中国纺织出版社，1979 年。

③ 北条舒正：《続絹の构造》，信州大学。

④ Mary A. Becker, Polly Willman, & Noreen C. Tuross, The U. S. First Ladies Gowns: A Biochemical Study of Silk Preservation, JAIC, Volume 34, Number 2, 1995.

⑤ 张雪莲等：《古代织品染料的分析》，《文物保护与考古科学》1996 年第 8 卷第 1 期。

⑥ Ann Cordy, & Kwan－nan Yeh, Blue Dye Identification Cellulosic Fibers: Indigo, Logwood, and Prussian Biue, JAIC, Volume 24, Number 1, 1984.

⑦ 姚穆等编：《纺织材料学（第二版）》，中国纺织出版社，1990 年。

⑧ 柳悦州、胡卫军、平林洁：《江户时代绢织物的劣化》（日），《古代化财的科学》，31，1986 年。

⑨ 任煜、陈定岳、林红、杨简刚：《低温氧等离子体处理对真丝纤维性能的影响》，《丝绸》2002 年第 12 期。

⑩ 于伟东、储才无：《纺织物理》，东华大学出版社，2002 年。

⑪ P. H. Hermans and A. Weilinger, J. Polym. Sci., 4, 135（1949）.

⑫ R. J. Koestler, N. Indictor, & R. Sheryll, The Detection of Metallic Mordants by Energy Dispersive X－ray Spectrometry JAIC, Volume 24, Number 2, 1985.

⑬ 平林洁，Chang of Silk Fiboin Structure by Ultraviolet Radiation, Polymer Letters Edition.

⑭ Janet E. Miller, &Barbara M. Reagan, Degradation in Weighted and Unweighted Historic Silks, JAIC, Volume 28, Number 2, 1989.

⑮ 平林洁等：《蚕品种と生丝の力学的性质》，《日蚕杂》，48（1），1977。

⑯ Nasuhiro Tsukada, Structure and Properties of Silk Fibroin I Conformation of Silk Fibroin Film, Reports on Progress in Polymer in Japan, Vol ⅩⅩⅢ, 1980.

⑰ Nasuhiro Tsukada, Structure and Properties of Silk Fibroin Ⅱ Conformation of Silk Fibroin Film, Reports on Progress in Polymer in Japan, Vol ⅩⅩⅢ, 1980.

⑱ Wataru Kawanobe, Application of Nuclear－magnetic Resonane Method on Conservation Sciece, Beijing, 2002.

⑲ 张晓梅、原思训：《老化丝织品的氨基酸分析研究》，International Congress on Archaeology Science Beijing, 2002.

⑳ 同⑯⑰。

㉑ Randall R. Bresee, General Effects of Ageing on Textiles, JAIC, Volume 25, Number 1, 1986.

㉒ 同⑭。

㉓ 同⑫。

㉔ 同⑯⑰。

㉕ Kenji Okuyama and Weijun hu., Degradation of Silk Fibroin, J. Seric. Jpn 56（1），1987.

㉖ Yoshio Ishiguro, Yaping Zhou Fumiaki Tajima, Analysis of Biodegradability of Silk Threads Emledded in Soil Using Image Processing, Proceedings, CISC－4, May 2000.

（原载《考古与文物》2003 年第 6 期）

略谈《古代丝织品病害及其防治研究》

《古代纺织品病害及其防治研究》是 2001 年由国家文物局申报、经科技部批准列入国家"十五"重点科技攻关课题的第一个文物保护科研项目的子课题。

本课题自 2001 年 12 月批准立项后，课题组全体同仁在科技部、国家文物局直接关心指导下，发挥多学科、跨行业、不同研究人员的特长，齐心协力、共同努力，从调查入手，以基础工作为起点，对古代丝织品病害造成的原因、老化机理、防治方法以及应用各种先进的分析测试手段和合理的技术路线，进行了认真研究。历经 3 年的努力，已取得了预期的成果，并于 2004 年 12 月初通过由国家文物局组织的课题验收。

一 《古代丝织品病害及其防治研究》课题的创新研究

课题组除完成《古代丝织品保护论文资料集》、《丝织品保存现状和主要病害调查报告》、古代丝织品老化机理研究等基础研究工作外，还进行了多方面的创新研究。

1. 研究成功新型多功能揭展剂

本研究在查阅大量文献资料的基础上，通过对不同丝绸文物各种物理化学性质的研究，对古代丝织品文物粘连机理的探讨分析，在总结前人揭展方面优缺点的基础上，通过大量的各种化学助剂配方研究筛选，旨在降低由不同胶质所产生的粘连丝绸样品的层间黏结力，经配方优选，最终得出了较为有效的揭展剂配方，并在白水出土的宋代糟朽粘连丝绸实际揭展应用中获得成功。

2. 研究成功多功能清洗剂

本课题在总结以往丝织品各种清洗方法的基础上，首先采用现代科技手段对古丝织品上的部分污染物进行科学分析，了解污染物形成的原因和机理，研究出从天然植物中提取的茶皂素等材料，进行改性、生物酶复配而成的清洗剂。这种清洗剂无毒、高效，经试验室模拟试验和实际应用，效果良好。

3. 研究成功烟熏防霉剂

在全国较大范围进行了古丝绸霉害现状调查工作，首次对国内有代表性的环境气候区域、古丝绸霉菌类群进行了分离鉴定，初步掌握了南北不同气候区域古丝绸上生长的主要霉菌类群及其差异。筛选研究出适用于古丝绸防霉的发烟型防霉剂。

4. 研究成功"脆弱古代丝织品加固"的新材料、新工艺

脆弱丝织品在出土和馆藏丝织品中占有相当数量，由于质地脆弱，不能搬动，甚至一触即破，为保护脆弱丝织品，前人已做了许多试验，但都不太理想。本课题在原计划应用派拉纶真空沉积技术对脆弱古丝绸加固研究的基础上，又增加了应用天然高分子材料、丝胶、壳聚糖对丝织品进行加固研究，这在我国是第一次被列入科研项目，也是最规范、最全面系统的一次，通过研究表明，其技术能适用于脆弱丝织品的加固，在固色、耐酸、耐碱、防霉等方面均有显著的效果。

5. 研制出古丝绸强度拉力测定仪

古丝绸强度拉力测定仪利用了电子天平的测量精度，构思巧妙，原理可靠，仪器体积小，结构紧凑，移动方便，可对老化丝绸的单丝及规定宽度的丝条进行拉力强度测量，是对古丝绸老化程度进行直观度量的专门仪器。设备充分考虑了文物样品取样难、老化丝绸强度低等特点，是对古丝绸老化程度进行研究的有力工具。

二 跨行业、跨地区协作攻关研究模式的探索

古代丝织品是我国文化宝库中重要的组成部分，它是由天然蛋白质组成、质地脆弱、病害最严重的一类文物。其研究、保护工作相对滞后，基础研究十分薄弱。面对全国各地大量的丝织品发掘出土以及馆藏丝织品面临着脆化日益加剧，制定古代丝织品病害及其防治研究课题，是及时的、十分必要的。我国文物保护科技工作起步晚、投入少，科技人才短缺，科技保护基础设施薄弱，而急需保护抢救的任务十分繁重。面对这种情况，国家文物局将本课题列入"十五"国家科技攻关项目。将文物系统内的人才资源、设备资源进行优化组合，并利用社会力量（高校、研究院所）联合攻关。通过本课题的研究，为今后跨行业、跨地区进行协作攻关，探索出一种较好的模式。

能顺利完成国家攻关项目，与领导的支持和重视分不开。本课题在研究过程中，一直得到国家科技部、国家文物局以及各承担单位的领导的支持。科技部、国家文物局派员专程来院指导、检查工作，还亲自打电话、发文件，为课题组赴全国各地取样提供方便。没有领导的支持，工作是难以开展的。

团结协作，取长补短。课题组的成员，来自不同地区、不同单位，具有不同学历、不同年龄。有享誉国内外的著名专家教授，也有在读的博士生、研究生，还有刚出校门的大学生，如何将大家组织起来，团结协作、取长补短、充分发挥各自的特长和优势，是课题组织者必须重视的问题。

要处理好各子课题相互之间的协作关系。本课题在研究过程中，根据研究的内容，分解成几个子课题进行研究，这些子课题既有个性，又有共性。如丝织品清洗技术研究，它不仅涉及颜料、污染物的分析，也涉及脆弱丝织品加固技术，所以在课题研究中，应相互配合、资料共享、避免重复。

研究工作抓基础，突出重点。作为攻关课题，研究的重点应落实在解决古代丝织品保护中的难点、热点问题。如粘连丝织品的揭展及脆弱丝织品的加固、清洗、防霉。但也要充分考虑到古代丝织品保护发展的需求，注重学科的基础建设、人才培养和技术储备，在这方面，本课题做了有益的探索。

三　项目研究的建议

《古代丝织品病害及其防治研究》课题虽然通过了验收，也取得了一定的成果，但就古代丝织品保护来说，仅仅是开始，就课题本身而言，有些成果有待应用、推广，有些成果还需进一步的深入研究。建议国家行政管理部门考虑古代丝织品保护研究工作的系统性、科学性和实用性，对"十五"国家攻关课题进行全面总结，如，哪些成果可以推广、如何推广；哪些项目目前还不完善，有待进一步深入研究；如何在资金、人员等方面进行协调，使一些有应用前景的项目得到深入研究。

（原载《中国文物报》2005 年 10 月 21 日）

中国文物保护与修复技术

第十二章　纺织品文物保护

早在五千年前，我国已开始养蚕、种麻、缫丝、纺织，为人类文明的发展以及人们的物质生活做出了巨大的贡献。

丝绸的起源问题，一直是人们所关心和争论的热点。众说纷纭，有的说伏羲化蚕桑为穗帛；也有的说神农教民桑麻以为布帛；还有的说黄帝之妃西陵氏开始教民养蚕种桑，治丝茧以供衣服。虽然这些传说迄今尚未查到文字记载，但丝绸在我国出现之早是毋庸置疑的。

自20世纪20年代以来，随着我国考古学的建立和发展，考古学家为确定我国丝绸业的起源和发展，开展了大量研究，提供了许多有价值的实物和资料。1926年在山西夏县西阴村仰韶文化遗址中出土了半颗蚕茧（现收藏在台北故宫博物院），同时还出土了石纺轮和陶纺轮，说明那时已有养蚕、纺织了[①]。1958年，在浙江吴兴县钱山漾新石器遗址中出土了距今约4750年的丝织品。近年，在河南荥阳青台村仰韶文化遗址出土了距今约5630年的包裹尸体的丝麻织品。到商、西周时期，出土的丝绸实物较少，但从甲骨文中可见丝、桑、蚕等字样，以及从青铜器、玉器或泥土的印痕研究中，发现丝绸种类已有绫类暗花织物、绞经织物、经重织物、刺绣和印染加工的工艺。此外，在河北、江苏、山东等地均发现过类似蚕或蚕蛹的石刻文物。

到了汉代，我国的丝织技术已达到相当高的水平。湖南长沙马王堆、新疆吐鲁番、湖北江陵马山、广州南越王墓的发掘，为我们打开了一座座地下"丝绸之库"。保存完好的绢、纱、罗、绮、绵、刺绣、麻布等丝麻纺织品，不仅品种齐全、工艺精细，而且色彩绚丽，为研究我国纺织史、服饰、纺织工艺提供了十分珍贵的实物。

唐、宋、元、明、清时期的纺织业，随着社会的发展、工艺技术的进步和发展，历代遗存下来的丝绸文物不仅数量多，而且文献丰富，考古发现更是为数众多。1983年，青海都兰吐蕃墓群被逐渐发掘，出土大量盛唐时期的纺织品，1987年，陕西省考古研究所对扶风县法门寺塔基地宫进行了发掘，使埋藏一千余年的大量唐代皇室丝织品重见天日。而唐晚期的丝织品则在敦煌莫高窟的藏经洞被发现。北宋时期的纺织品主要发现于一些佛塔的塔基或地宫，如江苏镇江甘露寺铁塔塔基，浙江瑞安慧光塔塔身，苏州虎丘云岩寺塔塔身，苏州瑞光寺塔塔心、窖穴等，而大量出土丝织品的北宋时期的墓葬只有湖南衡阳的何家皂宋墓。南宋的丝织品发现则较为丰富，江南地区的不少南宋墓中均出土了丝织品，如浙江溪香溪高氏墓、江苏镇江金坛周瑀墓、常州武进墓、江西德安周氏墓、福建福州黄升墓与茶园山墓等。元代北方的纺织品主要见于儒学博士李裕庵夫妇合葬墓、内蒙古集宁路故城窖藏、甘肃漳县汪氏显家族墓葬，元代南方的丝织品出土于江苏无锡钱裕墓、湖南沅陵元墓，元末纺织品的重要发现是吴王张士诚之母曹氏墓以及四川的明玉珍墓。明代纺织品的考古发现越来越多，全国各地都有，难以统计，较为重要的有山东鲁荒王朱檀墓、江苏泰州徐蕃墓和刘湘合葬墓、江西德安熊氏墓、江西南城益宜王合葬墓、北京定陵等，清代纺织品则主要以传世实物为主。

第一节 古代纺织品的构成材料

一 纺织品的纤维分类及其性质

纺织品是由纤维经加工织造而成的。古代纺织品所用的纤维、从化学、物理属性以及外形上可分为两大类，即植物纤维和动物纤维[2]。

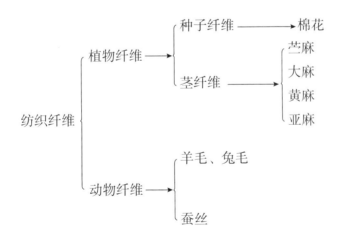

（一）植物纤维

植物纤维的化学成分主要是纤维素，根据纤维素生长在植物上的位置不同，又分成种子纤维（如棉花）及茎纤维（如苎麻、大麻、亚麻）。

一般认为棉花起源于南亚，在我国已具有悠久的栽培历史，远在 6 世纪时，南方的云南、广西就已栽种。棉纤维是一根扁带形中空的管状物体，其横截面为不规则的腰圆形（图 1），外层是细胞壁，称为初生层；中间是成型层，称为次生层；其形状随成熟度的不同而不同，棉纤维的长度比宽度大 1250 倍，由于纤维细长、交缠力好、强

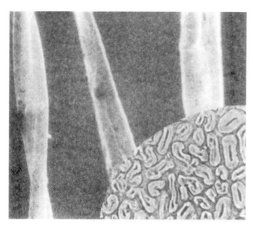
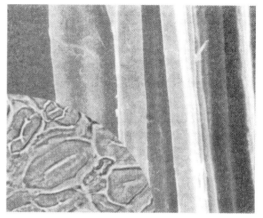

图 1 棉纤维的纵向和截面图　　图 2 苎麻纤维的纵向和截面图

度大、便于加工，是古代纺织品的重要原料。

茎纤维的出现也很早。在旧石器时代，人们就利用野生的藤本植物——葛纤维制成纱线，纺织成布。随着生产力的发展，出现了人工种植，出现了大麻。麻类纤维的结构基本上相同，所不同的只是纤维的形状、长度以及化学成分含量的多少。麻纤维是一种伸直而两端封闭的厚壁长细胞，中间有中腔。各种麻类纤维的头端与横截面形状是不同的，苎麻纤维的两端呈垂头形，并有分支，截面形状是不规则的椭圆形，中腔大（图 2）。黄麻的两端呈尖角形，中腔呈圆形，大小不一。亚麻两端呈纺锭形，截面呈五角形或六角形。大麻纤维两端是尖角形，并有分支。

（二）动物纤维

动物纤维与植物纤维，从其构造和性质来看，是完全不同的，动物纤维的化学物质为蛋白质，如动物的毛发及蚕的分泌液。古代用作纺织原料的，主要有羊毛和蚕丝。

毛纤维是内部有细管的圆柱筒体，是由鳞片层、皮质层和髓质层构成（图 3）[③]。鳞片层是由扁平形角质化细胞形成的鳞片相复而成，使得毛纤维可以弯曲，具有弹性。毛纤维是由蛋白构成的，因此，易遭虫蛀、霉烂。

1959 年在新疆于田的屋于来克古城内发现了北朝时期的蜡缬毛织物，在巴楚西南脱库孜来城发现了一件织花毛毯，其花纹是使用缂丝技术，即通经断纬的织法；1960 年在青海都兰县新石器遗址中发现了几块毛织物。这些文物的发现，显示了当时我国西部地区毛织技术达到了极高的水平。

丝纤维是由丝质和丝胶组成，其化学成分为蛋白质，属高分子化合物。丝质为组成蚕丝纤维的主要部分，而丝胶包在其周围起加固丝质的作用。蚕丝从外表看是平滑的完整线条，在切片中，丝纤维是中间没有孔隙的密密圆片，或者是稍微延长了的圆多角形体（图 4）[④]。这种多角形体是野蚕丝所特有，家蚕的丝切片是呈圆形的。

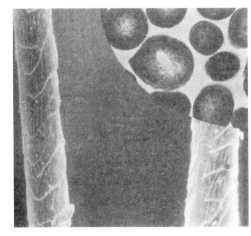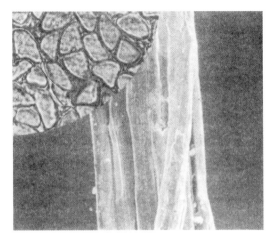

图 3　羊毛纤维的纵向和截面图　　　　　图 4　蚕丝纤维的纵向和截面图

动物纤维都有较好地耐稀酸的作用，但不耐碱。丝和毛都能吸收水分，毛纤维在吸收 30% 的水之后，在触觉上仍无湿润的感觉。

二　古代纺织品的颜色及其成分

我国印染技术已有悠久的历史，最早记载了丝绸工艺的《周礼》中，就设有名为"染人"的官。他们"管染""丝帛"以供贵族们享用。在两千多年以前，我国劳动人民不仅会用媒染剂进行媒染法染色，而且在生产实践中还创造出一种套染染色法，印染出色彩绚丽的丝织品。古代纺织品染色的原料是无机染料（矿石）和有机染料（植物的花、茎、皮、根、果、叶等）。

（一）无机颜料（矿石颜料）

在自然界中存在着五颜六色、光彩夺目的矿石，人类最早使用的矿石颜料是赭石，也就是天然赤铁矿（Fe_2O_3）。随着社会的进步、生产力的发展，发现不少矿石可以研磨使用，《尚书·禹贡》一书中就有"黑土、白土、赤土、青土、黄土"的记载，说明在四五千年以前，人们已对具有天然色彩的铁（Fe）、铅（Pb）、汞（Hg）、铜（Cu）等不同矿石有了认识，并在彩陶、岩画上使用。

能显示红色的矿石，除赭石外，就是朱砂，又叫辰砂（HgS），主要化学成分是硫化汞，属辉闪矿类。由于它的色彩之纯、浓、艳而深受人们喜爱，不久就替代了赭石。河南荥阳青台村仰韶文化遗址出土的丝质物上已见朱砂的痕迹，到商、周时期更为普遍，甚至在马王堆汉墓中发现整匹的朱砂染色织物。

黄色颜料主要是石黄（As_2O_3），石黄又分雌黄（As_2S_3）和雄黄（AsS），在西周时期已见于涂染。

青绿色的颜料大多是含有铜离子的矿物。其中有空青（$CuSO_4$）、石绿（孔雀石）

$CuCO_3 \cdot Cu(OH)_2$、石青 $2CuCO_3 \cdot Cu(OH)_2$ 等。

黑色矿物颜料主要是墨，早期可能曾使用天然黑色矿物，后来则烧漆烟和松煤而成。

白色颜料，一种称为垩土。后来使用铅粉[$PbCO_3 \cdot Pb(OH)_2$]。长沙马王堆汉墓出土印花织物中，发现用绢云母[$KAl_2(AlSi_3O_{10})(OH)_2$]（又称白云母）作粉白色颜料和用方铅矿（PbS）作银灰色颜料。

（二）植物染料

天然植物染料的应用已有数千年的历史，从《诗经》《周礼》等史书的记载看，早在三千年以前，我国劳动人民就开始使用天然植物染料，印染植物、服饰。在合成染料发明之前，植物染料一直是在印染业中一统天下。在春秋战国时期，色谱比较单调，染草种类较少，主要有染蓝色的蓝草，染红色的茜草、红花，染紫色的紫草，染黄色的栀子，染黑色的五倍子，还有染红色的苏枋等。随着社会的发展、科技的进步，植物染料的系列也随之扩大，种类也随着增多。到了清朝可调配的颜色数百种（表1）⑤。

表1　常见染料植物一览表

名称	学名	科名	色素所存	所染色泽	著录年代
茜草	*Rubia cordifolia*	茜草	根	赤	东周
红花	*Carthamus tinctorius*	菊	花	红、黄	晋
苏木	*Caesalpinia sappan*	豆	木	红	晋
棠梨	*Pyrus bletulaefolia*	蔷薇	叶	绛	北魏
番红花	*Crocus sativus*	鸢尾	花	红	明
紫檀	*Peerocarpus indicus*	豆	木	红紫	明
紫草	*Lithospermum erythrorhizon*	紫草	根、叶	紫	东周
荩草	*Arthraxon Ciliaris*	禾本	叶	黄	东周
栀子	*Gardenia Jasminoides*	茜草	花	黄	汉
黄栌	*Cotinus coggygria*	漆树	木	黄	汉
地黄	*Rehmannia glutinosa*	玄参	根	黄	汉
黄檗	*Phellodendron amurense*	芸香	木、皮	黄	明
小檗	*Berberis thunbergii*	小檗	木、皮	黄	唐
姜黄	*Curcuma longa*	姜	根	黄	明
郁金	*Curcuma aromatica*	姜	根	黄	明
槐树	*Sophora japonica*	豆	花蕾	黄	宋
柘树	*Cudrania tricuspidata*	桑	木	黄	明
鼠李	*Rhamnus davurica*	鼠李	皮、嫩实	绿	宋
鸭跖草	*Commelina communis*	鸭跖草	花	碧	刘宋
菘蓝	*Isatis tinctoria*	十字花	叶	青	唐
蓼蓝	*Polygonum tinctonum*	蓼	叶	青碧	唐

（续表）

名称	学名	科名	色素所存	所染色泽	著录年代
马蓝	*Strobilanthes cusia*	爵床	叶	青	晋
木蓝	*Indigofera tinctoria*	豆	叶	青	唐
麻栎	*Quercus acutissima*	壳斗	果壳	黑	东周
胡桃	*Juglans regia*	胡桃	皮	黑	宋
鼠尾草	*Allium chinese*	百合	茎、叶	黑	晋
乌桕	*Sapium sebiferum*	大戟	叶	黑	唐
狼把草	*Bidens tripartita*	菊	茎、叶	黑	唐
黄荆	*Vitex negundo*	马鞭草	茎	黑褐	唐
椑柿	*Diospyros kahi*	柿	果	黑	明
柽柳	*Tamarix chinensis*	柽柳	皮	黑	明
梣	*Fraxinus chinensis*	木樨	皮	黑	明
榛	*Corylus heterophylla*	桦木	皮	黑	明
桑	*Morus spp*	桑	皮	黑褐	明
莲	*Nelumoo nucifera*	睡莲	莲子壳	黑	明
茶	*Camellia sinensis*	山茶	叶	黑褐	明
杨梅	*Myrica rubra*	杨梅	皮	黑	明
黑豆	*Glycine max*	豆	果实	黑	明
芰	*Irapa spp*	菱	果壳	黑	明
栲	*Castanopsis hystrix*	山毛榉	皮	黑	清
薯莨	*Dioscorea cirrhasa*	薯蓣	根	黑	明
鼠曲草	*Gnaphalium affine*	菊	茎、叶	褐	唐
槲	*Quercus dentata*	壳斗	壳斗	黑	清

天然植物染料主要有两大类：一是直接染色的染料；二是媒染染料。所谓媒染染料即在实行染色之前，先将织物放入媒染剂中进行媒染，然后再进行染色的染料。媒染染料其本身的颜色并不明显或只是单一色，通过媒染剂的媒染使颜色呈现多种颜色。媒染剂为无机盐，一般常用的有 $FeSO_4$、$CuSO_4$、$SnCl_2$ 和 $KAl(SO_4)_2 \cdot 12H_2O$ 等。直接染料不需要媒染这一过程，直接使织品进行染色的染料。常用的染草中，茜草是典型的媒染染料；栀子、红花是典型的直接染料。许多染料通过单染、复染等各种工艺、各种配方染成华丽、鲜艳的无数色彩。

第二节　出土纺织品的保护

在古墓葬、古遗址发掘中，出土随葬的衣着、饰物及葬仪用的织物，由于长期埋在地下，受各种微生物和其他化学成分的影响，织物多已腐朽，残存者也多破碎，有的虽然外观尚可，甚至色彩鲜艳、光泽如新，实际上其纤维的化学结构和物理性能早已削弱或破坏。纺织品出土后受大气和保存环境突变等因素的影响，使之褪色、粉化，甚至看不出其原始面貌。因此，纺织品出土时的保护工作尤为重要。

一　出土纺织品的分析、检测工作

在墓葬或遗址中一旦发现纺织品，立刻就要采取保护措施，不要让其干燥，应保持湿润状态，同时也要防止强光照射以及霉菌生长。取回实验室后，先用蒸馏水洗去泥土，然后用有机溶剂乙醇、乙醚或三氯乙烯清洗后，即可进行纺织品原料的鉴定。

（一）纺织品原料的鉴定

纺织品原料的鉴定，是保护工作最基本的工作之一，也为清洗纺织品的工艺、材料的筛选提供某些依据和要求。

鉴别纺织品纤维最常用而简便的方法是手感和火烧。

手感对于有经验的博物馆工作者来说，倒是比较有意义的，这种方法，就是观察纤维表面形态或用手搓摸，凭经验加以判断。但对出土纺织品，从外表看不出，又不能用手搓摸的情况下，这种方法并不适用。

火烧法是根据纤维被火烧后放出的气味及燃烧速度来鉴别。动物纤维含有角素，是一种含氮化合物，一遇燃烧，就会收缩，并且会发出焦煳的气味。植物纤维是由纤维素组成，易于燃烧，并发出一种纸张焚烧的特殊气味（表2）[6]。

表2　常见几种纤维燃烧的现象

纤维种类	现象
亚麻	燃烧慢，有亮火焰
苎麻	燃烧较快，发出烧纸气味
羊毛	燃烧发焦，发出焦煳气味
蚕丝	比羊毛燃烧快，无特殊气味

因为出土的纺织品都会从土壤中吸收盐类，单凭燃烧的快慢作为鉴别的依据是不够的，为此应进行仪器分析。

目前可采用显微镜观察；拍摄显微照片；做X射线衍射图谱，分析其峰谷曲线和单峰位置；做差热分析，观察其吸热峰值；做氨基酸含量分析，与已知蚕丝纤维做比较，是较为科学的方法[7]。

（二）纺织品染料的分析

古代纺织品是用植物染料染色。因为有机染料不但结构复杂，而且还含有某些不容易分离的杂质，给分析工作增加了难度。常用的方法有化学测试法、薄层色谱法、高效液相色谱法、荧光光谱法等[8]。

1. 化学测试法

利用某些试剂对染料的特殊反应可以在一定范围内确定染料的种类。如对红色染料，由于花红素在碱性溶液中会褪色，因此，可以在织物试样上滴以少量碱剂如 NaOH 等进行测试，如果此时红色褪去，则有较大可能会是花红素。花红素与茜色素的另一区别在于：茜色素在水煮时溶解，冷却后经过滤纸，纸上会留下红色，但滤出液却是无色的；而如果花红素没被充分洗干净的话，滤出液中可能会带有黄色素而变成黄色。对于其他颜色的染料，部分也能够通过简单的化学测试来确定不同的种类。

2. 色谱法

（1）薄膜色谱 TCL 法（Chromatography）

薄膜色谱法是色谱法中的一种，称为平面色谱法。在这一色谱法中，其固定相是在载板上涂布烧结的一层薄层物质，其流动相称为展开剂。当展开剂携带试样在薄层上展开时，不同的试样会移动不同的距离，计算其流动相的移动距离和试样的移动距离可以比较两者之间的异同，可以判断各组分结构是否一致，从而鉴定染料的种类。目前，它是最为普遍、最为经济的染料测试方法。

（2）高效液相色谱 HPLC 法（High pressure liquid chromatography）

高效液相色谱法是具有高分离效能的柱液相色谱分析法，由于填充剂颗粒直径的减小，高压输液泵和高灵敏度检测品的应用，加上近年计算机技术的应用，进一步提高了高效液相色谱仪的自动化水平和分析精度。

3. 分子光谱法

（1）紫外—可见光谱法（Ultraviolet – visible sepectrophotometry）

紫外—可见光谱法是以紫外光或可见单色光照射吸光物质的溶液，用仪器测量入射光被吸收的程度，记录吸光度随波长变化的曲线。这一曲线就称为吸收光谱，它描述了不同物质对不同波长光的吸收能力。当有机物的分子结构中有某些能够吸收紫外光或可见光而引起电子跃迁的发色基团时，紫外—吸收光谱法就能用于其定性的测试。古代的植物染料中大多都含有这类基团，因此，紫外—吸收光谱法是一个较为有效的测定方法。

（2）红外光谱法（Infrared spectrophotometry）

红外光区处于可见光区与微波区之间，是波长从 0.5 ~ 1000μm 范围内的电磁辐射。当用一束具有连续波长的红外光照射某一特质时，该物质的分子就要吸收一定波长的红外光。这是由于物质分子中某基团的振动频率和外光的频率相同时，分子吸收能量从原来的基态振动能级跃迁到能量较高的振动能级所引起的。因此，若以波长为横轴，以吸收度为纵轴，就可以得出该物质的红外吸收光曲线。

（3）其他光谱法

近年来，其他的分子光谱法也逐渐被介绍到天然染料的测试工作中来，如质谱法、三维荧光光谱法、全内部反射激光分光法和毛细管电泳法等。

（三）纺织品残损的状况

对出土纺织品的破损程度以及污染种类要进行分析、检查、记录。观察纺织品的编织结构和破损程度，一般只要用放大镜或双筒立体显微镜放大 60～100 倍，就可以看出断线、尘埃、霉菌和各种盐类的结晶。

在分析织物时，常测的数据有：①织物尺寸，cm；②经纬线粗细，mm；③经纬线密度，根/cm；④经纬线捻向和捻度，一般要看清经纬线的并丝情况，看清是 S 捻还是 Z 捻，分出强弱黏度；⑤织物的门幅及幅边的宽度；⑥织物的组织结构；⑦织物图案的经纬向循环。

第三节　纺织品文物的清洗

出土的纺织品，因长期埋在地下，饱受水、泥土、腐败生物体、酸碱盐类化学物质、霉菌等作用，常常会污染上严重的锈斑、水渍和色素。轻者影响织物的清洁，重者会掩盖织物上的色彩、图案，给观赏和研究带来一定困难。

清洗工作是一项比较复杂而细致的工作，因此，要求我们必须具有高度的责任心和谨慎的工作作风，还要遵循下面的基本原则。

1）清洗前必须了解织物的纤维成分、破损程度以及色彩的染料。

2）清洗织物所使用的各种化学药品，必须对人无害，对织物的纤维和色彩无副反应。

3）清洗前要先进行局部试验，在取得经验基础上再进行清洗，如贸然行事，就难免造成织物损坏。

清洗有色彩的织物，应在织物不明显部位做点滴试验，以判断溶剂对它的影响、颜色的牢固程度，常用的方法：将滤纸放在织物的下面，在有颜色部位滴一滴浓度为 5% 的稀氨水或草酸，大约一分钟后，看看是否掉色以及掉色的程度如何。如在滤纸上有颜色的痕迹，即表明此溶剂会使织物掉色。如掉色，可用 5% 的普通食盐溶液或 2%～5% 的乙酸溶液来固定。

纺织品的清洗方法与纤维的种类、组成和结构以及性质有关，同时也与织物上的颜色和污斑的性质有密切的关系。应根据不同情况，采用不同清洗方法，目前常用的有湿洗、干洗、混合溶剂清洗、特殊清洗。

一　湿法清洗

清除纺织品上的污泥和杂质，只要织物经得住水洗，一般都采用软水、去离子水或蒸馏水来清洗。这是最经济也是最常用的方法。其方法是将织物平展在平底容器中，容器一端应有个 V 形的缺口以备倒水，先用排笔慢慢刷去污斑的浮土和易被刷下来的泥迹，然后，用缓慢流动的水冲洗织物上的污斑，直至洗净。将织物从容器中取出，放在吸水纸上，待水分被纸吸去后，趁湿把织物夹在吸水纸中间压平。值得注意的是，清洗过的织物，不能经太阳晒，也不能用高温烘烤，最好在室温下阴干。

对于脆弱织物不能用水漂洗时，可用水蒸气清除灰尘和泥污，其方法是：把织物放在滤纸上或者放在白布上，这样当通以蒸气时，污泥会很快地被吸收到放在下面的滤纸或白布上。另外也可以把织物放在脱脂棉薄片上，上面再用同样脱脂棉薄片盖上，然后通以水蒸气来回清洗，这样污泥尘土就会被上下垫片所吸收，是一种效果较好的方法。

对于小块脆弱织物的清洗，可将织物夹在特制的塑料纱网中，然后浸泡在用蒸馏水加洗涤剂配成的 pH 为 6.5 ~ 7.5 的溶液中，控制溶液温度为 35℃ 左右。待其湿透，将纱网浮在水面，用排笔清洗，并不断换水，反复数次，直至污垢去除。也可以将织物放在塑料纱网上，纱网之下垫以滤纸或洁净而易吸水的棉布，用软毛笔蘸蒸馏水加洗涤剂配成 pH 为 6.5 ~ 7.5 的溶液，轻轻地在织物上揉刷，使溶液渗入，而后再用温水刷洗，边洗边移动，以便于滤纸或棉布吸去污水，直至清洗干净。

实践证明，仅仅使用水来清洗一些油脂的污斑、汗斑、果汁、锈斑、霉斑等，有时效果不一定令人满意，需在水中添加一些洗涤剂才能清除它们。这些洗涤剂通常是碱性的、可与酸性污染物发生中和反应，变成盐、皂或其他的碱金属化合物后，才能溶于水中而被洗去。

在通常情况下，清洗液的 pH 从 10 减小到中性时，清洗效果最好，pH 过高时，对植物纤维虽影响不大，但会使动物纤维中的蛋白质发生质变。因此，必须严格控制湿洗液的 pH。常用弱碱氨水溶液作为缓冲系统来保障安全。另外也可添加硼砂作去污剂，因为硼砂可增加皂化和清洗能力，对于严重污染的棉织品，清洗效果较好。对纺织品上的一些金属腐蚀产物，如铁锈、铜和其他金属氧化物的污斑，通常采用酸性的水溶液来处理。醋酸是用处最广泛的一种酸，当浓度接近 1% 时，它的 pH 为 2.8，当浓度在 28% 时，其 pH 是 2.0，由于它易挥发，通常在它还未伤害纤维以前，就已挥发了。

（一）用多价螯合剂清除污斑[⑨]

有些污斑因含有钙、镁、铁等离子，可用一种钠的磷酸盐清除 $Na_2Na_4(PO_3)_6$（六偏磷酸钠）。它是一种有效的中性络合剂，能与金属离子发生螯合作用生成螯合化合物。

$$Na_2Na_4(PO_3)_6 + 2Ca^{2+} \longrightarrow Na_2[Ca_2(PO_3)_6] + 4Na^+$$

$$\text{配 合 物} \qquad\qquad \text{螯 合 钙}$$

也可以选用氨或胺类化合物与铜离子形成络合物而去除织物上的铜锈。

（二）用氧化法去除有色污斑

当纺织品上沾染某种颜色时，可以通过氧化作用或还原作用来减轻或消除它们。当纺织品本身的染料颜色因年久而变色，或者与某种带色的物质接触而被沾染上颜色，这些带色的污斑仅仅凭皂化作用，有时还不能完全消除，这时最好采用漂白的方法。另外一种情况，当织物自身因氧化或老化过程而造成的污斑，按照通常情况，它会变硬并显现出棕褐色。棉、麻织品因年久变黄，针对这种情况，也可以试用漂白的方法来消除污斑。

目前用于植物纤维的漂白剂有三种：次氯酸钠（NaClO）、次氯酸钙[Ca(ClO)$_2$]、漂白粉。这些化合物中都含有次氯酸根（ClO$^-$），它与纤维的表面接触，分解产生原子氧（O），原子氧很活泼，它能起氧化作用。次氯酸钙在使用前必须与碳酸钠反应转变成可溶性的次氯酸钠，反应式为：

$$Ca(ClO)_2 + Na_2CO_3 \longrightarrow 2NaClO + CaCO_3 \downarrow$$

将液体倒出，并稀释到0.1%~0.2%浓度时，方可使用，最好在pH为10的温水中漂洗。漂洗之后用弱酸中和。

用于毛织品或丝织品的漂白药剂有过氧化氢（H$_2$O$_2$）和过硼酸钠（NaBO$_2$·3H$_2$O·H$_2$O$_2$或NaBO$_3$·4H$_2$O）。过氧化氢与纤维的表面接触后分解、放出原子氧：2H$_2$O$_2 \longrightarrow$ 2H$_2$O + O$_2$。一般使用浓度大约为1%，有时还可以用稀氨水来加速这种漂白作用。需要注意的是，在漂白过程中应避免使用金属容器，因为金属会起催化作用、加速反应。

过硼酸钠被广泛用作蛋白质纤维的漂白，当它溶于水时会产生偏硼酸钠（NaBO$_2$）和过氧化氢：

$$NaBO_2 \cdot H_2O_2 \cdot 3H_2O \longrightarrow NaBO_2 + H_2O_2 + 3H_2O$$

在20~30℃时，当它与织物纤维接触，过硼酸钠在水中的浓度为3.5%，所以溶液中过氧化氢的浓度不超过0.7%，对蛋白纤维漂白是十分安全的。

（三）用木瓜蛋白酶清除蛋白质类沉淀污斑

出土的纺织品，常常发现有血斑、尸体污斑、动物凝胶、食物残渣等蛋白质污斑，用水和洗涤剂清洗不掉时，可用木瓜蛋白酶分解它们，促使蛋白质加速水解成氨基酸溶于水而达到清除目的。常用的配方：由木瓜蛋白酶、连二亚硫酸、平平加（阴离子表面活性剂）组成。在中性和30~40℃的条件下，使之与污斑进行作用。操作时必须使溶液与污斑充分接触，一般要恒温一个半小时才取得较好的效果。

近年来，由于生物酶技术具有催化作用专一、作用条件温和、对人体安全、对环境无污染等特有性能，因而有了很大的发展[10]。

（四）用还原法清除有色污斑

有些纺织品因氧化作用而产生的污斑，只能利用还原作用清除这些有色污斑。其方法有两类：一类因金属锈蚀而产生较深颜色的污斑，可通过还原作用把锈斑的颜色变淡或变为不太明显的色调；另一类是由于有机染料或天然颜料造成的污染，一般用连二亚硫酸钠（Na$_2$S$_2$O$_4$）或者甲醛化次硫酸钠[（NaHSO$_2$）CH$_2$O·2H$_2$O]作为洗涤织物的还原剂。其操作是：先用连二亚硫酸钠溶液将污斑浸湿，然后在浸湿的斑点上撒上一些连二亚硫酸钠粉末，并加一滴5%乙酸溶液，促使化学反应加快。对织物上有银、铜、铁等金属纽扣和饰物时，则应使用氢氟酸稀溶液清洗，千万不能用次硫酸盐清洗，否则不仅失去金属光泽，而且还可能发展成黑斑。

二　干洗法（有机溶剂清洗）

有些织物上的污斑，既不能溶解于水，又在水溶液中不安全，在这种情况下可以试用有机溶剂来处理。常用的干洗溶剂有：乙醇、丙酮、乙醚、苯、汽油、三氯乙烯等[①]。

三氯乙烯是最常用的溶剂，不燃、易挥发、除垢效果好，但浸渍时间不要超过30分钟，否则对织物有损坏。

石油溶剂，可消除多脂的、油污的、烟炱类污斑。

芳烃类溶剂，如苯、甲苯、二甲苯可清除因食物、煤烟等污染的含有不饱和油类的物质。有些胶类和树脂类污斑可用甲醇或乙醇来清除。

三　混合溶剂清洗

在一件织物上往往有多种污垢，如锈斑、霉斑、血迹以及其他有机、无机的污染物，当一种溶剂不能清除时，可采用混合溶剂进行清洗。

常用配方：乙醇9份、乙酸乙酯6份、丙酮1份、三氯乙烯2份、乙酸1份、水79份、洗涤剂（十二烷基苯磺酸钠）10份。

配制方法：先用温水溶解洗涤剂，然后加其他成分，最后加水。

织物经混合溶液清洗后，用温蒸馏水冲洗，最后用吸水纸吸去织物表面的水分，然后阴干。混合溶剂既可以除去灰尘，又可以清除油污、血迹、霉斑，还可以起到固定颜色的作用，能更有效地清除各类污斑。上述配比在实际应用时，根据具体清洗对象，可作适当调整。

四　特殊清洗

有些纺织品非常脆弱，既不能用湿洗又不能用干洗。可用下述方法进行除污。

用麦麸和洗液（表面活性剂）或有机溶剂混合，然后加一点醋，覆盖在纺织品上，约1cm厚，待一段时间后把它去掉，阴干后再用干麸搓一遍。另外也可用250g水加20g硫酸铜和1000g面粉混合和匀，再加40g甘油，和成后放在织物上，这种方法只在特殊情况下采用。

第四节　纺织品文物的加固

纺织品是由有机纤维编织而成，容易受外界各种因素的影响，出土的纺织品多已腐朽，残存者也破碎不全，有的发硬、变脆，有的残破得像蜘蛛网，有的经不起手拿，一触即破。为保护、挽救这些纺织品，以便于陈列、研究，可采用以下方法进行加固。

一　透明薄板夹衬法

这种方法是把纺织品残片夹衬在两块玻璃或有机玻璃薄板中，在考古现场临时封存，可用压敏胶带把四周粘起来。如要长期封存，用聚甲基丙烯酸甲酯溶液黏合封存。值得注意的是，纺织品封装时，要在干燥环境中操作，以免湿度过大，引起织物霉变。

美国纽约美德罗普利堂美术馆染织品保管部部长谷宜子女士，对这种方法作了新的改进，她设计了新的夹衬片结构（图5）。

此法，具有防紫外线和防止织物粘连的作用。

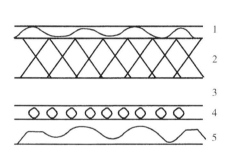

图5　夹衬片结构示意图
1. 5. 防紫外线有机玻璃；2. 被保存织物残片；
3. 底垫片；4 弹性布

图6　裱托后的帛画

二　裱托法

我国传统的裱托技术，不仅适用于书画的保存，也可应用于织物的保护，如湖南马王堆汉墓出土的帛画（图6）、缯书，江苏连云港尹湾汉墓出土的缯绣，文物保护技术人员就是采用传统的裱托法进行保护。此法，既美观又牢固，便于张挂和保存，但只能适用于单面图案的织物。

三　树脂膜加固

随着高分子化学的发展，各种树脂，如乙酸乙烯纤维素、聚酯、聚乙烯、尼龙等透明薄膜不断地应用于纺织品的加固。加固方法有两种：一种是热压黏合，另一种是用溶剂溶化黏合。这种方法的优点是强度好、易操作，缺点是影响质感，手感发硬，织物表面有亮光，并存在薄膜老化给织物带来危害。

四 蚕丝—树脂网加固[⑫]

蚕丝—树脂网是由南京博物院研制、生产的，适用于脆弱的纺织品加固。对于脆弱的纺织品，可以用蚕丝—树脂网单面衬托，也可以双面衬托。黏合的方式可用热压黏合，也可用乙醇溶剂溶化（图7）。

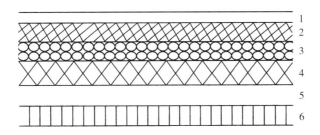

图 7　丝网加固示意图
1.5. 聚四氟乙烯玻璃纤维薄膜；2、4. 蚕丝树脂网；3. 被加固的织物残片；6. 羊毛毡

此法不仅增加纺织品强度，而且也不影响对织物编织结构的观察和研究，手感柔软，操作简便，具有可逆性，是目前加固纺织品效果较好的一种方法。国外有些学者，采用合成纤维如特丽纶纤维做衬托，既耐久、也不会皱缩，但操作不便，且影响质感和外观。

五 丝胶加固

蚕丝是由丝素和丝胶两种物质组成，丝胶是丝素的保护物质，具有黏合和增加强度的功能，选择与加固对象材料相似的天然丝胶，是一种加固丝织品的理想天然材料。湖南省博物馆对马王堆汉墓中出土的敷彩织物，采用天然丝胶保护取得了满意的效果[⑬]。值得注意的，丝胶是一种蛋白质，是霉菌滋生养料，易遭霉菌的危害。另外，丝胶溶液颜色较深可能会脱色。

六 合成树脂的加固

近年来，用合成树脂替代面粉糨糊和天然的胶黏剂日益增加。有些胶黏剂（有机硅树脂）不仅能使纺织品增加强度，而且使纺织品保持柔软。但有些合成树脂会改变织物外观，又存在着易老化问题，对纺织品保护和研究都不利，一般不采用。在特殊情况下，当出土的纺织品残片脆弱得不能提取，或者织物上的彩绘颜料脱落，选用合成树脂进行加固能获得良好的效果。有人建议用5%尼龙或N－羟甲基尼龙乙醇溶液、5%聚乙烯缩丁醛乙醇溶液、2% B_{72} 以及有机硅氟树脂等[14]均可试用。由于对这些胶黏剂的性能、老化程度以及对织物影响研究得不够，因此，除非万不得已，最好不采用。20世纪50年代，曾用聚甲基丙烯酸甲酯甲苯溶液加固北京定陵明墓出土的丝织品，结果发现丝织品失去了光泽、柔软和弹性，并发硬变脆，现已完全毁坏，这是惨痛的教训，我们应从中吸取失败的经验。

20世纪70年代末，J. K. Hutchins 等对脆弱纺织品的加固提出了一种新方法，并进行了试验。他们用反应型单体与已发生降解的古代纺织品在特定条件下进行化学反应，使降解纤维素通过接枝反应，增强纺织品的强度，达到加固的目的。试验使用的材料如下。

1. 丙烯氰（acrylonitrile）

丙烯氰与已发生降解纤维素在特定条件下发生 Moncrieff 反应：

$$Cell + OH + H_2C = CHCN \xrightarrow{OH^-} H_3C - O - CH_2CH_2CN$$

2. 二甲基二氯硅烷（dimethyl－dichlorosilane）

二甲基二氯硅烷（dimethyl－dichlorosilane）与已发生降解纤维素在特定条件下发生如下反应：

$$\begin{array}{ccc} & CH_3 & & & CH_3 \\ & | & & & | \\ Cl - & Si & - Cl + H_2O \longrightarrow HO - & Si & - OH + 2HCl \\ & | & & & | \\ & CH_3 & & & CH_3 \end{array}$$

$$\begin{array}{ccc} & CH_3 & & & CH_3 \\ & | & & & | \\ n \ HO - & Si & - OH + Cell - OH \longrightarrow \left(O - Si - O \right)_n Cell + nH_2O \\ & | & & & | \\ & CH_3 & & & CH_3 \end{array}$$

通过上述反应，其加固的效果与参加反应的纤维素分子数目有关。目前的试验结果还不够理想，但无疑为古代纺织品的保护提供了一种新的思路。

七　派拉纶（Parylene）加固

派拉纶（Parylene）是一种新型的敷形涂覆材料，最先是由 Union Carbide Co. 公司开发应用。南京博物馆在20世纪90年代初对该项技术应用于纸质文物进行了应用研究，大量实验表明，十分脆弱的纸张文物经派拉纶加固后，各项性能明显提高，外观无明显变化，不影响文字的识读，极大地延长了文物的寿命[15]。近几年，我国在对脆弱纺织品进行加固的研究上，取得了一定的进展。

目前，南京博物院与新加坡百腾技术公司联合组建了"南博（中国）—百腾（新加坡）派拉纶文物保护实验室"，由百腾公司提供了一台新型的派拉纶涂覆设备。本设备主要由以下几大部分组成。

1. 升华器

2. 裂解装置

升华器和裂解装置采用的都是程序加热，加温的速率可以预先设定，非常快捷和可靠。

3. 沉积室

由不锈钢制成圆柱状箱体，箱内安装可转动的支架、观察窗和真空计，当系统启动后底部的圆盘转动可带动支架的转动，使膜能够均匀的涂覆在被处理样上。

4. 冷阱（制冷系统）

5. 真空系统

由真空泵、电磁阀、真空计组成。本设备真空性能非常好，真空度可以达到 10^{-3} Torr 以下。

其反应流程如下所示：

八　生物技术修复

生物技术是一种新兴的纺织品修复技术，它是通过利用细菌的生长繁殖，来修复破损纺织品的内部结构。这种方法不采用任何交联剂，只使用营养物质——葡萄糖和其他养料，在微生物繁殖的过程中，这些物质被消耗、分解，因而不会在纺织品上面留下任何化学残留物。

第五节　纺织品文物的科学保管

展览与储存环境与纺织品老化之间存在着密切的关系。纺织品的老化实质上是化学变化，展览与储存环境的光、温度、湿度、微生物、害虫、大气污染等，都是影响纺织品老化的因素，每个因素都可以单独讨论。但一般情况下，上述因素都是联合在一起共同作用于纺织品，对纺织品起着不可忽视的破坏作用。

一　光对纺织品文物材质的影响及消除措施

光是一种能引起视觉感应的电磁波，根据光源不同，可分为自然光和人工光。

　　自然光即阳光，是人类正常生活中所必需的，它随大气环境时刻在变化而不是稳定的照明光源。据资料介绍，自然光的能量分布为紫外线，290~400nm 约 5%；可见光线，400~780nm 约 45%；红外线，780~3200nm 约 50%。

　　透过 3nm 厚窗玻璃，自然光线中的紫外线含量为：晴天约 1.3%，阴天约 1.5%。由荧光灯放射出的紫外线约 1%~2%。

　　紫外线是 400nm 以下波长的光，它对视觉并无作用，但对有机质文物则有很大的危害性。人工光源，作为博物馆的照明，希望其光源是没有紫外线、没有热辐射、长期使用色温变化小，而且在非正常电压下稳定性好的光源。由于有机质文物材质脆弱，更要求无紫外线的热辐射小的光源。目前博物馆常用的有白炽灯、荧光灯、金属卤化物水银灯等。白炽灯消耗电功率约 80% 为热能，可见光不超过 10%，另外白炽灯不适宜作为展品柜内的照明。荧光灯是在灯玻璃管中封有数 Torr 压强的氩气和少量水银颗粒，由管内放电所生成的 254nm 的紫外线，激发涂于玻璃管壁的荧光体而变成可见光的一种照明灯具。荧光灯效率高，因荧光体的种类不同而有不同的光色调，其具有亮度低、光线柔和、没有阴影等特点。荧光灯光源的热辐射约为相同的光通量的白炽灯的 1/5，管壁温度为 35~45℃，是一种冷光源。荧光灯虽然具有紫外线较强的缺点，但因为紫外线可用紫外线吸收材料完全吸收，所以荧光灯是最适宜于博物馆的一种光源。

（一）光对文物构成材料的影响[16]

　　光对有机质文物的危害，一般由光的热作用和光的化学作用造成。根据 J. Ladewijks 介绍，纤维素断裂的 ε 值位于 58.6×10³cal/mol（断裂 C－C 键的能量）与 80×103cal/mol（断裂线性饱和键的能量）之间。普朗克光量子能量公式为 ε＝he/λ，其中 ε 为光量子能量，h 为普朗克常数（6.6×10²⁷尔格·秒），e 为光速 3×10⁸m/s，λ 为光的波长。从公式中可以算出，波长短于 486nm 的光线即可断裂 C－C 键，短于 385nm 的紫外线即可断裂有机物分子线性饱和键，光的波长越短，频率越高，能量越大，辐射热就越强，因此，紫外线短波对纺织品的危害，除降低强度外，还造成褪色。据有关资料报道：在阳光的照射下，以下几种纤维的机械强度比原来降低 50%（表 3）。

表 3　纤维强度变化表

名称	光照时间/h	机械强度降低
天然丝	200	50%
棉纤维	940	50%
亚麻	999	50%
羊毛	1120	50%

（二）防止光线危害文物的措施[17]

　　光对有机质文物的危害是客观存在的，而采光照明是观赏、研究博物馆藏品所必需的，这是一对矛盾，解决这对矛盾，可采取以下措施。

1. 库房建筑应避光

对自然光照度的限制主要应从建筑角度着手，如建密闭式无窗库房或地下库房，就能从根本上解决防日光辐射的问题。对有窗库房，则采用百叶窗、遮阳板、厚窗帘、毛玻璃、吸热玻璃、夹层玻璃等，减少进入库房的光通量。

2. 紫外线的过滤

紫外线是危害有机质文物的主要因素，如何阻止或消除紫外线对有机质文物的作用，是保护有机质文物的关键。目前，可采用两种措施：一，选用一种含氧化铈和氧化钴的玻璃作为窗玻璃，这种玻璃具有阻止紫外线辐射的性能，但成本高；二，应用紫外线吸收剂。紫外线吸收剂是一种能吸收紫外线，并能将紫外光能转变成无害热能的物质。紫外线吸收剂的使用方法有：在窗玻璃或荧光灯管壁上涂布紫外线吸收剂；将紫外线吸收剂加入聚甲基丙烯酸甲酯树脂中，制成 UV 有机玻璃；将紫外线吸收剂加入乙酸纤维中，制成 UV 薄膜。采取这些措施，能将各种光源中的紫外线滤掉。

3. 人工光源的选择

无紫外线荧光灯作为用于文物的展出、收藏而研制的一种荧光灯，是一种可将由水银辐射出的 400nm 以下的紫外线完全遮断而仅辐射出可见光的一种灯具。紫外线遮断法有两种：一种是使用无机材料，一种是将有机涂料溶解后涂布的方法。

使用无机材料的方法，是在荧光灯管内涂布上氧化钛或氧化锑等再烧结在上面；有机材料涂布的方法，是在荧光灯管外壁涂布涂料。

无紫外线荧光灯管是广州灯泡厂、中国建筑科学院建筑物理研究所、中国美术馆共同研制成功的新产品。他们选择中科院化学所研制 KH－1 的滤紫外涂料，采用外涂法在灯管外壁均匀涂布厚度为 8～10μm 涂料，即可达到最佳的滤紫外光的效果，消除 300～400nm 区域的紫外线。经 760 型克劳福特紫外检测仪测量，紫外线含量均低于 75μW/lm，因此这种无紫外线荧光灯适合于美术馆、博物馆、图书馆的应用。

4. 合理确定收藏、陈列的照度标准

文物在收藏、陈列时的照度标准，应从有利于观众观赏文物和文物保护的角度出发，既要满足观赏、研究工作的需要，有益于保护工作人员的视力，又能最大限度地减少光对有机质文物的危害，对纺织品来说，其照度要控制在 50Lux 以下。

二　温度、相对湿度对纺织品文物的影响及控制措施

（一）温度和湿度变化对纺织品的影响

环境温度的升高，对虫霉的生长十分有利，并使纺织品纤维材质中的分子从环境中获得较多的能量而成为具有活化能的活化分子，这会导致纺织品老化。温度降低至

露点，产生结露现象，在文物表面生成露珠。纺织品是容易吸收水分的文物，环境温度低于0℃以下时，会引起内部水分结冰，造成内部结构发生变化，使纺织品文物受到损害。

环境因素中相对湿度的升高，同样也促使霉菌、虫害及微生物的繁殖生长，同时还能使纺织纤维吸水，引起体积膨胀变形、纤维强度降低、色彩减退。但空气中相对湿度过低，会引起有机质文物内部水分蒸发较多，改变文物自身正常的含水量，导致有机质文物纤维中水分子结合键断裂，分子结构被破坏，机械性能下降，致使纺织品文物出现脆裂、起皱、变形、褪色、翘曲、开裂等现象。

（二）如何控制温度和湿度

文物保护科研工作者经长期观测试验，现已公认的博物馆室内空气温度和相对湿度的标准数值为温度为18~22℃，相对湿度为45%~65%。一般情况下，当温度和相对湿度指针在此数值之内缓慢波动，对纺织品文物的保存是适宜的。

我国现有保存纺织品文物的博物馆遍布全国各地，环境气候差别极大。要想获得一个稳定适宜的气候环境，仅靠自然气候调节是不能令人满意的，必须采取相应的技术措施，调节控制博物馆室内的温湿度，才是有效可靠的。其常用的方法有以下几种。

1. 相对封闭博物馆建筑

室内空气的温湿度极易受室外气候的干扰，因此，将室内室外的气候隔离开来，是一个较为有效的方法。掌握室外气候规律，在气候不宜的季节，应紧闭门窗，减缓空气对流和日光辐射。在室外气候适宜的季节，可开窗通风降温散湿。这种利用自然通风控制室内温湿环境的方法，已是我国博物馆文物保管工作者的常规手段，能收到一些效果。

2. 封闭陈列柜、文物柜

博物馆开放后，室内外空气的对流是难免的。此时，尽可能将文物橱柜封闭，使柜内空气流动缓慢乃至静止，避免温湿度的剧烈变化，保持温湿度环境稳定，是非常有效的方法。

3. 使用温湿度调节设备

对于富藏纺织品的博物馆，应该装备自动空调设备系统，特别应注意采用湿度稳定控制系统，而且，在湿度环境不佳的季节里，应该增加除湿设备，或者用机械方法缓和温湿状况，一般应保持连续运转。

三　微生物对纺织品文物的影响及防治措施

（一）霉菌对文物的危害

由于霉菌孢子小、质量小，随着气流在空气中到处传播，无所不在，无处不生。

有机质文物又提供了取之不尽、用之不竭的营养，所以在适宜的环境中，霉菌就会迅速发展，霉菌对文物会造成以下危害。

1）形成霉斑。霉菌的菌落和孢子大多有色，一般颜色较深，有些霉菌分泌出不同色素，在纺织品上形成黄、绿、青、黑、褐等色斑。当霉菌与纺织品中的铁盐作用时，会形成浅褐色的霉斑。这些色斑和霉斑遮盖了文字、图案、颜料。

2）破坏材料结构。霉菌可生长在纺织品纤维之间，在代谢过程中产生的各种酶将纤维素、淀粉、蛋白质、木质素等有机化合物降解为葡萄糖、氨基酸等小分子。霉菌以此为营养，导致纤维素机械强度下降，使纤维断裂，破坏了物质的分子结构，有些霉菌的破坏作用十分迅速，在三个月内就能使纤维强度损坏 10% ~ 60%。

3）酸度增强。霉菌在代谢过程中产生一定的有机酸（甲酸、乙酸、乳酸等），使纺织品的酸度增加，加速纺织品纤维素的水解反应。

4）湿度增加。霉菌在代谢过程中会从空间吸收水分，使纺织品等有机材料含水量提高。有时还会出现水滴。这些水滴与有机质文物材料中胶类物质作用，使纺织品粘连成浆状。尤其是黏液纤维素细菌，在水解纤维素时产生大量黄色黏液，内含糠醛和糠醛酸成分，更促使纺织品彼此黏合，最后导致形成饼状，失去使用价值。

（二）微生物的防治

霉菌的生长与环境因素有着密切关系，通过对环境因素的调节和控制，并使用防霉剂，有效地防止和抑制微生物的生长发育和繁殖。

1）控制库房适宜的温度、湿度，保持库内干燥、通风，是防止霉菌生长、发育的前提。一般认为温度控制在18℃以下，相对湿度控制在60%以下，可抑制霉菌的生长、繁殖。

2）保持库内清洁卫生和空气新鲜，人员进入库房必须更换衣服，库内使用空气净化过滤装置以减少并阻止灰尘颗粒、霉菌孢子进入库内。

3）除氧密封保存。众所周知，氧气是霉菌生长、发育的必要条件之一，如将珍贵文物储存在无氧密封系统中，从而抑制霉菌的正常呼吸作用，阻碍霉菌的生长发育。另外还可采用充氮或除氧剂等方法。

4）采用防霉剂防霉。防霉剂是化学药物，对霉菌的生命活动有一定的影响，可以对霉菌的代谢活动起抑制作用，从而控制霉菌大量繁殖。化学药物对霉菌的作用往往与浓度有密切关系，高浓度有杀菌作用，低浓度往往只能抑制霉菌的生长。

对防霉剂的要求是：广谱、高效、长效、低毒、低刺激性、不污染环境、对人无害、对纺织品的强度和颜色无影响。

目前国内外应用较多的防霉剂已在纸质文物保护一章中做了介绍，现介绍几种新型防霉剂[⑱]。

1. TBZ

TBZ 是一种使用历史较长的高效、低毒、广谱的防霉剂，属咪唑类化合物，其耐热性为 300℃，在酸、碱条件下不会分解，难溶于水，微溶于一些有机溶剂。最重要的是其杀菌范围很广，抑菌效果很好。日本井上微生物灾害研究所及美国努克研究所实验 TBZ 对多种微生物的最低抑制浓度（MIC）表明：TBZ 对曲霉、青霉、木霉、毛霉、头孢霉、镰刀霉等多种属种的最低抑制浓度均在 20ppm 以下。TBZ 的毒性很小。缺点是水溶性不好。

2. Lag002、Lag003 防霉剂

Lag002、Lag003 防霉剂是比利时植物及材料保护研究所新研制的两种防霉剂，其主要组分是三唑类、氯苯并杂环二烯酮酯类和咪唑类复配型制剂，具有较高的化学稳定性。可用水稀释，形成乳剂；可溶于乙醇等有机溶剂。对眼睛有轻微刺激，对真菌的最小抑制浓度（MIC）一般都在 10×10^{-6} ppm 左右。

3. 天然植物精油防霉剂

天然植物精油防霉剂是由重庆市博物馆和重庆市化工研究所新开发研制的天然防霉剂材料，曾用于粮食的黄曲霉治理。在其他方面的应用国内外都未见报道。这种天然植物精油类防霉剂，具有抗菌能力强、无毒、无污染等优点。

4. Fungaflor Smoke

Fungaflor Smoke 是一种发烟型防霉剂，其基本原理是利用热扩散材料将防霉活性物质均匀扩散弥漫于空间，尤其适用于杀灭空气中霉菌的悬浮孢子，其主要活性成分是氯苯并咪唑类。抗菌谱广，杀灭浓度低。

（三）微生物的杀灭

上面所介绍的是有关霉菌的预防措施，但如果保存不当，使霉菌在文物上大量滋生、繁殖，就必须及时采取灭菌措施，一般采用熏蒸法。

所谓熏蒸法即在密闭容器内，使用熏蒸剂进行灭菌的过程。熏蒸剂是一种有毒的化学药剂，在一定的温度、压力条件下挥发出有毒的气体并能迅速穿透生物体内，使霉菌致死。常用的熏蒸剂有环氧乙烷[19]，又名氧化乙烯，其结构为：

在低温下为无色透明液体，有乙醚气味，沸点是 70.8℃。在室温下为无色气体，高浓度时有刺激性，能溶于有机溶剂，与水能混溶，化学性能极其活泼，极易气化，易燃易爆，在空气中爆炸范围为 3% ~ 80%。

环氧乙烷由于其分子结构的烷基能与菌体蛋白质中的氨基、羟基、酚基、巯基（-SH）相结合，会对菌体细胞代谢产生不可逆的破坏作用，从而抑制氧化酶和脱氢酶的作用，使微生物的新陈代谢发生障碍而致死。

环氧乙烷是一种非常活泼的烷基化合物，能与氨基酸、蛋白质、核蛋白质等物质起化学反应，如蛋白质与环氧乙烷反应如下：

$$\text{O} \quad + \text{蛋白质} — R \longrightarrow \text{蛋白质} — R' — CH_2CH_2OH$$

$$R=SH，NH_2，OH，COOH \qquad R'=S，NH，O，COO$$

从上述反应中可以看出，环氧乙烷不仅与菌体细胞中不易触及的巯基作用，也在与易触及的羧基、氨基、羟基作用，因此环氧乙烷能较容易地杀灭芽孢。

环氧乙烷是一种易燃、易爆、有毒、性能极活泼的化合物，使用时特别要注意安全。为避免事故的发生，应设计专用不锈钢熏蒸器进行处理，并使用环氧乙烷与二氧化碳（1∶9）或环氧乙烷与氟利昂（2∶8）相混合的安全气体。由于二氧化碳、氟利昂等惰性气体的混入，大大降低以至根本杜绝了环氧乙烷的爆炸性，同时增强了环氧乙烷的穿透能力，提高了灭菌的效果并降低了毒性，其毒性分别只是纯环氧乙烷毒性的1/10 或 1/14。

熏蒸方法：先将霉菌感染的准备处理的纺织品文物放入真空熏蒸器中，数量不要超过熏蒸器体积的2/3，然后关紧熏蒸器的门和关闭所有阀门。再启动真空泵，当真空度达到 -0.05 ~ -0.07MPa 时即可停泵。将熏蒸剂（环氧乙烷与二氧化碳混合气）注入熏蒸器中，用药量一般为每立方米 15 ~ 30g，经 12 ~ 24h 密闭处理，再启动真空泵抽出残气，用水冲洗，或用活性炭、硅胶将其吸附，并注入清洁的空气，再抽出，再注入，如此反复数次，最后取出即可。

环氧乙烷混合气体熏蒸温度一般在 38 ~ 50℃，相对湿度在 30% ~ 50%。如果在室温条件下熏蒸，时间要延长，熏杀效果随环氧乙烷浓度的增加而提高。当熏蒸浓度每立方米为 40g 时，能达到 99% 灭菌效果，而对所灭菌的纺织品的强度、颜色基本上无不良影响。

四　纺织品害虫的防治

害虫对纺织品的破坏作用是蛀食。藏品害虫具有喜温畏寒、喜湿畏干、喜暗畏光的习性，它们生命力极强，在不利环境下可以长期存活，能耐饥、耐干，如破坏它适宜的生活环境，就可以有效地抑制害虫生长。

对虫害的防治，首先要着眼于预防，在"防"的方面下功夫。一旦发现虫害，就应积极采取措施进行治理，防止蔓延，二者不可偏废，虫害防治一般可分为清洁卫生防治、中药杀虫剂防治、化学杀虫剂防治、物理防治。这些方法在纸质文物保护中已做了介绍，可供参考。

五　对空气污染物的控制和治理

日趋严重的空气污染不但给人类健康、生态平衡带来了严重威胁，同时也严重危害着博物馆藏品和古代建筑物的安全，对博物馆中收藏和陈列的纺织品也构成了严重的威胁。

空气中的污染物包括硫氧化物、氮氧化物、碳氧化物、硫氢化物、氯氢化物和灰尘，它们几乎都为酸性物质，对各类物质有破坏作用，其中危害最大的是硫氧化物中的二氧化硫，可使金属腐蚀，纺织品、纸张酥碎，绘画、彩塑变色，皮革、毛皮断裂脱毛等。

空气污染物中的灰尘包括具有酸碱性的化学微粒、金属粉尘、微生物孢子、植物纤维、动物皮毛、昆虫排泄物及虫卵等。灰尘中的化学颗粒，可能会与纺织品材料发生化学反应，造成文物受损。灰尘积落在纺织品上，不仅会改变藏品外观色彩，形成污垢层，还会造成机械性损坏。微生物孢子飘落在纺织品上，环境适宜时就会繁殖。灰尘中的弱酸性物质是霉菌生长的培养基，可加速霉菌的滋生蔓延。虫卵在适宜环境下孵化，害虫会蛀食有机质文物。

环境污染虽然是全球性的问题，但我们在博物馆建筑物内外的小环境里采取的一些有效措施能够控制博物馆环境中的大气污染。

首先，设法排除空气污染源。在博物馆和文物保护机构附近，尽量清除排放空气污染物的来源。同时要改变博物馆馆内的环境，进行绿化，减缓污染，因为树木草坪对空气中的污染物起着拦截、过滤、吸附或滞留的净化作用。经试验发现洋槐、桧柏、紫杉、梧桐、银杏、法国梧桐、加拿大杨、丁香、核桃、合欢等树种能对抗二氧化硫的污染；橡树、洋槐、银杏、柳杉、香樟、夹竹桃等树种能对抗汽车尾气的污染。此外，白毛杨、垂柳、泡桐、女贞、椿树、旱柳等也有抗污染吸收有害气体的能力。

其次，采取措施，阻止空气污染物进入博物馆的室内。有条件的博物馆可以安装空气过滤设备进行物理吸附来清除有害气体。同时，加强管理阻止污染物进入博物馆建筑物，也是保护博物馆环境的重要环节。如在博物馆展厅或库房的入口，设有清除观众鞋上泥土的设施，库房工作人员要换拖鞋入库，防止将尘土带入。

六　纺织品文物的保管方法

目前，在博物馆中纺织品的保管方法大致有以下几种。

1）折叠法：这是博物馆目前最常用的一种储存方法。将纺织品如同折叠衣服一样折叠起来。这种方法占地少，但是，经过折叠的纺织品容易断裂成片，实验证明是不可取的方法。

2）悬挂法：将纺织品（如服装、挂毯、旗子等）悬挂起来保存，如果纺织品太脆弱，不能承重，应采用尼龙丝网做衬托，使它能忍受住本身的重量，这是常用的一种方法。在悬挂时，可使用 VELCRO 尼龙搭扣来固定纺织品。

3）卷筒法：对于成卷的纺织品，卷起来加以保管，然后保存在抽屉或柜子中。此法适用于大幅面、成卷的纺织品。卷曲方法无外乎两种——正面朝外，或正面朝内。一般当正面和背面状况一致时，正面比背面更需要保护，常采用正面朝内卷曲；如果背面比正面脆弱，或者背面缝缀有背衬，则需采取背面朝内卷。

4）平摊法：将纺织品摊开平放在托纸上或柜中，有时也夹放在有机玻璃板中存放。平摊法可最大地度地使纤维获得放松，因此是最理想的保存和展示方法。在存放过程中，应尽量减少纺织品的折叠次数。对于十分残破但具有较高价值的纺织品，或十分厚重无法卷曲或悬挂的毛织品，通常采用平摊法保存。

5）密封除氧法：将纺织品放在聚乙烯/聚酯复合薄膜塑料袋或其他密闭容器中除氧密封。目前有三种方法：抽真空，充氮；置放 801 除氧剂，使之与氧隔绝；使用 RP–K 型试剂通过化学反应，吸收封存空间内的氧气以及各种有害气体，与用于文物保存的专用封装袋 ESCAL 一起使用可以有效地防止纺织品由于氧化引起的老化、发霉、虫蛀和褪色，并能保持封存空间内的相对湿度，从而起到长期保存的作用。

注释：

① 陈维稷等：《中国纺织科学技术史》（古代部分），科学出版社，1984 年。

② 姚穆等：《纺织材料学》，纺织工业出版社，1980 年。

③ 中国纺织品鉴定保护中心：《纺织品鉴定保护概论》，文物出版社，2002 年。

④ 同③。

⑤ 赵丰：《古代染料在古代中国的应用》，《中国丝绸史》，中国纺织出版社，1995 年。

⑥ HGP 伦德莱斯：《古物与艺术品的保养、处理与复原》，图博口翻印。

⑦ 龚德才等：《古代丝织品无损或微损成套分析检测技术的应用》，《古代丝织品的病害及其防治研究》，河海大学出版社，2008 年。

⑧ 张雪莲等：《古代织品染料的分析》，《文物保护与考古科学》1996 年第 8 卷第 1 期。

⑨ 徐毓明：《艺术品和图书、档案保养法》，科学普及出版社，1985 年。

⑩ 同⑨。

⑪ 王丹华：《古代丝织物的保护》，《文物保存维护研讨会专辑》，（台北）行政院文化建设委员会，1996 年。

⑫ 奚三彩：《单丝树脂网制作及丝网热压加固法》，《文物保护与考古科学》，1989 年。

⑬ 陈国安：《马王堆汉墓出土印花敷彩织物的加固试验与保护处理》，《文物》1990 年第 11 期。

⑭ 奚三彩等：《丝胶在脆弱纺织品加固中应用研究》。

⑮ 奚三彩、龚德才等：《脆弱古代丝织品的加固技术研究》，《古代丝织品的病害及其防治研究论文

集》，河海大学出版社，2008 年。

⑯ 吉林省博物馆学会：《博物馆技术》，吉林大学出版社，1998 年。

⑰ 马淑琴：《文物霉害的防治》，科学出版社，1997 年。

⑱ 周铁等：《古代丝织品霉害及新型防霉剂的研究》，《古代丝织品的病害及其防治研究论文集》，河海大学出版社，2008 年。

⑲ 刘恩迪、陆寿麟：《环氧乙烷熏蒸消毒在文物上的应用条件的探讨》，《陕西文博》1986 年第 1 期。

（原载中国文化遗产研究院编：《中国文物保护与修复技术》，科学出版社，2009 年）

Parylene – N 在脆弱丝织品加固中的应用研究[*]

前　言

中国是世界四大文明古国之一，有着极为悠久的历史文化遗产，养蚕织丝就是中华文明的重要组成部分。中国的丝绸工业是世界上起步最早的纺织工业，相传四五千年前黄帝时代，人们已在黄河流域"养蚕治茧以供衣着"。我国的丝绸产品很早就销往世界各地，汉唐时期著名的丝绸之路就是我国向外输出丝绸及传播其加工技术的主要通道[①]。

古代丝织品大都是由桑（家）蚕丝织成的。蚕丝属天然蛋白质纤维，是一种含氮的高分子化合物，组成大分子的单基是 α 氨基酸[①]，因此其是弱质的。出土的古代丝织品易受到地下水中酸、碱、盐和微生物等的侵蚀，以及出土后环境因素的剧变而劣化；传世的丝织品又会受到光照、温湿度、大气中有害气体和微生物等的侵蚀，也在不断劣化之中。据调查[②]，中国西北、西南、华中和沿海等地博物馆、考古所收藏的古代丝织品均不同程度出现老化、脆化、虫霉甚至炭化等病害状况。如何保护这些古代丝织品已成为亟待解决的问题。

研究一种适合脆弱丝织品的加固方法，探索其材料和工艺，可有助于脆弱丝织品的保护及延长其寿命，为文物研究、展示创造条件，因此具有十分重要的意义。

一　Parylene 性能介绍

Parylene 是 20 世纪 60 年代中期美国 Union Carbide Co. 最早开发应用的一种新型敷形涂层材料，它是一种对二甲苯的聚合物。Parylene 用独特的真空气相沉积工艺制备，由活性小分子在基材表面"生长"出完全敷形的聚合物薄膜涂层，它能涂敷到各种形状的表面，包括尖锐的棱边，裂缝内表面。这种室温沉积制备的 0.1 ~ 100μm 薄膜涂层，厚度均匀、致密无针孔、透明无应力。Parylene 化学惰性，不溶于酸碱、有机溶

---

* 本文由郑冬青、奚三彩、龚德才、蒋凤瑞、何伟俊合作撰写。

剂，并能抗水解剥蚀，它的表面呈疏水性，对水汽和腐蚀性气体有很低的渗透性，并有较高的热稳定性。在盐雾、霉菌、潮湿、腐蚀性等恶劣环境中有很好的隔离防护功能，是当今最有效的防潮、防雾、防酸、防盐雾的涂层材料，并有很好的物理机械性能[③]。

由于 Parylene 具有独特的聚合工艺和优良的理化性能，已广泛应用于许多领域。1983 年 Bruce J. Humphrey[④]首先将这种材料应用于纸张加固。随后该项技术受到文物保护科技工作者重视，先后在美国、加拿大、中国等十多个国家推广应用。中国在 20 世纪 90 年代初，已由南京博物院、南京图书馆等单位将该项技术应用于文物保护研究，并取得了可喜的成果[⑤]。进入 21 世纪后，王国荣[⑥]、闫庆联[⑦]分别将 Parylene 技术应用于纸张加固和青铜文物的保护中，并有相关论文发表。截至当前，Parylene 的应用对象已涉及纸、丝、棉、麻、毛、陶、木、金属、化石、工艺品、照片等各个方面，可以预见它的应用前景会越来越广。

二　实验材料与工艺

1. 实验材料

Parylene 材料有 Parylene – C、Parylene – D 和 Parylene – N 等型号，主要区别在于其分子上的取代基不同，分子式的不同决定了不同型号的 Parylene 在热稳定性和绝缘性能等方面有所不同。

充分考虑比较三种 Parylene 材料的优缺点后，我们选用 Parylene – N 对脆弱丝织品进行加固实验。该原料呈白色粉状，热塑性，既具有芳香基之稳定性，又具有脂肪族键的柔韧性，在 100～160℃时气化，形成环二聚体气体。

2. 实验设备

南京博物院与新加坡某公司联合组建了派拉纶文物保护实验室，此次实验均使用该公司的一台新型 Parylene 涂覆设备，设备主要由升华器、裂解装置、沉积室、冷阱（制冷系统）和真空系统五部分组成。

3. 聚对二甲苯聚合的流程（图 1）

（1）升华

对二甲苯的环二聚体，在真空系统中加热到 100～160℃时开始升华，形成环二聚体气体。

（2）裂解

当环二聚体气体在升华区逐渐形成，气压升高，推动气体进入裂解区，环二聚体分子在 650～700℃高温作用下，裂解成两个活性自由基。

（3）沉积聚合

活性自由基进入真空沉积室后开始扩散，在真空沉积室内经成百上千次的冲撞，

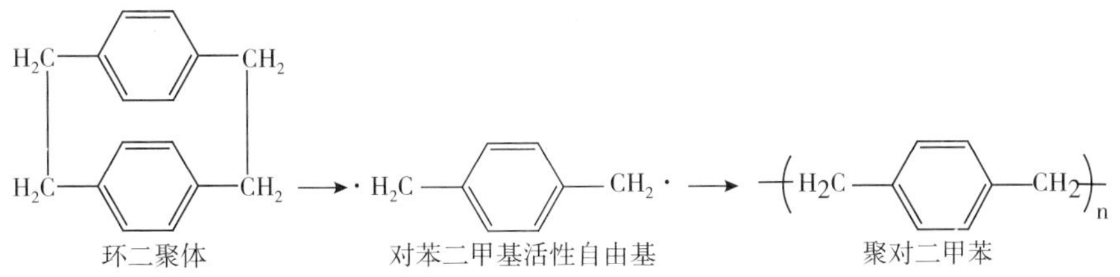

图 1　聚对二甲苯聚合流程图

失去足够能量后在加固样品（脆弱丝织品）的纤维表面吸附、沉积，聚合成直链聚合物（聚对二甲苯）。

4. 聚对二甲苯聚合的工艺条件

（1）投料量

涂覆的厚度与投料量有着直接关系，一般说投料量越多越厚；而厚度越大，则手感越不好，所以控制适宜的厚度是关系着保护效果的重要指标。处理时应根据被加固对象的大小、质地以及要求涂覆的厚度确定投料量。派拉纶用量的公式是根据在金属、玻璃表面的实验获得的，丝织品的表面是粗糙、多孔的，因此用量公式需要进行一定的修正。

$$m = \rho \cdot d \cdot (S_1 + S_2) / A \qquad\qquad S_2 = K \cdot S$$

其中 m 为投料量；ρ 为膜的密度 1. 289g/m^3；d 为膜厚（近似看作箱体与处理样上膜厚相等）；S_1 为箱体表面积；S 为被处理样面积（测量值）；S_2 为被处理样微观总面积。A 和 K 为修正值，A 表征最后成膜的实际重量，范围约为 0. 5 ~ 1；K 表征微观总面积为测量值的倍数，范围约为 5 ~ 10。

（2）升华温度

当温度加热到 100 ~ 160℃时，对苯二甲苯的环二聚体逐步升华变成气体，升华速度与温度有着直接关系，温度高升华速度快、气体流量大，如温度低于 100℃很难升华，超过 160℃升华太快、气体流量大，致使气化不完全，所以控制适宜温度是十分必要的。

（3）裂解温度

裂解温度直接影响聚合物膜的质量，温度过高会产生焦化现象；温度过低，裂解不完全，出现白色粉末现象。裂解温度一般控制在 650 ~ 690℃之间。

（4）真空度

真空度是加固技术的关键因素，它关系着丝织品文物加固的速度、效率。真空度高，效率高、气体流速快，但处理周期长，而且对真空系统设备也要求高，通过实验我们发现真空度在 10^{-2} Torr 下即可达到要求。

（5）冷阱温度

冷阱的温度越低越好，一般不低于 – 120℃。

（6）处理时间

处理时间与所处理的对象的大小、厚薄、数量、涂覆的厚度、处理对象含水量、真空度等诸因素有关，具体所需处理时间因以上各种因素的变化而有所不同。

三　实验方法

1. 样品的选择

由于 Parylene – N 涂覆厚度差异对样品影响很大，机械性能的测试具有破坏性，故采用人工热老化丝绸（150℃、168 小时）作为实验样品。在实验获得成功的前提下推广应用于文物残片及文物上。

丝绸热老化原理就是根据高分子材料的时温等效原理，对新丝绸进行高温热老化，人工模拟古代丝织品的老化。经过查阅文献，根据丝蛋白的热学性能，并通过实验发现在150℃对丝绸进行热老化是比较恰当的。

2. 实验条件

根据设备性质及 Parylene – N 原料的特性，升华、裂解、冷阱等各腔室的温度分别设定为100℃、690℃、– 143.5℃，真空度达到 5×10^{-2} Torr 以下即可进行。每次实验根据样品量的大小、质地等选择不同的投料量。

四　性能检测[⑧]

1. 机械性能

为了评价脆弱丝织品经 Parylene – N 加固后的保护效果我们选用人工热老化的模拟试样进行加固实验，测量其抗拉强度。为检验处理样的耐老化性，我们将所有试样放入150℃烘箱进行二次老化72 小时和144 小时，分别测其强度（图2）。

2. 耐酸、碱实验

Parylene – N 膜具有良好的耐酸、碱性，为检验经处理丝织品的耐酸、碱性能，将经 Parylene – N 涂覆和未涂覆过的丝织品分别放入60%硫酸和10% KOH 中观察其现象。

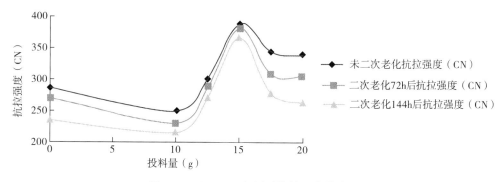

图2　Parylene – N 加固后抗拉强度曲线图

经过 1.5 小时后，发现浸泡在 60% 硫酸中未经 Parylene 处理的样品已经完全酸解、溶化，而经 Parylene 处理的实验基本无变化（图 3）。经过 20 小时后，浸泡在 10% KOH 溶液中的未处理试样已经非常脆弱、部分溶解到溶液中，而经 Parylene 处理试样几乎无变化（图 4）。处理过的样品其丝纤维被 Parylene 包裹起来，因此酸碱对其的侵蚀性都较小。

3. 耐霉菌实验

资料介绍 Parylene 具有一定的防霉性能，将经 Parylene 处理过的试样与未处理样放在潮湿（RH75%）的环境中进行实验。经两个月后发现未处理样上长出了很多黑霉，而经 Parylene 处理过的样品上基本没有（图 5）。这是由于 Parylene 材料均匀的涂覆在试样上，

图 3　样品放入 60% 硫酸中 1.5 小时后

图 6　未老化丝绸

图 4　样品放入 10% KOH 中 20 小时后

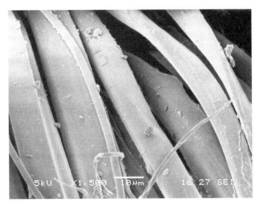

图 7　热老化后丝绸

图 5　经 Parylene 处理样（右）未长霉

图 8　Parylene 加固过的热老化试样

水汽的渗透率很低致使霉菌无法进行正常的新陈代谢，所以具有较好的防霉性能。

4. 扫描电镜分析

将新丝绸、老化后未处理的样品与处理过的样品进行扫描电镜分析。可以看出，新丝绸纤维表面光滑（图6），老化丝绸表面凸出物及劈裂现象明显增多（图7），说明人工热老化已使丝绸的蛋白纤维受到破坏。

对 Parylene 加固过的热老化试样进行扫描电镜分析（图8），可以看出，Parylene 涂覆非常均匀，单根蚕丝纤维表面看不出有膜的痕迹，证明 Parylene 膜的分散性、渗透性良好。

五　结　论

通过一系列的实验、分析，发现当 Parylene – N 加固的厚度太小时其机械强度不升反降，其原因可能是投料量太少未能在样品上形成连续的膜，反而影响了强度；而当加固厚度过大时强度也会下降，可能是厚度过大脆性加大影响强度。

但只要将 Parylene – N 加固的厚度控制在最佳加固厚度（2.5μm 左右），则加固过的脆弱丝织品不但在机械性能上有较大的提高，其防水、耐酸碱、耐霉菌性能均有较大提高，且处理过的样品耐光及耐洗色牢度未有明显变化。

综上所述，我们认为 Parylene – N 是一项比较成熟的技术，可以推广应用于比较脆弱的丝织品的加固。

注释：

① 李栋高、蒋蕙钧：《丝绸材料学》，中国纺织出版社，2003 年。

② 奚三彩、赵丰：《古代丝织品的病害及其防治研究》，河海大学出版社，2008 年。

③ 南京博物院：《"南博（中国）—百腾（新加坡）派拉纶文物保护实验室"宣传手册》。

④ Bruce J. Humphrey, The Application of Parylene Conformal Coating Technology to Archival and Artifact Conservation, Studies in Conservation, 1984.

⑤ 龚德才、奚三彩、王勉：《派拉纶成膜技术在文物及图书保护中的应用研究》，《文物保护与考古科学》1996 年第 8 卷第 1 期。

⑥ 王国荣、凌正明、邵力为等：《Parylene 用于纸张加固应用性实验》，《江苏造纸》2004 年第 4 期。

⑦ 闫庆联：《Parylene 膜层对青铜文物的保护研究》，《中国历史文物》2006 年第 3 期。

⑧ 同②。

（原载中国化学会应用化学委员会等编：《文物保护研究新论（二）》，文物出版社，2010 年）

叁　竹、木、漆、骨、
　　角类文物保护

两千年前的竹简及其脱水保护

一 竹简的现状

江苏东海尹湾汉墓出土的竹简，是由连云港博物馆委托我们处理的，竹简送来的时候杂乱无章，浸泡在乙醇溶液玻璃管中，呈现黑、褐色，文字难以辨识。经红外电视检测，发现竹简两册，其中宽竹简为"神乌传"，共21枚，简长23cm、宽0.4cm、厚0.1cm；窄竹简为"阴阳经"，共72枚，简长23cm、宽0.4cm、厚0.1cm。每枚竹简上发现"▽"的编册契口两处（图1）。

图1 观状图

二 显微分析

为了解竹材的种类和观察竹材内部的细胞结构，我们委托中国林业科学院森林生态环境研究所，对竹简进行了显微分析（图2）。从显微照片可以看出：竹材与木材构造不同，竹材仅有初生构造，没有次构造，其特征比较简单。窄竹简由"竹青"制成，宽竹简由"竹黄"制成，其内外构造特征大部被削去，要找到竹种的全部特征，已不可能，根据竹简的现有微观特征，如表面微形态气孔呈椭圆形，气孔上微突少而小或光滑，微突呈网状，宽竹简维管束为典型的开放型。根据以上特征初步鉴定为刚竹（Phynostachys SP），首次为出土竹简的竹种进行了鉴定。

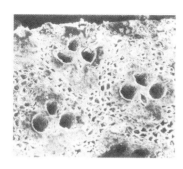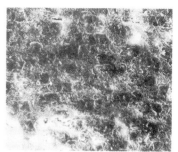

图 2　竹简纤维分析图

1. 横切面（竹黄部分）　2. 横切面（竹青部分）　3. 竹竿表面形态

三　操作步骤

1. 清洗

竹简长期埋在地下，出土后表面沾满泥土，有的粘连在一起，表面呈褐色或黑色，影响简文的阅视。为使简文清晰可视，先用蒸馏水浸泡，再用软毛笔轻轻刷去泥土脏物，然后将清洗过的竹简浸泡在5%左右草酸溶液中脱色，时间约为三分钟（常温条件），在脱色过程中可看到竹简表面由褐色或黑色转为米黄色，显示出竹的本色。经脱色的竹简立即转移到温热的蒸馏水溶液中，反复清洗，直至洗净竹简上残留的草酸溶液（图3）。

2. 称重、绑扎

先将清洗干净的竹简进行编号、称重、测量尺寸，然后用预先准备好的玻璃片把竹简夹住，有些竹简中间厚、两边薄，在绑扎时应在两边填上相应厚度的纸片以防竹简受力不匀压裂竹简。绑线要松紧得当，一般绑在两头，过紧使竹简开裂，影响渗透，过松则竹简容易松动。在实际操作时应加以注意（图4）。

3. 脱水定型

（1）将绑扎好的竹简放入40%（乙醇＋水）溶液中，使溶液高出竹简3cm。浸泡后用比重计测量置换液的比重，若比重无变化即可更换新的置换液（40%→60%→80%→95%→无水乙醇），置换液浓度一般由低至高，循序渐进。最后用无水乙醇浸泡

图 3　草酸溶液清洗竹简　　　　　　　　　　　　图 4　绑扎

两次以上，经比重计测量置换液比重与乙醇比重相等时，说明乙醇置换水已彻底。

（2）将竹简再转换到乙醚溶液中进行置换，其方法与前相同。浓度由低至高，循序渐进［40%（乙醚＋乙醇）→60%→80%→95%→无水乙醚］，直到置换液比重与无水乙醚的比重相等为止。

（3）为防止竹简在乙醚挥发时收缩变形，同时增加强度。竹简经乙醚置换后，便可转入乙醚树脂溶液中进行渗透、加固，填充竹材细胞孔隙。以往采用的填充物为乳香胶或松香，虽能获得较好填充效果，但由于树脂的脆性而影响了竹简的强度。为克服这一缺点，选用松香和一种具有柔软性合成树脂的后配溶液作为填充剂，既弥补了松香的脆性，又增加竹简的强度，更有利于保护和使用。

（4）竹简经树脂渗透、加固后，便可从树脂乙醚液中取出。立即用刀片切断绑线，轻轻将玻璃片与竹简分离，如有粘连，用毛笔沾乙醚轻轻涂刷，使之分离，并清除竹简表面多余的松香树脂。在对一些残破、开裂的竹简进行适当的修复后，用有机玻璃板将竹简夹好，然后按编号登记、测量、入库收藏。

四　脱水效果

江苏东海尹湾汉墓出土的两册竹简，已脱水定型，经一年观察效果良好（图5）。脱水前后，我们对其中6枚竹简进行测量和称重，其数据见表1。

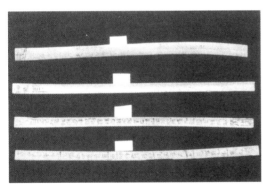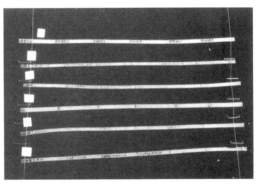

图5　竹简脱水后的效果

表1　脱水前后性能比较

| 编号 | 处理前 | | | | 处理后 | | | | 收缩率 | | | 含水率 |
	重量 (g)	长 (cm)	宽 (cm)	厚 (cm)	重量 (g)	长 (cm)	宽 (cm)	厚 (cm)	长 (cm)	宽 (cm)	厚 (cm)	（%）
1	4.9	23	0.9	0.1	1.3	22.7	0.9	0.1	1.3	0	0	277
2	5.0	22.6	0.95	0.1	1.4	22.4	0.95	0.1	0.9	0	0	257
3	5.1	23.2	0.92	0.1	1.42	22.9	0.91	0.1	1.2	0.1	0	258
4	1.4	23.0	0.4	0.06	0.45	22.65	0.4	0.06	1.5	0	0	226
5	1.2	22.8	0.4	0.06	0.35	22.6	0.4	0.06	0.9	0	0	240
6	1.4	23.1	0.45	0.05	0.41	22.95	0.45	0.05	0.7	0.2	0	241

（1）竹简含水率按下列公式计算：

$$含水率 = \frac{脱水前重 - 脱水后重}{脱水后重} \times 100\%$$

由此得出编号 1 含水率 $= \frac{4.9 - 1.3}{1.3} \times 100\% = 277\%$

（2）其他竹简按此计算，分别得出含水率（见上表）。

（3）竹简收缩率按下列公式计算：

$$收缩率 = \frac{脱水前长 - 脱水后长}{脱水前长} \times 100\%$$

由此得出编号 1 收缩率 $= \frac{23 - 22.7}{23} \times 100\% = 1.3\%$

其他竹简按此计算其收缩率（见上表）。

五　结果与讨论

（1）采用醇—醚—树脂联浸法，对出土竹简、木牍脱水定型，效果良好。此次对东海尹湾汉墓出土竹简脱水成功，再一次证明了其方法的可靠性。醇—醚联浸法是利用醇、醚的极性和表面张力小于水及挥发速度较水快的特性，对竹简进行脱水，它具有以下优点。其一，醇、醚的表面张力小于水，表面张力越小，溶液挥发时产生内应力也小。竹材开裂变形程度越小。其二，醇、醚的极性小于水分子，而体积又大于水分子，在同一条件下，极性小，分子体积大的乙醇或乙醚同纤维素羟基结合数量少，即形成氢键量也少，润胀程度小，竹材在干燥时收缩程度相应变小。其三，醇、醚为有机溶液，其挥发速度较水快，这样在干燥过程中竹材内层和表层含醚率梯度小，相应产生内应力也小。

（2）从表 1 看出，竹简的含水率在 226%～227% 之间，收缩率在 0.1%～1.5%。由此可见，竹简脱水后其形体几乎无变化，无开裂，色泽正常，保持原貌。

（3）使用草酸溶液脱色后，必须将残留在竹简上的草酸溶液用蒸馏水反复清洗干净，以免引起副作用。

（4）此法适用于木牍、木梳、毛笔、木俑等竹木质文物的脱水保护。

参考文献：

1. 刘国钧著，郑如斯订补：《中国书史简编》，书目文献出版社，1982 年。
2. 中国文物保护技术协会编：《文物保护技术（第 4 辑）》，1987 年。

（原载《文物保护维修研讨会专辑》，台北，1995 年）

文物保护手册

第七章第一节　竹木类

竹、木器从其内部结构和化学成分来看，基本相似，都由细胞壁和细胞腔组成，主要组成元素是碳（C）、氢（H）、氧（O）、氮（N）。细胞壁的主要化学成分是纤维素、半纤维素、木质素等。细胞腔内含有淀粉、树脂、单宁、挥发油和少量的矿物质。纤维素是由许多 D－吡喃式葡萄糖基相互以 β－1，4－苷键连接而成的多糖。半纤维素 L－树胶醛糖（L－arabinose）是低分子量的聚糖类，其中包括 D－木糖基、D－甘露糖基与 D－葡萄糖基或 D－半乳糖基等。而木质素由苯丙烷结构单体的具有三度空间结构的天然高分子化合物所构成，其中纤维素是构成木材细胞壁的物质基础。

由于竹、木都具有良好的物理力学性能和天然的耐久性，以及来源广、易加工制作等特点，自古以来得到广泛的应用。用竹、木盖房、造塔、造船、造车、造桥、制作生产工具和日常生活用品以及艺术品，几乎什么东西都做过，是人类社会不可缺少的物质，也是历史文化遗产中极其重要的组成部分。

随着考古发掘工作的开展，全国各地出土了一大批竹、木器文物，无论从数量或品种在出土物中都占据首位，距今七千多年前的河姆渡遗址出土古建筑构件，发现我国最早的榫卯结构的木构件，在江苏淹城出土春秋战国时期的独木舟，甘肃居延出土的汉木简，湖南马王堆汉墓出土的木俑，以及山东临沂、安徽阜阳双古堆、湖南长沙、湖北江陵、江苏尹湾等地出土的竹简、木牍等珍贵文物，为研究历史、艺术史、科学技术史提供了丰富的实物资料。如何保护这些文物已成为十分重要的任务。

一　竹、木材的特性

1. 竹、木材的含水率

竹木材中所含有的、而非化学结构的水分多少称为含水率。含水率是竹木材重要的一项物理性质，它对竹、木材的加工、防腐和加固处理起着至关重要的作用。它直接影响着竹、木材的胀缩、密度、电学及热学性质和力学性质。

竹、木材含水率以其所含水分的重量与木材重量之百分比率来计算。竹、木材含水率以绝干木材重量来计算（称绝对含水率为 u）或者以湿材重量计算（称相对含水率为 f）。计算公式如下：

$$（u\%）=\frac{（m_f-m_{dtr}）}{m_{dtr}}\times100\%\qquad（f\%）=\frac{（m_f-m_{dtr}）}{m_f}\times100\%$$

公式中：m_f 为湿材重量

m_{dtr} 为绝干材重量

2. 竹、木材的密度

竹、木材密度是指单位体积竹、木材的重量，是竹、木材性质的一项重要指标，根据密度可算出竹、木材的重量，判断竹、木材的工艺和力学性质。密度与含水率、材种、取材的不同部位和内含物等有关。

3. 竹、木材的强度

一般用竹、木材强度来泛指竹、木材的力学性质，它包括抗压、抗弯、抗冲击、抗剪和硬度等不同物理学性质。竹、木材强度与竹、木材的密度及含水率有关。密度增加，硬度增大，而含水率的增加，硬度变小。密度提高、抗压强度增大，抗压强度直接与晚材部分的多少有关。木材在纤维饱和点以下时，随着含水的增高，抗压强度降低。温度升高，木材抗压强度降低。抗压强度还与木材内含物和年轮方向有关，顺纹抗压强度远大于横纹抗压强度。

4. 竹、木材天然耐久性

天然耐久性是指木材对木腐菌和木材害虫等生物损害的固有抵抗能力，以及对气候变化、物理、化学等因子的天然抵抗能力。

不同树种对生物损害的抗性不同，即使同一棵树的不同部位，对生物损害的抗性也有差别。它不但与木材构造、性质有关，亦与木材内含物的化学成分有关。

熟悉竹、木材这些特性，有利于对竹、木文物保护的研究。

二　竹、木文物损坏的原因

竹、木文物属于有机物，由于长期埋藏在地下，或在潮湿环境中，极易遭受有害生物的侵袭（腐朽、虫蛀等）。了解竹、木文物损坏的因素，是做好竹、木文物保护的基础。

1. 微生物的损害

竹、木材中的碳水化合物和芳香化合物，是微生物的良好养料。其中真菌中的木腐菌，它的菌丝所分泌的酵素能把纤维素分解为葡萄糖致使细胞壁彻底崩溃。纤维素的降解还包括水解、氧化、机械降解等。细菌与木腐菌比较，对竹、木材损害要轻得多，但细菌能将细胞壁侵蚀成孔洞。细菌和真菌同时危害，会加速竹、木材的降解和朽坏。

2. 昆虫的损坏

昆虫对古建筑竹、木结构和竹、木文物的危害屡见不鲜。常见的甲虫是天牛、窃蠹、长蠹、粉蠹以及白蚁等。这些害虫能将竹、木材蛀成针孔大小的虫眼。危害严重时，竹、木材内部坑道纵横交错，使竹、木材呈海绵状，有时手触即破。有些古建筑竹、木构件、木质神像及竹、木质家具被白蚁蛀蚀成面目全非，造成毁灭性的危害。

3. 温、湿度的巨变

出土的竹、木器，多数饱含水分，在生物和化学共同作用下，其化学成分和显微结构方面已发生了很大变化。如纤维素受到破坏，羟基减少、半纤维素分解，木质素含量增加，分子键缩短、结构组织松软脆弱，弹性降低，塑性增加。由于水的存在支撑着细胞，使竹、木器保持一定的形状。一旦出土离开墓室，由于环境的温、湿度突然改变，当竹、木材中的吸着水从细胞壁的微胶粒之间蒸发，微胶粒相互靠近，使细胞壁缩小变薄。同时水具有较大的表面张力，在干燥过程中由于水分的蒸发产生内应力致使竹木器收缩、开裂、变形，以致毁坏。

4. 人为的损害

竹、木器在地下埋藏中，由于地震、盗扰等原因，致使墓室坍塌。存放的竹、木器被塌陷下来的椁板压坏，经腐朽的木牍、竹简、木桶被挤压成饼块。出土后由于提取、处理、保管不当，而引起的残破、干缩、开裂，甚至出现不可挽回的地步。

三　出土饱水竹、木器的脱水定型

竹、木器长期埋藏在地下，经历数千年，浸泡在水中，大多已腐烂和变质，饱含着水分，不利于长期保存。这些器物一经出土，决不能任其自然干燥，更不能展出。应采取适当的方法，使器物脱水定型，适应保存环境，以防发生开裂、收缩和变形。脱水定型常用方法有以下几种。

1. 自然干燥

此法常应用于一些大型的木船或古建筑木构件的脱水。出土后应置于与地下温、湿度相同的场所。如埋置于沙坑里，包在潮湿麻布或海绵里，使之缓慢脱水，虽取得了一定成效，但是，这种方法并不很可靠。

2. 明矾法

此法是将饱水竹、木器置于明矾 $KAl(SO_4)_2 \cdot 12H_2O$ 溶液中煮沸数小时，控制温度 $92 \sim 96℃$，促使明矾充分地渗透到饱水木材中，趁热取出，待冷却至室温后，明矾溶液即凝固并充填在木材细胞组织中，阻止木器收缩和变形。器物表面多余的明矾用热水擦净。为防止吸湿现象，可在器物表面涂封一层有机硅或 B72 树脂液的保护膜。此法处理饱水木器是可行的，但经明矾处理后的木器存在颜色加深、变暗及重量增加等缺点。

3. 醇—醚—树脂连浸法

此法是将竹、木器逐步浸泡在浓度渐增的醇溶液中，通过渗透作用使醇溶液渗透到木材细胞中，替换木细胞组织中的水。待醇溶液完全置换水后，再以乙醚替换出醇，直至置换液的比重与纯乙醚比重相同，再将树脂（如达玛树脂、松香、乳香胶或 PVB

树脂等）溶于乙醚溶液中，树脂就会与乙醚一起渗透、充填在细胞孔隙之中，使器物得到加固、定型。这是目前较常用的一种脱水方法，对饱水竹、木器脱水定型已有成功实例，特别适用于小件的竹筒、木牍、木桶之类器物的脱水，处理效果无论从质感、色泽或形状上，均令人满意。

4. 冻干法（即冷冻干燥法）

冻干法是比较有前途的方法之一。它不仅用来处理饱水漆器的脱水定型，也可以用来处理小件的竹、木器。具体方法已在漆器一章作了介绍。本章不再介绍。

5. 阿里格 C 法

此法是将竹、木器浸泡在 25% 浓度的水溶性三聚氰胺甲醛树脂溶液中，直至树脂渗透到竹、木器的细胞组织中出现沉淀为止。然后加入适量的过氧化氢溶液作引发剂，使之聚合，大约经 24 小时的聚合反应，当树脂开始硬化时，取出器物，清除表面多余的树脂，用聚乙烯薄膜包裹，并控制 60℃ 继续反应 24 小时即可。用此法处理过新石器时代饱水竹、木器，效果很好。

6. 聚乙二醇法

聚乙二醇又称碳蜡，简写为 PEG，分子量从 200～6000 不等。常用 PEG4000 来处理饱水竹木器。此法是将木器在室温下置于 12% PEG4000 水溶液中，随后逐步升温并提高浓度，直至最后浓度达到 90% 的熔融状态，控制温度 60℃，经一年浸泡后，PEG 替换了木器中的水，趁热取出器物，让水分慢慢蒸发掉，并用甲苯擦去表面过量的 PEG。为克服 PEG 的吸湿性，可在木器表面用 25% 的二异氰酸酯—甲苯的醋酸乙酯溶液涂刷，形成抗水的氨基甲酸乙酯保护膜。此法是处理饱水木器标准而有效的方法，尤其适用于小件文物，效果最为理想。

7. 有机硅聚合物法

此法是利用液体低聚物有机硅树脂浸渍木器，使之渗透到细胞孔隙中，然后进行聚合，形成固体高聚物充填在木材组织内，从而达到固定器物的目的。处理时，先将引发剂（过氧化苯甲酰）溶于低聚物（α. W–（二甲基丙烯酸基）–二甲基硅氧烷）溶液里，然后将处理器物浸入其中，待器物沉于容器底部时，再加热到 55℃，聚合反应立即开始，至反应结束后，取出器物，清洗表面过量的低聚物，在 35～40℃ 下，干燥 48 小时，然后在室温下干燥约 20 天即可达到脱水的目的。

除了上面介绍的几种方法外，还有乙二醛法、γ 射线辐射聚合法、蔗糖法等，就不一一介绍。

四　竹、木器的加固与修复

1. 脆弱竹、木器的加固

竹、木器在地下墓葬中经过千百年埋藏，由于受菌类或虫害的侵袭，在生物学和化学二者同时变化共同作用下，使纤维素、半纤维素水解、氧化、机械降解、木质素增加、分子链缩短，致使结构组织松软脆弱，为增加强度通常采用树脂渗透加固或机械方式给予支撑。

（1）传统加固材料：常用蜡或蜡和树脂的混合物。如用蜂蜡 90 份、聚环乙酮树脂 9 份、榄香树脂胶 5 份的混合物加固脆弱木器。操作时，先将混合物加热涂刷在器物表面，再用红外灯烘烤，让混合液渗入器物孔隙中，也可以浸入已熔化的混合液里，待气泡停止后，从混合液中提出，用松节油抹去器物表面残存的蜡。此法能使器物得到加固，但会使器物表面颜色加深、发亮等。

（2）随着高分子化学的发展，各种合成树脂已广泛应用于脆弱竹、木器的加固。目前常用的合成树脂溶液有聚醋酸乙烯溶液、聚乙烯醇缩丁醛溶液、B72 树脂溶液等。

加固方法：可采用浸泡、注射、涂刷等工艺将树脂溶液渗入器物内，固化为固体，以增加器物的机械强度，如有条件可采用真空减压渗透，效果会更好。

对于小件竹、木艺术品可用支撑来固定，有时用聚酯或环氧树脂玻璃钢作为支撑。

对已被虫蛀成隧道的器物加固，可用注射器或玻璃吸管把树脂溶液灌入虫孔，使其填充加固。

2. 竹、木器的修复

出土竹、木器常出现断裂、残缺，只要有依据，适当给予加固和修复，才能展现原貌。

对断裂的器物如木牍、竹简、木桶等文物，应根据修复对象，选择适用的黏合剂，如竹、木简残断，可进行对口粘接和修补。常用黏合剂有 40% 蜂蜡、30% 乳香胶、30% 达玛树脂熔合使用，也可以用聚醋酸乙烯酯树脂、三甲树脂、B72 树脂等配成适当浓度作黏合剂。

对朽烂器物的空隙，常用聚酯树脂、环氧树脂或聚醋酸乙烯乳液调配锯木粉、石膏作为修补材料，填入空隙中。

五　竹、木器的保养

竹、木器经脱水定型，送库房保管或陈列展览，应注意以下几点。

1. 杀虫防菌

昆虫、微生物（细菌和霉菌）是造成竹、木器损坏重要因素。预防竹、木器免受生物危害，必须杀虫、灭菌。最常用的是化学方法，即用有毒药剂处理竹、木器，杀死危害竹、木器的各种生物或阻止其生长。

杀虫、灭菌的方法很多，有化学、物理、生物等方法，常用的是化学法。化学法又分为气体毒杀法（熏蒸法）和液体毒杀法（浸透、注射、喷涂法），一般认为，熏蒸法见效快，但不能持久，浸渗法见效慢、毒性维持时间长，杀虫效力持久。

（1）熏蒸消毒法：是在密闭的环境中（房间、箱、柜）利用有毒熏蒸剂气体杀虫、杀菌。熏蒸剂种类不少，但用于竹、木器保护的不多。常用的有环氧乙烷、四氯化碳、溴甲烷、丙烯、硫酰氟等。这些药剂杀虫效力高，但毒性大、易燃、易爆，使用时须十分小心、注意安全。有些药剂因毒性大，残留时间长，已禁止使用。

（2）溶液毒杀法：通常注射器把液体杀虫剂（五氯酚钠、CCA、拟除虫菊酯等）注入器物的虫孔里，也可以用这些药剂调入锯木粉或石膏粉中填塞虫孔，当然用药剂溶液涂刷、浸泡渗透会取得更好的效果。

（3）另外还可以采用物理方法，如蒸汽消毒法、真空处理法、微波杀虫法、除氧充氮以及生物防治的方法。

2. 控制适宜的温、湿度

竹、木器储藏和展览环境的好坏，直接关系着能否长期保存。过于潮湿的环境易于滋生和繁殖细菌、霉菌，对竹、木器保存不利。如温度升高，则会加速化学反应速度，使水分蒸发，易使器物干裂、脆化。一般认为保存竹、木器的相对湿度，以55%±5%为宜，温度以20±2℃为宜，以恒温恒湿最佳，若有变化，以不超过5%为宜。忽干、忽湿易使竹、木器变形、龟裂。

3. 防光

阳光和各种灯光中的紫外线、红外线，对竹、木器影响不少，如鲜亮的木器家具在紫外线作用下变黄，是由于紫外线与木材表面发生光化学的降解作用，从而导致颜色的改变。光线中的红外线，有显著的热效应，易于被物体吸收，转变为内能，使水分挥发而逐渐脆裂、变形，甚至毁坏。所以控制照明，避光储藏，不要在阳光直射下展示。通常采用的照度以150勒克斯（Lux）为宜，一般不超过300勒克斯（Lux），如器物表面有彩绘只能保持50勒克斯（Lux）的照度。

4. 竹、木简的保养

经脱水定型的竹、木简，其质地脆弱，在收藏过程中，不但要控制适宜的温、湿度、光线、防治虫害、霉变，更要防碰撞、叠压。具体保护措施有以下几种。

（1）防碰撞：在竹、木简背面垫一层薄海绵和两层棉纸以增加弹性，并用边缘光滑的透明薄片绑夹好，以避免与外界直接碰撞而损伤。

（2）可将夹好的竹、木简装入玻管内，两头垫数层棉纸，抽真空或充惰性气体，密封保存。

（3）将夹好的竹、木简封埋在透明有机玻璃中。

（4）将装有竹、木简且密封的玻璃管放在囊匣内，既防光照，又利于保管运输。

第七章第四节　骨、牙、角、贝类

自古以来，我们的祖先，就用骨、牙、角、贝为主要原料，制造生产工具、生活用品或装饰艺术品。早在旧石器时代，山顶洞人以穿孔兽牙作为装饰品随葬，同时，还用兽骨、兽角制造鱼钩、箭镞、角镰、骨匕等生产工具从事狩猎、农耕等活动。到新石器时代，骨、牙、角、贝器的制作已相当普遍，有些器物上刻有精细的纹饰，如浙江河姆渡遗址出土的双鸟朝阳纹象牙雕刻和蚕纹象牙雕圆形器以及山东大汶口出土的象牙梳及嵌松石骨筒等器物。随着考古发掘工作的开展，在不同历史时期，都有不少骨、牙、角、贝器出土，这些器物是研究人类发展、科学、艺术和自然界历史的实物资料。

一　骨、牙、角、贝的组成及特性

骨和象牙经雕琢和装饰以后，在外观上非常相似，而且在组成和结构上也基本相同，都是由无机物（磷酸钙、碳酸盐、氟化物）和有机物（骨蛋白、油脂）组成。骨的主要成分是磷酸钙，所以骨头具有很好的抗裂、抗压、抗折等机械性能。骨和象牙的有机成分通常占重量的30%。要区分骨和象牙，单靠化学方法，凭肉眼观察是很难分辨的。通过显微镜观察，可以看到骨头的截面纹理比较粗糙，并有一种特有的细胞隙。而象牙是由坚硬致密的结构所组成，其中心有一系列向四面辐射的条纹，并且互相交错，构成了很微细的像扁豆状格子的网状组织。这是象牙不同于骨的特征。

二　骨、牙残损的原因

1. 骨和象牙都是各向异性，具有其方向性，当遇到热和潮时，容易发生翘曲，骨蛋白及填充骨内的油脂物质，则容易受到氧化和水解，同时也容易遭受细菌的侵蚀和破坏。

2. 骨和象牙在地下埋藏中，由于长期受酸、碱侵蚀，不仅使骨蛋白和油脂等有机物变质，还会与骨的无机物发生作用，使骨质酥化、崩溃。

3. 骨和象牙孔隙多、颜色淡，容易被污染而发黄或变黑。由于光照，使它失去天然色彩。

4. 骨和象牙在地下埋藏中，由于长期浸泡在水中，因盐锈或水蚀，会使骨头变成像海绵一样的饱水物质，其强度大大地削弱，甚至被瓦解。在有些情况下，骨中的有机物质逐渐消失并被矿物质二氧化硅（SiO_2）和碳酸钙（$CaCO_3$）所代替，变成骨化石。

三　骨和象牙的清洗

1. 当骨、象牙制品表面沾染灰尘，一般用软毛刷刷除或用吸尘器除去。

2. 如器物表面沾染污渍、油垢，则采用清洗的方法为好。用湿法清洗时多以肥皂水或含有中性去污剂清洗。清洗速度要快，洗后应尽快将其擦干。对于朽坏的象牙和骨头，尤其外皮业已腐蚀并有裂纹的情况下，清洗后不要用毛巾来揩干，而用95%酒精浸泡数次，然后用吸水纸吸干。以免引起器物的翘曲或开裂。最好用三氯乙烷清洗。

3. 当骨、象牙制品表面生满盐锈并已成为半石化状态时，清除工作比较困难，一般把器物放在搪瓷盆里，注入蒸馏水把它淹没，每隔五秒钟，把水倒掉，换上新的蒸馏水，如此反复数次即可。然后即用酒精浸洗一分钟，最后放在乙醚里浸一分钟取出风干。

4. 清洗碳酸盐类的锈蚀，更是困难。一般用小毛笔沾着1%盐酸溶液，在十倍左右双筒显微镜下做局部的清除工作。经反复施涂，沸泡停止后，多余的酸溶液用吸墨纸吸掉，当积锈回软，即用针把锈剔除。最后用蒸馏水反复清洗数次，再用醇—醚联浸法使它干燥。

5. 对于变黑的骨和象牙制品，可以用过氧化氢或草酸溶液做适当漂白和清洗。

值得注意的是，某些古旧的象牙呈现黄色，不宜清洗或漂白，它给人一种天然古色的美观，是年代的象征，应加以保护。

四　骨、牙出土物的现场保护

在考古发掘中，经常出土饱水海绵状骨器、人骨架或各种兽骨，如江苏汤山猿人头盖骨、山西侯马奴隶殉葬墓的人骨、河南安阳妇好墓嵌松石兽面纹象牙杯、山东临沂车马坑的兽骨、南京大屠杀纪念馆的人骨架等。这些出土物，有的保留在现场，有的要取回放在博物馆。

如果保留在现场，原地保护，应做好以下工作。

1. 清洗

根据出土物的残损程度以及污染的状况，选用水剂或溶剂，清除表面的污染物。

2. 防水

在出土物的周围，开挖排水渠或挡水墙，阻止地下水的渗透，使其保持干燥。

3. 脱水、加固

对于饱水、脆弱的骨、牙器，先用水溶性聚醋酸乙烯酯乳液进行加固，然后让它缓慢而均匀地干燥。待干燥后再用B72或PVB树脂渗透加固。

4. 防霉

出土物置于现场，由于环境潮湿，尤其在南方地区，容易滋生微生物，为防止、抑制微生物生长，可用五氯酚钠或霉敌溶液喷涂。

5. 提取

从墓葬或遗址中，要提取的骨、牙器，应当事先进行加固。提取时应插入托板将其衬垫托出，以免造成意外受损。如果是人骨架或大型兽骨提取，先用树脂溶液加固，再用棉纸裱托。在骨架四周挖空，在木板箱套住，在骨架上倒入调配好石膏或聚氨酯发泡液，待固化后，连同木箱一起提取，送博物馆处理。

五　骨、牙制品的加固与修复

对于那些极其脆弱的骨、牙器，从其表面看来好像很完整，但经不起触动，甚至触之即碎。遇到这种情况，就必须进行加固。

加固所采取的工艺和材料，应根据器物糟朽的程度而选用。最简便的方法，是石蜡浸渗法（即将熔化了的石蜡进行浸涂），或者采用达玛树脂 1 份、巴西棕榈蜡 1 份、蜂蜡 3 份、普通硬石蜡 1 份，将它们混合加热到 120℃，再将牙、骨器浸入溶液中，使之浸透，待气泡停止后，取出，冷却，用甲苯擦去表面多余蜡。处理后的器物有容易沾染尘土和颜色加深的缺点。

随着高分子化学的发展，新型合成树脂材料不断得到应用，常用的有 PVB 树脂、B72 树脂等，一般用树脂溶液涂刷或喷涂。如有条件可用减压渗透，会取得更好的效果。

器物表面如有薄片开裂、起翘或将脱落、断裂，可用树脂溶液注入开片处，使其粘牢，常用树脂有乙基纤维素、B72 树脂，这些树脂具有可逆、易操作的特点。如有小块失落，可用蜂蜡和棕榈蜡来填补，细小裂缝，则留作胀缩余地而不必填补。

旧石器时代的人类头盖骨以及甲骨文片，是极珍贵、稀世的文物，对它们的保护应特别小心、谨慎。目前已用派拉纶 N（PPK－N）真空加膜法，取得了令人十分满意的效果。

六　角、贝器的维护

角、贝制品在考古发掘中虽有出土，但不是很多。鹿角曾被作为神像的装饰而应用，牛角常用作梳子或工具，而贝壳则以装饰品出现。这类器物都由有机物组成，其质地脆弱而多孔。清洗和加固方法与骨、牙器的方法相似，保管条件也差不多。

马王堆汉墓出土的镇墓兽头上的鹿角，其中心的海绵状组织已烂空，只剩下一些痕迹和空洞。遇到这种情况，只能灌以石膏，将痕迹留下来。若外皮完好器物，对其烂空的部位，可用树脂溶液拌木粉或其他填料填补进去，增加强度。

值得注意的是，贝壳的主要成分是碳酸钙，易被酸分解，应避免使用酸性清洗剂。

七　骨、牙、角、贝的保存环境

骨、牙、角、贝，这些器物都含有一定的水分，其质地脆而多孔隙，具有吸湿性，对温、湿度的变化特别敏感，随着外界温、湿度的升降而吸收或放出水分，从而引起器物体积膨胀或收缩而龟裂或变形。因此，器物在展示与储存时应控制相对湿度以 $55\% \pm 5\%$，温度以 $20 \pm 2℃$ 为宜。最理想条件能恒温、恒湿。

光照对骨、牙制品，尤其对染色或上彩的器物，由于光化学反应，会使骨、牙制品发黄、褪色。所以展示时的灯光不宜太强，一般控制在 50~150 勒克斯（Lux）。更不能放在阳光直射的地方，储藏时，最好将其包装、避光收藏。

为防止大气中有害气体（SO_2、NO_2、CO_2、Cl_2 等）对骨、牙、角、贝器物的侵扰，将骨、牙器物放在密闭容器（复合塑料袋、橱、柜、有机玻璃盒）中，真空保存，充入惰性气体（充氮）或置放除氧剂、RP－K 型试剂，使之与氧隔绝，以防器物继续氧化。

第七章第十九节　漆　器

漆器的起源可以上溯到新石器时代。1978 年，在浙江余姚河姆渡原始社会遗址中出土了距今已有七千多年的木胎漆碗和漆筒，它是中国漆器的最初雏形。

商周，是中国漆文化草创时期，已有精美纹饰的漆器出现。在安阳武官村商代大墓中，发现许多雕花木器的朱漆印痕，虽然木胎已腐朽无存，但印土上的朱漆花纹，仍很鲜艳。西周墓中还发现镶嵌螺钿的漆器托和漆豆，从而证实漆器的镶嵌技术起源于商周时期。这种用蚌壳作为漆器装饰的方法，为后来的平脱技术创下了基础。

到春秋战国时期，漆器业已相当发达，并设立了国家专营机构"漆园"专司其事。这时期的饰器技法主要有彩绘、针刻、银扣、施金银彩漆戗金银、描漆嵌螺、嵌金、嵌银等。

秦汉时期，工艺上承袭战国时的风格而又有发展，为中国漆文化步入黄金时代起了承前启后的作用。西汉时出现了以针或刀尖在朱色或黑色漆地上雕划纤细纹理，于沉陷处填金或银的针刻戗金银技术，同时也出现了款彩技法和金银平脱技法。

魏晋南北朝，由于社会混乱以及青瓷器的大量使用，使漆器生产日趋减少，技法上仍沿袭汉代。当时的漆器，其夹纻技术发展到一个新的高度，已运用夹纻来制作佛像，给胎骨的应用开拓了一个崭新的领域。

唐宋时期，是我国漆器业最为发达的阶段，不但继承了前代的各种髹饰技法，更重要的是开创了剔红技艺和发展了金银平脱技法。

元、明、清时期，漆器的制作材料、器形结构和髹饰技法均沿袭宋制，其中雕漆和螺钿技术更是集各代之大成而至巅峰。雍正时期，推崇描金漆和彩漆的使用。

我国漆器经历了几千年漫长的衍生发展，先民用双手和聪明才智创造了历史。从出土漆器来看，当时的生产技术和工艺水平达到了相当高的程度，为后来科学技术和工艺的发展奠定了坚实基础。如何将漆器文化遗产保存下来，传之后世，是文物保护工作者义不容辞的责任。

一　漆器构成的材料

漆器是由不同胎骨、灰料和生漆等材料经六道或八道工序制造而成的器物。

1. 胎骨

（1）木胎：从出土漆器来看，以木质制作的胎骨最多，常用的有楠木、樟木、杉木、泡桐等。木胎中有方形的，是用一块块木板拼斗起来；也有圆形的，是将木材劈成薄而长的木片拗成圆的器，再黏合、加温而成；还有一种木胎是旋床旋制而成。

（2）竹胎：是用竹子劈成竹丝条，编成漆器的胎子，一般称篾胎。

（3）金属胎：是用铜或锡作为漆器的胎子，古代剔红漆器都是用锡胎。

（4）藤胎：是用藤皮劈成藤丝条，编成漆器的胎子。

（5）陶瓷胎：是用陶器作漆器的胎子。

（6）皮胎：是用皮革作漆器的胎子。

（7）夹纻胎：是用麻布裱糊的漆器胎子。早在战国时期就有夹纻胎漆器，西汉时期已相当盛行。东汉以后常用夹纻胎制造佛像。

2. 生漆

生漆是漆树分泌的汁液，其化学主要成分是漆酚，此外还含有胶质和水分。漆酚含量的高低，直接影响生漆氧化合成膜的性能。漆酚的含量一般在 50% ~ 70%，生漆的性质主要决定于漆酚的性质，漆酚具有不同不饱和度长侧键的邻苯二酚衍生物的同系物，其侧键结构，随产地，树种不同而异。其结构式为：

$R = - (CH_2)_{14}CH_3$ 饱和漆酚

$R = - (CH_2)_7CH = CH(CH)_6CH_3$ 单烯漆酚

$R = - (CH_2)_7CH = CHCH_2CH = CH(CH_2)_2CH_3$ 双烯漆酚

$R = - (CH_2)_7CH = CHCH_2CH = CHCH = CHCH_3$ 三烯漆酚

由于漆酚是属于邻苯二酚衍生物的同系物，所以最易被氧化。生漆接触空气颜色逐渐变化，是由于氧化物生成之故。他的侧键含有双链，因此漆酚又容易聚合，生成高聚物。坚硬致密的漆膜，就是生漆氧化聚合的产物。它具有耐酸、耐碱、耐溶剂、耐老化、耐土壤腐蚀等优良性能的天然涂料，被誉为"涂料之王"。据文献记载，我国生漆的生产和使用已有六七千年的历史，人工栽培亦有两千多年，从出土的大量漆器工艺品来看，在春秋战国时期，生漆的利用已达到相当辉煌的成就。

3. 灰料

漆器制造工艺中，常用的灰料有角灰、骨灰、蛤灰、砖灰、瓷灰、炭灰等。

角灰：是灰料上等原料，据清代祝凤喈《与古斋琴谱》称，角灰的灰质是已熬过膏的鹿角霜经研细后调入生漆，做成灰添。

骨灰：是将各种兽骨经研碎成粉入漆。

蛤灰：是将蛤壳捣碎研细调入生漆。

石灰：是以石块研碎、磨粉入漆。

砖灰：是将砖块研成粉末入漆。

炭灰：是将木炭研成粉末入漆。

二　漆器的制作工艺

我国古代漆器制作工艺，在宋、元以前的文献记载中仅是片言只语。到元末明初陶宗仪所著的《辍耕录》和明代漆艺家黄成所著的《髹饰录》以及曹昭所著的《格古要论》等著作，对漆器制作工艺论述较为详细。从这些著作以及对出土器物进行分析来看，漆器制作工艺可分为六道或八道工序。大致可概括为制作胚胎、器表涂刷和漆面装饰三大方面。

1. 制作坯胎

漆器为有形之物，而形通常用各种胎骨来制作，胎骨完成后，进行合缝、捎当和布漆。所谓合缝是将拼斗成型的木板于木板相接处以漆黏合，绳捆待干。捎当是将合缝成型的胎骨接口裂隙处填以木屑和骨胶、木屑和生漆调和的胶质。布漆则是将麻布用漆使其贴附在"捎当"后的漆器胎骨上，使拼合之处不致开裂，木胎不致露，以增加胎子整体强度。

2. 器表涂刷

胎子制成，即可"做灰"，并以水磨法使灰面平整，如发现有气眼，必须用灰料施以刮浆，然后上漆。所谓"上漆"，是将漆涂刷在灰面上，上漆的层次视器物的形状及工艺要求而定，每涂一层，均需将被涂物置于阴室或阴箱内，候干取出，以揩光在漆面磨糙、推光。

三　漆器装饰

漆器一般只是一种素面漆，显然过于单调，历代匠师很注重自然美并刻意去追求，所以在素面漆的基础上，又推出诸如彩绘、雕填、雕漆、骨石镶嵌以及金银平脱等工艺。具体工艺有关著作已有论述，不再介绍。

四　漆器损坏的状况及原因

漆器属于有机质类文物，在地下埋藏了漫长的岁月，由于受地下水和其他有害物质长期侵蚀，致使漆器内部结构完全被水饱和，使木材的纤维素、木质素水解，而遭到破坏，有的漆器糟朽得像豆腐一样，这是漆器损坏的重要原因。

由于墓室的环境温度和湿度适宜各种微生物生长，极易滋生细菌，细菌的侵袭是造成漆器糟朽的原因之二。

漆器在地下埋藏中，由于地下水升降，致使漆器长期处于时干时湿状态，而引起干缩、变形、开裂。出土漆器饱含水分，由于处理、保存不当，任其干燥，而使器物干缩、变形、脱皮、开裂，甚至造成不可挽回的损坏。

漆器在埋藏或陈列、收藏过程中，由于天灾人祸如地震、盗墓以及缺乏科学保养知识而造成不应有的损坏。

五　饱水漆器脱水定型方法

1. 自然干燥法

自然干燥法是最常用、经济的传统脱水方法。此法是将漆器放在稳定环境中，要以缓慢而均匀的速度进行。如湖南马王堆汉墓出土的部分漆器，就是将漆器放在湿度（95%）终年相对稳定的地下室或防空洞中，经几年缓慢脱水而干燥定型的。

常用的方法有无机盐相对湿度递减法、硅胶脱水法、石膏模固定阴干法，以及锯木屑、湿沙慢干法，但此法可靠性不大，应用时应特别注意。

2. 蔗糖法

蔗糖为白色有甜味结晶，熔点 179~180℃，易溶于水，微溶于乙醇，不溶于乙醚。众所周知，纤维素属多糖类，它是由许多单糖分子经缩聚而生成的高分子化合物。纤维素是自然界分布最广的多糖，木材的细胞膜约含 50% 纤维素。从结构上来看，它是由葡萄糖组成的。蔗糖为寡糖，它是由一分子葡萄糖和一分子果糖所组成。不难看出，纤维素与蔗糖有类似的组成。蔗糖在水中的溶解性很大，所以比较容易进入饱水的木材中，当水分失去后，由于蔗糖的浓缩结晶，就可以起到原来水分的支持作用，从而保持住饱水木材的外形不再收缩。

木材中的吸着水，一般认为是纤维分子与水分子以氢键结合在一起。氢键以分子中存有羟基为先决条件，纤维素分子间以氢键横向相连组成纤维素。蔗糖分子中也有大量羟基，当蔗糖分子进入木材组织后，很容易与纤维素分子以氢键形式相结合，组成类似于纤维素结构的大分子，从而提高饱水木材的强度。当然，蔗糖能使饱水木材脱水的机理是复杂的。

河南古建保护研究所陈进良等采用蔗糖溶液浸渗加固信阳长台关出土的饱水漆、木器，克服了其他方法不易渗透或对漆皮损伤的缺陷，取得了可喜成果。

其方法为：将器物（耳杯、耳杯豆）从原保存水中取出，放在流水下清洗。用吸水纸或干布擦去表面水分及泥土污物，测定尺寸、称重、记录、照相。把器物放入 40%~50% 的蔗糖中浸泡，浸泡时间的长短，取决于器物的大小和表面漆皮的完整情况，一般几星期至几个月。为加速浸渗速度，应经常搅拌。浸渗结束后，取出器物，用湿毛巾擦净表面糖液，放在室内常温下阴干，直至恒重。这一过程大约几个月甚至一年以上。

大量实验证明，用蔗糖浸注木材作保护剂，在一定范围内是适用的。处理湿材时，用煮沸的蔗糖溶液浸泡材料，置换出木材中的水分，再通过酚醛树脂的乙醇溶液与木材中蔗糖水溶液交换，而使酚醛树脂最终固定在木材中。处理后木材保存在温度 14~25℃和 50%~55% 相对湿度环境中。经处理的木材形状没有改变。

日前，日本学者报道了先用甘露醇浸泡，再用蔗糖浸泡饱水木器研究成果，是值得重视的。此法优、缺点为：在处理过程中，蔗糖吸收量足够大时，木材具有很好的尺寸稳定性。但由于蔗糖具有吸湿性，经处理的木材在环境湿度变化时不稳定。另外，处理过程中，木材明显膨胀，因此强度不够，对于水彩绘制的木质文物不适用。

台湾湿热的气候条件，部分处理过程中，势必有招来蚂蚁或滋生微菌等弊端，必须在方法的选择上多加考量。

3. 冰冻干燥法

此法是根据生物学技术发展起来的，它将器物在低温下进行冷冻，使器物中的水冻结成冰，然后在真空条件下使水升华。因为含水的木器经冰冻后，在其表面形成一层薄冰，在真空状态下，当冰首先升华时，要吸收大量的热量，而使冰层下面更多的水冻结，冻结层就会深入到湿木的内部。此时，逸出水分，使木材受损的破裂应力仅局限于冰的薄层表面，而随着冰层的形成，则可以支持所产生的应力而使漆器不受损害。

但在实际操作时，发现直接冰冻往往会使器物出现开裂现象。因此，对此法做了改进，先用三甲基甲醇（叔丁醇）替换木材中的水分，再进行冰冻，其效果要好。因为叔丁醇在低温下与木材的膨胀系数相似。因此，在速冻时，器物可免致破裂。另外，当叔丁醇在真空状态下直接由冻结的固体状态升华时，其表面张力小，也不致使木器发生破裂。

近几年来，加拿大、日本、中国等学者，用低分子量 PEG400～600 溶液浸泡木材后再进行冻干，效果更好。PEG 表面张力小，在冷冻条件下体积收缩，而水在冻成冰时体积要膨胀。这样一缩一胀相互抵消，避免了木材开裂。另外由于 PEG 分子结构上具有两个末端羟基，与变质的木材成分形成弱氢键。这样，当水分升华时，在木材表面 PEG 就有一种防止木细胞组织因张力而遭受到破坏的相反趋势，起到减小器物因冰冻升华而破裂的作用。常用的 PEG400 溶液的浓度在 8%～15% 之间，浓度的高低，取决于木材朽腐的程度，变质越严重，所需的浓度越低，此法在国内外已得到广泛的应用。

4. 真空热干燥法

真空热干燥法是采用提高温度降低沸点的原理，使竹、木、漆器快速脱水定型的一种物理方法。湖北荆州博物馆吴顺清等利用此法对凤凰山 167 墓中出土的 73 件竹、木、漆器进行了脱水处理，其结果都比较成功，具体方法如下。

（1）对器物先进行清洗、照相、测量尺寸、称重、记录残损的状况。

（2）将器物用石膏翻成模子固定起来，防止器物在脱水时发生变形、开裂和漆皮起泡现象。在翻模时于器物表面贴上几层宣纸保护器物，器物内面用合适物件加以固定。

（3）烘模：将翻好石膏模烘干。

（4）将器物放进干燥后的石膏模中，待固定后，即可进行脱水。

（5）将固定的器物放进已预热的 70℃ 真空干燥箱中，然后抽真空，控制温度

80℃，当真空达到600毫米汞柱时，每隔4小时温度升高5℃，升到95℃为止，直到恒重（一般需12~24小时）。脱水时间的长短与器物的大小和含水量成正比，而与温度和真空度成反比。

（6）将脱水过的器物称重、测量尺寸、照相、观察现状后可收藏或陈列。

用真空加热法对古代竹、木、漆器进行脱水处理是一种简单、经济的方法，它不仅保存了器物的原貌，而且没有任何副作用，给长期保存文物提供了保证。

5. 乙二醛法

乙二醛脱水加固定型古代饱水竹、木、漆器，是湖北省博物馆陈中行研究的成果，曾获得国家发明奖。

乙二醛OHCCHO是最简单的二醛，以无色聚合体存在，当蒸馏时得单体，单体为绿色气体，可转变为黄色晶体（M. P. 15℃），在水溶液中，乙二醛以水合物存在，其化学性质非常活泼，即使在少许灰尘的影响下，都可以引起它的聚合。

（1）脱水步骤

从水中取出竹、木、漆器，将其清洗干净、晾干，然后测定器物尺寸、称重、照相，做好原始记录。

将竹、木、漆器浸泡在含有某种活化剂的乙二醛水溶液中（30%、40%、50%浓度），器物漂浮在液面上，隔几天将浸泡液搅动，以加速渗透速度。

待器物全部沉入乙二醛溶液后，取出器物，用水冲洗器物表面，晾干，测定器物的尺寸、称重，然后让其干燥脱水，直至器物重量至恒重。

待器物脱水、加固、定型后，再测器物的尺寸、称重、照相，并将它装入盒，送库房保存或展示。

（2）脱水实例

湖北江陵望山一号战国墓出土彩绘小座屏是出土漆器中最引人注目的一件珍品。整座小座屏共雕刻有51个动物，计大蟒20条，小蛇17条，蛙2只，鹿、凤、雀各4只。

彩绘小座屏底座用此法进行了脱水、定型。脱水前状况：长51.4cm、宽10.2cm、高2.9cm，重391g，色泽光亮。

脱水后状况：长51.4cm、宽10.2cm、高2.9cm，重296g，色泽同前无变化。

其含水率 R =（391 - 296）/296 × 100% = 320%

（3）脱水的效果

此法从1978年开始研究和试用，经20年的实际应用，证明乙二醛用于脱水、加固、定型竹、木、漆器，具有普遍意义，有广泛的适应性，不受树种、器物的形状、漆膜的厚薄、时代等因素的限制。

经乙二醛脱水的器物能与环境保持平衡，当RH增大时，器物能自动吸收大气中的水分，当RH降低时，则向大气中释放一些水分，表明脱水后的竹、木、漆器对外界环境有着极强的适应性。

乙二醛的聚合物在一定条件下，能溶解在水中，这使脱水、定型的器物中乙二醛集合物具有可逆性。

经乙二醛脱水的器物各自收缩率为零或接近零。此法简便，成本较低，设备简单，易于推广。目前已进入了批量处理的新阶段，为我国竹、木、漆器保护提供了行之有效的方法。

最近几年，日本奈良林业试验所伊藤贵文先生，对乙二醛树脂处理的木材尺寸稳定性以及用乙二醛树脂与多元醇混合液处理的木材尺寸稳定性和吸湿性进行了系统研究。研究结果表明：乙二醛树脂（是由尿素∶乙二醛∶甲醛＝1∶1∶2.5 的摩尔投料比合成而得）与木材中的纤维素反应而成为水中不溶物，而树脂自身的缩合程度低，因而反应生成物易水解而成为水中可溶物。

乙二醛树脂容易与各种多元醇（如乙二醇，二甘醇，聚乙二醇200、400、1000、2000，丙二醇，甘油，季戊四醇等）反应，生成水中不溶产物。但是，若在木材中进行反应，能定量地生成不溶物的只有具有与树脂分子量近似的 PEG200 等二元醇。分子量大的 PEG1000 等二元醇，或者分子量小的 EG 等（乙二醇），由于在木材内部渗透速度与树脂不同，不溶物的生成率显著下降。

乙二醛树脂中加入 PEG 等二元醇能降低固化温度，由于得到的反应生成物高分子化，从而能抑制水解引起的再溶化。

乙二醛树脂与 PEG200 之比，60∶40 转化率最高。催化剂用量（$MgCl_2$）为树脂和多元醇的6.4%。

将三元或四元的多元醇混合入树脂/PEG200 体系中，使 B（膨胀率）下降，随其 ASE（抗膨胀率）下降。由于混合了这些多元醇，使反应生成物变成三维网络结构，以致其生成物不易进行水解。

伊藤贵文先生将乙二醛用于饱水竹、木、漆器脱水、定型的研究成果，是值得借鉴和学习的。

漆器的脱水方法还有很多，就不一一介绍了。在实际应用时，要根据木材的种类、腐朽的程度、器物的大小和形状，以及含水率等因素而选择脱水方法。必要时先做些试验，待取得经验后再进行处理。

六　漆器的保存与维护

漆器经脱水定型后，送库房保存或陈列展览，应注意以下几点。

1. 控制适宜的温、湿度

不适宜的温度、湿度和温湿度剧烈变化，对漆器长期保护不利，因为在潮湿温暖的环境下，易于滋生微菌。气候过于干燥易使器物开裂变形。对于镶嵌的金、银丝、片、螺钿及各种宝石会造成胀裂及脱落现象，相对湿度一般控制在55%±5%的范围内，温度维持在20℃左右，较为合适。

2. 防虫、防菌

漆器入藏之前，先进行防虫、防霉处理。如发现器物上有虫蛀、霉菌时，应立即采取措施，将受感染的器物隔离，灭虫、消毒。

3. 防光

阳光和各种灯光中的紫外线，对漆器的影响不小。紫外线与氧起着氧化作用，损害其强度和色度。光线中的红外线，有显著的热效应，易于被物体吸收，转化为它的内能，使水分挥发，从而引起脆裂。一般要避光保存，不要在阳光直射下展示。照明度控制在50~150Lux为宜。

4. 漆器的修复与加固

漆器的修复工作是一门专门技术，过去都是以师带徒传授技术，主要是靠经验的积累。修复方法大体如下。

（1）对轻微损伤的器物

轻微损伤一般指漆器产生裂纹，部分漆皮起翘，对于这些细小裂纹可用漆片酒精溶液灌注或聚醋酸乙烯酯（甲苯与丙酮）溶液灌注，使裂纹黏合。有些较大裂纹可采用环氧树脂作为修补材料。对漆皮起翘的修复方法是：先用热水使漆皮软化，用微晶石蜡薄片插入漆皮下面，用电灼热器将它贴补在漆器上，既方便又可反复纠正位置。我们曾用此法修复过木板漆画、镶螺钿屏风等，效果很好。

（2）对较严重损伤的器物

漆器长期埋在地下，由于受潮或地下水浸泡，致使有些漆器漆皮脱离胎骨，漆胎的糊布、灰地子局部脱落或糟朽，对这种现象，先将糟朽的糊布、灰地子残余部分清除干净，用漆片或聚醋酸乙烯酯树脂溶液B72树脂液灌实，以免在修复中脱落，待固定后，再对残缺部分进行修补、做旧，使其色调一致。

（3）对严重损伤的器物

严重损伤的漆器，除上述情况外，有的连木胎也糟朽腐烂。对这样的漆器可采用脱骨换骨法，即更换木胎。其操作方法为：先把漆皮从朽烂的旧胎上小心地剥离下来，泡在水中，仿做一个新的木胎，然后把粘皮原封不动地照原样粘到新的木胎上，外貌并无变化。应用此法，能保留原来的漆皮，这是我国传统修复漆器的方法之一。上海博物馆吴福宝先生对此曾进行探索和研究，结果证明这种方法是可行的。

另外也可以用合成树脂调锯木屑、石膏之类，可作修补孔洞的材料。我们曾用聚醋酸乙烯酯乳液、木屑、石膏及适量的颜料混合调配，用来加固和修复一些漆器。当然用大漆修复漆器效果会更好。

（原载"中华民国"博物馆学会编：《文物保护手册》，（台北）"行政院"文化建设委员会，2002年）

饱水竹简变色原因的研究[*]

一 前 言

造纸术发明以前，竹简作为书写绘画的载体，用以记载历史、传播文化，曾在人类历史上起到过极其重要的作用。新中国成立后随着考古事业的发展，发掘出土的竹简数量不断增多，许多有重要历史价值的竹简也相继被发现，如山东银雀山汉墓、湖北江陵凤凰山汉墓、湖南马王堆汉墓、江苏尹湾汉墓出土的汉简及长沙走马楼出土的三国吴简等。这些竹简在地下埋藏数千年之久，受到了不同程度的破坏，致使其出土状况差别很大。因此，如何保护好不同状态下出土的竹简就摆在文物工作者的面前。

考古发掘的竹简其出土状态是各不相同，有的数量很少，保存状态较好，没有与泥土直接接触，色泽鲜艳；有的出土量非常大，如长沙走马楼出土的这批竹简共计 14 万支，其数量超过了 1996 年之前中国出土竹简的总和。由于埋藏地土壤成分不同、地下水位的高低、竹简存放状态的差别，都会导致竹简的损坏程度、组织成分、金属元素的含量等许多指标不同，因此给保护工作增加了许多处理难度。经过几十年的不懈努力，我国文物保护工作者已比较成功地针对不同情况采取相应的保护措施使许多出土竹简得到了有效的保护。

竹简的保护分脱色、脱水定型及保管三方面。其中，脱色是竹简保护的第一步。不仅是竹简，包括绝大多数的有机类的文物，刚出土时其外表颜色鲜艳，但经过一段时间后，其颜色逐渐加深。湖北鸡公山 135 号秦墓出土的竹简，刚接触空气时，颜色为米黄色，不到 5 分钟的时间内，其颜色就很快转变为深褐色。长沙走马楼这批竹简也遇到了类似的情况。颜色的变化，使竹简上的文字很快就无法辨别，极大地影响了竹简的考古研究价值。因此本工作主要研究竹简的变色原因与解决方法。

二 竹简脱色方法及试验

(一) 样品的制备

选择长沙走马楼出土的竹简为实验材料。用软刷轻轻刷掉竹简表面的泥土，再用

---

* 本文由张金萍、奚三彩合作撰写。

清水浸泡3天，然后再用软刷清洗，尤其是竹黄部分，由于结构疏松，其纤维束间含有许多泥土，因此要尽可能地将竹简清洗干净。将竹简制作成长6、宽0.8cm的试样18个，实验分6组进行，每组3个试样，分别按以下方法对竹简进行脱色处理。

（二）脱色方法

1. 草酸法

室温条件下将竹简放在5%的草酸溶液中浸泡20分钟，竹简的颜色逐渐由黑褐色变为黄红色，此时测得pH为1.5。竹简颜色变为黄红色，是由于酸性太强造成的。将草酸的浓度降为1%，将竹简放入其中，竹简的颜色由黑褐色变为黄色，浸泡20分钟从脱色液中取出竹简，用蒸馏水浸洗多遍，直至浸洗液呈中性为止。将竹简取出，令其自然干燥，干燥后竹简的颜色呈黄色，但不久颜色又渐渐变深。

2. 硼氢化钠法

将竹简放在1%的硼氢化钠水溶液中，pH为8~9，脱色温度50℃。竹简在溶液中脱色效果很好，呈米黄色，色泽鲜艳，如同新材一般，脱色20分钟后将竹简从溶液中取出，室温下自然干燥，结果发现竹简的颜色又由黄色渐渐变为深褐色，最后呈现黑色，如同炭化木材一般。

3. 连二亚硫酸钠法

将竹简放在3%的连二亚硫酸钠溶液中，pH 4~5，脱色温度50℃，脱色时间20分钟。脱色效果与硼氢化钠法相似。图1为用连二亚硫酸钠脱色样品处理前后的颜色变化情况。

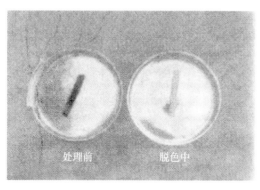 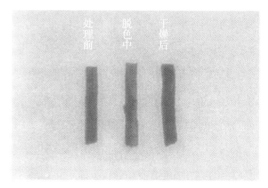

图1　用连二亚硫酸钠脱色样品处理前后的颜色变化

4. 过氧化氢法

将竹简放在1%的过氧化氢溶液中，pH 9，温度50~60℃，脱色时间20分钟。该反应需控制pH在碱性的条件下进行，因此加入少量硅酸钠作为缓冲剂，同时为了抑制过氧化氢的分解，加入硫酸镁作为稳定剂。竹简在过氧化氢溶液中的脱色效果较好，但干燥后颜色又变成深褐色。

5. 乙醇法

将竹简依次放在30%、50%、70%、95%、100%的酒精溶液中各一周，竹简在浸泡过程中颜色逐渐由原来的深褐色变成浅褐色，但与新鲜竹简相比，颜色偏深。将竹简从100%的酒精溶液中取出后令其自然干燥，干燥后的竹简颜色呈浅黄色。

6. 铁离子控制法

配制1% EDTA水溶液，控制溶液的pH为4~6，温度40℃，并在其中加入少量无机盐，将竹简放到上述溶液中，并经常搅拌，以提高其螯合效果，竹简在浸泡液中的颜色逐渐变淡，与用乙醇法处理的样品脱色效果相似，但不如用草酸法、硼氢化钠法、连二亚硫酸钠、过氧化氢法处理的样品在溶液中脱色效果明显。一周后将竹简从溶液中取出，干燥后竹简的颜色呈黄色。

（三）分析与检测

1. 红外光谱分析

图2为对应1#~7#（包括对照）样品的红外分析光谱图。从所有谱图的构成上看，谱图的走势基本一致，说明所有样品的组成没有太大的变化。结合木材的红外光谱图[①]，分析与发色有关的几个发色基团经各种方法处理后是否产生了变化。在1730~1710附近，1#、4#、5#、7#样品有明显的$C=O$吸收峰，而在2#、3#、6#样品中不存在这个峰，因为草酸、硼氢化钠、连二亚硫酸钠具有还原性，它们可以将羰基峰还原，因此在这个吸收带不存在吸收峰。在1660附近除了2#、3#样品外其他几种都有共轭羰基吸收峰存在。在1325附近1#、4#、6#样品有紫丁香环（$C=O$）吸收峰存在，而2#、3#、5#、7#样品则不存在这个峰；1275~1220附近除3#样品外所有样品都有较明显的$C=O$吸收峰；在1030附近所有样品也都有较强的$C=O$吸收峰。从以上的分析看，脱色效果好的5#和7#样品中，也含有许多的发色基团；而脱色效果不好的2#、3#、6#样品虽然在1730~1710附近没有吸收峰，但处理效果并不好。这说明竹简脱色的好坏与发色基团并没有一定的联系，也就是说发色基团并不是造成竹简变色的主要原因。

2. X射线能谱仪做金属元素含量分析

表1为用X射线能谱仪对1#~7#样品作金属元素含量分析的结果。从表1可以看出脱色效果好的5#、7#样品，未测有铁元素但含有铜、钙等元素；2#、4#、6#中的铁含量虽然比1#空白样品中铁元素的含量下降，但脱色效果并不明显；3#样品中不含铁元素，但脱色效果并不好。以上检测表明，脱色效果好坏与铁的含量多少有很大的关系。7#样品采用控制铁离子浓度法，从而降低或者控制住金属离子对竹简变色的影响。5#样品采用乙醇进行脱色，乙醇能将变色物质在引起变色前抽出除去，因此起到了脱色的作用。由于草酸可以与铁离子形成草酸铁络合物，降低了竹简中铁的含量，从而起到一定的脱色作用，但2#样品的脱色效果不稳定，在空气中自然放置一段时间后会出现返色现象，颜色又渐渐变深。3#样品也就是用硼氢化钠处理的竹简，其红外光谱中发色基团吸收峰不明显，且不含铁离子，应该显示很好的脱色效果，但结果并非如此。硼氢化钠在木材的漂白应用方面一直被认为是非常好的还原性漂白剂，但为什么

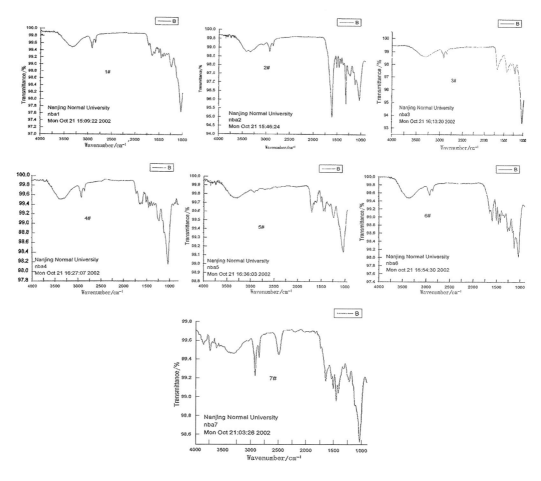

图2　1#～7#红外吸收光谱

在出土竹简的脱色方面却起不到效果，这是由于硼氢化钠的漂白处理需在碱性条件下进行，竹材中的酚类物质在碱的作用下容易成为酚盐离子，这些酚类物质可以进行自聚合，生成深色的物质[②]。为了便于对上述试验现象及分析检测结果有一个比较直观的了解，表2列出了对照样品及6种脱色方法处理效果及检测结果的比较。

表1　1#～7#样品中元素及其含量（％）

样品号													
1#		2#		3#		4#		5#		6#		7#	
Fe－L	12.42	Al－K	17.84	Na－K	2.64	Fe－L	4.30	Cu－L	14.20	Na－K	0.82	Cu－L	20.43
Mg－K	1.44	Si－K	30.70	Mg－K	1.82	Zn－L	7.90	Na－L	7.99	Mg－K	1.29	Al－K	27.54
Al－K	10.54	P－K	2.05	Al－K	9.99	Mg－K	1.75	Mg－K	3.03	Al－K	9.72	Si－K	20.36
Si－K	17.60	S－K	26.64	Si－K	15.91	Al－K	23.42	Al－K	16.73	Si－K	27.87	S－K	24.42
S－K	7.17	K－K	2.66	S－K	11.45	Si－K	34.74	Si－K	17.36	K－K	2.18	Ca－K	7.52
K－K	0.98	Ca－K	9.39	K－K	1.18	P－K	1.04	S－K	17.98	Ca－K	0.79		
Ca－K	2.3	Fe－K	4.11	Ca－K	7.50	S－K	18.89	Ca－K	22.70	Fe－K	6.93		
O－K	47.56S					Cl－K	1.93						
						K－K	4.47						
						Ca－K	1.57						

表2　对照样及6种脱色方法处理样品的效果比较

处理方法	1#（对照样）	2#草酸法	3#硼氢化钠法	4#过氧化氢法	5#乙醇法	6#连二亚硫酸钠法	7#铁离子控制法
铁元素	有	有	无	有	无	有	无
发色基团	有	有	有	有	有	有	有
脱色效果	不好	一般	不好	不好	很好	不好	很好
干燥后的颜色稳定	稳定	不稳定	稳定	稳定	稳定	稳定	稳定

三　结果与讨论

（1）通过以上的分析与检测我们认为饱水竹简变色的主要原因是三价铁离子与竹材中的酚类物质反应生成深色的络合物造成的。土壤中的铁离子在漫长的岁月中不断渗入到竹简的组织结构中去，以该种方式渗入到竹简中铁的含量远远高于竹子在生长过程中从土壤中吸收的铁的含量。竹简埋藏于地下数千年基本处于一种绝氧的环境，因此竹简中的铁元素在埋藏环境中以二价铁的形式存在，出土后在氧的作用下二价铁被氧化变为三价铁。日本学者松田隆嗣、饭山贤治在对出土木材的变色原因的研究中曾经指出，"木材挖掘出土后如果一接触到空气，木材内的二价铁离子急速氧化变成三价铁离子，使木材的表面变成黑色"[③④]；单宁是由酚类衍生物构成的，竹材的基本结构单元脱去甲氧基后也生成邻苯二酚，因此竹材中含有大量的酚类物质，在两种反应物都很充分的情况下酚类物质与三价铁进行反应生成深色的络合物也就不可避免。其反应式如下：

$$4Fe^{2+} + O_2 + 4H^+ \longrightarrow 4Fe^{3+} + 2H_2O$$

（2）如果说酚类物质与三价铁可以生成黑色的络合物是竹简变色的主要原因，那么我们可以推测，只要将竹简中的三价铁和邻苯二酚中的任何一个脱除掉，就应该使竹简脱色。脱除邻苯二酚是一项很复杂的工作，对竹材的材质影响也很大，因此我们决定采用降低或控制铁离子法对竹简进行脱色，如果脱色效果好就能进一步证实我们的观点。实验结果令我们非常高兴，在没有采取任何其他脱色方法的情况下，只通过降低或控制铁离子浓度的方法就使竹简脱色很成功，由此可知铁是影响竹简脱色效果好坏的关键因素。

（3）采用降低或控制铁离子法处理的竹简与用乙醇法脱色处理的竹简脱色效果明显，采用 X 射线能谱仪对它们进行检测，结果两种竹简均未检测出铁元素，并且脱色后的竹简在自然存放状态下稳定，即使阳光曝晒，也不再变色。这充分说明了铁离子与酚形成的络合物是影响竹材变色的主要原因。

（4）竹简在地下埋藏数千年，颜色并没有发生很大的变化，却在出土后不久颜色逐渐变深，甚至影响到竹简字迹的分辨。与出土前的环境相比，最大的不同就是氧和光因子的加入。竹材大分子结构中含有许多发色基团，如乙烯基、苯环、羧基、邻醌、对醌等，此外竹材木质素分子中还含有羟基、羧基以及醚键等基团，它们常常与外加的某些化合物反应，使这种化合物颜色加深，常将它们称作助色基团。在以上这些发色基团中能够在可见光区产生吸收光谱的不饱和基团有苯环、羧基、邻醌、对醌等，在紫外光区产生吸收光谱的基团有羧基和酚羟基。光变色是竹材吸收光产生化学反应开始，而进行到眼睛能见为止。日本研究人员曾做过这样的实验，"用光照射 75 种树种时的试验结果表明：由紫外光引起的变色约占 62%，可见光引起的变色占 28%，结果不明确的占 10%；光变色有深变色和浅变色之分。深变色一般是由紫外光引起的，并且由酚类引起的占多数；浅变色是由可见光引起的，其中醌类基团引起的占多数"[②]。而酚的变色是与铁有关的，因此日本学者的研究也为我们的结论提供有力的证据。

（5）饱水竹简出土后在很短的时间内颜色就会由米黄色变为深褐色甚至黑色，这说明竹简内的某些物质出土后在紫外光和氧的作用下进行了化学反应并且速度很快。木素中的基本结构单元脱甲氧基后变成酚，酚即可以氧化生成醌，影响竹简的颜色，又可以与三价铁络合生成有颜色的络合物。

这两种反应到底哪种反应速度进行得更快呢？我们在实验室做了这样一个对比实验：在两烧杯中分别加入 1% 的邻苯二酚水溶液，一份令其自然放置，观察溶液颜色的变化和发生变化所需要的时间；另一份加 0.01% 的硫酸铁。几乎是在硫酸铁加进去的同时酚溶液马上就发生了颜色的变化，由暗绿色变为黑色；而自然放置的在 10 分钟左右的时间内颜色只是由一开始的淡紫色变为淡黄色，几天后颜色稍微加深，但还是黄色系列；我们又做了这样的一个实验，在已经氧化了的邻苯二酚（在空气中自然放置 6 天）溶液中加硫酸铁，溶液马上变成深绿色，这说明在铁元素的作用下醌类物质的颜色也会加深。由上述实验现象可以看出，邻苯二酚与三价铁的反应是非常迅速的，这个反应是一种典型的显色反应，而酚的氧化反应相对于铁与酚的反应来说要缓慢一些，并且颜色的变化在没有铁的作用下是不会变黑的。

（6）铁变色是一种复杂的化学反应，它受温度和时间的影响。铁变色发生的必要时间为：常温为 3min，高温为 1min。此外也受木材与铁元素接触方式的影响。有研究[5]表明：使用浓度为 0.00005% 的氯化铁对 33 种木材进行铁变色实验，所有试材在 45s 内变色，有 13 种木材一旦接触铁溶液，立即变色。而与铁粉接触导致木材变色所需的时间为前者的 2 ~ 3 倍。由上述结论可以推断竹简出土后在非常短的时间内变色是与铁有密切关系的[11]。

（7）以往的观点认为草酸对影响竹简变色的物质有一定的溶解作用，同时草酸又是具有还原性的酸可以将木素中的一些发色基团及三价铁还原。其实草酸的脱色原因并非如此。草酸可以与二价铁或三价铁形成草酸铁络合物，其络合常数分别为二价铁为 2.9，三价铁为 9.4。但用草酸处理的样品经过一段时间后会出现返色的现象，这是由于草酸可与铁离子反应生成草酸铁，该反应强于酚羟基与铁离子的结合力，草酸铁为浅黄色，在有微量时，这种颜色在竹材上显示不出来。但草酸铁耐光性较差，当吸收紫外光时会发生分解。如果此时有酚类物质存在，则分解的铁离子能与之反应形成黑色物质。同时随着空气中温湿度的不断变化，竹简内部的铁离子也会不断被迁移到竹简的表面，致使竹简再度被"着色"。

（8）采用连二亚硫酸钠或硼氢化钠对木材或纸浆进行漂白可以起到较好的效果，这是因为反应中所产生的氢能将木素结构上的发色基还原成无色或低色结构，如将醌基还原成氢醌，醛基或酮基还原成醇基，从而起到漂白的作用[12]。日本学者细谷修二在"高得率浆漂白时木质素的反应"一篇研究报告[13]中介绍了用连二亚硫酸钠处理木素磺酸后，通过光谱分析发现，在可见光区 457nm 的吸光度急剧下降约 70%，而紫外区 280nm 的吸光度基本无变化。这个实验结果表明，在连二亚硫酸钠的作用下，醌型结构可以很快被还原，但反应温和，苯核结构基本上不起变化。因此连二亚硫酸钠或硼氢化钠的还原作用对纸张的返黄等浅变色可以起作用但对脱除竹简产生的这样深变色可能就不那么容易了。

四　结　论

（1）影响出土竹材变色的主要原因是竹简中的二价铁离子被氧化变成三价铁离子，

三价铁离子与竹材中的酚类衍生物反应生成黑色络合物，导致竹简变黑。

（2）竹简中的许多发色基团在光和氧的作用下也会导致变色，但它们不会引起竹简变色过深。在金属离子尤其是铁元素的存在时会加速这种变色甚至发黑。

（3）用草酸处理的样品经过一段时间后之所以会出现返色的现象，是由于草酸与铁离子反应生成草酸铁，该反应强于酚羟基与铁离子的结合力，因此草酸可以起到脱色作用。草酸铁为浅黄色，这种颜色与竹材颜色相近。但草酸铁耐光性较差，当吸收紫外光时容易发生分解，如果此时有酚类物质存在，则分解的铁离子能与之反应形成黑色物质。同时随着空气中温湿度的不断变化，竹简内部的铁离子也会不断被迁移到竹简的表面，致使竹简再度被"着色"。

竹简脱色的目的是为了使竹简上面的字迹能清楚地分辨出来并且能够保证脱色效果稳定即可。这和造纸行业和木材工业对漂白的要求是不同的，因此在对竹简进行脱色时在保证脱色效果的前提下尽可能地少使用化学试剂，这样即可起到脱色作用又减少了对文物的损伤。

注释：

① Pew J C, Connors W J. Tappi, 1971, 54: 245.

② Meshitsuka G, Nakan J. Pulp Paper Mag Can, 1972, 73: T165.

③ 飯塚堯介、中野準三，紙パ技协誌，1968，22：455.

④ Meshitsuka G, Nakano J. Tappi, 1973, 56（7）：105.

⑤ Groon l, Swan B. Svensk Papperstidn, 1963, 66: 882218.

⑥ 松崎、石津敦、中野準三，紙パ技协誌，1977，31：5454.

⑦ ［日］中野準三编、李忠正译：《木材化学》，中国林业出版社，1986年。

⑧ 松田隆嗣，文部省科学研究［古文化财］总括班，同朋社，1980，602－609.

⑨ 饭山贤治，第36回日本木材学会大会要旨集，静冈，1986，228.

⑩ 徐永吉：《木材改性》，南京林业大学木材研究学院，2000年。

⑪ 段新芳主编：《木材颜色调控技术》，中国建材工业出版社，2002年

⑫ 陈嘉翔主编：《制浆原理与工程》，中国轻工业出版社，1990年。

⑬ 细谷修二，紙パ技协誌，1980，34（4）：12－18.

（原载《文物保护与考古科学》2003年第15卷第4期）

田螺山遗址古菱角埋藏环境调查与
保护对策的初步研究*

　　植物遗存是指植物死后的残留部分，如茎、叶、根、果实、种子等[①]。具有厚果皮的果实或具有硬种皮的种子是考古发掘中较为常见的遗存。深入研究植物遗存可以为探讨早期的自然环境和气候变迁、评估早期农业发展水平和农作物起源演化、还原古人类的生业模式和生活方式、研究人类文明的演进和发展历史提供证据。故此，植物遗存业已成为考古工作者的重要研究对象，研究成果层出不穷[②③]。而与这种如火如荼的研究现象相对，植物遗存的科技保护工作进展则较为缓慢。

　　在考古发掘过程中常常出现这样的现象：植物遗存在刚出土的瞬间还保持其原生的颜色（例如树叶是绿色、水稻是金黄色等），出土后很短时间内即氧化，很快发生变色、收缩、开裂，乃至变黑、炭化、粉末化等现象。植物遗存出土后，往往采取在阴凉干燥处自然阴干，或者贮存于清洁的自来水中等保存方法，未能有效解决遗存收缩、炭化等问题，使植物遗存的部分信息因保存不善而流失。

　　正因如此，国外学者对植物果实遗存保护问题进行了较为深入的研究，从植物遗存本身与埋藏环境两个方面探讨了特殊埋藏环境的植物遗存保护方法，并形成了较为系统的理论。研究认为炭化可使植物遗存得到更好的保存，故而研究炭化过程具有十分重要的意义[④⑤]。而诸多因素均会对植物遗存的炭化过程造成影响，其中植物自身化学组成、暴露时间、环境温湿度、埋藏土壤环境等因素影响较大[⑥]。将炭化技术引入古植物遗存的保护要综合考虑以下三方面的因素，即植物种类和其化学组成、植株在经受热辐射时的物理状态（如水分含量或各元素的含量等）和炭化时的热辐射量[⑦]。为了深入了解遗存的埋藏环境，E. Christian Wells，Richard E. Terry 等学者将化学分析的方法引入考古分析中；同时，J. Jacob Parnell，Perry J. Hardin 等人也采用了诸多提取技术和全金属离子分析工艺对拉彼德拉斯内格拉斯古城的土壤进行了磷分析和重金属元素分析，并借此较好地还原了古人类的生活情况[⑧]。Bintliff 等对土壤采用烯酸或螯合抽提工艺，大大增加痕量金属的采集量，他们发现在古遗址和其周围地区，痕量金属的含量远远高于其他地方，这些数据对于考古预测、遗址调查和土地使用历史的重构有很重要的意义[⑨]。此外，学者 Entwistle 曾用硝酸和高氯酸溶解土壤样品，对苏格兰历史遗

＊　本文由郭怡、李泊提、孙国平、奚三彩合作撰写。

址的古耕种土壤进行了元素全分析[10]。

　　与此同时，国内学者也做了一些有益的尝试：张晓东、张齐生等使用液氮对桦木进行低温处理，之后对其力学性能进行检测，结果表明桦木材料的力学性能未受到液氮低温冷冻的不良影响，在低温状态下桦木的弯曲力学性能等各项指标反而显著高于常温状态下测试结果，其横纵向的 MOR 和 MOE 值完全满足使用要求[11]。此外，国内学者对饱水器物的干燥脱水方法已经进行了广泛的研究，取得了丰富的成果[12-14]，为寻找针对植物果实遗存的脱水方法提供了良好的基础。

　　但总体而言，考察目前文物保护书籍、期刊中对植物大遗存尤其是植物果实的保护方法介绍，发现相关报道较少，针对此类遗物明确而直接的保护方法并不多见。本文拟以浙江余姚田螺山遗址出土古代菱角为例，在对遗址埋藏微环境和出土植物果实类遗存本身的理化性质分析测定的基础上，初步探索针对此类遗存的保护对策。

一　考古学背景

　　浙江余姚田螺山遗址位于长江下游地区宁绍平原，是一处埋藏良好的距今六七千年的河姆渡文化古村落遗址。现距东海 35 公里左右，在河姆渡文化时期可能更近。文化层分布范围南北长 220 米，东西宽约 160 米，总面积 30000 多平方米，保存非常完整。田螺山遗址现处于水田之下，中心文化层年代大约距今 7000~5500 年。自 2004 年 2 月至 2008 年 7 月，共进行过四次考古发掘，揭露的总面积约 1000 平方米[15]。

　　田螺山遗址地层分为 8 层，第 1 层和第 2 层为晚期堆积，第 3 层至第 8 层为河姆渡文化，大体相当于河姆渡遗址的第 2~4 层。此文化遗存可粗略分为三部分，其中第 6 层以下为早期遗存，完整地保存了田螺山古村落西北部的早期布局面貌；第 4 层以下为中期遗存；第 2 层以下为晚期遗存[16]。

　　该遗址出土了数量繁多、种类丰富的具有河姆渡文化特征的石、木、陶、骨、玉、角、牙质等文物，同时发现了数目可观的河姆渡文化古村落建筑构件，如垫板、木头等。田螺山遗址因其特殊的埋藏环境，使出土的大量文物，尤其是植物遗存等文物在出土时保存非常完整，颜色如新，在国内外均属罕见，具有极高的研究价值。

二　材料与方法

1. 样品采集

　　田螺山遗址探方 T-103 分布有保存完好的连续地层，其中第 2~8 层土壤剖面分界明显，且覆盖青苔较少。在该探方地层剖面先刮去土壤表层青苔类物质，再按地层逐层采集新露出的各层土壤，每个地层采集三份样品。

　　探方 T-404 中灰坑 H4 开口于第 4 层下，于 H4 中进行地下水样采集，共采集 3 份样品。

田螺山古菱角遗存采集自 H69。H69 开口于第 5 层下，打破第 6、7 层，出土了大量的菱角类古植物遗存，是古菱角的重要出土地点之一。由于清理工作刚刚完成，出土的古菱角保存情况较完好，未出现干缩开裂等现象，甚至有些还具有光泽。

作为对比样品的现代菱角则选取浙江宁波当地的新鲜菱角，使分析结果尽可能排除植物种属的干扰。

2. 分析方法

在进行各项分析检测前，土壤样品均经过高温烘干处理。即在研磨细碎的前提下，置于 110℃ 的烘箱中 48 小时，以使水分全部蒸发。在进行元素分析和扫描电镜分析前，现代菱角与古菱角遗存也均经过 48 小时烘干处理，使水分全部蒸干。

古菱角遗存包括有孔和无孔两种，其中无孔菱角保存情况更为良好。但经历了漫长的埋藏过程，古菱角中的淀粉已全部消失，因此在本研究的各项分析中，仅针对菱角外壳。

3. 酸碱度测试

采用 METTLER TOLEDO 牌 FE20/EL20 型 pH 计进行测定。测定土壤样品时，以 m（水）：m（土样）＝ 2.5：1 的比例配成土壤悬浮液后离心，对上清液进行 pH 值检测，分析结果如表 1 所示。

表 1　土壤与地下水 pH 分析结果表

样品	H4 地下水	第 2 地层	第 3 地层	第 4 地层	第 5 地层	第 6 地层	第 7 地层	第 8 地层
pH_1	6.39	6.92	5.83	6.66	6.62	6.45	6.40	6.83
pH_2	6.40	6.95	5.79	6.65	6.59	6.41	6.42	6.79
pH_3	6.39	6.93	5.77	6.65	6.58	6.43	6.42	6.77
$pH_{平均}$	6.39	6.93	5.80	6.65	6.60	6.43	6.42	6.80

4. 元素分析

采用 Therm of innigan 公司 Flash EA 1112 型元素分析仪测定土壤和古、现代菱角外壳中 C、H、N 元素的质量百分含量。分析结果见表 2、3。

表 2　土壤样品碳、氮、氢元素分析结果表

样品种类	第 2 地层	第 3 地层	第 4 地层	第 5 地层	第 6 地层	第 7 地层	第 8 地层
$C\%_1$	0.469	0.317	3.364	3.008	5.891	6.737	7.532
$C\%_2$	0.418	0.342	3.545	3.291	5.979	6.526	7.490
$C\%_{平均}$	0.443	0.330	3.455	3.150	5.935	6.631	7.511
$N\%_1$	0.161	0.110	0.322	0.235	0.439	0.532	0.597
$N\%_2$	0.164	0.097	0.325	0.241	0.437	0.537	0.592
$N\%_{平均}$	0.163	0.104	0.324	0.238	0.438	0.534	0.595
$H\%_1$	0.459	0.262	0.531	0.553	0.713	0.906	0.950
$H\%_2$	0.459	0.279	0.539	0.542	0.729	0.954	0.949
$H\%_{平均}$	0.459	0.270	0.535	0.547	0.721	0.930	0.950

表3　古、现代菱角样品外壳中碳、氮、氢元素分析结果表

C	C%$_1$	C%$_2$	C%$_{平均}$
古菱角	27.49	28.22	27.86
现代菱角	45.87	45.73	45.80
N	N%$_1$	N%$_2$	N%$_{平均}$
古菱角	1.021	1.027	1.024
现代菱角	0.379	0.348	0.363
H	H%$_1$	H%$_2$	H%$_{平均}$
古菱角	2.714	2.697	2.705
现代菱角	5.521	5.333	5.427

5. 等离子体原子发射光谱分析

采用美国热电公司 IRIS Intrepid II XSP 型全谱等离子体发射光谱仪测定水样品中 S、Si、Al、Fe 等元素的含量，分析精度小于 4%。分析结果见表 4。

表4　地下水样品等离子体原子发射光谱分析结果

元素种类	B	S	Si	Fe	Al	Mg	Ti
含量（μg/ml）	21.9	45.6	26.2	<0.1	<0.5	<0.3	<0.1

6. 扫描电镜分析

采用日本日立公司 Hitachi S-3700N 型扫描电镜对田螺山遗址地层土壤样品、古菱角和现代菱角外壳分别进行分析，以获得样品的微观结构图，并对土壤和古、现代菱角外壳中各元素的质量百分比和原子百分比进行测定（每个地层取 3 个土壤样品，每个样品做 3 次，取其平均值），分析结果见表 5。实验样品均经过 48 小时 110℃ 高温烘干处理，使土壤样品在化学成分不受破坏的前提下，完全干燥。由于古菱角外壳已经高度腐朽，因此烘干后无法保持原有形态，仅剩余少量灰烬，因此无法分析外壳中内外表面的元素分布差异；只对现代菱角的内外表面进行了检测，分析结果见表 6。

表5　第 2～8 层土壤样品扫描电镜元素分析结果表

样品	元素	C	O	Na	Mg	Al	Si	P	S	Cl	K	Ca	Ti	Fe	Mn
第2层	重量百分比（平均）	3.52	42.69	1.68	1.88	8.2	24.61	NA	2.19	0.81	2.75	NA	2.63	9.04	NA
	原子百分比（平均）	6.28	57.13	1.56	1.66	6.51	18.76	NA	1.46	0.49	1.51	NA	1.18	3.46	NA
第3层	重量百分比（平均）	2.98	45.73	1.24	0.9	6.78	25.73	0.17	1.91	0.53	1.96	2.74	2.81	6.82	0
	原子百分比（平均）	4.56	53.28	1.02	0.71	4.9	17.37	0.1	1.11	0.31	0.93	1.23	1.26	5.21	0
第4层	重量百分比（平均）	8.01	49.58	0.97	0.52	7.39	21.99	0.29	0.95	0.12	0.93	1.9	0.92	6.06	0.29
	原子百分比（平均）	12.25	57.76	0.8	0.41	5.34	14.84	0.17	0.55	0.07	0.44	0.89	0.51	4.81	0.12

（续表）

元素 样品		C	O	Na	Mg	Al	Si	P	S	Cl	K	Ca	Ti	Fe	Mn
第5层	重量百分比（平均）	8.24	50.26	0.55	0.59	4.54	28.34	0.66	0	0.22	0.88	0.21	0.1	5.24	0.17
	原子百分比（平均）	12.61	58.55	0.45	0.46	3.28	19.13	0.38	0	0.13	0.42	0.09	0.05	3.17	0.07
第6层	重量百分比（平均）	9.26	57.6	0.27	0.39	3.7	25.01	0.21	NA	NA	0.84	0.5	0.31	2.23	NA
	原子百分比（平均）	14.03	65.15	0.22	0.3	2.83	16.21	0.13	NA	NA	0.39	0.23	0.12	0.73	NA
第7层	重量百分比（平均）	10.41	51.78	0.49	0.86	5.53	20.15	0.92	1.3	0.27	1.34	15.24	0.2	4.96	0.1
	原子百分比（平均）	15.85	60.46	0.4	0.69	3.96	13.94	0.56	0.72	0.15	0.66	0.78	0.08	1.74	0.04
第8层	重量百分比（平均）	34.66	41.11	0.22	0.37	3.16	10.06	0.75	0.6	NA	1.05	0.44	0.45	6.58	NA
	原子百分比（平均）	45.25	41.6	0.16	0.26	2	6.03	0.42	0.31	NA	0.46	0.19	0.16	0.2	NA

表6　古、现代菱角外壳扫描电镜分析结果表

元素 样品		C	O	Na	Mg	Al	Si	P	S	Cl	Ca	Fe	Cu	Zn	K
古菱角	重量百分比（平均）	55.92	40.1	0.06	0.01	0.47	0.1	0.39	0.59	NA	0.22	0.21	0.35	0.26	0.1
	原子百分比（平均）	63.88	34.52	0.04	0.02	0.24	0.5	0.17	0.26	NA	0.08	0.13	0.08	0.06	0.03
现代菱角 外壳内表面	重量百分比（平均）	50.75	40.78	0.29	NA	0.42	7.46	NA	NA	0.05	0.17	NA	NA	NA	0.1
	原子百分比（平均）	59.25	36.23	0.19	NA	0.23	3.99	NA	NA	0.02	0.06	NA	NA	NA	0.01
现代菱角 外壳外表	重量百分比（平均）	29.5	60.28	0.69	1.01	2.61	5.16	NA	0.16	0.09	0.11	0.18	NA	NA	0.1
	原子百分比（平均）	37.25	57.14	0.46	0.63	1.48	2.72	NA	0.07	0.01	0.07	0.05	NA	NA	0.09

7. 含水量检测

通过重量法测定古菱角、现代菱角外壳的含水量：将古菱角外壳与现代菱角外壳分别于研磨钵中研磨至细小均匀的粉状后称重，置于烘箱中，以65℃的温度烘干48小时后，再进行称重。分析结果见表7。

表7　菱角外壳含水量分析结果表

	古菱角外壳	现代菱角外壳
烘干前湿重$_1$	2.7346	5.8986
烘干前湿重$_2$	2.7347	5.8986
烘干前湿重$_{平均}$	2.7347	5.8986

（续表）

	古菱角外壳	现代菱角外壳
烘干后干重₁	0.2625	4.3721
烘干后干重₂	0.2625	4.3721
烘干后干重平均	0.2625	4.3721
含水量	90.40%	25.88%

三　结果与讨论

1. 古菱角埋藏环境

由表 1 可知，本次实验所取土壤样品酸碱度均呈酸性，其中，第 3 层土壤酸碱度最低，第 4 层和第 5 层土壤样品 pH 值基本相同，数据较高；第 6 层和第 7 层基本相同，数据较低。根据地理地质学术界对我国东南沿海全新世以来海平面的研究结果，并结合田螺山遗址的硅藻和植物种子研究结果表明，宁绍地区约在 7.5~7.0 ka BP 海水退去开始成陆，其后该地区至少还出现过两次较大规模的海水侵入，年代分别为 6.4~6.3 和 4.6~2.1 ka BP[17]，这些海平面的变化均对田螺山遗址地下土壤的酸碱度产生了较大的影响。由于海相沉积物的 pH 值普遍呈碱性，随着海水入侵、偏碱性泥沙沉积，与酸性的地下水质综合影响了地层中土壤的酸碱性，这也与本文的实验结果基本符合。

而地下水 pH 值总体低于土壤，接近第 6、7 层土壤的 pH 值，这是因为采样点位于第 4 层下，更多地受到了第 5~7 层土壤的影响。同时，因为田螺山遗址所在区域地下水位线较高，且采样时期降水量较大，地下水体间交换增多，所以此结果更多地指示了田螺山遗址所在区域内地下水的总体 pH 值情况。

表 2 是对土壤样品中碳、氮、氢元素的分析结果。各地层的土样均经过两次元素分析，取其平均值。两次分析结果的差异主要源于仪器本身的误差、样品的不均匀性、测试环节中引进的现代污染物等，但是比较两次的检测结果，未出现较大幅度的结果偏差，因此，数据总体可信度较高，并可为后续分析工作提供基础。

如表 2 所示，不同地层的碳、氢、氮元素质量百分含量呈现出一定的波动现象，整体而言地层越深，碳、氢、氮元素含量越高，尤其是从第 6 层开始，碳、氢、氮元素含量有一个明显上升的现象。

由表 4 可知，地下水样品中非金属元素（B、S、Si）的含量高于金属元素数百倍，是地下水样品中主要的杂质元素。

表 5 是对第 2~8 层土壤样品的扫描电镜分析数据。由于土壤本身包含物的不同等原因，土壤情况非常复杂，所以对每一个地层均进行 9 次测试，取其平均值，以求在一定程度上消除随机性误差。在分析古菱角类植物遗存埋藏过程所经历的物理化学过

程时，元素原子数目可以更加直观地反映各元素参与炭化、腐蚀等反应的过程，因而根据扫描电镜测定的各元素原子百分比平均值我们可以发现，田螺山遗址的地层土壤中含有大量的微量元素，且 Al、Si、K、Ca、Fe 元素的含量很高，这些元素可在地下水的作用下形成无机盐，在水溶液中水解呈碱性，由于这些元素具有宏观上微量、微观上聚集的特点，因而，其对古菱角埋藏的微观环境会有显著影响。这些微观上的碱性环境会使外壳中的木质素分解，同时作为生化腐蚀的催化剂，大大提高微生物对古菱角遗存的腐蚀速率。

将土壤样品放大 15000 倍观察其微观结构（图 1、2），可以看出第 2 地层土壤颗粒较第 6~8 层更为细小，同时多细小的孔隙。而埋藏古菱角的第 6、7 层土壤中存在相对较大的空隙，同时土壤中的纤维状结构更加粗大，其中孔隙数量相较于第 2~5 层偏少，但是孔状结构的直径相对更大。

2. 菱角

在分别研磨田螺山古代菱角和宁波现代菱角外壳的过程中发现古菱角外壳柔软细腻，几乎观察不到纤维状组织；而现代菱角外壳则硬而脆，有坚韧的纤维状组织结构，几乎无法研磨至细腻均匀的粉状物。

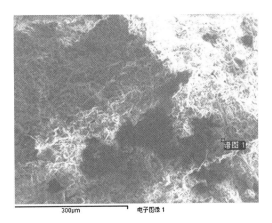 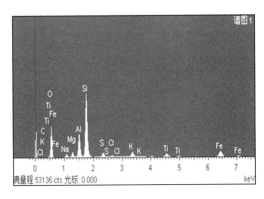

图 1　第 2 地层土壤颗粒微观结构图（×15000）

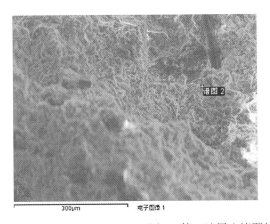 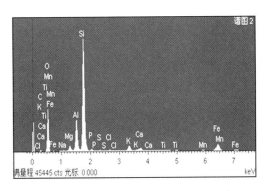

图 2　第 7 地层土壤颗粒微观结构图（×15000）

　　通过含水量检测，如表 7 所示，古菱角外壳中水是主要成分，含量达到 90.40%，大大高于现代菱角外壳的 25.88%。这表明在长期土壤掩埋环境中，菱角外壳已被地下水饱和，同时其中的主要成分——纤维素、半纤维素、木质素等可能已被土壤中的微量元素和微生物等腐蚀，失去原有的纤维状结构，导致出土后外壳遗存软而细腻。

　　由表 3 可知，现代菱角中碳元素和氢元素的含量约两倍于古菱角外壳遗存，而氮元素的百分含量仅为古菱角的三分之一。C、H、N 元素含量的显著不同反映了菱角外壳在长期掩埋中主要成分发生了较大变化。由于纤维素、半纤维素、木质素主要由 C、H、O 元素构成，由此可初步判断，古菱角中的纤维素组织已经被严重腐蚀，在地下环境的综合作用下，N 元素明显侵入了菱角的外壳组织。

　　由表 6 可以看出，古菱角外壳中含有现代菱角外壳所不具备的 P、Cu、Zn 三种元素，同时，Fe、S 等元素的含量也明显高于现代菱角外壳。同时，古菱角中的 Na、Mg、Al、Si 等元素含量则相较于现代菱角偏低，且不含 Cl。

　　同时，通过扫描电子显微镜将古菱角外壳和现代菱角外壳放大 15000 倍后，进行细致观察，可以发现现代菱角外壳与古菱角外壳遗存的微观结构存在较大差异，如图 3~5 所示。

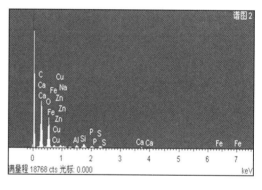

图 3　古菱角遗存外壳的微观显微结构（×15000）

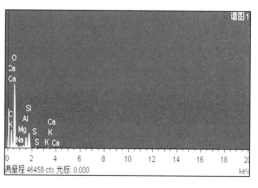

图 4　现代菱角外壳外表面的微观显微结构（×15000）

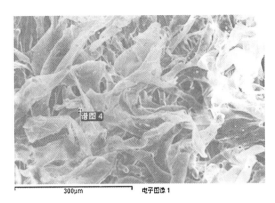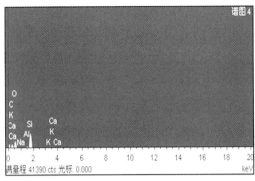

图 5   现代菱角外壳内表面的微观显微结构（×15000）

通过图 3 可以看出，古菱角外壳在长期埋藏过程中，已经变成了疏松多孔的海绵状组织，无纤维化组织；图 4 所示的现代菱角外壳外表面结构则非常坚硬致密，而且较为平滑；图 5 所示现代菱角外壳的内表面则呈现出粗大的纤维状组织结构。由此可见，古菱角外壳在土壤和地下水的长期侵蚀下，微观结构由有序变为无序，失去纤维化组织，致密结构已被破坏。

综上所述，通过对古菱角外壳样品和现代菱角外壳样品进行含水量分析、元素分析、扫描电镜分析，可知经过长期的掩埋，古菱角外壳结构和组成成分均发生重大变化。整体来看，古菱角外壳中坚实有韧性的纤维组织变为疏松多孔的海绵化结构，由坚硬光滑变为柔软易碎。同时古菱角外壳几乎完全被水饱和，各种元素含量也发生了重大变化。

四　古菱角外壳遗存腐蚀原因的初步探索

由表 7 所示菱角外壳含水量检测数据可知，古菱角外壳遗存的水含量为 90.40%，远高于现代菱角外壳 25.88% 的实验数据，可知古菱角外壳的内部分子结构已几乎完全被水饱和。在长期被酸性地下水浸泡的环境中，古菱角外壳的腐朽主要由以下两大方面的原因造成。

1. 菱角外壳的本身化学组成因素

菱角外壳是由植物细胞所构成，而细胞壁成分是古菱角外壳遗存的主体，其主要化学成分包括纤维素、半纤维素和木质素等。其中纤维素的含量最高，通常为 50%～60%。纤维素 $(C_6H_{10}O_5)_n$ 是由许多葡萄糖基按长链结构互相联结起来的高分子聚合物。数十条纤维素分子链通常依靠其侧链上的羟基形成氢键，进而组成较有规则的基本纤束。基本纤束再组合为微纤维。微纤维与微纤维间的空隙填充了木质素和半纤维素，起到联结和加固的作用[18]。

菱角外壳中的半纤维素的水解是造成古遗存如图 3 所示的疏松海绵状结构的主要原因。这是因为半纤维素是低分子量的聚糖，其平均聚合度不到 200，很容易在酸性的水体中被水解。因而在田螺山长期的埋藏过程中，半纤维素会溶失和离解，使得古菱角外壳细胞壁的空隙扩大，且空隙率大为增高，一些薄壁组织穿孔破损，从而形成海绵状的组织。

2. 埋藏环境因素

（1）地下水浸泡

数千年的地下水浸泡会使古菱角外壳中"无定形区"纤维（即纤维外围较薄弱部分）发生降解，使整个外壳的微观结构发生改变。发生水解后，原来的多聚糖还原为单糖、糠醛和其他水解产物，从而造成外壳腐朽。

（2）环境中所含酸和微量金属离子的腐蚀

首先，由表1可知，田螺山地下水总体上呈弱酸性（pH 地下水 = 6.39；pH 第 7 层土壤 = 6.42）。在埋藏过程中，弱酸性水体在作用初期会使菱角外壳膨胀，进一步作用下会使外壳中的多糖成分水解，因而在长期埋藏环境中，菱角外壳的主要结构基本被腐蚀。

其次，土壤中含有大量的微量元素，且 Al、Si、K、Ca、Fe 元素的含量较高，这些元素形成的无机盐在水溶液中水解呈碱性，由于这些元素具有宏观上微量、微观上聚集的特点，因而造成古菱角埋藏的微观碱性环境，加速菱角外壳中的木质素分解。同时，作为生化腐蚀的催化剂，微量元素的存在也会大大提高微生物对古菱角遗存的腐蚀速率。在各类可能对古植物遗存造成腐蚀的微生物中，以木腐菌、蛀木甲虫的危害最大。Al、Si、K、Ca、Fe 等元素均为这些微生物新陈代谢所必需的有益元素，为微生物的繁殖提供了客观条件。

五 古菱角类植物遗存的科技保护对策初探

当饱水状态下的古菱角遗存出土时，整个环境包括湿度、温度、气体成分、光线等都发生了突然的变化，古菱角腐朽的外壳表面就会在现代干燥的空气环境中干缩，而内部则干得较慢，这样古菱角外壳内外干缩情况相差很大，就会引起这类文物保存时常见的开裂、起翘、变形、脱皮，甚至完全失去出土时的本来面目，因此，发掘现场的保护至关重要。

根据扫描电镜微结构观察可以发现饱水的古菱角类植物遗存出土时，外壳的纤维化组织已经基本被破坏，机械强度已经较低，很难支持饱含水分后沉重的自重，变得易于断裂，因而在发掘条件较好的考古现场，可以采用下述现场保护方法：将埋藏有古菱角遗存的整块土壤通过液氮法冷却并完整取出，并采用现场发泡法予以定型和固定。由于采用液氮对出土的古菱角遗存进行低温处理后，样品的各项力学性能和基本形态均不受破坏，同时可以在瞬间杀灭大量有害微生物，因而是一种值得推广的现场保护方法。采用现场发泡发可以将脆弱易碎的古菱角类植物遗存在第一时间进行定型固定处理，大大降低古植物遗存出土后的损毁率。

　　将固化好的含有古菱角的土壤放在避光、隔氧、抑菌的容器中在冷冻条件下完整地运输至实验室。

　　对于古菱角类植物遗存而言，在饱水状态过分潮湿的环境中长期保存都是极为不利的，但是为了防止干缩和开裂，在一般条件下任其自然干燥也是不可取的，因此，这里所讨论的实验室脱水定型方法，力求既将古菱角外壳纤维中过量的水分除掉，同时又不改变外壳的原型。现在常用的脱水定型方法多种多样，例如冷冻脱水干燥法、醇—醚—树脂连浸法等，但大多主要针对饱水竹木漆器。由于菱角本身的特性，在现行诸多方法中寻找到适合古菱角遗存的脱水方法就显得十分重要。

六　结　论

　　通过对田螺山遗址出土古菱角的埋藏环境、古菱角本身的多项测试分析，我们基本得出了以下结论。

　　（1）田螺山遗址地下埋藏环境基本呈酸性，不同文化层酸碱度不同，而出土古菱角较多的第6、7层酸碱度数值较低，接近地下水的酸碱度。

　　（2）不同文化层元素含量有较大变化，其中C、H、N、K元素含量从第6层开始有一个明显上升的过程，Fe、O元素则明显下降。

　　（3）通过对土壤样品的微观结构观察发现出土菱角较多的第6、7层土壤结构存在纤维状结构粗大、空隙数量少、孔状结构直径较大等特征。

　　（4）对古菱角的分析结果表明古菱角在埋藏过程中受地下水、酸、微量金属离子的腐蚀，外壳中的纤维素、半纤维素、木质素等组织已被严重腐蚀成疏松多孔状结构；对比现代菱角，发现古菱角外壳中的元素组成、各种元素含量也发生了较大变化。

　　（5）根据田螺山遗址古菱角遗存外壳已被严重腐蚀的这一现状，我们拟采取在考古现场综合运用液氮冷却法和现场发泡法整体提取含有古菱角的土壤，在特殊的运输条件下运至实验室进行进一步的冷冻干燥处理。

　　当然，本次实验只是对田螺山遗址古菱角保护的初步研究，今后拟在本研究的基础上采用模拟实验的方式探索不同因素对古菱角腐蚀过程中所起的作用，并检验不同的脱水干燥方法对古菱角保护的有效性，以期寻找到合适古菱角遗存的实验室脱水干燥方法。

注释：

① 赵志军：《植物考古学的田野工作方法——浮选法》，《考古》2004年第3期。

② 赵辉：《从河姆渡到田螺山》，《田螺山遗址自然遗存综合研究》，文物出版社，2011年。

③ 孔昭宸、刘长江：《渑池班村新石器遗址植物遗存及其在人类环境学上的意义》，《人类学学报》

1999 年第 18 期。

④ S. Boardman, G. Jones, Experiments on the Effects of Charring on Cereal Plant Components, Journal of Archaeological Science, 1990, 17.

⑤ H. Smith, G. Jones, Experiments on the Effects of Charring on Cultivated Grape Seeds, Journal of Archaeological Science, 1990, 7.

⑥ J. Rossen, J. Olson, The Controlled Carbonization and Archaeological Analysis of SE U. S. Wood Charcoals, Journal of Field Archaeology, 1985, 12.

⑦ F. F. P. Kollmann, I. B. Sachs, The Effects of Elevated Temperature on Certain Wood Cells, Wood Science Technology, 1967, 1.

⑧ E. Christian Wells, Richard E. Terry, J. Jacob Parnell, Perry J. Hardin, Mark W. Jackson, StePhen D. Houston, Chemical Analyses of Ancient Anthrosols in Residential Areas at Piedras Negras, Guatemala, Journal of Archaeological Science, 2000, 27.

⑨ J. L. Bintliff, C. Gaffney, A. Waters, B. Davis, A. Snodgrass, Trace Element Accumulation in Soils in and Around Ancient Settlements in Greece, S. Bottema, G. Entijes – Nieborg, W. van Zeist, Eds. Man's Role in the Shaping of the Eastern Mediterranean Landscape, Rotterdam: Balkema, 1990.

⑩ Entwistle, J. A., Abrahams, P. W., Dodgshon, R. A, Multi – element Analysis of Soils from Scottish Historical Sites: Interpreting Land – use History through the Physical and Geochemical Analysis of Soil, Journal of Archaeological Science, 1998, 25.

⑪ 程秀才、张晓冬、张齐生、胡启龙、岳孔:《液氮低温处理桦木胶合板的弯曲力学性能研究》,《林业科技开发》2009 年第 23 期。

⑫ 方北松、吴顺清:《饱水竹木漆器保护修复的历史、现状与展望》,《文物保护与考古科学》2008 年第 20 期（增刊）。

⑬ 梁永煌、满瑞林、王宜飞、孙玉莲、郭萌:《饱水竹木漆器的超临界 CO_2 脱水干燥研究》,《应用化工》2011 年第 40 卷第 5 期。

⑭ 王响英、吴淑燕、李苏安、毛棣华:《叔丁醇脱水干燥法在游离细胞扫描电镜样品制备中的应用》,《苏州大学学报（医学版）》2005 年第 25 卷第 5 期。

⑮ 浙江省文物考古研究所:《田螺山第一阶段（2004～2008 年）考古工作概述》,《田螺山遗址自然遗存综合研究》,文物出版社,2011 年。

⑯ 浙江省文物考古研究所、余姚市文物保护管理所、河姆渡遗址博物馆:《浙江余姚田螺山新石器时代遗址 2004 年发掘简报》,《文物》2007 年第 11 期。

⑰ 郑云飞、孙国平、陈旭高:《全新世中期海平面波动对稻作生产的影响》,《科学通报》2011 年第 34 期。

⑱ 王蕙贞:《文物保护学》,文物出版社,2009 年。

（原载《南方文物》2013 年第 1 期）

古木硅化处理对其物化性能的影响[*]

一 引 言

田螺山遗址^{①②}是隶属于河姆渡文化的一处古遗址，在田螺山遗址的发掘过程中，出土了大量的木质文物。由于年代久远，木质文物强度极低，有部分木构件已经断裂、腐坏。考虑到对于古木的保护措施还不到位，遗址仅发掘了一小部分。而对于已经挖掘出来的古木，目前采取浇灌水的方法以保持湿度防止干裂，这种方法虽能减缓古木的开裂，但不是长久之计。因此，开展木质文物的强化保护研究已是当务之急。

硅化木^③是真正的木化石，是几百万年或更早以前的树木被埋葬地下后，在温度与压力的双重作用下，使原先组织被分解的矿物所替换得到的木质物，这类矿物通常是指硅或钙。受此自然界现象的启发，我们希望通过对古木进行硅化处理以达到强化目的。

目前广泛应用的木材硅化技术主要有扩散法^{④⑤}、溶胶—凝胶法^{⑥⑦}及溶胶—气凝胶法，但是这些技术都存在难以克服的缺陷。

彭海源等^⑧用硅酸钠溶液在常温常压下浸泡处理杨树木材。实验表明，对杨树木材用硅酸钠溶液浸泡15天后其横面硬度提高28.22%，浸泡30天提高37.19%，浸泡45天提高36.84%，浸泡60天提高61.26%。扩散法依赖于离子在溶液中的自由扩散，虽然能有效提高木材硬度且处理方案简便易行，但离子通过扩散进入木材速率缓慢，耗时长，在实际操作中可行性较低。

邱坚等^⑨以正硅酸乙酯（TEOS）为原料，制备 SiO_2 溶胶液体，采用半限注法向紫椴和西南桤木中注入配制的 SiO_2 溶胶。他们实验得到的最佳工艺参数为浸渍压力0.8MPa，处理时间30min，后真空度为0.090MPa，处理时间10min；动态和静态干燥温度为50℃，动态和静态压力为25MPa，动态干燥时间为180min。溶胶—凝胶法及溶胶—气凝胶法过程中往往需要涉及温度、压强的变化，而这些因素恐怕会对脆弱的古木造成不可逆性的破坏。且溶胶—凝胶法与溶胶—气凝胶法

---

* 本文由黄正峰、奚三彩、孙国平、张溪文合作撰写。

在实施过程中，需对古木进行移动，由于木质文物强度极低，在移动过程中极易对木构件造成不可挽救的损害。因此，研究简单高效且无损于古木的新型原位硅化技术已迫在眉睫。

电渗法[10]最早应用于土壤电渗加固，自1939年L. Casagrand[11]首次将电渗法应用于铁路工程，电渗法便开始逐渐应用于各种实际工程领域，同时相关的理论研究也开始飞速发展。电渗法的微观作用机制是在介质两端通以直流电，自由水和弱结合水因自身分子的极性而在直流电场作用下被拖拽向阴极从而发生定向移动，同时阴阳离子也受电场力的影响，分别向两极移动。后来，电渗法也用于水体离子去除[12]和水体离子富集[13]，且电渗法在无机离子的富集应用方面效果好，能耗低。

我们将电渗法对于水体离子的富集作用应用于常规的扩散法，也即在扩散法中引入电场，在电场力的作用下，离子加速深入木材内部并固化加固，实现木质文物的原位加固保护。我们选择硅酸钠作为硅化剂[14][15]，由于硅酸钠在水中极易流失，所以再选用硝酸钙作为固化剂，在古木中形成硅酸钙沉淀[16]，以实现长久有效的加固强化。

二　实验方法

（一）实验原料

实验中饱水古木均由宁波田螺山遗址提供。我们选用硅酸钠（分析纯，国药集团化学试剂有限公司）作为硅化剂，硝酸钙（分析纯，国药集团化学试剂有限公司）作为固化剂，将硅酸钠与硝酸钙分别配制成10%质量分数溶液。

（二）实验过程

图1为设计的硅化处理装置图。我们先在古木中掏一个小口，插入进水管及石墨电极。直流电源正极接石墨电极，负极接有机玻璃桶内侧的不锈钢圆环。向有机玻璃桶内灌注10%质量分数的硅酸钠溶液，开启电源以及水泵。硅酸根离子在电场力作用下向着古木心部移动。水泵将硅酸钠溶液从有机玻璃桶中抽至冷却槽，潜水泵将硅酸钠溶液从冷却槽抽入古木心部，形成水循环以应对电流热效应。在硅酸钠溶液电渗处理三天后，将硅酸钠溶液换成10%质量分数的硝酸钙溶液，直流电源负极接石墨电极，正极接有机玻璃桶内侧的不锈钢圆环，继续电渗处理三天。

（三）形貌及性能表征

1. 扫描电镜观察

将样品喷晶处理60s后，在扫描电子显微镜（Hitachi S4800）下观察形貌，并用

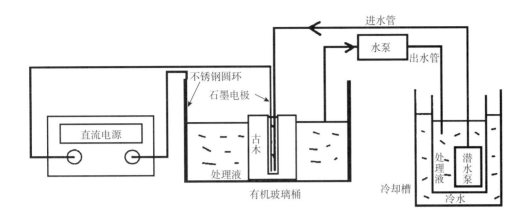

图1　古木硅化处理装置示意图

EDS 检测样品各元素含量。

2. 性能表征

利用电子万能试验机（济南东方仪器厂，WDW – 50J）测试样品抗压性能，测试速度为 2 mm/min，每组样品测试 3 次。

三　结果与分析

（一）电场辅助对于扩散性能的提升

将一组样品在 30 V 电压下进行电渗硅化，另一组样品在 0 V 电压下进行扩散硅化，每组样品分别处理 4h、8h、12h、16h、20h、24h。取处理后样品进行 EDS 测试。EDS 结果（图2）表明，在电场作用下，硅酸根离子能更加快速地进入古木内部，在 24h 电渗处理后，样品硅浓度可达到 1.69%，而扩散法得到的样品硅浓度仅为 0.74%。且电渗法处理 8h 的样品，硅浓度高于扩散法处理 24h 的样品，可见电场的引入有效实现了硅元素向古木内部的富集。

（二）硅化处理对保水性的影响

我们将未处理古木制备成长宽高分别为 10mm、10mm、15mm 的长方体状样品，置于空气中自然干燥一天、两天、三天进行比对，观察其体积收缩情况。图3 中 1 号为干燥 1 天的样品，2 号为干燥 2 天的样品，3 号为干燥 3 天的样品。从实验结果看，古木随着干燥时间加长，体积收缩加剧。主要原因为在饱水古木中，水起着支撑作用，古木大量失水后其内部结构坍塌从而导致体积收缩，此时即使将古木重新浸入水中，虽然会发生部分湿胀，可是整体尺寸与原尺寸依然存在差距。因此，对于古木进行内部填充处理以及提高古木的保水性是十分重要的。

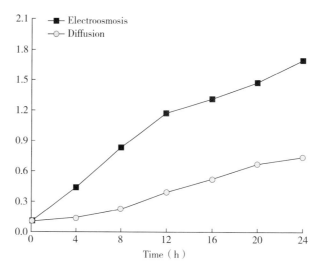

图2　电渗法与扩散法样品硅浓度比较

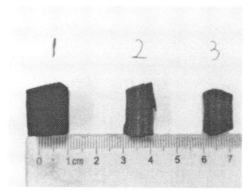

图3　古木体积随干燥时间的变化

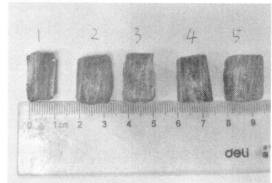

图4　处理后古木与未处理古木对比图

图4中1号样为未处理古木经2天干燥，2、3、4、5号样分别为处理后古木干燥0.5天、1天、2天、4天的样品。从图中可见，古木经处理后，在干燥过程中并未发生明显干缩现象。对干燥后的古木进行称量，发现未处理古木在干燥两天后剩余质量仅为原来的16%，而2、3、4、5号样剩余质量分别为81%、82%、78%、77%。可见古木经处理后，内部水分不易流失，保水性能大大提升，相比于未处理古木，仅损失一小部分水。此外在古木内部形成的硅酸钙沉淀也加大了古木的质量。这也进一步解释了处理后古木在干燥后没有发生明显体积收缩的原因。

（三）硅化处理对抗压性能的影响

将古木制备成长宽高分别为10mm、10mm、15mm的长方体状样品进行抗压强度测试。图5为处理样与未处理样抗压强度测试结果。未处理古木顺纹抗压强度仅为0.870MPa，而处理后古木顺纹抗压强度达到2.210MPa，抗压强度提升了约150%。这主要是因为在古木中形成的硅酸钙沉淀起到支撑作用，从而有效地提升了古木的抗压强度。

（四）硅化处理对形貌、成分的影响

图 6 - a 为未处理样品表面形貌，图 6 - b 为处理后样品表面形貌。未处理样品表面能够呈现清晰的木质纹理，仅有极少量颗粒物存在，而处理后样品表面被一层致密的颗粒物完全覆盖，这一情况与处理后样品保水性能的大幅提升相符。图 6 - c 为未处理样品内部形貌，图 6 - d 为处理后样品内部形貌，从 SEM 图可看出，古木经处理后内部堆积有大量层片状物质，这些层片状物质能够对古木心部进行填充，使原本空虚的结构变得充实，这对于抗压强度的提升至关重要。对未处理古木进行 EDS 测试，测得其硅含量为 0.11wt%，钙含量为 0.47wt%，而处理后古木内部硅含量与钙含量分别达到

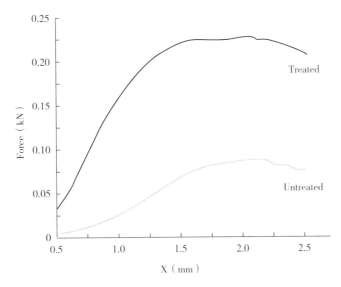

图 5　古木处理前后抗压强度比对

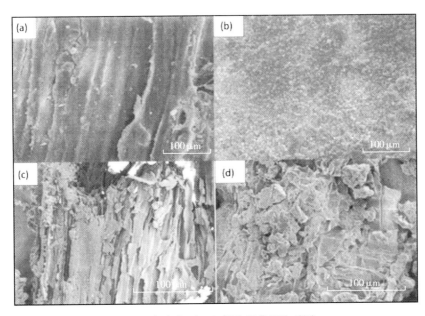

图 6　古木表面、心部处理前后比对图

（a）处理前的表面　　（b）处理后的表面　　（c）处理前的内部　　（d）处理后的内部

2.17wt%与9.42wt%。EDS 结果表明，该方案能成功地将硅元素与钙元素引入古木内部。

四　结　论

本文受硅化木以及土壤电渗法的启发，提出了对古木电渗处理这一方案，克服了常规扩散法操作时间长的弊端，且达到了古木原位保护的目的。本方案先在古木中引入硅酸根离子，再引入钙离子，两者形成硅酸钙沉淀后能够起到长久有效的加固作用。经处理后，古木表面形成一层致密的硅酸钙颗粒层，起到防止水分流失的作用，有效提升其保水性。同时在古木内部形成大量片状硅酸钙，对古木进行填充，能够有效提升古木抗压性能。表面致密层对于保水性的提升及内部层片状结构的填充作用使得古木在干燥环境下也不易发生干缩，这对于防止古木的开裂有着重要意义。

注释：

① J. Tianlong, G. Zhengfu, S. Guopin, Z. Maoliang, L. Xiaohui, Sourcing the Interaction Networks in Neolithic Coastal China: A Geochemical Study of the Tianluoshan Stone Aadzes, Jounal of Archaeological Science, 2011, 38（6）.

② 孙国平：《梦回远古从河姆渡到田螺山》，《大众考古》2013 年第 5 期。

③ D. Dietrich, T. Lampke, R. Rossler, A Microstructure Study on Silicified Wood from the Permian Petrified Forest of Chemnitz, Palaeontologische Zeitschrift, 2013, 87（3）；H. Leo J, H. Shusheng, S. Brian J, A New Genus of Silicified Conifer Wood from the Late Triassic of Connecticut, American Journal of Science, 2011, 311（7）.

④ T. Furuno, K. Shimada, T. Uehara, S. Jodai, Combinations of Wood and Silicate. 2. Wood – mineral Composites Using Water Glass and Reactants of Barium – chloride, Boric – acid, and Borax, and Their Properties, Mokuzai Gakkaishi, 1992, 38（5）.

⑤ T. Furuno, T. Uehara, S. Jodai, Combination of Wood and Silicate. 3. Some Properties of Wood – mineral Composites Using the Water Glass – boron Compound System, Mokuzai Gakkaishi, 1993, 39（5）.

⑥ S. Saka, M. Sasaki, M. Tanahashi, Wood – inorganic Composites Prepared by Sol – gel Processing. 1. Wood – inorganic Composites with Porous Structure, Mokuzai Gakkaishi, 1992, 38（11）.

⑦ S. Saka, Y. Yakake, Wood – inorganic Composites Prepared by Sol – gel Process. 3. Chemically – modified Wood – inorganic Composites, Mokuzai Gakkaishi, 1993, 39（3）.

⑧ 彭海源、崔永志、孙铁华：《速生杨木增硬处理初报》，《东北林学院学报》1985 年第 13 卷第 1 期。

⑨ 邱坚、李坚、刘一星：《SiO₂溶胶空细胞法浸渍处理木材工艺》，《林业科学》2008 年第 44 卷第 3 期。

⑩ L. Hanlong, C. Yunliang, S. Yang, D. Xuanming, A New Method of Combination of Electroosmosis, Vacuum and Surcharge Preloading for Soft Ground Improvement, China Ocean Engineering, 2014, 28（4）.

⑪ CASAGR AND L, Electroosmosis in Soils, Geotechnique, 1949, 1（3）.

⑫ 涂从慧、王晓琳:《电渗析法去除水体中无机盐的研究进展》,《水处理技术》2009 年第 35 卷第 2 期。

⑬ 瞿广飞、吴森森、宁平、郭辉:《电渗析法浓缩低浓度含铜废水》,《化工进展》2013 年第 32 卷第 10 期。

⑭ 洪坤、詹予忠、刘家永:《仿生无机材料在石质文物保护中的应用》,《材料科学与工程学报》2006 年第 24 卷第 6 期。

⑮ 王丽琴、党高潮、赵西晨、梁国正:《加固材料在石质文物保护中应用的研究》,《材料科学与工程学报》2004 年第 22 卷第 5 期。

⑯ 万祥辉、常程康、毛大立:《化学沉淀法制备纳米硅酸钙及其在模拟体液中的活性行为》,《材料科学与工程学报》2005 年第 23 卷第 2 期。

（原载《材料科学与工程学报》2016 年第 34 卷第 4 期）

竹、木、漆器保护综述*

　　竹、木、漆器是我国劳动人民杰出的创造，它和其他文物一样，是研究古代历史、艺术、科技、经济的宝贵实物资料。它们产生的历史悠久。在石器遗址中，就出土了远古时代人类所用的木器。1978 年，在浙江河姆渡遗址中，出土了距今 7000 多年前的大量木器和带有朱红色涂料的木胎漆碗。此碗是中国漆器的最早雏形。江苏吴县梅埝新石器遗址中出土了一件 4000 多年前的陶胎漆器。河南安阳武官村商代大墓中，发现许多雕花木器的朱漆印痕，虽然木胎已腐烂无存，但印土上的朱漆花纹，色泽仍很鲜艳。1977 年，中科院考古研究所在辽宁敖汉旗大甸子古墓里，发现 2000 件约距今 3400～3600 年、近似觚形的薄胎朱漆器。到了西汉，漆器有了很大的发展，漆器的制造工艺已达到成熟阶段，从湖南、湖北、河南、安徽、江苏等地汉墓中出土了大量精美漆器，可以得到佐证。晋魏六朝的漆器，夹纻技法发展到高峰，已用夹纻来制作佛像。干漆造像或脱胎像，说明漆器的制作又开拓了新的天地。唐代漆器的装饰手法更加多样化，从楚汉的金、银、铜扣，发展为金银平脱。同时创造了剔红漆器。宋、元、明、清各代，则重视雕漆的制作与推广。到雍正时期，更推崇描金漆和彩漆的使用。竹器，单长沙马王堆汉墓出土的竹器就有 1056 件，其中竹筐就是当时人们运土工具，竹席等生活用品，也是墓葬中常见的陪葬品。更多的是用竹片作为载体、用于写作的竹简，如 1972 年山东临沂银雀山出土的《孙子兵法》，经整理有 4400 多枚竹简。1973～1975 年在湖北江陵凤凰山汉墓和湖北云梦睡虎地秦墓出土秦代文书、法律等竹简 1100 多枚。另外，1977 年在安徽阜阳双古堆汉墓出土的《仓颉篇》，1994 年在江苏东海尹湾汉墓出土的《神岛传》等竹简，都是十分重要的实物资料。

　　出土的木制艺术品、木制生产工具、生活用品、木简则更多，无以数计，其中以武威出土的西夏文木简、青海出土的古藏文木简以及江苏盱眙出土的木质天文图等最为珍贵。

一　竹、木、漆器腐朽的原因

　　竹、木、漆器都属于有机质类文物，因为它们的组成都是有机纤维素物质，是微

* 本文由奚三彩、张金萍合作撰写。

生物的养料，由于长期受到地下水（含酸、碱、盐等）及其他有害物质的侵蚀，使构成竹木的纤维素、木质素等遭到破坏，使有些竹、木、漆器糟朽不堪。

有些坟墓由于地下水的升降，使墓室中文物长期处于时干时湿状态，而引起器物干缩、变形、开裂。

由于地质条件不同，影响地下文物保存的地质因素很多。如土壤的性质、地下水的酸、碱性等。一般认为，水的 pH 值近于中性，对竹、木、漆器的保存是有利的。在北方的盐碱地和南方红壤层中，其保存情况就不一样。

坟墓长期埋在地下，由于潮湿的环境和适宜的温度，极易滋生各种细菌和微生物。竹、木、纤维是细菌、微生物的养料，会加速细菌的生长繁殖。细菌能将细胞壁侵蚀成洞，加速竹、木、漆器质料的降解和变色。

由于自然（地震）和人为破坏（盗墓），引起墓室中的文物损坏。

缺乏科学保养知识而造成不应有的损坏。如出土的竹、木、漆器，一般都饱含水分，不能任其自然干燥。由于缺乏保养知识，而造成脱水过快使其变形、开裂，甚至彻底毁坏。

二　竹、木、漆器的现场保护

竹、木、漆器长期埋在地下墓室中，基本上是处在一个比较稳定的环境中。出土之后，整个环境包括温度、湿度、气体的成分、光线等，都发生了变化，这种突变对出土后竹、木、漆器的影响很大。如出土的饱水竹、木、漆器在空气中放置 30 ~ 60 分钟之后，竹简即会收缩、起翘，漆器表面漆膜会发生细小的起皱现象。有些出土彩绘木俑在阳光的照射下，十几分钟之内其表面彩绘就会发生明显的变化。因此，现场保护是整个保护工作中不可缺少的环节。

（一）一般漆木器的现场保护方法

漆木器从墓葬中出土后，应立即进行照相、录像等工作，及时记录，写好标签。然后用井水或墓室中的积水（最好用去离子水）轻轻洗去器物表面的污物，用塑料薄膜将器物包好，并在器物底部附近垫放一团浸湿的棉花，以防水分快速挥发掉。再用塑料泡沫包裹，放入合适的箱盒内，在器物四周填充纸屑等物质，包装好后送实验室处理。

（二）粉彩漆木器的现场保护

粉彩漆木器的彩绘原料是用水溶性胶黏合，由于受地下水及潮湿环境的影响，出土时彩绘已有不同程度的剥落，如用手抚摸或与其他物品接触，由于胶粘剂的老化，彩绘容易被擦去或抹掉。为防止彩绘脱落可选用水溶性胶粘剂先封护加固，然后包裹、保湿送实验室处理。

（三）出土竹简的现场保护

竹简在墓室中保存的状况比较复杂。有的由于坟墓盗扰，椁室坍塌，积水甚多，致使腐朽的竹简被挤压成饼块，紧密地粘连在一起；有的与污泥杂贴在一起；有的收缩、变形、开裂，失去了本身的面貌；当然也有的竹简因按顺序排列置放而保存得较好。

竹简是由竹纤维组成，由于地下水的影响，竹质内部可溶性物质基本被溶去，竹纤维有着不同程度降解，质地疏软，加上吸饱了水分，重量增加，使得有些竹简如面条一样，依靠自身的强度是无法提取的。

从竹简本身来看，由于记录文字，每枚竹简之间必然存在着前后顺序。对于成束或多根放在一起的竹简，在取时保存它原有的状态是十分重要的。

对于成束、成片的竹简尽可能一次全部取出来。当竹简与器物交叠时，先清理竹简外围的器物，使竹简完全暴露出来，然后决定如何提取。如无法一次提取，可根据竹简出土时实际情况分成几批，分别取出，保证其完整性，并记录各批竹简相互之间的关系。提取时一般用薄竹刀或牛角刀从竹简最下部的一端将竹简与底层轻轻地剥离，一边剥离一边插入塑料托板，待塑料托板已将竹简托住后，再从塑料板下面插入木板将竹简托起。竹简四周的污物可用水小心冲洗干净。提取出来的竹简千万不要浸入盛满水的容器内，以免扰乱排列顺序。最好在竹简上面铺一层饱含水的脱脂棉以保持湿度、外面再用塑料薄膜包裹，然后送实验室处理。

（四）饱水竹席的现场保护

竹席一般盖在内棺或外棺上，陪葬竹席则在边箱中。竹席的取法：先清理棺内的器物及竹席上的其他物品，采用小流量的流水洗净竹席表面，如墓坑内有水，可借助水的浮力，把竹席慢慢移到塑料板上，将塑料板倾斜从水中抽出，竹席即紧贴在塑料板上，然后同一块吸饱水的泡沫塑料盖在竹席上，用木板或玻璃板从上下两面夹住竹席，若墓内无水，可用一块大小与竹席相近或稍大的塑料薄膜铺在竹席上面。薄膜一边与竹席某个边缘紧紧贴到薄膜上面。当竹席边缘与塑料薄膜完全贴住时，借助于薄膜的强度将竹席卷起，卷起时薄膜在内，竹席在外。竹席全部卷起后，为了保持其水分，可喷水或在竹席两端放几团饱含水的棉花，再放在托板上固定好，送实验室处理。

三　饱水竹、木、漆器脱水定型的方法

十几年来，我国文物保护科技工作者，对饱水竹、木、漆器脱水方法进行了深入研究，做了大量工作，研究成功多种脱水定型方法，现介绍如下。

（一）自然干燥法

自然干燥法是竹、木、漆器最常用、最经济的一种脱水方法。其方法为：将器物

放在特定环境中让它极其缓慢地进行脱水。如将器物放在防空洞地下室、包在潮湿粗麻布内放于塑料袋中、一些大型独木船埋于沙坑里等，都属于自然干燥法。除此之外还有硅胶脱水法、石膏模固定阴干法、无机盐相对湿度递减法等。

自然干燥法的成败，与各种因素有关。

其一，与材料的质地有关。一些质地坚硬致密、纹理结构均匀的木器以及夹纻胎、金属胎、陶瓷胎、皮胎、篾胎等漆器，用此法都会取得满意的结果。与此相反，用自然干燥法对泡桐、桤木、杨木、柳木、枫木等木材制成的器物进行脱水，大部会失败。

其二，与器物的含水量有关。器物含水量高，内部损坏严重的文物，不宜采用自然干燥法。只有含水量低于40%以下时，可试用自然干燥法脱水。

（二）明矾法

明矾又名硫酸铝钾 $[KAl(SO_4)_2 \cdot 12H_2O]$，能在热水中溶解，随着温度的变化而由液体变成固体。运用该原理，以取代木细胞组织中的过量水分。从而达到脱水定型的效果。

其方法为：将饱水木器置于热的明矾浓溶液中，煮沸数小时，控制温度为92～96℃，明矾溶液就会充分渗进木细胞中，趁热从明矾溶液中取出，使之冷却，明矾溶液即凝固并充填在木细胞中，能防止木器收缩和变形。1976年，我们用此法对新石器时期出土的石斧木柄进行了脱水处理，经20年观察，效果良好。但此法使处理后的木器颜色加深，稍微变暗，重量增加，质感不大理想，在潮湿环境中会有吸湿返潮现象。

"明矾法"在《古物保护》一书中，已做了详细介绍，并成为湿材保护的经典方法，从1858～1958年的一百年间，丹麦国家博物馆发掘出土的木质文物（大约10万件），均用此法做了处理，并在配方和工艺上做了改进，其配方是4份明矾加1份甘油再加1份水。

20世纪80年代前，明矾用于湿材保护的报道较多，方法基本上大同小异。如1980年报道用聚乙二醇和明矾混合对木材进行加固处理，使木材外观得到改善，为防止处理后器物表面出现吸湿现象，采用丙烯酸树脂封护，取得了良好的效果。

（三）水玻璃的"电渗法"

硅酸钠（Na_2SiO_3），又名水玻璃，无色胶状溶液，强碱性，易溶于水。

1951年波兰报道了出土构件的"电渗法"。其方法是：用一种特殊配制的溶液作电解质喷洒在木材上，该溶液中含有水玻璃，然后通过铝电极通入直流电，使水玻璃在直流电作用下进入木材。

电解质溶液的配方为：硫酸铝钾溶液和水玻璃溶液（15～25°BE）。水玻璃溶液中加入作为反应试剂的氯化钙。70年代，我和蔡润先生曾做过试验，未取得满意效果。

（四）溶剂—树脂联浸法

1. 醇—醚—树脂联浸法

这是目前较常用的一种脱水方法。其原理是通过渗透作用使乙醇渗透到木材细胞中，替换木材细胞组织中的水，再用乙醚替代出醇，直到置换液的比重同纯乙醚比重相等，最后让乙醚很快地挥发掉。由于乙醚的表面张力很小，挥发速度极快，当它从木材细胞组织中挥发出来时，不致引起细胞的崩溃，因而也不会使器物变形。如果器物比较脆弱，可将树脂溶于乙醚溶液中，树脂就会随乙醚一起渗入到木材细胞中去，充填细胞组织，使器物得到加固、定型。

此法，对小件木竹器（如木牍、木俑、竹简）的脱水定型，处理效果令人满意。如江苏连云港东海尹湾汉墓出土的竹简、毛笔、木牍，就是用此法脱水定型的。处理方法如下。

（1）把要处理的竹、木简按顺序编号，用3%草酸溶液脱色，时间约3分钟，温度控制在22℃左右，将竹简上污物清洗干净，再用预热蒸馏水将竹简漂洗2~3遍，清除残留在竹简上的草酸溶液。

（2）称重，测量尺寸，照相，记录残损状况。

（3）用预先准备好的玻璃条把竹简固定绑夹好，薄弱处用纸片挡住，捆线固定。

（4）把绑夹好的竹简放入已盛好乙醇溶液的玻璃瓶中，使其溶液高出玻璃条2~3厘米。乙醇的浓度逐步递增。更换新液之前，应测量置换液比重同无水乙醇比重相等时，再转换到乙醚溶液中进行置换。一直到置换液比重同纯乙醚比重相等为止。

（5）取出器物其溶剂自然发挥，待其稳定后，再称重、测量尺寸。计算绝对含水率、收缩率及含水量率。

魏象先生在研究醇—醚联浸脱水方法后，认为此法无法消除液体分子间以及液体分子与细胞壁间的作用力，因而无法制止收缩。针对这种情况，他提出了高压—降压膨胀法的研究思路。通过升温削弱分子间力作用，通过热液体膨胀气化而产生抗张力量，从而最终消除液体挥发时产生的收缩应力。

此法，利用乙醚的温度和蒸气压随温升而猛增的特点，将漆木器置于密闭容器中，用水浴、加温（一般控制温度为100℃），当压力升高到425个大气压时，迅速排气，而漆木器细胞中所含过热乙醚迅速膨胀，产生很大压力，从细胞壁迅速渗出，漆木器因而干燥，从而使挥发收缩过程转变为挥发膨胀的过程，这就使收缩逆转为膨胀，膨胀应力自然地消除了收缩。

2. 丙酮—树脂法

此法曾于1972年做过报道。其方法为：先将湿材用3.5%稀盐酸溶液浸泡，然后再用丙酮浸泡，使木材含水率降至于0.1以下，接着将木器在52℃、67%的松香—丙酮溶液中浸泡，待溶液浸注入木器后，取出晾干。

3. 乙腈—乙醚—树脂法

此法是湖北省博物馆陈中行先生研究成功的，他用乙腈代替了乙醇，其脱水原理、工艺基本相同。因乙腈毒性大，一般不大采用。

（五）甘油法

甘油又名丙三醇，为黏稠、有甜味、吸湿的无色液体，溶点为 18.6℃，沸点为 290℃（分解），密度为 1.26g/cm³。

用含硫酸钠、甘油和水混合浸泡木材，可处理直径达 5 厘米的木材。1962 年 LEHMANN 提出了一种改进的湿材加固法：先将湿材在乙醇中浸泡 24 小时，然后加入 50% 戊醇，再继续浸泡 48 小时取出，在甘油中浸泡 96 小时，接着在 60℃ 石蜡中浸泡 48 小时，取出风干。

（六）聚乙二醇（PEG）法

PEG 即聚乙二醇，分子式为（OCH₂CH₂）n，平均分子量从 200～6000。分子量在 600 以下为黏稠液体，分子量在 1000～1500 之间呈软蜡状。它溶于水、乙醇和其他有机溶剂，蒸气压低，是一种比较稳定的水溶性高分子材料，常用作湿材处理。

1950 年 CENTERWALL 等人开始用 PEG 浸泡饱水木材，他将遭严重损坏的小件木制品用 12% PEG 水溶液在 20℃ 下浸泡，温度逐渐升高至 60℃，持续一周，让水分缓慢蒸发，取得了令人满意的效果。

用 PEG 处理潮湿木质文物，其方法是先把木件浸泡在 10% PEG 溶液中，控制温度在 60～70℃，而后在溶液中逐渐加入 PEG，直到溶液浓度达到 80%～90%，处理完毕后，木件表面多余的 PEG 用水冲洗掉，在红外线灯下干燥即可。

1961 年瑞典将 PEG 用于 WASA 号战船的保护处理时，提出了连续法和非连续法两种方法。连续法如上所述，木件在同一个容器中，用 30% 的 PEG4000 水溶液浸泡，逐渐升至 90℃。非连续法是将木件逐次浸泡在浓度逐渐增大的不同容器内的 PEG 溶液中。研究表明，该方法起始浓度为 5%、温度为 60℃ 时为佳。

1965 年，NOACK 提出置换浸注法，他建议使用 5%～10% PEG 溶液。PEG 浓度在一年内逐渐提高到 60%～70%，为克服 PEG 的吸湿性，处理后，木件表面再用 25% 的二异氰酸酯—甲苯的醋酸乙酯溶液涂刷，形成抗水的氨基甲酸乙酯。

1966 年，ALBRIGH 研究缩短处理时间。他在木制品发掘现场直接处理。先用 40% 的水溶性 PEG4000 溶液，在 20℃ 下浸泡木件。29 天后，温度逐渐从 25℃ 升至 50℃（第 29 天至第 36 天），再保持 50℃ 42 天，最后短时间升温到 60℃，然后逐渐冷却至 25℃，整个处理时间，前后共 56～72 天。

1970 年报道了用 PEG400 处理沼泽地发掘木材的实例：木材用 10% PEG 水溶液浸泡 1～6 个月，浸注木材用 CO₂ 冷冻（0.5～2 小时），并用铝箔包裹，铝箔上有小孔，可透气。将包裹的木材温度为 60℃。抽至最小压力 0.7kPa、10 分钟后，加热管温度为 30℃。一般工作压力为 0.9～1.3kPa。当压力超过 1.3kPa 时，加热管温度降低。温度达到 0℃时，木材干燥。

我国早在 60 年代，河南博物馆就着手研究 PEG 处理饱水木材的脱水方法。70 年代浙江省博物馆卢衡，80 年代南京博物院周健林、湖南省博物馆魏象等，都进行过研究和应用，已成为饱水木材脱水定型的常用方法。

南京博物院曾用 PEG 溶液处理汉墓出土的天花板、木质天文图、木俑、木尺、漆虎、漆如意等。

对这批木质文物，我们采用两种处理方法。其一，将 PEG600 溶化，按配方，分别称取 PEG 25 克，丙三醇 20 克，加上比例为 3.5∶1 的乙醇与水的混合液稀释至 100 克，配成所需的溶液。然后将配制溶液倒入喷枪内，对天花板进行喷涂，至溶液覆盖整个板面为止，用塑料布把器物蒙住，每天观察，一旦器物表面呈现干燥状，再喷溶液，基本上每十天递增一级浓度。数月后，改用 PEG1000，按上法逐次递增，最终使器物趋于稳定。

其二，将配制好的溶液注入容器内，把木尺浸泡其中，使液面超出物面数厘米，盖紧容器，防止溶液挥发，处理过程中，PEG 的浓度逐次递增，处理温度慢慢提高。经数月处理后，温度达到 60℃，最后取出用甲苯除去表面的碳蜡，处理结果是令人满意的。

最近，日本学者增泽文武等使用阳离子表面活性剂，对试样作 PEG 浸渍前处理进行了研究。其方法为：先将器物浸泡在 5% 浓度烷基醋酸铵水溶液中 12 天，然后取出器物浸入 40% PEG4000 溶液中，以 20% 浓度逐渐递增，直至 100%，处理温度为 60℃，在 PEG 溶液中处理时间为 30～35 天。此法不仅缩短了处理时间，而且增强了木材的稳定性。

（七）蔗糖法

蔗糖为白色有甜味结晶，熔点 179～180℃，易溶于水，微溶于乙醇，不溶于乙醚。众所周知，纤维素属多糖类，它是由许多单糖分子经缩聚而生成的高分子化合物。纤维素是自然界分布最广的多糖，木材的细胞膜约含 50% 纤维素，从结构上来看，它是由葡萄糖组成的。蔗糖为寡糖，它是由一分子葡萄糖和一分子果糖所组成。不难看出，纤维素与蔗糖有类似组成。蔗糖在水中的溶解性很大，所以比较容易进入饱水的木材中，当水分失去后，由于蔗糖的浓缩结晶，就可以起到原来水分的支持作用，保持住饱水木材的外形不再收缩。

木材中的吸着水，一般认为是纤维素分子与水分子以氢键结合在一起。氢键以分子中存有羟基为先决条件，纤维素分子间以氢键横向相连组成纤维束。蔗糖分子中也有大量羟基，当蔗糖分子进入木材组织后，很容易与纤维素分子以氢键形式相结合，组成类似于纤维束结构的大分子，从而提高饱水木材的强度。当然，蔗糖能使饱水木材脱水的机理是复杂的。

河南古建保护研究所陈进良等采用蔗糖溶液浸渗加固信阳长台关出土的饱水漆、木器，克服了其他方法不易渗透或渗透或对漆皮损伤的缺陷，取得可喜成果。

其方法为：将器物（耳杯、耳杯豆）从原保存水中取出，放在流水下清洗；用吸水纸或干布擦去表面水分及泥土污物，测定尺寸、称重、记录、照相；把器物放入40% ~50% 的蔗糖中浸泡，浸泡时容器加盖，以防浸泡液水分蒸发，过早浓缩聚合。待器物全部沉入液底后，浸泡渗透过程结束。浸泡时间的长短，取决于器物的大小和表面漆皮的完整情况，一般几星期至几个月，为加速浸渗速度，应经常搅拌；浸渗结束后，取出器物，用湿毛巾擦净表面糖液，放在室内常温下阴干，直至恒重。这一过程大约几个月甚至一年以上。

大量实验证明，用蔗糖浸注木材作保护剂，在一定范围内是适用的，处理湿材时，用煮沸的蔗糖溶液浸泡材料，置换出木材中的水分。再通过酚醛树脂的乙醇溶液与木材中蔗糖水溶液交换，而使酚醛树脂最终固定在木材中。处理后木材保存在温度14 ~25℃和50% ~55% 相对湿度环境中。经处理的木材形状上没有改变。

目前，日本学者报道了先用甘露醇浸泡，再用蔗糖浸泡饱水木器研究成果，是值得重视的。

此法优缺点为：在处理过程中，蔗糖吸收量足够大时，木材具有很好的尺寸稳定性。但由于蔗糖具有吸湿性，经处理的木材在环境湿度变化时不稳定。另外，处理过程中，木材明显膨胀，因此强度不够，对水彩绘制的木质文物不适用。

（八）阿里格 C 法

此法是用低分子量树脂，先渗透到木材的细胞组织中，然后进行聚合而固化的一种方法。其方法为：将清洗后的木质文物，浸泡在25% 三聚氰胺甲醛树脂溶液中，直至溶液出现沉淀为止，然后加入适量过氧化氢溶液作引发剂，使之聚合，器物在溶液中保留约24 小时，直至树脂开始硬化，取出器物，清除表面多余的树脂，最后装入聚乙烯薄膜袋中，并在60℃下继续反应24 小时。用这种方法曾处理过新石器时代的饱水木器，效果较好。

（九）有机硅聚合物法

此法先将过氧化苯甲酰（引发剂）溶于低聚物有机硅树脂中，然后将处理物浸入其中几天后，当器物沉于容器底部时，即表明替换器物中水的过程已经完成。然后加热容器至55℃。聚合反应开始，聚合反应的时间与引发剂的种类和用量有关。聚合反应结束后，取出器物，清除表面过量低聚物，在35 ~40℃下，干燥48 小时，再在室温下干燥约20 天即达到脱水的目的。经处理的木器，不仅保持着原来的形状、颜色，而且表面无光泽，不产生裂纹。

（十）冰冻干燥法

此法是根据生物学技术发展起来的，它将器物在低温下进行冷冻，使器物中的水冻结成冰，然后在真空条件下使水升华。因为含水的木器经冰冻后，在其表面形成一层薄冰，在真空状态下，当冰首先升华时，要吸收大量的热量，而使冰层下面更多的水冻结，冻结层就会深入到湿木的内部。此时，逸出水分，使木材受损的破裂力仅局限于冰的薄层表面，而随着冰层形成，则可以支持所产生的应力而使木器不受损害。

但在实际操作时，发现直接冰冻往往会使器物出现干裂现象。因此，对此法做了改进，先用三甲基甲醇（叔丁醇）替换木材中的水分，再进行冰冻，其效果要好。因为叔丁醇在低温下与木材的膨胀系数相似。因此，在速冻时，器物可免致破裂。另外，当叔丁醇在真空状态下直接由冻结的固体状态升华时，其表面张力小，也不致使木器发生破裂。

近几年来，加拿大、日本、中国等学者，用低分子量 PEG400～600 溶液浸泡木材后再进行冻干，效果更好。PEG 表面张力小，在冷冻条件下体积收缩，而水在冻成冰时体积要膨胀。这样一缩一胀相互抵消，避免了木材开裂。另外由于 PEG 分子结构上具有两个末端羟基，与变质的木材成分形成弱氢键。这样，当水分升华时，在木材表面 PEG 就有一种防止木细胞组织因张力而遭受到破坏的相反趋势，起到减小器物因冰冻升华而破裂的作用。常用的 PEG400 溶液的浓度在 8%～15% 之间，浓度的高低，取决于木材朽腐的程度，变质越严重，所需的浓度越低。此法是较有前途的方法之一，不仅适用于饱水木器的处理，还可以用于漆器的脱水定型，在国内外已得到广泛的应用。但此法，只能适用于小件文物，对于古船、建筑构件等形体庞大的饱水木质文物可采用另外的方法。80 年代初，CRATTAN 报道了利用加拿大冬季气温对饱水木材进行室外冷冻干燥试验，认为木材在冻干前用 15% 的 PEG400 进行预处理，对含水率在300% 以下，非严重降解木材可获得平均 76% 的抗缩率。我国浙江省博物馆卢衡等于1984～1985 年冬季，在哈尔滨黑龙江博物馆内对河姆渡出土饱水木构件进行室外冷冻干燥，取得满意的效果。其方法如下。

（1）PEG 预处理：将处理器物（如燕尾榫、木桨、带卯构件和企口板），先用清水浸漂两个月，然后分别浸泡在 10% PEG400 和 12% PEG1000 溶液（内含 5/1000 四硼酸钠 $[Na_2B_4O_710H_2O]$）中，作为防霉剂。温度控制在 62～65℃ 和 72～75℃，直到器物恒重。

（2）自然脱水：器物经 PEC 处理后用宣纸包裹、测重，然后埋在沙中，每隔 3 天测重一次，根据失重变化计算器物的含水率，直至木材中大约有 40% 的水分被脱除。把器物用二层聚乙烯袋封装，外面用一块 0.1 毫米塑料薄膜包扎，置阴暗处保存。

（3）冷冻脱水：待室外气温符合冷冻干燥条件后，把器物从聚乙烯袋中取出、测重，然后在冰箱中速冻 25 小时，取出置于脱水棚的隔架上，开启电扇，调正风向，经 98 天脱水处理，其结果表明，河姆渡出土的企口板最大收缩率为 10.2%，其余木器在 10% 内。器物处理后形态如初，纹理清晰，经十几年观察，经处理的器物已完全稳定。对于严重降解的木质文物，如果采用分子量 PEG1000 作为稳定剂，此法同样有效。

上海博物馆胡福宝等对上海浦东川杨河出土的古代木船，利用天然气温作室外冷冻阴干处理，获得成功。其方法为：将木船保持在冷冻状态，利用温差产生的蒸气压进行升华干燥，并对干燥表面用 1:10 的亚麻仁油和正丁醇混合液喷涂加固，也取得了良好的效果。

（十一）真空热干燥法

真空热干燥法是采用提高温度降低沸点的原理，使竹、木漆器快速脱水定型的一种物理方法。湖北荆州博物馆吴顺清等利用此法对凤凰山 167 墓中出土的 73 件竹、木、漆器进行了脱水处理，其结果都比较成功，具体方法如下。

（1）对器物先作清洗、照相、测量尺寸、称重、记录残损的状况。

（2）将器物用石膏翻成模子固定起来，防止器物在脱水时发生变形、开裂和漆皮起泡现象。在翻模时将器物表面贴上几层宣纸保护器物，器物内面用合适物件加以固定。

（3）烘模，将翻好石膏模烘干。

（4）将器物放进干燥后的石膏模中，待固定后，即可进行脱水。

（5）将固定的器物放进已预热的 70℃ 真空干燥箱中，然后抽真空，控制温度 80℃，当真空达到 600 毫米汞柱时，每隔 4 小时温度升高 5℃，升到 95℃ 为止，直到恒重（一般需 12 ~ 24 小时）。脱水时间的长短与器物的大小和含水量成正比，而与温度和真空度成反比。

（6）将脱水过的器物称重、测量尺寸、照相、观察现状后可收藏或陈列。

用真空加热法对古代竹、木、漆器进行脱水处理是一种简单、经济的方法，它不仅保存了器物的原貌，而且没有任何副作用，给长期保存文物提供了保证。

（十二）辐射聚合法（放射性同位素 CO^{60}）

此法是利用高分子辐射聚合的原理，使朽腐的木器得到加固的一种方法。70 年代中国文物保护科技研究所与北师大化学系合作，曾对饱水木俑进行脱水研究。

辐射聚合的机理与过氧化物引发聚合的机理类似，均属自由基反应。其反应式如下：

引发：$A \xrightarrow{\text{线}} 2R$

交联：$R + M \longrightarrow RM$

化合终止：$RM + M \longrightarrow RM2$

歧化终止：RMn + RMm ——→ Pn + PM

式中：

A——反应混合物中的任何一个分子

R——生成的自由基

M——单体

RMn——形成聚合物键

Pn ——无活性的聚合物

处理方法：处理的器物先用0.1%过氧化氢溶液和0.1%氨水漂洗，然后用甲醇或乙醇替换木器中水，再用单体（甲基丙烯酸-2-羟乙基脂和甲基丙烯酸甲酯）混合物置换出醇。将浸注的木器用铝箔或聚乙烯薄膜包裹，或放在相应的容器中，通入保护气体（纯氮、氩气）。置入辐射装置中，在室温或稍高温度下，以放射性 CO^{60} 为辐射源照射，它可以放出能量很高的 R 射线，由于 R 射线穿透力强，在木器各部位均能以同等速度进行聚合，生成强度很高的聚合物，常用剂量为 10 ~ 100（最大）KGY。辐射剂量过高会引起木材结构的破坏。

（十三）炭化木材的 MMA 加固

炭化木材的 MMA 加固法，是 SCHOUDY 等人介绍的，其方法是：将已炭化木器置于真空容器中，抽真空、脱水，真空下引入 MMA 溶液，反复多次抽真空，最后恢复常压。然后将处理木件放入双层塑料袋中，并充入纯氮气，用 CO^{60} 源辐射固化剂量 11.8KGY/h。木器中的剩余单体在45℃下经数小时可以消除。MMA 用于湿材的加固，一般都局限于小件的木质文物。

（十四）乙二醛法

乙二醛脱水加固定型古代饱水竹、木、漆器，是湖北省博物馆陈中行研究的成果，曾获得国家发明奖。

乙二醛 OHCCHO 是最简单的二醛，以无色聚合体存在，蒸馏时得单体，单体为绿色气体，可转变为黄色晶体（M.P.15），在水溶液中，乙二醛以水合物的存在，其化学性质非常活泼，即使在少许灰尘的影响下，都可以引起它的聚合。

（1）脱水步骤

从水中取出竹、木、漆器，将其清洗干净晾干，然后测定器物尺寸、称重、照相、做好原始记录。

木、漆器浸泡在含有某种活化剂的乙二醛水溶液中（30%、40%、50%浓度），器物漂浮在液面上，隔几天将浸泡液搅动，以加速渗透速度。

待器物全部沉入乙二醛溶液后，取出器物，用水冲洗器物表面，晾干，测定器物的尺寸、称重，然后让其干燥脱水，直至器物重量至恒重。

待器物脱水、加固、定型后，再测器物的尺寸、称重、照相，并将它装入盒，送库房保存或展示。

（2）脱水实例

湖北江陵望山一号战国墓出土彩绘小座屏是出土漆器中最引人注目的一件珍品。整座小座屏共雕刻有 51 个动物，计大蟒 20 条、小蟒 17 条、蛙 2 只及鹿、凤、雀各 4 只。

彩绘小座屏底座用此法进行了脱水、定型。脱水前状况：长 51.4、宽 10.2、高 2.9 厘米，重 391g，色泽光亮。脱水后状况：长 51.4、宽 10.2、高 2.9 厘米，重 296g，色泽同前无变化。

其含水率 R =（391 － 296）/296 × 100% = 320%

（3）脱水的效果

此法从 1978 年开始研究和试用，经 20 年的实际应用，表明乙二醛用于脱水、加固、定型竹、木、漆器，具有普遍意义，有广泛的适应性，不受树种、器物的形状、漆膜的厚薄及时代等因素的限制。

经乙二醛脱水的器物能与环境保持平衡，当 RH 增大时，器物能自动吸收大气中的水分，当 RH 降低时，则向大气中释放一些水分，表明脱水、定型的器物中乙二醛的聚合物在一定条件下，能溶解在水中，这使脱水、定型的器物中乙二醛聚合物具有可逆性。表明脱水后的竹、木、漆器对外界环境有极强的适应性。

经乙二醛脱水的器物各自收缩率为零或接近零。此法简便，成本较低，设备简单，易于推广。目前已进入了批量处理的新阶段，为我国竹、木、漆器保护提供了行之有效的方法。

最近几年，日本奈良林业试验的伊藤贵文先生，对以乙二醛树脂处理的木材尺寸稳定性以及用乙二醛树脂与多元醇混合液处理的木材尺寸稳定性和吸湿性进行系统研究。研究结果表明：乙醛树脂（是由尿素：乙二醛：甲醛 = 1：1：2.5 的摩尔投料比合成而得）与木材中的纤维素反应而成为水中不溶物，而树脂自身的缩合程度低，因而反应生成物易水解成为水中可溶物。

乙二醛树脂容易与各种多元醇（如乙醇二甘醇、聚乙二醇 200、400、1000、2000、丙二醇、甘油、季四醇等）反应，生成水中不溶产物。但是，若在木材中进行反应，能定量地生成不溶物的只有具有与树脂分子量近似的 PEG200 等二元醇。分子量大的 PEG1000 等二元醇，或者分子量小的 EG 等（乙二醇），由于在木材内部渗透速度与树脂不同，不溶物的生成率显著下降。

乙二醇树脂中加入 PEG 等乙二醇能降低固化温度，由于得到的反应生成物高分子化，从而能抑制水解引起的再溶化。

乙二醇树脂与 PEG200 之比，60：40 转化率最高。催化剂用量（$MgCl_2$）为树脂和多元醇的 6.4%。

将三元或四元的多元醇混合入树脂/PEG200 体系中，使 B（膨胀率）下降，随其

ASE（抗膨胀率）下降。由于混合了这些多元醇，使反应生成物变成三维网络结构，以致其生成物不易进行水解。

伊藤贵文先生将乙二醛用于饱水竹、木、漆器脱水、定型的研究成果，是值得借鉴和学习的。竹、木、漆器的脱水方法还有很多，就不一一介绍了。在实际应用时，要根据木材的种类、腐朽的程度、器物的大小和形状以及木材的含水率等因素而选择脱水方法。必要时先做些试验，待取得经验后再进行处理。

（十五）乳糖醇法

乳糖醇又名乳梨醇，化学名为 4 - β - D - 吡喃半乳糖基 - D - 山梨醇。乳糖醇作为一种甜味剂，具有低热量、低蚀性，是健康食品的甜味剂。乳糖醇溶于水，微溶于乙醇和二乙基醚。

根据乳糖醇结晶工艺条件的不同，可以制备出不同晶型的乳糖醇，包括：一水乳糖醇、二水乳糖醇、三水乳糖醇、无水乳糖醇。各种乳糖醇的性质见表1。在各种晶型的乳糖醇中一水乳糖醇具有稳定的晶型结构，同时它的吸湿性低、晶胞体积小、热稳定性好，因此适合应用在木质文物的保护中。乳糖醇的结晶是一个很复杂的过程，不同温度范围生成的乳糖醇的晶型差别很大。因此合理控制工艺条件，生成理想的一水乳糖醇是非常重要的。以往的方法是通过控制乳糖醇溶液的浓度和相应的温度来得到一水乳糖醇，但这种方法得到的一水乳糖醇受条件影响很大，如果条件控制不当，生成三水乳糖醇则会才出现体积膨胀，对木质文物造成破坏。针对一水乳糖醇结晶受条件限制这一缺陷，今津节生在原有的研究基础上通过添加海藻糖，在常温下就能生成稳定的一水乳糖醇和二水乳糖醇，使乳糖醇的应用得到了进一步的推广。南京博物院的研究人员又在此基础上，对乳糖醇进行了改性实验。利用壳寡糖与木材的相容性好，渗透性好，同时可以提高一水乳糖醇产率的特点进行了实验。经改性的乳糖醇溶液，渗透效果好，可以缩短处理所需时间，使处理后的文物尺寸稳定性好。

表1 乳糖醇水合物的性质

	一水乳糖醇	二水乳糖醇	三水乳糖醇	无水乳糖醇
分子量	362	380	398	344
熔 点	121~123℃	78~79℃	56~59℃	150~156℃

一水乳糖醇作为木质文物脱水加固剂具有以下优点。

（1）具有稳定的晶型结构。

（2）受热不易分解，热稳定性好。

（3）抗霉菌侵蚀能力强。

（4）吸湿性低。

（5）受热情况下不会产生褐变，对木材颜色无影响。

（6）本身是一种食品添加剂，不使用有机溶剂，安全又环保。

（7）分子量低，渗透性好，处理周期大大缩短。

（8）在加热的情况下不会产生酸化现象，可以处理多种材料复合的文物，如一些兵器，不会对金属产生腐蚀现象。

脱水加固实验如下。

将要处理的三个式样放在1%的EDTA水溶液中进行脱色，两天后取出，放在清水中反复浸泡。将乳糖醇与壳寡糖按一定的比例进行称重，配制乳糖醇与壳寡糖的混合溶液，起始浓度为30%，溶液温度控制在50℃。将脱色处理后的试样放在混合溶液中进行浸泡处理。为了防止溶液发生霉变在溶液中加入0.5%的Cathon。定期观察处理效果，每隔一段时间依次将溶液的浓度提高到50%、60%、75%。当试样沉入容器底部后，继续浸泡，半个月后取出试样。用温水洗去表面多余的溶液，再用干布擦去表面多余的水，然后直接放在室温下令其自然干燥。一段时间以后，表面的乳糖醇先结晶固化，继续干燥直至木材完全干燥为止。

（十六）高级醇法

高级醇加固漆、木器的方法是近几年由日本文物保护专家研究出来的一种新的保护方法。高级醇一般是指高分子脂肪族酒精。文物保护常用的高级醇有两种，一种是碳数为16的鲸蜡醇，另一种是碳数为18的硬脂醇。它们的分子量同聚乙二醇相比，要小得多，更容易渗透入木材组织，可以大大缩短浸渍所需的时间，同时，高级醇的吸湿性低，处理后的文物表面不会出现明显的吸湿和色泽变化现象。四川绵阳漆木器、走马楼竹简等都是用高级醇处理的实例。

脱水加固的步骤如下。

（1）将文物放在甲醇或乙醇的水溶液中，起始浓度为50%，然后以10%的浓度梯度递增，脱水溶液置换时间视器物体量、保存状况、含水率及漆皮完整情况而定。当甲醇或乙醇溶液的浓度达到100%时，更换新的甲醇或乙醇溶液，一般2~3次即可。

（2）当甲醇或乙醇将竹木器中的水完全置换后，表面脱水工作已经完成。配制高级醇的甲醇或乙醇溶液，起始浓度为10%，温度控制在60℃。然后以20%的梯度递增高级醇的浓度，每一浓度变化所需的时间视器物体量、保存状况、含水率及漆皮完整情况而定，高级醇的最后浓度可以达到100%。

（3）文物从高级醇溶液中取出后，迅速用毛巾擦去器物表面上残留的高级醇溶液，放在实验室自然冷却至室温，再用溶剂洗掉器物表面的高级醇。高级醇的熔点为58.5℃，所以在对处理后的文物进行运输、保存、陈列时，要严格控制其环境温度。此外，甲醇对人体的危害较大，在进行饱水漆木器脱水时尽量少用或不用，建议使用乙醇溶液。

四 竹、木、漆器的保存与维护

竹、木、漆器经脱水定型后，送库房保管或陈列室展览，应注意以下几点。

（一）控制适宜的温、湿度

不适宜的温度、湿度和温湿度剧烈变化，对竹、木、漆器长期保护不利，因为在潮湿温暖的环境下，易于滋生霉菌。气候过于干燥易使器物开裂、变形。相对湿度一般控制在 55% ±5% 的范围内，较为合适。

（二）防虫、防菌

竹、木、漆的入藏之前，先进行防虫、防霉处理。如发现器物上有虫蛀、霉菌时，应立即采取措施，将受感染的器物隔离，灭虫、消毒。

（三）防光

阳光和各种灯光中的紫外线，对竹、木、漆器的影响不少，紫外线与氧起着氧化作用，损害其强度和色变。光线中的红外线，有显著的热效应，易于被物体吸收，转化为它的内能，使水分挥发，从而引起脆裂。一般要避光保存，不要在阳光直射下展视。

（四）脆弱器物的加固

脆弱的竹、木、漆器，过去用蜡和树脂的混合物来加固，例如，用蜂蜡 90 份、聚环乙酮树脂 9 份、榄香树脂胶 1 份的混合物加固脆弱木器。其方法，先将混合物加热涂刷在器物表面，再用红外灯烘烤该器物。

蜡和树脂混合物是相当稳定的，且不透水、可防潮。但蜡易熔化，处理后的器物易沾染尘土，亦存在色调加深、有光泽等缺点。

此法，在欧洲一直使用，曾加固 14 世纪朽坏的画板，修复彩绘木质耶稣像等。

随着高分子化学的发展，各种合成树脂溶液应用于朽弱竹、木、漆器的加固了日益增多。常用的有聚醋酸乙烯酯溶液。三甲树脂（丙酮和二甲苯）混合溶液等。将这些树脂渗注入器物，可增加其机械强度。

SENOFFER 用 MMA 处理了带用绘画的史前时期的木质文物。其方法是：将松木雕刻制品放入真空容器中，抽真空 20 分钟，然后容器用氯气冲洗。同时 MMA 与 2×10^{-4} 浓度的对苯二酚在真空下进入容器。使木件在氮气存在下加压至 166.6kPa，使溶液更容易渗入木件。可用 CO^{60} 源照射固化，总剂量 10KGY。处理后的木件机械强度明显增加，对颜色无影响。

（五）竹、木、漆器的修复

竹、木、漆器的修复工作是一门专门技术，过去都是以师带徒传授技术，主要是靠经验的积累。修复方法大体如下。

1. 对轻微损伤的器物

轻微损伤一般指竹、木、漆器产生裂纹，部分漆皮起翘，对于这些细小裂纹可用漆片酒精溶液灌注，使裂纹黏合。有些较大裂纹可采用环氧树脂作为修补材料。对漆皮起翘的修复方法是：先用热水使漆皮软化，用微晶石蜡薄片插入漆皮下面，用电灼热器将它贴补在漆器上，既方便又可反复纠正位置。我们曾用此法修复过木板漆画、镶螺钿屏风等，效果很好。

2. 对较严重损伤的器物

漆器长期埋在地下，由于受潮或地下水浸泡，致使有些漆器漆皮脱离胎骨，漆胎的糊布、灰地子局部脱落或糟朽，对于这种现象，先将糟朽的糊布、灰地子残余部分清除干净，用漆片或聚醋酸乙烯酯树脂溶液灌实，以免在修复中脱落，待固定后，对残缺部分进行修补，使其色调一致。

3. 对严重损伤的器物

严重损伤的漆器，除上述情况外，有的连木胎也糟朽腐烂。对这样的漆器可采用脱骨换骨法，即更换木胎。其操作方法为：先把漆皮从朽烂的旧胎上小心地剥离下来，泡在水中，仿做一个新的木胎，然后把粘皮原封不动地照原样粘到新的木胎上，外貌并无变化。应用此法，能保留原来的漆皮，这是我国传统修复漆器的方法之一。上海博物馆吴福宝先生对此曾进行探索和研究，结果证明这种方法是可行的。

另外也可以用合成树脂调锯木屑、石膏之类，作为修补小洞的材料。我们曾用聚醋酸乙烯酯乳液、木屑、石膏及适量的颜料混合调配，用来加固和修复一些漆器、木器。当然用大漆修复漆器效果会更好。

参考文献：

1. 张金萍、周健林：《饱水木质文物的蔗糖保护法》，《中原文物》2000 年第 3 期。

2. 胡东波等：《长沙走马楼出土饱水竹简的防腐保存》，《文物保护与考古科学》2003 年第 15 卷第 2 期。

3. 段新芳等：《出土木材文物的保护处理方法》，《北京木材工业》1995 年第 1 期。

4. 王丽琴等：《古代木制品的防腐加固处理》，《文物保护与考古科学》1994 年第 6 卷第 2 期。

5. 李琳：《合成材料在脆弱漆木器保护修复中的应用》，《北方文物》1994 年第 3 期。

6. 张岚、韦荃：《论出土漆木器的脱水方法》，《四川文物》1997 年第 4 期。

7. 姜进展：《木材在 PEG 法处理过程中收缩原因的研究》，《文物保护与考古科学》1995 年第 7 卷第 2 期。

8. 霍立治、潘路：《木质文物保护技术的新进展》，《中国历史博物馆馆刊》1994 年第 1 期。

9. 刘秀英、陈允适：《木质文物的保护和化学加固》，《文物春秋》2000 年第 1 期。

10. 袁传勋：《文物保护用水溶性氨基树脂的研制》，《文物保护与考古科学》1996 年第 8 卷第 2 期。

11. 陈进良、崔战华：《河南信阳长台关出土的饱水漆木器脱水定型研究报告》，《文物保护与考古科学》1999 年第 11 卷第 1 期。

12. 陈元生等：《严重朽蚀饱水竹简的真空冷冻干燥研究》，《文物保护与考古科学》1999 年第 11 卷第 1 期。

13. 罗曦芸：《乙二醛用于加固饱水漆木器的研究》，《化学世界》2001 年第 3 期。

14. 张孝绒译：《匹兹科夫（PsKov）十三世纪乐器的调查、保护及修复》，《文物保护与考古科学》1997 年第 9 卷第 2 期。

15. 任重远、郭岚：《糟朽文物的浸渗处理》，《文物保护与考古科学》1994 年第 6 卷第 2 期。

16. 卢燕玲等：《中国北方干燥地区出土糟朽漆器加固材料及修复方法》，《文物保护与考古科学》2003 年第 15 卷第 3 期。

17. 马菁毓译：《饱水古木材的结构和降解过程》，《东南文化》2004 年第 1 期。

18. 周健林：《概论考古现场出土木质遗物的脱水保护》，《东南文化》2003 年第 7 期。

19. 汤显春等：《曾侯乙墓穴木椁微生物降解对木材危害及防治措施研究》，《微生物学杂志》2003 年第 23 卷第 6 期。

20. 韦荃等：《四川省绵阳市永兴双包山西汉墓出土漆、木器文物保护研究》，《文物保护与考古科学》2004 年第 6 卷第 2 期。

21. 徐毓明：《艺术品和图书、档案的保养法》，科学普及出版社，1985 年。

22. 陈允适：《古建筑与木质文物维护指南》，中国林业出版社，1995 年。

23. 陈中行等：《文物保护技术》，1987 年。

24. 卢衡、郑幼明：《河姆渡严重降解木构件的室外冷冻脱水》，《文物保护与考古科学》1992 年第 4 卷第 2 期。

25. 吴福宝、张岚：《川杨河大型古木船室外冷冻脱水处理》，《文物保护与考古科学》1990 年第 2 卷第 2 期。

26. Carol A. Clausen, Bacterial Associations with Decaying Wood：A Review, International Biodeterioration & Biodegradation, Vol. 37, 1996.

27. Nijdam. j. j. , Lehmann, E. , Keey, R. B. , Baterial Treatment of Pinus Radiate Timber to Improve Permeability.

28. Robert A. blanchette, Deterioration in Historic and Archaeology Woods from Terrestrial Sites.

29. Yoon Soo Kim, Adya P. Singh, Micromorphological Characteristics of Compression Wood Degradation in Waterlogged Archaeological Pine Wood, Holzforschung, Vol. 53, 1999.

（原载出土竹木漆器保护国家文物局重点科研基地等编：《2005 年出土竹木漆器保护科技成果推广应用培训班培训讲义汇编》，2005 年）

肆　古建筑、古墓葬保护

化学材料在南通天宁寺古建筑维修中的应用[*]

前　言

南通天宁寺位于南通崇川区中至堂西侧（现南通中学），据文献记载，宋徽宗政和（1111～1118 年）以前，名为报恩光孝寺，政和中，以州治西之天宁寺迁并入此，遂称天宁报恩禅寺，通称天宁寺。寺院建筑历经沧桑，南宋咸淳时曾加以维修。至明宣德年间仅存大雄宝殿、山门，明天顺元年（1457 年），寺僧乞礼部奏请赐天宁报恩寺名额，追朝旨颁发，并去报恩二字，径称天宁寺至今。现存建筑有山门、金刚殿、大雄殿、药师殿和光孝塔。由于该建筑始建于宋代，其柱础、斗拱、梁架等木构件至今保存了宋代建筑的特征，尤其木构瓣形柱（亦称瓜棱柱）与宁波报国寺大殿相同，同是我国目前仅有的两座宋代木构瓣形柱建筑，是研究宋代木构古建筑的珍贵实物，深受国内外古建专家的关注，1957 年被定为省级文物保护单位。

天宁寺建成近千年间，屡遭兵火，历经风霜雨雪，虫蚁蛀蚀，木构件残损、腐朽、损坏情况十分严重，有的柱根朽烂，有的木柱已被蛀空，有的木柱布满了裂纹。整个大雄殿已岌岌可危，为抢救、保护具有历史、科学和艺术价值的这座古建筑，在省文物、宗教部门共同努力下，于 1991 年 5 月对天宁寺大雄殿进行了维修加固。

古建筑维修保护是文物保护工作的重要组成部分，维修工作如果没有一定的原则作为指导，不仅不能达到保护目的，有时还会造成不应有的浪费，有时甚至还可能造成不应有的"破坏"。对南通天宁寺如何维修曾有几种方案：其一对糟朽的木构件（12根立柱）采取落架替换；其二对糟朽的木构件采取使用现代化学材料与传统工艺相结合的方法，进行化学加固保护。对这两种维修方案，省市文管会十分重视，多次组织专家进行分析论证，最终确定采取第二种方案。

对糟朽的木构件，按照传统维修办法，如果梁柱糟朽超过三分之一则要更换。而天宁寺大殿其中有 12 根柱子严重糟朽，屋面漏雨，由此，提出替换梁柱落架大修方案，不是没有道理的。落架大修是我国木构古建筑维修中常用的办法，已有一定规范

* 本文由奚三彩、王勉、龚德才、万俐合作撰写。

和行之有效的经验，但我们应该指出：替换梁柱，落架维修毕竟要分离木构件原始的相对位置，损失原有建筑材料和改变建筑工艺特点，将会失去文物原有的价值，同时也会增加工程费用。随着现代科技的发展，现代科学技术为我们提供了更多的化学材料和方法，来保护和加固古建筑木构件，经几年研究和实践证明，中国文保研究所蔡润等学者，应用环氧树脂加固南禅寺朽木构件，为我国古建筑木构件的化学加固提供了成功的经验，因此，我们决定对天宁寺古建筑维修，采用化学加固，并在江苏首次进行应用。

一　糟朽木柱的化学加固

天宁寺大雄殿，原有木柱 24 根，系用楠木制成，因历次维修更换，现有木柱新旧不一，经检查有楠木、油松、杉木三种材质。其中前檐四柱中东南角的楄为油松，西南角柱为油松，楄为楠木，东平柱及楄为楠木，西平柱及楄为杉木，后檐四柱中东北角柱为杉木，柱根已朽，楄已无，西北角柱根已朽，楄亦无，东西平柱及楄均有，但柱根已朽，楄亦残朽，东山西北数第二柱材为杉木，柱根残朽，根已无，西山面中柱和其左右山柱柱根均糟朽，六根内柱中东北内柱为楠木，上部 1/3 处已弯折，偏南 7°，东南内柱为油松，其余四柱为杉木，柱下部瓣形材部分残缺，其中 12 根木柱糟朽较为严重。有的木柱外表看不出毛病，但只要敲或钻孔一下，就能发现木柱内部已被腐蚀蛀空，尤其靠近地面、夹墙的木柱，有的柱根完全糟朽，有的部分残朽；根据损坏情况以及木柱承载强度的要求，针对这些糟朽木柱，采取以下几种方法进行加固。

其一，对柱根已完全糟朽的木柱加固，采用传统工艺（墩接）和环氧树脂黏合的方法。墩接是木构古建筑维修中最常用的一种传统工艺，其方法是：先将糟朽部分剔除，根据剩余完好的木柱情况，选择墩接柱的榫卯式样，常见的有"巴掌榫""抄手榫""螳螂头榫"。我们在天宁寺施工时，选择同材质干燥木料，在木柱接面上做成锯齿形，可相互咬住，以增加接触面积。墩接时，将配好的环氧树脂均匀涂刷在接面上，并紧密对接，以确保黏结强度能承受木柱承载的负荷。施工中考虑到木材具有一定的韧性，如选用 6101 环氧树脂用胺类作固化剂，其产物由于具有刚性和脆性不宜用作木材的黏结剂，因此对黏结剂配方做了改进，选用低分子聚酰胺树脂作为环氧树脂的固化剂，克服了环氧树脂的刚性和脆性，增加韧性，提高黏结强度，以利于木材的粘接。环氧树脂是含有环氧基团的高分子材料，其种类很多，如二酚基丙烷环氧树脂、酚醛环氧树脂、甘油环氧树脂等。目前用途最广的是二酚基丙烷环氧树脂，结构式为：

$$CH_2-CH-CH_2-O-\left[\begin{array}{c}\\ \end{array}\right]-C-\left[\begin{array}{c}\\ \end{array}\right]-O-CH_2-CH-CH_2-O\left.\right]_n-\left[\begin{array}{c}\\ \end{array}\right]-C-\left[\begin{array}{c}\\ \end{array}\right]-O-CH_2-CH-CH_2$$

通常呈黏稠液体，溶于丙酮、酯、芳香族等化合物，使用时加固化剂，使它形成立体网状结构，其产物不溶于任何有机溶剂。常用配方：

6101 环氧树脂	100 克
650 聚酰胺树脂	50 ~ 100 克

其二，木柱部分糟朽的加固。部分糟朽的木柱一般仍能完全荷重，维修时只要将糟朽部分剔除干净，边缘稍加规整，然后依照糟朽部位的形状用旧料钉补完整或胶粘即可，也可以用环氧树脂、糠醛、丙酮，加适量的锯木粉进行填补。该配方固化慢、易于操作。有时也用不饱和聚酯涂刷在剔除部位，再用玻珩布糊贴数层形成玻璃钢。这几种方法在天宁寺维修时都进行了实践，是完全可行的。其配方如下：

6101 环氧树脂	100 克
糠　醛	30 克
丙　酮	30 克
二乙烯三胺	14 ~ 17 克
锯木粉（填料）	适量

其三，蛀空木柱的灌浆加固。天宁寺大雄殿木柱，由于白蚁的蛀蚀，致使木柱内部蛀蚀中空，严重影响木柱的荷重能力，针对这种情况，通常采用高分子材料进行灌浆加固。施工时先选定柱子，一面自下而上，开槽将柱内糟朽部分分别剔除干净，以见到未朽部分为止，为增加强度或减少树脂的用量，根据孔隙大小在其中插入木条或角铁，然后用环氧树脂腻子封闭裂缝和缺口，按配方配料，自下而上分段灌浆。灌浆时应注意以下问题：每次灌浆液不要超过 3 公斤，若灌浆过多，热量剧增易引起树脂的爆聚，因此，一次灌浆后，需待树脂初步固化后，方可进行二次灌浆，灌浆时难免浆液逸出或渗漏，污染木柱表面，应及时用丙酮或香蕉水擦洗干净。常用配方：

307 - 2 不饱和聚酯	100 克
过氧化环己酮浆	4 克
萘酸钴苯乙烯	2 ~ 3 克
填料	适量

也可以采用环氧糠醛树脂进行灌浆。

二　木构件的白蚁防治

天宁寺因年久失修，屋面经常漏雨，庭院采光又差，加上通风不良，长期处于阴暗潮湿环境中，给白蚁滋生提供了极为有利的生态环境，以致蚁害情况十分严重。白蚁是我国温暖湿润地区危害古建筑最主要的一种昆虫，其种类很多，据不完全统计，我国已发现的白蚁有 150 多种，而危害自下而上蔓延蛀蚀建筑物的木构件，尤其与地面接触的、易遭雨淋湿度较大的以及年久失修、沿内墙缝或屋面漏雨地方的木构件，如木柱、墙包柱、门框、屋架大梁、横条等，受蚁害尤其显著。

防治白蚁是古建筑保护工作极其重要环节，一般以化学药剂毒杀为主，此外还采取诱杀、烟熏和挖巢等方法。目前我国各地应用的化学药剂有无机的砷剂（As_2O_3）、有机的氯丹（$C_{10}H_6Cl_3$）、灭蚁灵和拟除虫菊酯。由于砷剂毒性大、对人畜危害大，一般不宜使用。我们选用2%的氯丹乳液对天宁寺大雄殿地平、木柱、门框和梁、架等木构件进行全面喷洒，部分蚁害严重的木构件采取钻孔注射，使药剂完全渗入木构件中，经几年观察未见白蚁出现，效果十分显著。而氯丹杀虫剂残效期长，在土壤中不易分解，具有难闻刺激气味，对人畜产生累积性中毒。目前在国外已逐步淘汰。南京博物院文物保护研究所研制的新型文物古建筑白蚁防治剂——灭蚁净，具有高效、低毒等特点，因此，我们在天宁寺维修二期工程使用了灭蚁净，结果，灭蚁净不但杀死白蚁，而且还抑制了木材的腐朽。

化学材料在古建筑维修中的应用，正方兴未艾，随着化学工业的发展，科学技术的进步，一些化学材料如彩画的封护剂、木材的阻燃剂、防腐剂、防虫剂、油漆防老剂、紫外线吸收剂、除草剂等必将会得到广泛应用。目前看，有的尚无实践，有的虽已应用，仍需经时间的考验。本文只简要介绍化学材料在天宁寺维修工程中的初步应用，一定很不全面，仅仅是尝试。总之，在古建筑维修中如何将传统技术与现代科学技术相结合仍是一个需要认真研究的课题，希望能在今后的工作中进一步摸索和探讨，在实践中不断改进提高，使我国的珍贵古代建筑更好地得到保护。

（原载《东南文化》1999 年第 5 期）

常熟彩衣堂彩绘保护研究*

　　始建于明代弘治、正德年间的常熟彩衣堂，现为全国重点文物保护单位。彩衣堂位于常熟市翁家巷门，为翁氏主体建筑。明代弘治、正德年间，属邑人桑氏，因子孙登科，堂名"森桂"，易"丛桂"。隆庆年间为邵武知府、古琴家严澄宅第。清道光十三年（1833年），大学士翁心存从仲姓处购得，更名为"彩衣堂"，彩衣堂取名源于二十四孝中的老莱子娱亲的典故，寓意孝顺父母的意思。其子翁同龢曾在此度过青少年时期。彩衣堂的建筑结构为五架梁并前后廊九架椽屋，三开间，硬山五脊顶，通面阔19米、通进深14.03米，明间梁架结构为抬梁式，山墙梁架结构为穿斗式，用月梁。轩梁与五架梁的接点之上做草架，用覆水椽。明间的柱、梁、檩节点处用插拱与单斗只替，山墙各柱间则以单步"驼峰"式月梁枋相联结。木构件用材壮硕，整个大木构架的做法与苏南地区明代中、晚期的大木作特征相吻合。堂内梁、枋、檩等物件上的包袱彩画十分可贵。整个建筑上的彩画共116幅，总面积约150平方米。分纯包袱、全构图包袱及仿官式彩画三大类。图案以几何织锦纹、浮云、游龙、仙鹤为主题，内容有狮子滚绣球、莲池鸳鸯、松鹤延寿、喜上眉梢等，色彩用青、蓝、黑、白、黄、赭等，并较多用金，显得高雅柔和，部分画面施沥粉堆塑，具有较强的立体感，彩衣堂木构件雕镂精湛，许多部位饰有金彩，彩绘现存面积大，图案及色彩十分丰富，具有极高的文物价值，实可称为江南彩画的优秀代表。彩衣堂于1996年11月被公布为第四批全国重点文物保护单位。

　　彩衣堂因年代久远，人为和自然损坏较为严重，彩绘出现大面积褪色，由于彩绘胶料分解，导致部分彩绘已严重脱落，手触掉粉现象严重，建筑木构件部分已遭受白蚁等蛀虫蛀蚀。如再不予以保护处理，彩衣堂的彩绘可能很难保存。因此，彩衣堂的抢救保护迫在眉睫。

　　经过调查研究后发现，彩衣堂保护工程共需完成五个方面的工作，即彩绘颜料分析、彩绘保护加固、彩衣堂匾额修补、彩衣堂白蚁防治和彩衣堂更换新木料的做旧。

一　彩衣堂彩绘颜料分析

　　彩衣堂彩绘颜料经取样、筛选后，经由北京科技大学测试分析，所得结论如下。

＊ 本文由龚德才、奚三彩、张金萍、何伟俊合作撰写。

（1）彩衣堂彩绘制作过程中，共使用了 7 种颜料（黑色使用的是墨汁未取样分析）。

（2）彩衣堂 6 种颜料分别为：

红色的主要成分为铅丹（Pb_3O_4），并伴有少量朱砂（HgS）的混合物；

黄色的主要成分为雌黄（As_2S_3）；

蓝色的主要成分为含钴的玻璃质；

白色的主要成分为铅白（碱式碳酸铅 $Pb(OH)_2 \cdot 2PbCO_3$）；

深红色的主要成分为铅丹（Pb_3O_4）；

金彩为金粉；

黑色是墨汁。

另外，经分析发现，彩衣堂的金粉涂刷在大漆地层上。

彩衣堂的彩绘颜料制作均匀，纯度较高，配色合理，表明清代苏州地区的彩绘颜料制作有着极高的技术水平（图 1、2）。

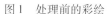

图 1　处理前的彩绘　　　　　　　　　图 2　处理后的彩绘

彩衣堂彩绘红色和蓝色颜料分析请见图 3、4。

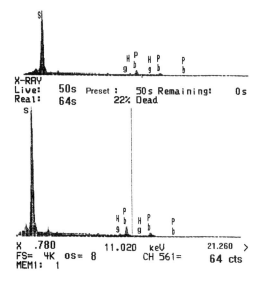
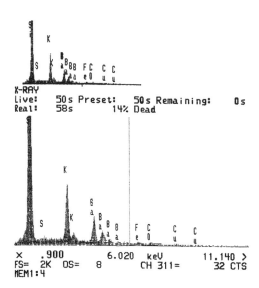

图 3　红色颜料谱图　　　　　　　　　图 4　蓝色颜料谱图

从图中可以看出，彩衣堂红色颜料中含有 Pb、Hg 和 S，蓝色颜料中含有 Si、Ba、K 和 Ca。因此，可以判断彩衣堂彩绘使用的红色颜料是以铅丹（Pb_3O_4）为主，并伴有少量的朱砂（HgS），铅可能来源于白色颜料铅白（碱式碳酸铅 $Pb(OH)_2 \cdot 2PbCO_3$）。蓝色颜料主要是含钴的玻璃质材料。

二　彩绘清洗加固

彩衣堂彩绘表层积累大量的灰尘和其他各种各样的污垢，如不把这些灰尘和污垢清除，将会影响加固效果。因此，彩衣堂彩绘加固首先要进行彩绘清洗。

彩衣堂的彩绘绘制方法较为特殊，彩绘直接绘制在本构件上，没有任何的地仗层。这种制作方法给彩绘加固处理带来了极大困难，这是因为，彩绘加固所用高分子材料，一般使用有机溶剂作稀释剂，操作过程中极易将木材中的油溶性成分带出，使其残留在彩绘层的表面，导致彩绘色泽发黑，失去原有的色彩。

彩衣堂彩绘加固材料经多次实验筛选，最后确定以目前世界上常用的彩画保护材料 B-72 高分子材料为主，在实际使用中，根据彩衣堂彩绘的特殊性，加固配方经过研究调整，配方必须保证到达以下目的。

（1）彩绘经加固后，彩绘的色彩不能有任何改变。

（2）加固处理不能在彩绘的表面形成反光膜。

（3）加固剂必须有较好的渗透性和较强的联结力。

（4）加固材料必须有良好的耐光和热老化性能，同时具有抗污染（如灰尘等）的能力。

根据以上要求，我们在配方中加入了紫外线吸收剂、木材中油溶性成分固定剂 PM-1、抗静电剂（防污剂 SL）等。

具体配方为：

B-72	1 份	抗静电剂（防污剂 SL）	2 份
UV-9	1 份	其余为溶剂	91 份
PM-1	7 份		

彩衣堂彩绘经上述保护处理后，手触无掉粉现象，经肉眼观察，保护处理前后彩绘表观无任何颜色改变（图 5、6）。

彩绘加固剂 B-72 是丙烯酸类二元共聚物，商品名称 Paraloid B-72 或 Acryloid B-72，Paraloid B-72 对颜料不产生副作用，基本和颜料不发生化学反应。Paraloid B-72 的耐久性、稳定性极佳，B-72 纯品为无色透明颗粒状固体，易溶于丙酮、甲苯和二甲苯等有机溶剂。可与乙烯基纤维素、氯化橡胶和硅酮类树脂混用，Paraloid B-72 所形成的膜耐醇溶性也相当强，Paraloid B-72 的乙醇溶液略显浑浊，一般形成乳状，但可以作为胶联剂使用。3% 以下浓度的 B-72 溶液，喷涂在物体表面后，所形成的膜没有光泽和玄光现象。20 世纪 60 年代联合国教科文组织开始推荐 B-72

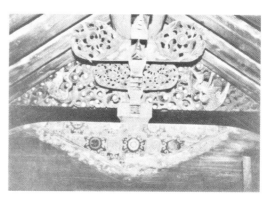

图5　处理前的斗拱彩绘　　　　　　　　图6　处理后的斗拱彩绘

加固剂作为文物保护材料在全世界范围内使用。

虽然，加固材料 B－72 是目前国内外广泛使用的彩绘加固剂，但按一般用法，则会造成彩衣堂彩绘表面发黑，给彩绘造成不良影响，因此，本配方主要针对彩衣堂彩绘的特点，克服了加固后彩绘表层发黑的缺点，为直接绘制在木构件上的古代彩绘保护加固，提供了一种有效的技术配方。

三　彩衣堂白蚁防治

彩衣堂木构件白蚁危害现象十分严重，经观察发现，其主要危害蚁种为散白蚁，此种白蚁的取食量大，对木构件的蛀蚀能力十分惊人。因此，彩衣堂的白蚁防治工作十分重要。在彩衣堂白蚁防治中，我们使用的是南京博物院文物保护科学技术研究所研制成功的新型文物古建筑白蚁防治剂灭蚁净，该项成果曾获得过国家文物局科技进步三等奖。

灭蚁净有着优良的白蚁防治性能，其主要理化技术指标如下。

（1）灭蚁净－W 型的理化性能和技术指标

灭蚁净－W 型系有机磷杀虫剂与中草药提取液等的复配产物，具有灭杀白蚁、木材防腐等多种功能。主要剂型有两种：乳剂和油剂。

灭蚁净－W 型乳油为淡黄绿色的油状液体，无刺激性气味。

灭蚁净－W 型乳油技术指标：

外观：淡黄绿色油状液体

稳定性：－5℃到40℃无分层现象，灭蚁净－W 型油剂，可以与乙醇、丙酮、苯和甲苯等多种常用有机溶剂混合，无沉淀物析出。

（2）灭蚁净－W 型的性能测试

灭蚁净－W 型经小白鼠急性口服毒性为：雌、雄小白鼠的 LD_{50} 均大于 5000mg/kg，根据化学品毒性分级标准，灭蚁净－W 型属实际无毒型，对环境污染小和对人畜较为安全。经过大量的研究实验表明，10～500ppm 的灭蚁净－W 型对白蚁有 100% 的杀灭效果，沙土混入灭蚁净－W型后，显示了强烈的灭蚁效果，1:10000浓度的样品，灭蚁效果也十分令人满意。

点滴法和浸渍法毒力实验

点滴法实验，$LC_{50} = 0.4889$（ppm）

点滴法和浸渍法毒力试验，灭蚁净－W型对家白蚁有强烈触杀作用。

土壤模拟穿透实验　100～10000ppm溶度下，24小时后灭蚁净的防效为94.67%～100%，5、10小时后，白蚁死亡率分别为13.5%～21.6%、48%～96%，效果远好于氯丹，氯丹只表现较强的驱避作用。

木构古建筑的白蚁灭杀试验

灭蚁净－W型于1991年开始，先后在苏州明代建筑轩辕宫、无锡江阴文庙、无锡清代古建筑薛福成故居、镇江焦山古炮台、南京太平天国天王府和安徽全椒吴敬梓纪念馆和滁州琅琊寺、遵义纪念馆等地进行了白蚁防治应用试验。使用的方式如下。

用0.1%灭蚁净－W型水剂喷洒建筑物的木构件，大型的木构件采取钻孔注射灭蚁净－W型水剂，彩绘表面也进行灭蚁净－W型水剂喷洒处理。另外，我们在木构件的化学加固材料中也添加了灭蚁净－W型粉剂（木屑）。采用灭蚁净－W型处理后，上述文物保护单位至今未发现新的白蚁危害，效果十分显著。

对古建筑彩绘的影响实验

用1%灭蚁净水剂喷涂清代木板彩绘，以彩绘表面见湿为止，干后再喷，共喷三遍。后置于室温下观察两个月，记录色彩变化，实验结果未发现灭蚁净水剂对彩绘有任何不良影响。

灭蚁净作为一种新型的白蚁防治剂，其白蚁防治效果较常用的白蚁防治剂氯丹等，具有使用浓度低、用量少、有效期长和对文物及对人无不良影响等特点，是目前文物古建筑白蚁防治工作中较为理想的新型白蚁防治药物。

彩衣堂白蚁防治施工方法主要是用1%的灭蚁净水溶液，对木构件采用喷洒和滴注的方式，对小型的木构件，如板材、门窗等，以喷洒方式为主。对大型木构件，如木柱、梁柱、枋额等，以滴注为主，以使木材各部分能均匀带药，达到长期有效的防治目的。

四　彩衣堂更新木材做旧处理

彩衣堂部分暴露在外的木构件，由于雨水的作用，使其经常处于潮湿状态，木材褐腐菌生长十分旺盛，因而木构件糟朽非常严重，必须予以更换。彩衣堂外沿木椽更换21根，更换的新木椽，色泽与旧木椽相差甚大，极不协调。因此，有必要采取做旧措施，使更换后的新木材与旧木材色泽基本统一，本工程中采用的MZ－1木材做旧剂，改变了传统的木材做旧方法，既省工省时，着牢度也相当高，效果十分显著（图7、8）。

图 7　做旧前的梁椽（新木料）

图 8　做旧后的梁椽

图 9　处理后的彩绘

图 10　处理后的屋顶彩绘

五　结　论

　　全国重点文物保护单位常熟彩衣堂的保护工作现已完成，整个保护工作始终贯彻文物保护的原则，既妥善保护了文物，又没有对文物造成任何不良影响，完全符合文物保护的要求，因此，常熟彩衣堂彩绘保护工程十分成功（图 9、10）。彩衣堂彩绘属于无地仗层彩绘，彩绘是直接绘在木材上的，按一般保护处理方法，极易使木材中的有机物溢出，从而影响彩绘的色泽，因此，在保护过程中，通过大量的现场试验，终于摸索出先封堵木材中的纤维孔隙，然后再进行化学加固的处理方法，为无地仗层彩绘保护、研究探索出了一种新的方法。

（原载《东南文化》2001 年第 10 期）

鹿港龙山寺古建筑的病害及其对策

一 前 言

鹿港龙山寺位于彰化县鹿港镇龙山里金门巷 18 号。全寺共有九十九门，分广场、山门、五门、拜亭、正殿、后殿，配以左右厢房、静室，中为观音殿等建筑组成。建筑格局恢宏，组成一个紧凑、精制的建筑群体。在这座建筑群体中，有清初的山门，山门面宽三间，进深四间，其建筑运用减柱及移柱技巧，将原应 16 柱文亭减为 12 柱。既达到力学上的要求，也不繁杂。斗拱的设计也非常奇巧，从门楣到屋脊逐层以枋木相叠，共 10 层，角梁的后层相互交叉，并以小"瓜柱"镇住尾端，形成杠杆平衡。大殿建于清初，面宽五间，进深六间，共用柱 40 根，为全台之冠。大殿屋顶继承了宋代建筑之造型，在台湾建筑史上占有重要地位。

鹿港龙山寺建于清乾隆五十一年（1786 年），虽经多次修缮，仍保持清初与清中叶的建筑风格。现列为一级文化资产。其建筑雄伟、壮丽、格局恢宏、彩绘华丽、雕饰精美，被公认为台湾古建筑的佳作，也是研究台湾建筑史最珍贵的实物资料。

龙山寺不仅建筑雄伟、壮丽，而且寺内拥有众多特点和极高艺术价值的文物。有木雕、石雕、泥塑、交趾烧（陶）、彩画（绘）、铜钟等，这些文物具有重要历史、艺术价值，都是失而不可复得的宝贵财富，如何保护成为大家关注的热点。

二 龙山寺古建筑病害的调查

龙山寺古建筑是以木结构为主体的古代建筑，经历了 200 多年风风雨雨的考验，虽多次修缮，其建筑形式、结构，仍保持清初及清中叶的风格，雄伟、壮丽的建筑群体完整地保存至今，成为我国宝贵的文化遗产。绚丽多彩的艺术形象和巧妙的建筑技巧，让观众赞叹不已。但是，它遍体伤痕，正面临着各种病害的损毁，也让观众忧心忡忡。据本文作者两次实地考察参观，仅从表观现象分析，其病害有以下几种。

（1）古建筑的廊柱、门窗、天花的油漆龟裂，漆层的剥离脱落。

（2）古建筑有些木构件已遭白蚁、昆虫的蛀蚀。

（3）古建筑有些木构件遭生物（真菌、细菌）的侵袭，已糟朽、腐烂、变色。

（4）古建筑（山门）因地基发生不均衡沉降，致使木构架变形、倾斜。

（5）大殿屋顶漏雨，地下水渗透。

（6）彩画褪色、起皮、龟裂、画层脱落。

（7）石雕、砖、瓦风化、酥粉。

（8）木雕开裂、变形。

（9）交趾烧（陶）釉彩脱落。

三　引起病害的原因（损坏原因）

龙山寺古建筑及文物损坏的原因，不外乎内在因素和外部因素。内在因素，是指建筑物构成材料、材质、成分、制作工艺等。如古建筑木构件，都是用木材制作，木材属有机物，其主要成分是由纤维素、半纤维素、木质素、糖、脂肪等组成。这些物质都是生物材料，是昆虫、霉菌的养料，易遭虫蛀、霉烂，这是共性。但是木材可分为针叶材和阔叶材，针叶材称软材（松、杉），阔叶材称硬材（楠木），由于树种不同，材质不同，材质的致密度不同，其组成的化学成分也不同。同种木材是利用边材还是心材，砍伐时间是冬季还是春季，都与木材抗腐蚀、抗虫蛀的程度有关。本文着重分析龙山寺古建筑及文物病害的外在因素。外在因素包括人为因素（战争、人为破坏）和自然因素（物理、化学、生物等）。自然因素是造成病害最重要的因素。

（一）大气的污染

随着工业、交通运输业的发展，城市的扩大，人口的增加，大气污染日趋严重。尤其龙山寺地处鹿港市区，是旅游重要景点，又是供奉佛教神祇的场所，每天车水马龙，香客川流不息，香火鼎盛，烟雾缭绕，经常笼罩在寺院上空，污染源密度之高，废气排放强度之大，可以想见大气污染的严重程度。目前尚未科学检测，不能提供定量的科学数据。但我认为主要污染物有酸性氧化物（CO_2、SO_2、H_2S），碱性氧化物（NH_3、NO_2），以及各种飘尘（灰尘、粉尘）。酸性或碱性氧化物遇雨水或大气中的湿气会形成酸，酸与古建筑及文物长年累月作用，使古建筑中的砖、石、彩画、金属受到损坏。现以龙山寺石雕文物为例：龙山寺石雕风化严重与大气污染直接有关，众所周知，H_2S、SO_2 与水反应生成 H_2SO_4。

$$2H_2S + 3O_2 \longrightarrow 2H_2O + 2SO_2$$

$$2SO_2 + O_2 \longrightarrow 2SO_3$$

$$SO_3 + H_2O \longrightarrow H_2SO_4$$

硫酸与石雕（石灰石 $CaCO_3$）发生化学作用：

$$CaCO_3 + H_2SO_4 \longrightarrow CaSO_4 + H_2O + CO_2$$

形成硫酸钙微溶于水，在酸雨中增加其溶解度，因此石雕表面上的硫酸钙壳层长期受风雨侵蚀而缓慢地风化、酥粉。同样，二氧化碳与水形成碳酸：

$$CO_2 + H_2O \longrightarrow H_2CO_3$$

石雕受碳酸侵蚀生成可溶性碳酸氢钙，易被雨水冲洗或在表面蒸发，转化成与原石质不同结构、呈硬壳状碳酸钙沉淀：

$$CaCO_3 + CO_2 + H_2O \longrightarrow Ca(HCO_3)_2$$

CO_2 对花岗岩（硅酸盐为主）也有侵蚀作用，如长石（花岗岩的主要成分）与碳酸的水溶液作用，可变成：

$$2K[AlSi_3O_8] + CO_2 + H_2O \longrightarrow Al_2Si_2O_5(OH)_4 + 4SiO_2 + K_2CO_3$$

由于碳酸钾和二氧化硅很容易被水带走，剩下的较为松软的高岭土，以至使花岗岩质地变得疏松。

龙山寺观众川流不息，每天释放出 CO_2 的数量十分可观，对龙山寺古建筑和文物所造成的危害不容忽视。

（二）光对龙山寺古建筑及文物的影响

鹿港龙山寺的采光，主要是利用自然光（日光），自然光即阳光，它随着大气环境时刻在变化，是不稳定的光源。自然光中约有 5% 的紫外线，波长在 290 ~ 400nm，并辅以人工光（日光灯）。光的危害，特别是对有机质文物，如龙山寺古建筑的木柱、门窗、天花上装饰的油漆、彩画等危害更为显著。

光对有机质文物的损坏，一般由光的热作用和光的化学作用造成的。根据 J. Ladewijks 介绍，纤维素断裂的 ε 值位于 $58.6 \times 10^3 cal/mol$（断裂 C – C 键的能量）。从普朗克光量子能量公式 $\varepsilon = he/\lambda$，其中 ε 为光量子能量，h 为普朗克常数（6.6×10^{27} 尔格·秒），e 为光速 $3 \times 10^8 m/s$，λ 为光的波长，从公式中可以算出，波长短于 486nm 的光线即可断裂 C – C 键，短于 385nm 的紫外线即可断裂有机物分子线形饱和键。光的波长越短，频率越高，能量越大，辐射热就越强。因此，紫外线对有机质文物（竹、木、漆、纸、丝、棉、麻、彩画等）的危害更大。众所周知，有机质文物，主要由纤维素、半纤维素、木质素、糖类、脂肪等成分组成。其中木质素对紫外线具有很强的吸收能力，而木纤维含有缩醛、羰基和羧基等光吸收基团，具有吸收紫外光和可见光的能力，在阳光照射下，将加速水解变成葡萄糖（$C_6H_6O_6$），在氧存在时，纤维素发生光氧反应，而在光的作用下，加速其氧化作用，不仅使油漆、彩画变色，而且能断裂纤维素分子糖甙键，生成容易粉碎的氧化纤维素，使其强度、聚合度降低，而碱溶解度和铜值增加。

龙山寺古建筑廊柱、门窗上的油漆龟裂、脱落，彩画褪色、起皮、龟裂、脱落，这些病害与光照有着密切的关系。不难发现，经常暴露在阳光、日光灯部位，其损坏程度远远比在黑暗部位严重得多。由此可见，控制光对龙山寺古建筑的损坏已刻不容缓。

（三）温湿度的影响

龙山寺古建筑以木构架为主，木结构能代表中国古建筑的特征。由于木材容量小、抗弯、抗拉强度相对较高，易于加工成多种类型和不同结构形式的建筑。另外木材抗冲击性能良好，木结构采用梁、架、柱、斗拱，并通过榫卯结构构成柔性节点，适应剧烈地摆动，具有防震性能。这在世界建筑史上是独一无二的。

然而木材属有机质地，它是由纤维素、半纤维素、木质素、糖类、脂肪等组成，是昆虫、霉菌的养料。台湾四面临海，常年多雨、高温，属湿热型气候。这种湿热型气候，适宜微生物和昆虫的生长、发育，致使木构件被蚁虫蛀蚀。加上建筑周围排水不畅、地下水渗透、雨水淋湿墙壁、屋顶漏雨等情况，以至屋顶椽子、望板、柱脚以及相邻的檩、枋发生腐烂。

温度是物体热能强度的量度，热能是促使有机质文物变质的一种能量形式，当温度越高，变质反应的速率就会加快。温湿度随着季节变化而变化，同时也引起古建筑及文物冷热干湿的反复循环，砖、石、陶中不同的矿物质因水力学及热膨胀系数的不同，引起不规律的收缩膨胀，加上大气污染、盐析等作用，促使这些文物开裂、粉化、脱落。而对木质、油漆、彩绘，亦因不规则的收缩、膨胀，促使木雕开裂、起翘变形，油漆及彩绘起皮、粉化、脱落。

（四）人为因素的破坏

龙山寺古建筑及文物遭受损坏的原因，除了自然因素以外，还有人类自己有意识或无意识的破坏。当然，故意破坏，容易引起重视，但经常出现的是不自觉地对文物造成损坏，包括以下几方面。

（1）在古建筑中乱拉电线，安装照明设备，皆未隐藏，留下电线失火隐患。

（2）在龙山寺广场上，停放机动车，不仅引起环境污染，而且引起频繁震动，破坏地质构造的稳定。

（3）在建筑群中烧饭，举办宴席，是生活污染来源之一。

（4）龙山寺香火鼎盛，在五门殿左侧，设有焚香炉，常年烟雾弥漫，造成环境污染，致使油漆、彩画表面覆盖油灰。

（5）随着旅游的发展，游客的增加，由于少数游客文化素质低，缺少文化资产保护意识，对文物随便触摸、涂刻而造成损害。

（6）不科学的维修，带来后患。由于不科学维修，已使部分彩绘出现损坏，甚至出现防护漆变质、老化、浸渍污渍，而导致色彩浑浊和斑驳、剥落现象。

上述人为损坏的现象，不仅发生在鹿港龙山寺，在中国大陆、台湾等其他地区古建筑中也时常发生，至今仍未消除，应引起高度重视。

四　对鹿港龙山寺古建筑保护的对策和建议

龙山寺古建筑不仅雄伟、壮丽，具有鲜明建筑特点和建筑技巧，而且拥有众多的石雕、木雕、彩绘、泥塑、交趾陶、砖、瓦等文物。对龙山寺古迹的维修、保护，不仅涉及文物种类多，而且涉及科学领域广、学科多，尤其环境保护是一项复杂工程，需要社会各界的协调努力，所以我提出以下建议。

（一）组织科研协作组

龙山寺属一级文化资产，对它的维修、保护，政府需要制定一个总体计划，在总计划中应设置不同类型研究课题，组织多学科协作，共同攻关，在科学研究基础上，逐步开展维修，才有可能使龙山寺古迹得到更好的保护。

（二）建立一个监测和综合分析实验室

主要任务：监测鹿港龙山寺环境因素（大气污染物、温湿度、照度、飘尘）的变化，以及对建筑和文物有什么影响，提出管理、保护的措施，以供决策人参考。

（三）建立鹿港龙山寺文献档案室

（1）征集、整理鹿港龙山寺的寺史资料和文物。
（2）建立现有古建筑及文物档案、数据库。
（3）对现存古建筑及文物，应摄影、照相、绘图、测量、临摹（彩画）。
（4）对现存古建筑及文物的病害（损坏情况）调查、登记，建立病历卡及维修卡。
（5）对古建筑木构件及各种质地文物，在不损坏文物的前提下，取样分析文物材质的组成。

（四）开展鹿港龙山寺古建筑及文物维修、保护的科学研究

目前，环境污染对生态环境的影响已开展了较深入的研究，并取得许多成果，而环境污染对古建筑及文物的影响研究仍停留在实地调查，实验室的研究工作在台湾仍少见。所以，开展环境污染对古建筑及文物影响的深入研究工作是当务之急，有必要开设以下专题研究。

（1）开展对龙山寺大气污染的监测、分析，研究监测管理程序和方法。
（2）根据龙山寺古建筑及文物的特点，研究其保存环境质量标准。
（3）鹿港龙山寺大气环境中有害成分对古建筑及文物腐蚀机理的研究。
（4）研究各种不同性能的保护材料，对古建筑的油漆、彩绘、朽木、石雕、木雕、砖、瓦、泥塑、陶、金属等进行有效的保护。如：耐老化油漆、防火涂料、防风化加

固材料等研究。

（5）古建筑维修中新材料、新工艺的研究。

以上这些课题研究与鹿港龙山寺的维修、保护有着密切关系，随着科学技术的发展，在古建筑维修、保护中，势必运用现代科技手段，采用新材料。新材料、新技术的应用，要建立在科学研究的基础上，通过实验室模拟试验，现场暴露试验，在取得成效的基础上，才能产生积极作用，减少损失，避免遗憾。而盲目、不科学地应用新材料，可能产生事与愿违的后果。20世纪80年代对鹿港龙山寺古建筑进行大修时，由于对彩绘不当维修，已造成相当程度的损坏，其中正殿、拜亭、五门、步口等部分彩绘，甚至出现后期施作的防护漆变质、漫浸污渍，而导致彩绘图案原作色彩混浊和斑驳剥落现象。从鹿港龙山寺彩绘维修实例中，给我们深刻的教训，应当吸取反面经验。

关于鹿港龙山寺彩绘的维修保护问题，在台湾社会各界已引起广泛的讨论，其论点是"保存"还是"重绘"，恰好2000年4、5月间我曾两次实地考察龙山寺彩绘，我的观点倾向于保存现状，对那些几乎脱落的部分，在有依据的前提下进行复原研究，然后按照当时的油彩工艺、颜料重新描绘，也是一种补救措施，但要慎之又慎。鹿港龙山寺属国家一级古迹，其彩绘是以传统颜料与技法，以绘画的表现手法描绘而成，具有很高的艺术价值，龙山寺彩绘的风格、工艺继承清代传统，为探讨福建建筑彩绘之传统特色及相互关系提供了实物资料，目前有条件，也有可能运用现代科技手段、新材料，对龙山寺彩绘进行维修、保护。基于以上理由，我认为鹿港龙山寺彩绘以化学加固、保存现状为上策。

近几年来，我们曾对江阴文庙、常熟彩衣堂等几处的油漆、彩绘保护与研究进行了尝试，从实践中进一步体会到科学研究之重要。对鹿港龙山寺彩绘的维修，理所当然要在科学研究的基础上，以科学资料证明，确有成效才能采用，否则，将造成无法挽回的损失。因此，开展鹿港龙山寺彩绘保护研究已成为当务之急。建议国科会、"内政部"、文化部将本课题研究列入政府计划，组织社会各界联合攻关。它是一项系统工程，涉及不同科学、专业，应全方位、系统地进行研究。清洗、软化、加固，仅仅是保护工作过程中的一个环节，我认为要进行以下专案研究。

（1）对现存彩绘残损情况调查、分析，研究其残损原因。

（2）对现存彩绘颜料以及胶粘剂进行分析、研究。

（3）对现存彩绘制作工艺、风格、流派的研究。

（4）对现存彩绘清洗材料与工艺的研究。

（5）对现存彩绘加固材料与工艺的研究。

（6）对现存彩绘保存环境的研究。

我想，通过以上课题研究，依靠现代科学技术的有效利用，将有助于龙山寺彩绘的维修、保护工作的开展。

对人为的破坏，主要是加强管理，提高全民的文化素养、道德风尚和文化资产保护意识，在政策、法规的约束下，是可以逐步减少直至基本制止的。目前龙山寺出现这些情况（如乱停车辆、乱装电线、乱涂、乱刻等），只要加强管理，完全可以避免。

五　结　论

鹿港龙山寺古建筑及其对策一文，是作者于 2000 年 4 月应鹿港文教基金会林俊臣先生之邀，专程赴鹿港龙山寺实地考察其彩绘（彩画）时萌发的，后又随陈木杉教授再次考察。在考察中就龙山寺古建筑及相关文物损坏情况、原因，以及古建筑维修、彩画保护一些理念问题与林先生进行了讨论，受益匪浅。时隔两年，今年四月，林先生来信邀请我参加鹿港龙山寺修复讨论会，能有机会与台湾同仁就鹿港龙山寺修复专题进行研讨、交流，感到十分高兴。因此，遂想两年前参观鹿港龙山寺的体会和想法，撰写成拙文。因作者对龙山寺古建筑及文物未能深入调查，也未经科学检测，只是走马观花，仅凭表面现象的分析，提出一些看法和建议，只是一孔之见，未必正确，望起抛砖引玉的作用，敬请同仁批评、指正。

（原载《鹿港龙山寺灾后修复国际研讨会手册》，台北，2002 年）

化学材料在木构古建筑保护中的应用实例[*]

前 言

中国古代建筑历经数千年的发展演变，其种类繁多，形式风格多样，精美绝伦，在世界建筑史上独树一帜。中国古代建筑具有极高的文物、历史和艺术价值，它不仅是中华民族的宝贵遗产，也是世界建筑艺术的瑰宝，是研究古代历史文化的重要实物资料。许多古建筑毁于历代的天灾人祸，如今遗留保存下来的也多已满目疮痍。早年美轮美奂、富丽堂皇的油漆彩画，如今已光泽暗淡，漆皮龟裂剥落；屋顶等处杂草丛生，渗漏严重；气势雄伟的梁柱，现已倾斜且蛀蚀腐朽……因此，古建筑面临着相当艰巨的维修、保护任务。

近年来，古建筑的保护、维修已开始大量使用现代化学材料，如化学防腐剂、白蚁防治剂、防火阻燃剂、紫外线吸收剂和各种化学加固剂等。南京博物院文物保护科学技术研究所在这方面做了大量工作，获得了一些成功经验。国内其他博物馆和科研院所也有成功的案例报道，有关化学材料在木构建筑中的应用，所发表的论文有近百篇。下面就木构建筑常用的化学材料及应用实例作简要论述。

一 白蚁的防治与防蚁剂

白蚁（termite）学名"螱"，等翅目。白蚁是一种社会性昆虫，在白蚁群体中，有蚁王、蚁后、工蚁、兵蚁等，它们分工明确，各尽其责，危害木材的是工蚁。根据白蚁的生活习性，白蚁可分为三类：土栖白蚁、土木栖白蚁和木栖白蚁。土栖白蚁主要危害江河堤坝和农作物等，"千里之堤，毁于蚁穴"，即是土栖白蚁所为。一般危害古建筑的是木栖白蚁和土木栖白蚁两类，即常见的家白蚁、散白蚁及堆沙白蚁^①。

白蚁是世界性害虫，分布在热带和亚热带地区，世界五大洲都有白蚁分布。我国长江以南各地区几乎均有白蚁分布。

由于我国古建筑大多数都是由砖、木结构组成，且多坐落在山林、园囿之中，环

---

* 本文由奚三彩、龚德才合作撰写。

境阴湿，极易成为白蚁的滋生地。尤其在我国长江中下游和南方地区的木构建筑，白蚁蚁患十分普遍。如江苏南通天宁寺、杭州六和塔、苏州轩辕宫、泉州开元寺、宁波报国寺、贵州遵义纪念馆等，都曾发生过严重的白蚁危害，致使有的木柱、角梁、地板、门窗、塑像彩画等，被蛀蚀得满目疮痍，有的甚至已蛀蚀一空，使一些珍贵文物遭受无可挽回的重大损失。因此，防治白蚁对木构古建筑的危害，是文保工作的一项重要任务，已引起了全社会的高度重视。近十几年来，国内外学者在木构古建筑的白蚁防治方面做了大量工作，积累了不少经验，为了寻求适用于木构古建筑白蚁的防治方法，南京博物院文物保护技术研究所研制成功了新型的多功能白蚁防治剂——灭蚁净。该药系新型有机磷和中草药及多种添加剂复配而成，具有灭杀白蚁和木材防腐等多种功能，使用时以 0.05%～0.1% 水溶液喷洒或涂刷。关于中草药白蚁防治技术的研究，我国古代就有文献报道。

木构古建筑的白蚁防治有如下步骤。

（一）白蚁蚁害的检查方法

1. 蚁情检查及蚁种分析

白蚁蛀蚀木材会留下一定的迹象，典型的有以下几种。

（1）泥线

白蚁怕光，它们的取食和取水的路线用泥土覆盖，这就是泥线。

（2）敲击声

被白蚁蛀蚀过的木构件，常出现中空现象，用锤敲击发出沉闷的声音。

（3）纷飞孔

白蚁成虫后，产生分群，因此，成虫白蚁羽化飞出，在木构件上留下许多虫孔，这些孔叫纷飞孔。

重点部分的检查，古建筑易漏或暴露在外易受潮的木构件，是白蚁危害容易发生的地方，重点部位有立柱、檐枋、屋脊等。

（二）白蚁防治常用方法

1. 设坑投饵诱杀

在白蚁经常活动处挖掘诱杀坑，放置松木，并洒上糖水盖上覆盖物，将白蚁引诱到坑内，喷洒灭蚁灵粉剂于白蚁身上，再盖上覆盖物，利用其生活习性将药粉传递到其他白蚁身上，达到全巢白蚁死亡之目的。

2. 毒土处理

在建筑物基础四周，距墙基外侧 1～2、深 1、宽 0.6 米处挖封锁沟，并于回填灰土前施药，一般按 1.5%～2% 的氯丹乳剂与填土混合（用灭蚁净水剂效果更好）形成一道连续的屏障。

3. 化学药剂投毒杀法

化学药剂毒杀是防治白蚁最为有效和普遍使用的一种方法。目前我国常用的白蚁防治剂，主要有水溶性砷酸盐、氯丹乳液、氯丹油剂、二氯苯醚菊酯、灭蚁灵和熏蒸剂等几种。这些药剂如砷酸盐、氯丹在国外已禁用，国内尚未禁止。这些药剂对白蚁有很好的杀灭作用，但遗憾的是其有对古建筑彩画存在副作用、对人畜毒性强等缺点。某些拟除虫菊酯，虽刺激性小、毒性低，但稳定性差，易受酸碱作用而分解，所以耐久性不理想。

4. 钻孔注射渗透

木柱等大型木构件，表面喷洒药物无法渗入内层，无法达到深层灭杀白蚁的效果。因此，必须采取钻孔注射的方法，在木柱上钻孔，孔的大小和分布，需根据具体情况决定，目的是使木柱内部药物能均匀分布。

5. 钻孔滴注渗透

在古建筑白蚁防治实践时，我们发现钻孔注射过程中，由于木材吸收药液的速度较慢，钻孔注射十分费时，通过实践和总结，采用医院给病人滴注的方法，可以节约大量人力和时间，且木材吸药量较大，效果十分显著。

（三）防治对策研究

白蚁防治应以防为主，消除各种可能产生白蚁的因素，这样可以收到事半功倍的效果。预防措施可以从以下几方面考虑。

1. 木材的选择

我国古代劳动人民在生产实践中，积累了许多宝贵的经验，为了防止虫蛀蚁蚀，可以从表 1 中选择木材[②]。

表 1　常用树种的抗白蚁性能

抗白蚁能力	树　种	
	针叶材	阔叶材
强	福建柏　柏木　柳杉　侧柏	柠檬桉　蚬木　红椿　柚木赤桉　刺槐　槐树
稍强	水桧　广东松	大叶相思　银桦　香樟　川楝　麻栎　桑木　紫檀　滇楸　石樟　闽楠　苦楝　苦槠
中	落叶松　红松　水杉　红杉　油杉	银杏　枫香　兰考泡桐　山合欢　甜槠　栲树　木莲　兰桉　硕桦　米槠　菏木
弱	鱼鳞云松　云南松　马尾松　油松	柿树　丝栗　泡桐　毛白杨　吴椿　酸枣　刨花楠　拟毒杨　山杨　黄杞　黄樟　水曲柳

2. 建筑物应有良好的排水系统

为了防止地面和地下水对建筑物的破坏，首先应绝对保证不漏雨，其次所有的木柱都加柱础，隔离地下水。

3. 防止古建筑出现漏雨使木构件长期处于潮湿状态，引起霉腐并产生蚁害。

4. 木柱用药物处理预防

以往，木构件用砒霜涂刷，现在，预防白蚁的药物有多种，氯丹、灭蚁净等。所有木构件均应涂刷白蚁防治剂，尤其是易受潮和与地面接触部位，应加大用药量。

5. 定期施放诱杀包，把白蚁消灭在古建筑周边

古建筑应定期检查白蚁蚁害情况，一旦出现白蚁危害迹象，须立即进行灭治，尽可能找到蚁源，彻底治愈。

（四）目前国内常使用的主要杀白蚁剂

1. 涂刷或喷涂剂

常用的有氯丹、亚砷酸、多种型号的 CCA、灭蚁灵和各种除虫菊酯类杀虫剂。氯丹是有机氯类杀虫剂，有强烈的刺激性气味，残留在自然环境中的氯丹，经过食物链的作用，最终进入人体内，引起积累性中毒。因此，西方一些发达国家，早在 60 年代就已经禁止使用，我国也即将淘汰氯丹。亚砷酸钠属于砷制剂，是剧毒物，它的投杀效果很好，但易污染环境和水资源，对人造成危害。CCA 是砷、铬、铜合剂，常用的有 A、B、C 三种型号（表 2）。

表 2　各种型号 CCA 杀虫防腐剂的组成

组　成	CCA – A	CCA – B	CCA – C
氧化铬	65. 5	35. 3	47. 5
氧化铜	18. 1	19. 6	18. 5
五氧化二砷	16. 4	45. 1	34. 0
pH 值	1. 6 ~ 3. 2	1. 6 ~ 3. 0	1. 6 ~ 3. 0

灭蚁灵也是一种有机氯杀虫剂，它主要用于对白蚁的诱杀，诱杀的用药量少，效果明显，目前还没有其他的药物能够代替它。除虫菊酯是对人较为安全的杀虫药物，主要有氯菊酯、溴氰菊酯、氯氰菊酯和氟菊酯等，它的缺点是易分散、有效期短、用药成本高。

灭蚁净是一种新型的白蚁防治药剂。

它具有以下优点。其一，用药量少，药效高，木材处理和喷洒灭蚁，只需使用 0.05% ~ 0.1% 的溶液，即可获得满意的效果。其二，多功能化，不但能防治白蚁，而且还具有防腐性能，对木材防腐菌如白腐菌、褐腐菌、木腐菌、软腐菌等多种真菌有较强的抑制效果。对古文物建筑中的彩绘、雕塑无任何不良影响。

灭蚁净系中草药提取液与新型有机磷复配的白蚁防治剂，将中国传统白蚁防治药物与现代杀虫药物相结合，找到了一条新的白蚁防治途径。灭蚁净有着优良的白蚁防治性能，其主要理化技术指标如下。

灭蚁净 – W 型系有机磷杀虫剂与中草药提取液等复配产物，具有灭杀白蚁、木材防腐等多种功能。主要剂型有两种：乳剂和油剂，均属低毒、高效型白蚁防治剂。

灭蚁净 – W 型乳油为淡黄绿色的油状，无刺激性气味。

灭蚁净 – W 型乳油技术指标：

外观：淡黄绿色油状液体

稳定性：-5℃到40℃无分层现象，灭蚁净-W型油剂，可以与乙醇、丙酮、苯和甲苯等多种常用有机溶剂混合，无沉淀物析出。

最近有报道称，国外学者研究成功生物防治白蚁的方法，采用微生学疫菌杀灭白蚁。这种疫苗喷涂在木材表面后，可保持活性数天。白蚁表皮上染上疫苗，可带入巢穴，传染给其他的白蚁。疫苗穿透白蚁表层，以白蚁体液为生长环境，破坏白蚁的生理机能而致其死亡，效果令人满意。

2. 帐幕熏蒸剂

对于虫害、蚁害严重的小型古建筑，如塔、亭等，可以用大型塑料薄膜，制成幕帐，罩住整个建筑物，形成一个封闭的空间，通过熏蒸杀虫气体熏杀48~72小时，常用的熏蒸剂有溴甲烷、硫酸氟等。此法不但可以杀白蚁，而且还能杀灭其他各种蛀虫。

3. 饵料诱杀剂

此法可用于药物难以喷到或不能直接喷施药物的物件，例如：古建筑中的彩绘泥塑及古树名木等。饵料含有以下几种主要成分。

灭蚁剂，如灭蚁净、灭蚁灵、硼酸及硼酸盐等。

引诱剂，白蚁喜食饵料，如松木粉、杉树皮、艾草、玉米棒、槐树皮等粉末，特别是有褐腐菌的树皮，对白蚁的引诱力极强。

赋形剂，使粉末状饵料制成块状，如琼脂、淀粉。

防霉剂，防止诱杀包发生霉变而造成白蚁拒食。

可选用尼泊金酯类（对羟基苯甲酸甲酯，对羟基苯甲酸乙酯，对羟基苯甲酸丙酯），苯甲酸。用量为0.05%~0.1%（表3）。

表3　实用配方举例

	1		2
灭蚁灵（75%）	10%	灭蚁灵（75%）	10%
玉米芯	30%	玉米芯	30%
蕨	25%	蕨	20%
菝葜糖	25%	菝葜	20%
糖	10%	腐木菌	20%

用纸包裹，3g为一包。使用方法：在古建筑周围挖长×宽×深为50×50×50米的诱杀坑，内放诱杀包1~2只，表面盖好，勿使坑内积水，每隔20天左右做定期观察白蚁取食情况并记录。

（五）古建筑白蚁防治案例

我国东南部地区，地处亚热带，年平均气温较高，空气潮湿，非常适宜白蚁生长繁殖，据调查大约有三百多种白蚁存在。

1. 苏州轩辕宫

位于苏州西南角的省级文物保护单位，明代道教古建筑轩辕宫，坐落在太湖之滨的东山脚下。周围杂草丛生，空气湿润，白蚁危害久治不绝，部分枋额、斗拱、梁柱已被蛀空，造成西北部沿口下沉50厘米，古建筑安全受到严重威胁。

2. 无锡薛福成故居

我国清代著名外交家薛福成的故居，是省级文物保护单位，它的清代木构建筑——戏台，白蚁危害十分严重，部分蛀蚀严重的木构件，已不能使用，不得不更换。

3. 南通天宁寺

南通市内的天宁寺是我省仅存的极少数宋代古建筑之一，它规模宏大，结构完整，文物价值极高。经检查发现，白蚁蛀蚀情况相当严重，有的枋额已被蛀蚀掉近五分之一。

4. 安徽全椒吴敬梓纪念馆

该纪念馆依山傍水，白蚁危害已多年，大部墙柱都已发现白蚁活动，蛀蚀情况十分严重。

5. 南京太平天国天王府

天王府古建筑是省级文物保护单位，是研究太平天国历史的重要实物史料，建筑中许多木构件都受白蚁严重危害，随处可以发现活体白蚁，北墙的墙柱、檐柱等木构件，因白蚁蛀蚀严重均需更换。

6. 贵州遵义会议会址纪念馆

遵义会议会址是全国重点文物保护单位，遵义会议会址古建筑遭受了严重的白蚁危害，其中有21根立柱被白蚁重度蛀蚀，近10根被蛀空，多根木枋因白蚁蛀蚀而不能使用。

7. 苏州太仓市张缚故居

苏州太仓市张缚故居现为太仓市博物馆，该古建筑建于明代中期，后经多次维修。1994年经检查发现，建筑物主体存在严重蚁患，如不立即抢修，随时有倒塌的可能。

上述古建筑的白蚁蚁害，采用南京博物院文物保护科学技术研究所研制的新型古建筑白蚁防治剂——灭蚁净进行处理。

上述木构古建筑主要采用下列方法进行防治。

1. 钻孔注射渗透

木柱等大型木构件，表面喷洒药物无法渗入内层，无法达到深层灭杀白蚁的效果。因此，必须采取钻孔注射的方法，在木柱上钻孔，孔的大小和分布，需根据具体情况决定，目的是使木柱内部药物能均匀分布。

2. 钻孔滴注渗透

在古建筑白蚁防治实践中，我们发现钻孔注射过程中，由于木材吸收药液的速度较慢，钻孔注射十分费时，通过实践和总结，采用医院给病人滴注的方法，可以节约大量人力和时间，且木材吸药量较大，效果十分显著。

自1995年以来，我们用灭蚁净处理了南通天宁寺、苏州轩辕宫、江阴文庙、无锡薛福成故居、南京太平天国干王府、遵义纪念馆等几十处古建筑，经多年观察，效果显著，未发现新的白蚁蚁害。

二 油漆、彩画的防光老化

中国古建筑不仅形式优美、气势雄伟，而且雕梁画栋、色彩鲜艳，非常华丽。由于日晒雨淋、有害气体污染、温湿度变化等因素，古建筑上的油漆、彩画会出现老化现象，如漆皮龟裂、起翘、剥落、失去光泽及褪色、变色等。而促使油漆老化最有害的因素，是光的照射。

目前，防治油漆老化最有效的办法，是在油漆中添加适量的紫外线吸收剂。紫外线吸收剂是一种能吸收紫外线光波或减少紫外线光透射作用的化学物质。它能强烈地吸收高能量的紫外线，并进行能量的转换，以热的形式把能量放出，从而保证高分子材料免受紫外线的破坏。

（一）紫外线吸收剂的选择

紫外线吸收剂的种类很多，按其化学结构大致可分为如下五类。

1. 多羟基苯酮类

这是一类品种最多的紫外线吸收剂，具有相当强的紫外线吸收的能力，吸收波长范围较宽，还有光、热稳定性较好及与树脂相溶性好等特点。目前国内生产的有：UV-531（2-羟基-4-正辛氧基-二苯甲酮）、UV-9（2-羟基-4-甲氧基-二苯甲酮），还有 UV-24、MA、HCB 等。

2. 水杨酸苯酸酯类

3. 苯并三唑类

4. 络合物类

5. 磷酰类

虽然紫外线吸收剂种类很多，但它们所吸收的紫外线波长的范围是各不相同的，另外各种油漆对紫外线最敏感的波长也有差异。因此，选择什么样的紫外线吸收剂添加到油漆中最有效，这就要根据具体的油漆种类和性质以及紫外线的种类和性质而定。实践证明，紫外线吸收剂 UV-9（2-羟基-4-甲氧基-二苯甲酮），加到所用油漆中时，能提高耐光老化能力，延长其使用寿命。

加入油漆涂层的紫外线吸收剂应具备下列性能。

（1）首先要求在 300~400nm 之间波长范围内有强烈吸收紫外线能力。

（2）在紫外线作用下，吸收紫外线物质本身应有良好的光、热稳定性和化学稳定性。

（3）紫外线吸收剂本身尽可能是无色的。

（4）紫外线吸收剂应能溶解于所使用的溶剂内，特别是溶解于稀释剂内。

（5）紫外线吸收剂应与加入油漆成分内的多数配合剂相溶，避免渗出。

（6）紫外线吸收剂应具染色性、挥发性，并且毒性小。

经筛选和实验，证明紫外线吸收剂 UV-9（2-羟基-4-甲氧基-二苯甲酮）加入所用油漆中时，能基本符合上述要求，并提高耐光老化能力，延长使用寿命。

（二）紫外线吸收剂加入油漆内的方法

1. 聚合方法

如果用聚合方法制备黏合剂，可以把紫外线吸收剂加入单体内。例如，在制备聚苯乙烯时，先将紫外线吸收剂加入苯乙烯单体内，这时它们很容易混合，加入的 UV-24（2，2-二羟基-4-甲氧基二苯甲酮）不会影响过氧化物催化的聚合反应。

2. 混合法

是最常用、简便的方法，将紫外线吸收剂加入到油漆组分的稀释剂或者增塑剂内，调匀即可。

（三）紫外线吸收剂的用量

紫外线吸收剂用量的多少，与紫外线吸收剂的结构（种类）、聚合物（油漆）的性质以及喷涂的厚度有关。例如，以聚氯乙烯为基的薄膜用量是：每平方米加入 UV-24 吸收剂为 1.1~3.3 克。在厚 0.025 毫米的薄膜中，紫外线吸收剂浓度为 3%~5%，而在厚 0.25 毫米的薄膜中则是 0.3%~0.5%。以聚氯乙烯为基体的薄膜，经紫外灯照射试验，发现未含紫外线吸收剂的对比样品，经 14 小时出现第一个降解斑点，而含有 UV-24 的样品，出现上述降解斑点的时间则在照射 680 小时和 1800 小时之后。

紫外线吸收剂加入油漆中应用，可以用同样方法对大多数油漆体系进行防护，例如以醇酸树脂为例的配方（重量计%）：

醇酸树脂　　　　　47.2 克

乙醇　　　　　　　47.2 克

UV-9　　　　　　5.6 克

先将 UV-9 溶于乙醇内，然后再加树脂混合均匀，即可应用于油漆、彩画表面，作为封护层，以隔绝有害气体、水分对它的侵蚀。

对彩画封护材料的要求是：无色、透明、无光泽、耐老化。

（四）彩绘常用封护材料

1. 桐油

俗称罩油，在旧彩画或新绘制的彩画上涂刷光油一道，旧彩画在刷油前，为防止颜色层年久脱胶应先刷矾水 1~2 道加固。此种做法，对于碎裂地仗，防止颜色脱落、褪色有明显效果。在有些建筑上试用 20 多年，彩画仍基本完好。但使用这种材料后，彩画颜色变暗，且有光泽。如用在新绘彩画上，事先在青绿等深色内加适量的白粉，可使颜色变淡，罩油后即为所需颜色的深浅度，但光泽仍不易消除。

2. 高分子材料

用高分子材料喷涂在彩画表面，目前观察效果较好，但需等待时间的考验才能最后得出结论。曾试用过的材料如下。

（1）聚乙烯醇

用2%~5%聚乙烯醇水溶液，喷涂2~3遍，干后无色、透明、无光泽。

（2）聚乙烯醇和聚醋酸乙烯乳液混合剂

其配比为：1.5%~2.5%聚乙烯醇∶1%聚醋酸乙烯乳液=4∶1。喷涂2~3遍。

（3）三甲树脂

将三甲树脂溶于（丙酮与二甲苯）混合溶液，配成3%浓度，喷涂2遍。

（4）聚甲基丙烯酸丁酯

将树脂溶于丙酮溶液中，配成3%浓度，喷涂2遍。

（5）B－72（甲基丙烯酸乙酯与丙烯酸酯的共聚物）

将树脂溶于二甲苯溶液中，配成3%浓度，喷涂2遍。

（6）聚乙烯醇缩丁醛（PVB）

将树脂溶于乙醇溶液中，配成2%~3%浓度，喷涂2遍。

近几年我们对上述配方做了改进，在配方中加进适量的紫外线吸收剂和抗氧剂，提高耐光抗氧化性能，延长使用寿命。该材料经江阴文庙使用，效果令人满意。

（五）常熟彩衣堂彩绘保护研究

在木构建筑中，壁画和彩绘除具有重要的艺术装饰效果外，还有重大的历史研究价值，是十分重要的保护物件。在木构件上直接绘制的彩绘，由于无地仗层的衬托，强度较差，颜料容易脱落，再则，在实施保护处理的过程中，一般使用的材料为高分子树脂，常常需要用有机溶剂，一旦有机溶剂与古建筑上旧木料接触，旧木料的表面会发黑，这是由于木材中有许多有机物，如有机酸、酯和木质素等，长时间暴露在空气中，由于发生氧化、分解等化学反应，使得这些有机物部分发生炭化，在有机溶剂作用下，随着有机物的溶出，会一同溢出，致使木材表面出现发黑现象，从而影响到彩绘的色泽。因此，古建筑木构件上无地仗层彩绘的保护有两个技术难点：其一，彩绘加固，以防颜料脱落；其二，防治彩绘表面发黑，以防影响彩绘的色泽。

常熟彩衣堂木构件彩绘，是木构件上无地仗层彩绘的典型代表。始建于明代弘治、正德年间的常熟彩衣堂，现为全国重点文物保护单位（彩衣堂部分彩绘图案请见图1、2）。

彩衣堂因年代久远，人为和自然损坏较为严重，彩绘出现大面积褪色，由于彩绘胶料分解，导致部分彩绘已严重脱落，手触掉粉现象严重，建筑木构件部分已遭受白蚁等蛀虫蛀蚀。如再不予以保护处理，彩衣堂的彩绘可能很难保存。因此，彩衣堂的抢救保护迫在眉睫。

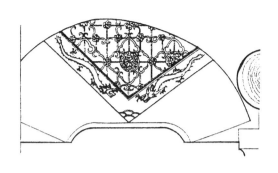

檩条包袱彩画

图1　彩衣堂彩绘图案　　　　　　　　图2　彩衣堂彩绘图案

1. 彩衣堂彩绘颜料分析

彩衣堂彩绘颜料经取祥、筛选后，经由北京科技大学测试分析，所得结论如下。

（1）彩衣堂彩绘制作过程中，共使用了7种颜料（黑色使用的是墨汁未取样分析）。

（2）彩衣堂6种颜料分别为：

红色的主要成分为铅丹（Pb_3O_4），并伴有少量朱砂（HgS）的混合物

黄色的主要成分为雌黄（As_2S_3）

蓝色的主要成分为含钴的玻璃质

白色的主要成分为铅白（碱式碳酸铅 $Pb(OH)_2 \cdot 2PbCO_3$）

深红色的主要成分为铅丹（Pb_3O_4）

金彩为金粉

黑色是墨汁

另外，经分析发现，彩衣堂的金粉涂刷在大漆地层上。

彩衣堂的彩绘颜料制作均匀，纯度较高，配色合理，表明清代苏州地区的彩绘颜料制作有着极高的技术水平。

彩衣堂彩绘红色和蓝色颜料分析请见图3、4。

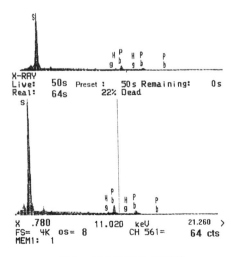
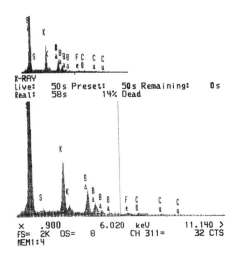

图3　红色颜料分析图谱　　　　　　　图4　蓝色颜料分析图谱

从图中可以看出，彩衣堂红色颜料中含有 Pb、Hg 和 S，蓝色颜料中含有 Si、Ba、K 和 Ca。因此，可以判断彩衣堂彩绘使用的红色颜料是以铅丹（Pb_3O_4）为主，并伴有少量的朱砂（HgS），铅可能来源于白色颜料铅白（碱式碳酸铅 $Pb(OH)_2·2PbCO_3$）。蓝色颜料主要是含钴的玻璃质材料。

2. 彩绘清洗加固

彩衣堂彩绘表层积累大量的灰尘和其他各种各样的污垢，如不把这些灰尘和污垢清除，将会影响加固效果。因此，彩衣堂彩绘加固首先要进行彩绘清洗。彩衣堂的彩绘绘制方法较为特殊，彩绘直接绘制在木构件上，没有任何的地仗层。这种制作方法给彩绘加固处理带来了极大困难，这是因为，彩绘加固所用高分子材料，一般使用有机溶剂作稀释剂，操作过程中极易将木材中的油溶性成分带出，使其残留在彩绘层的表面，导致彩绘色泽发黑，失去原有的色彩。

彩衣堂彩绘加固材料经多次实验筛选，最后确定以目前世界上常用的彩画保护材料 B-72 高分子材料为主，在实际使用中，根据彩衣堂彩绘的特殊性，加固配方经过研究调整，配方必须保证到达以下目的。

（1）彩绘经加固后，彩绘的色彩不能有任何改变。

（2）加固处理不能在彩绘的表面形成反光膜。

（3）加固剂必须有较好的渗透性和较强的联结力。

（4）加固材料必须有良好的耐光和热老化性能，同时具有抗污染（如灰尘等）的能力。

根据以上要求，我们在配方中加入了紫外线吸收剂、木材中油溶性成分固定剂 PM-1、抗静电剂（防污剂 SL）等。具体配方为：

B-72	1 份	抗静电剂（防污剂 SL）	2 份
UV-9	1 份	其余为溶剂	91 份
PM-1	7 份		

彩衣堂彩绘经上述保护处理后，手触无掉粉现象，经肉眼观察，保护处理前后彩绘表现无任何颜色改变。

彩绘加固剂 B-72 是丙烯酸类二元共聚物，商品名称 Paraloid B-72 或 Acryloid B-72，Paraloid B-72 对颜料不产生副作用，基本和颜料不发生化学反应。Paraloid B-72 的耐久性、稳定性极佳，纯品为无色透明颗粒状固体，易溶于丙酮、甲苯和二甲苯等有机溶剂。可与乙烯基纤维素、氯化橡胶和硅酮类树脂混用，Paraloid B-72 所形成的膜耐醇溶性也相当强，Paraloid B-72 的乙醇溶液略显浑浊，一般呈乳状，但可以作为胶联剂使用。3% 以下浓度的 B-72 溶液，喷涂在物体表面后，所形成的膜没有光泽和玄光现象。B-72 加固剂于 60 年代开始被联合国教科文组织推荐作为文物保护材料，并在全世界范围内使用。

虽然，加固材料 B-72 是目前国内外广泛使用的彩绘加固剂，但按一般用法，则会造成彩衣堂彩绘表面发黑，给彩绘造成不良影响，因此，本配方主要针对彩衣堂彩

图5　彩绘处理前　　　　　　　　　　图6　彩绘处理后

图7　彩绘处理前　　　　　　　　　　图8　彩绘处理后

绘的特点，添加木材中油溶性成分固定剂 PM－1，使木材中油性成分不易溶出，克服
了加固后彩绘表层发黑的缺点，为直接绘制在木构件上的古代彩绘保护加固，提供了
一种有效的技术配方。

彩衣堂彩绘清洗前后保存效果请见图5~8。

三　古建筑糟朽木构件的化学加固

木构古建筑大量使用木材，门、窗、柱、梁、扶梯等，都是利用木材制作。众所
周知，木材的化学组成可分为主要成分和次要成分。主要成分有纤维素、半纤维素和
木质素，次要成分有盐类、可溶性多糖、苯酚、蛋白质和其他化合物，这些组成部分
是细菌、昆虫的养料，在适宜的温、湿度环境中，细菌孢子附着于木材上，会发芽产
生菌丝，菌丝会分泌酵素，以分解、吸收木材中的纤维素和半纤维素及木质素，从而
破坏木材组织，使其糟朽。而昆虫（如白蚁、蛀木甲虫、天牛、黄蜂）以木质为食，
穿孔食蛀木材，后果更为严重。久而久之，木构件便腐烂、蛀空，木材空隙加大，重
量减轻，内部呈海绵状，机械强度明显降低，会使承重的木梁和木柱等构件因质地太
脆弱而支撑不住，最后导致建筑物倒塌。

处理糟朽、腐烂的木构件，传统的方法往往是把糟朽、腐烂的木构件更换，这种

做法不大符合文物保护原则。正确的方法是尽可能地保留原构件，因为它是文物，是宝贵的历史实物资料，丢掉一件就少掉一件。为加固糟朽木构件，在国外，早在19世纪末就开始应用高分子材料进行加固处理，以增加朽木强度。至20世纪50年代，高分子材料已被广泛应用。而我国从70年代初才开始正式用于实践。实践证明，用高分子材料加固木结构，省时、省力，加固后其强度高于原来木材强度，更重要的是保留了原来构件，而且加固部位还具有防腐、防蛀的效果，实属事半功倍，在古建维修中值得大力推广。

用于朽木加固的材料有环氧树脂、不饱和聚酯树脂等，用这些材料来粘接断裂的木构件，填补残缺部位或以溶液形式对糟朽木材进行渗透加固。维修的实例如下。

（一）南通天宁寺木柱的加固

南通天宁寺是江苏省重点文保单位，大雄殿有木柱24根，其中12根遭到不同程度损害。立柱的主要功能是支撑梁架，天长日久，立柱受环境影响和生物损害，往往出现开裂和腐朽，柱根更容易腐朽，特别是包在墙内的柱子，由于潮湿和白蚁的蛀蚀，有时整根柱子都腐朽了。柱子的损害情况不同，加固处理的方法也应有所不同。

1. 局部腐朽的处理

柱子表面局部腐朽，深度不超过柱子直径1/2，而尚未影响主柱强度时，一般采用挖补和包镶的做法。挖补时，先将腐朽部分剔除干净，剔除部分应成标准的几何形状，将洞内木屑杂物弄干净，嵌补木块与洞的形状尽量吻合，嵌补木块用环氧胶粘剂粘接，黏结剂配方可用6101环氧树脂100份、501活性稀释剂10份、多乙烯多胺14份。也可以用聚醋酸乙烯酯乳液调和木粉填补孔洞或剔除部分。

如果柱子腐朽部分较大，柱身周围全部腐朽，而深度不超过柱子直径的1/4，可采用环氧树脂为涂料，先将玻璃纤维布糊贴在柱子上，然后涂刷环氧树脂，如此一层一层贴上去，增强木柱的强度。

2. 立柱的裂缝加固处理

裂缝宽度在0.5厘米以内，用环氧树脂腻子堵封严实。腻子配方：用环氧树脂加入干燥石英粉调和而成。裂缝宽度超过0.5厘米，可用环氧树脂粘木条将其补严实。在裂缝中灌浆，其配方为：6101环氧树脂100份，加501活性稀释剂20份，加多乙烯多胺15份。

3. 柱子中空的加固

柱子由于受白蚁危害，往往外皮完好，内部已被蛀空，可用不饱和聚酯浇灌，也可用环氧树脂浇灌。先在柱子受损害部位用刀锯开宽13厘米的槽口，保留锯下的木条，将木柱内部所有腐烂物或蛀屑清理干净。用环氧树脂将槽口原木条贴实，并用环氧腻子封堵四周贴缝及木柱上面大小裂缝和孔眼。浇注部位上端留有浇注孔，分段浇注，每段1米左右，不饱和聚酯料大约需3～4kg（不包括填料）。每次浇注间隔0.5

米，直至灌满为止。其灌浆料配方为：307－2 不饱和聚酯树脂 100 份、过氧化环己酮浆（固化剂）4 份、萘酸钴苯乙烯液（促进剂）2～3 份、石英粉（200 目）100～120 份。

（二）无锡曹家祠堂木梁不饱和聚酯玻璃钢加固实例[③]

操作时先把朽烂的部位剔去，为了增加强度，嵌填以新木或钢条，然后用不饱和聚酯与木粉混合填补残缺，再用不饱和聚酯树脂作涂料，糊贴玻璃纤维布数层，即可达到加固的目的。其配方为：307－2 不饱和聚酯树脂 100 份、过氧化环己酮浆 4 份、萘酸钴苯乙烯液 1～2 份、厚 0.2～0.4 毫米无碱无蜡玻纤布等。

上面仅仅举了两个例子。对于糟朽的木头，还可以用合成树脂进行渗透加固，用得较多的合成树脂有聚醋酸乙烯酯、丙烯酸酯类以及环氧糠醛树脂。常用的配方为：6101 环氧树脂 100 份、糠醛 30 份、丙酮 30 份、二乙烯三胺 14～17 份。

化学材料在古木建筑维修中的应用，正方兴未艾，随着化学工业的发展，科学技术的进步，一些新型的化学材料将会得到更广泛的应用。

注释：

① 黄福生等：《中国白蚁分类及生物学（等翅目）》，天津出版社，1989 年。

② 陈允适、李武：《古建筑与木质文物维护指南：木结构防腐及化学加固》，中国林业出版社，1995 年。其他参考资料：国家文物局文物保护科学技术研究所：《古代建筑木构体的化学加固》，1979 年；宋迪生等编：《文物与化学》，四川教育出版社，1992 年；奚三彩等：《化学材料在南通天宁寺古建筑维修中的应用》，《东南文化》1999 年第 5 期；

③ 龚德才、周建林、于军：《无锡曹家祠堂古建筑保护》，《东南文化》1999 年第 6 期。

（原载《鹿港龙山寺灾后修复国际研讨会手册》，台北，2002 年）

新型古建筑白蚁防治剂的研究*

一 引 言

中国的古代建筑，种类之多，时代序列之完整，在世界上是独一无二的。这些古代建筑绝大多数是木构建筑，且处于山林、园圃中，环境潮湿，极易成为白蚁的滋生地。尤其在我国的长江中下游和南方地区的木构古建筑中，白蚁蚁患十分普遍。例如，南通宋代古建筑天宁寺、杭州六和塔、苏州明代古建筑轩辕宫、无锡清代古建筑薛福成故居、泉州开元寺、贵州遵义会议纪念馆等，都曾发生过严重的白蚁蚁害，致使部分古建筑立柱、角梁、地板、门窗和室内塑像彩画，被蛀蚀得满目疮痍，使这些文物遭受了无可挽回的重大损失。文物古建筑的白蚁防治，以往也做了许多工作，取得了一些效果，但由于使用的白蚁防治剂有机氯、有机砷等毒性较大，对文物古建筑内的塑像、彩画有一定的副作用，对保管员也有毒副作用。因此，上述白蚁防治剂不易在文物保护中使用。总之，国内文物古建筑的白蚁防治工作，缺乏先进的防治剂。为了保护文物古建筑，消除白蚁危害，我们开展了"文物古建筑新型白蚁防治制剂"的研究。

自 20 世纪 80 年代以来，国内外在白蚁防治剂方面的研究有了很大进展，相继开发了多种新型白蚁防治药物。例如，杀虫剂 benzoyl urea 系列，其中 N – (2，6 – difluoro – benzoy) – N – (4 – chropheny) urea 已商品化[①]。这类药物的活性都很高，具有使用剂量少、对环境污染小等特点。在有机磷杀虫剂方面，国外开发的药物是 chlloropyrifos – 毒死蜱，有大量文献报道其药效和使用情况[②]。

另外，fluoroalkyl glucosides（氟烷基葡萄糖类化合物）和 pyridazines 的抗白蚁特性也有报道[③④]，除虫菊杀虫剂在白蚁防治方面的应用研究，日本做了较全面的探索[⑤-⑧]。

由于白蚁防治剂的开发速度越来越快，种类越来越多，因此，有关学者专门对 9 种新型白蚁防治剂的抗白蚁性能做了比较研究，得出了一些十分有益的结论[⑨]。

从已报道的研究文献看，白蚁防治剂的杀虫作用大致可分为触杀、胃毒、熏杀及

---

* 本文由奚三彩、龚德才、王勉、李晓华、张良玉、罗胜松合作撰写。

抑制其生长代谢的抑制剂等。

我国每年因白蚁危害而遭受的经济损失十分巨大，国家对建筑物的白蚁防治颁布了一系列的规定。我国的白蚁防治科研人员，经过多年的努力，积累了丰富的经验，为国家减少了大量经济损失。目前，我国常用的白蚁防治剂，主要有水溶性（氯丹乳油和砷酸盐）、油溶性（氯丹油剂）、粉剂（灭蚁灵）和熏蒸剂等几种，但总体上白蚁防治剂的开发研制还落后于发达国家，许多国外已禁止使用的药剂，国内仍在使用，如氯丹、砷制剂等。这些药物虽对白蚁有很好的杀灭作用，但普遍存在刺激性大、对人畜毒性强等缺点，某些拟除虫菊酯，虽刺激性小、毒性低，但它们的稳定性差，易受酸碱的作用而分解，所以耐久性不理想。为了寻求适用于木构古建筑防治白蚁专用药剂，有利于古建筑的保护，尤其是对古建筑彩绘、精美泥塑和木雕像的保护，我们开展了以有机磷为主体，中草药提取液作增效剂，经复配，制成的多功能、新型白蚁防治剂。

二　灭蚁净－W 型的研制工艺过程和性能测试

研制工艺过程示意图如下：

$$\boxed{中草药提取} \rightarrow \boxed{中草药筛选} \rightarrow \boxed{复配} \rightarrow \boxed{剂型} \rightarrow \boxed{应用研究}$$

1. 灭蚁净－W 型的理化性能和技术指标

灭蚁净－W 型系有机磷杀虫剂与中草药提取液等的复配产物，具有灭杀白蚁、木材防腐等多种功能。主要剂型有两种：乳剂和油剂。

灭蚁净－W 型乳油为淡黄绿色的油状，无刺激性气味。

灭蚁净－W 型乳油技术指标：

外观：淡黄绿色油状液体。

稳定性：－5～40℃无分层现象，灭蚁净－W 型油剂，可以与乙醇、丙酮、苯和甲苯等多种常用有机溶剂混合，无沉淀物析出。

2. 灭蚁净－W 型的性能测试

（1）灭蚁净－W 型乳油稳定性实验

取 250ml 烧杯，加 100ml 硬度为 342×10^{-6} 的硬水（用 500×10^{-6} 硬水稀释所得），用移液管吸取 2ml 30% 的乳油样品，在搅拌下，慢慢地加到硬水中（按 0.5% 浓度计），溶液成为乳状液。待乳油加完后，继续以每秒 3 转左右速度搅拌 30 秒，然后立即将乳状液移入 100ml 量筒中，再将量筒置于 30℃ 的恒温水浴中静置 1 小时，观察未发现有分层和沉淀物出现。

（2）灭蚁净－W 型的毒性测试

经江苏省卫生防疫站的毒性试验表明，灭蚁净－W 型经小白鼠急性口服毒性为：雌、雄小白鼠的 LD_{50} 均大于 5000mg/kg，根据化学品毒性分级标准，灭蚁净－W 型属实际无毒型，对环境污染小和对人畜较为安全。

三 灭蚁净室内试验

1. 白蚁接触性毒性试验

试验目的：检测灭蚁净 – W 型的触杀效果。

试验方法：在实验室条件下，分别采取灭蚁净 – W 型水剂和砂剂，对家白蚁进行了接触性试验。先将灭蚁净 – W 型配置成 10×10^{-6} ppm、100×10^{-6} ppm、500×10^{-6} ppm 三种浓度，分别取 1g 药液滴在直径 12cm 的滤纸上，每种浓度制作 3 个样，空白样的药量为 0×10^{-6} ppm。待晾干后，放入直径 12cm 的培养皿内，每皿投放白蚁 20 只，观察白蚁死亡情况。

试验结果：经 48 小时观察，$10 \sim 500 \times 10^{-6}$ ppm 的灭蚁净 – W 型对白蚁有 100% 的毒杀效果。实验结果请见表 1。

表 1 灭蚁净 – W 型对白蚁的接触毒性

时间/小时 \ 样品/ppm	空 白	500×10^{-6}	100×10^{-6}	10×10^{-6}
12	全部存活	死亡 20 只	死亡 20 只	死亡 10 只
24	全部存活	/	/	死亡 10 只
36	全部存活	/	/	死亡 10 只
48	全部存活	/	/	/
死亡率	0	100%	100%	100%

注：每种浓度的样品做三次实验，结果取其平均值。

2. 灭蚁净 – W 型砂剂毒杀白蚁试验

试验目的：检测灭蚁净 – W 型与沙土混合后的灭蚁性能。

试验方法：将灭蚁净 – W 型 50% 的丙酮溶液与洗净风干的黄沙，按 1∶100、1∶1000、1∶10000 的比例拌匀，然后均匀地铺撒在口径 12cm 的培养皿内，每种浓度制作三个样品，空白样品的药量为 0×10^{-6} ppm，皿内喷洒少量蒸馏水，使沙湿润。每皿投放白蚁 20 只，观察白蚁死亡情况。

试验结果：沙土混合入灭蚁净 – W 型后，显示了强烈的灭蚁效果，1∶10000 浓度的样品，灭蚁效果也十分令人满意。试验结果请见表 2。

表 2 灭蚁净 – W 型对白蚁的接触毒性

时间/小时 \ 浓度	空 白	1∶100	1∶1000	1∶10000
12	全部存活	死亡 20 只	死亡 8 只	死亡 7 只

（续表）

时间/小时 \ 浓度	空　白	1:100	1:1000	1:10000
24	全部存活	/	死亡 12 只	死亡 7 只
36	全部存活	/	死亡 15 只	死亡 12 只
48	全部存活	/	死亡 20 只	死亡 19 只
死亡率	0	100%	100%	95%

3. 点滴法、浸渍法和土壤穿透毒力试验

（1）灭蚁净对家白蚁的浸渍法室内毒力测定试验（本试验由江苏省农业科学院植物保护研究所完成）

试验目的：为筛选研制新的防白蚁的有效药剂，通过浸渍测定法，明确灭蚁净对家白蚁的室内毒杀伤作用，为进一步研究与科学用药提供依据。

供试药剂：20%灭蚁磷乳油（南京博物院文保所提供）；20%灭蚁净乳油（南京博物院文保所提供）。

供试对象：家白蚁 Coptotermes formosanus Shiraki 采自安徽芜湖，并在南京市内大缸中饲养一个月左右。

试验时间：1996 年 7 月。

试验方法与步骤：

①供试对象的准备

试验前 24 小时，将家白蚁从自然环境移至容器内，容器要求透气，内有湿润滤纸若干，保持一定的湿度，在 28℃（±1℃）条件下避光驯养一天。

②试验步骤

药液配制：分别按有效成分 0×10^{-6}ppm、0.05×10^{-6}ppm、0.2×10^{-6}ppm、0.8×10^{-6}ppm、3.2×10^{-6}ppm、12.8×10^{-6}ppm 的梯度配制成灭蚁净与灭蚁磷不同处理浓度药液供试验用。

试验处理：每处理浓度药液用直径 4cm 的金属网罩，挑入供试用白蚁 25 只（20 只工蚁、5 只兵蚁），卡紧后，浸入药液 3 秒后用滤纸吸干金属网罩及虫体上的多余药液，然后将白蚁转入洁净培养皿中并放入少量湿润滤纸，保持一定的湿度，置于 28℃（±1℃）培养皿中观察，每处理重复三次，记录 24 小时的白蚁死亡数与死亡率（%）并计算校正死亡率（%）。

$$校正死亡率（\%）= \frac{处理死亡率\% - 对照死亡率\%}{1 - 对照死亡率\%} \times 100\%$$

测定结果与分析：

表3　灭蚁磷与灭蚁净浸法对家白蚁室内毒力测定结果

处　理		log （浓度×100）	死亡率（%）			平均死亡率 （%）	校正死亡率 （%）	几率值
			Ⅰ	Ⅱ	Ⅲ			
灭 蚁 磷	$0.05×10^{-6}$	0.699	10.00	10.00	9.09	9.68	3.23	3.15
	$0.20×10^{-6}$	1.301	25.00	9.09	27.27	20.59	14.92	3.96
	$0.80×10^{-6}$	1.903	25.00	30.77	38.46	31.58	26.69	4.38
	$3.20×10^{-6}$	2.505	63.64	42.86	38.46	47.37	43.61	4.84
	$12.80×10^{-6}$	3.107	90.00	90.91	60.00	80.65	79.26	5.82
灭 蚁 净	$0.05×10^{-6}$	0.699	8.33	15.39	18.18	13.89	7.74	3.58
	$0.20×10^{-6}$	1.301	33.33	25.00	25.00	27.78	22.62	4.25
	$0.80×10^{-6}$	1.903	45.45	46.15	70.00	52.94	49.58	4.99
	$3.20×10^{-6}$	2.505	81.81	66.67	66.67	71.43	69.39	5.51
	$12.80×10^{-6}$	3.107	100.00	100.00	100.00	100.00	100.00	8.72
对照：（清水）		/	0.00	10.00	10.00	6.67	/	/

测定结果见表3，其结果表明，灭蚁净对家白蚁的毒杀效果明显好于灭蚁磷，根据表3所得数据，作毒力回归式如下：

灭蚁磷药剂：y = 2.4638 + 1.0332x　　　r = 0.9882（$r_{0.001}$ = 0.9170）

式中 y 为死亡概率值，x 为 log（浓度×100）

求得 LC_{50} = 2.8491（×10^{-6}）

灭蚁净药剂：y = 1.7625 + 1.9166x　　　r = 0.9180**（$r_{0.001}$ = 0.9170）

式中 y 为死亡概率值，x 为 log（浓度×100）

求得 LC_{50} = 0.4889（×10^{-6}）

由此可看出，灭蚁净 LC_{50} 值大大低于灭蚁磷 LC_{50} 值，表现出明显的增效作用。

（2）灭蚁净对家白蚁的点滴法室内毒力测定试验（本试验由江苏省农业科学院植物保护研究所完成）

试验目的：筛选研制新的防治白蚁的有效药剂，通过点滴测定法，明确灭蚁净对家白蚁的室内毒力触杀作用与 LC_{50} 值，为进一步研究科学用药提供依据。

供试药剂与材料：

①20%灭蚁净乳油（南京博物院文保所提供）。

②家白蚁 Coptotermes formosanus Shiraki 采自安徽芜湖，并在南京市内大缸中饲养一个月左右。

③微量进样器型号为 0.5μl 无存液（上海医用激光仪器厂生产）。

④丙酮（分析纯）含量不低于99.5%（南京化学试剂厂生产）。

试验时间：1996 年 7 月。

试验方法与步骤：

①供试材料的准备：试验前 24 小时，将家白蚁从自然环境移至容器中，容器

要求透气，内有湿润滤纸若干，保持一定的湿度，在 28℃（±1℃）条件下避光驯养一天。

②药液配制：按有效成分 0×10^{-6} ppm、0.5×10^{-6} ppm、2×10^{-6} ppm、8×10^{-6} ppm、32×10^{-6} ppm、128×10^{-6} ppm 的梯度配置成灭蚁净丙酮药液。

③供试白蚁预处理：取金属网罩，每罩中放入 10 只个体、大小相近的工蚁，卡紧后放入冰箱冷冻 1 分钟，取出待用。

④用微量点滴仪，按不同浓度处理白蚁，每处理两个重复，每重复 10 只，每只 0.5μl 药液，滴于虫体腹背部。

⑤在各浓度处理培养皿中放入一层湿润滤纸以保持湿度，并置于 28℃（±1℃）培养室中观察，记录 24、48、72 小时的白蚁死亡数与死亡率（%）并计算校正死亡率（%）。

$$校正死亡率（\%）= \frac{处理死亡率\% - 对照死亡率\%}{1 - 对照死亡率\%} \times 100\%$$

结果与讨论：

从表 4、5 可知，灭蚁净点滴家白蚁具有很好的防治效果，当剂量为 0.05056μg/只、

表 4　灭蚁净对白蚁的点滴法室内毒力测定结果

浓度（$\times 10^{-6}$）	重复	供试虫数（只）	24 小时死亡率（%）		48 小时死亡率（%）		72 小时死亡率（%）	
			实际	校正	实际	校正	实际	校正
丙酮（CK）	I	10	10	—	10	—	10	—
	II	10	10	—	10	—	10	—
0.5	I	10	10	0.00	20	11.11	20	11.11
	II	10	20	11.11	20	11.11	20	11.11
2	I	10	20	11.11	30	22.22	30	22.22
	II	10	30	22.22	30	22.22	30	22.22
8	I	10	40	33.33	40	33.33	50	44.44
	II	10	50	44.44	60	55.55	60	55.55
32	I	10	70	66.66	70	66.66	80	77.77
	II	10	60	55.55	70	66.66	70	66.66
128	I	10	90	88.88	90	88.88	100	100.00
	II	10	80	77.77	90	88.88	100	100.00

表 5　灭蚁净对家白蚁的点滴法室内毒力测定数据分析

处理		log（剂量 $\times 10^4$）	log（剂量 $\times$ 10）	24 小时死亡率（%）			48 小时死亡率（%）			72 小时死亡率（%）		
浓度（$\times 10^{-6}$）	剂量（$\times 10^{-6}$）			平均	校正	概率值	平均	校正	概率值	平均	校正	概率值
0.5	0.000198	0.2956	0.6990	15	5.56	3.4072	20	11.11	3.7794	20	11.11	3.7794
2.0	0.000790	0.8976	1.3010	25	16.67	4.0327	30	22.22	4.2352	30	22.22	4.2352
8.0	0.003160	1.4997	1.9031	45	38.89	4.7178	50	44.44	4.8602	55	50.00	5.0000
32.0	0.012640	2.1018	2.5052	65	61.11	5.2822	70	66.66	5.4303	75	72.22	5.5894
128.0	0.050560	2.7038	3.1072	85	83.33	5.9673	90	88.88	6.2186	100	100.00	8.7190

表6 灭蚁净对家白蚁的点滴法室内毒力测定回归分析

时 间	剂量对数死亡概率值法		浓度对数死亡概率值法	
	毒力回归方程	LD$_{50}$	毒力回归方程	LD$_{50}$
24 小时	y = 3.0948 + 1.0580x（r = 0.9996）	0.006323	y = 2.6680 + 1.0580x（r = 0.9996）	16.0030
48 小时	y = 3.3919 + 1.0088x（r = 0.9959）	0.003927	y = 2.9849 + 1.0088x（r = 0.9959）	9.9426
72 小时	y = 2.6664 + 1.8658x（r = 0.9119）	0.001781	y = 1.9138 + 1.8658x（r = 0.9119）	4.5092
备注	y 为概率值，x 为 log（剂量×10000）	μg/只	y 为概率值，x 为 log（剂量×10）	×10^{-6}

浓度 128 × 10^{-6} ppm 点滴 0.5μl 药液处理 24、48、72 小时后的平均校正防效分别为 83.3%、88.8% 与 100%，表明灭蚁净对家白蚁有较强的触杀作用，点滴后 24 小时，大部分白蚁死亡。

由表 4、5 数据，运用剂量对数死亡概率值与浓度对数死亡概率值法，分别求出相应毒力回归方程与 24、48、72 小时的 LD$_{50}$ 值分别为 0.0016323μg/只、0.003972μg/只、0.001781μg/只，相应的 LD$_{50}$ 值分别为 16.003 × 10^{-6} ppm、9.9426 × 10^{-6} ppm、4.5092 × 10^{-6} ppm（表 6）。

（3）灭蚁净和氯丹对家白蚁的土壤模拟穿透法室内毒力测定报告（本实验由江苏省农业科学院植物保护研究所完成）

试验目的：通过室内模拟试验，比较土壤中灭蚁净、氯丹两种药剂对家白蚁的毒力及其作用方式，为进一步研究或应用于防治提供科学证据。

供试药剂：20% 灭蚁净 EC（南京博物院文保所提供）；50% 氯丹 EC（鞍山化工一厂生产）。

试验时间：1996 年 8 月。

方法与步骤：

①将经过 20 目筛选的土壤（南京本地黏性土）置于 60℃ 下烘干，直到土壤重量恒定为止。

②将灭蚁净与氯丹按 10000 × 10^{-6} ppm、1000 × 10^{-6} ppm、100 × 10^{-6} ppm 的浓度配置成乳液。

③按每 84g 土样加 16g 药液的比例混合土壤和药液。

④取一内径 1.5cm、长 10cm 的玻璃管，将处理后的土壤置于玻璃管中，约形成 5cm 左右长的土柱。

⑤在右边的玻璃容器中放入未经处理的土壤（水分含量 12%）；在左边的玻璃容器中放入 5g 浸过水的木屑。

⑥将 20 只家白蚁和 5 只兵蚁放入右边的玻璃容器中。

⑦将容器置于 28 ± 1℃、相对湿度 70% 的培养室中，药剂处理后 5、10、15、20、24、40 小时观察并记录白蚁穿透与存活情况。

⑧每个处理（浓度）均重复三次，并以清水作为对照。

结果与分析：试验结果详见表7~9。从表7、8可以看出灭蚁净对家白蚁的防治效果较好，100~10000×10^{-6}ppm浓度处理，24小时后防效在94.67%~100%，且具速效。1000~10000×10^{-6}ppm的5小时白蚁死亡率即达13.5%~21.67%、10小时达48%~96%，而白蚁对氯丹表现出较强的拒避作用，远离氯丹处理土柱，药后24小时的死亡率（%）也仅为1.3%~5.33%，白蚁大部分被氯丹麻昏，10~10000×10^{-6}ppm处理的40小时药效因麻昏时间较长而上升为33.33%~84.40%，并且死亡率与浓度成负相关。这可能与氯丹浓度越高拒避作用越强、虫体未直接接触药剂有关。

表7　不同浓度灭蚁净与氯丹对家白蚁的模拟穿透试验药效

处　理	重　复	死亡率（%）					
		5小时	10小时	15小时	20小时	24小时	40小时
灭蚁净 10000×10^{-6}	I	40.0	100	100	100	100	100
	II	12.0	88	88	92	100	100
	III	12.0	100	100	100	100	100
灭蚁净 1000×10^{-6}	I	12.0	56	72	72	88	100
	II	0.0	24	80	84	96	96
	III	28.0	64	96	100	100	100
灭蚁净 100×10^{-6}	I	0	0	84	84	100	100
	II	0	0	76	92	100	100
	III	0	0	88	92	100	100
氯丹 10000×10^{-6}	I	0	0	0	0	0	0
	II	0	0	0	4	4	36
	III	0	0	4	4	4	4
氯丹 1000×10^{-6}	I	0	0	8	12	12	76
	II	0	0	4	4	4	72
	III	0	0	0	0	0	84
氯丹 100×10^{-6}	I	0	0	0	0	0	100
	II	0	0	4	4	4	80
	III	0	0	0	0	0	72
清水 （对照）	I	0	0	0	0	0	0
	II	0	0	0	0	0	0
	III	0	0	0	0	0	0

表8　不同浓度灭蚁净与氯丹对家白蚁的土壤拟穿透试验三重复平均死亡率（%）结果

处　理		平均死亡率（%）					
		5小时	10小时	15小时	20小时	24小时	40小时
灭蚁净	10000×10^{-6}	21.33	96.00	96.00	97.33	100.00	100.00
	1000×10^{-6}	13.33	48.00	82.67	85.33	94.67	98.67
	100×10^{-6}	0.00	30.67	82.67	89.33	100.00	100.00
氯　丹	10000×10^{-6}	0.00	0.00	1.33	2.66	2.66	13.33
	1000×10^{-6}	0.00	0.00	4.00	5.30	5.33	77.33
	100×10^{-6}	0.00	0.00	1.33	1.33	1.33	84.00
清　水	（对照）	0.00	0.00	0.00	0.00	0.00	0.00

表9 不同浓度灭蚁净与氯丹对家白蚁的土壤拟穿透试验情况观察

药剂	浓度	供试白蚁/只	穿透/cm	观察
灭蚁净	10000×10^{-6}	75	0	10 小时死亡率即达 96%
				24 小时死亡率为 100%
				未见打洞大部分死在土柱表面
	1000×10^{-6}	75	0	10 小时死亡率为 48%
				24 小时死亡率为 94.67%
				未见打洞大部分死在土柱表面
	100×10^{-6}	75	0	10 小时死亡率为 30.67%
				24 小时死亡率为 100%
				未见打洞大部分死在土柱表面
氯丹	10000×10^{-6}	75	0	大部分白蚁远离土柱
				10 小时死亡率为 0
				24 小时死亡率为 2.66%
				余大部分昏麻
	1000×10^{-6}	75	1.5~1.8	10 小时死亡率为 0
				24 小时死亡率为 5.33%
				余大部分昏麻
	100×10^{-6}	75	3.4~4.5	10 小时死亡率为 0
				白蚁打洞 2~4 个
				24 小时死亡率仅 1.33%
				余大部分昏麻
清水（对照）		75	5	白蚁全部透过土柱至木屑上取食
				24 小时死亡率为 0

从表9可看出，作为白蚁障碍物的处理土柱，$10 \sim 10000 \times 10^{-6}$ ppm 的灭蚁净与 10000×10^{-6} ppm 的氯丹，其对白蚁都有较强的障碍作用，但灭蚁净障碍作用为快速触杀，而 10000×10^{-6} ppm 的氯丹却是因拒避作用及熏蒸杀伤作用阻碍白蚁穿透。$10 \sim 10000 \times 10^{-6}$ ppm 的氯丹处理组白蚁因浓度降低，拒避作用减弱，可形成一定的穿透距离，达成 1.5~4.5cm。

总之，土壤模拟穿透试验结果，可看出 $10 \sim 10000 \times 10^{-6}$ ppm 的灭蚁净对家白蚁具有很强的阻碍穿透作用，明显好于 $10 \sim 10000 \times 10^{-6}$ ppm 氯丹的防治效果。灭蚁净对家白蚁表现出拒避作用较弱，这与其他相关试验结果是一致的，这一特征也有利于其防治白蚁效果与作用的发挥。

4. 白蚁熏杀实验

为检验灭蚁净－W 型是否具有熏杀作用，将灭蚁净－W 型制成 1∶100、1∶1000、1∶10000 的粉剂，分别取 1g 粉剂用滤纸包好，置于 500ml 的广口瓶中，瓶内投放白蚁 20 只，观察白蚁死亡情况。结果见表10。

表 10　灭蚁净 – W 型对白蚁熏杀的效果

观察时间＼浓度	空　白	1∶100	1∶1000	1∶10000
12 小时	全部存活	死亡 12 只	死亡 8 只	死亡 4 只
24 小时	全部存活	死亡 20 只	死亡 12 只	死亡 8 只
36 小时	全部存活	/	死亡 18 只	死亡 18 只
48 小时	死亡 1 只	/	死亡 18 只	死亡 18 只
死亡率	0	100%	90%	90%

四　灭蚁净 – W 型的室外应用试验

1. 木构古建筑的白蚁灭杀试验

灭蚁净研制成功后，于 1991 年开始，先后在白蚁危害严重的江苏苏州轩辕宫、无锡清代古建筑薛福成故居、镇江焦山古炮台、南京太平天国干王府，安徽全椒吴敬梓纪念馆、滁州琅琊寺，贵州遵义会议纪念馆等木构古建筑上，用灭蚁净进行了白蚁防治试验。

使用剂型：灭蚁净 – W

使用浓度：1%（水剂）

处理方式：喷洒和滴注

经上述方法处理过的木构古建筑，至今（时间最长的已有 8 年）未发现明显白蚁蚁害。在遵义会议纪念馆处理时，白蚁蛀蚀严重的木柱周围，第二天就出现了大批死亡白蚁，证明灭蚁净灭杀白蚁的效果十分显著。在实际应用过程中，对体量较大的木构件应进行滴注处理。对板材等小而薄的木构件，采取喷洒处理。有彩绘的古建筑，彩绘表面也可进行灭蚁净 – W 型水剂喷洒处理。另外，我们在木构件的化学加固材料中也添加了灭蚁净 – W 型粉剂（木屑）可以增加白蚁防治效果。

灭蚁净作为一种新型的白蚁防治剂，其白蚁防治效果较常用的白蚁防治剂氯丹等具有使用浓度低、用量少、有效期长和对文物及人无不良影响等特点，是目前文物古建筑白蚁防治工作中较为理想的新型白蚁防治药物。

2. 水库堤坝的白蚁灭杀实验

（1）堤坝毒土灌浆灭蚁实验

灭蚁净用于堤坝毒土灌浆，药物分散性好，使用浓度每吨干土约 25～50g 20% 的乳剂，药物用量少，灭蚁净 – W 型用于堤坝灌浆防治白蚁，既能杀灭白蚁，而且还能防治新生白蚁蚁害的发生。经过两年的观察，未发现新的白蚁蚁害发生，证明堤坝毒土灌浆灭蚁实验是成功的。

（2）喷粉毒杀白蚁实验

用约 2.2g 的灭蚁净 – W 型粉剂，在白蚁的主蚁道内喷杀白蚁，由于白蚁自身的传毒作用，使一中型巢内的白蚁几乎全被杀死，巢内菌圃基本全部发生霉变，效果十分显著。

3. 野外木材防白蚁蛀蚀实验

本项实验分别在滁州市南谯区腰铺乡的友谊、陈官塘、鳌鱼塘和乌衣、双桥等多处水库堤坝进行。经过两年多时间的观察，灭蚁净-W型处理的木块，均未遭到白蚁的蛀蚀。而未经处理的木块，白蚁的蛀蚀情况十分严重，有的木块几乎被完全蛀蚀。

4. 新建筑的白蚁预防

安徽全椒吴敬梓纪念馆新建部分的白蚁蚁害防治，采用木构件喷洒和注射灭蚁净-W型水剂的方法，防治白蚁，消除了蚁害。三年来未发现新的白蚁蚁害的发生，灭蚁净-W型在新建建筑的白蚁预防方面，获得了令人满意的效果。

五　灭蚁净对文物安全性试验

1. 对古建筑彩绘的影响实验

用1%灭蚁净水剂喷涂清代木板彩绘，以彩绘表面见湿为止，干后再喷，共喷3遍。后置于室温下观察两个月。记录色彩变化。结果请见表11。

表11　灭蚁净对文物彩绘的影响实验

时间 ＼ 样品	未处理样				处理样			
两个月观察结果	红色	绿色	黄色	白色	红色	绿色	黄色	白色
	未发现异常				未发现异常			

2. 对古建筑彩塑的影响实验

苏州明代古建筑轩辕宫，有彩色塑像。经1991年白蚁防治后，塑像的色彩无任何不良情况出现。

六　结果与讨论

经室内、野外试验表明，灭蚁净乳剂、油剂和粉剂，对白蚁具有触杀、熏杀和驱避作用。从土壤模拟穿透试验可知，$100 \sim 10000 \times 10^{-6}$ppm的灭蚁净，对家白蚁具有很强的阻碍穿透和灭杀能力，其效果明显强于氯丹。灭蚁净对家白蚁驱避作用较氯丹弱，这与其他相关试验的结果是一致的，这一特征有助于灭蚁净白蚁防治作用的发挥。

由江苏省卫生防疫站的毒性检测报告表明，灭蚁净属于实际无毒级。这对白蚁防治工作人员、文物景点的管理人员和观众身体健康有利。

自1991年以来，课题组进行了多项室外研究实验，这些实验表明：灭蚁净对木构古建筑的白蚁防治、水库堤坝的白蚁灭治、野外木材防蚁蚀和新建建筑的白蚁防治，都有十分显著的效果。而且，使用灭蚁净防治白蚁，不会对文物古建筑、彩绘和彩塑造成不良影响，是文物古建筑白蚁防治的理想药剂。

应该指出，新型白蚁防治剂——灭蚁净，在文物古建筑白蚁防治方面的研究与应用，取得了令人满意的效果，在民用建筑和水利工程的白蚁防治方面也取得较好的成绩，显示了其潜在的推广应用价值。另一方面，弄清有机磷杀虫剂与中草药杀虫剂的协同效应机理，有助于提高理论研究水平。

注释：

① C. A 112：174104

② C. A 111：92338

③ Eur. PAT. APPL. EP. 331. 089

④ JP. 01，287，006

⑤ C. A 112：174117

⑥ JP. 63，227，503

⑦ C. A 90：181601

⑧ "白蚁新药剂引进试验课题"鉴定报告，1994，12.

⑨ Dow Earth. 1980（pub. 1981），37（1）：16－21.

（原载中国文物研究所编：《文物科技研究（第一辑）》，科学出版社，2004 年）

灭蚁净在古建筑白蚁防治中的应用[*]

一 引 言

中国的古代建筑，种类之多、时代序列之完整，在世界上是独一无二的。这些古代建筑绝大多数是木构建筑，且处于山林、园圃中，环境潮湿，极易成为白蚁的滋生地。尤其在我国的长江中下游和南方地区的木构古建筑中，白蚁蚁患十分普遍。例如，南通宋代天宁寺、杭州六和塔、苏州明代轩辕宫、无锡清代薛福成故居、泉州开元寺、贵州遵义会议纪念馆等，都曾发生过严重的蚁害，致使部分古建筑立柱、角梁、地板、门窗和室内塑像彩画被蛀成满目疮痍，使这些文物遭受了无可挽回的重大损失。古建筑的白蚁防治，科技工作者以往做了大量工作，取得了一些效果，但由于使用的白蚁防治剂有机氯、有机砷等毒性较大，对文物古建筑内的塑像、彩画有一定的影响，对保管人员也有一定的危害。因此，这些白蚁防治剂在文物保护中的应用受到一定限制。为保护古建筑、消除白蚁危害，我所于 1991 年开展了"新型文物古建筑白蚁防治剂"的研究。

白蚁防治研究在我国起步较迟，直到新中国成立后，该项工作才引起各级政府重视，虽取得了不少成果，但与国外相比仍有一定差距。自 20 世纪 80 年代以来，国内外在白蚁防治剂方面的研究有了很大的进展，相继开发了多种新型白蚁防治药物。如杀虫剂 benzoyl urea 系列，其中，N – （2，6 – difluorobenzoy） – N – （4 – choropheny） urea 已商品化。这类药物的活性都很高，具有使用剂量少、对环境污染小等特点。在有机磷杀虫剂方面，国外开发的药物是 chlloropyrifos – 毒死蜱，有大量文献报道其药效和使用情况。

另外，fluoroalkyl glucosides （氟烷基葡萄糖类化合物） 和 pyridazines 的抗白蚁特性也有报道，除虫菊杀虫剂在白蚁防治方面的应用研究日本做了较全面的探索[①]。此外，国内一些白蚁防治研究机构开始采用"白蚁监测—控制"技术[②]防治白蚁也取得了一定的效果。

由于白蚁防治剂的开发速度越来越快，种类越来越多，因此，有关学者专门对 9

---

* 本文由奚三彩、郑冬青合作撰写。

种新型白蚁防治剂的抗白蚁性能做了比较研究，得出了一些十分有益的结论。从已报道的研究文献看，白蚁防治剂的杀虫作用大致可分为触杀、胃毒、熏杀及抑制其生长代谢的抑制剂等。

白蚁是一种全球性害虫，且由于其特性决定了其很难被根治[③]。我国每年因白蚁危害而造成的经济损失十分巨大，因此国家对白蚁防治工作十分重视，颁布了一系列的法规。经过多年的努力，白蚁防治工作已经取得了较大的进展，积累了丰富的经验。目前，我国常用的白蚁防治剂主要有水溶性（氯丹乳油和砷酸盐）、油溶性（氯丹油剂）、粉剂（灭蚁灵）和熏蒸剂等几种，但总体上白蚁防治剂的开发研制还落后于发达国家。许多国外已禁止使用的药剂国内仍在使用，如氯丹、砷制剂等。这些药物虽对白蚁有很好的杀灭作用，但普遍存在刺激性大、对人畜毒性强等缺点，某些拟除虫菊酯虽刺激性小、毒性低，但是它们的稳定性差，易受酸碱的作用而分解，所以耐久性不理想。

南京博物院文物保护科学技术研究所与安徽滁州白蚁防治所合作开展了以有机磷为主体，中草药提取液为增效剂，添加木材防腐剂，经复配、乳化制成多功能白蚁防治剂——灭蚁净。灭蚁净白蚁防治剂自1991年研制以来，已先后在贵州遵义会议纪念馆、安徽吴敬梓纪念馆以及江苏南通、苏州、无锡、常州、扬州等地的名胜古迹中得到应用，使这些古建筑免受白蚁的危害，取得了一定的成效。

二　灭蚁净的理化性能和毒性测试

（一）灭蚁净的理化性能

灭蚁净系有机磷杀虫剂与中草药提取液的复配产物，具有杀灭白蚁、木材防腐等多种功能。主要剂型有两种：乳剂和油剂。

灭蚁净乳油为淡黄绿色的油状，无刺激性气味。其主要技术指标如下。

外观：淡黄绿色油状液体。

稳定性：-5~40℃无分层现象，灭蚁净油剂可以与乙醇、丙酮、苯和甲苯等多种常用有机溶剂混合，无沉淀物析出。

（二）灭蚁净的毒性测试

经江苏省卫生防疫站的毒性试验表明，灭蚁净经小白鼠急性口服毒性为：雌、雄小白鼠的LD_{50}均大于5000mg/kg，根据化学品毒性分级标准，灭蚁净属实际无毒型，对环境污染小、对人畜较为安全[④]。

三　灭蚁净的应用案例

灭蚁净研制成功后其科研成果获得了国家文物局1998年度科技进步三等奖，并在江苏省内各市以及贵州、安徽等地使用。例如，南通天宁寺，常熟彩衣堂、赵用贤宅，无锡曹家祠堂、薛福成故居，苏州轩辕宫，南京太平天国天王府、陶凤楼，镇江焦山古炮台，贵州遵义会议纪念馆，安徽全椒吴敬梓纪念馆等。下面以江阴刘氏兄弟故居为例对保护过程进行简要介绍。

（一）刘氏兄弟故居概况

刘氏兄弟故居是我国"五四"时期著名文学家刘半农（1891～1934年）、杰出的民族音乐家刘天华（1895～1993年）、民族音乐教育家刘北茂（1903～1981年）三兄弟青少年时代的居住地（图1）。故居现位于江阴市区西横街49号，其东临西横街，南距南街约300米，西为市粮食局大楼，据西门大桥约50米，东靠人民中路，四周原为居民住宅，与古兴国塔、文庙南北呼应，浑然一体。

刘氏兄弟故居，始建于清末，是一座具有江南民宅特色的清末民居建筑，由刘氏兄弟的祖父刘汉所建，后世代相传，子孙绵延，距今约有150年历史。1925年直奉军阀交战期间，故居遭炮击，第一进厅屋中两根柱子毁坏，同时，二进前园中两颗金银桂树中一棵被击毁，另一棵桂树及后院之竹被日寇砍伐殆尽。20世纪50年代初，后院土地为江阴城镇建设所用，房屋也归国家所有。80年代落实政策，房屋归还给刘氏后裔，刘氏后裔将房屋捐赠给江阴市人民政府。1985年10月，原江阴县人民政府公布为县文物保护单位。1989年6月，江阴市人民政府拨出专款，对故居进行全面修缮，于1990年5月26日对社会开放，并辟为刘氏兄弟纪念馆。2002年11月，江苏省人民政府公布为省重点文物保护单位。2006年被国务院公布为全国重点文物保护单位。

（二）病害状况调查

刘氏兄弟故居因年久失修，其保存现状令人担忧。目前，仅梁架保存较为完

图1　刘氏兄弟故居俯视图

图2　柱子、墙体被白蚁侵害

图3　檐檩被白蚁侵害

整，墙面青砖不规整，白灰大面积脱落，木构半数以上被白蚁侵蚀糟朽（图2、3），屋面小青瓦残损60%，装拆极不完整。

经调查、勘测，刘氏兄弟故居的主要病害是建筑遭受白蚁严重侵害，经目测和敲击检查，故居建筑主体已遭受白蚁严重侵害，面积达75%。被侵害的墙体和木构承载力明显下降，已经危及建筑物的安全。

1. 墙体遭受白蚁严重侵害

现存墙面极不规整，特别是后檐墙和半墙酥碱起鼓。两山墙也因后期改动而出现墙面歪闪。围墙、山墙、檐墙和半墙与地面接触部分十分潮湿，墙体下部中的砌料已被白蚁蛀腐失去粘力，墙面白灰大面积脱落，尤其是墙体与木构接触部位白蚁侵害最为严重。

2. 木构遭受白蚁严重侵害

木构架的主体保存尚好，但柱根与墙体搭接的枋子均被白蚁侵蚀，前、后檐柱中下部已被蛀空，尤以山墙包砌的边贴木构架被白蚁侵蚀，糟朽严重。经检查，所有落地木柱的柱根均被白蚁侵害（图4），柱根表面蛀洞累累，南、北边贴的落地木柱中共有10根柱根已被蛀空、柱根糟朽无存（图5），柱子与石鼓磴失去联系。下槛下半部均被白蚁侵害。门窗的抱框亦被白蚁侵害，有的已糟朽脱落（图6）。木地板和地板枋因白蚁危害已无法使用，现已拆除。木构被白蚁侵害，见图7~12。

图4　柱根被白蚁侵害

图5　边贴柱根糟朽无存

图 6　抱框糟朽脱落

图 7　门框、檩子被白蚁侵害状

图 8　抱框被白蚁侵害状

图 9　檐檩被白蚁侵害状

图 10　边贴排山架柱根被白蚁侵害、地板无存

图 11　正贴檐柱柱根被白蚁侵害

图 12　被白蚁侵害的木构局部

根据被蛀木构表面蛀蚀状和采样分析判断，侵害刘氏兄弟故居的白蚁种类主要是家白蚁属（*Coptotermes*）（图 13）。家白蚁的生活习性属木栖性白蚁，群体大小不一，常在木质建筑物的门窗、地板、梁架、檩、椽、装拆等木构啮空部分建巢，取食木质纤维，它们在木材中筑巢时往往有通路与潮湿的土壤相连接。其次，危害柱根、门框与下槛等与地面、墙面接触部分木构件的主要是黄胸散白蚁，其危害区域较为分散。

（三）白蚁防治工程的设计

白蚁防治工程主要分为以下八个方面进行。

1. 墙基隔水防白蚁工程

采用"墙基灌浆法"隔断地下毛细水，即在地面与墙基接触位置横向钻孔，孔径 8 毫米，间距一砖宽度，深度 250 毫米（不得穿透墙体），用灌浆机向孔中注入高分子化学浆料，形成相对的隔离层，阻断地下毛细水侵入墙基，断绝白蚁的水路和泥路。要求注入的浆料必需密实，溢出的浆料要尽快清理干净，不得造成墙面污染。

2. 墙体防白蚁工程

在砌墙体浆料中掺入乳化后的灭蚁净，掺和量为 1.5% ~ 2%，与浆料搅拌均匀，替代砌墙体浆料，以破坏白蚁在墙体中的生存条件。使用时要做好防护工作，未用完的浆料要深埋处理。

3. 木构表面防白蚁工程

对所有木构表面喷涂灭蚁净一遍，重要部位采用排刷涂刷，尽可能将药剂渗入到木构内部，阻止白蚁从表面侵入木构件；对柱根下皮与石鼓墩接触部位，用环氧树脂进行封堵，阻断白蚁侵入路径。

4. 木构内部防白蚁工程

在木构上以 500 ~ 800 毫米间距，并以 45°方向、钻直径 8 毫米盲孔，深度达柱径或枋厚 1/2；插入滴管，封堵插入口，支挂吊瓶，用滴注法向木构内部注入灭蚁净，杀灭木构内部的白蚁，并预防木构内部滋生白蚁。

5. 室内地面防白蚁工程

在室内地面喷洒灭蚁净，小面积活动区用 2% 灭蚁净油剂涂刷或灌注。

6. 室内防白蚁排水沟工程

在室内排水沟内喷撒高浓度灭蚁净，防止白蚁从排水沟中侵入。

7. 室外防白蚁毒土沟工程

在建筑物墙基外 1 米位置，开挖 0.6 米宽、1

图 13　家白蚁属

米深的隔离沟，在沟底和沟壁喷涂高浓度灭蚁净，并在回填土中拌入 1.5%～2% 的灭蚁净水剂，与回填土均匀搅拌再回填，每层填土厚度不超过 300 毫米，夯实后再在表面喷撒灭蚁净，形成毒土沟，阻止白蚁从地下侵入建筑物（毒土沟尽可能与修缮工程中室外排水沟共用）。

8. 周围环境综合防治

刘氏兄弟故居周围为园林，种植花草树木，极易成为白蚁滋生地。因此，在防治古建筑时，应对周围的树木也采取防治措施。

四　结　语

自 20 世纪 90 年代灭蚁净在古建筑白蚁防治中应用以来，由于其性能稳定、对人体毒性相对（有机砷、有机氯）较小、灭治效果佳，而得到白蚁防治工作者的欢迎和用户的好评，为我国文化遗产的保护做出了一定贡献。

但是，灭蚁净是以有机磷为主复配而成，一旦进入身体内，由于有机磷不易分解排泄，会产生积累性中毒，故在使用时应采取预防措施。

虽然灭蚁净在古建筑防治白蚁方面发挥了作用，但还存在着不少问题，亟待研究解决。随着科技的进步，我们期待一种新型多功能防虫、防蚁、防腐、防火且低毒、高效的防蚁剂早日在我国古建筑保护中推广应用。让我们为保护好祖国珍贵的历史文化遗产而共同努力！

注释：

① "白蚁新药剂引进试验课题"鉴定报告，1994 年 12 月。

② 郭建强、孙吴俊、龚跃刚等：《监测——控制技术治理胡雪岩故居白蚁危害》，《中国民族建筑（文物）白蚁防治技术交流研讨会论文集》，2007 年。

③ 李桂祥、肖维良：《中国白蚁研究与防治概括》，《中国民族建筑（文物）白蚁防治技术交流研讨会论文集》，2007 年。

④ 奚三彩、龚德才、王勉等：《新型古建筑白蚁防治剂的研究》，《文物科技研究（第一辑）》，科学出版社，2004 年。

（原载中国文物保护技术协会、故宫博物院文保科技部编：《中国文物保护技术协会第五次学术年会论文集》，科学出版社，2008 年）

泗阳汉墓埋藏环境中细菌的分析与检测*

一 引 言

2002 年 11 月中旬至 2003 年 1 月 22 日，南京博物院考古研究所对泗阳县大青墩汉墓进行了抢救性的考古发掘，共出土文物近千件。大青墩汉墓为大型土坑木椁墓。墓室有主墓室和正南外藏椁、东外藏椁、西外藏椁及主墓室和正南外藏椁之间的夹层组成，墓道西侧有一上下两层的大型陪葬坑。墓坑方向为南略偏西 5°、长宽约 18.5 米；墓道在墓坑正南面，宽 4.2 米，长度 10 米以上。除封土层采用夯土层（7 层）建筑外，墓坑内填以青膏泥，青膏泥也采用夯筑法，大致 20 厘米一层，每层之间有灰白色粉状土，层线大致呈水平状，夯筑十分讲究。青膏泥的深度超过 4 米。为配合考古发掘工作的顺利进行，使文物在出土后的第一时间内就能得到及时有效的保护，我院文保人员和考古队密切配合，对文物进行科学的采样，尽可能地保留出土文物资料的完整性。

二 木材样品及环境微生物样品的采集

为了较完整地反映埋藏环境中的微生物的存在状况，必须做到采样与考古发掘同步进行，采样点的选择必须具有代表性并且能够反映微生物自然的空间分布。根据泗阳汉墓的具体情况，我们以 M1 和 M2 采样点进行了土壤和木材的采样，分别定名为 M1 棺外土、M1 墓中土、M1 墓中木、M2 墓中土和 M2 墓中木。采样前需要对所有采样工具、样品袋及各种配备的容器进行杀菌消毒。每采一次样，必须对用过的所有工具及容器进行消毒后才能进行下一次的采样。采样时动作要迅速，以防空气中的微生物飘落到样品上，影响分析结果。要迅速地将采集到的样品放到采集袋中并用胶带密封保管好。样品运回南京后马上进行分析鉴定。土壤中含有大量的微生物，土壤中的细菌来自天然生活在土壤中的自养菌和腐物寄生菌以及随动物排泄物及其尸体进入土壤的细菌[①]。古人墓葬一般都是深埋在地下并用白膏泥、石头、木炭等材料填在棺椁的四周和上面进行密封，也有在白膏泥上再用几米厚的青灰泥覆盖。这样可基本隔绝空气。因此墓葬中的埋藏环境基

---

* 本文由张金萍、奚三彩、周健林合作撰写。

本处于稳定的平衡状态中。木材是微生物的营养源，不可避免地会受到微生物的侵害。在所有微生物中细菌和真菌对木材的危害最大，破坏最严重。相对于真菌而言，细菌对木材的破坏比真菌要小且破坏速度缓慢[②]，这有可能就是许多木材在地下埋藏了数千年却依然保存至今的原因。对木材造成破坏的细菌主要有好氧纤维素分解菌和厌氧纤维素分解菌，虽然埋藏环境基本处于厌氧条件，但在考古发掘过程中，随着土层的变薄，氧气会渐渐渗透到墓葬中，致使环境中的好氧菌复活。因此我们在分析检测时将样品分别放在了好氧和厌氧的条件下进行操作，以求更好、更全面地反映埋藏环境的真实情况。

三　纤维素分解菌优势菌的筛选和纯化

（一）好氧纤维素分解菌优势菌的筛选和纯化

从好氧纤维素分解菌数量的测定用的 CMC 改良培养基平板上，目测挑选优势菌落，记录菌落特征，平板划线纯化菌种后，分别回接到 CMC 改良斜面培养基和牛肉膏—蛋白胨的斜面培养基，在厌氧条件下培养，观察菌株的生长情况，并保留菌种。结果如表1。

表 1　好氧纤维素分解菌优势菌的筛选和纯化

菌株序号	CMC 改良培养基平板上菌落特征				菌落来源	CMC改良琼脂	牛肉膏、蛋白胨、琼脂
	颜色	折光性	大小	其他			
H1－1	白色	半透明	较大	中间有突起	1（－2）	＋	＋
H1－2	白色	半透明	较大	/	1（－2）	＋	＋
H2－1	白色	半透明	较大	似 1－1	2（－2）	＋	＋
H3－1	粉红	半透明	大	/	3（－3）	±	＋
H3－2	黄色	半透明	较小	/	3（－3）	＋	＋
H3－3	白色	半透明	较大	菌落不光滑	3（－3）	＋	＋
H4－1	白色	半透明	较大	/	4（－1）	＋	＋
H5－1	粉红	半透明	大	似 3－1	5（－4）	－	＋
H5－2	白色	半透明	较大	似 1－1 菌落呈针尖状	5（－4）	＋	＋
H5－3	黄色	半透明	小	/	5（－4）	－	＋
H5－4	粉红	半透明	大	/	5（－4）	－	＋

注：1）分离土壤标本的平板上分布有不同的菌落，目测观察比较典型和数量占优势的菌株，然后挑入斜面。菌落特征是指分离的原始平板上菌落的形态和大小，下文同。2）菌落来源 1（－2）表示来自 1 号标本、稀释度为 10^{-2} 的平板。其中 1～5 分别代表 M1 棺外土、M1 墓中土、M1 墓中木、M2 墓中土和 M2 墓中木。3）＋表示在斜面上生长良好；－表示在斜面上不生长；±表示在斜面上有少量生长。

（二）厌氧纤维素分解菌优势菌的筛选和纯化

从厌氧纤维素分解菌数量的测定用的 CMC 改良培养基平板上，目测挑选优势菌落，记录菌落特征，平板划线纯化菌种后，分别回接到 CMC 改良斜面培养基和牛肉膏—蛋白胨的斜面培养基，在好氧条件下培养，观察菌株的生长情况，并保留菌种。结果如表2。

表2　厌氧纤维素分解菌优势菌的筛选和纯化

菌株序号	CMC 改良培养基平板上菌落特征				菌落来源	CMC 改良琼脂（好氧）	牛—蛋琼脂（好氧）
	颜色	折光性	大小	其他			
Y1 - 1	白色	不透明	大	中间有白点	1（-1）	-	-
Y1 - 2	白色	半透明	大	似 1 - 1	1（-1）	+	+
Y1 - 3	白色	半透明	较大	菌落不规则	1（-1）	-	+
Y1 - 4	白色	透明	较大	似 1 - 3	1（-1）	+	+
Y2 - 1	淡黄	透明	较大	不规则，有褶皱	2（-1）	-	+
Y3 - 1	白色	半透明	大	边缘不光滑	3（-3）	-	+
Y3 - 2	白色	半透明	大	不规则	3（-3）	-	+
Y3 - 3	白色	半透明	较大	不规则，铺开	3（-3）	-	+
Y5 - 1	白色	半透明	小	菌落呈针尖状	5（-4）	-	+
Y5 - 2	白色	半透明	较大	似 3 - 3	5（-4）	+	+

四　纤维素分解菌数量的测定

（一）好氧纤维素分解菌数量的测定

1. 羧甲基纤维素钠（CMC）培养基平板稀释法

CMC 培养基配方如下：CMC 20g，Na_2HPO_4 2.5g，KH_2PO_4 1.5g，蛋白胨 2.5g，酵母膏 0.5g，蒸馏水 1000ml，琼脂 20g，pH7.0～7.2。

将配置好的培养基高温高压灭菌（121℃）20 分钟，倒入无菌培养皿，冷却后制成平板。

土样置于 4℃冰箱中保存。测定当天，取 10g 土样加入 100ml 无菌水，振荡 15min 制成土壤悬液。土壤悬液用无菌水系列稀释，吸取 0.05ml 稀释液加入 CMC 培养基平板，刮刀刮匀。将平板放置于 35℃保温箱内恒温培养 3 天，取出记录平板上的菌落数。每一稀释度重复 4 次。测定结果见表3。

表3　好氧纤维素分解菌数量的测定

标本号	干土%	各稀释度下实际菌落数				选用稀释度	纤维素分解菌数量（个/g 干土）
		-1	-2	-3	-4		
M1 棺外土	65.79	27, 20, 18	0, 2, 4	/	/	-1	6.50×10^3
M1 墓中土	66.67	34, 36, 45	8, 2, 4	/	/	-1	1.15×10^4
M1 墓中木	25.96	多不可计	多不可计	284, 432, 410	/	-3	2.89×10^7
M2 墓中土	66.67	1, 2, 2	/	/	/	-1	5.0×10^2
M2 墓中木	20.10	多不可计	多不可计	多不可计	53, 50, 40	-4	4.74×10^7

注：1）/表示该稀释度没有菌落生长。2）每一稀释度设置 4 次重复，记数时选择菌落分布均匀、没有出现明显污染的 3 个平板，因此取 3 次重复。

2. 羧甲基纤维素钠（CMC）改良培养基平板稀释法

由于上面的 CMC 培养基是一种半合成培养基，其中含有蛋白胨和酵母膏，可以作为碳源被微生物利用。因此将这种培养基改进为完全合成培养基，以纤维素为唯一碳源。培养基配方如下：CMC 15g，$(NH_4)_2SO_4$ 0.5g，K_2HPO_4 1.0g，K_2SO_4 2.5g，$MgSO_4$ 0.3g，NaCl 0.2g，$CaCl_2$ 0.2g，$FeCl_3$ 0.01g，阿农微量元素储备液 1ml，蒸馏水 1000ml，琼脂 20g，pH7.0~7.2。

将配置好的培养基高压灭菌（121℃）20 分钟，倒入无菌培养皿，冷却后制成平板。测定方法同前，35℃恒温培养 4 天。测定结果见表 4。

表 4　采用 CMC 改良培养基平板稀释法对好氧纤维素分解菌数量的测定

标本号	干土比例/%	各稀释度下实际菌落数				选用稀释度	纤维素分解菌数量（个/g 干土）
		-1	-2	-3	-4		
M1 棺外土	65.79	35，76，46	4，10，9	/	/	-1	1.59×10^4
M1 墓中土	66.67	多不可计	180，146，142	19，10，12	/	-2	4.68×10^5
M1 墓中木	25.96	多不可计	多不可计	246，221，215	59，60，50	-4	4.34×10^7
M2 墓中土	66.67	6，10，9	/	/	/	-1	2.50×10^3
M2 墓中木	20.10	多不可计	多不可计	多不可计	64，76，65	-4	6.80×10^7

（二）厌氧纤维素分解菌数量的测定

厌氧条件下的 CMC 改良培养基平板稀释法：土壤悬液用无菌水系列稀释，吸取 0.05ml 稀释液加入 CMC 改良培养基的平板，刮刀刮匀。将平板放置于密封干燥器中，抽真空后冲入氮气，反复进行 4 次制造厌氧环境，并采用美兰琼脂指示剂指示干燥器内厌氧状态，35℃保温箱内恒温培养 15 天取出，记录平板上的菌落数。每一稀释度重复 4 次，记数时选择菌落分布均匀、没有出现明显污染的 3 个平板，因此取 3 次重复。测定结果见表 5。

表 5　厌氧纤维素分解菌数量的测定

标本号	干土比例/%	各稀释度下实际菌落数				选用稀释度	纤维素分解菌数量（个/g 干土）
		-1	-2	-3	-4		
M1 棺外土	65.79	10，32，21	/	/	/	-1	6.38×10^3
M1 墓中土	66.67	18，10，9	/	/	/	-1	3.70×10^3
M1 墓中木	25.96	多不可计	多不可计	58，44，42	6，3，10	-3	3.69×10^6
M2 墓中土	66.67	/	/	/	/	/	0
M2 墓中木	20.10	多不可计	多不可计	多不可计	32，28，20	-4	2.65×10^7

五　鉴定结果

将挑出的优势菌株接入牛肉膏蛋白胨培养基进行活化，选择了其中的 16 株进行鉴定，鉴定结果见表 6。

表6　细菌种类的鉴定

序号	细菌斜面24h	BUG24h	革兰氏	细胞形态	鉴定结果	中文名称
H1－1	±	+	GN	短杆	Moraxella osloensis	奥斯陆莫拉菌
H1－2	+	+	GN	短杆	Pseudomonas syringae pv aptata	丁香假单胞菌适合致病变种
H3－1	+	+	GN	杆状	Aquaspirillum autotrophicum	自养水螺菌
H3－3	+	+	GN	球形	Enterobacter	肠杆菌属
H4－1	+	+	GP	杆状，有芽孢	未鉴定出，多于25个临界反应	
H5－1	±	－	GN	杆状	/	
H5－3	+	+	GN	短杆	Acidovorax konjaci	魔芋食酸菌
H5－4	+	+	GN	短杆	Comamonas testosteroni	过滤弧菌
Y1－2	+	+	GN	短杆	Pseudomonas	假单胞菌
Y1－3	+	+	GN	短杆	未鉴定出，数据库中无	
Y1－4	－				/	
Y2－1	+	+	GN	球形	Enterbacter	肠杆菌属
Y3－1	+	+	GN	短杆	未鉴定出，数据库中无	
Y3－2	±	+	GN	短杆	未鉴定出，数据库中无	
Y3－3	+	+	GN	短杆	未鉴定出，数据库中无	
Y5－1	－					

注：BUG 为专用培养基，GN 为阴性，GP 为阳性。

六　结　论

从以上分析结果可以看出，无论 M1 还是 M2 墓葬中木样的细菌数都远远大于土样中的细菌数，说明木材是细菌很好的营养源。从鉴定结果可以看出泗阳汉墓中的细菌种类主要有奥斯陆莫拉菌、丁香假单胞菌、自养水螺菌、肠杆菌属、魔芋食酸菌、过滤弧菌、假单胞菌等。细胞的形态主要有短杆、球形、杆状等。

注释：

① 于天仁：《土壤化学原理》，第115页，科学出版社，1987年。

② 周慧明：《木材防腐》，第54页，中国林业出版社，1993年。

（原载《文物保护与考古科学》2005年第17卷第1期）

侵华日军南京大屠杀遇难同胞纪念馆
"万人坑"遗骸遗址保护[*]

一 前 言

　　侵华日军南京大屠杀遇难同胞纪念馆是全国重点文物保护单位，该馆的所在地是侵华日军南京大屠杀江东门集体屠杀遗址和遇难者丛葬地，是一处以史料、文物、建筑、雕塑、影视等综合手法，全面展示"南京大屠杀"特大惨案的遗址型历史陈列馆。

　　1984 年 10 月～1985 年 4 月，江东门"万人坑"遗址进行了初次发掘，发现了大量二三层叠垒的完整尸骨；1998 年 4 月～1999 年 12 月，对江东门"万人坑"遗址再次进行了发掘，陆续清理发掘出 208 具南京大屠杀遇难者遗骨[①]。

　　"万人坑"遗骸遗址是侵华日军南京大屠杀遇难同胞纪念馆中揭露侵华日军南京大屠杀暴行的最真实的铁证，是回击日本右翼势力否定南京大屠杀的重要物证。它是对日本侵略者令人发指历史罪行的真实揭露，是对中国人民反抗侵略不屈精神的颂扬，是教育广大人民群众特别是青少年不忘国耻、深刻铭记"落后就要挨打"最好的爱国主义教育基地。

　　1998 年，南京博物院对"万人坑"遗骸遗址进行了保护处理。2000 年 4 月，侵华日军南京大屠杀遇难同胞纪念馆在"万人坑"遗骸遗址上兴建了四周为透明夹胶玻璃墙的陈列厅，并配备空调、通风、除湿机等设备。但是由于一直未能解决地下水的问题，到了南京雨季期间遗址内低洼处有水泛出，导致青苔在遗骸和土上大量滋生。

　　2004 年侵华日军南京大屠杀遇难同胞纪念馆改扩建工程经国家发改委批准立项，建设完成后纪念馆的占地面积由 2.2 公顷扩大到 7.4 公顷，成为我国最大的实物史料型纪念馆。为了更好地保护"万人坑"遗骸遗址，改扩建工程设计方案中将遗址上原有的夹胶玻璃墙陈列厅拆除，另建一座新的陈列大厅，并在遗址的下方进行了隔断地下水处理。

---

　　* 本文由奚三彩、郑冬青、张品荣合作撰写。

由于在基建过程中需拆除原有的陈列厅另盖房屋以及进行隔断地下水施工，为了防止施工过程中的震动和坠物等对遗骸造成损害，对可能出现的霉菌进行预防抑制并对遗址现场的青苔进行清除，所以在此期间需对遗骸遗址进行临时性保护处理，待所有基建项目完成后再进行整体复原保护处理。受南京市文物局和侵华日军南京大屠杀遇难同胞纪念馆扩建工程现场指挥部委托，遵照国家文物局审核通过的保护方案和文物保护相关的法律法规，南京博物院对"万人坑"遗骸遗址进行了技术保护。

二　保护工艺流程

（一）临时性保护

临时性保护的主要内容是对"万人坑"遗骸遗址内松动的土体进行临时加固，对遗骸进行消毒、防霉、临时修复、加固、除青苔，然后对遗骸遗址实施聚氨酯发泡固定。

（二）整体复原保护

整体复原保护的主要内容是将临时保护中的遗留的发泡材料进行清理，并对遗骸遗址进行全面的清洗、化学消毒与霉菌防治、遗骸修复复位、加固和封护等。

1. 前期清理工作

由于在"万人坑"遗骸遗址的临时保护中安置了透气管和发泡材料，基建中也残留了很多的垃圾，所以需先对这些进行清理。发泡材料用小型锯条锯成小块搬离现场，锯的过程要小心不能碰到泡沫下的遗骸。周围基建掉入坑内的建筑垃圾，体积较大的用手捡出，粉尘等用油漆刷轻轻地掸入小容器中取走。

2. 遗骸的清洗

遗骸表面附着的一些污染物和灰土等紧密地黏在骨质表面，这些都需要清洗干净。我们在现场分别采用水性 OP 清洗剂和无水乙醇与丙酮配制的溶剂性清洗剂等进行了实验，最后确定了最佳的清洗工艺。

首先，用软毛刷或油画笔轻轻地掸掉骨架和土层上面的浮尘，在此过程中要注意不能让骨架松动的部位移位。

其次，用画笔蘸取溶剂性清洗剂在附着物上轻轻涂刷进行溶胀，再小心地剔除；遇到附着力特别强的异物可用脱脂棉蘸取清洗剂在上面敷一段时间，待其软化后剔除。

第三，用镊子包裹脱脂棉蘸取无水乙醇进行整体擦拭。

由于临时保护时已对青苔进行了清洗，并喷洒了防治青苔的灭苔藓剂 WT1，防治效果非常理想，此次的保护中未发现有青苔出现（图 1、2）。

图1 实验室清洗前　　　　　　　　　　图2 实验室清洗后

3. 遗骸遗址的消毒及防虫防霉

采用拟除虫菊酯和 NMF – 1 型防虫防霉剂（南京博物院文保所自行研制）复配成消毒及防虫防霉剂，用喷壶均匀地在坑内喷洒两遍（图3、4）。

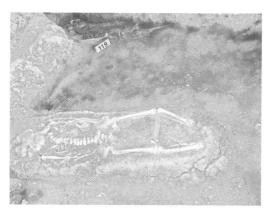
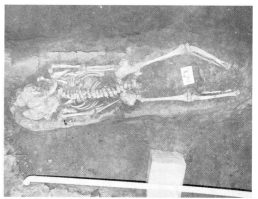

图3 遗骸遗址去青苔前　　　　　　　　图4 遗骸遗址去青苔后

4. 遗骸的修复复位

临时保护进行前进场对遗骸状况进行了拍摄，此次整体复原保护进场后将原始照片调出，对比后将错位的遗骸归位。为防止遗骸再次错位，在遗骸跟土壤接触处，用水溶性环氧树脂与坑内取的泥土混匀后粘接；头盖骨的空洞内加入填充物防止塌陷。

5. 土遗址的加固

经过隔绝地下水处理，土遗址已逐渐干燥，在干燥的过程中出现了许多大小不一的裂纹。而且土层裂隙也连带使骨头崩开断裂，因此必须对土遗址进行渗透加固。

土遗址上裂缝纵横交错、宽窄不一，处理方法是先将水性硅丙树脂沿裂隙注入深处；在靠近表面处用水溶性环氧树脂加固，方法采用机器注浆、弹簧针管和注射器注射相结合，反复多次直至不再吸收为止。经过加固后的土遗址基本形成一个整体，表面裂隙不会继续崩裂。

6. 遗骸及土遗址的封护

为了防止遗骸受空气中水汽及酸性有害气体的侵蚀和土遗址的扬尘,需对遗骸和土遗址进行封护。根据实验,遗骸封护选用溶剂型有机硅树脂派力克封护可有效防止粉化,土遗址则采用水性氟硅树脂进行封护。

派力克树脂的主要成分是有机硅和有机氟树脂的共聚物,在空气中能迅速成膜,膜具有很强的防水、抗风化、透气性等优点,在国内外文物保护中应用面非常广(主要性能指标见表1)。

表1 派力克树脂理化性能和技术指标

沸点(℃)	90～120	闪点(℃)	54
外　观	均匀,无沉淀和漂浮物	密　度	0.7g/ml
pH 值	7.0±0.5	稳定性	无分层和明显沉淀
吸水率(%)	8.4	VOC	符合国家环保标准
耐酸碱性	符合 GB/T9265－1988	耐水性	符合 GB/T1733－1993
耐沾污性	符合 GB/T9757－1988	耐人工老化	符合 GB/T1766－79(80)

氟硅树脂是一种氟硅改性丙烯酸乳液,是以丙烯酸通过 Actyflon 系列氟化丙烯酸化合物的改性,采用先进的自交联技术聚合而成。其无色透明、抗紫外线、耐候性好符合文物保护材料的优选要求,特别是氟硅树脂有自洁功能,不易吸附灰尘和油污。与其他表面加固封护剂相比,氟硅树脂的支链具有表面张力极低的特点和良好的渗透性以及良好的自洁功能(主要性能指标见表2)。

表2 氟硅树脂理化性能和技术指标

剂　型	水　剂	固体含量	45%
外　观	无色、无光、透明	pH 值	7～8
气　味	无刺激性	密度(25℃)	1.08g/ml

遗骸表面的封护采用软毛刷蘸取封护剂涂刷,土遗址的封护则用专用机械整体喷洒。

三 结 语

侵华日军南京大屠杀遇难同胞纪念馆"万人坑"遗骸遗址整体复原保护工程是南京博物院继"万人坑"遗骸遗址临时性保护的后续工程,受到南京博物院领导和文保所领导的高度重视。

该项目在借鉴临时保护工程成功经验的基础上,采用了"遗骸清洗、消毒及防虫防霉、遗骸修复复位、土遗址加固、遗骸及土遗址封护"等工艺,安全地实施了整体保护工程。该项目的实施满足了"万人坑"遗骸遗址陈列展览的需要,其保护效果得到了南京市相关领导和专家的肯定。侵华日军南京大屠杀遇难同胞纪念馆新馆重新对公众免费开放以来，已经接待中外观众约 200 万人次。

在该项目实施过程中南京市文物局、侵华日军南京大屠杀遇难同胞纪念馆、扩建工程现场指挥部和南京市博物馆等单位的领导和专家给予了诸多关心和支持，在此，谨向关心和支持该项保护工作的单位和同志们表示衷心的谢意！

注释：

① 朱成山：《侵华日军南京大屠杀江东门"万人坑"遗址的发掘与考证》，第 45～56 页，江苏古籍出版社，2002 年。

（原载《东南文化》2008 年第 6 期）

徐州市狮子山汉兵马俑坑防水加固保护*

一 前 言

1984 年 12 月初，江苏省徐州市砖瓦厂在东郊狮子山西麓取土时发现徐州狮子山汉兵马俑遗址。1985 年在原址上建博物馆进行保护。1996 年被公布为第四批全国重点文物保护单位。

由于考古发掘后俑坑一直未进行很好的防水加固保护，致使汉兵马俑长期处于饱水状态，甚至浸泡在水中（图 1）。受徐州市汉兵马俑博物馆委托，遵照《徐州市汉兵马俑俑坑临时抢救性防水加固保护措施》和组织专家组论证形成的《徐州汉兵马俑馆一号坑东段俑体及俑坑紧急加固工作措施》《会议纪要》等，并报经国家文物局批准，南京博物院联合宜兴市太湖防渗修缮加固工程有限公司于 2007 年 4 月 1 日~6 月 4 日历时 65 个工作日，对徐州狮子山汉兵马俑俑坑实施了防水加固保护。

二 汉兵马俑病害状况调查

俑坑内的汉兵马俑由于长期处于饱水状态，甚至浸泡在水中，出现了陶俑涨开、泛碱、彩绘脱落、陶质酥解及粉化等病害。

造成俑坑积水的主要原因是汉兵马俑坑东面为狮子山，南、西、北面临近人工湖面（狮子潭）。俑坑地处狮子山山坡，夏季降水集中，尤其是每年的 6~9 月，东狮子山的岩体裂隙贯通渗水从俑坑冒出，从而形成了汇水区域，渗水呈现喷流状，导致俑坑处于饱水状态，低凹处有较深的积水；加之排水系统不畅，俑坑一直处于水侵蚀之中。

三 防水加固保护技术措施

1. 技术路线

此次俑坑防水加固保护工程分为五阶段进行。

第一阶段对俑坑现状进行调查、勘探、照相、测绘和取样分析；

---

* 本文由郑冬青、奚三彩、万俐、张品荣、邱永生合作撰写。

第二阶段拆除俑坑坑壁、坑底进行清土；

第三阶段对俑坑进行架空、砌筑排水盲沟、混凝土刚性防水层找平封护；

第四阶段对坑壁、坑底进行玻璃钢的铺设加固；

第五阶段对坑壁进行做旧处理恢复原貌以及表面封护等工作。

2. 一号俑坑的施工工艺

一号坑施工严格按照设计方案的技术要求进行。

（1）用砼板材隔断坑底（图2）、坑壁形成空仓的情况下保留历史原貌的三处外露基岩，俑坑台阶分三段（东段高平均510～600毫米；中段高平均630毫米；西段高平均770毫米）由东高西低成10°左右倾斜状，坑底高度东段提高90毫米，西段提高130毫米；施工后的坑体规格为长30.77、上口宽2.38、底宽1.6米。

（2）排水盲沟的施工（图3）

沿坑壁四周开凿成200×250毫米排水沟，将坑底、坑壁的渗水直接引入排水沟，排水沟延伸至西段集水井（规格为500×400×500毫米）；集水井与排水管网相通。

（3）坑内采用混凝土刚性防水层找平与玻璃钢铺设防护层采用三布复合。

（4）坑壁做旧采用树脂与原土；参照考古发掘资料仿制文化层层面（图4）。

图1　兵马俑坑往年渗水状

图2　砼板材隔断坑底

图3　砌筑排水盲沟

图4　一号坑做旧局部

（5）表面封护。

为进一步保护俑坑内兵马俑，防止坑壁扬尘和在水蒸气和酸性气体的侵蚀下老化，需对其采取适当的封护措施。封护剂的选择原则如下。

（1）已在同类文物保护工程中成功应用。

（2）能形成一种新的、抗风化的矿物胶结物，不形成任何破坏土体的副产物。

（3）对土体的一些主要特性，如水蒸气透气性等无不良影响。

（4）在土体中有良好的渗透力。

（5）封护后的力学剖面应当平稳，在表面附近不应产生力学强度过大的现象。

（6）不会引起土体表面颜色的变化。

（7）材料本身具有无色、透明、无光的特性。

（8）封护后具有良好的耐候性、憎水性和抗紫外线功能。

（9）对人体无害，对环境无污染。

根据以上原则，选用了 YT－1 型氟硅封护剂进行封护。YT－1 型氟硅封护剂是一种氟硅改性丙烯酸乳液，是以丙烯酸通过 Actyflon 系列氟化丙烯酸化合物的改性，采用先进的自交联技术聚合而成。其无色透明、抗紫外线、耐候性好符合文物保护材料的优选要求，特别是氟硅树脂有自洁功能，不易吸附灰尘等，便于遗址表面的日常清扫维护。与其他表面封护剂相比，YT－1 氟硅封护剂的支链具有表面张力极低的特点和良好的渗透性以及杰出的自洁功能（主要性能指标见表1）。

表1　YT－1 氟硅封护剂理化性能和技术指标

剂　型	水　剂	固体含量	45%
外　观	无色、无光、透明	pH 值	7 ~ 8
气　味	无刺激性	密度（25℃）	1.08g/ml

3. 二号俑坑的施工工艺

（1）俑坑东段的施工与一号坑雷同，即砼板材隔断坑底、坑壁使俑坑东段形成空仓，俑坑东段台阶分三段（东段高平均550 ~ 600毫米，中段高平均700毫米，西段末考古发掘高度为平均900毫米）由东高西低成10°左右倾斜状，坑底高度东段提高90毫米；施工后的坑体规格为长31.3、上口宽2.38、底宽1.6米。

（2）排水盲沟的施工

拆除西段原有水泥坑壁，沿坑壁四周开凿成200×250毫米排水沟，将坑底、坑壁的渗水直接引入排水沟，排水沟延伸至西段集水井（规格为500×400×500毫米）；集水井与排水管网相通。

（3）坑内采用混凝土刚性防水层找平后铺设玻璃钢防护层（图5）。

（4）坑壁做旧采用树脂与原土，参照考古发掘资料仿制文化层层面。

（5）表面封护材料主要采用氟硅树脂。

图 5　二号坑玻璃钢的铺设

图 6　二号坑西段铺设土工反滤鹅石层

图 7　一号坑施工后

图 8　二号坑施工后

（6）考虑俑坑西段末发掘而形成新的集水区域，采用了反滤装置使集水引入排水盲沟，保持土体不流失，用两层土工布、三层鹅石（粗、中、细）（图6）。

四　结　语

俑坑经过防水加固保护，达到了"不改变文物原状"和防渗的技术要求，使汉兵马俑免遭水患的侵害（图7、8）。

（原载《东南文化》2009 年第 2 期）

江苏徐州龟山汉墓墓道的修缮保护[*]

一　前　言

江苏徐州龟山汉墓位于徐州市西北约7km的九里区拾屯镇龟山西坡，是1996年公布的第四批全国重点文物保护单位（图1）。

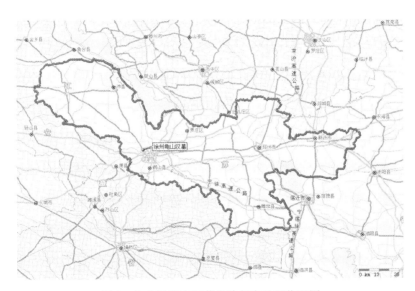

图1　龟山汉墓在江苏省徐州市地理位置图

龟山汉墓是西汉第六代楚襄王刘注及夫人同茔异穴的合葬墓，是目前西汉楚王墓群中唯一一处有确切的墓主身份的墓葬。该墓开凿于西汉武帝时期，由两条相互独立的墓道、两条甬道及15间墓室组成。北墓道为刘注夫人墓道，长20.7m；南墓道为刘注墓道，长22.2m。两墓道面积约160m²，距地表200～1200mm。两墓道互相平行，相距20m，上口露天。墓道是由夯土墙和石壁共同组成的。南北墓道地面都凿有水沟与甬道及墓室水槽相通，两墓道西约5m处均有一渗水井，墓内积水通过水槽流入渗水井，再注入地下岩石裂隙，从而构成一个完整的排水系统。

＊ 本文由郑冬青、奚三彩、李克彪、张品荣合作撰写。

二　病害状况及成因分析

　　龟山是一座石灰岩山丘，20 世纪 70 年代以来，当地村民开山采石，龟山被作为石料采集场，山体遭受严重破坏。其中，墓葬北侧山体千疮百孔，开采面形成一个山凹，龟山南侧已被开采断开，基本被夷为平地。由于开山采石中爆破石料，山体结构也因此受到一定的破坏，岩石松动。墓内自然裂隙较多，渗水严重。其中，北墓道残损较重，北甬道东段上部裂隙严重，最大的自然裂隙长达 3m，宽约 2cm，夏季渗水较重。墓室上方的山体自然降水有一部分渗入墓顶，顺裂隙进入墓室内。夏季多雨季节时墓室内常积水，要靠水泵排水，秋冬春三季墓室相对干燥。

　　经勘察分析，龟山汉墓墓道现状与历次考古发掘报告记录面貌有较大差异，特别是墓道八字口石壁人为扰动较为严重，改变了墓道原貌。近年来，由于墓室内渗水、自然降水、降尘和新建构筑物等多种因素影响，龟山汉墓墓道已经存在诸多隐患，严重危及文物和游客人身安全，病害类型主要有以下几个方面。

（一）墓道石壁残缺不全

　　墓道四方石壁除南墓道北侧石壁保存较完整外，其他三方均残缺不全，尤以北墓道两侧石壁残缺最为严重；残缺的部位使两侧的石块失去支撑，上侧石壁基础应力因此不平衡，形成危岩体。产生残缺的主要原因是历史上石壁多次遭受人为的破坏所致。

（二）墓道危石随时有坍塌的可能

　　石壁上发现有 7 块危石，其中 4 块有贯通裂缝，随时有坍塌的可能，并危及人身和文物安全。危石形成有多种原因：一是石灰岩本身强度不高，二是石灰岩受自然侵蚀风化，三是原开山采石造成岩体松动，四是现修建的入口建筑后墙基础破坏了部分墓道岩石的稳定性。

（三）原修建的入口建筑改变了墓道原状

　　1992 年，在墓道八字口处修建了入口建筑，在两侧石壁上嵌入了大量的钢筋，增砌的红砖墙体和水泥浆料涂层遮盖了墓道石壁，改变了墓道原状。

（四）墓道部分石壁风化严重

　　南墓道石壁紫砂岩石因自然风化呈大面积片状脱落，勘察中还时有紫砂岩片坠落。据考古发掘报告介绍，墓道中原有巨型塞石充填，表面覆土，紫砂岩尚未裸露，但现状是紫砂岩已经裸露。因此，岩石风化与其裸露有关，大气环境应是造成紫砂岩石自然风化的主要原因。

（五）植物根系破坏了岩体的稳定性

墓道石壁石缝间生长大量的阔叶植物，其根系破坏了岩体的稳定性，可能诱发石块坍落。

（六）墓道表面滋生微生物和低等植物

墓道基层受到地下水、墓室内排水和自然降水侵蚀，处于饱水状态；地表滋生大量的霉菌、苔藓等。经现场勘察和采样分析，墓道石壁和地表上苔藓的主要营养物为无机盐和有机物等，其根系在滋生蔓延过程分泌出酸性物质，降解了石质和夯土墙，滋生严重的部位已对墓道形成一定程度的破坏。墓道石壁、地表上霉菌和苔藓经鉴定主要为毛霉、长蒴藓等。

（七）墓道夯土墙表层呈片状脱落

夯土四壁的三个剖面现几乎呈垂直状，部分与山体失去联系，夯土墙极不稳定；表土收缩开裂，呈片状脱落。造成夯土收缩开裂和表土片状脱落的原因，是考古发掘时揭露夯土裸露速度过快，造成水分收缩不均匀，卸荷应力不平衡，加之夯土与大地相通，地下毛细水中的可溶盐随水分的变化在夯土表面重结晶使表面泛白、沙化，裂隙逐渐发育为块状、片状，造成夯土表层脱落。造成病害的原因主要是历年多次人为营建和地下水、墓室内排水及自然降水、降尘和微生物侵蚀。

三　维修保护的技术措施

（一）清除岩石上的植物

对墓道岩石上的植物，采用人工切割，切割时尽量不伤及植物在岩缝中的根系；根据根径的大小，在切割处注入适量的化学试剂促其死亡。

用喷枪向岩石缝隙表面喷撒草甘灵，岩石间缝隙都要喷到；控制好喷涂液压，不得将缝隙中的土喷离。

（二）去除霉菌及低等植物

1. 机械方法

先用毛刷和小铲轻轻地除去墓道夯土、石壁和排水沟上的杂物和霉菌，有苔藓处可用牛角刀或小铲等工具机械铲除。

2. 喷洒药剂

先用乙醇溶解 P1 型防霉剂，再与 WT1 以 2:3 的比例混匀，用水配成浓度为 10% 的药液进行喷洒，为保证充分渗透，喷洒以两遍为宜，单次用量一般以表面不积药液即可，两遍的间隔时间，以第一遍完全渗透后，再进行第二遍喷洒。

间隔一天后，用化学药剂有效浓度为 10% 的 WT1 和 P1 的混合液，进行第三道处理，喷涂在岩石和夯土的表面，使之在岩石和夯土表面形成一层药剂保护膜，防止苔藓和霉菌等微生物的生长，同样分两遍进行。

（三）墓道夯土墙的加固及封护

1. 夯土墙深层加固

采用小型灌浆机按 20mm 的间距（孔径 1.5mm）插入夯土中约 350mm 及 200mm 深处，高压注入低固含量的水性硅丙乳液（图 2、3）。

2. 夯土墙外层加固

采用小型灌浆机按 20mm 的间距（孔径 1.5mm）插入夯土中约 100mm 深处，高压注入水性环氧树脂。控制好注入液压，不得将化学材料溢出夯土表面。外层加固还可以采用滴注法和弹簧针管法相结合进行（图 4、5）。

图 2　灌浆试验

图 3　夯土墙深层加固

图 4　弹簧针管压力注射法加固夯土

图 5　滴注法加固夯土

图6　北墓道北侧夯土人工补配　　　　　　图7　北墓道南侧夯土墙补配

3. 夯土墙表层封护

用喷枪向夯土墙表层喷洒氟硅树脂。喷射时控制好压力，不得将表层土喷离。喷好后待表面稍干时，用塑料布覆盖夯土墙，利用温差效应使化学材料向夯土里层渗透。

夯土本身的孔隙度是夯土墙加固的一个关键因素，孔隙度越大，加固剂越容易渗入其内部。因夯土的孔隙度大大小于自然土壤，为保证加固效果，在施工中根据夯土的实际孔隙度和风化情况选择合适的注入压力。

夯土中的含水率和施工环境温、湿度亦对加固效果有直接的影响。实施加固前，要将夯土墙含水率控制在10%以下，并选择在晴天和湿度在50%~60%的环境条件下施工。夯土墙缺失部分在有依据的前提下进行了补配（图6、7）。

（四）墓道石壁的修缮保护

1. 清除原入口建筑遗留的建筑材料

剔除原入口建筑的红砖砌墙、钢筋、水泥；清理残留的建筑垃圾；对嵌入石壁中的钢筋采用气割切除，切割时要深入石壁内10mm，切割后做旧，以保持石壁外观协调一致。清除石壁上的水泥抹面，按石壁原状，复原石壁上的凿痕（图8）。

2. 补配修缮缺失的墓道石壁

补配修缮北墓道南北侧和南墓道南侧缺失的墓道石壁，选用当地原石材料，进行补配和修缮，做出凿痕，两石缝间用当地黄土调水性黏合剂做旧。

3. 治理危石

首先，对危岩体中有裂缝但较稳定石块采用表面水泥灌浆法灌注其裂隙。水泥灌浆的施工步骤为：沿裂缝打孔后埋入灌浆嘴→用M20砂浆或C20混凝土封堵裂隙→封缝48h后压浆。

若裂隙内部有深大溶蚀而向远处跑浆者，应首先用较稠水泥砂浆封堵，灌浆时不要连续灌，待前一次浆液初凝后，再进行二次灌浆，以便减少浆液流失，必要时可加速凝剂，对灌浆表面要进行做旧。

其次，对危石采用工字钢竖向支顶、环氧树脂化学灌浆黏接及锚杆加固（图9），

图8　做石壁凿痕　　　　　　　　　　图9　锚杆加固

保证危石固定在原处不会发生位移。

最后，对于危岩体，原则上能够刷方的危石均应予清除。

4. 墓道石壁防渗堵漏

（1）清理

详细检查、分析渗漏病因和渗漏分布现状，确定灌浆孔位置及间距。将需要施工的区域清理干净，凿除岩土表面析出物，确保工作面表面干净、润湿。

（2）钻孔

用电动钻孔工具沿裂缝两侧进行钻孔，钻头直径为14mm（微裂隙视现状减小钻头直径，20mm以上裂隙视现状增大钻头直径），钻孔角度根据裂隙走向而定，钻孔深度为结构厚度的2/3，钻孔时必须穿过裂缝，但不得将结构打穿，钻孔间距控制在20～60cm。

（3）埋嘴

在钻好的孔上安装并固定灌浆嘴（亦称之为止水针头）后，用专用扳手拧紧，使灌浆嘴周围与钻孔之间无空隙、不漏水。

（4）洗缝

用高压清洗机以6MPa的压力向灌浆嘴内注入洁净水，将缝内粉尘清洗干净，观察出水点情况，并做好记录。

（5）封缝

将洗缝时出现渗水的裂缝表面用快干封闭剂进行封闭处理，目的是保证灌浆时不跑浆，以确保浆液仅封堵灌浆段的裂隙，而不会下渗至石壁内部。

（6）灌浆

使用高压灌浆机向灌浆孔内灌注防渗堵漏剂浆料。立面灌浆顺序为由下向上；平面可从一端开始，单孔逐一连续灌注。当相邻孔开始出浆后，保持压力3～5min，即可停止本孔灌浆，改注相邻灌浆孔。

（7）拆嘴

灌浆完毕，经检验确认不漏即可去掉外露的灌浆嘴，清理已固化的溢漏出的灌浆液。

（8）封口

用快干封闭剂对灌浆口进行修补、封口处理。

（9）防水

用改性环氧树脂防水材料将化学灌浆部位涂三遍（底涂、中涂、面涂）以做表面防水处理。

（10）做旧

上述所有步骤完成后，需进行表面做旧处理。首先，加固、灌浆材料不要过于突出，要与石壁面自然过渡；其次，做旧处理材料采用当地的岩粉与胶掺和调兑达到与岩石色调接近即可。

四　结　语

经过保护修缮工程，徐州龟山汉墓墓道的夯土墙和石壁基本恢复了原貌，取得了预期的效果（图 10 ~ 17）。

图 10　北墓道北石壁修缮保护前

图 11　北墓道北石壁修缮保护后

图 12　北墓道南石壁修缮保护前

图 13　北墓道南石壁修缮保护后

图 14　北墓道夯土修缮保护前　　　　　图 15　北墓道夯土修缮保护后

图 16　南墓道修缮保护前　　　　　　　图 17　南墓道修缮保护后

（原载中国文物保护技术协会、新疆文物古迹保护中心编：《中国文物保护技术协会第六次学术年会论文集》，科学出版社，2010 年）

江苏田野石质文物的新型
保护材料应用研究[*]

前　言

　　江苏省境内六朝石刻共 32 处，主要分布在南京、江宁、句容、丹阳 4 个地区。其中南京与江宁 20 处、句容 1 处、丹阳 11 处。这些列置于陵墓前的石刻群，都是形制硕大、雕琢精湛的宏伟巨制，是当时的雕刻师创作的无与伦比的辉煌杰作，更是我们今天借以窥见当时中国南方地区石雕艺术高度发展水平的艺术珍品[①]。

　　六朝陵墓石刻暴露于自然界的风化环境中，饱经 1400 余年沧桑，已受到严重的损坏，主要表现为：表面纹饰不清、酥碱、粉化、剥落，各色污垢附着，本体裂缝、断裂、破碎、坍塌等等，特别是随着近代工业的发展，环境污染和酸雨对石质文物古迹的侵蚀更加严重，南京为潮湿地区，年均相对湿度为 80%，年均降水量为 1106mm，近几年降水 pH 值达 4.7，而酸雨标准 pH = 5.6，南京已成为国内酸雨污染最严重地区之一，六朝陵墓石刻的基材为石灰岩，这类碳酸盐类构成的石质文物，更易受到酸雨灾难性的破坏。对这些石刻进行科学修复和保护已成为当务之急。

　　石质文物化学封护近年来存在一定的争议[②]，但是对于六朝石刻这样风化严重处于亟待抢救境地的文物来说，表面封护也是一种可以考虑的思路。本文通过实验室一系列实验，对常用的石质文物封护剂进行了性能对比，对比结果可作为今后现场施工中封护材料取舍的依据。

一　石质文物常用封护材料

　　石质文物加固剂分无机加固剂和有机加固剂两类。国际上曾用的无机加固材料有：石灰水、氢氧化钡、碱土硅酸盐及氟硅酸盐等。有机加固剂用于石质文物和古建筑保护已有 40 余年的历史，分为小分子化合物和聚合物两类。小分子化合物——目前用得最多的要数硅酸酯，如德国产的 Remmers 300，可加固砂岩、砖瓦、黏土类文物；聚合物——它在石质

---

　　*　本文由徐飞、奚三彩、杨毅、陈步荣、陈洪麟合作撰写。

文物加固及封护中应用极其普遍，主要有：丙烯酸树脂、环氧树脂、有机硅树脂等。

近年来，文物保护工作者做了大量的研究和探索工作，有机氟材料由于氟碳键的键能在所有化学键中最大，因而具有稳定的化学结构，含氟聚合物也因此具有优异的耐候性、耐腐蚀性、耐洁污性、耐化学品性、斥水性、绝缘性等已经在涂料工业上得到认可，含氟丙烯酸类聚合物涂料、含氟聚醚（酮）类聚合物涂料、含氟聚硅氧烷涂料等种类已广泛用于涂料中。国内外石材保护者和文物保护学者已进行了这方面的尝试研究和应用[③-⑥]，和玲、姜宝莲、梁国正等用含氟聚合物保护陕西户县出土新石器彩陶[⑦]，分别用不同浓度（30%、20%、10%、5%）的四元含氟共聚物（F4－SS）溶液进行加固防护处理，结果表明：用 F4－SS 溶液加固处理后，彩陶的机械强度显著提高，外观颜色无变化，孔隙水蒸气通道无影响。

近年来也有纳米复合材料用于石刻保护的报道，取得了一定的研究成果[⑧]。有机封护用于石刻文物已有 40 多年的历史，但防护效果仍不尽人意。主要问题是：（1）有机高分子防护材料在野外的实际有效寿命达不到文物保护的要求，失效的防护材料易产生泛黄、粉化和堵塞微孔等不可逆作用；（2）石材本身亲水性与有机防护膜憎水性的矛盾，表层的憎水性会使石头的内外层产生显著的湿度梯度而容易造成应力破坏；（3）表层高分子防护膜阻止了可溶性盐在石材内部和表面的迁移，盐的结晶压力可以顶破保护层，甚至胀破石材微孔，使表面呈粉状剥落。

根据各地实验和试用情况来看，有的防护剂涂抹后，或改变了石刻原色，或经过几年的风吹雨打即出现褶皱，或出现破裂，致使保护失效或达不到理想效果。石质文物本身和所处环境的各种化学因素，物理因素的"动态性"决定了对保护材料的更高要求，因此，没有一种通用的保护剂，任何一种保护剂都有自己的适用范围和局限性，在选用保护剂时必须经过实验室和现场试验，因为石质文物不能再生，必须"整旧如旧，保持原貌"，所以在进行化学保护剂实地试验时应极为谨慎，仅在小面积和个别石像上进行，寻找新型防护材料和改进现有表面防护材料是当务之急。

二　试验部分

（一）试验材料

六朝石刻用材与阳山岩体相同，因此我们选用阳山新鲜石材为试验用材。按测试项目要求的尺寸，将石材加工成试块，试块尺寸主要有：20mm × 20mm × 20mm，50mm × 50mm × 20mm，尺寸误差小于 2mm，试块边角要完整，数量应满足要求。加工好的试块用清水清洗后在 110℃ 烘箱里烘干冷却后备用。

（二）基本封护材料的选择

根据文物保护原则和对保护材料的要求，在查阅大量有关室内研究、保护工程实例的资料，及进行市场调研的基础上，拟选择几种国内外常用的传统石材保护剂如有机硅、有机氟硅及几种新型保护材料有机氟材料进行室内试验，有关材料的名称、代号及主要成分见表1。

表1　基本封护材料

材料名称	产　地	主要成分	物态，纯度
有机氟	杜邦公司	有机氟	液体，水性原液
聚合硅氧烷	法国	聚合硅氧烷	液体，油性原液
氟硅型石材养护剂	江苏	氟硅	液体，油性原液
有机硅氧烷	北京	有机硅氧烷，大分子量	液体，工业纯
正硅酸乙酯	上海	硅酸乙酯	液体，浓度28%
水性氟碳	南京	氟碳树脂	液体

注：详细的保护材料编号与配比见表2。

表2　基本封护材料编号与配比

材料编号	材料名称	浓度与配制
B（空白）	（不刷涂）	/
F	有机氟	5%水溶液
P	聚合硅氧烷	直接使用，不另加溶剂
S	氟硅型石材养护剂	直接使用，不另加溶剂
D	有机硅氧烷	5%，溶剂为混合溶剂
T	正硅酸乙酯	混合溶剂稀1倍，浓度为14%
W	水性氟碳	直接使用

（三）纳米添加材料

全部纳米材料的平均粒径在20nm～100nm。纳米添加材料的品种见表3。

表3　纳米添加材料

代　号	名　称	产　地	备　注
1	纳米碳酸钙	南京工业大学制备	油性
2	纳米高岭土	南京工业大学制备	油性
3	纳米羧酸钙	南京工业大学制备	水性
4	纳米二氧化硅	南京工业大学制备	水性
5	纳米二氧化硅	南京工业大学制备	油性
6	纳米二氧化钛	外购	水性
7	纳米氧化锌	外购	水性

由初步试验知，纳米羧酸钙憎水性能差，故未使用。

（四）纳米复合材料的制备

制备的纳米复合材料编号与配比见表4。编号方法为基本加固材料编号（字母）＋纳米材料编号（数字）。

表4 纳米复合材料的编号与配比

材料编号	材料名称与配比
B（空白）	（不刷涂）
F	5%有机氟水溶液
F4	5%有机氟水溶液+0.5%水性纳米二氧化硅
S	氟硅型石材养护剂
S1	氟硅型石材养护剂+0.5%油性纳米碳酸钙
S2	氟硅型石材养护剂+0.5%纳米高岭土
S5	氟硅型石材养护剂+0.5%油性纳米二氧化硅
P	聚合硅氧烷
P1	聚合硅氧烷+0.5%油性纳米碳酸钙
P2	聚合硅氧烷+0.5%纳米高岭土
P5	聚合硅氧烷+0.5%油性纳米二氧化硅
D	5%有机硅氧烷
D1	5%有机硅氧烷+0.5%油性纳米碳酸钙
D2	5%有机硅氧烷+0.5%纳米高岭土
D5	5%有机硅氧烷+0.5%油性纳米二氧化硅
T	14%正硅酸乙酯
T1	14%正硅酸乙酯+0.5%油性纳米碳酸钙
T2	14%正硅酸乙酯+0.5%纳米高岭土
T5	14%正硅酸乙酯+0.5%油性纳米二氧化硅
W	水性氟碳
W4	水性氟碳+0.5%水性纳米二氧化硅
W6	水性氟碳+0.5%纳米二氧化钛
W7	水性氟碳+0.5%纳米氧化锌

（五）人工模拟脆弱试块制作

将试验用石材磨细成粉，用粉末压片机在模具中加压成型，制作成低强度的圆柱形试块，每只试块的重量和尺寸（直径15mm，高15mm）保持一致，然后进行封护，测定抗压强度等性能。

（六）石材的加固封护工艺

封护对象为普通试块、模拟脆弱试块、石英玻璃板等，对试块进行不涂（空白试验）、半涂、全涂等多种条件下试验。

（七）各项性能测试

1. 外观、颜色、光泽变化
2. 憎水性能

3. 吸湿等温线

4. 持水量

5. 抗压强度

6. 渗透速率试验

7. 耐盐浸蚀

8. 耐二氧化硫试验

9. 耐酸性能

10. 耐碱性能

11. 耐冻融试验

12. 耐光老化

13. 稀硫酸循环喷淋试验

14. 半涂的试件外观和耐盐试验

三　结果与讨论

（一）石材化学成分分析

石质文物基材取自南京江宁区麒麟镇，为一对六朝石麒麟边座去除表层后的内部新鲜岩石，将石质文物基材和试验石材分别磨细烘干灼烧后用 X 射线荧光光谱仪（XRF）分析化学成分。分析结果见表5。

表5　石质文物基材和试验石材的化学成分

成分名称	SiO_2	Al_2O_3	K_2O	CaO	Fe_2O_3	MgO	TiO_2	LOSS
文物基材	1.93	0.809	0.196	48.20	0.185	0.503	0.044	46.80
试验石材	3.04	0.550	0.053	52.61	0.246	0.577	0.057	42.53

从分析结果可知，石质文物为方解石，其主要成分为 $CaCO_3$，属石灰岩。

（二）外观、颜色、光泽变化

试验结果见表6。

表6　封护前后外观、颜色和光泽度变化

材料编号	光泽度（85°）	目视外观颜色变化	仪器测定色差	结果评定
B（空白）	6.4	无变化	0	优
D	2.6	无变化	8.64	良
D1	2.6	无变化	6.09	良
D2	2.3	无变化	5.84	良
D5	1.9	无变化	4.82	优

（续表）

材料编号	光泽度（85°）	目视外观颜色变化	仪器测定色差	结果评定
F	5.8	无变化	7.41	良
F4	4.0	无变化	7.57	良
P	5.2	轻微变色	13.44	中
P1	2.8	轻微变色	11.74	中
P2	3.0	无变化	9.46	良
P5	1.9	无变化	7.10	良
S	2.2	无变化	6.51	良
S1	4.2	无变化	8.54	良
S2	5.2	轻微变色	14.36	中
S5	2.4	轻微变色	14.40	中
T	5.9	明显变色，油腻，润湿	22.90	劣
T1	6.7	明显变色，油腻，润湿	25.43	劣
T2	3.9	明显变色，油腻，润湿	20.69	劣
T5	4.9	明显变色，油腻，润湿	24.89	劣
W	1.8	无变化	9.57	良
W4	0.8	无变化	6.39	良
W6	0.7	无变化	8.22	良
W7	0.9	无变化	4.16	优

　　由上表可以看出，经纳米复合材料封护后，试验石材的光泽度和颜色色差仪器测定值与未封护相比，均有所变化，但程度不同。

（三）憎水性能

　　封护前后接触角测定结果见表7。

表7　接触角测定结果

材料编号	接触角（度）	结果评定
B（空白）	80.40	劣
F	132.52	良
F4	137.86	良
S	133.59	良
S1	138.70	良
S2	139.25	良
S5	136.24	良
P	150.71	优
P1	148.60	优
P2	154.85	优
P5	153.03	优
D	126.55	良
D1	132.03	良
D2	130.30	良

（续表）

材料编号	接触角（度）	结果评定
D5	142.52	优
T	114.13	中
T1	113.66	中
T2	109.73	差
T5	104.65	差
W	110.14	中
W4	123.67	中
W6	109.85	差
W7	109.26	差

由结果可以看出，P系列憎水性能最好，S、F、D系列憎水性能次之，T、W系列憎水性能较差，而不涂的空白石材憎水性能最差。

（四）吸湿等温线

吸湿等温线见图1~5。

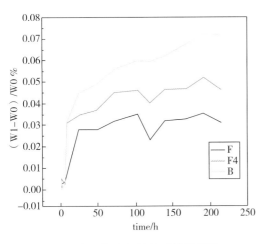

图1　有机氟配方材料吸湿等温线

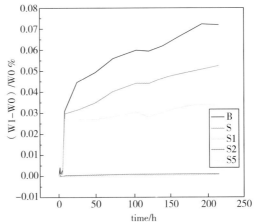

图2　氟硅型配方材料吸湿等温线

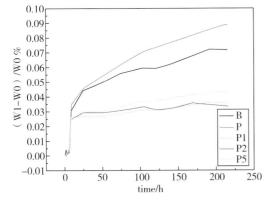

图3　聚合硅氧烷配方材料吸湿等温线

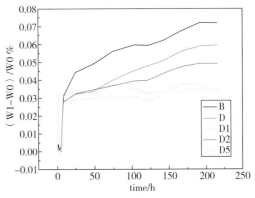

图4　大分子硅氧烷配方材料吸湿等温线

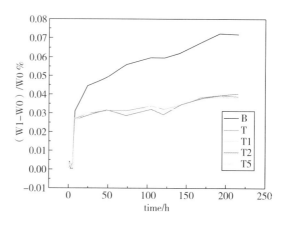

图 5 正硅酸乙酯配方材料吸湿等温线

由图可以看出，S1、S2 吸湿量最低，P、B 较高。

吸湿率和结果评定见表 8。

表 8　吸湿性测定结果评定

材料编号	216 小时吸湿率（%）	结果评定
B（空白）	0.07	良
F	0.03	差
F4	0.04	中
S	0.05	中
S1	0.01	劣
S2	0.02	差
S5	0.03	差
P	0.09	优
P1	0.04	中
P2	0.04	中
P5	0.04	中
D	0.06	良
D1	0.03	差
D2	0.05	中
D5	0.03	差
T	0.04	中
T1	0.04	中
T2	0.04	中
T5	0.04	中
W	0.05	中
W4	0.06	良
W6	0.04	中
W7	0.03	差

由试验可知：吸湿性实际为暴露石材吸收水蒸气的能力，反映了石材透气性的大小。石材保护剂应在具有憎水性的同时具有一定的透气性，以保持岩石的自由呼吸，

一方面有利于内部水蒸气的排出，同时有助于平衡内外压力。试验发现：憎水性和透气性往往不能同时具有，材料憎水性提高常常引起透气性的下降。

（五）持水量

测定结果见表9。

表9　持水量测定结果

材料编号	吸水量（△W/W%）	结果评定
B（空白）	5.90	劣
F	0.106	优
F4	0.158	优
S	0.104	优
S1	0.084	优
S2	0.065	优
S5	0.063	优
P	0.140	优
P1	0.100	优
P2	0.060	优
P5	0.069	优
D	0.088	优
D1	0.078	优
D2	0.114	优
D5	0.090	优
T	0.008	优
T1	0.038	优
T2	0.062	优
T5	0.045	优
W	0.116	优
W4	0.105	优
W6	0.094	优
W7	0.062	优

由上表可以看出，经过各种材料封护后，吸水性能与不封护相比都有大幅度的下降，未封护石材的吸水率达5.9%，封护后吸水率均小于0.16%，为前者的4%，大幅度下降的根本原因是由于憎水性的封护材料渗透到试块表层内部，填充了结构空隙，使空隙率下降。

（六）抗压强度

石材粉末细度：120目，成型压力：1.5MPa，试块尺寸：直径15mm，高15mm。

每样成型数量5块，按前述各种配方和用量封护，干燥后在电子万能材料试验机上测定抗压强度，加压速率：1mm/min，测定结果见表10。

表 10　脆弱试块加固强度测定结果

材料编号	强度（MPa）	结果评定
B（空白）	0.74	劣
F	0.96	差
F4	0.84	劣
S	1.14	中
S1	1.28	良
S2	1.36	良
S5	1.52	优
P	1.26	良
P1	1.36	良
P2	1.32	良
P5	1.54	优
D	1.15	中
D1	1.35	良
D2	1.12	中
D5	1.39	优
T	1.28	良
T1	1.42	优
T2	1.36	良
T5	1.52	优
W	1.12	中
W4	1.15	中
W6	1.28	良
W7	1.31	良

从结果可以看出，所选几种复合材料经过封护加固后，加固强度明显提高，最高强度为未加固的 2 倍多，而对同种封护材料除 F 系列外，加入纳米材料后，加固强度均有所提高。

（七）渗透性试验结果

试验结果见表11。

表 11　渗透性试验结果

材料编号	渗透深度（mm/h）	结果评定
水	3.2	良
F	2.8	良
F4	2.0	差
S	1.8	差
S1	2.3	中
S2	2.9	良
S5	1.0	劣

（续表）

材料编号	渗透深度（mm/h）	结果评定
P	1.4	劣
P1	2.3	中
P2	1.6	差
P5	1.3	劣
D	2.0	差
D1	2.4	中
D2	2.8	良
D5	1.6	差
T	2.7	中
T1	3.1	良
T2	2.8	良
T5	2.1	差
W	3.7	优
W4	4.0	优
W6	2.0	差
W7	2.4	中

由表可以看出，石材在各种配方的封护剂中，其渗透速率有明显的差别。除水性氟碳外，石材在水中的渗透速率最大，1小时达3.2mm，而其他封护剂渗透速率都比水小。

（八）耐盐浸蚀

将试块放在饱和硫酸钠溶液中12小时后，取出在110℃烘干8小时，冷却4小时为一循环，观察记录试件表面变化情况，共进行50个循环，不同周期的试块变化情况外观见表12。

表12　耐盐试验结果

材料编号	循环5次后外观	循环15次后外观	循环25次后外观	循环50次后外观	结果评定
B	无变化	无变化	无变化	数条纹理显现	优
F	出现微裂纹	出现蚀坑	蚀坑变多	约4cm²脱落，布满裂纹	劣
F4	无变化	无变化	无变化	数条轻微裂纹	优
S	无变化	无变化	出现裂纹	2条微裂纹，1条线状脱落	中
S1	出现微裂纹	微裂纹变多	微裂纹变深	12条明显裂纹	中
S2	无变化	无变化	无变化	5条轻微裂纹，纹理显现	优
S5	无变化	出现微裂纹	微裂纹变多	1条长纹理内容物脱落	差
P	出现微裂纹	微裂纹变多	微裂纹变深	3条中等裂纹	良
P1	无变化	出现微裂纹	微裂纹变多	3条微裂纹，1条纹理显现	良
P2	无变化	无变化	无变化	5条微裂纹	良
P5	出现微裂纹	微裂纹变多	微裂纹变深	2条长裂纹明显	中

（续表）

材料编号	循环 5 次后外观	循环 15 次后外观	循环 25 次后外观	循环 50 次后外观	结果评定
D	出现微裂纹	微裂纹变多	微裂纹变深	$2cm^2$ 脱落，2 条长裂纹	劣
D1	出现微裂纹	微裂纹变多	微裂纹变深	约 $3cm^2$ 脱落，微裂纹密布	劣
D2	无变化	无变化	出现微裂纹	5 条微裂纹，1 棱脱落	中
D5	无变化	无变化	无变化	6 条微裂纹，	优
T	出现微裂纹	微裂纹变多	微裂纹变深	微裂纹密布，轻微脱落	差
T1	出现微裂纹	微裂纹变多	微裂纹变深	6 条微裂纹	良
T2	无变化	无变化	无变化	数条纹理显现	优
T5	无变化	无变化	无变化	数条纹理显现	优
W	无变化	出现微裂纹	微裂纹变多	数条微裂纹表面膜脱落	良
W4	无变化	无变化	无变化	可见表面膜	优
W6	无变化	无变化	无变化	表面膜有脱落	良
W7	无变化	无变化	无变化	数条纹理显现	良

多次耐盐循环后，试块外观均发生变化，除 F4、S2、D2、T2、T5、W4 与空白相差不大外，其余样品均比空白下降，分别出现纹理显现、表面膜脱落、裂纹、脱落、蚀坑等现象，但无溃散。因此，加入纳米材料后大多数样品耐盐性能未有提高。

（九）耐二氧化硫试验

该试验考察封护后的试块暴露在二氧化硫气氛中的变化情况，可反映石刻样品抵抗大气中的二氧化硫和酸雨侵蚀时的情况，这是石刻风化的主要原因之一。耐二氧化硫试验结果如表 13。

表 13　耐二氧化硫试验结果（500 小时）

材料编号	250 小时外观	500 小时外观	结果评定
B（空白）	出现微裂纹	上覆黄白斑点	劣
F	无变化	变黄，变白	中
F4	无变化	无变化	优
S	无变化	无变化	优
S1	无变化	无变化	优
S2	出现微裂纹	上覆黄白斑点	劣
S5	无变化	无变化	优
P	无变化	无变化	优
P1	出现微裂纹	上覆黄白斑点	劣
P2	无变化	无变化	优
P5	无变化	出现微裂纹	中
D	无变化	无变化	优
D1	无变化	出现微裂纹	中
D2	无变化	无变化	优

（续表）

材料编号	250 小时外观	500 小时外观	结果评定
D5	无变化	无变化	优
T	无变化	出现微裂纹	中
T1	无变化	无变化	优
T2	无变化	无变化	优
T5	无变化	出现微裂纹	中
W	无变化	无变化	优
W4	无变化	无变化	优
W6	无变化	无变化	优
W7	无变化	无变化	优

由上表可以看出，大部分材料还是很耐二氧化硫腐蚀的，少量的出现裂纹，并且有黄、白斑点，逐渐鼓起，烘干后，表面有白色覆盖膜，可能是由于二氧化硫和表面封护材料反应引起的。

（十）耐酸性能

结果评定以重量损失为依据，参见表14。

表14　耐酸性试验结果

材料编号	试验前接触角	试验后接触角	吸水率%	重量变化率%	结果评定
B（空白）	80.40	52.83	0.086	1.390	中
F	132.52	62.95	0.095	0.811	良
F4	137.86	44.87	0.115	0.622	优
S	133.59	147.06	0.108	1.092	良
S1	138.70	35.39	0.168	1.508	差
S2	139.25	55.36	0.086	1.468	差
S5	136.24	121.23	0.144	0.831	良
P	150.71	57.35	0.093	1.919	劣
P1	148.60	132.85	0.122	1.124	中
P2	154.85	58.25	0.077	1.589	差
P5	153.03	53.55	0.100	1.040	良
D	126.55	140.35	0.084	0.914	良
D1	132.03	53.52	0.091	1.045	良
D2	130.30	78.69	0.135	1.512	差
D5	142.52	45.48	0.096	1.824	劣
T	114.13	36.35	0.081	0.996	良
T1	113.66	35.25	0.109	1.363	中
T2	109.73	70.85	0.074	0.987	良
T5	104.65	46.46	0.083	0.911	良

（续表）

材料编号	试验前接触角	试验后接触角	吸水率%	重量变化率%	结果评定
W	110.14	99.90	0.070	0.651	优
W4	123.67	113.44	0.057	0.509	优
W6	109.85	81.21	0.059	0.940	良
W7	109.26	95.48	0.067	1.146	中

由上表可以看出，经过酸浸以后，大部分材料的接触角都下降，而且有一定的重量损失，其原因可能是酸和石材及表面封护材料反应而损失的。其中，F、W、W4 重量损失最少，其耐酸性能高于空白。

（十一）耐碱性能

结果评定以吸水率为依据，结果见表 15。

表 15　耐碱性试验结果

材料编号	试验前接触角	试验后接触角	失重率%	吸水率%	结果评定
B（空白）	80.40	132.32	增重	0.113	中
F	132.52	146.30	增重	0.031	优
F4	137.86	139.34	增重	0.091	良
S	133.59	142.09	增重	0.088	良
S1	138.70	141.84	增重	0.131	差
S2	139.25	139.10	3.031	0.192	劣
S5	136.24	135.84	0.009	0.051	优
P	150.71	142.64	增重	0.103	中
P1	148.60	147.44	增重	0.046	优
P2	154.85	142.32	增重	0.053	优
P5	153.03	145.30	增重	0.046	优
D	126.55	145.13	增重	0.070	优
D1	132.03	144.21	增重	0.037	优
D2	130.30	112.39	增重	0.118	中
D5	142.52	108.22	增重	0.058	优
T	114.13	122.54	0.0020	0.054	优
T1	113.66	119.28	0.0288	0.095	良
T2	109.73	100.56	0.0075	0.055	优
T5	104.65	103.40	0.0125	0.050	优
W	110.14	118.42	增重	0.097	良
W4	123.67	123.51	增重	0.048	优
W6	109.85	115.30	增重	0.124	中
W7	109.26	118.20	增重	0.145	差

从上表可以看出，经过碱浸后，原先憎水性好的变差，而憎水性差的却变好，少部分试块有重量损失，大部分反而增重，可能是碱液进入石材内部，未能洗出的缘故。而大部分吸水率都是很低的。

（十二）耐冻融试验

试验结果见表16。

表16 耐冻融试验结果

材料编号	试验前接触角	试验后接触角	接触角变化%	300小时外观	结果
B（空白）	80.40	84.42	5.00	出现微裂纹	差
F	132.52	107.35	-18.99	出现微裂纹	劣
F4	137.86	90.00	-34.71	无变化	差
S	133.59	99.34	-25.64	出现微裂纹	劣
S1	138.70	138.47	-0.17	出现微裂纹	中
S2	139.25	112.81	-18.99	出现微裂纹	劣
S5	136.24	124.53	-8.59	无变化	中
P	150.71	146.15	-3.03	出现微裂纹	差
P1	148.60	144.65	-2.66	无变化	良
P2	154.85	144.63	-6.59	出现微裂纹	差
P5	153.03	142.45	-6.91	出现微裂纹	差
D	126.55	123.40	-2.48	出现微裂纹	差
D1	132.03	120.57	-8.67	出现微裂纹	差
D2	130.30	113.55	-12.85	无变化	中
D5	142.52	101.56	-28.73	出现微裂纹	劣
T	114.13	100.00	-12.38	出现微裂纹	差
T1	113.66	85.65	-24.64	出现微裂纹	劣
T2	109.73	82.75	-24.58	出现微裂纹	劣
T5	104.65	92.52	-11.59	无变化	中
W	110.14	102.21	-7.19	无变化	良
W4	123.67	113.33	-8.36	无变化	良
W6	109.85	113.65	3.46	无变化	优
W7	109.26	110.84	5.00	无变化	优

由上表可以看出，经过温度反复变化后，一部分出现了裂纹，而大部分接触角变小。这说明封护材料在冻融条件下都会有一定的破坏，从而改变表面的接触角。

（十三）耐紫外光老化试验

试验结果见表17。

表 17　耐紫外光试验结果（500 小时）

材料编号	试验前接触角	试验后接触角	接触角变化%	结果评定
B（空白）	80.40	71.65	−10.88	优
F	132.52	75.73	−42.85	劣
F4	137.86	91.14	−33.88	差
S	133.59	105.65	−20.91	中
S1	138.70	113.48	−18.18	良
S2	139.25	114.13	−18.03	良
S5	136.24	128.91	−5.38	优
P	150.71	107.85	−28.43	中
P1	148.60	110.85	−25.40	中
P2	154.85	126.45	−18.34	良
P5	153.03	98.42	−35.68	差
D	126.55	99.39	−21.46	中
D1	132.03	91.78	−30.48	差
D2	130.30	108.47	−16.75	良
D5	142.52	98.56	−30.84	差
T	114.13	84.35	−26.09	中
T1	113.66	86.15	−24.20	中
T2	109.73	105.25	−4.08	优
T5	104.65	91.5	−12.56	优
W	110.14	100.7	−8.57	优
W4	123.67	107.95	−12.71	良
W6	109.85	69.91	−36.35	差
W7	109.26	103.29	−5.46	优

由上表可以看出，经过紫外光的照射以后，其表面接触角有不同程度的变化，其中 F 耐紫外性能最差，S5、T2、W7 最好。

（十四）稀硫酸循环喷淋试验

结果评定以重量损失为依据，试验结果见表 18。

表 18　稀硫酸循环喷淋试验结果

材料编号	吸水率%	重量损失率%	结果评定
B（空白）	0.148	1.130	劣
F	0.141	0.604	良
F4	0.236	0.363	优
S	0.191	0.487	优
S1	0.184	0.774	中

（续表）

材料编号	吸水率%	重量损失率%	结果评定
S2	0.153	0.524	良
S5	0.213	0.439	优
P	0.092	0.675	良
P1	0.219	0.499	优
P2	0.080	0.947	差
P5	0.153	0.520	良
D	0.224	0.747	中
D1	0.182	0.508	良
D2	0.218	0.550	良
D5	0.250	0.777	中
T	0.350	0.526	良
T1	0.238	0.643	良
T2	0.124	1.124	劣
T5	0.210	0.548	良
W	0.148	0.558	良
W4	0.212	0.538	良
W6	0.168	0.784	中
W7	0.189	0.824	差

由上表可以看出，经过硫酸喷淋以后，其吸水率和重量都有了一定程度的变化，可能是由于硫酸和封护材料的反应而导致增重。其中 F4、S、S5、P1 最好。

（十五）半涂的试件外观和耐盐试验

主要观察涂与未涂表面情况（表 19）。

表 19　半涂试件：涂与未涂表面情况

材料编号	涂与未涂表面外观，颜色，光泽变化	耐盐试验循环 50 次后涂与未涂表面外观比较	结果评定
B（空白）	/	/	优
F	颜色有轻微差别	两种表面破坏程度相近	劣
F4	颜色有轻微差别	涂的表面破坏程度明显轻	优
S	颜色有轻微差别	涂的表面破坏程度较轻	良
S1	无明显差别	破坏程度相近	差
S2	颜色有轻微差别	界面破坏程度较重	劣
S5	颜色有轻微差别	涂的表面破坏程度明显轻	优
P	颜色和光泽较明显变化	涂的表面破坏程度明显轻	良
P1	颜色和光泽较明显变化	涂的表面破坏程度明显轻	良
P2	颜色有轻微差别	涂的表面破坏程度明显轻	优
P5	颜色有轻微差别	涂的表面破坏程度明显轻	优

（续表）

材料编号	涂与未涂表面外观，颜色，光泽变化	耐盐试验循环50次后涂与未涂表面外观比较	结果评定
D	颜色有轻微差别	破坏程度相近	差
D1	颜色有轻微差别	界面破坏程度较重	劣
D2	颜色有轻微差别	界面破坏程度较重	劣
D5	颜色有轻微差别	涂的表面破坏程度明显比未涂轻	优
T	颜色和光泽明显变化	破坏程度相近	差
T1	颜色和光泽明显变化	界面破坏程度较重，色差大	劣
T2	颜色和光泽明显变化	涂的表面破坏程度较轻，色差大	差
T5	颜色和光泽明显变化	涂的表面破坏程度较轻，色差大	差
W	颜色有轻微差别	涂的表面破坏程度明显轻	优
W4	颜色有轻微差别	涂的表面破坏程度明显轻	优
W6	颜色有轻微差别	涂与未涂的表面破坏程度相近	差
W7	无明显差别	涂的表面破坏程度明显轻	优

（十六）综合评价

全部材料的加固封护性能和耐候性能试验结果列于表20。

表20　防风化材料性能测试结果

材料	B	F	F4	S	S1	S2	S5	P	P1	P2	P5	D
外观	优	良	良	良	优	良	良	中	中	良	良	良
憎水	劣	良	良	良	良	良	良	优	优	优	优	良
吸湿性	良	差	中	中	劣	差	差	优	中	中	中	良
持水量	劣	优	优	优	优	优	优	优	优	优	优	优
加固性	劣	差	劣	中	良	良	良	良	良	良	优	中
渗透率	良	良	差	差	中	良	劣	劣	中	差	劣	差
耐盐	优	劣	优	中	中	优	差	中	优	良	中	劣
耐 SO_2	劣	中	优	优	优	劣	优	优	劣	优	中	优
耐酸	中	良	中	良	中	差	良	劣	中	差	中	良
耐碱	中	优	良	良	差	劣	优	中	优	优	优	优
耐冻融	差	劣	差	劣	良	劣	中	差	良	良	良	良
耐稀硫酸喷淋	劣	良	优	优	中	良	良	中	差	中	良	中
耐紫外	优	劣	差	中	良	良	优	中	良	差	良	良
半涂试件表面情况	优	劣	优	良	差	劣	优	良	良	优	优	差
合计	4优 2良 2中 1差 5劣	2优 5良 1中 2差 4劣	6优 3良 1中 2差 1劣	3优 5良 4中 1差 1劣	3优 3良 4中 3差 1劣	2优 6良 2差 4劣	6优 3良 2中 1差 2劣	4优 4良 3中 2差 1劣	4优 4良 5中 1劣	5优 3良 1中 4差 1劣	5优 3良 3中 2差 1劣	3优 4良 4中 3差 1劣

续表 20　防风化材料性能测试结果

材料	D1	D2	D5	T	T1	T2	T5	W	W4	W6	W7
外观	良	中	中	劣	劣	劣	劣	良	良	良	优
憎水	良	良	优	中	中	差	差	中	中	差	差
吸湿性	差	中	差	中	中	中	中	良	良	中	差
持水量	优	优	优	优	优	优	优	优	优	优	优
加固性	良	中	优	良	优	良	优	中	中	良	良
渗透率	中	良	差	中	良	中	优	优	优	差	中
耐盐	劣	中	优	差	良	优	优	优	优	良	良
耐 SO_2	中	优	优	优	优	中	中	优	优	优	优
耐酸	良	差	劣	良	中	良	优	优	优	优	中
耐碱	优	中	优	优	良	优	优	优	优	中	差
耐冻融	差	中	劣	差	劣	劣	中	优	优	优	优
耐稀硫酸喷淋	良	良	中	良	良	差	良	优	优	中	差
耐紫外	差	良	差	中	中	优	优	优	优	差	优
半涂试件情况	劣	劣	优	差	劣	差	差	优	优	差	优
合计	2优 5良 2中 3差 2劣	2优 4良 6中 1差 1劣	7优 2中 3差 1劣	2优 3良 5中 3差 2劣	3优 4良 4中 3劣	5优 3良 1中 2差 3劣	5优 2良 3中 3差 1劣	6优 5良 3中	7优 5良 2中	3优 4良 3中 4差	6优 2良 2中 4差

综合上表可以看出，材料的加固封护和耐候性能比较好的有：D5、W4、W、F4、S5，其中 D5 和 W4 最好，由于文物在实际中所处环境和风化状况不同，对各个性能的保护要求不同，所以，保护文物应综合考虑，不同的封护材料对石质文物有不同的保护作用。由试验也可以看出，在石材上加上有机封护材料，有一些性能可能还不如空白，尤其光老化性能，因此，今后有机石材封护材料的研究重点应放在封护剂老化以后对于石材本体的影响上。

本文以江苏六朝石刻文物为研究对象，根据文物保护原则和对石质文物保护剂的基本要求，在对几种传统石质文物保护剂的保护性能进行测试分析的基础上，对几种纳米材料与有机氟材料等新型材料在石刻文物保护方面的应用进行了初步探讨，对各项封护性能、加固性能及耐候性能进行对比，对新型的石质文物保护材料进行探索试验，初步结果表明：

（1）所取六朝石质文物石材为方解石，其主要成分为 $CaCO_3$，属石灰岩，还有少量 SiO_2、Al_2O_3 和 MgO 等。选取的南京阳山石材化学和矿物成分均与文物基材相近，可以作为六朝石刻的试验石材。

（2）试验的几种封护材料对石质文物均有加固作用，但其各项封护加固性能和耐候性能有明显的差异，其中 D5、W4、W、F4、S5 综合性能较好，W 是水性氟碳，D5、W4、F4、S5 等配方中都含有 0.5% 纳米二氧化硅。

（3）含有0.5%纳米二氧化硅的复合封护配方总体性能强于单一配方，也强于含有纳米高岭土、纳米碳酸钙的复合封护配方。这说明加入适当的纳米微粒可以提高封护材料的总体性能。

（4）其他各种材料也各有特点，在选择加固材料时，还应根据文物的具体状况和材料的特点进行综合分析和考虑。

由于多种因素，本文存在以下方面的问题，尚需进一步试验和探讨。

（1）保护材料的选择有一定的局限性。

（2）未对材料的使用浓度、用量及其与性能的关系进行进一步试验。

（3）未对纳米材料的分散程度和用量进行进一步试验。

（4）保护材料的各项性能对具体文物保护的影响和侧重点不同，因此，结果评价与比较不能采用简单的标准。

（5）半涂石材需要深入研究，由于有憎水界面和不憎水界面的存在，因膨胀系数的不同，不同的封护材料对于石头本体的危害分别能够达到什么程度，还需要深入研究。

（6）有机封护材料的老化行为对于石刻文物本体的影响，还需做进一步大量的工作。

注释:

① 杨溯、卞坚:《南京地区六朝石刻保护现状的调查与分析》,《东南文化》2004年第2期。

② 刘强、张秉坚、龙梅:《石质文物表面憎水性化学保护的副作用研究》,《文物保护与考古科学》2006年第2期。

③ 王丽琴、党高潮、梁国正等:《露天石质文物的风化和加固保护探讨》,《文物保护与考古科学》2004年第4期。

④ 韩冬梅、郭广生、石志敏等:《化学加固材料在石质文物保护中的应用》,《文物保护与考古科学》1999年第2期。

⑤ 王丽琴、党高潮、赵西晨等:《加固材料在石质文物保护中应用的研究进展》,《材料科学与工程学报》2004年第5期。

⑥ 张秉坚:《古建筑与石质文物的保护处理技术》,《石材》2002年第8期。

⑦ 和玲、姜宝莲、梁国正:《含氟聚合物用于陕西户县出土新石器彩陶的保护研究》,《文物保护与考古科学》2003年第3期。

⑧ 许淳淳、何宗虎、李伟等:《添加TiO_2、SiO_2纳米粉体对石质文物防护剂改性的研究》,《腐蚀科学与防护技术》2003年第6期。

（原载江苏省文物局编:《江苏省文物科研课题成果汇编2004~2006》，南京师范大学出版社，2010年）

伍　其他文物保护

试谈瑞光塔内文物长期保存完好的原因*

1978 年 4 月，在苏州市瑞光塔内发现了一批五代及北宋初期的文物，其中有经卷、舍利宝幢以及丝织品、彩绘四天王像等。这批文物的发现，对于我们研究当时的政治、经济、宗教以及工艺美术等方面提供了极为重要的实物资料。这批器物长期封存在塔内砖室中，虽经千年，彩绘板画仍然颜色鲜艳；木质器物亦未霉烂、蛀蚀，保存完好。

经卷等文物为何能经历如此长久的时间而不致腐烂呢？这是我们在保存（保护）科学方面有必要进行一番研究的。它们得以保存得如此完好的原因，无疑是多方面的，不仅取决于物质本身的质量，同时也取决于它在封存期间所处的环境，而影响环境的主要因素，不外是建筑结构、光线、温度、湿度以及空气的成分等。本文想就塔内砖室的这些因素进行一些分析和研讨。

（1）建筑结构

瑞光塔系七级八面、仿木塔形式的砖塔。这次发现的文物是在塔的第三层塔心砖室中。砖室分为上、下二室，上室东西长 269 厘米、南北宽 79 厘米、高 133 厘米；下室东西长 79 厘米、南北宽 79 厘米、高 152 厘米。上室东西墙厚 31 厘米、南北墙厚 95 ~ 100 厘米，外涂 9 厘米厚的石灰层。文物就贮存在下室中。下室四周砖墙厚 95 ~ 100 厘米，上盖一块长 93 厘米、宽 60 厘米、高为 8.5 厘米的青石板，在石板上放一扎杂草（其功用尚待研究）。此种结构具有干燥、黑暗、密闭的特点，与外界隔绝，阻止了内外空气和水分的渗透，形成了一个密闭的砖室，使文物经长期封存之后，与周围环境达到平衡，并在比较稳定的条件下逐步地适应了环境。

（2）光线

众所周知，颜色及有机物质（如纸、纺织品等）长期暴露在光照下，会引起褪色、变质，这是因为太阳光和其他光源的光线中，都含有不可见的波长为 290 ~ 400 纳米区域的紫外线，这种光线具有相当高的能量，如太阳光波长 290 ~ 350 纳米的紫外线，能量高达 82 ~ 97 千卡/摩尔，足以切断有机物的化学键（如 C – C 键、C – H 键）。有人做过试验：最耐久的毛纤维，大约经一年时间的太阳光暴晒，就能减低该纤维强度的 25% ~ 30%；棉织物在常温下受光线、水分和空气的综合作用（即所谓暴化作用）三个月后，它的强度即降低 40% ~ 50%；对于丝织物来说，在太阳光的作用下，只要三

---

* 本文由奚三彩、周健林合作撰写。

个月的时间，几乎就能把它整个毁掉；而新闻纸则只需在阳光下暴晒几个小时就会褪色、变脆。可见光线对文物，特别是对有机质文物起着一种积极的显著的破坏作用。而苏州市瑞光塔内发现的文物，历经千年之久，保存如此良好的原因之一，是这些文物处于完全黑暗的砖室中，避免了阳光和其他光线的影响。

（3）温度、湿度

温度与湿度在文物保管中是极为重要的因素，特别是有机质文物，温、湿度的变化导致影响更大。如在贮存的环境里湿度过高，那么，纸张及木板则易于吸收水分，而过多地含有水分，则必使其质地削弱，并促使微生物生长；反之，则往往会引起木板翘曲、开裂，引起纸张发脆。而瑞光塔内发现的文物均未有上述现象，这大概是由于文物贮存在第三层塔心砖室中，离地表很高（约有9米），再加上砖室密闭，砖墙甚厚，而塔身高大，即令外界温、湿度如何变化，对它的影响必然是进行得十分缓慢的。此批文物所处情况，近似于在一个恒温恒湿的环境中，而这对文物的完好保存创造了极为有利的条件。

（4）空气的成分

我们知道，空气主要是由氧气和氮气等组成。由于空气中存在着各类杂质，对文物会引起各种变化，如氧化、锈蚀、变色、变质等，而瑞光塔出土的这批文物，特别是彩绘四天王像，彩绘颜色至今清晰鲜艳。就是在空气中易与污染的 H_2S、SO_2 作用变成黑色的 PbS（硫化铅）和 HgS（硫化汞）的白色铅粉（PbO）和红色的颜料（HgO），也未变色。因此可以说明：砖室中的空气并未被污染。至于砖室中的空气，由于氧气因氧化作用而逐步消耗殆尽，以致形成一种缺氧、充氮的气氛。而这种环境对保存文物则提供了又一个有利的条件。

上面我们讨论和分析的是外在因素，除了这些因素之外，我们认为文物本身的质地（材质）也是极为重要的因素。例如，经卷的纸质厚实，至今强度很好。据苏州东方红造纸厂显微分析，是楮皮纸和竹浆纸，这种纸的主要成分是含有大量纯纤维素（$C_6H_{10}O_5$，即 α - 纤维素）的长纤维材料。它具有高度的纯度和强度，同时由于是手工制作，在纤维材料中不含化学杂质，增加了纸的耐久性。

至于文物之所以毁坏的原因是多种多样的，其主要的原因则是由于外界环境的影响（温、湿度，光线，气体成分），内部结构骤起变化，并逐渐丧失其原有的性能。贮存在瑞光塔内的文物，正由于具备了密封、干燥、黑暗等条件，故而能长期保存完好。

（原载《文博通讯》1979 年第 25 期）

博物馆库房温湿度的控制与文物保存的关系[*]

温度和湿度，对博物馆保存文物有着十分重要的意义。控制温湿度的变化，将会获得延长文物寿命的良好效果，相反，对温湿度不加控制，任其自然，就会造成意想不到的危害。

一　南京博物院文物库房温湿度的调查

南京博物院是一个具有丰富收藏的博物馆，它的建筑是专门设计的，对库房都采取封闭防潮措施，是比较考究的，但是尚未完工，库房设在大楼底层，有半地下室的感觉。它的温湿度测定，经过多年来的工作，积累了不少资料，大多数库房都设有仪器自记。这些可贵的资料，具有实际分析研究的意义和指导价值。我们从这些数字曲线中可以看出：第一，库房内部温湿度受着室外天气的影响，它们的变化息息相关，露天温湿度的变化影响室内。但库房特殊的结构使得室外的剧烈变化缓慢平稳起来，室外的峰值要推迟约 1 月的时间，才能在室内得到反映，这是库房所起的作用。库房的建筑好一点，那么露天温湿度变化的影响就小一点，相反，差一点，就大一点，这是人们常识所能接受的。因此我们可以得出，库房建筑质量是很重要的。1978 年实测库内外温湿度一年测得的数据，说明库内变化缓慢、平稳，室外则变化快，幅度大，比较剧烈，相对湿度为 28%~93%。第二，各库之间的温度、湿度也不一样（表1）。

表1　各库房不同月份的温度、湿度

月　份	一库湿度%	二库湿度%	一库温度/℃	二库温度/℃
1	53.5	58.6	9.5	1
2	54	62	9.3	10
3	53.9	66	11.4	11
4	55.9	72	16.6	13
5	57	76	19.7	16
6	59	83	25.2	21

---

[*] 本文由奚三彩、张永庆合作撰写。

（续表）

月　份	一库湿度%	二库湿度%	一库温度/℃	二库温度/℃
7	61.8	91	27.8	23
8	64.8	92	30	25.5
9	63.5	90	25.6	23
10	57	65.5	22.3	20
11	63	52	17.4	17
12	63	57	12	12.5

从上表可以看出：一库温湿度是比较好的，二库湿度较高，一库系综合性库房，虽温湿度变化情况好些，个别文物也发生虫蚀（原因可能是进库房前没有消毒所致），二库湿度较大，它是瓷器专库，瓷器生霉是不易显见，可是囊匣木架之类的东西，霉菌污染严重。它们的差别，除建筑结构上的不同，还有所处大楼的具体位置的不同造成两库房防潮性也不同，如果二库的建筑条件改善到一库，那么二库保管瓷器的条件就好得多了。从上述数据还可以看出，一年中第三季度温湿度变化剧烈，危害较大，有的库内湿度可出现高于室外的现象，甚至达到18%，这个季度要特别注意，一些吸湿措施和少开库门都要跟上。在第三库，曾采用双门进出，当第一道门开启进入后，立即关上，再开第二道门进入库内，这样也可控制一点库内湿度因出进库房而增高，是有一定效果的。

从调查情况看，这还是库房条件较好的一例，免不了也发生虫霉等现象，等而下之的库房，就可想而知了。由此不难看出控制温湿度的重要性。

二　有关防潮降湿的试验

目前所使用的方法有自然通风和密封。选择较好的天气，即室外湿度低于室内或等于室内时，开窗排风，调节湿度，或者严加密封不让高湿空气进入库内，这是最常用的方法，但它受天气的制约，不是什么时候都可以用的，因此又采用吸湿剂来调节湿度，如用氯化钙、硅胶、生石灰、木炭等。根据试验得出，氯化钙吸湿量为100%，硅胶为40%，生石灰为26%，木炭为8%～12%，而它们的吸湿速度与库内的温湿度、空气流速及湿剂的粒度等有关，它们的使用不能解决根本问题，只是一种防潮降湿的辅助手段。此外机械去湿机的使用，崭露头角，它吸湿能力强，速度快。例如库房为680m³，湿度74%，温度21℃，一台KQF-5型空气去湿机工作，9点30分开机，6分钟后出水，一小时吸水1820毫升，湿度从74%降至65%，升温0.2℃，然后继续一小时，吸水为1940毫升，湿度由65%降至64%，温度略有上升，下午湿度回升至72%，温度降到21℃，2点20分开机一小时后出水1960毫升，湿度从72%降至66%，温度略有回升，再经过一小时吸湿为2200毫升，湿度从66%降至64%，温度略有变化。可见机械去湿机的去湿能力是其他吸湿剂所不能相比的，是一种可取的方法。

三　结　论

　　温湿度对文物的保管具有不可忽视的影响，控制温湿度是长期保存好文物的重要措施之一，实现对温湿度的控制，关键在于建设一个保温、密封程度良好的库房。从试验中我们知道，影响库内温湿度乃是室外大气的变化。如果没有一个保温、密封性良好的库房，是很难解决室外影响的，即使采用任何一种高效去湿剂，包括机械去湿机在内，都只能起到短暂的作用，而不能达到预期的控制；有了一个良好的库房，配以空调设备和净化装置，加上科学管理，那将是现代化博物馆所具备的必要手段。我们相信，随着国民经济的发展，建设一个良好的保管文物的环境终将会实现。我们现在虽然还做不到，但希望今后在博物馆建设中能很好地重视这方面的问题。目前有些库房条件仍然很差，但必须注意到温湿度的影响，不能因条件差而有所忽视，一些常规吸湿剂在必要的时刻还要应用，这虽属权宜之计，也还是一种办法。

　　博物馆环境的研究，对保护文物是极为重要的，讨论温湿度对保护文物的问题，仅仅开始涉足于博物馆环境的保护，而这里所谈十分粗浅，还有待进一步深入。

（原载中国文物保护技术协会编：《文物保护技术（第一辑）》，1981 年）

光对展览品的危害

——谈南京博物院绘画陈列室的采光问题

古代艺术品在博物馆陈列展出中，采光和照明是观众欣赏展品的基本条件，由于艺术品的色彩是为了观赏用的，而且它必须通过光反射到人的眼睛中，而后才能在大脑中印象出来，所以从展出效果来说，要求强光。然而，对文物保护来说却要晦暗和避免强光，因为，有机质文物（如纺织品、纸张、皮革、书画等）在长期照射下会产生褪色或变质。显然，在满足陈列效果的前提下，控制光对陈列品的损坏是值得重视和注意的问题。

光及光源的性质，对于照明、色彩、陈列等问题是十分重要的。为了有助于对这个问题的了解，对于光及光照损坏的原因给予简短的说明是必要的。

光是一种能量。在太阳或在强烈的灯光直接照射下，人感到一种热量。我们知道，从太阳发射出来的辐射线，其波长从 200nm（纳米，$1nm = 10A^{\circ}$），一直延续到10000nm。这些射线穿过大气层时，受到大气层的吸收作用，像过滤器一样，吸掉了波长短于 290nm 的短波长紫外线和波长长于 3000nm 的长波长红外线，剩下波长为 300 ~ 400nm 紫外线、400 ~ 700nm 可见光和波长为 700nm 以上的短红外线。根据统计，紫外线占 5%，可见光占 40%，红外线占 55%，这些数字随着季节、天气和地理位置的不同而有所变化。冬季最弱，夏季最强，紫外线虽然只占 5%，但它具有足够破坏大部分聚合物化学键的能量。根据 J. Lodewljsk 的介绍，纤维素断裂的 ε 值位于 58.6×10 卡/摩尔（断裂一个简单的 C – C 链需要的能量）与 80×10^{3} 卡/摩尔（断裂一个线性饱和链需要的能量）之间。

按照光量子能量的公式 $q = hc/\lambda$，其中 q 为光量子的能量，h 为普朗克常数 6.6×10^{-27} 尔格/秒。C 为光的速度 3×10^{8} 米/秒，λ 为光的波长，可算出相应的光波波长在 486nm 和 358nm 之间，由此可见，所有波长短于 426nm 的光线即可断裂 C – C 键，短于 385nm 的紫外线即可断裂有机物分子的线性饱和链。而书画、织品、皮革、木漆器等都属于高分子化合物，其组成分子中的 C – C 链、C – C 链的联结力具有一定的能量，当光的能量等于或超过 C – C 键结合力的能量时，就会使分子断裂，这是光对文物损坏的外在原因。

关于物品的内在因素，H. C. A. Vanbeek 和 P. M. Hecrljes 等应用现代光化学方面的基本知识，对纺织品等材料上的有机染料，因光照而褪色的原因（机理）进行了解释。

他们认为在光化学反应中，至少必须有一个反应物吸收光，这个化合物处于激发状态，在这种情况下，染料的褪色可以考虑为三个基本的光化学反应类型。

（1）染料（颜色）吸收光而分解，因为染料分子处于光激发状态下，在化学上是不稳定的，因而引起褪色，这种情况下的染料光解作用并不需要和系统的其他物质起反应。

（2）被激发的染料分子只是由于系统中存在着其他物质才不稳定，那些其他物质和被光激发的染料分子反应而转化成其他化合物。

（3）染料以外的其他物质，因吸收光而形成的激发状态和染料反应。

上述三种反应类型，可以用简单的形式表示如下。

1）$Q \longrightarrow Q^*$ Q 分解产物

2）$Q \longrightarrow Q^*$ $Q^* + A \longrightarrow$ 反应产物

3）$A \longrightarrow A^*$ $Q + A^* \longrightarrow$ 反应产物

式中：Q = 染料，A = 存在于系统中的其他物质，* = 激发状态

除了上面三种光化学反应类型外，还有一种光催化反应类型，在这一反应中，光催化剂总是吸收光而形成激发状态，接着与染料或系统中其他物质起反应。

光照损坏，不仅仅是光的因素，而是与温度、湿度、大气的成分有着密切的关系，本文就不再在此论述。

从上面的分析可以看出，光照对陈列品的损坏是不可忽视的，为了避免有机物受光照而引起光氧化降解，寻找防护的办法来供陈列设计者参考，因此，我们从 1980 年 7 月开始，对我院绘画陈列室采光和照明，进行了调查和实测。

南京博物院绘画陈列室，由建筑大师徐敬直教授精心设计，是我国 20 世纪 30 年代博物馆设计的佳作，这个陈列室从平面布局来看是呈"丁"字形，四周墙面无窗口，这种设计不仅增加了陈列面积，而且也减少了阳光的直射，同时还采用天然和人工光源相结合的方式采光。这种设计思想、空间处理、采光与照明的方式仍然值得参考。

绘画陈列室以天然采光为主，为了防止阳光直射，采取顶部中心式和定向高侧窗采光（图1）。

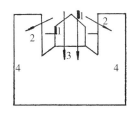

1	普通玻璃
2	高侧窗
3	磨砂玻璃
4	陈列室墙面

图 1 绘画陈列室采光设计示意图

当阳光通过普通玻璃和磨砂玻璃就能过滤波长 3000A° 以下的紫外线，同时将窗口设置在屋顶的中心部位，使光线有可能近似天然光的 45° 射向墙面，以减少光照损坏的

作用，由于天然光是随着时间、季节天气的变化而变化，当阴天天然光不能满足陈列效果时，就采用人工光源（荧光灯）作为照明的补充（图2）。

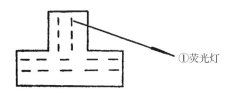

①荧光灯

图2　人工光源照明示意图

为了解绘画陈列室照度，我们用 zF－77 型照度计进行了实测。

（1）测试时间 1978 年 5 月 25 日下午 5：00，天气晴，薄云，光源为天然光加日光灯辅助，实测条件为水平照度时（馆中段）由南向北，离地 1.0m 处，实测数据如下（单位 Lux）：

320　305　175　65（摺门）　110　190　120　50（摺门）　90　100　90　65

垂直照度（馆中段）离地 1.0～2.6m 处，由上至下：

南墙为：　　600　600　580　500（较均匀，画面清晰）

中间南隔墙：向南面　100　90　60

　　　　　　向北面　35　35　35 画面不清

中间北隔墙：向南面　45　42　30 看画吃力，并有轻微玄光

　　　　　　向北面　60　50　40 看画吃力

北墙：　　　120　110　90　70 画为可见

（2）实测时间：1980 年 7 月 11 日上午 9 点 10 分，天阴，有小雨，光源为天然光加日光灯辅助，并有窗帘遮挡，离地 1.6m 处实测，其数据见图3。

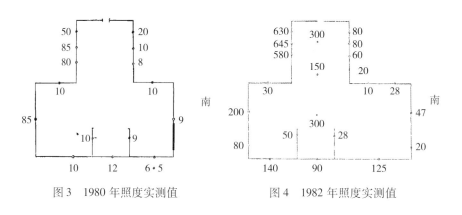

图3　1980 年照度实测值　　　　　图4　1982 年照度实测值

（3）实测时间：1982 年 12 月 21 日，上午 10 时 15 分，天晴，并有太阳，光源为天然光加日光灯辅助，无窗帘遮挡，离地 1.6m 处测定，其照度数据（图4）。

分析实测数据，可以看出存在以下几个问题。

（1）陈列室的照度是随着时间、季节、天气而发生变化，分布不均匀，朝南方向照度有时可达 600Lux 以上，显然对陈列品有损坏，而朝北方向照度，在阴天有时只有

10Lux，显然照度不够，影响陈列效果。

（2）放在玻璃陈列柜中的艺术品，在观赏过程中发现有玄光现象。

（3）人工光源（用荧光灯照明）布局，安装不大合理，辅助效果不大。

（4）天然光和人工光源中含有紫外线没有加以消涂。对陈列品造成危害。

这些问题关系着陈列的效果以及陈列品的安全，从陈列展出来说，一般认为使观众能看清绘画要求 100Lux 以上，看清实物要求 80Lux 以上，看清说明文字要求 60Lux 以上，对保护来说，各种陈列品照度所允许的最大限度是不一样的，例如对油画应小于 150Lux，对特别敏感的物质如水彩和织物应小于 50Lux，图表应小于 100Lux。控制照明强度是博物馆陈列设计者需要考虑的一个重要的因素。日光的照射强度可以用遮帘、百叶窗、窗帘进行控制，同时也可以用各种不同方法减小陈列品在灯光下照射的时间，常用的办法是用布帘遮住绘画、纺织品的陈列柜。当观众想要看展品时，展品才暴露在灯光下，对于易褪色的展品更不应长久的敞开进行展出。

大家知道，可见光和紫外光辐射都能产生光化效应。尽管紫外线辐射并不专门担任光化作用，人的肉眼也看不见，对于观看展品也不一定需要，但是，它对有机物所造成的危害却最严重，因此，消除采光中的紫外线是十分必要的。目前，我国在消除紫外线方面的研究工作已经取得了很大进展，各种防紫外线的材料，在博物馆陈列室中得到了应用。归纳起来大致有以下方法。

（1）在普通窗玻璃上刷氧化锌，因为氧化锌能完全吸收波 3000A° 以上的紫外线，并能有效地反射白色光（约91%），因而对陈列品起到保护的作用，这是简单而有效的方法。

（2）将易褪色的展品夹放在 UV 有机玻璃匣或片中。这（即含滤紫外线的有机玻璃）不仅能提供展出，而且也防止了光照对它的损坏。

（3）由于有机玻璃价格昂贵，透明度不够，因此，大面积的采用不太理想。目前，我们选用中科院化学所研制成功的 KH－1 型过滤剂，涂刷在窗玻璃或荧光灯管上。用上海复旦大学电光源研究所研制的 UV－1 型紫外辐射照度计，检测结果：平均为 $1 \sim 3.7 \times 0.29 uw/cm^2$ 已达到消除紫外线的效果，这样既有适当照明，又少受光所造成的伤害。

博物馆陈列室的采光问题是很重要的，它直接关系到展览的效果和文物的安全，以及观众的视力卫生，要办好陈列展览必须具备采光良好的场地，这是一个起码的条件，因此对这个问题加以深入的研究是很必要的。本文十分粗浅，目的在于引起有关方面加以注意，文中所述机理，未必周正，请读者批评指出。

（原载《文博通讯》1983 年第 2 期）

宜兴太平天国壁画的保护工作

宜兴地处苏南，境内有不少历史文物和革命文物。和平街（即通真观巷）县粮食局壁画，是太平天国时期所遗存的革命文物，它是研究太平天国的历史、文化及绘画艺术的重要资料。为了贯彻执行文物保护政策，更好地保存这份珍贵的文化遗产，根据院领导的意见，借国家文物事业管理局文物保护研究所同志来宁检查工作之便，我们于 1986 年 5 月 4 日去现场调查，并在文保所同志的帮助下，提供保护方案。5 月 19 日去宜兴筹备施工材料，5 月 27 日文保所同志和我们一起开始工作，于 6 月 20 日结束。

（一）壁画的结构与现状

1. 壁画的结构

该组壁画的制作方法是在砖墙上直接涂刷石灰浆（其内加入少量麻筋），待干燥后，再在石灰地仗层外面粉刷一层石灰浆，最后在其面上作画。

2. 壁画的现状

遗存的 12 幅壁画，其中 8 幅较完整，4 幅已严重损坏。长期以来，由于大自然中各种因素的影响和人为的破坏致使壁画遭受到不同程度的损坏。主要表现如下。

（1）壁画的颜色由于 O_3、SO_2、H_2S、烟熏以及紫外线的影响，已经变色。

（2）画面出现粉化、酥碱、龟裂。

（3）地仗层与砖墙剥离，导致画面空鼓。

（4）由于潮湿，壁画底部长霉、长青苔，造成画面生斑污染。

（二）揭取实验的工艺过程

原设计的方案是：先将壁画揭取下来，然后加固，复原。开工后我们先在现场没有壁画的墙壁上先进行揭取实验。其工艺过程如下。

（1）分块：取长 90 厘米、宽 40 厘米石灰墙面作为试块。

（2）加固：选取 5%～10% 聚醋酸乙烯酯（丙酮、苯混合液）涂刷画面，反复几次，使其渗透、固结。

（3）贴布：画面加固后，用 10% 聚乙烯醇溶液或 10% 聚乙烯醇缩丁醛乙醇溶液涂刷在试块上，然后取一块略大于画面的纱布贴附在画面上，待其干燥再在纱布上涂刷树脂并再贴一层纱布，使其黏结牢固。

（4）揭取：纱布与画面黏结干燥以后，利用布与画面的黏接力，用双手往下拉，并用以机械方法进行铲除，将试块揭下。

经现场揭取实验，发现以下情况。

（1）砖墙与石灰地仗在此地方黏结很牢，而有些地方已剥离、空鼓。

（2）石灰地仗厚度不一，有些画面地仗较厚，而有的画面就画在砖墙上，没有地仗层。

（3）从剖开地仗层看，画面和地仗也已分离。

从以下情况分析：

壁画在揭取复原过程中，应重新补作地仗，但这样一来势必改变原壁画结构。这对今后壁画的研究可能会带来一定影响，而且也可能带来损伤。为谨慎起见，我们选用了第二个方案，即局部加固的方法。

（三）采用局部加固方法进行保护

1. 清洗

由于壁画长期暴露在开放空间，画面蒙有灰尘和污秽，必须清除。首先用排笔或脱脂棉蘸取乙醇、丙酮溶液，小心清洗画面，以利下一步的加固工作。

2. 加固

（1）壁画脱落部位的填补

在壁画脱落部位，先用水润湿周围的孔眼，然后用石灰聚醋酸乙烯酯乳液和水，按比例调匀填入，让其干燥，如有裂纹则反复补几次，直至不再产生裂缝，并在表面作些修饰。

（2）壁画粉化、龟裂、起翘的加固

壁画由于受潮，往往引起地仗与砖墙脱离。为了防止画面的脱落，在画面用5%聚乙烯醇缩丁醛溶液涂刷渗透，同时在画面不显眼的适当地方钻孔，通过孔眼，用注射针或滴管将聚醋酸乙烯酯乳液注入空隙中，然后用一块木板，上铺棉花并用纱布包好，在空鼓壁画表面加压，使它黏合复位。

壁画保护在我省还是一项新的课题，这次得到文保所同志的帮助，通过宜兴太平天国壁画的保护工作，使我们有机会在实践中学习到不少技术。这次工作仅仅是抢救性地采取了一些保护措施，并不是理想的办法。壁画的保护工作是十分广泛的，我们的工作仅仅是第一步，工作也很粗浅，对于壁画颜料成分的分析、变色的原因、揭取的方法，以及保护用的各种材料性能等尚存在若干问题，都有待我们进一步去研究、去解决。

（原载中国文物保护技术协会编：《文物保护技术（第五辑）》，1987 年）

NMF－1 防霉剂的应用研究[*]

一　前　言

文物、图书、档案在收藏过程中会受到自然和环境等诸多因素的影响，生物劣化（Biodeterioration）就是其中之一。在高温高湿地区，微生物对藏品的损害尤其突出。一旦文物、图书、档案染上霉菌，霉菌就会以糨糊、酪蛋白、纤维素为养料，大量繁殖，侵蚀这些藏品[①]，引起书皮脱胶、纸张粘连，甚至会腐蚀成孔，有的霉菌还会分泌色素，产生各种颜色的污点（如狐斑），使珍藏的物品面目全非，不仅霉迹难以清除，而且由于微生物的劣化作用，促使纤维素的分解和霉烂、金属腐蚀，造成不可弥补的损失[②]。

长期以来，为防治霉菌对文物的危害，文物保护工作者采用各种方法，如控制库房环境条件，保持适宜的温度和相对湿度，来抑制霉菌的生长，使用环氧乙烷或溴甲烷杀菌剂进行熏蒸灭菌处理，选用市售防霉剂喷洒或投放在文物柜箱中等，都取得了一定的成效[③]。由于目前经济条件以及使用药剂的毒性等问题尚未得到理想的解决，因此在实际应用中受到一定的限制。

为了解决材料霉变，国内外研究的重点是防霉剂的开发及应用[④]，许多国家都成立了专门性研究机构。据报道，世界上现有专业性防霉研究机构 200 多个[⑤]，因此各种新型防霉剂不断出现，并用于文物、图书、档案的防霉。但目前国内生产的防霉剂一般蒸气压较低，而且熏杀霉菌效果较差，为弥补这方面的不足，适应文物保护需要，南京博物院进行长效气相防霉剂的研制及其应用研究，历经两年，对各种霉菌进行了防霉试验和实际应用，证明 NMF－1 防霉剂是一种气相、低毒、广谱的防霉剂。

二　合成样品的主要理化指标

（1）状态：纯品为淡黄色的晶体，有较强挥发性、无臭味，在酒精中可得到针状品体，在丙酮中呈片状晶体（图1、2）。

---

* 本文由奚三彩、龚德才、王勉、李晓华合作撰写。

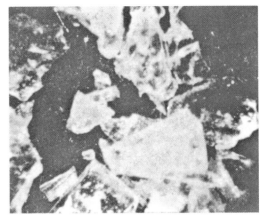

图1　NMF-1 在酒精中结晶的晶形　　　　　图2　NMF-1 在丙酮中结晶的晶形

（2）熔点：粗制品为 68~71℃，纯品为 71~73.5℃。

（3）纯度：粗制品≥90%，纯品≥98%。

（4）游离卤素：无。

（5）溶解性：难溶于水，溶解于乙醇、乙醚、四氯化碳，易溶于甲苯、丙酮、二甲亚砜等。

（6）pH 值：10% NMF-1 酒精溶液中的 pH 值为 6.4~6.7。

三　毒　性

南京药物研究所选用该动物房繁殖的昆明种小白鼠 40 只，体重 18~22g，雌雄各半，随机分为 4 组，按概率单位法测定 LD_{50} 为 1061mg/kg （963.0~1777.02），按化学物质毒性分级属低毒化合物[⑥]。

四　腐蚀试验

为检测 NMF-1 防霉剂对金属是否有腐蚀作用，我们选用铁块、青铜作为试样，分别浸泡在 2.7‰NMF-1 防霉剂乙醇溶液与无水乙醇溶液中，温度 35℃，浸泡时间为 168h，其结果见表1。

表1

材　料	溶　液	在溶液中
铁	无水乙醇	未见腐蚀
青铜	无水乙醇	未见腐蚀
铁	2.7‰NMF-1 防霉剂	未见腐蚀
青铜	2.7‰NMF-1 防霉剂	未见腐蚀

五　防霉试验

南京师范大学生物系按 JIS－2291 日本规定进行药效试验[7]，选用黑曲霉、黑根霉、桔青霉、毛壳霉为指示菌，将上述四种霉菌（除芽枝霉）移接于马铃薯—葡萄糖培养基上，经28℃培养至斜面长满孢子备用。用无菌水将菌分别制成孢子悬液，用血球计数法检测各菌孢子含量，而后将各种霉菌孢子液分别以涂布法制成含菌平板，每皿各加菌液 0.5ml。同时将 NMF－1 防霉剂用无水乙醇配制成不同浓度系列溶液，并分别滴加 1ml 在各滤纸面（直径 7cm）上，让乙醇挥发，制得不同含量的 NMF－1 滤纸片。将接种过菌的培养皿（含菌平板）倒置，在各菌种的培养皿盖中分别放入一张附有不同 NMF－1 药量的滤纸片，迅速盖好。一般要求各菌不同药量应重复 3 皿，与空白试验样进行对照。每天观察，其结果见表 2。

表 2　NMF－1 不同剂量对四种霉菌的抑制效果**

观察天数（d）		2				4				8				13				18				45			
菌种*		A	R	P	C	A	R	P	C	A	R	P	C	A	R	P	C	A	R	P	C	A	R	P	C
剂量（mg）	3.5	−	++	−	−	−	+++	−	−	−	+++	−	−	−	+++	−	−	−	+++	−	−	−	++++	−	−
	7.0	−	++	−	−	−	++	−	−	−	+++	−	−	−	+++	−	−	−	++++	−	−	−	++++	−	−
	14.0	−	++	−	−	−	++	−	−	−	+++	−	−	−	+++	−	−	−	++++	−	−	−	++++	−	−
	14.5	−	+	−	−	−	++	−	−	−	+++	−	−	−	+++	−	−	−	++++	−	−	−	++++	−	−
	35.0	−	−	−	−	−	−	−	−	−	+++	−	−	−	+++	−	−	−	+++	−	−	−	++++	−	−
	对照	++++	++++	++++	+	++++	++++	++++		++++	++++	++++		++++	++++	++++		++++	++++	++++		++++	++++	++++	++++

注：＊A 为黑曲霉，R 为黑根霉，P 为桔青霉，C 为毛壳霉。＊＊−没有霉菌生长；＋仅有菌丝，无孢子；＋＋菌丝短，有孢子；＋＋＋菌丝生长旺盛，有孢子；＋＋＋＋菌丝很旺盛，布满孢子。

与此同时，我们在菌培养皿中分别放入不同剂量药物的滤纸片。经培养 3 天，取出药物滤纸片继续培养观察残留药效，其结果见表 3。

表3　NMF – 1 对四种霉菌的残留药效

去药后天数（d）		2				4				8				10				15				42		
菌种*		A	R	P	C	A	R	P	C	A	R	P	C	A	R	P	C	A	R	P	C	A	R	P	C
剂量（mg）	3.5	−	+++	−	−	−	++++	−	−	−	++++	−	−	−	+++	−	−	−	+++	−	−				
	7.0	−	++	−	−	−	++	−	−	−	++++	−	−	−	++++	−	−	−	++++	−	−				
	14.0	−	++	−	−	−	++	−	−	−	+++	−	−	−	+++	−	−	−	+++	−	−				
	14.5	−	+	−	−	−	++	−	−	−	++++	−	−	−	++++	−	−	−	++++	−	−	−	+++	−	−
	35.0	−	+	−	−	−	+	−	−	−	++	−	−	−	++++	−	−	−	++++	−	−	−	−	−	−
	对照	++++	++++	++++	+	+++	+++	+++	++	+++	+++	+++	+	+++	+++	+++	++	+++	+++	+++	++	+++	+++	+++	++

　　从表3看出NMF – 1 防霉剂对黑曲霉、桔青霉、毛壳霉有明显抑制和杀灭效果，每皿药量为 3.5 ~ 14mg，经 18 天培养均未长霉；每皿药量为 14.5 ~ 35mg。经 45 天仍未长霉。对黑根霉有一定的抑制作用。

　　黑曲霉、桔青霉、毛壳霉经 NMF – 1 熏蒸 3 天后（将培养皿中含药滤纸去除）继续培养。每皿药量为 3.5 ~ 14mg，经 15 天培养均未长霉，每皿药量 14.5 ~ 35mg，经 42 天培养未长霉。当药物去除后，黑根霉菌丝很快生长，与空白对照样比较，无明显区别。

　　在防霉试验的基础上，我们对霉菌最低生育抑制浓度 MIC 进行了检测，其方法将 NMF – 1 防霉剂用 75% 热乙醇溶解加生理盐水稀释至所需浓度。试验用平板法[3]，将斜面培养的细菌接种于平板上，再放入不锈钢小管，向管内注入所需浓度药物 0.2ml，置 37℃ 培养 24h 或 48 ~ 72h。观察结果，拟菌圈直径大于 15mm 者为抑菌试验阳性，取抑菌阳性的最小药物浓度为 MIC，结果见表4。

表4

菌株	黄曲霉菌	黑曲霉菌	桔青霉菌	酵母菌	大肠杆菌	枯草杆菌
MIC（ppm）	20	10	10	40	80	80

六　对纸张性能影响试验

选取各种纸样，同时分别放入投有 NMF－1 和不放药物的密封箱中，经 90 天试验后，取出测试其耐折度、抗拉强度，结果见表 5、6。

表5　纸张拉力试验对照表　　　　室内 30℃，RH98%

样品	取样方法	处理方法	样品编号										平均值（kN/m²）
			1	2	3	4	5	6	7	8	9	10	
牛皮纸	纵	NMF－1 熏蒸	83	161	99	189	167	209	101	131	143	153	2.07
	纵	对照	95	93	180	85	140	131	111	99	175	127	2.00
	横	NMF－1 熏蒸	31	63	33	41	25	35	31	23	37	63	1.28
	横	对照	27	33	29	31	45	41	37	23	65	45	1.22
铜版纸	纵	NMF－1 熏蒸	149	373	245	245	131	165	47	165	245	95	3.27
	纵	对照	151	263	36	273	121	113	99	217	107	93	3.27
	横	NMF－1 熏蒸	201	227	119	237	209	171	157	125	191	305	1.93
	横	对照	183	171	245	227	477	163	163	199	183	185	1.98
道林纸	纵	NMF－1 熏蒸	33	23	15	29	35	15	25	19	33	15	1.95
	纵	对照	31	25	23	21	23	27	29	35	19	27	1.95
	横	NMF－1 熏蒸	11	16	9	15	9	11	9	7	7	17	0.84
	横	对照	11	15	9	13	9	13	9	13	11	11	0.83
说明	试验证明 NMF－1 防霉剂对几种被试纸张的拉力性能均无不良影响 仪器 ZL－10 型纸张拉力机												

表6　纸张耐折度试验对照表　　　　室内 30℃，RH98%

样品	取样方法	处理方法	样品编号										平均值（次）
			1	2	3	4	5	6	7	8	9	10	
牛皮纸	纵	NMF－1 熏蒸	83	161	99	189	167	209	101	131	143	153	143.6
	纵	对照	95	93	180	85	140	131	111	99	175	127	123.6
	横	NMF－1 熏蒸	31	63	33	41	25	35	31	23	37	63	38.2
	横	对照	27	33	29	31	45	41	37	23	65	45	37.6
铜版纸	纵	NMF－1 熏蒸	149	373	245	245	131	165	47	165	245	95	186
	纵	对照	151	263	36	273	121	113	99	217	107	93	147.3
	横	NMF－1 熏蒸	201	227	119	237	209	171	157	125	191	305	194.2
	横	对照	183	171	245	227	477	163	163	199	183	185	219.6
道林纸	纵	NMF－1 熏蒸	33	23	15	29	35	15	25	19	33	15	24.2
	纵	对照	31	25	23	21	23	27	29	35	19	27	26
	横	NMF－1 熏蒸	11	16	9	15	9	11	9	7	7	17	11.1
	横	对照	11	15	15	13	9	13	9	13	11	11	12.0
说明	试验证明 NMF－1 防霉剂对几种被试纸张的耐折性能均无不良影响 使用仪器 ZZD－025A 型纸张耐折机												

从表5、6看出 NMF-1 对几种纸样试验与对照样比较，抗拉、耐折强度大致相似，无不良影响。

七　对色彩影响试验

取各色纸和色布（10×10cm）作试样，定点记录颜色坐标 L、A、B 值，将试样放入含有 NMF-1 的密封箱中，经95天试验后取出，测出同坐标点色差数值△E，结果见表7。从表7可以看出试验前后其色彩的检测数值大致相同，表明 NMF-1 对色彩无不良影响。

表7　NMF-1 防霉剂对纸张及纺织品色彩的影响（检测数据表）

样品		蓝纸	红纸	青色布	黑色布	绿色布	深色红布
试验前	L	59.50	34.72	33.21	18.89	43.26	29.09
	A	-10.35	50.87	10.48	1.80	-20.99	35.90
	B	-12.44	13.42	-33.33	-10.66	-0.73	-10.81
试验后	L	59.13	34.49	33.23	18.94	43.34	29.42
	A	-10.54	49.76	10.70	1.64	-21.41	36.09
	B	-12.64	13.22	-33.43	-10.72	-0.66	-10.63
	△E	0.46	0.41	0.25	0.35	0.43	0.45

注：1. 每个点测三次取平均值；2. △E 为色差值；3. △E 大于0.60时，人眼才能辨出颜色差异。

八　应　用

研制防霉剂的目的在于应用，为考核 NMF-1 的实际效果，我们对应用对象、形式、用量进行了实验室试验和实际应用。

1. 制作防霉糨糊

长期以来，书画的修补、装裱都采用淀粉糨糊为黏合剂，而淀粉是滋生霉菌的养料，在高温高湿季节容易生长霉菌。为防治霉菌生长，在糨糊中添加防霉剂起到一定作用，然而这些防霉剂由于毒性大，有刺激性气味，并影响被黏物的颜色以及产生副作用等问题，因此这些防霉剂不利于文物保护。用 NMF-1 添加在淀粉糨糊中制成的防霉糨糊，经裱画等方面应用，防霉效果十分显著（表8）。从表8可以看出：添加0.05% NMF-1 制成的防霉糨糊，经80天观察仍不长霉，可见防霉性能优于其他防霉糨糊。

表8　糨糊防霉试验　　　　　　　　　　28℃，RH90%

样品组	观察时间（d）								备注
	10	20	30	40	50	60	70	80	
含 NMF-1 0.03%	-	-	-	-	+	+ +	+ + +	+ + +	每组样品有三个
含 NMF-1 0.05%	-	-	-	-	-	-	-	-	

（续表）

样品组	观察时间（d）								备注
	10	20	30	40	50	60	70	80	
空白	＋＋	＋＋＋	＋＋＋	＋＋＋	＋＋＋	＋＋＋	＋＋＋	＋＋＋	
含酒精糨糊	＋＋	＋＋＋	＋＋＋	＋＋＋	＋＋＋	＋＋＋	＋＋＋	＋＋＋	
2％硼砂糨糊	＋＋＋	＋＋＋	＋＋＋	＋＋＋	＋＋＋	＋＋＋	＋＋＋	＋＋＋	
2％苯酚糨糊	－	－	－	＋	＋＋	＋＋＋	＋＋＋	＋＋＋	
2％甲醛糨糊	－	－	－	－	－	＋	＋＋	＋＋＋	黏性不好
4％明矾糨糊	＋＋	＋＋＋	＋＋＋	＋＋＋	＋＋＋	＋＋＋	＋＋＋	＋＋＋	

2. 配制防霉液

NMF－1 不仅可作添加剂，而且也可以用乙醇溶解制成防霉液。它可喷、刷、涂、浸经处理过的物品，起到杀灭、抑制霉菌的作用。我们曾选取一块白棉布，用 1％ NMF－1 乙醇溶液处理，另一块未经处理的为对照样，同时都置于培养基上培养，结果见表 9。从表 9 看，1％ NMF－1 防霉液能抑制霉菌的生长。目前已用作图书、锦盒、贴画板的防霉，效果十分显著。

另外还可以制成防霉防虫片，效果很好。

表 9　纺织品防霉试验　　　　　　　　　　30℃　RH90％

处理方法		培养时间（d）				备 注
		5	10	15	20	
1％ NMF－1 酒精溶液喷涂二次	1	－	－	－	－	
	2	－	－	－	－	
	3	－	－	－	－	
1％ NMF－1 酒精溶液刷涂二次	4	－	－	－	－	培养基：土豆琼脂培养基
	5	－	－	－	－	
	6	－	－	－	－	
空白	7	＋＋＋				
	8	＋＋＋				
	9	＋＋＋				

九　结　论

NMF－1 防霉剂的研制成功，为我国文物保护提供了一种新型的气相防霉剂。该防霉剂抗菌谱广，抗霉效果显著，有效期长，用量少，对常见的霉菌及细菌有很好的抑制和杀灭作用。对木霉、芽枝霉、大肠杆菌等十几种霉菌的最低抑制浓度在几个至几十个 ppm 之间。

该防霉剂毒性低，使用时对人安全，无令人不适气味，对文物、图书、档案无副作用。防霉剂添加在糨糊中制成防霉糨糊，对书画的装裱、图书、档案的修复有一定使用价值。我们曾将该防霉剂配成乳剂喷洒在已霉锦盒、裱画板、图书上抑制了霉菌的生长。

注释：

① H. 普列奥勃拉仁斯卡娅等编，黄树升译：《图书馆藏书的卫生与修复》，书目文献出版社，1986 年。

② H. J. 卜伦德莱斯著，绍熙译：《古物及艺术品的保养（处理、整修与复原)》，文化部图博口文博组翻印，1973 年。

③ 中国人民大学档案系编：《文件材料保管技术学》，中国人民大学出版社，1957 年。

④ 马振瀛：《防霉剂手册》，轻工业出版社，1988 年。

⑤ 林应锐：《防霉与工业杀菌剂》，科学出版社，1987 年。

⑥《工业毒理学实验方法》，上海科学技术出版社，1979 年。

⑦［日］井上真由美著，彭武厚等译：《微生物灾害及其防治技术》，上海科学技术出版社，1983 年。

（原载《文物保护与考古科学》1990 年第 2 卷第 2 期）

红外电视及其在文物检测中的应用[*]

红外摄影自20世纪30年代问世以来，就在国防、公安等部门得到了应用，随后这种技术被推广应用到古代文物和艺术品的鉴别上。由于红外摄影的敏感元件是红外胶片，采用的是照相技术，只有冲洗出红外底片，才能看见映象，知其效果，在实际应用中有许多不便，随着科学技术的发展，人们将红外技术与电视技术进行巧妙的结合，即出现了红外电视。

红外电视在博物馆工作中的应用，在国外也是近几年才发展起来的。据报道，美国州立大学巴费罗学院用透射红外技术对油画及艺术品进行检测，提供了有关内层画面，作者更换或创作技法的变化，以及隐藏于覆盖层底下的损坏、剥落或修复情况的资料。20世纪70年代末，上海新跃仪器厂与上海博物馆利用红外成像仪对古代艺术品做过尝试性的检测，它的敏感元件是红外变像管，采用的是光电倍增技术，虽能实时显示，但只能供一人用目镜看，而且波长也只到1.2μ，当观察物需大于1.2μ的波长才能工作时，红外成像仪便失去了作用。

南京博物院与电子工业部五十五研究所共同开发红外电视在文物检测中的应用研究。红外电视的敏感元件是摄像管，采用的是全套电视技术。利用自己研制的红外电视用于古文物和艺术品的检测，在国内尚未见到，它将为博物馆、档案馆、图书馆等部门提供无损检测的一种重要手段。

一 红外电视的原理

红外线在自然界中到处都有，除太阳光辐射含有红外线，凡温度高于$0°K$的所有物体，例如火护、电灯、暖气设备等都能发射红外线，其波长在$760\sim2500nm$之间。红外线最大的特点是人眼看不见，但具有被物质反射、折射和吸收的特性，而且不同的物质对不同波长红外线的反射、折射和吸收各不相同。当红外线源产生的红外线通过空气照射到被检测的物体上时，与被照射物体相互作用，产生反射、折射和吸发，形成不同波长和不同强弱的红外线，经滤光镜把不需要的可见光和红外线滤掉，需要的红外线射到光学镜头上，经光学镜头聚焦，成像在红外摄像管靶面上，通过靶面材

* 本文由王勉、晏三彩合作撰写。

料的光电效应，把红外线的图像变成电信号，再经过摄像机电路对电信号处理，变成全电视信号，送给监视器，又由监视器把信号转变成光信号，便可看到需要检测的物体的红外图像了（见图示）。

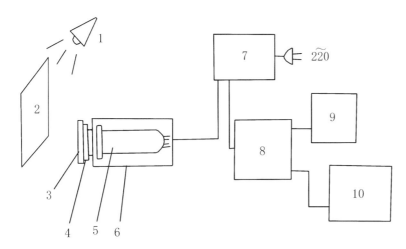

1. 红外线源　2. 被检测的物体　3. 红外滤光片　4. 光学镜头　5. 红外摄像管
6. 红外摄像机电路　7. 电源控制器　8. 图像监视器　9. 照相机　10. 录像机

为了便于记录和整理资料，可用照相机对监视器上的图像拍照，也可以直接从摄像机的输出端给录像机一个全电视信号，录像机就可通过录像带把红外摄像的全部结果记录下来。

二　应用方法

1. 照明

各种大功率的红外光源（特别是摄影灯，色温高达 3200°K，功率 1300 瓦）对艺术品及文物都会造成损坏。特别是检测含有对热和高极度照射亮度敏感或者是深色能很快吸收热量材料的文物及艺术品时，需多加小心，光源不要太强，并要放置在离开被检物体适当距离的位置，仅在需要时才打开光源。

2. 红外电视的使用

按工作原理安装好红外电视设备后（此时光学镜头是用镜盖盖着的），打开摄像机和监视器的电源开关，待机器正常工作后，将电视测试反射卡置于被测物的位置，开启 60 瓦白炽灯，灯距一般离测试卡 0.5 米。由小变大调节光圈，直至监视器上的图像分辨率最高（＞450TVL）、灰度级别最高（＞7 级）。将测试卡拿掉，把被检测物置于原测试卡位置，根据不同检测物的需要，适当调整红外光源位置、强弱、镜头光圈和焦距，便可在监视器上拍到被检测的红外图像了。

三　应用实例

第一，古代遗物被埋在地下数百年乃至上千年，遭受地下水的浸泡，出土后在清洗整理过程中稍有不慎就会招致机械磨损，致使一些书写在木牍或竹简上的文字模糊不清，肉眼难以辨认，一些纺织品埋在地下，会严重炭化发黑，纹饰和编织经纬也难以分清。我们对出土的汉代木牍、汉代严重炭化发黑的丝绢、元代炭化发黑的纸币进行检测，通过红外电视均能清晰地看到，文字能够辨识，丝绢上的花纹和编织经纬也十分清晰。

第二，被焚烧土埋后损毁的日本文字档案。日本投降前，将其众多文字档案倒入土坑中焚烧，再用土掩埋。日寇投降后，我方人员将其挖出，但已面目全非，利用红外电视观察这些被焚的残缺档案，字迹清楚，如同用毛笔写在纸上一样清晰。

第三，南京是历史文化名城，是举世闻名的太平天国王府所在地。太平天国壁画，已成为稀世珍品。由于长期烟熏以及自然因素的影响，画面依稀可见，但模糊异常。利用红外电视的特性——木质对红外线的高反射，而某些物质能被红外线穿透，某些绘图颜料（例如炭黑、黑汁、普鲁士蓝、石青等）对红外线的高吸收，使画面在电视屏上清楚再现。

四　结　语

用红外电视检测文物及艺术品的研究，已取得了可喜的成果，为博物馆文物无损检测提供了一种新的手段。由于条件的限制，我们做的工作仅仅是开始。我们深信，随着科学技术的发展，红外电视在文物检测中的应用前景将是广阔的。

（原载《东南文化》1993 年第 6 期）

文物害虫及其防治方法

中华民族在漫长历史长河中，创造了具有历史、艺术、科学价值的光辉文化，对人类文明作过杰出贡献。但是，历代文化遗物随着时间的推移，由于遭受自然因素和人为的破坏，大部分都已毁灭消失，保存至今的仅是其中极小部分，而这部分文物仍处在不安定因素之中，使它日趋老化、变质。在诸多损害文物的因素中，昆虫对文物造成的危害是十分严重的。据资料介绍，我国南方某省90%以上的县级档案馆，曾不同程度地遭受过虫害。某博物馆收藏的碑刻拓片被虫蛀蚀成百孔千疮，一本拓片竟发现200多条害虫，某大学图书馆所保存的14万册图书，其中80%受到害虫的蛀蚀，以致造成沟曲纵横、洞痕累累、破烂不堪，严重的已失去了使用价值。南方各地白蚁对古建筑所造成的危害更为严重，有些木构件如木柱，已完全被白蚁蛀空，只剩表皮，岌岌可危，严重的已使古建筑倒塌，如浙江宁波报国寺、南通天宁寺等都发现白蚁蛀蚀的严重情况。因此，了解文物害虫的形态特征及生活习性，掌握防治方法，是文物保护工作中值得重视的问题。

一 危害文物的主要害虫

文物害虫属于仓库害虫中的一部分，由于我国地大物博，地理位置、气候条件、所处环境不一，因而，分布在全国各地的文物害虫亦有差异，但一般可区分为习惯寄生和偶然寄生，属于习惯寄生的有70余种，寄生在有机质文物上，偶然寄生的，一般寄生在书架、木制家具包装箱、填料上。据有关资料报道，我国已定名的仓库害虫约100余种，其中危害文物、图书、档案的害虫已发现有40多种，大体可分为6个目。

文物害虫
- 缨尾目：毛衣鱼
- 啮虫目：书虱、嗜卷书虱、尘虱
- 等翅目：白蚁、黑胸散白蚁、黄肢散白蚁
- 鳞翅目：袋衣蛾、幕衣蛾
- 鞘翅目：红园皮蠹、粉白腹皮蠹、黑皮蠹、中华皮蠹、百怪皮蠹、中华粉蠹、烟草甲、档案窃蠹、药材甲、竹蠹、褐蛛甲
- 蜚蠊目：东方大蠊、美洲大蠊

下面仅就常见而有代表性的文物害虫作简要介绍。

a. 毛衣鱼：又名书鱼、银鱼，体扁平有银灰色鳞片，体长 9 ~ 13 毫米，头部长有独角，胸腹部有节，末端有尾须，只有单眼，没有翅膀，会快速爬行。毛衣鱼喜欢阴暗潮湿处，在环境条件适宜情况下，即温度在 22 ~ 28℃，湿度在 75% ~ 95%，繁殖很快，一年生育数代，它的生命周期长至 2 ~ 3 年，毛衣鱼是以有机质文物的纤维素、淀粉、蛋白质为食，致使纸张失去光泽，字迹、画面受损，所以对有机质文物的危害尤为严重。

b. 书虱：又名米虱，扁平柔软，头大，复眼小，体长为 1 ~ 1.5 毫米，口器红褐色，触角丝状，19 节。胸部窄于头部，中、后胸愈合。腹部肥大多节，腹末有不明显的小黑斑点 1 个。全身疏生灰白色细毛。书虱生活在纸张、书籍内，以纤维素、面粉糨糊为养料，是有机质文物主要害虫之一，几乎全国各地均有发现。

c. 家白蚁：又名白蚂蚁，体长约 6.5 毫米，成虫的头部呈圆形，兵蚁的头部很大，而雄蚁、雌蚁、工蚁及兵蚁的头部各不相同，是有所区别的。有翅成虫为黄褐色，翅为淡黄色，头部两侧有黑色复眼一对，触角一对，触角节呈念珠状，9 ~ 30 节。口器是咀嚼式，由上唇、下唇、上颚、下颚等器官组成。胸部由前、中、后胸组成。每一胸节、腹面生足一对。腹部筒形由 10 节组成，每节具有一硬化板。成虫第二至第九腹板的形状大致相同，第 10 节缩小，一般分成两小片，第 10 腹板两侧有一对尾须，尾须 2 ~ 8 节。白蚁是一种群居性昆虫，表现出使人难以相信的组织能力，一般居住在土中或墙基的蚁穴内，地上巢多连在门窗两旁、木柱与地面连接处、梁与墙交接地方。巢有主巢和副巢之分，主巢是蚁王和蚁后居住的地方，副巢内只有工蚁、兵蚁、幼虫和卵，为幼虫发育之处，两巢之间常发生联系。当白蚁群体发展到成熟阶段，在春天傍晚常成群飞出。

白蚁常以木材、纸张、书籍、织物的纤维为食料。一般是从靠近墙基的木制书架、书柜、文物架开始蛀蚀，使木质内部蛀蚀的孔道沿木纤维发展而全部蛀蚀一空，如南通宋代天宁寺大殿木柱及皋水陆庵部分木柱、梁架等。而书籍被蛀蚀的状况比比皆是，如南通图书馆藏书楼。所以白蚁也是危害文物的主要害虫之一。

d. 袋衣蛾：成虫体长 4.5 ~ 7 毫米，展翅宽 10 ~ 13 毫米，下颚须长，丝状，前翅背面淡灰褐色，前翅至末端的 3 个斑点形成三角形。中部的两个短纹通常不明显或几乎消失。后翅黄褐色、发光，后绿缀着细长鳞片。幼虫体长约 8 毫米，身体近于白色或乳白色，头部褐色，有单眼一对，前胸质褐色，沿背中线无色素、右上颚末端有齿 5 个、趾沟 16 ~ 17 个，排列成椭圆形、单序。在温度 26 ~ 28℃、相对湿度 82% ~ 92% 环境中，一年可繁殖 4 ~ 5 代。雌虫羽化后 1 ~ 6 天开始产卵。在温度 26.5 ~ 27℃、相对湿度 60% ~ 74% 条件下，平均产卵 48 ± 5.8 粒。温度降低，孵化期缩短，湿度一般不影响孵化期。在温度 30 ± 0.5℃ 时，孵化期 7 天。在温度 25.5 ± 0.5℃、相对湿度 55% ± 5% 时，幼虫期最短 33 ± 0.42 天。幼虫能做一个爬行袋。这个袋以它所吐的丝和食物内的纤维连接而成，袋的两端都有开口。幼虫在黑暗环境比在明暗交替的环境中危害要大，在湿度较大的环境中危害也比较大。幼虫成熟后，先把袋固定起来，然后把袋一端封住。蛹期 9.3 ± 0.3 天。在温度 26.5 ± 0.5℃、相对湿度 67% ±7% 的条件下，雄虫寿命 3.5 ±0.6 天，雌虫寿命 5.2 ±0.28 天。此虫对毛皮、毛衣、书籍等物都有危害。

e. 蟑螂：又名东方大蠊，成虫椭圆形，体长约 25 毫米，暗褐或深褐色，头扁三角形，触角鞭状。雄虫的翅不完全覆盖腹部，雌虫的翅退化，只有圆形小片。雄虫有腹刺和尾须各一对。卵排列在卵鞘内，卵鞘初呈淡黄色，后变为暗褐色，钱袋形。在适宜环境，一年能繁殖一代，有的两代。该虫白天群居隐匿于黑暗有缝隙的隐蔽场所，夜晚出来取食及交配，是属于不完全变态昆虫。蟑螂是世界性害虫之一，据调查在我国约有 5 种。在春夏之交，几乎家家户户都能发现。它以纸张、木材、淀粉、胶粘剂、胶片等为食料，蛀蚀成孔，而且其身上带有霉菌的孢子，成为传播霉菌的媒介，它的分泌物又能造成文物的污染。

f. 烟草甲：又名烟草窃蠹，成虫体长约 2.5 ~ 3 毫米，呈宽椭圆形，背面隆起，虫体棕黄色至赤褐色、有光泽，全身密生黄褐色细毛。头部宽大，隐于前胸背板下方。复眼大、圆形、黑色。触角位于复眼正前方，锯齿状，共 11 节。10 天不食仍能生存，喜欢微弱的光，一般只在傍晚、黄昏以至夜间飞翔。幼虫成熟后长 3 ~ 4 毫米，除头部的黄褐色色素区外，均为淡黄色或近于白色，虫体披有浓而长的褐色细毛。温度低于 15℃ 进入休眠，在不活动低温范围内，能休眠几个月。在温度较高地区一年能繁殖 3 ~6 代，雌虫产卵可高达 100 粒。该虫繁殖生长最适宜温度为 22 ~ 35℃，有效低温为 15 ~ 22℃，有效高温为 35 ~ 40℃，其幼虫会在纸张、书籍中钻孔、打洞，由里向外蛀蚀成不规则孔道，对有机质文物危害极大。

二　文物害虫防治的方法

"以防为主，防治结合"是文物保护工作基本方针，对文物害虫的防治，首先要着眼于预防，在防虫上下功夫，一旦生了虫，就应积极地采取治的措施，以防止蔓延，造成更大损失，所以治是一种辅助措施，而防是至关重要的。

1. 环境、卫生防治

清洁卫生防治是贯彻"以防为主，防治结合"方针的重要措施，是一项积极主动的防治措施，也是配合其他防治方法的一个重要组成部分。这种防治就是创造不利于害虫生长、发育与繁殖的环境条件，破坏它与环境条件的统一，使其不适宜生存而趋于死亡。

清洁卫生防治的范围非常广泛，其方法简便易行，然而它又是一项经常、细致的工作，必须做好以下几点。

a. 保持库内、外清洁卫生。清除害虫滋生条件。

b. 杜绝虫源。防止害虫进入库房，库房的地板、屋顶、墙面不能有孔洞、缝隙。

库房门窗应密封，通风口应装过滤网或纱窗，入库以前文物、柜架、库房应消毒。

c. 控制库房适宜的温、湿度，抑制害虫的生长发育。昆虫属变温动物，其体内缺乏完善的体温调节机制，维持与调节自身体温能力较差。其新陈代谢、生长发育受环境温度影响很大。如有条件控制在停育低温区（4～8℃）或最低有效温区，对抑制害虫生长是有利的。湿度对昆虫生理活动影响极大，一般认为高湿能促进新陈代谢，加速虫体发育和产卵，低湿致使昆虫发育缓慢，有效低湿区为40%～70%，致死低湿为30%以下。

d. 加强库房检查，一旦发现害虫，就要立刻进行隔离、熏杀。

2. 中草药防治（古代防治方法）

我国劳动人民在长期与虫害斗争中，积累了许多行之有效的防治害虫的方法和经验。归纳起来，大致有以下几种方法。

a. 浸渍法（即染纸避蠹法）

此法就是将纸张浸渍在含有杀虫作用的植物制剂中，然后晾干便成为防蛀纸。古代最常用的防蛀纸如下。

①黄柏纸：利用黄柏的浸渍液渗入纸中而成，它是我国最早染纸避蠹技术之一。此项技术早在2世纪末，东汉刘熙《译名》一书中就有记载，到魏晋南北朝已广泛用作书写纸，著名农学家贾思勰已将黄柏染纸技术编入《齐民要术》一书中。到了唐代，传统的染纸便成了造纸过程中的一道工序，宋代《洞天清录》及《古今图书集成》中都有记述。

黄柏又名黄檗，属芸香料双子叶植物，产于我国长白山地区，黄柏的树枝具有杀虫作用，性寒味苦，能清热、泻火解毒，一般作中药用。经分析，树枝中含有小柏碱、黄柏碱和棕榈碱等多种生物碱。这些生物碱具有碱性的含氯有机化合物，正是杀虫药剂。所以用黄柏的浸渍液渗入纸中而成黄柏纸具有防虫效果。

②碧纸：是用"靛蓝"溶液浸渍纸，因颜色为紫蓝色而得名。10世纪中叶的《妙法莲华经》是碧纸抄本，苏州瑞光塔出土的《妙法莲华经》就是用碧纸抄写的，至今保存完好。

③椒纸：是将胡椒、花椒、竹叶椒的浸渍汁渗入纸中而成。这些花椒属芸香科、双子叶植物，由于花椒皮中含有柠檬烯、枯醇和香叶醇等挥发油，果实中含有香茅醛、水芹萜，椒根中含有白鲜碱、菌芋碱和小檗碱，这些生物碱使蠹虫望而生畏，不敢问津，散发出来的强烈气味亦有驱虫之功效。

还有用烟草、百部的浸渍液渗入纸中而成防蛀纸。就不一一介绍了。

b. 气味驱赶法

就是在藏书画文物或文物箱、柜中放置具有强烈气味的药物来驱赶蠹虫，达到防蛀之目的。早在汉代，我国劳动人民就用兰草夹放在书页中用以防虫，所以汉代藏书处称为兰台，由此而得名。运用最多的是芸香草，芸香又名七里香，属芸香科植物，具有强烈刺激气味，北宋沈括在《梦溪笔谈》中记有"古人藏书避蠹用芸香"。唐代诗人杜甫在其诗中有"晚就芸香阁"句，所指的即是唐王朝的藏书阁。谢坤《香草堂集》言："范氏藏书甚富……兼藏芸香一本，色淡绿而不枯，三百年来不生虫、草之功也。"《闻见后录》谓芸香"置帙中既无蠹"，由此可见用芸香防虫由来已久，确有实效。另外还有烟草、荷叶、荠菜、香蒿等植物药物用作防虫，亦有不少记载。还可用樟脑、冰片等防虫。

①樟脑：是由樟树切片与水蒸气进行蒸馏，冷却、结晶而得，分子式为 $C_{10}H_{16}O$，含有双环萜，易挥发，有特殊香味，是我国传统的驱虫药物。该法一直流传至今。天然樟脑盛产于台湾，对毛衣鱼等有一定驱避作用。

②冰片：是天然龙脑树干分泌的香料，主要成分为右旋龙脑，其中含有双环萜醇，有樟脑气味，具有抗菌杀虫之效。

另外选用能散发强烈气味的樟木、柏木、檀香木等制作文物柜、箱，免遭虫蛀。

c. 涂抹法

万年红防蠹纸是明代广东海南佛山地区所创造。明崇祯四年（1631 年）刊印的《梦溪笔谈》由于衬有"万年红衬纸"，经 346 年的收藏，至今保存完好如初。该项技术已年久失传，前几年由中国历史博物馆科研人员，经科学剖析，发现其主要杀虫成分是四氧化三铅、一氧化铅、碱性硫酸铅。经反复模拟试验已复原成功。其方法是将四氧化三铅在瓷罐中研细，过滤，加入少量添加剂和适量的桃胶溶液，用水调匀，配成橘红色涂料，将涂料用排笔在毛边纸上均匀涂刷一、二遍，阴干即成。

通过上面对古代防蛀方法的总结，使我们从中得到借鉴和启发。近十几年来，上海博物馆、南京博物院、中国第一历史档案馆等单位，在总结传统防虫经验基础上，进行了深入研究，已取得显著成果。上海博物馆曾用黄柏提取物做了对毛衣鱼的毒效试验，防虫效果是十分有效的。南京博物院研制的"复方中草药驱虫剂"也得到了用户的好评。

3. 化学防治

化学防治是利用有毒的化学药剂（毒剂或杀虫剂）直接或间接地侵入虫体，引起昆虫生理机能障碍，致使害虫中毒死亡。化学防治可分为触杀、驱避、熏蒸三个途径，其中以熏蒸杀虫效果最佳、应用最广。现将常用的杀虫剂性能及使用方法介绍如下。

a. 驱避剂：就是利用药物挥发出来的特殊气味和毒性，来杀死害虫或使害虫不敢接近。常用的驱避剂有萘、樟脑、对位二氯苯。

①樟脑丸又名卫生球，它是一种稠环芳香烃的有机化合物，由煤焦油中提炼而成。萘的纯品为白色状结晶，易挥发升华，有类似樟脑的气味。经分析含有致癌物，对人毒性大，对文物亦有副作用，现在已禁止使用。

②樟脑：前面已介绍。

③对位二氯苯，纯品为白色结晶，具有特殊酯香气味，熔点 53℃，化学性质稳定，

易挥发，无腐蚀性，对书虱、衣蛾、花斑皮蠹等害虫有显著的药效。其效力为萘的5倍。对害虫既有驱避作用又有杀虫效力，昆虫吸入其气体后能引起麻醉，并能溶解虫体内的酯而造成死亡。使用方法为用纸包好放在文物柜、架上。

b. 接触杀虫剂：当化学药剂接触虫体后，通过虫体的表皮层或膜质透入虫体，引起昆虫生理机能障碍，使之死亡。常用的有除虫菊酯、二氯炔戊菊酯、敌敌畏、敌百虫等。

①除虫菊酯：是除虫菊素Ⅰ、除虫菊素Ⅱ、瓜叶除虫菊素Ⅰ和瓜叶除虫菊素Ⅱ的总称，其中杀虫的主要成分为除虫菊素Ⅰ和Ⅱ，其分子式为$C_{21}H_{28}O_3$和$C_{22}H_{28}O_3$，为淡黄色黏性液体，有芳香气味，能溶于石油醚、苯、乙醇、丙酮等有机溶剂中，不溶于水，但在水中易分解。在光照环境中极不稳定，在60℃即起分解作用。使用时应避免与酸、碱接触，以免水解成除虫菊醇酮，而失去杀虫效力。目前市售除虫菊有粉剂和乳剂两种，可用喷洒或涂刷方式，对文物库或文物柜、架进行施药。一般用药量为5～10g/m²处理时间12～24小时。目前已合成多种类似除虫菊酯的化合物，如二氯苯醚菊酯、溴氰菊酯、炔戊氯菊酯等。这些化合物低毒、高效，能有效地杀死昆虫，也是目前最主要的卫生杀虫剂之一。这些化合物为新型拟除虫菊酯类杀虫剂，具有高蒸气压，它不但有触杀作用而且有较强熏杀能力。一般可配成溶液或乳剂进行喷、涂，其配方为：

炔戊氯菊酯或溴氰菊酯	1 克
S_2 增效剂	1～3 克
乙醇或丙酮	93～95 克
硼砂	3 克

是目前较为理想的一种接触杀虫剂。

②敌敌畏（DDVP）：是用敌百虫经强碱处理而制得，其化学名为O，O-二甲基-O-（2，2-二氯乙烯基）磷酸酯，分子式为$C_4H_7O_4Cl_2P$，分子量为221，纯品为无色油状液体，略有芳香气味，不易燃烧，能溶于有机溶剂，挥发性强，在碱性溶液中水解很快。对人畜毒性中等，对大白鼠口服致死量LD为50～70毫克/公斤。目前市售DDVP有50％乳油、80％乳油和原油。使用时根据具体情况，将乳油加水100～200倍稀释、搅匀，用喷雾器喷洒或将浸渍敌敌畏溶液的布条悬挂在库房中，任其挥发。由于挥发性强、蒸气压高，具有胃毒、触杀和熏蒸三种作用，具有很好的杀虫效果，因其毒性和对金属制品的腐蚀性，目前在博物馆库房中已停止作用。

③敌百虫：学名为1-羟基-2，2，2-三氯乙基磷酸O，O-二甲基酯，分子式为：

是一种有机杀虫剂，纯品为白色晶体，相对密度为 1.73，熔点为 83～84℃，工业品含有小量油状杂质，易溶于水，亦能溶于有机溶剂，如氯仿、苯、乙醚，是一种广谱杀虫剂。毒性较低，是敌敌畏的 1/7，其药效比六六六高 10 倍多，对鳞翅目、鞘翅目等翅目害虫都有杀灭效果。主要用于库房环境的消毒，也是灭蟑螂药片的主要成分。

④氯丹（$C_{10}H_6Cl_8$）：系黄色或褐色黏稠状液体，沸点 155～160℃，不溶于水，能溶于酯、酮、醚类，原油含 60～75℃有效成分，遇碱分解。广泛用于防治白蚁。

c. 熏蒸剂：是利用易于挥发的药剂蒸气，通过害虫的呼吸系统或由体壁的蜡质透入虫体，使害虫死亡。下面介绍常用的几种熏蒸剂的性能及使用方法。

①甲醛：分子式为 CH_2O 又称福尔马林（36～38% 甲醛），是一种防腐剂和杀菌剂，有强烈刺激气味。在低温时有白色沉淀，当温度高于 80℃即成气体。用甲醛作为熏蒸剂，一般在真空消毒箱中操作，使用时先把图书、文献放置在隔板上，关闭箱门，开动真空泵，使箱内呈真空状态。然后把甲醛蒸气通入消毒箱中，经 24 小时处理即可，在操作过程中相对湿度为 80%，温度为 30℃，真空度不小于 668 毫米汞柱条件下进行，效果较好，目前已不大采用。

②溴甲烷：又名溴化甲烷、甲基溴、溴代甲烷，分子式为 CH_3Br，常温下为无色、无臭气体。其液体比重在 0℃时为 1.732，气体为 3.28。沸点低，不溶于水，能溶于乙醇、乙醚、氯仿等有机溶剂中，易挥发，一般情况下不易燃烧，当空气中含量在 13.5% ～ 14.5%（按体积比）时，有爆炸危险。它扩散性、渗透性强，散毒快。处理过文物的不留残毒和气味。气态溴甲烷对纸张、皮革、油墨、木材、金属等材料均无不良影响。溴甲烷浸入虫体后，因水解而产生甲醇、氢溴酸、甲醛等。

从上述反应中，因氢溴酸分子量较大，只停留在害虫的细胞间隙，造成积累性中毒，其次是甲醛有脱水作用，又是神经性毒剂，害虫受它刺激后，呈兴奋状态，同时又是伤害细胞原生质的毒剂，加上甲醛与原生质的氨结合，抑制过氧化氢酶及脱氢酶作用。由于上述物质的作用，而达到杀虫效果。

大体可分为：

$$
熏蒸方法
\begin{cases}
常压熏蒸法
\begin{cases}
\text{a 被覆熏蒸法} \\
\text{b 密闭熏蒸法} \\
\text{c 熏蒸库（室）熏蒸法}
\end{cases} \\
减压熏蒸法（真空装置）
\end{cases}
$$

溴甲烷的使用量，一般为 40 克/立方米，进行熏蒸施药时，必须戴防毒面具及橡皮手套，并穿上工作服。做好预防安全工作。

自 1932 年法国 Le Goupil 首先使用溴甲烷杀虫以来，世界各国一直沿用至今。我国 1952 年开始合成溴甲烷，1954 年已能大量生产，并用于杀灭农业害虫。近年来，溴甲烷杀虫已较广泛地应用于文物、图书、档案等领域。上海博物馆已进行了深入研究并取得了显著的成果。

③硫酰氟：是近年研制成功高效低毒杀虫剂，是一种无色、无臭、不燃不爆的气体。分子式为 SO_2F_2，分子量为 102.06，熔点 120℃，沸点 55.2℃，气体比重 2.88，液体比重 1.342，微溶于水，能大量溶于溴甲烷，蒸气压较大，易于扩散和渗透。硫酰氟是一种高效、低毒（毒性只及溴甲烷 1/3）、低残毒的熏蒸剂。使用方法同一般熏蒸剂一样，剂量为 10~20 克/立方米，熏蒸时间为 24~48 小时。施药时应戴防毒面具，注意安全。

据浙江化工研究所、中国人民大学档案系、植物检疫所等单位研究表明，使用硫酰氟，当温度为 16~20℃、相对湿度为 35%~40% 时，施药量为 10~40 克/立方米，处理时间为 24~48 小时，可以取得 100% 致死效果。其杀虫效果优于溴甲烷。见下表。

试虫名称	熏蒸剂	虫数（只）	死亡率（%）
黑皮蠹	SO_2F_2	20	100
	CH_3Br	20	0
	对照	20	0
百怪皮蠹	SO_2F_2	20	100
	CH_3Br	20	0
	对照	20	0
赤拟谷盗	SO_2F_2	20	100
	CH_3Br	20	0
	对照	20	0
烟草甲	SO_2F_2	20	100
	CH_3Br	20	0
	对照	20	0

研究还表明：用硫酰氟熏蒸纸张，对纸张的抗拉和耐折强度没有明显的影响，熏蒸后纸张的白度略有增加，看不出有明显的不良影响。研究还表明：硫酰氟熏蒸剂对 16 种字迹材料颜色（如蓝圆珠笔、红色彩笔、黑色彩笔等）进行熏蒸试验，试验结果属于用肉眼难以分辨的色差范围之内，其中个别字迹材料也有较大的变化。

虽然硫酰氟具有较好的杀虫、灭菌作用，但在熏蒸过程会产生二氧化硫和氯离子等残留物，对文物有一定的损坏。

④环氧乙烷：又名氧化乙烯、乙烯氧等，是一种简单的环醚，分子式为 $(CH_2)_2O$，分子量为 44.05，沸点 10.7℃，溶于有机溶剂，与水混溶。化学性能非常活跃，极易气化，该气体和空气的混合有爆炸可能（氧化浓度在 3%~80% 范围内）。为使用安全起见，目前一般以 1:9 或 2:8（重量比）的比例与二氧化碳或氟利昂等混合，装入钢瓶内使用。采用常压熏蒸，使用剂量一般为 400 克/立方米，处理时间 24 小时。如真空熏蒸，剂量为 150~300 克/立方米，熏蒸 24 小时。环氧乙烷杀虫，一般采用真空熏蒸。使用时先将文

物放入真空箱中，关好箱门，开动真空泵抽真空，直至达到极限真空，然后打开钢瓶阀门，使环氧乙烷与二氧化碳混合气体通入箱内，直至箱内浓度为 200～300 克/立方米时，关闭阀门，经 6～8 小时熏蒸后，用真空泵把环氧乙烷从真空箱中抽至后处理容器中，清洗、回收、放空。同时将氮气通入真空箱清洗后，即可开箱，取出文物。

真空熏蒸，需要一套熏蒸设备和真空机组，在目前条件下，不是很容易普及的。为了便于推广，可以选用复合薄膜袋代替真空熏蒸箱。薄膜袋的大小，可根据需要加工制作。

该法在世界各国已得到普遍推广，我国在 20 世纪 60 年代已由中国文物保护科技研究所成功地应用于文物杀虫防霉，故宫博物院、上海博物馆等单位也进行了深入研究并取得了显著的成果，环氧乙烷是一种剧毒药品，使用时必须在有经验的技术人员指导下，才能操作。

4. 物理防治

物理防治是利用高温、低温或充氮、除氧，改变昆虫的生长环境，或者利用微波、γ 射线辐照，破坏昆虫的生理机能，使之不育或杀灭，达到防治害虫的目的。下面仅对一些较适用并有发展前景的方法做简要介绍。

a. 冷冻法（低温法）

我们知道，文物害虫都是变温动物，环境温度对它们的生命活动有很大影响，只有在适宜的温度范围内才能生长、发育和繁殖。研究表明：当温度为 4～8℃，昆虫新陈代谢缓慢，处于冬眠状态。当温度低于 −4℃，昆虫经过一定时间就会死亡。低温冷冻杀虫是美国耶鲁大学图书馆首先采用并进行了深入的研究。其杀虫机理是比较复杂的，初步认为，由于害虫长期处在低温环境中，使它冷麻痹，随着时间的延长，虫体内营养物质逐渐减少，体力逐渐衰弱，抗寒力即降低，最后因新陈代谢停止而死亡，细胞膜破裂，当温度降低到昆虫的"临界点"时，细胞内的游离水外溢到细胞间隙结冰，原生素质内的一些营养物质也流出结冰，使细胞膜受到机械性的破裂。另外酶的活性受到抑制以及尿酸盐类排泄不掉而引起中毒等，而使害虫致死。杀虫方法大体可分为三种。

①室外冷冻：我国东北和西北地区，因冬季气温在零度以下的时间长达几个月，为室外冷冻提供了有利条件。

②冷库冷冻：即将生虫文物、图书放在冷库，使库内温度降到致死低温范围，使之死亡。

③冰箱冷冻：我院曾利用工业冰箱，对院藏的拓片进行了冷冻杀虫。其方法：先将有虫的拓片装入聚乙烯塑料袋中，放在冷冻箱中，开动冷冻机，使温度降至 −20～30℃，冷冻 24～48 小时，即可杀死害虫。

b. 高温杀虫

高温杀虫是将害虫置于致死高温区（50℃以上），高温能使害虫体内的水分蒸发而失水，使害虫体内生理紊乱，蛋白质凝固、虫体表面护蜡层和蜡熔化而致死。目前采用的有远红外辐照和微波两种方法。

①微波杀虫：利用超高频电磁场使虫体内水分、脂肪等物质在微波作用下发生振动，分子之间产生剧烈的摩擦，生成大量热能，使虫体内部温度迅速上升而将其杀死。经福建泉州海交馆实验室等单位研究表明，此方法能杀死花斑皮蠹、烟草甲、药材甲、谷蠹等多种害虫。该法目前在我国正处于应用研究。

②远红外线辐照杀虫：利用远红外线辐照的热效应及很强的穿透力，对虫体加热，使之失水而死亡。此法应用不多。

c. 辐射杀虫（钴 60 - γ 射线）

放射性钴 60 - γ 射线是一种能量很高、穿透力很强的电磁波，利用其波长极短的射线穿透虫体，破坏虫体内细胞，特别是生殖机能，使之不育或死亡。应用钴 60 - γ 射线杀虫在国外已有几十年历史。我国从 20 世纪 50 年代后期开始放射性同位素的研究工作，近几年来，国家档案局档案保护技术研究所、四川省档案馆等，在有关单位协助下，应用钴 60 - γ 射线对图书档案杀虫进行了较系统的研究，取得了一定成果。可以肯定，该法不仅能杀虫，而且还能灭菌，但对于能有效地杀死害虫，又不损害文物载体的最佳辐射剂量和时间，以及对人体健康是否有危害等问题，有待进一步研究。

d. 绝氧杀虫

绝氧杀虫，又称除氧杀虫或气调杀虫。此法是将有害虫的文物置于绝氧的环境中，使害虫窒息而死的方法。从应用方法来看，可分为化学绝氧杀虫（除氧剂法）和物理绝氧杀虫（真空充氮法）。

①化学绝氧杀虫法：除氧剂是以铁粉为原料能进行氧化反应，吸收密闭空间内空气中的氧，以达到除氧的目的，使氧含量降至 0.1% 以下。由于除氧剂具有吸氧特性，所以国内外利用除氧剂包装封存技术，广泛用于加工食品的保存，可以防霉、防虫蛀。近几年来，我国也开展了将文物、经卷、文献用除氧剂封存保护的研究。我院与航天部 8511 所合作，进行了应用试验，效果还是可以的。

②物理绝氧杀虫法，是将文物置于密封环境中，利用真空泵抽出密封环境中的空气，再充入氮气或二氧化碳等惰性气体，使害虫窒息而死。真空充氮是文物保护一种行之有效的方法，国外早已应用。据说，美国第一部宪法就用真空充氮技术，加以保护。国内也开展了这项技术的应用，如甘肃博物馆将出土的汉简密封在氮气玻璃管中，重庆档案馆采用充氮方法对档案窃蠹进行了试验，如选用密封性能好，透气度低的密封复合材料，使氧气浓度降到 0.2% ~ 0.7% 以下，可达到 100% 的杀虫效果。

绝氧杀虫，杀虫效果好，无毒、无害，对纸张、字迹、色彩没有明显的不良影响。但这种方法对虫卵、蛹的杀灭效果还不是十分理想，有待于进一步研究。采用"801"

除氧剂防治害虫，是绝氧防治害虫新的途径，是一种有发展前途的方法。

参考文献：

1. 刘家真主编：《文献保护学》，武汉大学出版社，1990 年。

2. 冯惠芬等：《档案图书害虫及其防治》，档案出版社，1985 年。

3. 北京图书馆图书保护研究组编：《图书档案保护技术资料汇编》，书目文献出版社，1987 年。

4. 广东省昆虫研究所：《白蚁及其防治》，科学出版社，1979 年。

5. 郑求真：《博物馆藏品保管》，紫禁城出版社，1985 年。

6. 中国文物保护技术协会编：《文物保护技术》。

7. 商业部商业储运局编：《仓库害虫防治图册》，中国财政经济出版社，1985 年。

8. H. J. 卜伦德莱斯著，绍熙译：《古物及艺术品的保养（处理、整修与复原)》，文化部图博口文博组翻印，1973 年。

（原载《东南文化》1993 年第 3 期）

火灾对文物的危害及消防

火是什么？火灾是怎么产生的？在现代文明出现之前，一直带有神秘的色彩。古希腊神话中说，火是普罗米修斯为人类造福、从天上偷来的；在古代中国传说"燧人氏"是人工取火的发明者。

然而，火在为人类造福的同时也给人类带来了灾难。从古至今，无情的大火曾吞噬了无数的社会财富。由于火灾会使成片森林、工厂、民房、古建筑、庙宇、博物馆、图书馆顷刻之间化为灰烬，甚至夺去无数人的生命，造成生命财产的重大损失。博物馆、图书馆、美术馆、档案馆、古建筑寺庙，都是人类文化遗产收藏的机构，是重点消防部门，一旦失火其后果无法挽回。

当今社会，由于经济的发展，生产力空前发展，城市高楼林立，电器设备普遍使用，参观人数增加，吸烟、烧香屡禁不止，消防意识淡薄，致使火灾隐患日益增大。近年来，在国内外先后有鸟菲齐博物馆、罗马的拉特兰教堂、英国阿派克宫、山西太殿庙、临汾尧庙等毁于火灾。由此可见，在文物保护工作中如何加强消防工作、加强文物保护中的消防研究是一项十分重要的任务。

一 引起火灾的原因

火，就是以释放热量并伴有烟或火焰的燃烧现象，燃烧是一种发光、放热的化学反应；火灾就是在时间上、空间上失去控制的燃烧造成的灾难。火是一种自然现象，而火灾大多是一种社会现象。

人们通常所说的"起火""着火"，实际上就是物质的燃烧过程。燃烧必须具备三个条件：其一要有可燃物质，如木材、纸张、纺织品等；其二要有助燃物质，如空气、氯酸钾、高锰酸钾等氧化剂；其三，要有火源，如火柴的火焰、灯火、烟火以及化学能、聚焦的日光等。以上三个条件必须同时具备并相互结合、相互作用，燃烧才能发生。众所周知，火源是起火必须具备的条件之一，没有火源就不会起火。引起火灾的原因，虽然也有自然因素，但主要还是人为因素造成的。据以往火灾原因分析，都与火源有关。火源可分为直接火源与间接火源两大类。

$$
火源
\begin{cases}
直接火源
\begin{cases}
明火：灯火、焊接火、火柴火、烟蒂火、打火机火 \\
电火花：电器开关、电动机变压器等产生，还有静电火花 \\
雷击火：瞬时高压放电
\end{cases} \\[2em]
间接火源
\begin{cases}
加热自燃起火：由于外界热源的作用，把可燃物质加热到起火的\\温度而起火 \\
本身自燃起火：既无明火，又无外来热源的条件下，物质本身自\\行发热、燃烧起火
\end{cases}
\end{cases}
$$

这些火源在日常生活中随时可见，由于人们在工作和生活中思想麻痹大意，用火用电不慎，违反操作规程和防火安全制度，有的是缺乏经验，不懂防火、灭火知识，从而引起火灾，这是主要原因，另外还有由于地震、战争人为破坏等因素。

二　传统防火及灭火的方法

在人类社会发展中，人们同火灾做了长期斗争，积累了丰富的灭火经验。我国古代朴素唯物主义的"五行"说中提到的"水克火"，就是这种灭火经验中最早的记载。

水是天然灭火剂，资源丰富，易于获取和储存。水能灭火其机理有二。其一是冷却，利用水本身吸收显热和潜热的能力冷却燃烧。水的热容量比其他液体都要大。经测定，1升水升高1℃时，就需要1千克热量，若1升开水全部汽化，还需要吸收539千克的热量。所以当水浇到燃烧物表面上，能使燃烧物的表面温度迅速下降到燃点以下。其二是窒息，水被汽化后形成的水蒸气为惰性气体，1升水能生成1700多升的水蒸气。因此，水在灭火中稀释可燃气体和助燃气体在燃烧区的浓度，并阻止氧气通向燃烧物以窒息燃烧。我国劳动人民利用水的灭火原理，在建筑物、藏书楼的周围开挖水池，贮水防火，是我国传统的一种方法。

人们经过长期观察和实践，认识到燃烧必具三个条件——可燃物、助燃物和火源。从而采取相应的方法，如将书籍、经卷放在石仓、铁柜中，闻名于世的敦煌藏经洞，就是最好的例证。另外，用沙灭火，就是根据窒息原理：阻止空气中氧气流入燃烧区域，使燃烧物得不到足够氧气而熄灭。在实际应用时，不仅可以用河沙，还可以用干土、湿棉被、湿麻袋等覆盖在燃烧物上，防止火焰的蔓延。

我国自古以来对防火工作都十分重视，现存的最古老藏书楼——明代范钦的天一阁，是最好的范例。根据《易经·繫辞》中"天一生水，地六成文"命名的"天一阁"藏书楼，其意是水能制火，仅书楼的建筑及布局上也是按照这个意思，将书楼分成两层，楼上大间（表示天一），楼下分成六室（表示地六）。在书楼选址上，远离民居，靠近月湖，凿地引水，建挡火墙与附近居民烟火隔绝，历经400多年而安全无恙。到清朝乾隆皇帝建筑四库全书馆亦按照天一阁的建筑样式、房间布局建成了文渊华七阁，存放《四库全书》，亦是取其"天一生水，水能制火"的意思，并且七阁的名称都用三点水作偏旁，其意是永无火灾，"源远流长"。

三　现代防火及灭火的方法

随着社会的发展、经济的繁荣、科学技术的进步，人们抗御火灾的能力不断增强，但伴随着新技术、新工艺、新设备的广泛应用，明火、用电、用气以及使用危险物品日益增多，火灾的发生也相应增加，其危害也更加严重。因此，做好消防工作是全社会共同责任。

如何做好防火及灭火工作，应从以下几个方面入手。

1. 克服麻痹思想，制定严格的安全防火制度

（1）禁止将明火带进库房，禁止在古建筑内烧香、点蜡烛，在博物馆、古建筑内、外禁止堆放可燃物，尤其是易燃物质。

（2）禁止在博物馆、古建筑单位场所吸烟和随便乱丢烟蒂。

（3）做好电器防火，电器设备应按照安全用电的有关规定使用，并要经常检查电器设备，如发现问题即时修理，更不能乱拉电线，乱接电线接头，不能用铁丝代替保险丝，防止电线负荷过重。

（4）建筑构件及展室的装饰材料最好采用耐火、阻燃的材料。

（5）在建筑物的布局上应设置防火分隔物，防火分隔物可分为两类。一种是固定的，不可活动，如建筑物的内外墙、楼板防火墙等。另一类是活动、可启闭的，如防火门、防火窗、防火卷帘、防火幕等。采取这些措施能在一定时间内防止火灾向同一建筑物的其他部位蔓延。

（6）在博物馆、古建筑场所，应设置足够数量、布局合理的消防设备。

2. 安装火警自动报警器

火警自动报警器的种类很多，有感温、感光、感烟以及红外、紫外、超声波等。目前常用的有感烟报警器、紫外光敏自动报警器、红外火源探测器，现分别介绍如下。

（1）感烟报警器

感烟报警器是利用可燃物在着火时产生的烟雾来报警。感烟报警器有两种类型，即感烟光电式和感烟离子式。

感烟光电式报警器在我国叫测烟式报警器，这种报警器装有许多管子，与各探测点的集烟器相连，使探测点的空气由集烟器经报警器内的暗箱，从电机箱的二通阀排出。当含有烟雾的空气经过暗室时，由于烟雾的影响，使光束强度降低，光电池组成的电桥失去平衡，灵敏继电器开始工作，触发报警系统，警铃发出响声，从观察孔可观看玻璃管的烟雾，就能知道火警的地点。

感烟离子式报警器是采用线路同各探测点设置的探测器相连接。这种探测器内装有一种放射性同位素，形成内外电离室，当烟雾进入时，使电离电流减弱，改变电压分配，导通开关电路，送出信号，发出报警。这种报警器，由于线路不受限制、安装

较为方便，因而应用广泛。

（2）紫外光敏自动报警器

紫外光敏自动报警器主要由探测器和开关电路组成，中间用线路连接。探测器是由紫外光敏管等电子元件组成。这种紫外光敏管只对光辐射中的紫外波段起作用，当遇到物质燃烧火光中的紫外线时，紫外光敏管的电极上就激发出光电子。光电子受电势的作用而加速运动，使惰性气体电离，从而变成通导状态，打开开关电器，使继电器开始工作，发出报警信号。这种紫外光敏报警器控制距离较远，灵敏度较高，铺设也比较方便。

（3）红外火源探测器

红外火源探测器是利用物体都向外发射着红外线，而且物体温度越高，所发射的红外线波长就越短，发射的能量就越大。物质燃烧时具有很高的温度，火焰温度在1000℃以上，并发射红外辐射。红外火源探测器中的红外元件，对短波红外辐射很敏感，反应速度很快。所以只要把火源探测器对准火源，火源发出的红外辐射热就能通过光学聚焦，照到元件上，由元件把红外辐射变成电信号，经过电学放大处理，通过耳机或指示灯发出报警信号，就能在烟雾条件下很容易地把火源侦查出来。

3. 灭火系统及设备

在重要文化设施和仓库部门，目前都安装了灭火系统和灭火器材。最常用的有水灭火系统、气体灭火系统。

（1）水灭火系统

水灭火系统包括室内外消火栓系统、自动喷水灭火系统、水幕和水喷雾系统。

消火栓系统是最基本的消防设施。而自动喷水灭火系统是建筑物最基本的自救灭火设施，也是现代建筑不可缺少的消防设施。水喷雾系统是由自动喷水系统派生出来的自动灭火系统，被广泛应用于火灾危害性大的设施。

自动喷水灭火报警器，既能灭火，又能报警，它是由自动阀门、管网系统和喷水头子等组成。自动阀门是整个装置的枢纽，用以控制、调节水流并装有水力启动的警铃；管网把水输向各个房间、部位；喷水头子布置在保护范围的顶部，平时将喷口封闭。当火灾发生时，喷水头子周围的空气温度升高，易熔合金销片受热熔化脱落，水即从喷口喷出，迅速将火灾扑灭，并能及时发出铃声警报。

（2）气体自动灭火系统

以气体作为灭火介质的灭火系统称为气体灭火系统。气体灭火系统的适用范围是由气体灭火剂的灭火性能决定。尽管卤代烷、1211和1301灭火剂与二氧化碳的化学组成、物理性质、灭火机理以及灭火效能都有很大差别，但在灭火应用中却有相同之处。因此，这三种气体灭火系统具有基本相同的适用范围和应用限制。

利用灭火机灭火，在目前还是较理想的灭火工具。灭火机的种类较多，通常按以下三种方式分类：

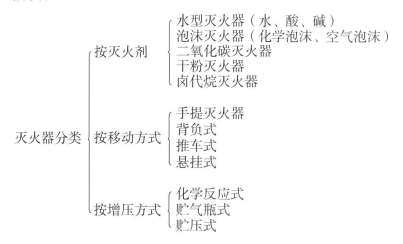

适用于图书馆、博物馆的灭火器主要有二氧化碳灭火器、干粉灭火器、1211 灭火器、1301 灭火器。

1）二氧化碳灭火器

二氧化碳灭火器是喷射 CO_2 灭火剂进行灭火的一种灭火工具，利用灭火剂本身作动力喷射。二氧化碳气体具有稀释和排除空气的作用，使氧或可燃气体的含量降低，当二氧化碳占空气的浓度为 30%～35% 时，燃烧就会停止，这种灭火器对图书、文物没有任何损害。这种灭火器有开关式和闸刀式两种。使用时，先拔去保险销子，然后一手紧握喷射喇叭上的木柄，一手揿动鸭舌开关或旋转转动开关，然后提握机身。喷射时应注意：人要站在上风处，尽管靠近火源，应从火势蔓延最危险一边喷起，然后移动，不要留下火星。

2）1211 灭火器

1211 灭火器是一种新型液化气体灭火剂〔二氟－氯－溴甲烷（CF_2ClBr）〕，以氮气为驱动气体的灭火器，简称"1211"。从其结构类型可分为手提式和推车式两种。这种灭火剂在常温、常压下是无色、无刺激味的气体，通过适当的加压压缩后，可以变成液态贮存。"1211"灭火剂主要是它与燃烧物接触后受热产生溴离子，并立即与燃烧中产生的氢游离基化合，使燃烧连锁反应迅速中止，以达到灭火的目的，它是一种高效低毒灭火后不留痕迹的优良灭火剂，尤其适用于扑灭书籍、档案、文物等的火灾。

3）1301 灭火器

1301 灭火器是以三氟—溴甲烷（CF_3Br）为灭火剂，以氮气作为驱动气体的贮压式灭火器。该灭火器的适用范围、操作使用方法与 1211 灭火器相同。其特点是毒性低，但成本高，因此使用还不够广泛。

4）干粉灭火器

干粉灭火器是以干粉为灭火剂，氮气作为驱动气体的灭火器。可分为手提式和推车式两种，使用干粉灭火器时，一般先拔下保险销，将喷枪对准火焰根部，握住提把，然后用力按下压把，开启阀门，气体冲入筒内，干粉即从喷嘴喷出灭火。

四　古建筑防火涂料

中国古建筑的结构、完美的艺术造型和丰富的文化内涵，在世界文化遗产中占有重要地位。我国目前仍保存着唐、宋、元、明、清时期一批古建筑，这些古建筑主要是以木材为原料。木材是碳氢化合物，易着火燃烧。如何防止古建筑火灾，是古木建筑保护工作中的首要任务。有关防火、灭火的方法，在前面已做了介绍，这些方法也是古建筑防火的一个方面；而应用防火涂料对木构件做防火处理使木材具有耐火性能，延缓燃烧，防止火势蔓延扩大，以便采取措施制止火灾的发生，是防止古木建筑着火的重要措施。

人类同火灾长期斗争中，从古至今积累了丰富的经验。古罗马人曾将木材浸于醋和黏土的混合液中，可以起到防火作用；1735 年曾用明矾、硼砂等物质作防火剂。1823 年，又有人用水玻璃（Na_2SiO_3）和白垩土的混合物涂于木材上防火。随着科技的发展，人们又发明用硫酸铜（$CuSO_4$）磷酸铵（$(NH_4)_3PO_4$）等溶液来浸渍饱和木材，使木材的耐火性能显著提高，这些经验为我们提供了研制防火涂料的资料。

大家知道，燃烧必须具备可燃物、助燃物和火源三个条件。木材燃烧原因主要是由于对流所传播的热，引起可燃气体的发生，结果达到着火点。与氧气发生化学反应 $C + O_2 \rightarrow CO_2$ 使木材燃烧所致。木材着火温度一般在 300℃左右。防火涂料就是针对木材燃烧的原因而采取抑制可燃气体的温度，使它在着火温度以下，或者阻止空气流入燃烧区，使燃烧物得不到氧气而窒熄。根据这一原理，从两个途径来选择和研制防火涂料。其一，在涂料中加入在高温时产生不燃气体的原料；其二，把不会因高温而剥落的被膜材料配入涂料内，使木材与外界隔绝，阻止氧气与可燃气体化合。

目前常用的防火涂料有以下几种。

（1）膨胀型：这种防火涂料在其中加入低熔点的无机物（硅酸钠、硼酸钠、玻璃粉），遇火时涂膜膨胀、鼓泡，形成硬的玻璃空壳，封闭物体表面，而不引起着火。

（2）非膨胀型：这种防火涂料选用过氯乙烯、氯化橡胶、醋酸乙烯—氯乙烯共聚物等作为树脂，并加入氯化铵、氯化石蜡、磷酸铵、五氧联苯、磷酸三甲酚等辅助材料。这种涂料遇火时，受热分解，产生不燃性气体，如氯气、二氧化碳等将周围燃烧气体冲淡，使火势减弱，使燃烧物得不到足够氧化而熄灭。

（3）膨胀惰气型：这种防火涂料是用四氯化苯酐醇树脂制成，受热时既能使涂膜膨胀起泡，又能产生氯气等不燃气体，能隔绝火源，防止继续燃烧。此种涂料，兼有上述两种作用，因此效果较好，耐火时间也较长。

参考文献：

1. 南京市公安局消防支队编：《消防安全知识讲义》。

2. 杨时荣：《图书维护作业研究》，南天书局，1993 年。

3. 吴建勋：《建筑防火设计》，科技图书股份有限公司，1990 年。

4. 王蕙贞：《文物保护材料学》，西北大学出版社，1995 年。

5. 陈允适：《古建筑与木质文物维护指南》，林业出版社，1995 年。

（原载《东南文化》2001 年第 3 期）

新型干燥剂 WG-1 的研制及应用[*]

一 前 言

随着社会经济和科学技术的发展，多数博物馆都已经安装了现代化的温湿度控制设备，从而极大地改善了文物保管、陈列环境，使文物在保管和陈列过程中的损伤降低到最小限度。现阶段我国市县一级的中小型博物馆和文物收藏单位，由于经济状况比较困难，还不可能在设备上作很大的投入，温湿度控制还采用原始的开窗通风的简便方法，因此，文物的保管陈列环境达不到要求，馆藏和陈列文物无法得到有效保护。在危害文物的因素中，最主要、最直接的是湿度对文物的损伤，在潮湿的环境中金属文物易发生锈蚀，由于湿胀干缩的作用，材料内部的应力发生改变，使文物产生碎裂。另外，潮湿易使有机质文物遭受虫蛀霉烂，因此，文物的防湿工作十分重要。

干燥剂是工业和民用防潮包装最常用的材料，因此干燥剂的研制工作开展得十分活跃。现世界上已研制出的干燥剂商品不下上百种，计有硅胶类、生石灰类、无机盐类、木炭、蒙脱石（天然矿物）类等。但由于原料来源和操作要求简便等因素的影响，目前能广泛使用的干燥剂仅几种，如硅胶和生石灰，但到目前为止，国外开发的生石灰干燥剂，其吸湿能力，不足理论吸湿量的一半，使用此类干燥剂，浪费了大量的原材料和能源，同时由于产品的功能单一，不能完全满足文物保护要求。

针对上述情况，南京博物院文物保护科学技术研究所，开展了新型干燥剂 WG-1 的研制工作，目的是寻找一种适用于小型博物馆的干燥剂，它必须具备吸湿性能强，对文物无任何不良影响，且成本低，能够推广应用。

新型多功能干燥剂 WG-1 的研制，主要以生石灰（氧化钙）为基体，经活化和性能强化后，使其具有强吸湿性，同时又具有脱除酸性污染气体的功能的新型生石灰干燥剂。

二 WG-1 的研制及性能测试

（一）WG-1 的研制

WG-1 研制的工艺过程如下：

---

* 本文由龚德才、奚三彩、李晓华、何伟俊合作撰写。

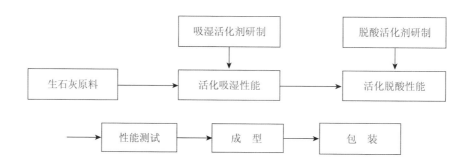

（二）WG-1 的技术性能测试

干燥剂 WG-1 采用市售化学纯氧化钙为原料，经添加活化剂后，在一定温度下活化制得。

1. 吸湿和脱除酸性气体性能

生石灰吸湿的化学反应过程为：

$$CaO + H_2O \longrightarrow Ca(OH)_2$$

根据理论计算，生石灰的吸湿能力应为 0.32，即每克生石灰吸收 0.32g 的水。没有经过活化的生石灰，在不同的相对湿度情况下，即每克生石灰吸湿量分别为 RH60%，0.006；RH80%，0.018；RH100%，0.164。

经对比可知，上述吸湿量远远没能达到生石灰的理论吸湿量。可能的原因是：当生石灰吸水后，表面生成微溶的氢氧化钙，包裹在生石灰的表面，阻止了水分子进一步与生石灰反应，从而使生石灰的吸水能力降低。活化剂的作用是不断使氢氧化钙微溶层崩解，利于水分子渗透，使生石灰的吸水反应持续进行。生石灰吸收二氧化硫的化学反应过程为：

$$2SO_2 + O_2 + 2H_2O \longrightarrow 2H_2SO_4$$

$$CaO + H_2SO_4 \longrightarrow CaSO_4 + H_2O$$

从上述化学反应机理可以得知，二氧化硫遇水后，易受氧化转变成硫酸，硫酸与生石灰反应生成微溶物硫酸钙。因此，生石灰吸收酸性气体二氧化硫的反应与生石灰吸水情况类似。由于生成了微溶物包裹在生石灰的表面，阻止了反应进一步进行，使生石灰的吸湿和脱酸能力无法充分发挥。WG-1 干燥剂中添加的脱除二氧化硫的活化剂，使其性能得到了较大改善。下列数据 RH60%，0.042；RH80%，0.088；RH100%，3.27，说明活化后的生石灰吸湿及吸收二氧化硫的性能得到了非常大的改善。

在 RH100% 情况下，吸湿量远远超过未活化的生石灰干燥剂，我们推测经活化处理的生石灰干燥剂，不但化学吸湿能力得到了强化，其物理吸湿性能也得到了改善，因而 WG-1 干燥剂吸湿量是化学和物理吸湿量的总和。

WG-1 干燥剂室内吸湿实验结果为实验中平均温度 22℃，相对湿度变化范围 60%~100%。1 号和 2 号为市售硅胶，3 号和 4 号为未活化的对照样，5 号和 6 号是生石灰添加了 5% 活化剂后制成的干燥剂，7 号和 8 号是生石灰添加了 10% 的活化剂后制成的干燥剂。1 号~6 号起始重量为 10g，7 号和 8 号起始重量为 5g。从实验中可以发现，市售硅胶的吸湿率为 28%，对照样的吸湿率约为 15%，添加 5% 活化剂后的生石灰的吸湿率为 73%，含 10% 活化剂的生石灰的吸湿率为 133%（有少量游离态水出现）。实验得出最佳活化剂的添加量为 5%（表 1）。

表 1　WG－1 干燥剂室内吸湿实验结果

实验日期	干燥剂样品号							
	1 号	2 号	3 号	4 号	5 号	6 号	7 号	8 号
1996.8.2	2.3	2.3	0.2	0.1	2.0	2.2	1.7	1.8
8.16	2.6	2.7	0.1	0.2	2.6	2.8	2.3	2.5
9.2	2.6	2.8	0.2	0.4	3.1	3.5	2.7	2.9
9.13	2.6	2.9	0.2	0.4	3.3	3.7	2.9	3.1
9.27	2.7	2.9	0.3	0.4	3.5	3.8	3.0	3.2
10.11	2.7	2.9	0.4	0.5	4.0	4.4	3.6	3.7
10.25	2.7	2.8	0.7	0.7	4.9	5.3	4.2	4.5
11.1	2.7	2.8	0.6	0.7	4.9	5.5	4.4	4.6
11.18			0.9	1.0	5.7	6.4	5.0	5.1
12.2			0.9	1.2	6.0	7.0	5.3	5.6
1.3			1.1	1.5	6.7	7.8	5.7	6.0
3.5			1.5	1.7	6.5	7.8	6.4	6.8
3.19			1.5	1.6	6.5	6.8		

从表 1 可见，所研制的活化剂，活化效果十分明显。

2. 对文物的安全性模拟试验

使用和不使用 WG－1 干燥剂时，纸张机械性能的变化见表 2。纸张在有 WG－1 干燥剂存在的情况，对照样的抗拉强度低于实验样品。表明纸张在有 WG－1 干燥剂存在的环境中，由于湿度条件控制得较好，保存效果也较为理想。

表 2　WG－1 干燥剂对纸张的影响

抗拉强度/N				耐折度/次	
纵向	纵向	横向	横向	纵向	纵向
对比样	实验样	对比样	实验样	对比样	实验样
11.0	12.5	12.2	11.5	51	38
14.4	12.9	10.6	10.7	68	48
10.2	13.0	11.1	12.1	31	50
11.9	12.8	11.3	11.4	50	45

注：样品尺寸 2cm×15cm，实验时间 2 个月，RH87%，平均温度 27.3℃。

使用和不使用 WG－1 干燥剂时，纺织品样品颜色变化见表 3。表 3 表明，在 WG－1 干燥剂保存的环境中，纺织品色泽与对照样品基本一致，色差值 ΔE 均小于 0.5，说明

WG-1干燥剂对纺织品颜色无任何不良影响。

另外，实验铜片在有WG-1干燥剂的环境中放置3个月未见有腐蚀情况发生。上述情况表明，新型文物保护专用干燥剂WG-1在文物保护中使用，有利于文物的保管和保存，对文物不会造成损伤。

表3　WG-1干燥剂对纺织品颜色的影响

		蓝布	绿布	红布
试验前	L	57.30	43.80	33.95
	A	-11.00	-21.75	49.97
	B	-12.20	-0.69	13.40
试验后	L	57.01	43.50	33.65
	A	-11.12	-21.10	49.70
	B	-12.35	-0.61	13.18
ΔE		<0.42	<0.42	<0.40

注：样品尺寸5cm×5cm，实验时间2个月，起始RH89%，平均温度25.0℃。

3. 有效期

WG-1干燥剂在南京博物院图书室书库应用情况见表4和图1。从表4和图1可见，在RH100%情况下，WG-1干燥剂45天后仍具有一定的吸湿能力。

表4　WG-1干燥剂南京博物院图书室书库应用的结果（起始时间1998年6月23日）

日　期	WG-1/g	硅胶/g	温度/℃	相对湿度/%
6.23	55.2	56.8	24	95
6.25	62.8	58.2	22	90
6.27	63.8	58.6	22	96
6.28	64.7	59.6	23	96
7.1	66.5	59.0	21	92
7.3	66.8	59.6	24	85
7.20	67.0	59.8	22	88

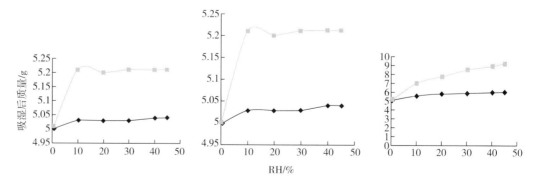

湿度：左图60%，中图80%，右图100%。◆空白，■WG-1

图1　WG-1干燥剂吸湿曲线

4. 毒性实验

小白鼠急性毒性实验表明，WG－1 干燥剂急性毒性为 LD_{50}：4300mg/kg（雌鼠）和 5010mg/kg（雄鼠），依据工业毒性标准，WG－1 干燥剂属基本无毒物质。

5. 应用范围和成本

WG－1 干燥剂可用于纸质文物、古代纺织品、漆木器等文物防潮保护。亦可用于食品、药品的防潮包装。

WG－1 干燥剂是以生石灰为原料，添加 5% 的活化剂，然后在一定的温度下经活化剂配制而成，使用时无特殊要求，一个库房面积 500m²（有机质地文物库房），库房有效空间为 500m² × 3m = 1500m³，WG－1 干燥剂用量 0.25kg/m³。目前，生石灰的售价是 132 元/t，0.25 × 0.132 = 0.033 元，其他费用约为 0.35 元，库房面积 500m³ 约需费用为 1500 × 0.38 = 574 元。由此可见总费用远远低于其他类型干燥剂，一般藏品量在 500 件左右的博物馆，每年的费用大约需 1000～2000 元即可，这样的费用在中小型博物馆是可以接受的，因此可以预计 WG－1 干燥剂能够在我国大多数博物馆得到推广应用。

三　结　论

WG－1 是利用生石灰—氧化钙为主体，添加新型活化剂，经活化处理后制成的具有吸湿和脱除酸性气体的多功能干燥剂。它的研制成功，较好地满足了文物保护和保管的特殊要求，十分有利于文物保护。由于 WG－1 具有原料易得、成本低廉、使用方便等特点，特别适宜于我国中小型博物馆、档案馆和图书馆使用，为我国的文物保护提供了一种新的材料。

参考文献：

1.《干燥剂的制造方》，日本公开特许公报，1986，11144。

2.《干燥剂》，日本公开特许公报，1986，107940。

3.《食品保存剂》，日本公开特许公报，1980，144873。

（原载《文物保护与考古科学》2001 年第 13 卷第 2 期）

现代科技在可移动文物保护中的应用

文物在漫长的历史长河中，遭受自然风化和人为破坏，可谓历经沧桑、饱经忧患，现存大批珍贵文物正面临着自然因素以及人为因素的损坏。文物保护是一门综合性的应用技术，与其他学科有着广泛的联系。在文物保护中，如何将传统工艺与现代科技相结合，是一个十分重要的课题。在文物保护维修中，我们必须尊重历史，充分运用优秀传统技术、材料、工艺，严格遵守"不改变文物原状"的保护原则。对传统技艺和方法，我们要认真进行挖掘、整理、研究，取其精华。另一方面，我们应清醒地认识到，随着生产力的发展，自然科学中的科技成果、理论和实践，也促进了文物保护技术的发展，为文物保护工作者提供了有益经验和思路。文物保护工作者清醒地认识到，单凭传统手工作坊式的技术手段以及凭经验的思维方式已无法满足文物保护的需求。只有融入现代科技，吸收国内外最新科技成果，才能推动文物保护科技事业的发展，才能解决文物保护中的疑难问题，才能真正实现永久保存、永续利用的目的。

文物科技就是吸收利用国内外所有科学研究成果，采用一切科学技术手段和方法对文物进行研究和保护。现代科学技术在文物保护中正在发挥越来越大的作用。我国文物保护科技工作起步于20世纪60年代，发展于80年代。尤其改革开放十几年来，随着党和政府对文物保护工作的重视和我国综合国力的增强，科学技术飞速发展，很多先进技术早已应用于文物断代、文物鉴定、文物研究工作中。

超声波技术

出土文物表面都附着泥土、尘埃、锈斑、血迹、油脂等。用传统的清洗方法，效果不太理想，而且容易对文物造成损伤。近几年来中国国家博物馆、南京博物院等单位引进超声波设备，对青铜器的保护处理进行了有益的尝试。以往对青铜器表面的污染物、有害锈的清除，一般采用化学试剂浸泡，如果选用中等或弱的试剂，浸泡时间很长，而且反应进行的不彻底。如选用试剂太强，则对人体或文物都有副作用。而采用超声波技术，协同化学试剂对青铜文物进行保护处理，利用超声波的空化作用所引起的力学、热学、化学等效应加速溶液中的化学反应，并促使化学反应进行更完全。同时也防止在碱性环境中碱或碳酸铜复盐的生成。既节约了材料，又缩短了浸泡处理保护的时间。目前，超声波技术不仅在青铜文物保护处理中得到应用，而且已应用于绘画、丝织品等其他文物的清洗保护。

微波技术

博物馆、图书馆、档案馆中所收藏的有机质文物，因遭受虫、菌的危害，往往造成严重的损失。以往杀虫、灭菌一般都采用化学和物理（冷冻、控温）方法。随着微波技术的发展及在工业、农业和医学杀虫、灭菌上的广泛应用，法国历史文物研究所于1991年首次将微波技术用于博物馆藏品的杀虫、灭菌。我国泉州海交馆李国清等于1987年就微波杀灭虫菌的方法和设备进行了研究。经过数年的试验和实际应用，取得了满意的结果。微波杀虫效益高，适用范围广，使用方便，不污染环境，而且经微波去湿物体，可改善应力分布，不变形、不开裂和不改变外观色泽。由于微波杀菌灭虫效果较好，已在文物保护中得到应用。

真空技术

文物在保存过程中，由于温度、湿度与氧的变化是影响文物寿命与产生虫、霉危害的基本因素，三者的作用相互促进，又相互制约。利用其相互制约的特点，有效地控制其中一个因素，就能抑制虫、霉的滋生，延缓文物的劣化。近几年来，许多博物馆利用真充氮对文物进行杀虫灭菌及保护。目前上海博物馆、首都博物馆等单位都在研制大型真空充氮装置用于馆藏文物保护，来替代原来使用环氧乙烷、溴化甲烷的化学熏蒸杀虫方法。真空充氮杀虫技术，不仅能杀灭各种害虫，而且对文物无不良影响，又不污染环境，对人体无害，是一种安全、可靠的方法。当然真空充氮技术不仅只适用于杀灭害虫，而且能广泛应用于各类文物的保护。

真空冷冻技术是根据生物学技术发展起来的，是目前保护饱水竹、木、漆器的一种快速、简便的方法。本法是将饱水木质文物用10% PEG400 水溶液浸泡或用叔丁醇置换木材中的水分后，进行冷冻。然后放在真空箱中加热并抽真空，使之脱水、定型。

Parylene 真空涂覆技术

如何使脆弱纸张增加强度，延长寿命，已成为大家关注的焦点。随着科技的发展，一些新型的高分子材料聚对二甲苯（Parylene）已在文物保护中得到应用。Parylene 产品早在1947年开始研制，1951年以二甲苯为原料，用真空裂解法制得 Parylene 薄膜。1953年由美国碳化公司首先推出，付诸实际应用，直到1965年开始投入工业化生产，被应用于航天、电子领域，已成为保护微电子线路免遭不良环境影响的重要手段。由于 Parylene 具有独特的聚合工艺和优良的理化性能，1983年 Bunce J. Humphey 首先将这种材料应用于纸张加固，迅速受到文物保护科技工作者重视。目前，南京博物院与新加坡百腾技术公司联合组建了 Parylene 应用实验室，应用对象已涉及纸、纺织品、金属、化石、照片等多个领域。

纸张脱酸技术

从 20 世纪 30 年代开始，许多学者为纸张脱酸剂和脱酸方法的研究付出了长期不懈的努力，取得了丰硕的成果，二乙基锌气相脱酸法就是其中一例。二乙基锌是金属有机化合物，具有吸湿性、化学活性极高、对空气极为敏感、遇水和氧会发生爆炸的特点。由于二乙基锌分子粒径极小，相当于 200 万个二乙基锌分子同时停留在一个大头针的表面，这就使二乙基锌具有极好的渗透性，它不仅能渗透进闭合的图书、文献中，而且能钻进纸张的纤维内与纤维结合，与纸内的酸发生反应，同时又能与纸张内微量水以及纸张中纤维素羟基反应。从这些反应可以看出，二乙基锌不仅能有效地中和纸张内的酸而且与纸张纤维素反应，抑制了纤维素的水解作用，并在纸张表面上沉积一定量的氧化锌（ZnO），缓冲环境中酸的侵蚀。南京博物院等单位经过八年努力，首次研究成功二乙基锌气相脱酸技术。

AMT 保护青铜器

BTA（苯并三氮唑）是举世公认的铜缓蚀剂，发达国家于 20 世纪 60 年代在应用 BTA 保护青铜器方面做了许多工作。国内文物保护专家祝鸿范先生于 70 年代末采用 BTA – NaMoO$_4$ – NaHCO$_3$ 复合配方缓蚀保护青铜器，使我国在应用 BTA 保护青铜器方面达到了较高水平。印度学者 Canorkar 采用 2 – 氨基 – 5 – 疏基 – 1，3，4 – 噻二唑（AMT）清洗保护古铜钱，铭文和纹饰细节清晰可见。90 年代中期，南京博物院文物保护研究所研究开发了 AMT 复合配方 ACN1，不仅能清洗青铜器表面的有害锈而且对铜体有较好的缓蚀作用。

AMT 复合剂 ACN1 能方便、快捷、有效地去除粉状锈，这是因为 AMT 复合剂有选择地与粉状锈反应，形成 Cu（Ⅱ）AMT 絮状物。检查一件铜器是否含有粉状锈，以 ACN1 复合处理液的絮状物判定粉状锈的存在，为检查铜器文物是否存在青铜病提供了一种简易可视的诊断法。AMT 对铜在酸性介质中有优良的缓蚀效果，在柠檬酸中加入少量 AMT 进行无害锈的清洗时，对基体金属有较好的缓蚀效果，不会侵蚀基体金属，而 BTA 在酸性介质中缓蚀效率低；又因在清洗粉状锈的同时，可以在基体金属上形成保护膜，不再受酸的侵蚀。

ACN1 复合剂在清洗粉状锈时，可在文物基体上形成致密的、无色透明的、无光泽的保护膜，保持青铜文物的外观特征颜色基本不变，处理后铭文和花纹清晰可见，避免了单一 AMT 处理青铜文物表面是浅黄色的现象，保护膜同时具备较好的耐蚀性能。

乳糖醇对漆木器的保护

出土木质文物的保护一直是困扰文物界的一大难题。国内外的文物保护工作者为此进行了大量的保护研究。目前较为常用的保护方法有醇—醚联浸法、聚乙二醇法、真空冷冻干燥法、蔗糖法、乙二醛法等。这些方法都曾在木质文物的保护方面进行过应用，较好地解决了木质文物的脱水加固问题。但每一种方法都有其应用的局限性，如高含水率木材的尺寸稳定性差，湿度较高的情况下具有吸湿返潮、表面发黏、色泽深暗等缺陷。南京博物院针对这些不足，采取了乳糖醇法脱水定型加固饱水木质文物，从目前处理的木质文物看，效果良好。

乳糖醇是通过氢化乳糖双分子中的葡萄糖而制得的。乳糖醇分子具有稳定的晶型结构、受热不易分解，热稳定性好、抗霉菌侵蚀能力强、不易吸湿。因此适合应用在木质文物的保护中。

运用现代科技保护文物不仅是文物本身保护的要求，而且是时代发展的必然。现代科学技术已使文物保护技术产生质的变化，从传统的手工作坊到利用现代科技进行控制与处理，从宏观的观察分析到微观的深入研究，这些都是伴随着科学技术的发展而发生的。现代科学技术在文物保护中的应用不仅使文物保护得到有效保护，而且推动了文保科技事业的发展。

随着科学技术的发展，在这个科学技术日新月异的时代，文物保护更要广泛地吸收其他学科的研究成果、科技手段、方法以及新材料、新工艺，与各种现代技术（生物技术、纳米技术、人工复合高分子材料等）相结合，不断地开拓新的研究领域，将文物保护技术推向更为广阔的天地。

（原载《中国文化遗产》2004 年第 3 期）

艰苦创业　不断进取

——南京博物院文物保护科学技术工作回顾

　　位于南京紫金山南麓、中山门北侧的南京博物院，是一座大型历史艺术博物馆，整个建筑为中西合璧式，大殿建筑系仿辽代宫殿样式，具有独特的民族风格。它创建于1933年，前身是国立中央博物院筹备处，1949年后更名为国立南京博物院。南京博物院创建至今已有70年历史，历经沧桑，是在困难、曲折中发展起来的。几代南博人不畏艰难、不懈努力，为文博事业和南博的发展贡献了自己的力量。

　　南博现已发展成为具有文保、考古、民俗、历史艺术、古建筑共五个研究所和陈列、保管、征集等六个部门的大型综合性博物馆。其中，从事文物保护、修复、研究工作的是南京博物院文物保护科学技术研究所。

　　南博的文物保护、文物修复工作，起步较早。20世纪50年代，新中国成立之初，百废待兴，全国各地都进入大规模的经济建设。为配合各项基本建设，文物工作者抢救性发掘出土了大量文物，而这些文物急需抢救性保护、修复。当时既无仪器，又无专业人员，院领导就从苏州等地引进青铜修复、书画装裱的技师来院工作，他们既继承传统的高超绝技，又身怀特殊技能，不但承担起抢救、修复文物的重任，而且带徒传艺、培养人才，为南京博物院文物保护修复工作打下了初步基础。院领导在1956年制定的"南京博物院十年发展规划"中就明确提出建立文物保护实验室，但由于当时条件所限，直到60年代初，才在保管部中建立了文物保护实验室，并于1963年承担了文化部文物局下达的"古代丝织品保护"的研究课题。正当研究工作着手进行之时，"文化大革命"开始了，由于受到极"左"思潮的影响，文物被当作"四旧"，受到严重的破坏，而文物专业人员也下放农村，刚建立的文保实验室则被撤销。直到1973年，随着文博工作的复苏，南博文保实验室也重获新生，不仅购置了仪器设备，而且陆续吸收理工科大学毕业生从事文保科技工作，为我院文物保护工作的开展奠定了基础。

　　从1950年到1973年的23年，南博文保工作主要是以传统修复技术修复文物。默默无闻的文物修复技师、书画装裱技师们，以他们的高超技能和敬业精神，不仅保护、抢救了大量的出土文物和馆藏文物，而且通过言传身教，将长期积累的丰富经验、技术毫无保留地传授给了年轻人，为我院文物保护、修复、装裱技术的发展打下了初步基础。

　　随着文博事业的发展，文物保护、修复工作的需求日益突出，院领导于1978年把原属于保管部的文物修复、装裱、科学保护等方面的专业人员集中在一起，组建成文物保护科学技术部。不仅有利于学科交叉、知识互补，也促进了传统工艺与现代科学技术的结合，为专业人员业务水平的提高和发展创造了有利条件，对全国文保科技机构的改革和文保科技工作的发展起到了一定的推动和促进作用。同时，将文保科技工作列入全院发展规划之中，使南博文物保护工作步入了新的发展阶段。

南博科技部现改为南京博物院文物保护科学技术研究所，现有专业人员 26 名，其中正研 1 人、副研 10 人、馆员 7 人、初级 8 人，办公用房近 1500 平方米，常用仪器、设备基本齐全，已初步形成一支精干的文物保护专业队伍，历年来为省内外出土文物、馆藏文物、地面文物的修复、保护、复制、照相、装裱等做出了一定的成绩。50 年来，尤其是改革开放的 20 年来，南京博物院努力适应社会主义精神文明建设的需要，不断更新观念，致力于文物保护科学技术研究，在文物修复、文物保护、书画装裱、技术开发和成果应用等方面得到了持续发展，取得了丰硕成果。

南京博物院院藏文物 40 余万件，是我院业务工作的基础，也是文物保护、修复工作的重点。文保所和保管部建立了定期联系，将需要保护的藏品列入年度计划，作为日常工作优先安排，经文物修复工作者默默无闻的工作，抢救了数以千计的珍贵文物（陶、瓷、铜、铁、漆、木、书画、文献等），如徐州汉墓出土的银缕玉衣的修复、紫金山天文台简仪的修复、南朝竹林七贤砖画的修复以及 20 余米书画长卷的装裱等。南京博物院文保所立足于本院馆藏文物保护的同时，还配合文物主管部门，积极开展省内外地面文物的保护。20 多年来，我们先后对国宝单位盱眙明祖陵、南京六朝石刻等近 20 处石质文物进行了修复保护，同时还采用现代科学技术手段，对古木建筑朽木构件进行了化学加固，完成了南通天宁寺大雄宝殿、苏州东山轩辕宫、常熟翁同龢故居彩衣堂、无锡曹家祠堂、常州清凉寺以及宜兴太平天国王府等近 10 处古建筑的维修、保护工作。

江苏是文物大省，埋藏在地下的文物极其丰富，为配合基本建设，考古发掘出土了大批文物，因此出土文物的保护、修复任务十分繁重。南博文保所先后为连云港东海尹湾汉墓出土的竹木器进行脱水，为苏州战国古琴以及扬州、无锡、镇江、南京、泗阳、盱眙、武进、吴江、泰州等地出土的漆、竹、木器进行脱水、定型，还为徐州、扬州等地出土的青铜器保护做了大量工作，抢救了一大批珍贵文物。

南博文保所科技人员，在完成院内外大量日常工作的前提下，还积极开展文物保护技术的科学研究，先后有 17 项文物保护科研成果获奖，其中"纸张气相脱酸""青铜器保护新材料"两项研究获国家科技进步三等奖，"漆、木文物脱水、定型技术研究"获全国科学大会奖，"旧纸张加固""整本图书加固技术"等 11 项分获省部级科技进步一、二、三等奖。这些成果 75% 以上都得到了较好的应用。其中"纸张丝网加固技术"自 1983 年获奖以来，一直深受文博、图书、档案等领域保护工作者的喜爱，在这些部门中得到了广泛应用，抢救并保护了敦煌及大理三塔出土的经卷和一大批档案、图书、史料。"新型古建筑白蚁防治剂"已应用于贵州遵义纪念馆、安徽全椒吴敬梓纪念馆、南通天宁寺等几十处古建筑的白蚁防治，"青铜器保护新材料"已在南京、徐州、深圳、宁波、台州、湖北、北京等博物馆推广应用。另外"防霉剂""中草药防虫剂"等，都取得了显著的社会效益和一定的经济效益。历年来，文保所科技人员在各类刊物上发表论文近300篇，出版论著和图录十余部。

南京博物院目前承担"十五"国家科技攻关项目《文物保护技术和中华文明探源》三项子课题（古代丝织品的病害及其预防研究、大遗址计算机模拟考古、古代青铜器的病害及其预防研究）以及国家文物局多项课题，任务十分艰巨，我们要加倍努力，出色完成任务。

回顾南京博物院文物科技保护、文物修复工作的发展历程和取得的丰硕成果，我们深刻认识到，文物保护、修复工作是文博事业中重要的组成部分，发展文物保护科学技术是繁荣文博事业的必由之路，加强技术交流与合作、重视人才培养、提高对文物科技保护的认识、增强文保人员的责任心和事业心，是推进文保科技工作发展的关键。我们的做法和体会如下。

一　艰苦创业、因陋就简、开拓创新

南京博物院的文保工作，是在艰苦条件下发展起来的。早在20世纪70年代，对南京南朝肖秀墓神道石柱的加固，拟采用环氧树脂复配溶液进行压力灌浆，当时既无现成设备，又缺少资金，我们就自己设计、组装。当时购买机电设备是按计划供应，电动机是从镇江机电仓库用扁担抬到车站运回南京的，灌浆桶是通过熟人关系免费加工的。就凭着事业心和责任感，首次在江苏采用化学压力灌浆技术对石质文物进行加固，为江苏石质文物保护奠定了基础。

在文物保护研究中，经常遇到各种各样的困难。除经费紧张、资料缺乏外，又没有现成设备，需要我们自己研制。我们先后研制成功织网机、纸张脱酸真空系统、派拉纶真空镀膜系统、木器控温含浸装置、减压渗透装置等专用文保设备，不仅满足了研究工作的开展，而且节约了经费。如整本书派拉纶真空镀膜系统，按目前市场价，需10万美元，我们采取与加工单位合作、设备研制成果共享的方式，只花费3万元人民币。同样，纸张脱酸真空系统，按常规加工费需25万元，采用上述模式，只需10万元。虽然这些设备土一些，但使用十分方便、实用。

二　加强国内外学术交流，积极培养人才

长期的工作中，我们深刻认识到文物保护事业的发展，离不开一支高素质的人才队伍。院领导十分重视文保科技人才的培养和使用。早在20世纪50年代初，我院就从苏州等地引进青铜修复、书画装裱技师来院工作，60年代又选送一批有志于文物保护事业的青年到北京、上海等地学习，70年代后，陆续吸收大专院校毕业生来院工作，

从而形成了一支多学科、多层面的文物保护修复人才队伍。

众所周知，文物保护是一门边缘学科，而现代科学发展日新月异，新技术、新材料不断出现。为了及时了解文物保护最新发展动态，我院经常选派有关人员到高等院校（北京科技大学、复旦大学、西北大学、南京航空航天大学、武汉大学）学习进修，参加国内外举办的各类文物保护培训班，以及国内外各种学术交流活动，并选送专业人员赴日研修等。通过这些途径，使他们及时了解信息，增长知识，扩大视野，得到培育，在文物保护工作中发挥了积极的作用。

为进一步扩大学术交流，为文物保护专业工作者提供大量信息，文保所于 2000 年创建了国内唯一的文物保护专业网站——中国文物保护学术交流网。"交流网"的建立填补了国内文物保护专业网站的空白，为文物保护学术信息的传播提供了一条方便、快捷的途径，不仅促进了文物保护技术的普及，而且为我国的文物保护工作做了宣传。自 2000 年 11 月开通以来，网站的主页浏览人数已超过 20 万人，浏览量也达数百万次，现有文字量 1000 多万字，平均日更新 5000 字以上，月平均点击量已超过 175 万次。"交流网"拥有网络实名——"文物保护"，输入"文物保护"即可直达网站。在《中国文物报》《中国优秀文化网站 500》等报刊、书籍上都曾有过专门介绍，并成为许多大型网站的推荐站点。目前在文物保护网站中，"交流网"起到了以点带面、激活全盘的重要作用。

三　依靠社会力量，共同合作，开展文物保护技术研究

文物保护工作涉及的知识面和技术非常广，我们深知博物馆自身的不足，只有解放思想，与大专院校、科研院所开展广泛合作，充分利用他们的专业优势和仪器设备，发挥各自特长，共同合作，才是开展文物保护工作的有效途径。我院与南京化工大学共同承担的"青铜器保护新材料"项目以及与南京化工设计研究所共同承担的"纸张气相脱酸"项目曾获国家科技进步三等奖，与滁州白蚁防治研究所共同承担的"新型白蚁防治剂"项目曾获国家文物局科技进步三等奖。另外还有多个项目与南京大学、南京理工大学、南京航空航天大学及地矿院等院校合作。

2003 年，我院还与新加坡合作，成功组建了"南博—新加坡百腾科技派拉纶文物保护实验室"，拥有了世界一流的派拉纶真空镀膜技术和设备，并在文博、图书、档案等领域得到了广泛应用。

实践证明，走合作之路不仅能解决目前文保专业人员缺乏、资金不足、仪器设备不全的困难，而且对提高科研项目研究水平、培养我院科研人员的研究能力和文保技能，以及专业知识的更新和补充，都产生了明显效果。

四　加速科研成果的推广，应注重基层文保人员的培训

在工作实践中，我们切身感受到基层文保人员的素质越高，掌握的文保基础知识

越丰富，文保的新成果、新技术就越容易推广。因此，如何加强基层文保人员专业素质的培养一直是我们十分重视的"课题"。多年来，我们采取培训班、学术交流、参与现场保护等多种形式，举办"纸质文物保护""书画装裱""陶瓷修复""石质文物保护""漆、木、竹文物保护""文物防虫防霉""青铜文物修复与保护"培训班，通过这些形式的培训，不仅普及了文物保护的基础知识，而且使学员较快地了解并掌握了文保科技的新成果、新工艺，为文保科研成果推广培养了一支队伍，同时也达到了相互交流、相互学习、共同提高的目的。

在工作中，我们立足省内纤维类文物，如书画、纺织品丰富的特点，始终抓住"纸质文物保护"和"纺织品文物保护"两个重点，努力发展文博事业。

江苏省的纸质文物量大、面广，普遍存在虫蛀霉烂、文物脆化严重等问题。对此，南京博物院用20余年的时间，围绕纸张保护，开展课题研究。多年来，南京博物院在纸质文物的保护方面，已形成了比较完整的系列，从传统的纸质文物托裱技术，到现代的纸质文物脱酸、丝网加固、派拉纶真空镀膜技术及纸质文物的防虫防霉处理，一直到大型纸质文物库房的虫霉综合防治等，南京博物院已基本掌握了各种现代的纸张保护和修补技术。

南京博物院文保所早在1963年就承担了文化部文物局下达的"古代丝织品保护"研究课题，并成功保护了大批纺织品文物，包括浙江黄岩宋塔出土纸张和纺织品、连云港东海尹湾汉墓出土缯绣被面、南京市博物馆明代服装、苏州瑞光塔宋代遗物、韶山毛泽东纪念馆纺织品和无锡博物馆明代服饰等。

南京博物院的科研活动不仅仅停留在科学研究上，还自始至终致力于将科研成果转化为保护文物的有效手段，遵循"实用性"和"以现代科技推动发展"两个方针并重的原则。文保所的科研项目从课题立项时就十分注重其应用性与针对性，如针对脆弱且两面有字纸张的纸张丝网加固、针对整本书加固的派拉纶技术、针对古建筑中白蚁防治的白蚁防治剂等技术均操作较为简单、方便，已被广泛推广应用，有的已达十几年。

蓬勃发展的文物保护事业离不开技术创新，在课题研究过程中，我们始终坚信"科学技术是第一生产力"，牢固树立科学人才观，注重"人才资源是第一资源"的观念，以人为本，充分发挥人才在科研中的积极性与创造性。与此同时，多年来，文保所重视新技术、新材料及现代分析技术的应用，不断创新，为文博事业的发展不懈努力着。

南京博物院文保所在文物保护、修复及科学研究方面虽然做了一些工作，取得了一定成绩，但我们清醒地认识到，我们所做的文物保护工作与文博事业的需求和发展、与世界先进国家的文物保护科技水准、与兄弟博物馆相比还有相当大的差距，我们将以"三个代表"的重要思想为指导，采取积极措施，与时俱进，以改革为动力，以创新为灵魂，全面推进南京博物院文物保护、文物修复工作，为我国文物保护事业发展做出新的贡献。

（原载《全国文物博物馆科技教育工作研讨会论文集》，2000年）

文物胶片资料保存新技术[*]
——分子筛新材料的研究

一　胶片损坏的原因及机理

1. 温湿度

片基和乳剂层比较适宜的温度是 10～20℃、相对湿度 55%～65%，温度过高或过低均会引起片基、乳剂层发生物理和化学变化，使影片、照片受到损毁。图 1、2 为胶片在 70℃下保存一个月后的影像对比，可见影像的颜色发生了严重的变化，由最初的彩色变为最终的橙色，严重影响了胶片的使用性能。

图 1　影像初始图像　　　　　　　图 2　影像经 70℃保存后图像

片基中的硝酸片基，由于它的主要成分是硝酸纤维素，而硝酸纤维素会自行分解为纤维素和硝酸，致使片基变色、变形、发脆等。当湿度过大、温度较高或有酸性气体存在时，就会加速其分解。同时由于硝酸纤维素的燃点较低，还容易发生燃烧和爆炸，温度超过 20℃时就开始分解，50℃硬度降低一半，80～90℃片基软化变形，超过 100℃就会燃烧，在 150～160℃时发生分解。并且硝酸纤维素分解和燃烧时所产生的气体，有强烈的腐蚀性和毒性。

片基中的醋酸片基，虽然其主要成分是醋酸纤维素，化学性质比较稳定，不容易分解。但有些醋酸片基中亦含有一定量的硝酸纤维素，当其含量超过 14.5% 时，它的易燃程度亦显著增加。

＊　本文由奚三彩、杨毅、郑冬青、高士祥合作撰写。

片基中的增塑剂和残余溶剂，温度过高，就会加速增塑剂和溶剂的挥发，致使片基变得松脆易碎。另外，当增塑剂和残余溶剂吸收了一定的硝酸后，也会发生变化，使片基变形、发黄、易碎。

乳剂膜中的精胶带凝固点为 22～25℃，燃点为 26～30℃之间。当温度过高时，因精胶软化或熔化使胶片或胶卷粘连。若温度过低时，因精胶变脆发硬而影响乳剂膜的机械强度和柔软性。精胶带湿度在 30%～70% 时，含水量为 10%～20%，其机械强度较大。当湿度过高时，因含水量过多而膨胀，机械强度降低，甚至引起胶片变形致使乳剂膜脱离片基。

2. 霉菌

乳剂膜中的精胶是一种含氮的胶体，系蛋白质物质，它的分子是由许许多多的氨基酸结合而成的，是霉菌良好的培养基，当相对湿度达到 60% 时，就容易发霉，相对湿度越高，就霉的越厉害，乳剂膜发霉后精胶就会在霉菌的作用下水解[1]。图 3 为在高湿条件下霉变的胶片，其上有许多霉菌的斑点，同时由于高湿的原因，一部分乳剂层脱落，使影像模糊不清。

图 3　霉变的胶片

3. 氧化物

在保管黑白胶片资料的过程中，胶片的引片部分、擦伤部位有时会出现一些外观独特的斑点。斑点为圆形，红色或黄色，有浅色或深色的同心圆环，这些斑点十分微小，有的斑点还不到缩微胶片字迹的 1/20。黑白胶片生斑后，胶片上的影像变形或颜色变浅，使原有的信息失真。胶片生斑的主要原因是影像上的银微粒被氧化而使影像上呈现出橙色或红色的颜色效应。

4. 醋酸综合征

醋酸综合征是胶片损坏的重要原因，醋酸纤维素片基酸化后，黑白银影像光泽降低，彩色影像褪色，乳剂层明胶逐渐降解，由不溶变为极易溶于水，片基变软析出白色晶体，直至变成碎片或粉末[2-4]。

图 4 为严重酸化的醋酸基电影胶片，拍摄于 20 世纪 80 年代末，其影像变黄变暗，

且散发出明显醋酸味气体。

图 5 为彻底酸化的醋酸基缩微胶片，拍摄于 20 世纪 40 年代末，其质地变硬、变脆，失去其原有的柔韧性，上面的字迹模糊不清，且有部分剥落，由于已经彻底酸化，且时间久远，已无气味。

图 4　严重酸化的胶片

图 5　彻底酸化的缩微胶片

二　调湿剂的研究

1. 调湿剂的选择依据

一般认为，干燥的环境有利于物体的保存，使用干燥剂控制物品保存微环境的湿度，延长物品的保存时间是一种常见的做法。然而，过低的湿度同样具有十分严重的危害。据科学工作者估计，当相对湿度低于 40% 时，大部分物品会发生开裂、脆化。调湿材料不同于一般的干燥剂，它必须具有调节相对湿度的作用，即除了湿度超过规定范围时，具有吸收水分的作用外，当湿度低于设定范围时，还能释放出水分，起到增湿剂的作用。通过吸湿、增湿来保持系统内相对湿度的恒定。

虽然湿度是造成胶片水解的主要影响因素，但胶片的保存需要维持一定的湿度，湿度过低会使胶片的明胶层变性，使胶片发生卷曲和变形，胶片保存的最佳湿度为 RH20%~40%。因此加入调湿剂不仅可以控制胶片的水解，还可以使胶片维持较好的物理性状，保持胶片的放映性能。

常用的吸湿剂有氧化钙、氯化钙、氯化镁、硫酸镁、硅胶、分子筛、吸水树脂等。不同吸湿剂在不同湿度条件下的吸湿、调湿性能差异很大，通过比较上述吸湿剂的吸湿特性，应选择吸湿效果好且能长期将湿度维持在 RH20%~40% 的吸湿剂作为胶片保存的调湿剂，并重点考察吸水树脂与无机吸湿剂的复配效果。

本研究首先对常用的吸湿剂七水合硫酸镁、无水氯化钙、变色硅胶、无水硫酸镁、4A 分子筛和新型高吸水性树脂（SAP）的吸湿和调湿性能进行了考察，并将几种吸湿剂组合，研究了几种不同配比的复合调湿剂的调湿能力，筛选出最佳调湿剂组成。

2. 试验设计

（1）在四只直径150mm玻璃干燥器中分别加入1.0g七水合硫酸镁、无水氯化钙、变色硅胶和无水硫酸镁作为调湿剂，用温湿度计观察干燥器中湿度的变化。

（2）在试验（1）的基础上，试验一段时间后，取出无水氯化钙，加入4A分子筛1g，并在各干燥器中放入一张被50 μl饱和食盐水浸湿的滤纸作为湿气发生源，盖好干燥器盖并密封，继续观察干燥器中湿度随时间的变化。

（3）在上述试验的基础上，选择无水硫酸镁和4A分子筛作为调湿剂的主要成分，并与高吸水树脂组合成三种配方，比较各配方的调湿效果，考察两种以上调湿剂复配的调湿效果。调湿剂配方如下：

1）吸水性树脂（SAP）1g

2）0.5g 4A分子筛 + 0.5g无水硫酸镁

3）0.5g SAP + 0.5g无水硫酸镁

4）0.5g SAP + 0.5g 4A分子筛

四种配方的调湿剂放入干燥器中观察湿度变化，在试验进行到一段时间后放入一张被50 μl饱和食盐水浸湿的滤纸作为湿气发生源，盖好干燥器盖并密封，继续观察干燥器中湿度随时间的变化。

3. 研究结果

（1）几种调湿剂单独使用的调湿效果比较

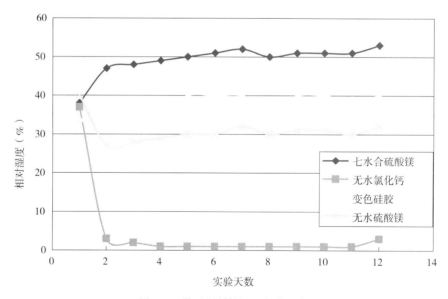

图6　四种吸湿剂的调湿性能比较

图6是七水合硫酸镁、无水氯化钙、变色硅胶和无水硫酸镁在干燥器中试验1的观测结果。从图中可以看出，四种调湿剂中，无水硫酸镁调湿效果最好，在初始湿度为40%时，经2.5小时，湿度降为30%，并在随后的12天中湿度维持在27%～33%之间。变色硅胶的效果亦较好，湿度维持在35%～41%之间。无水氯化钙吸湿效果非常

好，5 小时后湿度降为 10%，三天后降至 1%，但用于胶片保护湿度过低，不适合作为
胶片保护的调湿剂。七水合硫酸镁对 40% 以下的湿气无吸湿效果，试验过程中干燥器
中湿度不仅没有下降，反而有所上升。

在上述试验的基础上取出无水氯化钙，换成 4A 分子筛，并在各试验样品中加入含饱
和食盐水滤纸继续观察的结果见图 7。从图 7 可以看出，加七水合硫酸镁的干燥器中的湿
度基本在 60%~70% 之间，变色硅胶干燥器的湿度在 40%~50% 之间，均达不到将湿度控
制在 40% 以内的胶片保护要求，不能作为胶片保护的调湿剂使用。而 4A 分子筛和无水硫
酸镁的调湿效果较好，其中 4A 分子筛调湿效果最好，在初期湿度为 63% 时，一天后湿度
降至 34%，在随后的 30 天内，湿度基本维持在 30%~34% 之间；无水硫酸镁调湿效果也
较好，一天后湿度降至 36%，在随后的 30 天内，湿度基本维持在 36%~40% 之间。

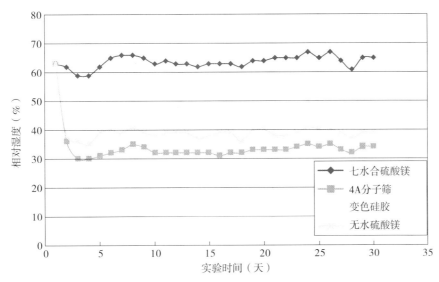

图 7　四种吸湿剂在加入饱和食盐水后的调湿性能比较

（2）两种以上调湿剂复配的调湿效果比较

高吸水性树脂（SAP），4A 分子筛 + 无水硫酸镁，SAP + 无水硫酸镁，SAP + 4A 分
子筛四种复配调湿剂的调湿效果比较结果见图 8。

从图 8 中可以看出，在前 22 天的试验中，除 SAP + 4A 分子筛配方的调湿效果较差
（相对湿度基本维持在 40%~50% 之间）外，其余三种调湿剂均能将相对湿度维持在
40% 以下，有较好的调湿效果。其中 SAP + 无水硫酸镁复配的调湿效果最好，湿度基
本维持在 21%~33% 之间；4A 分子筛 + 无水硫酸镁的配方次之，湿度维持在 28%~
38% 之间。SAP 单独使用也能将湿度维持在 40% 以下。

加入含 50 μl 饱和食盐水浸湿的滤纸作为湿气发生源后，继续观察调湿效果，SAP +
无水硫酸镁复配的调湿剂表现出色，相对湿度在短时间内达到 52% 后，24 小时内迅速
恢复至 35% 左右，然后一直将湿度维持在 28%~35% 之间，显示出较好的耐湿度变化
冲击性能。4A 分子筛 + 无水硫酸镁的配方也能在较短的时间内将湿度降至 40% 左右并

在随后的时间内将湿度维持在37%~40%之间。而SAP单独使用和SAP+4A分子筛的1号和4号配方的湿度在44%~48%之间，虽然湿度变化幅度不大，但已不能满足胶片保护的需要。

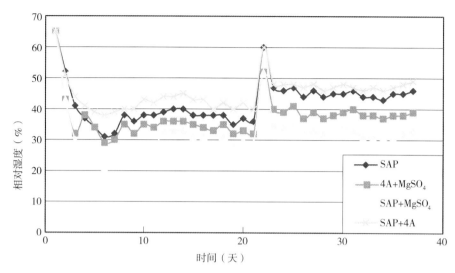

图8　复合调湿剂调湿效果比较

4. 结论

通过上述试验可以发现，无水硫酸镁和4A分子筛均具有较好的吸湿、调湿能力，虽然高吸水树脂单独使用调湿效果不显著，但与无水硫酸镁复合后，对无水硫酸镁的调湿能力有明显的提高。湿度可以控制在25%~35%之间，这是胶片保护的最佳湿度范围。

三　醋酸综合征的防治

1. 醋酸基胶片损坏的机理

醋酸纤维素的降解有两种机理：氧化作用和水解作用。水解作用主要是由醋酸纤维素和塑化剂造成的。降解源于胶片的性质、处理过程、存储条件，并受湿度、温度、污染物、水、光、微生物、昆虫、物理因素的影响[5]-[11]。

水解作用主要是降解反应，并导致聚合物骨架上的侧基被脱掉。酸、催化剂、高温会促进这种脱乙酰反应的发生。水解作用后，纤维素链上的糖苷链发生水解或氧化，乙酰侧基与水分子中的氢发生作用，形成醋酸。当降解发生后，由于片基中的塑化剂从本体中析出，使片基发生收缩，从而使某些部位的凝胶乳剂层发生脱落。其反应方程式如下：

作为反应产物的醋酸会进一步充当反应催化剂，使得反应自动加速进行。

降解反应有一个缓慢的引发期，此时反应速度由温度和湿度控制，当达到一个自催化点后，反应速度迅速加快，并且与温湿度无关。自催化点时自由酸度为 0.5。此时醋酸纤维素发出醋味气味并处于降解的高级阶段（图 9）。

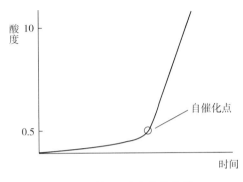

图 9　时间—酸度变化曲线

自由酸度与 pH 值不同，它是通过滴定测得的系统中自由酸的总量。它比 pH 的测量更加精确可靠。

醋酸片基水解产生"醋酸综合征"由胶片内在因素（胶片的组成及性质）及外在因素（如气候，周围环境等）造成[12][13]。如：

（1）在三醋酸纤维素酯的生产过程中，有的生产工艺采用硫酸作催化剂，用稀硝酸来降低三醋酸纤维素的醋化值，使醋酸片基还未制成就已受到酸的侵蚀。这是胶片制成后产生水解形成"醋酸综合征"的内在原因。

（2）显影加工时，加工处理用的酸性溶液会使片基受到侵蚀，特别在最后水洗不彻底时，酸性物质残留在胶片上，更会加速片基的水解。

（3）存放容器密封程度的影响。胶片存放在马口铁盒中，基本上是密闭的，片基水解产生的醋酸气体不能及时排放出去，浓度越积越大，反过来加速片基的水解。

（4）使用与保存环境的高温、高湿是"醋酸综合征"产生的最主要的外部因素（图 10）[14]。

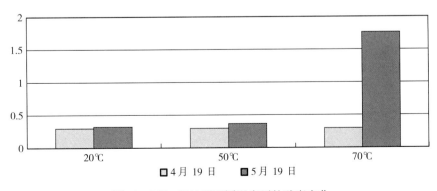

图 10　RH = 30% 下不同温度下的酸度变化

如图 10 所示，随着温度的升高，醋酸纤维素片基的酸化程度逐渐加大，同样在常温常湿下经过一个月的存放时间，20℃条件下的胶片酸度略有变化，增加 8.4%，50℃条件下的胶片酸度有少许变化，增加 24.3%，70℃条件下的胶片酸化最为严重，增加 590%。由此可见，温度对胶片的酸度影响非常之大，这就是胶片为什么要低温保存的原因[⑮]。

2. 醋酸纤维素的降解症状[⑯]

在降解发生的前期，即引发期，醋酸纤维素并无明显的症状，一旦过了自催化点，即胶片进入降解的高级阶段，很多明显的症状就会出现，它们包括：

1）变脆（由于分子链的断裂）；

2）收缩（由于分子链的断裂或溶剂与增塑剂的挥发）；

3）表面出现结晶和气泡（由于增塑剂的析出）；

4）出现品红和蓝色（由于乳剂层中的染料与醋酸发生反应，引起变色）。

研究发现，"醋酸综合征"的发生大约经过五个阶段[⑰-⑲]：

1）在封闭容器中胶片散出醋酸，浓度逐渐增加，片基变软，pH 值降低，黑白银影像失去光泽；

2）增塑剂从片基中析出；

3）乳剂层明胶降解变黏，卷式片开始板结成死块，影像受到破坏，片卷上下出现白色结晶物，且越积越多，片基开始变形，在水溶液中变成半透明乳白色，机械强度消失殆尽；

4）片卷上下结晶物逐渐消失，随之渗出黏稠的黑色胶液；

5）片卷上下的黏稠液体逐渐消失，白色结晶物重又出现，胶片最后变成碎片或粉末。

3. 试验与讨论

（1）分子筛材料的合成

1）合成反应原料及仪器

硅酸钠（AR 上海试四赫维化工有限公司）

铝酸钠（AR 上海化学试剂公司）

氢氧化钠（AR 天津化学试剂三场）

去离子水（自制）

聚丙烯塑料瓶

电磁搅拌器

烘箱

2）合成反应装置（图 11）

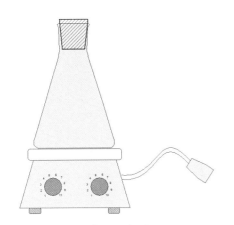

图 11 合成反应装置示意图

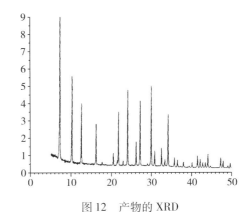

图 12 产物的 XRD

3）合成反应步骤

a. 将 0.723g NaOH 溶于 80ml 去离子水中，搅拌 10~20min，均混至全溶，将溶液均分，分别置于两个聚丙烯瓶中；

b. 将一瓶的 NaOH 溶液加 8.258g 铝酸钠，搅拌 10~20min，均混，置盖封的瓶中直到澄清；

c. 将另一瓶的 NaOH 溶液加 15.48g 硅酸钠，搅拌 10~20min，均混，置盖封的瓶中直到澄清；

d. 将 c 中的溶液快速倒入 b 中，直到稠状凝胶生成，在盖封下用电磁搅拌器拌搅匀。

将密封于聚丙烯瓶中的硅铝凝胶（100~150ml）置烘箱中，在 99±1℃ 下晶化 3~4h 冷却，过滤时用去离子水洗到 pH<9，将产物置于玻璃片上，放置在 80~110℃ 烘箱干燥 24h。而后放入粉碎机中粉碎，得到白色的粉末状 4A 型分子筛材料。经 XRD 分析，最强峰 d = 4.107、3.714、3.293，2.87 Å，产物组成分析：$Na_2O \cdot Al_2O_3 \cdot 2SiO_2$，其 XRD 谱图如图 12。

（2）试验设计

吸附醋酸的材料有两大类，一类是碱性氧化物和氢氧化物，如氧化钙、氢氧化钙等，它们通过与醋酸发生酸碱中和反应来去除醋酸气体，属于化学吸附；另一类是沸石类材料，如 4A 分子筛、5A 分子筛等，它们通过物理作用，去除醋酸气体，属于物理吸附。本次试验通过考察不同材料的吸附效果，来确定最终的醋酸吸附剂。

1）试验材料及仪器

醋酸纤维素胶片（南京电影制片厂提供）

4A 型分子筛（自制）

5A 型分子筛（中国地矿所提供）

蒙脱土（中国地矿所提供）

氢氧化钙

氢氧化钠标准液（自制）

2）试验步骤

a. 测定待测片基的起始酸度；

b. 在 5 只直径 200mm 玻璃干燥器中分别加入 150g 醋酸纤维素基胶片；

c. 按配方表 1 加入吸附材料各 1g；

d. 每 3 个月测定一次干燥器中的醋酸片基的酸度变化。

表 1　配方表

1#	2#	3#	4#	5#
空白	4A 型分子筛	5A 型分子筛	$Ca(OH)_2$	蒙脱土

3）酸度测试方法[20]－[22]

a. 称出 1g 左右的胶片样品，精确到 0.01g；

b. 将胶片样品连同其乳剂层及所有涂层一起裁成小块（约 25mm²），并放入 100ml 的去离子水中；

c. 令胶片样品在 38℃的水中浸泡 24h；

d. 将溶液过滤，去除胶片颗粒；

e. 加入甲酚紫指示剂，用 0.1N 的氢氧化钠对溶液进行滴定，重复三次，取平均值；

f. 用同一去离子水进行空白试验，重复三次，取平均值。

g. 应用以下公式，以每克胶片所使用的 0.1N 氢氧化钠的当量毫升数来计算游离酸度：

$$游离酸度 = \frac{(S - B)N_T}{0.1W}$$

式中：S = 试样所用滴定液的毫升数

B = 空白液所用滴定液的毫升数

N_T = 滴定液的当量浓度

W = 试样重量

（3）结果与讨论

通过 9 个月的测试，各组容器中胶片的游离酸度值如下（表 2）。

表 2　酸度变化表

	1#	2#	3#	4#	5#
2003 年 5 月	0.036	0.036	0.036	0.036	0.036
2003 年 8 月	0.138	0.043	0.047	0.046	0.042
2003 年 11 月	0.188	0.052	0.080	0.105	0.071
2004 年 1 月	0.198	0.063	0.103	0.146	0.088

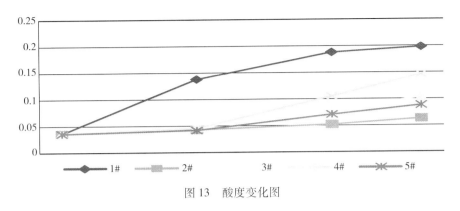

图 13　酸度变化图

由图 13、表 2 可以看出，随着时间的推移，各容器中的醋酸片基都有不同程度的酸化，其中空白的试样酸化最为严重，其最终酸度为起始酸度的 4 倍，而装有 4A 型分子筛的胶片酸化最为缓慢，装有 $Ca(OH)_2$ 的胶片刚开始变化比较缓慢，而后开始加快，其原因有可能是中和反应的醋酸钙阻碍了 $Ca(OH)_2$ 的吸附作用，使其逐渐失去了吸附的功效，5A 型分子筛和蒙脱土也具有吸附的功效，但总体的吸附效果不如 4A 分子筛。

（4）结论

4A 型分子筛、5A 型分子筛、蒙脱土、$Ca(OH)_2$ 都具有吸附醋酸的功能，但以 4A 型分子筛的效果最佳，同时考虑到调湿的因素，最终选择 4A 型分子筛为醋酸吸附材料。

四　胶片保护新材料的研制

1. 研究的思路

影响胶片保存的因素分别为温度，湿度、醋酸气体、氧化物[23-25]，对于温度，解决方法为采用空调设施，降低胶片资料的保存环境，以达到适宜的保存温度。对于湿度，由于胶片的保存必须在一个湿度范围内，不能过高也不能过低，因此，传统的硅胶和生石灰类干燥剂无法满足所要求的湿度范围，因此我们采用能在高湿时快速降低相对湿度的高分子材料和在低湿时能够释放出水分的无机盐来作为调湿剂，使胶片保存的相对湿度控制在一个适合的范围内。对于氧化物，我们通过除氧剂的加入，来去除保存环境中的氧气，防止银盐的氧化。

2. 试验设计

（1）试验材料及仪器

分子筛材料（自己合成）

HS－1500S 树脂（南京东正化轻有限公司）

无水硫酸镁（CP 上海化学试剂公司）

还原铁粉（AR 上海化学试剂公司）

酸化胶片（南京电影制片厂）

（2）配方的筛选

我们以 4A 型分子筛为醋酸气体吸附材料，无水硫酸镁和高吸水性树脂为调湿材料，还原铁粉为除氧剂，通过调节它们之间的配比，同时在不同的温度和湿度下进行试验，以确定最终的配方。具体试验条件和配比如下（表3）。

表3 配方表

编号	配比	试验条件
1	配方一	70℃、常湿
2	配方二	70℃、常湿
3	配方三	70℃、常湿
4	配方一	50℃、常湿
5	配方二	50℃、常湿
6	配方三	50℃、常湿
7	配方一	常温、常湿
8	配方二	常温、常湿
9	配方三	常温、常湿
10	配方一	常温、加酸、常湿
11	配方二	常温、加酸、常湿
12	配方三	常温、加酸、常湿
13	空白	70℃、常湿
14	空白	70℃、高湿
15	空白	50℃、常湿
16	空白	50℃、高湿
17	空白	常温、常湿
18	空白	常温、高湿

（3）试验步骤

1）测定待测片基的起始酸度；

2）在 18 只直径 180mm 玻璃干燥器中分别加入 100g 醋酸纤维素基胶片；

3）按配方表加入吸附材料；

4）每 2 个月测定一次干燥器中的醋酸片基的酸度变化；

5）计算游离酸度。

3. 结果与讨论

（1）温度对胶片保护材料的影响

1）不同温度下胶片的酸度变化

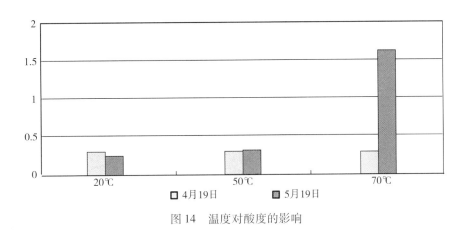

图 14　温度对酸度的影响

由图 14 可见，温度对胶片的影响非常之大，同样经过一个月且都放置有分子筛保护材料的情况下，70℃的胶片发生了非常严重的酸化，酸度值是初始状态的 5 倍多，远远超过了其临界酸度值 0.5，而 50℃的胶片酸度只是略有提高，常温下的胶片酸度甚至开始回落。这说明，当温度过高时，分子筛吸附的速度远远小于胶片自身热老化所释放出的醋酸气体的速度，因而分子筛材料几乎无效。

2）相同温度下胶片的酸度变化

由表 4、图 15 可知，即使加入了分子筛材料，胶片的酸度随着时间的变化还是不断上升，但总体来说，上升的速度较没加分子筛的要慢，其中 6#干燥器中的胶片酸度的上升速度最慢。5#、6#中所加入的分子筛的量相同，且都多于 4#中分子筛的量，而 4#中胶片的酸度上升的最快，从中我们可以认为，在高温条件下，分子筛吸附酸的能力和其用量成正比，5#、6#中配方的不同则要是调湿剂的量有差别，6#中的调湿剂多于 5#中的，由图可以看出，5#、6#开始几个月时的酸度变化几乎相同，只是到后来才发生了差异，这可以认为在高温时，热老化占主导地位，它使的胶片中的水分含量降低，因而调湿剂量的增加可以抵消部分损失，因而后几个月 6#的酸度要低于 5#，这也可以解释 15#高于 16#的原因，因为 15#是在常湿条件下的，而 16#中含有 5 μl 的无机盐溶液，其起始相对湿度高于 15#，因而，在 50℃条件，其酸化程度反而弱于 15#。

表 4　50℃胶片酸度变化

时间	4#	5#	6#	15#	16#
4.19	0.296	0.296	0.296	0.296	0.296
5.19	0.311	0.260	0.280	0.368	0.348
6.19	0.398	0.336	0.326	0.461	0.384
7.19	0.441	0.359	0.362	0.486	0.430
9.19	0.569	0.546	0.444	0.648	0.637
10.19	0.715	0.660	0.546	0.794	0.743

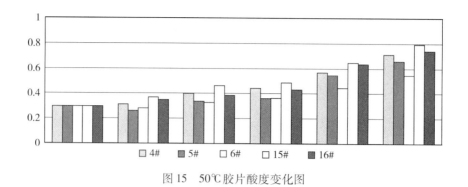

图15　50℃胶片酸度变化图

　　由表5、图16可见，在常温下，分子筛材料的吸附作用十分明显，在前两个月，7#、8#、9#三个含有分子筛材料的容器中，胶片的酸度均低于其起始酸度，而空白试样中，胶片的酸度随着时间的变化而不断上升，并有越来越快的趋势，而放有分子筛材料的容器中，胶片的酸度从第三个月开始，虽然逐渐上升，但其曲线的斜率很小，说明其上升到速度很缓慢。7#、8#、9#三个容器中的胶片刚开始的酸度还有些差别，但到最后，其酸度几乎相等，这说明三种配方在常温状态下的区别不大。而由9#、18#的FT-IR图谱可以看出，18#在3000cm^{-1}处羧酸的羟基吸收峰消失，这说明了18#中的胶片片基部分发生了降解反应，使得羟基吸收峰衰弱。

表5　常温胶片酸度变化

时间	7#	8#	9#	17#	18#
4.19	0.296	0.296	0.296	0.296	0.296
5.19	0.244	0.258	0.296	0.320	0.331
6.19	0.256	0.279	0.315	0.322	0.332
7.19	0.296	0.300	0.324	0.346	0.355
9.19	0.321	0.314	0.331	0.408	0.408
10.19	0.329	0.318	0.334	0.479	0.496

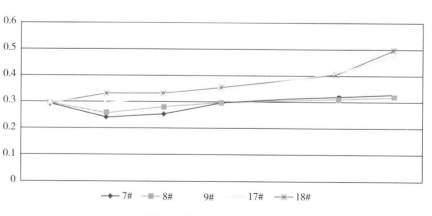

图16　常温下酸度变化图

（2）酸性气体对分子筛材料的影响

胶片在现实存储状态下，本身已经酸化，它所处的储存环境也充满了酸性气体，因此，为了检验胶片保护新材料在现实保存条件下的有效性，我们进行了模拟酸性气体环境的试验，在 10#、11#、12# 三个干燥器中，我们各加入了 5 μl 的乙酸。经半年的试验，其结果如表6、图17。

表6　酸性气体对吸附材料的影响

时间	7#	8#	9#	10#	11#	12#
4.19	0.296	0.296	0.296	0.296	0.296	0.296
5.19	0.244	0.258	0.296	0.307	0.317	0.34
6.19	0.256	0.279	0.315	0.326	0.34	0.342
7.19	0.296	0.3	0.324	0.338	0.343	0.347
9.19	0.321	0.314	0.331	0.342	0.356	0.35
10.19	0.329	0.318	0.334	0.353	0.361	0.355

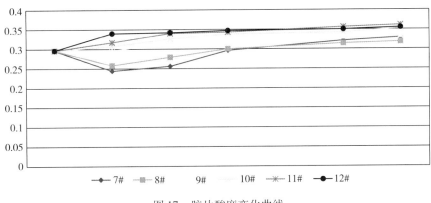

图17　胶片酸度变化曲线

从中我们可以看出，在刚开始，由于模拟环境中的醋酸气体的存在，10#、11#、12# 中胶片的酸度比对应当比 7#、8#、9# 中的酸度要高一些，可是随着时间的推移，尤其是到后几个月，当环境中的醋酸气体完全被吸附后，各容器中的胶片酸度趋于一致。

（3）除氧剂对胶片的影响

除氧剂的重要作用是通过还原性物质与环境中的氧相结合，已去除密闭环境中的氧气，达到保护胶片的目的，本次试验所用的是还原性铁粉，其作用机理如下：

$$4Fe + 3O_2 + 2nH_2O \longrightarrow 2Fe_2O_3 \cdot nH_2O$$

由于除氧材料与吸湿材料均匀共混，反应所需的水分可由吸湿材料提供。通过减少储存环境中的氧气，可以有效防治胶片中银盐的氧化，延长胶片的使用寿命。

五　总　结

通过以上研究，我们发现，以分子筛材料、调湿剂、除氧剂为主要材料的新型胶片保护材料是有效的，它能吸附老化胶片释放的醋酸气体、调节保存环境的相对湿度、去除环境中的氧化性气体，从而达到延长胶片保存寿命的作用。其中有机与无机相结合的调湿材料，在国内外是首次应用，兼具调湿、除酸、除氧的多功能胶片保护材料，也尚未有报道。

注释：

① 赵鹏：《霉菌对三醋酸纤维素片基胶片影响的试验研究》，《档案学通讯》2000 年第 3 期。

② 刘培平：《档案缩微胶片醋酸片基老化及其对策》，《档案学研究》1993 年第 4 期。

③ 许建合、孙进步：《戚红莉醋酸片基的水解与醋综合症》，《感光材料》1998 年第 2 期。

④ 卡勒尔·勃莱姆兹：《醋酸综合症的对策》，《数字与微缩影像》1991 年第 3 期。

⑤ Degradation of Cellulose Acetate.

⑥ 许建合、孙进步：《影像支持体的分解衰变及对影像层稳定性的影响》，《感光材料》1998 年第 6 期。

⑦ Cellulose Acetate Project.

⑧ Safe Handling, Storage, and Destruction of Nitrate – Based Motion Picture Films.

⑨ Paul Messier, Preserving Your Collection of Film – Based Photographic Negatives.

⑩ Susie Clark, Peter Winsor, Stephen Ball, Conservation of Photographic Materials.

⑪ Deterioration of Photographic Materials.

⑫ 许建合、葛向北、戚红莉、孙进步：《缩微胶片衰变现象与保存》，《缩微技术》2000 年第 3 期。

⑬ 许建合、葛向北、戚红莉、孙进步：《缩微胶片衰变现象与保存（续）》，《缩微技术》2000 年第 4 期。

⑭ Les Paul Robley, Attack of the Vinegar Syndrome.

⑮ Steven Puglia, Cost – Benefit Analysis for B/W Acetate：Cool/Cold Storage vs. Duplication.

⑯ Hope Breeze, Vinegar Syndrome.

⑰ Lars Gaustad, The Vinegar Syndrome – a Brief Encounter.

⑱ Morten Jacobsen, Determining New Standards for Long Term Storage of Film.

⑲ Developing a Preservation Strategy for Cellulose Acetate.

⑳ P. Z. 阿代尔斯坦著，李铭译：《纤维素酯片基照相胶片的稳定性》（第一、二部分），《影视技术》1994 年第 9～11 期。

㉑ P. Z. 阿代尔斯坦著，李铭译：《纤维素酯片基照相胶片的稳定性》（第三、四、五部分），《影视技术》1996 年第 4～6 期。

㉒ Monique C. Fischer, Guidelines for Care & Identification of Film – Base Photographic Materials.

㉓ Handling of Processed Film.

㉔ Storage of Cellulose Acetate Collections：A Preliminary Survey of Issues and Options.

㉕ Protecting and Handling Photographs.

㉖ Tim Padfield and Jesper Stub Johnsen, The Breath of Arrhenius：Air Conditioning in Photographic Archives.

（原载南京博物院编：《南京博物院集刊10》，文物出版社，2008 年）

调湿材料在文物保护中的应用研究[*]

一 前 言

众所周知，不论是馆藏文物还是室外文物，由于湿度变化而引起的损坏是常见现象。如有机质地文物（木、漆、纸、纺织品、骨、牙），当这些文物中所含水分低于平衡水分值时，它们就会发生收缩、开裂和翘曲，反之，如让它们所含水分超过平衡水分值时，又会发生膨胀，给微生物、霉菌滋长创造条件。高湿还会引起金属文物锈蚀，以及造成某些颜料变色。为了延长文物寿命，控制文物所处的环境条件，尤其是控制有利于文物保存的适宜温度、湿度是关键。

目前对温、湿度控制的措施，主要有机械控制和调湿剂控制两种方法。所谓的机械控制，就是在文物库房或展厅中利用一些机械除湿或增湿设备来控制湿度的变化。如喷雾增湿器、加热或不加热增湿器，但这些设备无法对温、湿度进行自动控制。而采用干燥剂或冷冻剂除湿设备，虽能将环境的湿度降下来，但不能维持恒湿状态，不论是增湿器还是除湿器，如果没有恒湿器都不能有效地控制环境湿度，采用恒温、恒湿的中央空调是解决博物馆温、湿度控制较为理想的方法，但设备购置费用和维持费用较大，一般博物馆难以实现。根据我国博物馆目前具体情况，采用调湿剂控制温、湿度是值得研究和推崇的，该方法是利用某些物质的物理性能，来调节湿度。其材料有两种，一种是某些盐和盐的饱和溶液；另一种是对湿度起吸、放作用的调湿剂。饱和盐溶液有较大的湿容量，而且使用简便，其不足之处是由于大部分无机盐随着湿容量的增加，自身缓慢潮解，而且在常温下不太稳定，极易产生盐析，并随着时间延长日趋严重，从而对保存的文物空间产生污染，使它的应用受到一定的限制，尤其不适宜金属文物的保存。而对湿度起吸、放缓冲作用的调湿剂，其作用原理为当相对湿度升高时，吸收容器中的水分，而当相对湿度下降时，则又释放水分，使容器中的文物一直处于最佳的保存环境。此种方法尤其适用于珍贵文物在贮存或展览过程中进行小环境的控制。如苏格兰国家美术馆[①]采用含结晶水

* 本文由奚三彩、杨毅、郑冬青、高士祥合作撰写。

的硫酸锌调控陈列柜的相对湿度来保存高斯的一幅绘画，以及上海博物馆采用调湿剂来保护文物，都取得了明显的效果。因此控制文物保存的微环境已成为文物保护的主要手段。用调湿剂控制密闭陈列柜内的湿度比宏观环境下的一些措施更为有效。于是我们对各种调湿材料的特性、调湿效果进行了比较研究，为文物保护选择适宜的调湿材料提供了依据。

二　调湿材料的种类和特性

近年来国内外研究开发的调湿材料品种繁多，但稍加归类可将其分为四种，即硅胶、无机盐类、蒙脱土类、有机高分子材料类。

硅胶在工业上主要用作吸湿剂，能吸收重量为其自身一半的水分，这一过程是可逆的，可作为调湿材料。但由于其在水的吸附与循环中呈现较严重的滞后现象，使其应用受到很大的限制。目前人们正致力于研究一种具有吸湿容量大和响应速度快的特种硅胶。美国的 W. P. Crace 公司 Chemical Division（化学部）生产的中等密度硅胶（IDS）、规则密度硅胶（RD）具有较高的吸湿容量[②]。

无机盐类调湿材料的调湿作用完全由盐溶液所对应的饱和蒸气压所决定，在同样温度下，饱和盐溶液的蒸气压越低，所控制的相对湿度也越小。虽然在差不多整个湿度范围内能够通过选择适当的盐水饱和溶液来维持一定的湿度，但由于大部分固体无机盐，随着吸湿量的增加，自身慢慢潮解，而且在常温下不稳定，极易产生盐析，并随着时间的延长日趋严重，从而对保存的物品空间产生污染，也正是这个原因，使它的应用受到限制。

蒙脱土[③]是膨润土的主要成分，是一种具有层状结构的铝硅酸盐矿物。在极性溶剂（如水）的作用下，层间距有可膨胀性。蒙脱土的层状结构以及能吸附和释放水蒸气的特性，使它成为天然的调湿材料，但它的湿容量很小（仅百分之几）。通常所指的蒙脱土调湿材料是指利用天然蒙脱土在强极性分子作用下所具有的可膨胀性及阳离子的可交换性，通过交联将有机或无机阳离子引入其层间而制得。例如日本见诚敏子博士研制的 Nikka 是用蒙脱土经水玻璃和硫酸罩硅而成，具有许多能吸附和解析水蒸气的微孔，它的湿度缓冲性能优于硅胶。另外还有 Rogatkin. M V Malle 等学者对蒙脱土类调湿材料也做了较为详细的研究。

有机高分子材料类吸湿材料是近三十年发展起来的新型吸水材料。1974 年美国农业部北方实验室首先研制出吸水量达自重数百倍的树脂，其商品名为 SGP（Starch Graft Polymer），它是将淀粉的丙烯酸酯共聚物用碱水解而得，这种特异性很快引起了人们的注意。1979 年 Herbert 将丙烯酸酯与苯乙烯共聚制得具有调湿功能的薄膜。以后有关高分子调湿材料的文献渐渐增多，1990 年又有专利报道以丙烯酰胺等为原料制备调湿材料。近年来各国学者对于高分子类调湿材料感兴趣，不仅是它具有较无机调湿材料高的吸湿容量，而且产品的形式也多样化，可以是粉末状、颗粒状、条状或透明薄膜，以适应不同的应用场合。

除了上述单一种类的调湿材料外，为了提高调湿材料的湿容量和吸湿、放湿速度，近年来，许多研究人员致力于复合型调湿材料的开发。所谓复合调湿材料是将上述不同类型的调湿材料复配或与其他无机材料经反应或混合后制得。最常见的是高吸水性树脂与无机填料的复合。复合的高分子材料通常具有超高吸水、吸湿容量，但由于其分子的规整，被吸附的水分难以解析，放湿性能差。而通过与无机填料的复合（通常为电解质或多孔载体），不仅充分利用了高分子聚合物优越的吸水性，而且经填料复合，使聚合物内部离子浓度提高，进而增大了聚合物内外表面的渗透压，加速聚合物外表面水分进入内部。聚合物经填料复合后，原聚合物规整表面变得疏松，增大了比表面积，增加了调湿材料与空气中水蒸气分子的接触表面。反映在宏观上，不仅吸湿速度增大，而且放湿速度也得到很大的提高。例如，1989 年美甘纯一等学者将高分子树脂与无机材料复合制得复合型调湿剂，其调湿时间短，并且能恒湿于 43%。实验结果如表 1 所示。

表 1　调湿剂放置时间与湿度变化的关系

时间/d	0.1	1	1.5	2.0	2.7
保存条件	25℃，相对湿度 92%				
相对湿度/%	38.16	39.07	40.12	41.18	42.09
保存条件	25℃，相对湿度 11%				
相对湿度/%	41.39	41.84	42.37	42.62	42.51

调湿材料由于其产品形式的多样性，以及湿度控制的可调节性，使它的应用不只局限于艺术品、文物、药材等具有不同湿度要求的场合，还可作为食品的保鲜剂；在纺织工业上可制得具吸湿和增湿性的新型纤维；在农业上，与土壤的有机结合可防止干旱对农作物、花卉生长的影响；在建筑领域，通过与其他建材的复合，可制成集装饰与功能于一体的新型建筑材料，如调湿板材、调湿涂料的应用，使人们在室内不会因外界气候的干湿变化或空调的作用而感觉不舒适。又如，防雾薄膜的合成，吸水自膨胀密封材料的应用等。除此以外，调湿材料在皮革工业、日用化工等领域也有着广阔的应用前景。

三　调湿材料的选择依据

一般认为，干燥的环境有利于物体的保存，使用干燥剂控制物品保存微环境的湿度，延长物品的保存时间是一种常见的做法。然而，过低的湿度同样具有十分严重的危害。据科学工作者估计，当相对湿度低于 40% 时，大部分物品会发生开裂、脆化。调湿材料不同于一般的干燥剂，它必须具有调节相对湿度的作用，即除了湿度超过规定范围时，具有吸收水分的作用外，当湿度低于设定范围时，还能释放出水分，起到增湿剂的作用。通过吸湿、增湿来保持系统内相对湿度的恒定。

常用的吸湿剂有氧化钙、氯化钙、氯化镁、硫酸镁、硅胶、分子筛、吸水树脂等。不同吸湿剂在不同湿度条件下的吸湿、调湿性能差异很大，通过比较上述吸湿剂的吸湿特性，重点考察吸水树脂与无机吸湿剂的复配效果。

四　调湿材料的作用机理[④]

调湿材料的作用机理因种类差别而不同，硅胶或蒙脱土类调湿材料的调湿性能是由孔结构以及水蒸气分子在孔中的扩散情况来决定的。对于一定孔径（r）的这类调湿材料，当空气中的水蒸气分压高于其孔内凹液面上水的饱和蒸气压时，水蒸气被吸附；反之则脱附。因此，在一定的相对湿度下，达到吸附平衡的调湿材料就具有控制和调节湿度的作用。然而这类调湿材料的湿容量虽然可以通过表面改性、扩孔等手段得到改善，但却很难大幅度提高。有机调湿材料的调湿机理可理解为有机分子表面与水分子间多种类型的范德华力的相互作用，如偶极—偶极作用、氢键作用等。

高分子调湿材料的吸湿性主要取决于其本身的化学结构和物理结构，Y. Dyiamant 等研究了环氧树脂的结构与吸收水分之间的关系，他指出：渗透分子进入高分子内取决于两个因素：①在聚合物内有合适的孔径；②渗透分子与高分子间的作用力。由于水分子是极性分子，高分子极性越大，与吸附物质水分子的作用力也越大，吸湿量也越大；反之，如果是非极性分子，则吸湿量几乎为零。物理结构中最重要的因素是结晶度，分子越规整就越不利于吸湿。高分子调湿材料大多是低交联度聚合物，其吸湿后的极限体积可达到初始体积的数倍，所以具有很大的吸湿容量。

五　调湿材料的筛选、实验

1. 实验设计

（1）在 4 只直径 150mm 玻璃干燥器中分别加入 1.0g 七水合硫酸镁、无水氯化钙、变色硅胶和无水硫酸镁作为调湿剂，用温湿度计观察干燥器中湿度的变化。

（2）在实验（1）的基础上，实验一段时间后，取出无水氯化钙，加入 4A 分子筛 1g，并在各干燥器中放入一张被 50 μl 饱和食盐水浸湿的滤纸作为湿气发生源，盖好干燥器盖并密封，继续观察干燥器中湿度随时间的变化。

（3）在上述实验的基础上，选择无水硫酸镁和 4A 分子筛作为调湿剂的主要成分，并与高吸水树脂组合成三种配方，比较各配方的调湿效果，考察两种以上调湿剂复配的调湿效果。

2. 单独使用调湿剂效果的比较

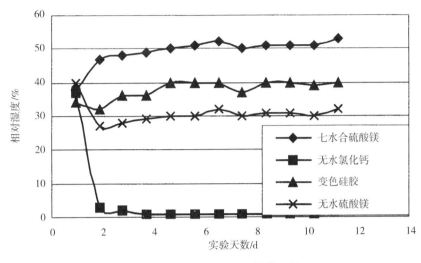

图 1　四种吸湿剂的调湿性能比较

图 1 是七水合硫酸镁、无水氯化钙、变色硅胶和无水硫酸镁在干燥器中实验（1）的观测结果。从图中可以看出，四种调湿剂中，无水硫酸镁调湿效果最好。在初始湿度为 40% 时，经 2.5 小时，湿度降为 30%，并在随后的 12 天中湿度维持在 27%～33% 之间。变色硅胶的效果亦较好，湿度维持在 35%～41% 之间。无水氯化钙吸湿效果非常好，5 小时后湿度降为 10%，三天后降至 1%，但由于湿度过低，不适合作为文物保护的调湿剂。七水合硫酸镁对 40% 以下的湿气无吸湿效果，试验过程中干燥器中湿度不仅没有下降，反而有所上升。

在上述实验的基础上取出无水氯化钙，换成 4A 分子筛，并在各实验样品中加入含饱和食盐水滤纸继续观察的结果见图 2。从图 2 可以看出，加七水合硫酸镁的干燥器中的湿度基本在 60%～70% 之间，变色硅胶干燥器的湿度在 40%～50% 之间，不能达到

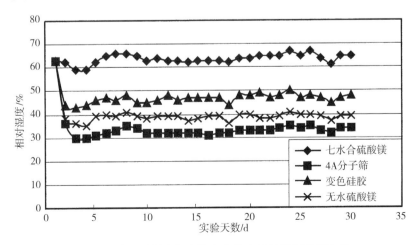

图 2　四种吸湿剂在加入饱和食盐水后的调湿性能比较

绝大多数文物保护所需的湿度范围。而4A分子筛和无水硫酸镁的调湿效果较好，其中4A分子筛调湿效果最好，在初期湿度为63%时，一天后湿度降至34%，在随后的30天内，湿度基本维持在30%~34%之间；无水硫酸镁调湿效果也较好，一天后湿度降至36%，在随后的30天内，湿度基本维持在36%~40%之间。

3. 复配使用调湿剂效果比较

高吸水性树脂（SAP），4A分子筛+无水硫酸镁，SAP+无水硫酸镁，及SAP+4A分子筛四种复配调湿剂的调湿效果比较结果见图3。

从图3中可以看出，在前22天的实验中，除SAP+4A分子筛配方的调湿效果较差（相对湿度基本维持在40%~50%之间）外，其余三种调湿剂均能将相对湿度维持在40%以下，有较好的调湿效果。其中SAP+无水硫酸镁复配的调湿效果最好，湿度基本维持在21%~33%之间；4A分子筛+无水硫酸镁的配方次之，湿度维持在28%~38%之间。SAP单独使用也能将湿度维持在40%以下。

在第22天加入含50 μl饱和食盐水浸湿的滤纸作为湿气发生源后，继续观察调湿效果显示，SAP+无水硫酸镁复配的调湿剂表现出色，相对湿度在短时间内达到52%后，24小时内迅速恢复至35%左右，然后一直将湿度维持在28%~35%之间，显示出较好的耐湿度变化冲击性能。4A分子筛+无水硫酸镁的配方也能在较短的时间内将湿度降至40%左右并在随后的时间内将湿度维持在37%~40%之间。而SAP单独使用和SAP+4A分子筛的1号和4号配方的湿度在44%~48%之间，虽然湿度变化幅度不大，但已不能满足文物保护的需要。

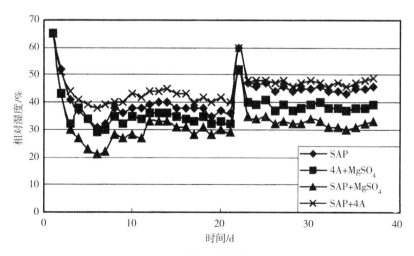

图3　复合调湿剂调湿效果比较

六　结　论

通过上述实验可以发现，无水硫酸镁和4A分子筛均具有较好的吸湿、调湿能力，虽然高吸水树脂单独使用调湿效果不显著，但与无水硫酸镁复合后，对无水硫酸镁的调湿能力有明显的提高，湿度可以控制在25%～35%之间，这是金属类和胶片类文物保护的适宜湿度范围，根据文物需要，通过调整配方，可以适用于各种质地文物保存的需要。微环境的控制是今后文物保存的发展方向，是目前解决绝大多数馆藏文物保存最经济的方法。试验证明，无机、有机复配的调湿材料，能够达到控制微环境的要求，是一种值得推广的文物保存材料。

注释：

① Thomson, G, The Museum Environment, 1986, pp. 114 – 116.

② Jean Louis Bigourdan, James M. Reilly, Effects of Fluctuating Environments on Paper Materials – stability and Practical Significance for Preservation.

③ 马承源主编：《上海博物馆文物保护科学论文集》，科学技术文献出版社，1996年。

④ 罗曦芸、金鑫荣：《文物保护用复合型调湿剂的机理研究》，《化工新型材料》2000年第12期。

（原载中国文物研究所编：《文物科技研究（第三辑）》，科学出版社，2010年）

从南京博物院藏东汉"错银牛灯"看科学技术与造型工艺的结合[*]

1980 年 5 月，南京博物院在江苏邗江甘泉山北侧进行了东汉广陵王陵墓的考古发掘，墓中出土了许多珍贵文物，其中有一方"广陵王玺"金印，铸有"山阳邸"铭记的雀足铜灯，还有一件引人注目、精美绝伦的"错银牛灯"。

"错银牛灯"现藏南京博物院，系国家一级文物，被考古学家、冶金专家、工艺美术师公认为：其设计之精巧、制作工艺水平之高，在汉代青铜灯具中是首屈一指的。它不仅体现出卓越的设计意匠，将实用功能与净化空气的科学原理和优美的造型，有机而巧妙地结合，而且也展示了我国传统冶炼、铸造、错银技术的高超科技水平。

本文从"错银牛灯"的结构、造型、铸造、错银、装饰、环保几方面做简要的介绍。

一 结构与造型

"错银牛灯"的整体形状是牛驾灯盘的造型（图1），其结构由灯座、灯盘、灯罩、烟道四部分组装而成，通高 46.2 厘米，长 37.6 厘米。

图 1 错银牛灯

灯座为一头伫立状的黄牛，俯首站立，体形肥硕，神态憨厚，蹄足短矮，双目圆睁，双耳耸立，两角上翘，大腹便便，中空，牛尾卷曲，造型十分雄浑厚重，线条富有韵律感，给人以雄健强劲的气势美。

灯盘安装在牛背正中灯座上，呈圆形，边缘周壁分内外两层，两层边缘之间有一条约 1 厘米宽、2 厘米深的凹槽，在凹槽中可镶入灯罩，灯盘外侧有一个扁平把手，可转动灯盘，任意调节光照的亮度。

灯罩装在灯盘上，由两片瓦状屏板构成，其中一片凿出窗菱状的空格，具有散热、透光的作用。灯罩使用时手扣纽环、瓦状屏板可左右移动，根据风向和使用要求，可任意调节屏板的开启程度，从而起到挡

＊ 本文由奚可桢、奚三彩合作撰写。

风、调节亮度及光照方向的作用。

烟道是由穹隆顶（形似倒置碗）的灯盖和烟管组成，灯盖顶端中央即为管状烟管口，烟道呈弧形圆管与牛首顶部的烟管口相连，烟管长 42.5 厘米，成为灯盖与牛腹之间通道。

二　铸造与错银

铸造业在我国古代的金属加工工艺中占有突出的地位，并产生过巨大的社会影响。今天我们在生活中还经常使用的"模范""熔铸""泥范"等词汇，就来源于古代铸造业的术语。我国古代劳动人民在长期的生产实践中，创造了泥范法、失腊法两大传统铸造工艺。

泥范铸造的工艺是：（1）制模（2）翻外范（3）制内范（4）合范（5）浇铸。经过这五个工序，一件精美的青铜器即可完成。失蜡铸造工艺先用蜡制成模，外敷造型材料，成为整体铸型。加热将蜡化去，形成空腔铸范，浇入液态金属，冷却后得到成型铸件。

用泥范铸造物件，在制作复杂造型的青铜器时，古人还采用了分铸法作为基本工艺原则。或者先铸器身，再在其上合范浇铸附件（如兽头、柱等）；或者先铸造附件（如鼎的耳、足等），再在器身浇铸的时候铸成一体。这在古代手工生产的技术条件下，应当说是一种巧妙而又需要熟练技巧和很好组织协同的工艺措施。

许多专家认为，我国在商代早期就有了泥范铸造，商代中期达到鼎盛时期。用这种方法，古代工匠们创造出了像司母戊鼎、四羊方尊这样的旷世珍品。中国已知最早的失蜡铸件，是河南淅川出土的春秋晚期铜盏部件和铜禁（约公元前 6 世纪）。湖北随县出土的战国初期曾侯乙墓的青铜尊（约公元前 5 世纪），铸作精致。这些器件独具的技术特点和艺术风格，表明制造这些铸件的失蜡法是中国古代铸师独立创造的。传统失蜡法的具体工艺记述，首见于宋赵希鹄《洞天清禄集》。失蜡法在长期应用过程中，发展出多种工艺类型。传统失蜡法的工艺有拔蜡、剥蜡、捏蜡之分。春秋晚期和战国早期，我国失蜡法已脱离原始状态具有比较成熟的水平，传统失蜡法在秦以后一直延续发展，如河北满城出土的错金博山炉、武威出土的铜奔马等，都是用失蜡法铸造而成。

东汉"错银牛灯"是失蜡铸造还是泥范铸造专家各有看法。如果是泥范铸造，在泥胎上直接刻出细部形状与纹饰，再翻模铸造，其工艺比较简单，易于操作。如果是拔蜡铸造，是在预先制好的型芯上贴蜡片、捏出物体基本形状，然后用工具在其上拔、刻细部形状与纹饰，拔蜡、捏蜡，与雕刻、雕塑技法基本相同。不管是失蜡法还是陶范法都是我国传统铸造工艺，在中国冶铸技术史上留下了辉煌的篇章，也为现代工业熔模精密铸造技术做出了一定的贡献。

错金银工艺始于春秋中期，盛行于战国，是在中国传统的青铜铸造工艺基础上发展起来的一种新工艺。到了两汉特别是东汉以后，由于金细工的发展，已使金银制作从青铜器制作传统工艺中分离出来，成为一种独立的工艺门类。错金银工艺包括镶嵌和错两种技术，镶是把东西嵌进去或是在外围加边，嵌是把东西镶在空隙里，"错"即用厝石加以磨错使之光平，其工艺可谓精密细致。其制作工艺是，先在青铜器表面预铸出浅凹凸的纹饰或字形，再用硬度较大的工具錾刻浅槽，然后在浅槽内嵌入细薄的金银丝、片，用厝（错）石磨错，使嵌入的金银丝、片与铜器表面相平滑，最后在器物表面用木炭加清水进一步打磨，使器表更加光艳。被"错金银"工艺装饰过的器物表面，由于金银与青铜的不同光泽相映衬托，其图案与铭文显得格外华美典雅。

东汉"错银牛灯"采用错金银手法制作而成，充分体现了青铜铸造与错银工艺的完美结合。这件错银牛灯的构件是由牛体（灯座）、灯盘、灯罩、烟道分别铸造套合组装而成。其错银工艺是在青铜构件表面铸造出图案所需的凹槽，然后将银片嵌入，锤打牢固，再用厝石打磨平整，其工艺水平已经十分成熟，是一件工艺精良的错银青铜灯具。

三　装　饰

我们从东汉"错银牛灯"的艺术领域里，不仅看到其造型别致优美，而在装饰上别具一格。它采用了通体错银工艺，错银工艺是利用金属本身的色泽，即铜的黄色为地，银白色镶嵌出流云纹、三角纹、螺旋纹图案，云纹中龙、凤、虎、鹿和各种神禽异兽飞行其间，纹样线条流畅如行云流水，刚柔结合，富有弹性，动而不乱，饱含节奏感和韵律感，充满了天上神奇色彩，加上铜、银质地交相映衬，使牛灯上的色调精美华丽，不仅展现出"错银牛灯"本身的材质美感，而且显示了汉代先人在装饰加工上精湛的技巧。

四　环　保

我国古代灯具所采用的燃料有两大类，一类是燃油，一类是燃蜡，这类物质都属有机化合物，含碳、氧、氢、氮等，当它们点燃时，都以物质燃烧来产生光亮，属于能产生热量的天然的可燃性物质。古代的灯油主要是动物油脂和植物油，唐五代时油料的提炼、储备技术成熟，当时已使用石油、麻子油等作为点灯用品。这些燃料在较高温度时与空气中的氧气化合而发光。这种燃料就成为人们寻找并不断改进的原料。

从战国开始，古代的制灯匠就已了解动物油脂有易燃和耐热性，于是便把这些动物油脂收集在诸如豆、鼎和簋等一类的容器中，在用蜡烛照明前将其外层涂上这些油脂，可使灯亮得更为长久。从河北满城一号汉墓出土的卧羊尊灯、卮灯腹腔内发现残留有白色沉淀物的化验报告来看，其含有油脂成分，说明此灯使用凝固点较低的动物油脂，中科院化学所鉴定书写道："卮灯中块状物呈灰绿色，在常温下呈固体状态，不溶于水，比重小于1，易溶于有机溶剂中，经乙醚、氯仿萃取过，滤液蒸干后用红外光谱仪鉴定，属于脂肪酸甘油酯，并部分已成为铜盐。与已知牛油、蜂蜡的红外光谱比较，谱图与牛油一致。经灼伤试验，其现象亦和牛油相同，由此可证明，该块状物属动物脂类。"

植物油作为灯具燃料，古人在书中多有记载。明宋应星《天工开物》膏液第十二卷中对"油品"和"皮油"都做了详细介绍。他在书中写道："燃灯则柏仁内水油为上，芸苔次之，亚麻子次之，棉花子次之，胡麻子次之（燃灯最易竭），桐油与柏混油为下（桐油毒气熏人，柏油连皮膜则冻结不清）……造烛则柏皮油为上，蓖麻子次之，柏混油每斤入白蜡冻结次之，白蜡结冻清油又次之，樟树子油又次之（其光不减，但有避香气者），冬青子油又次之（韶郡专用，嫌其油少，帮列次），北土广用牛油，则为下矣。"据现代科学分析得知，柏油内水油属大戟科植物，一种落叶乔木，它的种子榨油分三种，柏混油、柏皮油、子油或叫水油，柏皮油可用作蜡烛与肥皂的原料，并可作为生产硬脂酸和油酸原料，柏混油多用于制肥皂和蜡烛。由上可知，古代劳动人民对于各种植物的外观，种子出油等情况，都有比较翔实的分析记录，不仅发现了更多可供燃灯的植物油，而且还发现了其优劣和不同属性。虽然他们还不能用科学的手段具体化，但已经能很好地运用了。

青铜灯具的燃料多为动植物油，燃烧时，会有不少因没有充分燃烧而产生的飘浮在大气中的气体以及微细的固体灰烬，随油面上升的热气挥发，造成室内烟雾到处弥漫，污染环境。由于烟灰中含有碳氢化合物、一氧化碳、氮氧化合物、硫氧化物以及粉状的微粒，会给人类和动植物生存带来危害，为防止烟类对室内空气的污染，古代劳动人民设计了一种带烟道的灯具，有效地解决了这个问题。

这件东汉"错银牛灯"由灯盘、灯罩、灯盖、烟道和底座等几部分组成。灯盘上有两片可以转动的瓦形屏板，灯罩上有穹隆形灯盖，与牛首中央的圆形烟管相连。当燃料燃烧时可转动灯盘或调控灯罩屏板的开合，让烟灰上升，经覆碗形灯盖通过烟管进入牛灯腔体内的水溶液中，使烟灰与水混合吸收并降低粉状的漂浮物，从而使室内环境保持清洁。这种带烟道的灯具，可将因油料燃烧而引起弥漫环境的烟雾或粉状炭粒经烟管排放到牛灯腹腔内，减少空气污染，而且经烟管排放烟尘，还可节约燃料。为便于清洗烟道中的沉积物，牛灯各构件既紧密相连，又能灵活拆卸、组装，这些措施对净化烟灰是科学的，也是十分有效的。由此可见我国是世界上首先发明和使用灯罩、最早解决灯烟污染的国家。烟道不仅起排烟作用，而且能加强空气对流，使燃料充分燃烧，降低污染，增强亮度。根据虹吸以及水与烟雾混溶的原理，在汉代灯具设计造型中加以应用，具有独创性。"错银牛灯"将这些理念和功能充分地体现出来，是汉代灯具在功能方面最先进的发明创造，为世界灯具的发展做出了重大贡献。

五　结　语

东汉"错银牛灯"既是照明工具，又是陈设工艺品，不仅解决了日常生活中的照明需要，又能有效地阻止燃烧产生的烟灰弥漫外溢。它是传统文化的产物，也是古代劳动人民智慧的结晶，不仅体现出卓越的设计理念，将实用功能与美观、净化空气及造型巧妙结合，也是科技与艺术相融的代表作和研究挖掘传统工艺、传统文化的实物，对现代青铜工艺品的设计造型具有一定参考价值和指导意义。为总结、继承、弘扬传统工艺、传统文化将会发挥更大作用。

参考文献：

1. 奚可桢：《古代灯具之光》，《文物世界》2005 年第 2 期。

2. 刘惠英：《错银牛灯》，《国宝大观》，上海文化出版社，1990 年。

3. 王玉胜：《中国传统失蜡铸造与现代熔模铸造》，《文物保护实录》，紫禁城出版社，2007 年。

4. 谭德睿：《中国传统失蜡铸造技术》，《文物保护论文集》，上海科技文献出版社，1996 年。

5. 邹厚本：《东汉广陵国宝陵》，南京出版社，2004 年。

（原载刘正、周武主编：《传承与拓展——中国传统工艺与造型研究研讨会论文集》，中国美术学院出版社，2010 年）

学术活动简表

一　简　历

1940 年 10 月出生于浙江省天台县

1948 年 9 月～1952 年 9 月在文安小学

1952 年 9 月～1954 年 9 月在天台城东小学

1954 年 9 月～1960 年 9 月在天台中学

1960 年 9 月～1965 年 9 月在浙江大学

1965 年 9 月～1973 年 10 月在中国文物保护科学技术研究所

1973 年 10 月～2010 年 10 月在南京博物院

2010 年 9 月～2015 年 9 月浙江大学文化遗产研究院教授

二　获得的奖励与荣誉

[1] 1982 年，获"江苏省文化局优秀党员"。

[2] 1984 年，中共江苏省第七次党代表大会代表。

[3] 1987 年，获"江苏省级机关党委优秀党员"。

[4] 1988 年，江苏省人民代表大会第七届人大代表。

[5] 1991 年，获"全国文化系统先进工作者"。

[6] 1993 年，江苏省人民代表大会第八届人大代表。

[7] 1993 年，获"国务院政府特殊津贴专家"。

[8] 1996 年，获"江苏省从事文博事业三十年表彰荣誉证书"。

[9] 1998 年，江苏省政协第八届委员。

[10] 2003 年，获"江苏省中青年有突出贡献专家"。

[11] 2005 年，获"浙江省天台县百人名人"。

[12] 2010 年，获中国文物保护技术协会颁发"为文保界做出突出贡献奖"。

[13] 1978 年 3 月，"饱水木漆器脱水技术"获"全国科学大会奖"。

［14］1983 年 4 月，"旧纸张保护技术"获"文化部科技成果一等奖"。

［15］1985 年 4 月，"纸张脱酸"获"文化部科技成果三等奖"。

［16］1989 年 2 月，"复方中草药杀虫剂"获"文化部文化科技进步四等奖"。

［17］1989 年，"红外电视在文物保护检测中应用研究"获"江苏省文化厅文化科技进步一等奖"。

［18］1989 年，"NMF－1 防霉剂研究"获"江苏省文化厅文化科技进步一等奖"。

［19］1990 年，"脱胶剂"获"江苏省文化厅文化科技进步二等奖""文化部文化科技进步三等奖"。

［20］1991 年 3 月，"纸张气相脱酸扩试研究"获"国家文物局文物科技进步二等奖"。

［21］1991 年 11 月，"纸张气相脱酸研究"获"国家科学技术进步三等奖"。

［22］1993 年，"整本图书加固技术"获"江苏省文化厅文化科技进步一等奖""文化部文化科技进步二等奖"。

［23］1995 年 3 月，"苏州虎丘塔、瑞光塔封存千年经卷状况比较研究"获"国家档案局档案科技进步三等奖"。

［24］1998 年，"南朝肖融墓石辟邪修复技术"获"江苏省文化厅文化科技进步三等奖"。

［25］1998 年 12 月，"新型文物古建筑白蚁防治剂研究"获"江苏省文化厅科技进步一等奖"。

［26］1999 年 3 月，"新型文物古建筑白蚁防治剂研究"获"国家文物局文物科技进步三等奖"。

［27］2001 年，"文物保护技术与材料"获"江苏省哲学社会科学优秀成果三等奖"。

三　学术成果

（一）专著

［1］《文物保护技术与材料》，台南艺术学院教务处出版社，1998 年。

［2］《纸质文物保护与修复》，台湾云林科技大学文化遗产维护研究所，2000 年。

［3］《纸绢文物——老古董养护袖珍手用册》，江苏美术出版社，2001 年。

［4］《陶瓷砖瓦——老古董养护袖珍手用册》，江苏美术出版社，2001 年。

［5］《古代丝织品的病害及其防治研究》，河海大学出版社，2008 年。

（二）论文

1. 纸质文物保护

［1］《苏州出土抄本〈开元寺志〉的保护与修复》，《文博通讯》1979 年第 26 期。

［2］《单丝树脂网的制作工艺及其应用》，《文博通讯》1980 年第 34 期。

［3］《两面文字脆弱纸质文物保护的丝网热压加固法》，《文物保护与考古科学》1989 年第 1 卷第 1 期。

［4］《纸张 DEZ 气相脱酸应用研究》，《文物保护与考古科学》1993 年第 5 卷第 2 期。

［5］《DEZ 脱酸及蚕丝树脂网、Parylene – N 在纸张保护中的应用研究》，《文物保存维护研讨会专辑》，台北，1995 年。

［6］《派拉纶成膜技术在文物及图书保护中的应用研究》，《文物保护与考古科学》1996 年第 8 卷第 1 期。

［7］《纸质文物保护研究》，《东南文化》1997 年第 4 期。

［8］《现代科技在纸质文物保护中的应用》，《中国文化遗产》2004 年第 3 期。

［9］《纸质文物脱酸与加固方法的综述》，《文物保护与考古科学》2008 年第 20 卷增刊。

［10］《南京博物院纸质文物保护的发展历程和展望》，苏荣誉、詹长法、［日］冈岩太郎编《东亚纸质文物保护：第一届东亚纸张保护学术研讨会论文集》，科学出版社，2008 年。

［11］《纸质文物保护》，中国文化遗产研究院编《中国文物保护与修复技术》，科学出版社，2009 年。

［12］《等离子脱酸技术在纸质文物保护中的应用研究》，《中国文物报》2011 年10 月 28 日。

［13］《纤维组分对古籍纸质文献老化的影响》，《兰台世界》2013 年第 26 期。

［14］《等离子技术在近现代纸质文物脱酸保护中的应用研究》，《文物保护与考古科学》2014 年第 26 卷第 1 期。

［15］"Conservation of Paper Relics by Electrospun PVDF Fiber Membranes"，Journal of Cultural Heritage，15（2014）359 – 364.

［16］"Deacidification of Paper Relics by Plasma Technology"，Journal of Cultural Heritage，15（2014）159 – 164.

2. 丝织品文物保护

［1］《古代丝织品的劣化机理研究方法综述》，《考古与文物》2003 年第 6 期。

［2］《略谈〈古代丝织品病害及其防治研究〉》，《中国文物报》2005 年 10 月21 日。

［3］《纺织品文物保护》，中国文化遗产研究院编《中国文物保护与修复技术》，科学出版社，2009 年。

［4］《Parylene – N 在脆弱丝织品加固中的应用研究》，中国化学会应用化学委员会等编《文物保护研究新论（二）》，文物出版社，2010 年。

3. 竹、木、漆、骨、角类文物保护

［1］《两千年前的竹简及其脱水保护》，《文物保存维护研讨会专辑》，台北，1995 年。

［2］《竹木类》，"中华民国"博物馆学会编《文物保护手册》，（台北）行政院文化建设委员会，2002 年。

［3］《骨、牙、角、贝类》，"中华民国"博物馆学会编《文物保护手册》，（台北）行政院文化建设委员会，2002 年。

［4］《漆器》，"中华民国"博物馆学会编《文物保护手册》，（台北）行政院文化建设委员会出版，2002 年。

［5］《化学材料在骨质文物保护中的应用》，中华人民共和国文化部教育科技司等编《中国文化科技文集》，2003 年。

［6］《饱水竹简变色原因的研究》，《文物保护与考古科学》2003 年第 15 卷第 4 期。

［7］《田螺山遗址古菱角埋藏环境调查与保护对策的初步研究》，《南方文物》2013 年第 1 期。

［8］《国内外漆木器保护技术发展概况》，2013 年国家文物局竹木漆器保护基地湖北班开班讲稿。

［9］《古木硅化处理对其物化性能的影响》，《材料科学与工程学报》2016 年第 34 卷第 4 期。

［10］《竹、木、漆器保护综述》，出土竹木漆器保护国家文物局重点科研基地等编《2005 年出土竹木漆器保护科技成果推广应用培训班培训讲义汇编》，2005 年。

4. 古建筑、古墓葬保护

［1］《化学材料在南通天宁寺古建筑维修中的应用》，《东南文化》1999 年第 5 期。

［2］《常熟彩衣堂彩绘保护研究》，《东南文化》2001 年第 10 期。

［3］《鹿港龙山寺古建筑的病害及其对策》，《鹿港龙山寺灾后修复国际研讨会手册》，台北，2002 年。

［4］《化学材料在木构古建筑保护中的应用实例》，《鹿港龙山寺灾后修复国际研讨会手册》，台北，2002 年。

［5］《新型古建筑白蚁防治剂的研究》，中国文物研究所编《文物科技研究（第一辑)》，科学出版社，2004 年。

［6］《灭蚁净在古建筑白蚁防治中的应用》，中国文物保护技术协会等编《中国文物保护技术协会第五次学术年会论文集》，科学出版社，2008 年。

［7］《泗阳汉墓埋藏环境中细菌的分析与检测》，《文物保护与考古科学》2005 年第 17 卷第 1 期。

［8］《侵华日军南京大屠杀遇难同胞纪念馆"万人坑"遗骸遗址保护》，《东南文

化》2008 年第 6 期。

[9]《徐州市狮子山汉兵马俑坑防水加固保护》,《东南文化》2009 年第 2 期。

[10]《江苏徐州龟山汉墓墓道的修缮保护》,中国文物保护技术协会等编《中国文物保护技术协会第六次学术年会论文集》,科学出版社,2010 年。

[11]《江苏田野石质文物的新型保护材料应用研究》,江苏省文物局编《江苏省文物科研课题成果汇编 2004~2006》,南京师范大学出版社,2010 年。

5. 其他文物保护

[1]《试谈瑞光塔内文物长期保存完好的原因》,《文博通讯》1979 年第 25 期。

[2]《吸热玻璃在文物摄影方面的应用研究》,国家文物局文物保护科学技术研究所编《防护光对文物的伤害》,1979 年。

[3]《博物馆库房温湿度的控制与文物保存的关系》,中国文物保护技术协会编《文物保护技术(第一辑)》,1981 年。

[4]《光对展览品的危害——谈南京博物院绘画陈列室的采光问题》,《文博通讯》1983 年第 2 期。

[5]《宜兴太平天国壁画的保护工作》,中国文物保护技术协会编《文物保护技术(第五辑)》,1987 年。

[6]《NMF – 1 防霉剂的应用研究》,《文物保护与考古科学》1990 年第 2 卷第 2 期。

[7]《红外电视及其在文物检测中的应用》,《东南文化》1993 年第 6 期。

[8]《文物害虫及其防治方法》,《东南文化》1993 年第 3 期。

[9]《火灾对文物的危害及消防》,《东南文化》2001 年第 3 期。

[10]《新型干燥剂 WG – 1 的研制及应用》,《文物保护与考古科学》2001 年第 13 卷第 2 期。

[11]《现代科技在可移动文物保护中的应用》,《中国文化遗产》2004 年第 3 期。

[12]《艰苦创业　不断进取——南京博物院文物保护科学技术工作回顾》,《全国文物博物馆科技教育工作研讨会论文集》,2000 年。

[13]《胶片资料保护新材料的研究》,中国文化遗产研究院编《文化遗产保护科技发展国际研讨会论文集》,科学出版社,2007 年。

[14]《文物胶片资料保存新技术——分子筛新材料的研究》,南京博物院编《南京博物院集刊 10》,文物出版社,2008 年。

[15]《调湿材料在文物保护中的应用研究》,中国文物研究所编《文物科技研究(第三辑)》,科学出版社,2010 年。

[16]《从南京博物院藏东汉"错银牛灯"看科学技术与造型工艺的结合》,刘正、周武主编《传承与拓展——中国传统工艺与造型研究研讨会论文集》,中国美术学院出版社,2010 年。

（三）科研项目

［1］1998年，国家文物局项目"新型干燥剂DW-1研究"。

［2］2001年，"国家科技攻关计划"文物保护技术与中华文明探源研究、国家科技部与国家文物局项目"古代丝织品的病害及防治研究"。

［3］2002年，国家文物局项目"南宋经折加固材料与修复工艺研究"。

［4］2006年，江苏省文物局项目"江苏六朝石刻文物新型保护材料应用研究"。

［5］2007年，江苏省科技厅项目"残损纸质文物保护用纸及修复工艺的研究"。

［6］2008年，江苏省科技厅项目"大气污染对六朝石刻的影响及保护对策研究"。

［7］2011年，浙江省文物局项目"近现代文献脱酸加固一体化关键技术集成研究示范"。

［8］2012年，浙江省文物局项目"田螺山遗址出土植物果实遗存现场抢救性提取与保护对策研究"。

［9］2013年，浙江省文物局项目"考古现场文物埋藏环境探测与仿真技术研究"。

［10］2012~2013年，浙江省文物局项目"等离子脱酸关键技术在近现代纸质文物保护中的应用研究"。

［11］2013年，浙江省文物局项目"潮湿环境下田螺山遗址本体及木构遗存综合保护方法的研究"。

［12］2014年，浙江省文物局项目"古建筑中砖砌体结构性能劣化机理及其承载力评估研究"。

［13］2014年，浙江省文物局项目"古建筑木结构防火阻燃技术科学化研究与示范应用"。

（四）专利成果

［1］2007年2月，"文物保护流动车"获国家专利局颁发的实用新型专利（CN200720036979.3）。

［2］2010年3月，"碎浆机等五项造纸设备"获国家专利局颁发的外观设计专利（CN200930214267.0、200930214268.5、200930214269.1、200930214270.2、200930214271.7）。

［3］2012年5月，"一种电弧放电纸张脱酸装置"获国家专利局颁发的实用新型专利（CN201220162209.4）。

四　学术交流活动

（一）国际学术交流活动

［1］1979年9月，在泉州参加"海外交通史国际学术研讨会"。

［2］1984 年，在西安参加"中欧文物保护国际研讨会"。

［3］1995 年 10 月，在台湾参加"文化遗产维护国际研讨会"。

［4］2001 年，在西安参加"兵马俑博物馆国际学术研讨会"。

［5］2002 年，在北京参加"中国文化遗产研究院国际研讨会"。

［6］2002 年 6 月，在美国迈阿密参加"第 36 届国际文物保护年会"。

［7］2002 年 9 月，在台湾参加"鹿港龙泉寺灾后维修国际研讨会"。

［8］2003 年 8 月，参加"敦煌壁画、泥塑文物保护国际学术研讨会"。

［9］2006 年 5 月，在北京参加"第一届东亚纸质文物保护与修复学术研讨会"。

［10］2007 年 11 月，在韩国首尔参加"东亚文化遗产保护国际研讨会"。

［11］2008 年 9 月，在敦煌参加"国际大遗址保护研讨会"。

［12］2009 年 4 月，在无锡鸿山参加"东亚大遗址保护国际研讨会"。

［13］2011 年 8 月，在呼和浩特参加"东亚文化遗产学会第二次学术研讨会"。

［14］2013 年，在上海参加"中国艺术博物论坛"。

［15］2014 年，参加"大足中国石质文物保护国际学术研讨会"。

（二）国内学术交流活动

［1］1988 年，在敦煌参加"敦煌石窟保护规划方案论证会"。

［2］1989 年，在武汉参加"中山船保护、修复规划方案论证会"。

［3］1999 年，在洛阳参加"古代壁画保护专家论证会"。

［4］2003 年，在太原参加"晋国赵卿墓车马坑科技保护鉴定会"。

［5］2003 年，在杭州参加"中国丝绸博物馆科研成果鉴定会"。

［6］2004 年，在石家庄参加"全国文物保护工程汇报会"。

［7］2004 年，在绍兴参加"印山越国王陵保护工程可行性方案论证会"。

［8］2005 年，参加"安徽三庄汉墓保护规划专家论证会"。

［9］2006 年，参加"浙江博物馆承担《大型木质文物真空冷冻脱水研究》项目鉴定会"。

［10］2006 年，参加"广东虎门炮台铁炮保护鉴定会"。

［11］2010 年，参加"陕西师范大学申报历史文化遗产保护教育部工程中心的专家评估会"。

［12］2010 年，在北京参加"全国文物科技工作大会"。

［13］2011 年，在合肥参加"中国博物馆学会藏品保护专业委员会学术研讨会"。

［14］2013 年，在上海参加"元代水闸遗址保护方案论证会"。

［15］2014 年，在宁波参加"小白礁 1 号：船体科技保护专家论证会"。

［16］2016 年，在合肥参加"潘良玉油画修复保护成果专家论证会"。

［17］自 1980 年以来的历届中国文物保护协会及学术研讨会。

五　人才培养

（一）兼职教授

1988 年 4 月，南京大学历史系兼职教授。

1994 年 9 月，复旦大学文博学院兼职教授。

1998 年 2 月，新加坡国立大学李光前文物馆科技顾问。

1998 年 10 月，台湾台南艺术学院博物馆学研究所客座教授。

1999 年，南京航空航天大学材料学院兼职教授。

1999 年 3 月，西北大学文博学院兼职教授。

2000 年，台湾云林科技大学文化资产维护研究所客座教授。

2003 年，莫愁职业中专古籍保护修复专业专家指导委员会委员。

2004 年，南京视觉学院兼职教授。

2005 年，浙江绍兴文理学院考古与文物保护工程技术研究所首席专家。

2006 年，中国防卫科技学院兼职教授。

2007 年 5 月，陕西师范大学兼职教授。

2010 年 9 月，浙江大学文化遗产研究院研究员。

2016 年 6 月，浙江宁波万里学院宁波海上丝绸之路研究院特约研究员。

（二）培训班授课

1982 年，受国家文物局委托在南京博物院举办陶瓷修复培训班并授课。

1982 年，受国家文物局委托在南京博物院举办全国裱画培训班并授课。

1986 年，受文化部、国家文物局共同委托在南京博物院举办纸质文物保护培训班并授课。

1989 年，受江苏省文物局委托在南京博物院举办防虫防霉培训班并授课。

1990 年，在新疆乌鲁木齐举办的边疆民族文物保护培训班授课。

1992 年，受国家文物局委托在南京博物院举办全国防虫防霉培训班并授课。

2005 年，在湖北荆州出土木漆器保护科技成果应用培训班授课。

2013 年，在江苏苏州由国家文物局举办的纸质文物培训班授课。

2013 年，在北京由国家文物局举办的馆藏纸质文物保护培训班授课。

2014 年，在北京举办的中意合作文物保护修复培训班授课。

2015 年，在江苏苏州由国家文物局举办的纸质文物保护培训班授课。

2015 年，在浙江宁波万里学院举办的首期阿拉伯国家纸质修复专家研修班授课。

编后记

　　奚三彩先生，浙江省天台县人，出生于 1940 年 10 月 20 日。1965 年 8 月毕业于浙江大学化学工程系，同年分配到原中央文化部中国文物保护科学技术研究所工作（现为中国文化遗产研究院），1973 年 10 月调入南京博物院，2010 年 9 月退休。曾任南京博物院副院长、学术委员会副主任、研究员、文化遗产保护工程责任设计师等。曾兼任中国文物保护技术协会副理事长、中国古籍保护专家委员会委员以及国家科技部、文化部、江苏省科技厅、国家文物局科技进步奖评审委员等。先后曾聘任复旦大学、西北大学、南京航空航天大学、南京大学、陕西师范大学兼职教授等。曾获国家、省部级科研成果奖 15 项，承担十余项国家、省级科研项目，获得国家专利七项。共发表学术专著四部，文物保护科技研究论文 60 余篇。

　　《奚三彩文集》为南京博物院目前正在推出的"南京博物院学人丛书"之一种，全面展示奚三彩先生的学术成果和治学经历。此卷为《奚三彩文集》之科技保护卷。本次编辑工作，本着求精的原则，收集并增补了奚三彩先生不同时期的文章和论文，并在正文后附录奚三彩先生参与的国内外学术活动和所获得的荣誉等。

　　《奚三彩文集》的编辑工作得到了奚三彩先生及其女儿奚可桢女士的全力支持，每一篇文章的收录均经过二位先生的审阅，按照文物保护对象的不同并结合出版时间顺序将全书分为纸质文物保护、丝织品文物保护、竹木漆骨角类文物保护、古建筑古墓葬保护、其他文物保护等五个部分，以期全面反映奚三彩先生的学术思想与治学历程。文集校样经奚三彩先生亲阅校正。在文集编辑过程中，要特别感谢张慧女士在文物保护科技的专业领域内给予编者无私的帮助，并亲自参与文集校阅工作。

　　《奚三彩文集》的编辑离不开院领导和一些老专家的关心与支持，特别是龚良院长、王奇志副院长、《东南文化》编辑部毛颖主任及朱国平副主任等，特此申谢。当然，由于编者水平及各种条件所限，疏漏与错误在所难免，敬请读者批评指正。

编 者